D1522897

Ligero de equipaje

Aguilar es un sello del Grupo Santillana

Argentina
Av. Leandro N. Alem, 720
C1001AAP Buenos Aires
Tel. (54 114) 119 50 00
Fax (54 114) 912 74 40

Bolivia
Avda. Arce, 2333
La Paz
Tel. (591 2) 44 11 22
Fax (591 2) 44 22 08

Colombia
Calle 80, nº 10-23
Bogotá
Tel. (57 1) 635 12 00
Fax (57 1) 236 93 82

Costa Rica
La Uruca
Del Edificio de Aviación Civil
200 m al Oeste
San José de Costa Rica
Tel. (506) 220 42 42
Fax (506) 220 13 20

Chile
Dr. Aníbal Ariztía, 1444
Providencia
Santiago de Chile
Tel. (56 2) 384 30 00
Fax (56 2) 384 30 60

Ecuador
Avda. Eloy Alfaro, N33-347
y Avda. 6 de Diciembre
Quito
Tel. (593 2) 244 66 56
y 244 21 54
Fax (593 2) 244 87 91

El Salvador
Siemens, 51
Zona Industrial Santa Elena
Antiguo Cuscatlan -
La Libertad
Tel. (503) 2 289 89 20
Fax (503) 2 278 60 66

España
Torrelaguna, 60
28043 Madrid
Tel. (34) 91 744 90 60
Fax (34) 91 744 92 24

Estados Unidos
2105 NW 86th Avenue
Doral, FL 33122
Tel. (1 305) 591 95 22
y 591 22 32
Fax (1 305) 591 91 45

Guatemala
7ª avenida, 11-11
Zona nº 9
Guatemala CA
Tel. (502) 24 29 43 00
Fax (502) 24 29 43 43

Honduras
Colonia Tepeyac Contigua a
Banco Cuscatlan
Boulevard Juan Pablo, frente
al Templo Adventista 7º Día,
Casa 1626
Tegucigalpa
Tel. (504) 239 98 84

México
Avda. Universidad, 767
Colonia del Valle
03100 México DF
Tel. (52 5) 554 20 75 30
Fax (52 5) 556 01 10 67

Panamá
Avda Juan Pablo II, nº 15.
Apartado Postal 863199,
zona 7
Urbanización Industrial
La Locería
Ciudad de Panamá
Tel. (507) 260 09 45
Fax (507) 260 13 97

Paraguay
Avda. Venezuela, 276
Entre Mariscal López
y España
Asunción
Tel. y fax (595 21) 213 294
y 214 983

Perú
Avda. Primavera, 2160
Santiago de Surco
Lima, 33
Tel. (51 1) 313 40 00
Fax (51 1) 313 40 01

Puerto Rico
Avenida Rooselvelt, 1506
Guaynabo 00968
Puerto Rico
Tel. (1 787) 781 98 00
Fax (1 787) 782 61 49

República Dominicana
Juan Sánchez Ramírez, nº 9
Gazcue
Santo Domingo RD
Tel. (1809) 682 13 82
y 221 08 70
Fax (1809) 689 10 22

Uruguay
Constitución, 1889
11800 Montevideo
Tel. (598 2) 402 73 42
y 402 72 71
Fax (598 2) 401 51 86

Venezuela
Avda. Rómulo Gallegos
Edificio Zulia, 1º. Sector
Monte Cristo. Boleita Norte
Caracas
Tel. (58 212) 235 30 33
Fax (58 212) 239 10 51

Ian Gibson

La vida de
Antonio Machado

Ligero
de equipaje

AGUILAR

© De esta edición:
   2006, Santillana Ediciones Generales, S. L.
   Torrelaguna, 60. 28043 Madrid
   Teléfono 91 744 90 60
   Telefax 91 744 90 93

Diseño de cubierta: Rudesindo de la Fuente
Fotografía de cubierta: © Alfonso. VEGAP. Madrid. 2006

Primera edición: abril de 2006

ISBN: 84-03-09686-0
Depósito legal: M-49.110-2005
Impreso en España por Mateu Cromo, S. A. (Pinto, Madrid)
Printed in Spain

Esculpido en bronce por Pablo Serrano, Antonio Machado contempla, desde el paseo de las Murallas de Baeza, el ancho valle del joven Guadalquivir.

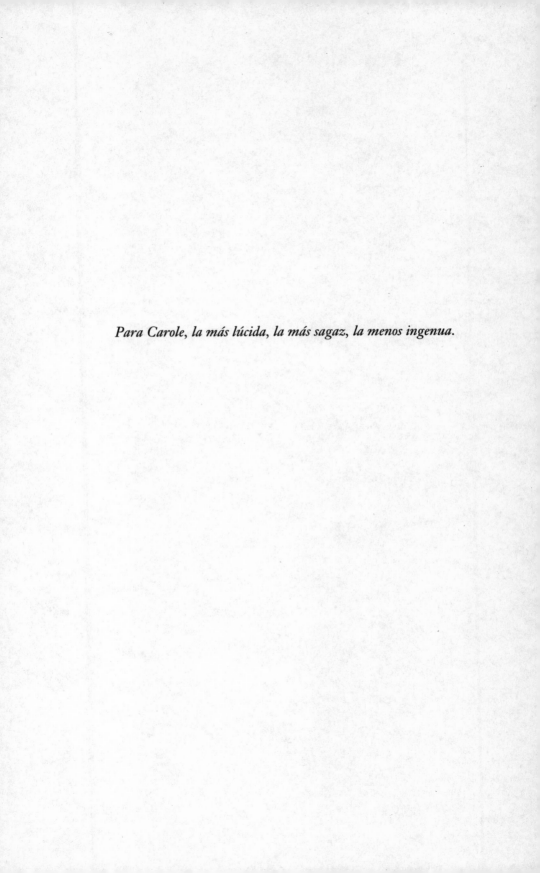

Para Carole, la más lúcida, la más sagaz, la menos ingenua.

Yo, para todo viaje
—siempre sobre la madera
de mi vagón de tercera—,
voy ligero de equipaje.

«En tren» (CX)

Todo se mueve, fluye, discurre, corre o gira;
cambian la mar y el monte y el ojo que los mira.

«A orillas del Duero» (XCVIII)

Ni mármol duro y eterno,
ni música ni pintura,
sino palabra en el tiempo.

«De mi cartera» (CLXIV, XVI)

Que esta luna me conoce
y, con el miedo, me da
el orgullo de haber sido
alguna vez capitán.

«Viejas canciones» (CLXVI, III)

[...] el verso del poeta
lleva el ansia de amor que lo engendrara
como lleva el diamante sin memoria
—frío diamante— el fuego del planeta
trocado en luz, en una joya clara...

«Otras canciones a Guiomar» (CLXXIV, VII)

Índice

Agradecimientos

Este libro no existiría sin el trabajo de cientos de investigadores y especialistas en Machado y su mundo, tanto españoles como extranjeros. Debo destacar, en primerísimo lugar, la labor ingente llevada a cabo por Oreste Macrí, cuya *Poesie di Antonio Machado* (Milán, Lerici, 1959, 1962, 1969) marcó un hito en el camino hacia la recuperación de la obra del poeta: un antes y un después. Su monumental edición madrileña posterior de las *Poesías completas* y la *Prosa completa* (ambas de 1989) sigue siendo imprescindible. *À tout seigneur tout honneur:* los que amamos la obra de Machado estamos en deuda permanente con el gran hispanista italiano.

Entre los españoles hay que recordar, especialmente, a Aurora de Albornoz —calificada de *infaticabile machadista* por Macrí—, cuya edición, con Guillermo de Torre, de las *Obras. Poesía y prosa* (Buenos Aires, Losada, 1964), fue una revelación en momentos en que todavía no se habían publicado en la España de Franco los poemas y otros textos escritos por Machado durante la Guerra Civil. Recuerdo con qué emoción conseguí bajo cuerda, en la Granada de 1965, aquel muy hermoso (y muy perseguido) tomo encuadernado en piel roja, con letras doradas.

Mucho más recientemente, Jordi Doménech ha hecho una aportación de valor incalculable al conocimiento de Machado con su edición, fruto de años de trabajo, de las *Prosas dispersas (1893-1936)*, meticulosamente anotadas (Madrid, Páginas de Espuma, 2001). Estoy muy en deuda con este amigo, además, por el generoso envío de artículos casi inencontrables, sus comentarios mientras escribía el libro, su meticulosa lectura del manuscrito del mismo y la aportación de su página web, *Revista de estudios sobre Antonio Machado* (www.abelmartin.com).

Me parece de justicia que figure aquí también el nombre de Geoffrey Ribbans, cuyos trabajos sobre la primera época de Machado son fundamentales.

Con respecto a las biografías, la de Miguel Pérez Ferrero, *Vida de Antonio Machado y Miguel* (Madrid, Rialp, 1947) fue, necesariamente, mi punto de partida. El autor había tenido la ventaja de poder hablar con ambos hermanos, pero no siempre apuntó con fidelidad lo que le habían dicho (o tal vez ellos tampoco recordaban con precisión los episodios contados), y apenas había llevado a cabo una investigación propia. Además hay que tener en cuenta las circunstancias represivas en que se publicó la obra: el biógrafo tuvo que tratar el aspecto político con mucha diplomacia. Con todo, el libro me fue de gran utilidad.

También la «biografía ilustrada» de José Luis Cano (Barcelona, Destino, 1975), como guía, como orientación, como estímulo. A cada paso, durante los seis años de mi investigación, oía la voz de aquel amigo desaparecido, y echaba de menos poder consultarle en persona.

En cuanto a la biografía del hispanista francés Bernard Sésé, *Antonio Machado (1875-1939)*, publicada en España por Gredos en 1980, confieso no haberla tenido siempre en cuenta a cada paso: quería llevar a cabo una indagación mía personal, con método propio, sin sentirme en la obligación de sopesar en cada momento lo dicho o contado por otro biógrafo. Quizás se me podrá criticar por ello.

Entre los estudiosos que me han atendido con especial generosidad quiero expresar mi gratitud a Rafael Alarcón Sierra, Pablo del Barco, Nigel Dennis, Jacques Issorel, Patricia McDermott, Daniel Pineda Novo, Antonio Rodríguez Almodóvar y James Whiston.

He tenido la suerte de poder contar en todo momento con el apoyo, amistad, eficacia y buen humor de mi agente literaria, Ute Körner, y sus socios, Guenter G. Rodewald y Sandra Rodericks. Desde aquí les expreso mi profundo agradecimiento.

Los duques de Alba tuvieron la amabilidad de permitirme visitar el palacio de las Dueñas en Sevilla, un raro privilegio. Recuerdo con gratitud mi conversación con D. Jesús Aguirre, que falleció poco después.

En Segovia, César Gutiérrez Gómez, de la Casa-Museo Machado, me suministró documentación impagable. En Soria, el librero César Millán Díez fue un magnífico orientador. A ambos les doy las gracias.

En cuanto a los familiares del poeta, es un placer expresar aquí mi más sincero agradecimiento a Dª Leonor Machado Martínez (hija de Francisco Machado) y a su hijo Manuel Álvarez Machado, así como a Dª Eulalia Machado Monedero (hija de José Machado).

También estoy muy en deuda con mi documentalista Teresa Avellanosa por su valiosa ayuda en la búsqueda de las ilustraciones. Gracias a ella he tenido menos nervios de lo previsto durante los últimos meses.

Doy las gracias, cómo no, a Juan Cruz, cuyo apoyo hizo posible este libro (¡aquella cena con Hugh Thomas!). Y no olvido que, desde el primer momento, mis editores, Ana Rosa Semprún y Santos López Seco, tuvieron fe en el proyecto.

Vaya mi reconocimiento a los numerosos archivos, hemerotecas y bibliotecas a los cuales he acudido durante mi larga investigación, y a su personal siempre tan atento: Agencia Española de Cooperación Internacional, Madrid (María del Carmen Díez Hoyo y Rosario Moreno Galiano); Archivo Histórico de la Universidad de Sevilla (Valle Távora); Archivo de la Villa, Madrid (Rosario Sánchez); Biblioteca Nacional, Madrid; Biblioteca Pública de Soria (Carlos Molina); Casa-Museo Federico García Lorca, Fuente Vaqueros (Juan de Loxa e Inmaculada Hernández Baena); Fundación Francisco Giner de los Ríos, Madrid (Elvira Ontañón y Teresa Jiménez-Landi); Fundación Juan Ramón Jiménez, Moguer (Teresa Rodríguez Domínguez, José Natalio Cruz Méndez y Rocío Bejarano Álvarez); British Library, Londres (John Goldfinch); British Newspaper Library, Londres; Casa de l'Ardiaca, Barcelona (Elisa Cano); Hemeroteca Municipal, Madrid (¡todo el personal!); Hemeroteca Municipal, Córdoba; Hemeroteca Municipal y Archivo Municipal, Sevilla (Julia Sánchez, Inmaculada Franco Idígoras y Marcos Fernández Gómez); Instituto de Segunda Enseñanza Cervantes, Madrid (Luis Ferrero Cariacedo, Milagros Fernández y Francisco Javier González Buil); Instituto de Estudios Giennenses de la Diputación Provincial de Jaén (Ana Real); Archivo y Biblioteca de la Residencia de Estudiantes, Madrid.

Otras muchas personas me ayudaron de distintas maneras (imposibles de pormenorizar, como ellas comprenderán). Ruego disculpas si he olvidado algún nombre: José Luis Abellán, Bernard Adams, Monique Alonso, Joaquín Araújo, Carmen Aycart, Manuel Barrios, Manuel Bercero Celorio, Maite Bermejo, Tony y Hilde

Beuler, Rogelio Blanco, Maria Borràs, Rafael Borràs, Óscar Boyano, Blanca Calvo Alonso-Cortés, Juan Caño Arecha, Alastair Carmichael, Heliodoro Carpintero (†), Eduardo Castro, Emilio Cejudo Fernández del Rincón, Josette y Georges Colomer, Francisco Croche de Acuña, Juan Antonio Díaz López, Cheli y Mike Dibb, Antonio Durán Úbeda, Víctor Fernández Puertas, José Fernández Berchi, Antonio Fernández Estévez, Peter Fryer, Salvador García Ramírez, José Antonio Gómez Municio, Casilda Güell, Juan Güell, Alfonso Guerra, Keith Harris, Gijs von Hensingen, Adoración Herrador, Rafael Inglada, Inmaculada López, Carmen y María Machado Monedero, Cristina y Eutimio Martín, Pedro Martín Guzmán, Miguel Martínez, José María Montero, Josefa-Inés Montoro Cruz de Biedma, Antonio Olivares, José Manuel Padilla, José Prenda, Alberto Reig Tapia, Rogelio Reyes Cano, Miguel Ángel Rodríguez, Rodolfo Rodríguez Galán, Alfons Romero, Manuel Ruiz Amezcúa, Ramón Salaberria, Mariví Salcedo, Juan Antonio Salcedo Gómez, Alfredo Sánchez Monteseirín, María Fernando Santiago Bolaños, Manuel Serrano, Miguel Ángel Soria García, Antonio Tornero, Maria Trayter, Luis Pérez Turrau, Jorge Urrutia, Francisco Vaz Romero Villén, Ángeles Vian Herrero, Jesús Vigorra, Antonio Zoido. Mi gratitud a todos y, especialmente, a Carole Elliott, a quien el libro está dedicado.

Introducción

«Misterioso y silencioso/Iba una y otra vez./Su mirada era tan profunda/Que apenas se podía ver». Rubén Darío supo acercarse a lo más hondo de Antonio Machado en los primeros versos de su maravillosa «elegía» al poeta amigo. Y no nos puede sorprender que Machado decidiera estampar con orgullo aquel poema, desaparecido ya a deshora el pobre Rubén, al inicio de sus *Poesías completas*. A nuestro poeta no sólo le gustaba viajar, ir y venir, siempre ligero de equipaje, sino que, desde sus poemas más tempranos, entendía la vida misma —bajo la influencia de los maestros Gonzalo de Berceo y Jorge Manrique— como angustioso e incesante peregrinaje hacia el mar del olvido. La vida para Machado es un eterno caminar del cual sólo la plenitud del amor nos podría salvar brevemente si tuviéramos la suerte de hallarla. Y Machado fue en amor un malaventurado. Después de la muerte de Leonor, tan temprana, tan trágica, encontró consuelo en la filosofía y en la amistad de unos pocos. Cantó como nadie la añoranza de lo que no pudo ser, de lo que se llevó el aire. Y tuvo la desgracia, en los últimos años, de enamorarse de una mujer imposible. Sufrió por la postración de la España en la cual le tocó nacer, y creyó que la llegada de la República —para la cual había trabajado— significaba, ¡por fin!, el nacimiento del gran país libre y culto soñado por su padre y su abuelo y por los prohombres de la Institución Libre de Enseñanza, entre quienes, después de su infancia sevillana, se había educado. Durante los cinco años del nuevo régimen luchó por la cultura, la democracia y el sentido común. Cuando se produjo la criminal sublevación de julio de 1936, no dudó en poner su pluma al servicio de la defensa de la legalidad. Y cuando tuvo que morir exiliado, lo hizo con dignidad, con estoicismo. Empecé a leer a Antonio Machado hace casi cincuenta años, al iniciar mis estudios del idioma en Dublín. Desde entonces me ha acompañado cada día. Este libro es el homenaje que le debía.

IAN GIBSON

Madrid, 14 de febrero de 2006

Aviso previo

Nos permitimos sugerir al lector que tenga siempre a mano un ejemplar de *Poesías completas* de Antonio Machado.

Dichas *Poesías completas* son un laberinto de números romanos, desde el I hasta el CLXXVI en su cuarta y última edición en vida del autor (1936), y la situación se hace más intrincada por el uso de números romanos de tamaño más reducido para las distintas secciones de los poemas que las tienen, que no son pocos (por ejemplo, CXXXVI, xxxvi). Es una disposición que muchos lectores de Machado encuentran sobremanera embarazosa e irritante (cualquiera se confunde en un momento dado entre CXVII y CXXVI o CLXXV y CLXXXV). En nuestras referencias a los poemas no hemos creído procedente, con todo, deshacer la numeración romana a favor de la árabe, pues consideramos que ello dificultaría a su vez la localización del número romano del poema correspondiente.

Dada la multiplicidad de ediciones recientes de *Poesías completas*, identificamos las composiciones citadas o aludidas en nuestro texto sólo por su número romano —el que tienen en la última edición de 1936—, sin proporcionar la *paginación* de ninguna edición moderna concreta (salvo en el caso de los poemas no recogidos en *Poesías completas).*

Recomendamos al lector que al leer el capítulo I tenga en cuenta el árbol genealógico que incluimos en las páginas 642 y 643.

CAPÍTULO I

Sevilla (1875-1883)

El Cementerio Civil de Madrid, inaugurado en 1884, está ubicado al final de la avenida de Daroca, a unos tres kilómetros de la plaza de toros de Las Ventas. Y —como debe ser— se encuentra resueltamente a la izquierda de la carretera. El recinto es de muy reducidas proporciones en comparación con el inmenso camposanto municipal y católico de la Almudena, que se extiende enfrente y más abajo. Aquí, sombreados por cipreses, acacias y catalpas, yacen los restos de los hombres y mujeres de la otra España, de la España de ambas Repúblicas, de la España heterodoxa, liberal, protestante, masónica, «roja», agnóstica, atea. Nada más atravesar el modesto portal nos hallamos ante la tumba de Dolores Ibárruri. Un poco más adelante nos espera el llamativo mausoleo en piedra rosada de Pablo Iglesias, obra de Emiliano Barral. Al otro lado del paseo central se erige el no menos imponente de Nicolás Salmerón, quien, según nos informa la inscripción esculpida debajo de un acendrado elogio de Georges Clemenceau, «dejó el poder por no firmar una sentencia de muerte». Otros dos presidentes de aquella efímera República de 1873, ambos federalistas, están cerca: el catalán Francisco Pi y Margall («¡España no habría perdido su imperio colonial de haber seguido sus consejos!» nos asegura la lápida) y el valenciano Estanislao Figueras. De hecho, sólo falta Emilio Castelar. No lejos están inhumados los prohombres de la Institución Libre de Enseñanza, en una tumba modesta que comparte el fundador, Francisco Giner de los Ríos, con Manuel Bartolomé Cossío y Gumersindo de Azcárate. Los acompañan los despojos de Julián Sanz del Río, que trajo el krausismo desde Alemania, del ex sacerdote Fernando de Castro, encarnación de la misma filosofía «en su versión religiosa,»[1] y de quien había dirigido la mítica

23

Residencia de Estudiantes en Madrid, el malagueño Alberto Jiménez Fraud. En otros rincones del cementerio descansan los socialistas Francisco Largo Caballero, Julián Besteiro y Fernando de los Ríos, el comunista Julián Grimau —fusilado por Franco en 1963—, el teniente Castillo, asesinado en vísperas de la guerra, el novelista Pío Baroja y un largo etcétera de nombres más o menos conocidos. Es la gran familia de los que creían en una España tolerante, laica y progresista, abierta a lo mejor de Europa, y que pagaron por aquella fe con la muerte, el dolor y el exilio, interior o exterior.

Al deambular por estas veredas resulta difícil no recordar a Mariano José de Larra y su «Aquí yace media España; murió de la otra media». Algo de lo mismo se aludía o intuía, cien años después, en los desconsoladores versos de Antonio Machado:

> Españolito que vienes
> al mundo, te guarde Dios.
> Una de las dos Españas
> ha de helarte el corazón.
> («Proverbios y cantares», CXXXVI, LXIII)

Detrás del mausoleo de Pablo Iglesias, a unos cuarenta pasos, hay una tumba abandonada (Cuartel 2, Manzana 22, Letra B). La lápida está rota y hundida, pero se puede descifrar todavía la inscripción:

EXCMO. SOR.
D. ANTONIO MACHADO Y NÚÑEZ
FALLECIÓ EL DÍA 24 DE JULIO
DE 1896

Se trata de la última morada del abuelo paterno del autor de *Campos de Castilla* (ilustración 1). Republicano acérrimo, alcalde de Sevilla tras el derrocamiento de Isabel II en 1868 —en el cual había participado—, gobernador civil de la provincia un poco después, médico, catedrático y rector de la Universidad hispalense, naturalista, geólogo, botánico, antropólogo y ornitólogo, Machado Núñez había terminado sus días en Madrid a los 81 años. Su influencia sobre sus nietos, especialmente en Antonio, fue decisiva. Por ello este libro tiene la obligación de empezar con la semblanza de tan singular y polifacético personaje, hoy, como tantas figuras meritorias del laberíntico siglo XIX español, injustamente olvidado.

* * *

Antonio Machado Núñez nació en Cádiz en 1815, dos años después de celebrarse en la ciudad los últimos debates de las famosas y malhadadas Cortes liberales. Fue hijo de un conocido mercader gaditano, Francisco Machado Rodríguez, oriundo, como su mujer, de la provincia de Huelva, y recibió el bautismo en el templo principal de la ciudad, la hermosamente titulada Santa Iglesia Catedral de Santa Cruz sobre las Aguas.[2]

Parece seguro que los antecesores de los Machado onubenses procedían de Portugal. El poeta Manuel Machado, nieto de Machado Núñez y hermano de Antonio, gustaba de reivindicar su aristocrático parentesco con el escritor lusitano Félix Machado, marqués de Montebelo, nacido en Torre da Fonte en 1595, autor de una nunca editada *Tercera Parte de Guzmán de Alfarache* y de otras obras no exentas de mérito literario.[3] La vinculación con tal personaje no está demostrada, sin embargo, y se ha dicho que sólo se trataba de una «bienhumorada fantasía» de Manuel.[4] Aunque es posible que así fuera, en la familia de Manuel y Antonio concedían validez al abolengo propuesto.[5] Y si Manuel Machado es enfático al respecto en un poema temprano, «Adelfos»,

De mi alta aristocracia dudar jamás se pudo.
No se ganan, se heredan, elegancia y blasón[6]

llama aún más la atención el hecho de que, en 1920, firmara artículos en el diario madrileño *La Libertad* bajo el seudónimo de M. de Montevelo.[7] Además los hermanos incluyeron, entre los *dramatis personae* de *Las adelfas*, su obra de teatro conjunta estrenada en 1928, a un joven de «sangre azul» deportista y apasionado de los automóviles llamado Enrique, *conde de Montevelo*. Hay otras interesantes coincidencias.[8] Cabe pensar que, tanto al siempre atildado Manuel como al habitualmente descuidado (aunque elegante a su manera) Antonio, les haría gracia tener un posible precursor aristocrático portugués de tiempos de Felipe IV, y por más señas escritor. Pero no consta que se dedicasen a investigar tal ascendencia.

El abuelo Machado Núñez demostró desde joven ser dueño de aptitudes singulares. Después de terminar el bachillerato entró como alumno interno en el Colegio de Medicina y Cirugía de Cádiz, dependiente del Ministerio de Marina.[9] Tras la muerte del odiado Fernando VII ejerció como practicante durante los años iniciales de la primera guerra carlista (1833-1840), «curando en Vitoria a los heridos del ejército liberal».[10] Otra vez en Cádiz, se licenció en Medicina y Cirugía en 1837, se graduó de doctor en 1838 y fue nombrado médico titular de El Puerto de Santa María en 1839.[11] Persona intensamente inquieta, marchó luego a Guatemala para pasar una temporada con su hermano Manuel, que allí probaba fortuna. Nunca olvidaría la emoción experimentada al contemplar por vez primera la vegetación tropical. En Guatemala practicó la medicina y, al parecer, reunió un pequeño capital. Aprovechó su estancia para visitar Las Antillas —con una corta estancia en La Habana—, Belice, San Salvador, Honduras, las repúblicas de Centroamérica y México.[12]

En 1841 regresó a Cádiz y se trasladó casi inmediatamente a París, donde trabajó con el prestigioso Antoine Becquerel (1788-1878), catedrático de Física en el Museo Nacional de Ciencias Naturales, y con el químico mahonés Mateo Buenaventura Orfila (1787-1853), autor de un celebérrimo libro de texto, *Éléments de chimie médicale*, a menudo reeditado en Francia y traducido a numerosos idiomas, entre ellos el alemán, el inglés y el español. También estudió con el distinguido geólogo Constant Prévost (1787-1856), con quien hizo varias excursiones. Gracias a Prévost, la geología iba a ser una de sus grandes pasiones.[13]

Tenemos muy poca información acerca de la vida de Machado Núñez en París, pero se puede deducir que allí no sólo aprendió el idioma sino que —a la vista de su enardecido republicanismo posterior— llegó a admirar a la Francia que había acabado con la monarquía y formulado la *Declaración de los Derechos del Hombre*.

En 1844, a los 32 años, después de un viaje por Alemania, Suiza, Holanda y Bélgica, Machado Núñez volvió a Sevilla,[14] donde no tardó en ser conocido como «el médico del gabán blanco», alusión a una inconfundible nota extranjera en su manera de vestir.[15] Poco después, al no lograr salvar la vida de una joven pa-

ciente suya, tomó la decisión de abandonar para siempre el ejercicio de aquella profesión —que con el paso del tiempo califica-
ría de «verdadero y sublime sacerdocio»[16]— y de dedicarse exclusivamente a tareas docentes.[17] En el fondo, como apuntaría el
geólogo Salvador Calderón, su sucesor en la cátedra de Ciencias
Naturales de Sevilla, «más que los hospitales y los enfermos preocupaban a Machado los volcanes, los terremotos y la formación
de las cordilleras».[18]

En junio de 1844 Machado Núñez fue nombrado catedrático de la Facultad de Ciencias Médicas de Cádiz. Por las mismas
fechas contrajo «esponsales», seguido de «matrimonio secreto»,
con Cipriana Álvarez Durán, hija de un distinguido escritor y militar extremeño avecindado en la capital andaluza, José Álvarez
Guerra, y de Cipriana Durán de Vicente Yáñez, hermana del gran
polígrafo Agustín Durán, primer director de la Biblioteca Nacional, académico de la Lengua, iniciador de los estudios folclóricos
en España y compilador del monumental y famosísimo *Romancero general*.[19]

* * *

Vale la pena fijarnos brevemente en aquel bisabuelo paterno de Antonio Machado. También en sus hermanos. Nacido en Zafra (Extremadura) en 1788, de un padre culto, liberal y hacendado, José
Álvarez Guerra —según se refleja en una instancia suya conservada en la Biblioteca Menéndez y Pelayo de Santander— sirvió en
toda la campaña contra Napoleón y fue ayudante del Estado Mayor de los ejércitos nacionales.[20] En 1813, mientras se celebraban
las Cortes de Cádiz y parecía que España iba a tener un definitivo
régimen de libertades, Álvarez Guerra vio con claridad el peligro
que suponía para la democracia el «enemigo doméstico». «Vuestro sistema de mansedumbre y humanidad, tan conforme a mis sentimientos, debe tener un término cuando el bien de la patria lo
exige así —manifestó en un folleto impreso en 1813 y dirigido al
Parlamento—, y ese caso es llegado ya, si no queréis envolvernos
en una contrarrevolución...». Documento aún más llamativo si
tenemos en cuenta que en estos momentos su hermano Juan, agró-
nomo de profesión, es ministro de la Gobernación.[21] A la vuelta de
Fernando VII, en 1814, Juan fue condenado a ocho años de de-
portación en Ceuta, pero la sentencia no se hizo efectiva. En 1815

presentó en Madrid una «máquina agrícola» de su invención,[22] fue diputado durante el Trienio Liberal (1820-1823) y, muerto el tirano en 1833, volvió a ser ministro en el Gobierno de Toreno. Luego dejó definitivamente la política para dedicarse a sus campos y sus inventos. Murió en 1845. Después le atacaría Menéndez y Pelayo por haber sido responsable de un «estrafalario proyecto» de desamortización de bienes eclesiásticos, más de veinte años antes que Mendizábal. Otro hermano, Andrés, luchó, como José, en la guerra de la Independencia, y fue «diseñador de ingenios agrícolas y utopías sociales». Se trataba de una familia a todas luces excepcional.[23]

Durante el mencionado Trienio Liberal, mientras Juan ejercía de diputado, José Álvarez Guerra fue jefe político, sucesivamente, en Salamanca, Palencia y Cáceres. Entre 1824 y 1826, con la vuelta, una vez más, del absolutismo, se desterró con su mujer en Rennes.[24] Estaba al tanto de aquel exilio Antonio Machado, quien, al referirse a la Francia reaccionaria en una carta de 1915 a Miguel de Unamuno, puntualizó: «La otra Francia es de mi familia y aun de mi casa, es la de mi padre y de mi abuelo y de mi bisabuelo; que todos pasaron la frontera y amaron la Francia de la libertad y el laicismo». No hay constancia, sin embargo, de que el padre del poeta viviera jamás en el país vecino.[25]

Entre enero y agosto de 1836 José Álvarez Guerra, que había vuelto a España en 1828, fue nombrado gobernador civil de Soria. Pero luego dimitió, según la instancia mencionada, «por dedicarse a su obra de la *Unidad simbólica*». ¿*Unidad simbólica*? El hecho es que al bisabuelo paterno de Antonio Machado le había dado por las cavilaciones metafísicas, y tanto es así que, entre 1837 y 1857, publicaría en Sevilla y Madrid, en cuatro pequeños volúmenes, y bajo el seudónimo de «Un Amigo del Hombre», una peregrina obra titulada *Unidad simbólica y Destino del Hombre en la Tierra, o Filosofía de la Razón*.[26]

Álvarez Guerra explica en su libro que se ha adjudicado el apodo de «Un Amigo del Hombre» por considerar que Dios le ha encomendado «la singular empresa de regenerar al hombre en su moral», y de enseñarle un sistema —la *Unidad simbólica*— que será garante de su felicidad en el mundo. La tragedia del hombre contemporáneo, según el ex militar, es que, instalado en el egoísmo más contundente, se ha separado del Artífice Supremo, fin y razón de la existencia. Pero la salvación es posible si reconoce su situación equivocada y se da cuenta de que todo en el universo está irrevocablemente unido:

> Escucha ¡oh hombre! Observa con atención y aprende bien la
> unidad física y patente: medita y comprende la unidad moral
> que te está invitando íntimamente, con tu bien íntegro, a que
> te ocupes de ella: este estudio es agradable sobre todo enca
> recimiento como se demuestra en la obra [es decir, en la *Uni
> dad simbólica*] y te hallarás en posesión de la revelación com
> plexa [sic] guiado rectamente por la divina gracia a que te verás
> conducido infaliblemente por el amor natural e invencible
> de nosotros mismos, o por la afición irresistible a nuestro bien
> propio, a nuestra verdad, o a nuestro necesario. Éste es el amor
> del orden universal generador de la virtud, la cual es madre de
> la felicidad que te deseo, que te presento, y que ha de anona
> dar necesariamente al error.
>
> Y ésta es finalmente toda la ciencia exacta y demostrativa
> de la verdad, o de la *Unidad simbólica*.[27]

Hay momentos en el tratado de Álvarez Guerra —y en el *Complemento* publicado en Sevilla en 1838 (ilustración 5)— en que es imposible no pensar en el poeta Antonio Machado. Por ejemplo, cuando «Un Amigo del Hombre» habla del prójimo, del otro, y dice que, una vez vuelto el hombre a su Creador, «la felicidad misma inherente a este bien imposibilitaría reincidir en el mal por el amor mismo que nos inundaría hacia nuestro semejante, hacia este *tu* segundo *yo* que todos querríamos entonces poner en el lugar del yo actual o de nosotros mismos sin que pudiese haber fuerzas humanas que nos arrancasen este deseo, este amor».[28] El reconocimiento del prójimo, del otro, será piedra angular del pensar de nuestro poeta, de raíz tan profundamente cristiana. Como dice una de las coplas de «Proverbios y cantares»:

> No es el yo fundamental
> eso que busca el poeta,
> sino el tú esencial.   (CLXI, XXXVI)

El libro de Álvarez Guerra, que, pese al celo misionero de su autor y a su convicción de haber sido señalado por el dedo del Creador apenas tuvo difusión, fue considerado nocivo cuarenta años después por Menéndez y Pelayo, tan nocivo o más que el proyecto de desamortización ideado por su hermano Juan. Tampoco le gustaría a Menéndez y Pelayo el carácter a su juicio «claramente masónico» del tratado.[29] En su *Historia de los heterodoxos españoles* el gran erudito católico despacha la *Unidad simbólica* sin miramientos: «El sistema es una especie de armonismo krausista, y eso que Álvarez Guerra no tenía el menor barrunto de la existencia de un hombre llamado Krause».[30]

José Álvarez Guerra, que murió hacia 1864, era un personaje de verdad estrambótico, y podemos deducir que en la familia del futuro poeta se hablaba mucho de sus hazañas militares y políticas, así como de su tenaz obsesión metafísica.

La hija de Álvarez Guerra, Cipriana Álvarez Durán, había nacido en Sevilla en 1828, dos años después de regresar sus padres del exilio francés, y por lo visto se crio la mayor parte de su infancia en Llerena.[31] Recibió una formación privilegiada para la época, y parece ser que su matrimonio con el catedrático Antonio Machado Núñez, quince años mayor que ella, fue feliz. Cipriana tenía buena pluma, era pintora de talento y, según sus nietos Manuel y Antonio, los poetas, «una gran conversadora, de admirable carácter lleno de simpatía» (ilustración 2).[32] La influencia sobre ella de su tío Agustín Durán, aquel simpático erudito para quien «el Archivo que contiene los más preciosos e importantes documentos de la historia íntima de las naciones es la poesía popular», había sido decisiva.[33] Durán le transmitió su pasión por los romances y las coplas y, siguiendo su ejemplo, ella llevaría a cabo sus propias investigaciones folclóricas, sobre todo en Llerena, donde recibió el apodo de «La Mujer de los Cuentos».[34] También publicaría un libro sobre cocina extremeña.[35]

Y ya que hemos vuelto a nombrar a Agustín Durán, apuntemos que su hermano mayor, Luis María, también dejó huella y recuerdo en la memoria de la familia Machado. Según Manuel, el hermano de Antonio, el tío abuelo «parece que se amaba a sí mismo más que a todas las cosas». Era rico, tenía latifundios de labor en Extremadura y en Andalucía, y sus toros gozaban de bien merecida fama. Luis María Durán era de oficio ebanista y, como tal, hacía «verdaderas maravillas». También pintaba con destreza, y sus copias de Murillo, a quien admiraba profundamente, podían pasar por originales. «Pero todo ello —sigue refiriendo Manuel Machado— sin otra idea que la de divertirse y distraer sus ocios». Así las cosas, ¿cómo sorprendernos de que Durán, «no pudiendo llevarse la Feria a su casa, llevó su casa a la Feria» e inauguró con ello la luego tan famosa costumbre de las «casetas»? Todo hace pensar, de verdad, que estamos ante un auténtico prototipo sevillano, una especie de Fernando Villalón *avant la lettre*.[36]

* * *

En 1845 el abuelo Antonio Machado Núñez obtuvo la cátedra de Física y Química en la Universidad de Santiago de Compostela.[37] En aquella ciudad nació, al año siguiente, el único hijo del matrimonio, Antonio, el futuro *Demófilo* y primer flamencólogo español. Cipriana enfermó como resultado del parto, y la familia volvió a Sevilla.[38]

Aquel mismo 1846 Machado Núñez ganó las oposiciones a la cátedra de Historia Natural de la Universidad hispalense donde, en 1847, dio un curso de divulgación sobre zoología, mineralogía y geología.[39] También en 1847 ingresó en la sevillana Academia de Buenas Letras, de tanta solera, donde discurrió sobre «Características diferenciales de los animales y vegetales».[40]

Convencido de la urgente necesidad de seguir promoviendo en Sevilla el estudio de las ciencias naturales, tan abandonadas, Machado Núñez consiguió para la Universidad, en 1850, un gabinete de Zoología y de Minerología, así como otro de Química. También fundó, incansable, el Museo Antropológico y el Museo Arqueológico. En 1854 publicó un *Catálogo de las aves observadas en algunas provincias de Andalucía*. Según parece, fue la primera vez que se había llamado la atención, en una publicación científica, sobre la extraordinaria riqueza ornitológica del Coto de Doñana (ilustración 6).[41] En 1857, volviendo a demostrar la variedad de sus inquietudes intelectuales y docentes —así como de su amor a las excursiones y a los trabajos de campo—, dio a la imprenta un *Catálogo de los peces que habitan o frecuentan las costas de Cádiz y Huelva, con inclusión de los del río Guadalquivir*. En 1858 ocupó la presidencia de la sección de Historia Natural de la Academia de Buenas Letras, que ostentaría durante trece años,[42] y en 1859 publicó un catálogo de los reptiles de la provincia bajo el título latino de *Herpetologia hispalensis seu catalogum methodicum reptilium et amphibiorum*.

Machado Núñez era un investigador nato. Y un apasionado divulgador de la ciencia a través de conferencias públicas, entonces una innovación. Tenía un don de gentes admirable, y Salvador Calderón recordaría cuánto le gustaba atender a los naturalistas extranjeros que llegaban a Andalucía «ávidos de ensanchar el campo de sus exploraciones hasta los confines entonces casi desconocidos de la Europa meridional».[43]

Todo le interesaba, en realidad, desde las hachas de piedra pulimentadas o los ventisqueros hasta los erizos. ¿Los erizos? En su *Catalogus methodicus mammalium*, compilado en 1863 —el mismo año en que se doctora en Ciencias Naturales en la Universidad Central de Madrid—[44] hay numerosas observaciones originales sobre plantas y animales. Entre ellas destacan las relativas a estas criaturas. Machado Núñez ha descubierto que los erizos, cuando están en celo —habitualmente en agosto—, braman como bueyes, nada menos. «Tal circunstancia —comenta—, no indicada por ningún naturalista, es muy conocida de los hombres del campo en Andalucía» (por ello llaman «buey agostizo» al animal). Puesto sobre aviso por los campesinos, y guiado por los referidos bramidos, el científico ha logrado localizar, a la luz de la luna, varios erizos amorecidos.[45]

Un artículo de 1866, publicado en la *Revista de los Progresos de las Ciencias Exactas, Físicas y Naturales*, de la Real Academia de Ciencias Exactas, Físicas y Naturales de Madrid —de la cual Machado Núñez es corresponsal en Sevilla— da fe de otro interés suyo: la paleontología y, en especial, la exploración de las cuevas, por entonces todavía muy poco investigadas en España. De hecho, entre sus otras virtudes, Machado Núñez es uno de los iniciadores españoles de los estudios prehistóricos.[46]

Tal vez no sea ocioso añadir en este punto que, fiel a su vocación de naturalista, a Machado Núñez no le gustan nada las corridas de toros, que considera bárbara expresión de la agresividad humana. «¡Bien pudiera el Gobierno —así lo declarará en 1869— ocuparse de extinguir lentamente esa por desgracia arraigada afición de los españoles a las escenas de sangre y de escándalos que tienen lugar en los círculos tauromáquicos! ¡Ojalá y pudiéramos verlas desaparecer de nuestra patria para bien de su cultura y de su civilización!».[47]

Una persona como Machado Núñez, tan comprometida con su sociedad y su época, difícilmente se podía sentir ajena a la política, y es probable que conversara largamente acerca de la dolorosa situación del país con su suegro José Álvarez Guerra. Republicano convencido, es miembro de la Junta Revolucionaria de Sevilla y colabora activamente en la sublevación de septiembre de 1868 («La Gloriosa»), que acaba con el reinado de Isabel II.

El levantamiento empieza en el Cádiz nativo de Machado Núñez, promovido por la Marina, y el manifiesto del almirante Topete y los generales rebeldes —el más prestigioso de los cuales es Juan Prim, conde de Reus— está imbuido del recuerdo de la Constitución de 1812, orgullo de los gaditanos. «Hollada la ley fundamental —dice el manifiesto—; convertida siempre antes en celada que en defensa del ciudadano; corrompido el sufragio por la amenaza y el soborno; dependiente la seguridad individual, no del derecho propio, sino de la irresponsable voluntad de cualquiera de las autoridades; muerto el municipio; pasto la Administración y la Hacienda de la inmoralidad y del agio; tiranizada la enseñanza; muda la prensa y sólo interrumpido el universal silencio por las frecuentes noticias de las nuevas fortunas improvisadas; del nuevo negocio; de la nueva real orden encaminada a defraudar el Tesoro público; de títulos de Castilla vilmente prodigados; del alto precio, en fin, a que logran su venta la deshonra y el vicio. Tal es la España de hoy...».[48]

El 21 de septiembre el general Francisco Serrano, duque de la Torre, sale de Cádiz para Sevilla, donde es recibido con entusiasmo por la población, exceptuando la clase acomodada y la Iglesia. Se distribuye una proclamación de la Junta Revolucionaria de la ciudad que «produjo una sensación maravillosa, puesto que contenía un programa de los principios políticos que la revolución encarnaba y las libertades que consagraría, entre las cuales figuraban el sufragio universal, la absoluta libertad de imprenta, la de enseñanza, la de cultos, la abolición de la pena de muerte y la Constitución de 1845, para sustituirla con la que formaran las Cortes Constituyentes que debían reunirse; la abolición de las quintas, la unidad de fueros y otras varias reformas que inmediatamente se debían emprender». No se podía concebir, ciertamente, un programa de signo más esperanzador después de la larga noche isabelina.[49]

Entretanto se han levantado otras guarniciones al grito de «¡Abajo los Borbones!», se ha impuesto el estado de sitio en todo el país, se producen encarnizadas batallas entre las fuerzas revolucionarias y las leales, y se entona el Himno de Riego en calles y plazas. El momento de la verdad llega cuando, el 28 de septiembre de 1868, ambos ejércitos se enfrentan en el campo de Alcolea, en las inmediaciones de Córdoba, donde Serrano consigue la contundente derrota de las tropas isabelinas al mando del general Pavía (marqués de Novaliches). Unos días después la reina cruza la frontera, camino de París. España, por el momento, se ha liberado de aquella dinastía.[50]

Sobre la actuación de Antonio Machado Núñez durante estos días tenemos pocas noticias, pero debió ser eficaz, ya que durante el lustro siguiente será, brevemente, alcalde de Sevilla, rector de la Universidad Literaria hispalense (entre octubre de 1868 y 1869) y, en 1870, con su «grande amigo» Nicolás María Rivero en Interior, gobernador civil de la provincia. En este último cargo participó enérgicamente en la persecución del bandidaje, tan extendido en Andalucía,[51] y, según Santiago Calderón, tuvo una gestión «bastante discutida», aunque nadie dudaba de su buena disposición, ni del mérito de su política sanitaria, que impidió en Sevilla, entonces poco salubre, la propagación de la fiebre amarilla, que hacía estragos por todo el país.[52]

En una circular a los decanos de las facultades de la Universidad, cursada en noviembre de 1869, poco después de promulgada la nueva Constitución, Machado Núñez arremetió contra «la intransigencia política y religiosa» que encontraba a su alrededor y que le parecía inaceptable en un país que ya se esforzaba por entrar en el mundo moderno. «El espíritu de intolerancia —allí manifestaba— es hoy opuesto al código fundamental del Estado que, aplicando en nuestra patria las leyes establecidas ya de larga fecha en todas las naciones cultas de Europa, permite de derecho a cada uno profesar la creencia que de sus padres heredara o que su razón le aconseje como la mejor y más aceptable a su conciencia». Sobre todo le preocupa a Machado Núñez la intransigencia de ciertos sevillanos que quieren que la religión católica siga interviniendo en la enseñanza de las ciencias. Gracias a la revolución existe ya libertad de cátedra y de expresión, y no está dispuesto en absoluto a que «unos cuantos rompan el admirable concierto de voluntades que ha reinado hasta aquí». Así es el talante de este hombre que ha luchado por la caída de la monarquía y el advenimiento de la República.[53]

Aquel mismo 1869 Machado Núñez fundó con uno de sus mejores amigos universitarios, el catedrático de Metafísica Federico de Castro, la *Revista Mensual de Filosofía, Literatura y Ciencias de Sevilla*, portavoz en Andalucía del krausismo.[54]

La filosofía de Karl Christian Friedrich Krause (1781-1832) ejerció, como es bien sabido, una profunda influencia sobre la vida cultural española de la segunda mitad del siglo XIX. Ponía el énfasis sobre la conciencia y la responsabilidad individuales. Preconizaba el amor a la Naturaleza y el derecho de la mujer a la enseñanza. Tenía un gran atractivo tanto para cristianos progresistas como para laicos. Y era considerada altamente nociva por la jerarquía católica, que no tardó en condenarla como una heterodoxia inadmisible. En enero de 1868 Julián Sanz del Río, el iniciador, fue fulminantemente destituido de su cátedra de Historia de la Filosofía en la Universidad de Madrid, así como Fernando de Castro, Francisco Giner de los Ríos y Nicolás Salmerón de las suyas. La Revolución de Septiembre les devolvió a sus puestos, pero Sanz murió al año siguiente, a los 55 años, antes de ver fructificar su labor.

La *Revista Mensual de Filosofía, Literatura y Ciencias de Sevilla*, imbuida del espíritu de «La Gloriosa», así como del krausismo, cumplió con creces su voluntad de ser «palenque abierto a la libre emisión del pensamiento científico». Seguiría publicándose hasta 1875, con la colaboración de las firmas más progresistas de la época, entre ellas la de Machado Núñez, que allí publicó numerosos trabajos de divulgación científica.[55]

Es importante señalar que Machado Núñez fue uno de los propagandistas españoles más férvidos de las ideas evolucionistas de Darwin, cuya penetración en el país recibió un fuerte impulso a partir de la Revolución de 1868.[56] Su artículo «Apuntes sobre la teoría de Darwin», publicado en 1871, da la medida del tremendo impacto ejercido sobre su espíritu por la lectura de *El origen de las especies*, cuya traducción al español se había editado aquel año. Machado Núñez se expresa allí de acuerdo con la opinión de un crítico no identificado, para quien el libro de Darwin «ha hecho una revolución en la Biología tan trascendental como la verificada en Astronomía con los Principios de Newton» y, así como lo hará en trabajos sucesivos, razona que en la ciencia experimental, alejada de hipótesis religiosas, dogmas, supersticiones y prejuicios, reside la única salvación de la humanidad.[57] «El fanatismo y la ignorancia, que viven del error y de las preocupaciones —declara en uno de estos escritos— no pueden ver impasibles a la Ciencia demostrar que nada hay sobrenatural ni milagroso, que todo resulta de leyes inmutables, armónicas y causales del Universo».[58]

Machado Núñez, que entre sus otras iniciativas propicia traducciones españolas de Herbert Spencer y de Ernest Haeckel, era
muy mal visto, como se puede imaginar, por el clero sevillano, que
le consideraba poco menos que un hereje digno de la hoguera. La
sospecha de ser además masón era otro factor en su contra. Sospecha bien fundada: en 1872 es Venerable de la Logia sevillana Fraternidad Ibérica, y al año siguiente alcanza el grado 31°.[59]

* * *

La Revolución de 1868 y sus secuelas suscitaron extraordinario
interés en Europa y Estados Unidos. Uno de los testimonios contemporáneos más valiosos que tenemos acerca de la España de aquellos años es el del diplomático norteamericano John Hay, entonces
destinado en la legación de su país en Madrid. Se trata del libro
Castilian Days (Días castellanos), empezado entre la primavera y el
otoño de 1870 y editado en Boston al año siguiente.

Observador perspicaz, Hay tiene la certidumbre de estar pre-
senciando la transformación en nación moderna y europea, por fin,
de la vieja España atrasada. Si bien es verdad que todavía no ha
llegado la República (que el diplomático —así como Machado
Núñez— entiende como la única solución racional para el país),
es innegable que, bajo la regencia del general Serrano, España ha
progresado enormemente en poco tiempo. Para demostrarlo, ahí
está la Constitución de 1869, «más libre que la de cualquier monarquía de Europa», que consagra dos principios fundamentales:
libertad de expresión y libertad religiosa. «La Revolución —opina
el norteamericano— ha liberado el pensamiento de la gente hasta
un punto que no habría parecido posible hace algunos años». Estima que, si las libertades actuales se pueden mantener un poco más
tiempo, «llegará la sacudida de la sana controversia y España volverá a renacer». Es cierto que la nefasta influencia de la Iglesia se
percibe todavía por doquier, que las viejas supersticiones se ciernen
sobre el país como «una niebla de malaria», que el poder de la
tradición sigue «acogotando el intelecto español con manos de
hierro», que el pueblo todavía desconoce el concepto de civismo.
Pero, ¿cómo podría ser de otra manera tras tantos años de despo-
tismo, de guerras y de incultura?

Hay es especialmente elocuente cuando evoca los abusos de la
Corte de Isabel II, de los cuales ha sido informado por numerosos

testigos, entre ellos Emilio Castelar. Nadie ha olvidado al padre Claret, confesor de la reina, ni la influencia sobre ella de sor Patrocinio, la de las llagas. «Nunca —escribe Hay—, ni en los periodos más sombríos de la historia española fue tan absoluto y tan tiránico el reino de la superstición como en el Alcázar de Madrid durante los últimos años de Isabel de Borbón».

A Hay le fascina el Partido Republicano, de tan reciente formación. ¿Quieren sus allegados una República unitaria o una federal? Al norteamericano le preocupa la falta de unanimidad sobre cuestión tan fundamental, y espera que se llegue pronto a un acuerdo (que por desgracia no será el caso). Mientras, todos los republicanos, del matiz que sea, luchan juntos en las Cortes por la plena consecución de los derechos individuales, el divorcio de Iglesia y Estado —no conseguido en la Constitución de 1869—, la abolición de la esclavitud en América y la autonomía de las colonias. El diplomático admira profundamente a Castelar, Pi y Margall y sus compañeros. Representan «la democracia sobria y práctica del siglo XIX más que los sueños enfebrecidos de 1793 o las ensoñaciones rosa del socialismo». Está convencido de que tarde o temprano —aunque tal vez no sin sangre derramada— España será una República. Entretanto el Gobierno Provisional busca desesperadamente por toda Europa a un candidato desocupado dispuesto a ser rey de los españoles por la gracia de Dios. A Hay no le gusta nada el espectáculo, sobre todo cuando se elige finalmente a Amadeo, duque de Aosta, proclamado soberano en noviembre de 1870.[60]

El 28 de diciembre Juan Prim, el valedor de Amadeo, es asesinado en Madrid. Nunca se supo quiénes fueron los responsables, pero en la familia Machado no había dudas al respecto: el duque de Montpensier, cuñado de Isabel II, que desde la revolución francesa de 1848 vivía en España y había conspirado en 1868 contra la reina.[61] Cuando llega Amadeo a Madrid tres días después del asesinato de Prim, Machado Núñez dimite de su puesto de gobernador de Sevilla.[62]

Otra vez entregado a sus quehaceres intelectuales, contribuye a fundar la Sociedad Antropológica de Sevilla, en cuyo discurso inaugural, leído el 4 de octubre de 1870, reafirma su fe en la ciencia, «el ancho camino de la observación, del estudio y de la experiencia», señala el enorme progreso tecnológico conseguido a lo largo de los últimos veinte años —empezando con los ferrocarriles y «los telégrafos eléctricos»— y expresa su deseo de que la Sociedad Antropológica logre llevar a feliz término las tareas proyectadas, «difundiendo y propagando la ilustración entre todas las clases del pueblo». Se trata, como siempre, del mismo mensaje: sin la difusión de la cultura no habrá la gran España soñada.[63]

En 1872 Machado Núñez volvió a ocupar el rectorado de la Universidad hispalense, retomó el hilo de su labor reformista con Federico de Castro y estableció estudios monográficos de Derecho, Ciencias y Literatura.[64]

El discurso rectoral leído por Machado en la Universidad el otoño de 1873 —se trata de la «solemne apertura» del año académico— nos permite conocer el ánimo de nuestro hombre en estos momentos en que la República, sobrevenida a la abdicación de Amadeo a principios de año, está luchando por consolidarse. El tema del discurso es «Males y remedios de la Instrucción Pública». El rector enfatiza que la República tiene la obligación tajante de auspiciar el progreso de dicha instrucción, ya que sólo ella puede salvar a la patria del «oscuro porvenir». Repite una vez más que uno de los principales males de España es el desconocimiento de la Ciencia, escrita con mayúscula como si de una nueva diosa se tratara. Hay que proteger y fomentarla, siguiendo el ejemplo de Alemania e Inglaterra, donde se difunde y vulgariza metódicamente, ponerla al servicio del pueblo y darle una aplicación práctica (¡los alemanes hasta protegen los pájaros insectívoros, convencidos por los científicos de su enorme utilidad!). Y, cómo no, Machado Núñez se lamenta de que en España, a diferencia de lo que sucede en Alemania, los catedráticos tienen dotaciones insuficientes para la vida material, y se ven obligados a dedicarse a la práctica de sus respectivas profesiones, descuidando seguir los adelantos de la Ciencia. La República tiene la obligación de cambiar esta situación tan poco alentadora.[65]

Pero la República está condenada a muerte. Crónicamente inestable desde su nacimiento, carece de una sólida base social, lo cual permite que las fuerzas reaccionarias se puedan reorganizar. Además la debilitan dos sublevaciones: la carlista y la cantonalista. El hecho de tener cuatro presidentes en diez meses —Figueras, Pi y Margall, Salmerón y Castelar— es una indicación de su fragilidad. En enero de 1874 se produce el golpe de Pavía, que da paso al Gobierno conservador —casi se trata de una dictadura republicana— de Francisco Serrano, el ambicioso y chaquetero militar que en 1868 había vencido a las tropas de Isabel II en Alcolea. Está ya abonado el terreno para la restauración borbónica.[66]

* * *

Entretanto Antonio, el único hijo de Machado Núñez y Cipriana Álvarez Durán —nacido, como vimos, en Santiago de Compostela en 1846— ha terminado con éxito, en 1862, su bachillerato, e iniciado su carrera profesional en la Universidad Literaria de Sevilla, donde cursa simultáneamente y con notable provecho dos carreras, Filosofía y Letras y Derecho Civil y Canónico.[67] Uno de sus profesores es el krausista Federico de Castro, catedrático de Metafísica y gran amigo de su padre, que le anima a dedicarse al estudio científico de la literatura popular, afición que por otra parte lleva en la sangre gracias a su madre. Debido al ambiente filosófico que le rodea, el joven no tarda en sentir por Krause casi tanto fervor como sus mayores, y sueña con la renovación moral e intelectual de España. Para propagar sus convicciones crea en 1866, en colaboración con otros compañeros universitarios, la revista *La Juventud*. Luego, en 1867, traslada sus estudios a la Universidad de Madrid, donde al año siguiente le coge «La Gloriosa».[68] En la capital se reúne con krausistas y republicanos y funda la revista *El Obrero de la Civilización*, en la cual da a conocer varios artículos sobre literatura popular bajo el seudónimo «El hombre del pueblo», inspirado, sin duda, por el del abuelo Álvarez Guerra («Un Amigo del Hombre»), autor de la *Unidad simbólica*. En las páginas de la revista escriben, entre otros, su padre, Federico de Castro, Nicolás Salmerón y Francisco Giner de los Ríos.[69]

Machado Álvarez es un personaje algo despistado, con la cabeza tan llena de proyectos y cavilaciones que es capaz de salir a la calle sin abrigo, imprudencia que le cuesta una pulmonía grave y hace necesaria su vuelta a Sevilla en el verano de 1869.[70] Allí se licencia en Derecho Civil y Canónico aquel noviembre[71] y funda luego con otros compañeros (y la colaboración de su padre y Federico de Castro) la *Revista Mensual de Filosofía, Literatura y Ciencias*, donde publica trabajos sobre literatura popular y utiliza ya el seudónimo, que será definitivo, de Demófilo («El amigo del pueblo»).[72] En 1871 se licencia en Filosofía y Letras,[73] empieza el doctorado, se inscribe en el Colegio de Abogados de Sevilla y abre un bufete con dos amigos.[74] En 1872 publica, con Federico de Castro, *Cuentos, leyendas y costumbres populares* y —después de un breve periodo como juez municipal del distrito de San Vicente— inaugura con el maestro y amigo un nuevo bufete.[75] Cuando Castro se traslada a Madrid —aquel mismo 1872—, deja encargado a Machado Álvarez de su cátedra, pese a saber que el discípulo ya se va distanciando de Krause y convirtiendo en positivista.[76]

En estos años Machado Álvarez reside con sus padres en la casa número 9 de la larga y estrecha calle de las Palmas —hoy Jesús del Gran Poder— en la parroquia de San Miguel. Desde mediados de la década de los sesenta también viven con la familia la abuela Cipriana Durán de Vicente Yáñez, viuda de José Álvarez Guerra, que en el padrón municipal de 1872 declara tener 76 años, y su hijo soltero de 50, José Álvarez Guerra, discapacitado descrito en los padrones como «pintor por afición», «pintor indefinido», «soltero dedicado a la pintura» o «pintor basto», y quien, según una anotación de Machado Núñez en el de 1874, sólo sabe leer y escribir «confusamente».[77]

El 22 de mayo de 1873 Machado Álvarez contrae matrimonio con una joven trianera de 19 años, Ana Ruiz Hernández, hija de Rafael Ruiz Pérez —quizás natural de Ávila, aunque de padres sevillanos— e Isabel Hernández García, de Totana (Murcia).[78] Ana Ruiz, que será la madre de nuestro poeta, había nacido el 25 de febrero de 1854 en la casa número 11 de la calle Orilla del Río (hoy Betis), que corría, como indicaba su nombre, al lado mismo del Guadalquivir. Tenía la Maestranza en frente, la Torre del Oro un poco más abajo y, al fondo, la Giralda.[79] Era el pintoresco escenario evocado en las famosas sevillanas del siglo XVIII, armonizadas por Federico García Lorca:

¡Ay río de Sevilla,
qué bien pareces
lleno de velas blancas
y ramas verdes![80]

Justo detrás, en la calle Pureza, estaba la hermosa iglesia parroquial de Santa Ana, el templo cristiano más antiguo de Sevilla, construido durante el siglo XIII, al poco tiempo de caer la ciudad en manos de Fernando el Santo, sobre una mezquita cuyo alminar se conserva. Allí los padres habían bautizado a su hija con el nombre de la santa (al cual añadieron los de Josefa Felipa de la Santísima Trinidad), sin duda en señal de agradecimiento por el feliz alumbramiento. Según la partida de bautismo, de la cual extraemos estos datos, el padre de la criatura era de «ejercicio de Marinero».[81] De acuerdo con otra fuente, empero, Rafael Ruiz ya había abandonado para entonces su condición de hombre de mar y era «empleado con negocio y familia vinculada al vecindario de las calles Betis y Vázquez de Leca».[82] En cuanto a la madre, Isabel Hernández, parece ser que había sido vendedora de dulces en el mismo barrio.[83]

Cuando Ana Ruiz conoce a Antonio Machado Álvarez vive sin «profesión determinada» con sus padres en la pequeña calle Duarte, número tres, entre Orilla del Río y Pureza. A pocos metros, es decir, de donde había venido al mundo. Era toda una trianera.[84]

Tuvo que abandonar el barrio, sin embargo, al casarse con Antonio Machado Álvarez. La boda, exclusivamente civil, se celebra en la casa alquilada por el novio en el número 20 de la calle de San Pedro Mártir, en el de la Magdalena.[85]

Antonio Machado, a quien le gustaba tener sangre marinera en las venas gracias a la familia de su madre, nos hace saber, a través de su famoso *alter ego* sevillano, el maestro de Retórica Juan de Mairena, que sus padres se habían conocido en «una tarde de sol, que yo he creído o he soñado recordar alguna vez». Tarde en que una muchedumbre de sevillanos se agolpó en las riberas del Guadalquivir para admirar las evoluciones de unos delfines que, caso insólito, habían subido hasta la ciudad desde Sanlúcar de Barrameda. No sabemos si el flechazo se produjo realmente en aquella ocasión, pero *se non e vero e ben trovato*.[86]

Ya para entonces amarraban en el puerto de Sevilla, cada vez con mayor asiduidad, los barcos de vapor, demostración de que los tiempos iban cambiando. A mediados de la década de 1870, es decir exactamente en la época en que se casan Antonio Machado Álvarez y Ana Ruiz, el pintor Emilio Ocón y Rivas ejecutó un lienzo titulado *Gran velero saliendo del puerto de Sevilla con la Torre del Oro al fondo*. Aunque el velero protagoniza de hecho la obra, Ocón no dejó de incluir en la misma un barco de vapor de líneas elegantes que da la impresión de estar deseando zarpar cuanto antes rumbo al océano. Gracias a su río, Sevilla, que entonces tenía unos 135.000 habitantes, podía presumir de ser una gran ciudad abierta al mundo. Además ya estaba conectada con Madrid por ferrocarril.[87]

El 29 de agosto de 1874 nace en la casa de San Pedro Mártir, 20, el primogénito de Antonio Machado Álvarez y Ana Ruiz. Es un niño a quien dos días después se bautiza, en la iglesia de la Magdalena, con los nombres de Manuel, Antonio y Rafael de la Santísima Trinidad. Sus padrinos son los abuelos paternos, y actúan como testigos de la inscripción en el Registro Civil el catedrático Federico de Castro y un tal Manuel Sierra. Ana Ruiz inicia así la que va a ser una vida matrimonial fecunda en partos.[88] Unas semanas después Antonio Machado Álvarez se doctora en Filosofía y Letras. En estos momentos el futuro debía de parecerles risueño a la pareja.[89]

* * *

A finales de diciembre de 1874 cae el Gobierno conservador de Francisco Serrano al efectuarse el pronunciamiento monárquico del general Martínez Campos. Unos días después Alfonso XII es proclamado rey de España. Se puede imaginar el desconsuelo producido en el ánimo de la familia Machado, tan fervorosamente republicana, por el regreso de los Borbones después de interregno tan breve. El cambio de régimen significa, en el mundo universitario, la vuelta a las hostilidades existentes antes de «La Gloriosa». En febrero de 1875, Manuel Orovio, ministro de Fomento del primer Gobierno de Cánovas del Castillo, no sólo separa de sus cátedras a Nicolás Salmerón, Francisco Giner de los Ríos y Gumersindo de Azcárate sino que los destierra, respectivamente, a Lugo, Cádiz (Penal de Santa María) y Cáceres. La medida da lugar a una oleada de protestas, y otros catedráticos simpatizantes son sancionados o bien renuncian voluntariamente a sus puestos. Se ha dicho que entre ellos estaba Antonio Machado Núñez, ya para estas fechas muy amigo de Giner, pero no consta en el incompleto expediente universitario suyo conservado en el archivo de la Universidad de Sevilla.[90]

Salmerón, Giner y Azcárate no están epistolarmente incomunicados. Entre ellos empieza a perfilarse el proyecto de crear en Madrid una institución universitaria laica donde poder ejercer con libertad, de una vez por todas, su labor docente. Es el inicio de la aventura más apasionante en la historia de la pedagogía progresista española: la de la Institución Libre de Enseñanza, fundada al año siguiente.

En medio de estos acontecimientos, y tal vez porque el piso de San Pedro Mártir, 20, les resulta incómodo, Antonio Machado Álvarez y Ana Ruiz han decidido buscar otra casa, y durante la primera mitad de 1875 se trasladan a los bajos del palacio de las Dueñas, propiedad de los duques de Alba. El decimoquinto duque, Jacobo Luis Fitz-James Stuart y Ventimiglia —a la vez octavo duque de Berwick— está en el extranjero y tiene alquilado el palacio, dividido en apartamentos, a unas once o doce familias sevillanas «modestas», pero de confianza.[91] Entre ellas están en estos momentos las del pintor Gumersindo Díaz Pérez —especialista en escenas y paisajes lúgubres[92]— y de su hermano, el músico Cristóbal Díaz Pérez, y de otro pintor, Bernardino Gayoso.[93] Se ha dicho que Machado Álvarez, abogado al fin y al cabo, era administrador de la finca, pero no ha aparecido documento alguno que lo atestigüe.

El palacio de las Dueñas, que pertenece a los Alba desde 1612, se encuentra, a unos escasos quinientos metros del bullicio de Sierpes, en la estrecha calle del mismo nombre (hoy Dueñas, 5, en tiempos de los Machado el número 3). Está rodeado de una alta tapia que la escamotea a los ojos curiosos, con la excepción de su fachada principal, visible (cuando las dos macizas puertas de madera de la finca están abiertas) detrás de una disuasoria verja de entrada: verja que más de uno ha querido ver como metáfora de la barrera que separa la Sevilla aristocrática de la popular.

Hasta los jardines de las Dueñas, con sus tres elegantes patios engalanados con enredaderas y macetas de flores y sus veredas de albero, apenas llega el rumor de la ciudad circundante. Estamos en el *hortus conclusus* del *Cantar de los cantares*. En el silencio sólo se oyen el canto y el aleteo de los pájaros —palomas, gorriones, mirlos—, el susurro de las fuentes y, de vez en cuando, amortiguada, la campanada de algún recoleto templo cercano (convento del Espíritu Santo, convento de Nuestra Señora de la Paz...).

El palacio, que se empezó a construir a mediados del siglo xv como casa solariega de la familia Pineda, debe su nombre al convento de Santa María de las Dueñas, que se hallaba en la acera de enfrente, y fue demolido a raíz de la Revolución de 1868.[94] Ostenta una abigarrada pero no infeliz mezcolanza de elementos platerescos, góticos y mudéjares. En 1830, cuatro décadas antes de la llegada de los Machado, Richard Ford lo había descubierto en un estado semirruinoso. «Años atrás tenía *once* patios, con nueve fuentes y más de cien columnas de mármol», apunta el inglés —tal vez cargando demasiado las tintas— en su famoso *Manual para viajeros en España y lectores en casa*. Recomienda, no obstante la actual decadencia del lugar, la visita de sus jardines y de su «bosque» de naranjos y arrayanes.[95]

En este idílico paraje vino al mundo, el 26 de julio de 1875, a las cuatro y media de la mañana, Antonio Machado. Es la festividad de Santa Ana, onomástica de la madre. Tal vez por ello Ana Ruiz sentirá por su segundo hijo —y será correspondida— una ternura extraordinaria.[96]

Dos días después, el 28 de julio, el niño es bautizado en la colindante iglesia de San Juan Bautista (vulgo San Juan de la Palma), que alberga una de las imágenes más populares de la Semana Santa sevillana, la Virgen de la Amargura. Recibe los nombres de Antonio Cipriano José María y Francisco de Santa Ana y de la Santísima Trinidad (Antonio por el padre y el abuelo paterno, Cipriano por la abuela y bisabuela paternas, José María tal vez por el bisabuelo paterno, José Álvarez Guerra, Francisco acaso por el tío abuelo paterno, hermano de Antonio Machado Núñez, y Santa Ana por la madre).[97] La madrina es la bisabuela Cipriana Durán de Vicente Yáñez, representada por su hija, Cipriana Durán, esposa de Machado Núñez.[98] Asisten como padrinos el pintor de escenas tétricas Gumersindo Díaz, y el comerciante sevillano Ricardo Medrano, vecinos ambos de la familia en las Dueñas.[99]

En el padrón municipal correspondiente a 1875 los Machado no figuran todavía como inquilinos del palacio (hay que deducir que llegarían después de llevado a cabo el censo anual). Pero sí en el de 1876. Y sorprende descubrir que, tras la muerte de su madre, Cipriana Durán de Vicente Yáñez, ha ido a vivir con ellos, abandonando así la casa de Antonio Machado Núñez, el tío José Álvarez Durán, descrito ahora como soltero de 54 años y «hacendado».[100] Seguirá con la familia, además. En 1877 figura en el padrón municipal como «propietario y pintor»[101]; en 1880 como «soltero incapacitado»;[102] y en 1881 como «pintor de cuadros por su afición».[103] Apenas sabemos nada más de aquel hombre, aficionado como su hermana Cipriana a los pinceles, y cuya continuada presencia entre los Machado garantizaría que en casa se hablara a menudo de su estrafalario padre, José Álvarez Guerra.

44

Los padrones municipales encierran otras sorpresas. El de 1877, por ejemplo, nos descubre que Ana Ruiz ha tenido un nuevo hijo, Rafael, bautizado, como Antonio dos años antes, en San Juan de la Palma y nombrado así, presumiblemente, en honor del abuelo materno, Rafael Ruiz.[104] El niño, que muere pronto, no figura en el censo siguiente.[105] En julio de 1879 correrá la misma suerte una niña de nueve meses, y Machado Álvarez aludirá a su reciente «desgracia» en una carta a Joaquín Costa.[106]

* * *

Antonio Machado nunca dejó de soñar con el rincón insólito donde había venido al mundo aquel verano de 1875. Se entiende. El palacio de las Dueñas era, y sigue siendo, un lugar hecho para alimentar la fantasía de un futuro creador (ilustraciones 9, 10).

Pero nos encontramos en seguida con un enigma. Y es que, contrariamente a lo que se ha dicho tantas veces, a lo que se sigue creyendo y a lo que dio a entender el propio poeta, sólo pasó en las Dueñas los primeros cuatro años de su vida. En vista de este hecho, demostrado por los padrones municipales, procede leer con detenimiento y cautela los versos iniciales del famoso «Retrato» —mejor, «autorretrato»— suyo, publicado en el diario madrileño *El Liberal* en 1908 y luego incluido en *Campos de Castilla*:[107]

Mi infancia son recuerdos de un patio de Sevilla,
y un huerto claro donde madura el limonero;
mi juventud, veinte años en tierra de Castilla;
mi historia, algunos casos que recordar no quiero. (XCVII)

En un principio parece ser que el poeta nos está diciendo que, cuando evoca ahora su infancia, a los 33 años, toda ella se concentra en sus recuerdos del palacio de las Dueñas. Pero también cabe otra lectura añadida o superpuesta: que a partir de los cinco años ya le aquejaba la nostalgia de aquel paraíso perdido.

¿Qué recuerdos guardamos de nuestros primeros cuatro años? Se puede decir, en términos generales, que suelen ser muy selectivos, y además sujetos a reelaboraciones posteriores. Quizás a nivel consciente —otra cosa es el subconsciente— sólo retenemos momentos o circunstancias o acontecimientos realmente excepcionales. Y fue excepcional, desde luego, el hecho de haber pasado aquellos años en el palacio sevillano de los duques de Alba.

Los abuelos paternos no acompañaron a la familia en su traslado a las Dueñas, como a veces se ha dicho,[108] pero en enero de 1877, acaso para estar más cerca de los suyos, abandonaron su casa en la calle de las Palmas, 9, y se instalaron en la número 33 de la de Bustos Tavera, situada justo detrás del palacio, a dos pasos de la hermosa iglesia mudéjar de San Marcos.[109] Es inimaginable que desde allí no visitasen con frecuencia las Dueñas, y podemos postular las reuniones con amigos de distintas edades y aficiones que tendrían lugar en el privilegiado recinto. La abuela Cipriana Álvarez Durán —coinciden los testimonios— era el alma del grupo, y en 1940 Manuel Machado decía recordarla, cuando él tenía unos dos años, «asomada a la galería de cristales del primer piso, toda ansiosa e inquieta». ¿Se trataba de la casa de los abuelos o del palacio de las Dueñas? Probablemente Manuel no lo habría podido precisar con seguridad.[110]

* * *

Dice Machado, en una nota inserta en sus *Páginas escogidas* de 1917, que aprendió a leer en el *Romancero general* de su «buen tío [en realidad, hermano de su bisabuelo] D. Agustín Durán».[111] Cabe pensar que le ayudó en tal aprendizaje la abuela Cipriana, sobrina, como sabemos, de Durán, y heredera de su pasión por la cultura popular. Confirma la referencia al *Romancero* el testimonio de Manuel Machado, quien aporta, además, otra indicación de primeras lecturas: «Bien es verdad que había aprendido a leer en el Romancero y en una colección de Teatro Clásico a dos columnas, con viñetas al frente de cada comedia. De aquí, sin duda, nos vino a mi hermano Antonio y a mí la primitiva afición al teatro».[112]

En su cuaderno *Los complementarios*, al apuntar unos versos de un entremés del siglo XVII, Antonio añade entre paréntesis: «canciones oídas a mi abuela».[113] Parece lícito deducir que Cipriana no sólo recitaba sino que *cantaba* romances y coplas populares para sus nietos. En uno de sus mejores sonetos, por otro lado, Machado evoca a su padre cantando en su «despacho» de las Dueñas (CLXV, IV), y, según su hermano José (nacido en 1879), lamentaba no haber estudiado música, él mismo, desde niño.[114]

Es importante tener en cuenta esta afición musical de la familia, sin la cual no se entiende, por otro lado, la labor folclórica de *Demófilo*.

También hay que recalcar la afición de Cipriana Durán a la pintura. Por las pocas obras suyas que se conocen —un retrato de Antonio Machado niño, hoy en paradero desconocido (ilustración 8)[115], la copia de uno de Isabel II por Madrazo y otra de un autorretrato de Mariano Fortuny, ambas en la Real Academia Sevillana de Buenas Letras— podemos decir que poseía una aptitud para los pinceles más que corriente. Recordemos, además, la buena amistad de la familia con el pintor Gumersindo Díaz, padrino de Antonio. Díaz había sido amigo del artista sevillano Valeriano Domínguez Bécquer, muerto como su hermano Gustavo Adolfo, el poeta de las *Rimas*, en 1870, que le hizo un retrato conservado hoy en el Museo de Bellas Artes de la ciudad. Parece lícito deducir que, entre los temas discutidos diariamente en el seno de la familia, raras veces faltaba la pintura. Ello dará sus frutos. Manuel demostrará su pasión por el arte en su libro *Alma* (1902); Antonio frecuentará con asiduidad el Prado y escribirá con soltura acerca de su paisano Velázquez; José será dibujante y pintor. Se comprueba otra vez que estamos ante una familia intelectual y artísticamente muy vital, muy en contacto con lo que ocurre a su alrededor.

* * *

En toda la obra de Antonio Machado afloran, insistentemente, unas cuantas reminiscencias fijas de su infancia, relacionadas casi siempre con el palacio de las Dueñas. Las macetas de la madre, con su olor a albahaca y hierbabuena, los cipreses y las palmeras, los cuadros de mirtos, «un aroma de nardos y claveles» (CXXV), el reflejo de limones en el fondo de la gran fuente del patio central, y, bañándolo todo, «la luz dorada de Sevilla».[116]

Pero no se trata sólo del huerto y de los jardines. En una nota autobiográfica redactada en 1913 Machado declaró, con su laconismo habitual, que era «un detalle de alguna importancia» haber venido al mundo en las Dueñas. Luego añadió: «La arquitectura interna de la casa en que nací, sus patios y sus azoteas, han dejado honda huella en mi espíritu».[117] No menciona, entre los elementos de aquella «arquitectura interna» que tanto marcó su infancia, las largas galerías de la vetusta mansión, origen de las que aparecerán una y otra vez, entre sueños, en sus primeros versos y a menudo, también, en los posteriores:

> Soñé la galería
> al huerto de ciprés y limonero;
> tibias palomas en la piedra fría,
> en el cielo de añil rojo pandero,
> y en la mágica angustia de la infancia
> la vigilia del ángel más austero.   (CLXIX)

Por supuesto que la familia no se quedaba siempre encerrada en las Dueñas, pese a sus encantos. Los sábados y domingos visitaban a los abuelos maternos, Rafael Ruiz e Isabel Hernández, en Triana,[118] y podemos estar seguros de que Antonio Machado Núñez les llevaría de vez en cuando al campo, así como a las orillas del Guadalquivir, con sus barcos, sus mareas y su anecdotario de Nuevo Mundo, orillas adonde, por más señas —si hemos de fiarnos de un poema de Antonio redactado en 1916— solía acudir con afán cinegético Machado Álvarez:

> Mi padre, cazador, —en la ribera
> de Guadalquivir ¡en un día tan claro!—
> —es el cañón azul de su escopeta
> y del tiro certero el humo blanco.[119]

Es impensable, también, que los chicos no subiesen a lo alto de la Giralda, con sus espectaculares vistas sobre la ciudad y la campiña circundante, así como a la otra insólita torre árabe de Sevilla, la del Oro, discurriesen por los jardines de los Reales Alcázares o disfrutasen —aunque se supone que sin fervor religioso, dado el anticlericalismo del padre y del abuelo— del esplendor y de la emoción de la Semana Santa. Asimismo, ¿podemos ponerlo en duda?, se familiarizarían desde muy niños con el inmenso interior sombrío de la catedral —el templo gótico más grande del mundo—, así como con las numerosas iglesias barrocas de Sevilla, y visitarían a veces el puerto, a cuyos muelles ya llegaba directamente el tren.

¿Y su primera escuela? Manuel Machado informó a Miguel Pérez Ferrero, cuando éste empezó en 1935 su biografía de los dos hermanos, que él y Antonio habían sido párvulos en el colegio de un tal «señor Sánchez».[120] Los pocos documentos existentes sobre las escuelas infantiles sevillanas durante el último tercio del siglo XIX, conservados en el Archivo Histórico de la Universidad hispalense, contienen algunas alusiones al colegio dirigido por un maestro de nombre Antonio Sánchez Morales. Se trata de la denominada «cuarta escuela pública municipal de niños», que ocupaba el ex convento de la Concepción, situado en la pequeña calle (casi plaza) de Menjíbar, al lado de la iglesia de San Juan de la Palma, es decir a unos trescientos metros del palacio de las Dueñas.[121] Es difícil no llegar a la conclusión de que Antonio Sánchez Morales —que vivía en la cercana calle Castellar, número 22—[122] es el «señor Sánchez» recordado por Manuel Machado. Había sido nombrado director de dicha escuela por el Ayuntamiento de Sevilla el 18 de febrero de 1869, o sea justo después de «La Gloriosa», por lo cual podemos suponerle de signo progresista e incluso, quizás, amigo de la familia Machado. No hay en la obra de Antonio referencia concreta alguna al dómine, aunque algunos poemas tempranos podrían dar a entender que el futuro poeta se aburriera soberanamente en aquella escuela. Por desgracia no sabemos nada más acerca de Sánchez Morales, que murió en 1890.[123]

Teniendo en cuenta la marcada reserva de Antonio Machado a la hora de transmitir por escrito sus memorias infantiles —al margen de las que hemos señalado—, es de excepcional interés la anécdota que salva del olvido en su cuaderno *Los complementarios*, con fecha 12 de junio de 1914:

No recuerdo bien en qué época del año se acostumbra en Sevilla comprar a los niños cañas de azúcar, cañas dulces, que dicen mis paisanos. Mas sí recuerdo que, siendo un niño, a mis 6 o 7 años, estábame una mañana de sol sentado, en compañía de mi abuela, en un banco de la plaza de la Magdalena, y que tenía una caña dulce en la mano. No lejos de nosotros pasaba otro niño con su madre. Llevaba también una caña de azúcar. Yo pensaba: «La mía es mucho mayor». Recuerdo bien cuán seguro estaba yo de esto. Sin embargo, pregunté a mi abuela: «¿No es verdad que mi caña es mayor que la de ese niño»? Yo no dudaba de una contestación afirmativa. Pero mi abuela no tardó en responder, con un acento de verdad y de cariño que no olvidaré nunca: «Al contrario, hijo mío; la de este niño es mucho mayor que la tuya». Parece imposible que

ese trivial suceso haya tenido tanta influencia en mi vida. Todo lo que soy —bueno y malo—, cuanto hay en mí de reflexión y de fracaso, lo debo al recuerdo de mi caña dulce.

Escrita esta nota, pregunto a mi madre por la época del año
en que los niños de Sevilla chupan la caña de azúcar. «Es en
Pascua —me dijo—, en la época de las batatas y los peros».[124]

Veinte años después, y con algunas ligeras variantes, Machado
puso este mismo episodio en boca de su «apócrifo» sevillano Juan
de Mairena. Aunque es ahora la madre y no la abuela la encargada de
colocar los puntos sobre las íes, parece seguro que el «trivial suceso» ocurrió realmente y que contribuyó, de hecho, a la formación
de una manera peculiar de entender el mundo circundante:

Era yo muy niño y caminaba con mi madre, llevando una caña dulce en la mano. Fue en Sevilla y en ya remotos días de
Navidad. No lejos de mí caminaba otra madre con otro niño, portador a su vez de otra caña dulce. Yo estaba seguro de
que la mía era la mayor. ¡Oh, tan seguro! No obstante, pregunté a mi madre —porque los niños buscan confirmación aun
de sus propias evidencias—: «La mía es mayor, ¿verdad?».
«No, hijo —me contestó mi madre—. ¿Dónde tienes los ojos?».
He aquí lo que yo he seguido preguntándome toda mi vida.[125]

Se ha aventurado que, al subrayar la importancia de aquel episodio, el poeta quería dar a entender que le había inoculado para
siempre contra «toda posible pretenciosa jactancia».[126] Quizás fue
así. De todas maneras es interesante la insistencia de Machado-
Mairena sobre el buen sentido de la madre. Los «rasgos esenciales» de Ana Ruiz, en palabras de su hijo José, «eran los de una dulzura, delicadeza y espiritualidad, verdaderamente extraordinaria
[sic]». El mismo testigo privilegiado añade que la madre «tenía
una gran afinidad con Antonio». El papel que le atribuye Machado en la segunda versión de la anécdota de la caña dulce parece confirmarlo.[127]

* * *

En 1872, debido a una serie de «cavilaciones filosóficas» y otras
circunstancias, Antonio Machado Álvarez, el padre de nuestro poe-

ta, había abandonado la recolección de coplas y cuentos. No vuelve a los estudios folclóricos hasta 1879, cuando asume la dirección
de la «Sección de Literatura Popular» de una nueva revista sevillana, *La Enciclopedia* (1877-1883), puesta en marcha por amigos
suyos, entre ellos Francisco Rodríguez Marín. Durante estos siete años *Demófilo* se ha distanciado del krausismo y abrazado el po-
sitivismo. Su meta ahora es recoger materiales populares con la
más absoluta y científica fidelidad, y en las columnas de *La Enciclopedia*, sintonizando con la toma de posición de su padre —ya
empedernido «evolucionista»— expresa una profunda admiración
por Herbert Spencer y Edward B. Tylor (autor de *La cultura primitiva)* y se refiere a Thomas Huxley y Charles Darwin como los
geniales precursores de una nueva era científica.[128] En una carta
de 1880 a su admirado Joaquín Costa, entonces profesor de Derecho Político y de Historia de España en la Institución Libre de
Enseñanza[129], Machado Álvarez alude a su conversión al darwi-
nismo en términos no exentos de jocosidad. «Dele V. un abrazo
de media hora a mi querido amigo D. Francisco Giner —le pide—,
a quien dirá V. que estoy hecho un renegado, un apóstata, pues he
dicho en público [...] que me inclino más al utilitarista Herbert
Spencer que a Krause».[130]

Acaba de pasar unos seis meses en Sevilla un eminente ro-
manista austriaco, Hugo Schuchardt, catedrático de la Universidad de Graz, que está empeñado en desentrañar los misterios
de la fonética andaluza, nada menos. Nace entre él y Machado
Álvarez una relación calurosa, y Schuchardt pone a su amigo
en contacto con numerosos filólogos, folcloristas y estudiosos
europeos, uno de ellos el muy renombrado Gaston Paris. La presencia entre *Demófilo* y sus colaboradores del austriaco, a quien
le interesa mucho la música popular, supone un poderoso estímulo para los estudios folclóricos en Sevilla. Dos años después, gracias a la colaboración desinteresada de Machado Álvarez, Schuchardt editará en Graz una interesante monografía, *Die Cantes
Flamencos*, tal vez el primer estudio sobre el flamenco publicado
fuera de España.[131]

Machado Álvarez, como su padre, es republicano y masón, y
no desperdicia ocasión para dar pública expresión a su anticlericalismo, de hecho tan radical que llegará el momento en que la Iglesia sevillana declare que los católicos que le lean serán excomul-
gados.[132] En el famoso «Retrato» de nuestro poeta hay una clara

alusión a la hostilidad que suscitaban los curas en el ambiente familiar de los Machado:

Hay en mis venas gotas de sangre jacobina,
pero mi verso brota de manantial sereno;   (XCVII)

Ya para principios de agosto de 1879, por razones que desconocemos, Antonio Machado Álvarez y su familia han abandonado el palacio de las Dueñas y viven en la calle de las Navas (hoy Mateo Alemán), número 1. Allí, aquel 18 de octubre, nace el quinto hijo del matrimonio, José. Contestando la felicitación de Joaquín Costa, *Demófilo* expresa el deseo de que su nuevo «rejeton» [sic] sea «propagandista acérrimo, ya que no otra cosa, que queden Machados en el mundo para combatir la tiranía y el oscurantismo».[133] A José le bautizan unos días después en la casi colindante iglesia parroquial de Santa María Magdalena, templo del antiguo convento dominico de San Pablo donde, en 1544, fue consagrado obispo de Chiapas Fray Bartolomé de las Casas y, en 1618, bautizado Murillo. En la misma iglesia, en 1874, se había bautizado a Manuel, el hermano mayor, antes del traslado de la familia al palacio de las Dueñas.[134]

A principios del año siguiente, 1880, llega a manos de Machado Álvarez el número de la *Revue Celtique*, de París, correspondiente a agosto de 1879. Allí se entera de la fundación en Londres de la Folk-Lore Society. La noticia le produce una impresión tan fuerte, algo así como un terremoto psíquico, que resuelve casi en el acto crear una sociedad parecida en España. Está convencido de haber encontrado su misión en la vida.[135]

Este mismo 1880, bajo su seudónimo de *Demófilo*, Machado Álvarez da a la imprenta una copiosa *Colección de Enigmas y Adivinanzas en Forma de Diccionario*, dedicada a la Institución Libre de Enseñanza.[136]

Demófilo ya conoce a un joven literato sevillano que va a ser uno de sus mejores y más fieles amigos y colaboradores, pese a ser, en política, monárquico y conservador. Nacido en 1851 —es decir, cinco años después de Machado Álvarez—, alto y esbelto, Luis Montoto y Rautenstrauch es redactor del periódico sevillano *El Español*, sigue todo lo que ocurre en la ciudad con ferviente interés, admira a los poetas Campoamor y Núñez de Arce, y compone él mismo versos no exentos de ingenio. En su libro de memorias *Por aquellas calendas* (1930) Montoto evoca con nostalgia a Machado Álvarez y recuerda su pasión por las indagaciones folclóricas: «Llamábale yo, y él se reía a casquete quitado, *el hombre de la Naturaleza*. "Todo te gusta al natural —le decía—. Si te lo permitieran, andarías por el mundo como nuestro primer padre por el Paraíso terrenal. Todos tus paseos son por el campo. Cuando salimos por esas tierras de Dios, bebes en las fuentes y en los arroyos, sirviéndote de las manos como de los vasos de cristal más fino. Más que oler las flores, te las comes; y te tiras a la tierra para besarla, como si besaras a tu madre"». El testimonio hace pensar que el amor de Machado Núñez por la Naturaleza había calado profundamente en la sensibilidad de su hijo.[137]

Montoto tampoco ha podido olvidar el aspecto algo estrafalario y descuidado del amigo:

> Siempre extrañé su desembarazo y el desaliño de su persona. Suelta la corbata, desabrochado el cuello de la camisa, subido el pantalón al extremo de dejar al descubierto toda la bota, vestido de verano en invierno y arrastrando la capa cuando se la colgaba de los hombros; despeinado siempre, pero limpio, locuaz y exaltado, el desaliño de su persona contrastaba con lo pulido de su conversación y la finura de sus maneras y de su trato. Era afectuoso con todo el mundo, y a aquellos con quienes congeniaba se los metía en lo más hondo del corazón. No tenía nada suyo: lo daba todo.[138]

Montoto encontraba irresistible el fervor con el cual *Demófilo* se entregaba a la que ya consideraba su vocación. «"Estudia —me decía—, estudia el pueblo, que, sin gramática y sin retórica, habla mejor que tú, porque expresa por entero su pensamiento, sin adulteraciones ni trampantojos; y canta mejor que tú, porque dice lo que siente. El pueblo, no las Academias, es el verdadero conservador del lenguaje y el verdadero poeta nacional"».[139]

¡Pobre *Demófilo!* Poco a poco, ante la indiferencia oficial y las duras realidades económicas, irá perdiendo su fe en la «ciencia folclórica». Pero no sin antes librar una batalla heroica en pro de sus ideales.

* * *

Siguen los embarazos. El 17 de agosto de 1881 viene al mundo el sexto hijo de Machado Álvarez y Ana Ruiz, Joaquín, cuya partida de nacimiento demuestra que lo ha hecho en casa de los abuelos Antonio Machado Núñez y Cipriana Durán, situada entonces —después de dos años en la calle de la Encomienda, 11 (hoy José de Velilla)— en la de O'Donnell, 22, al lado mismo de la Campana.[140] El padrón municipal correspondiente a 1881 confirma que Machado Álvarez y su familia, acompañada como siempre del pintor José Álvarez Guerra, hermana de Cipriana, viven en estos momentos con los abuelos: indicación, cabe pensarlo, de los pocos medios de que sigue disponiendo *Demófilo**. El padrón también revela que el abuelo tiene un excelente sentido del humor. A pie de página, refiriéndose a las mujeres de la casa —hay en ella varias criadas además de su esposa y su nuera—, escribe de su puño y letra: «Podrá haber alguna inexactitud en la edad de las hembras, que siempre se quitan años con el deseo».[141]

Este año de 1881 resultará crucial en la trayectoria vocacional de Antonio Machado Álvarez.

En primer lugar porque, siguiendo el ejemplo de los británicos, logra fundar la Sociedad El Folk-Lore Andaluz, que impulsará luego la creación de asociaciones parecidas en distintas provincias.[142]

En segundo lugar, porque ve la publicación, otra vez con el seudónimo de *Demófilo*, de su importantísima *Colección de cantes flamencos*, dedicada, como su libro del año anterior, a la Institución Libre de Enseñanza.

Se trata de un tomo de pequeño formato, con 881 coplas, transcritas fonéticamente, 250 notas y un breve y enjundioso prólogo en el cual el autor demuestra no sólo sus profundos conocimientos en la materia sino un fino humor irónico, un indudable buen hacer literario y un cierto desánimo ante la falta de interés demostrada en España por los estudios folclóricos.[143]

Como han apuntado José Blas Vega y Eugenio Cobo, la *Colección de cantes flamencos* inició «de forma metódica el estudio del flamenco» y constituyó una verdadera «llamada de atención» hacia un género antes despreciado por los eruditos.[144] Es decir, el padre de Antonio Machado fue el primer flamencólogo de verdad. Los

---

* Según Cano, pág. 10: «Y aún conoció la familia otros domicilios sevillanos, el de Navas, 1 (hoy Espina), y Orfila, 5, junto a la capilla de San Andrés. Esta última casa poseía un patio con un limonero en medio». Ni Navas se ha llamado nunca Espina ni hay indicación alguna en los padrones municipales de que la familia pasara una temporada en Orfila, 5.

autores citan con razón el último párrafo del prólogo del libro, que da la medida de las convicciones del autor y de su fe en la utilidad de los estudios folclóricos:

> El amor que profesamos a nuestro pueblo y el deseo de que la literatura y la poesía, rompiendo los antiguos moldes de un convencionalismo estrecho y artificial, se levante a la categoría de ciencia y se inspire en los grandiosos y nuevos ideales que hoy se ofrecen al arte, nos animan a esperar que este humildísimo trabajo, mucho más enojoso y pesado de lo que a primera vista puede presumirse, será acogido con benevolencia por los hombres científicos, dispuestos siempre a perdonar los errores de quien, al cometerlos, sólo se ha propuesto *acarrear materiales* para esa ciencia *niña* llamada a reivindicar el derecho del pueblo, hasta aquí desconocido, a ser considerado como un factor importante en la cultura y civilización de la humanidad.[145]

Los doce números de la revista *El Folk-Lore Andaluz* (1882-1883) demuestran la inmensa energía dedicada por el padre de nuestro poeta a tales estudios e investigaciones. Podemos imaginar las apasionadas conversaciones mantenidas en casa en torno a ellos (además, la abuela Cipriana Álvarez contribuyó con cinco cuentos populares a la revista, y el abuelo con un trabajo sobre el folclore del perro). Cantaores de flamenco, escritores, pintores, filósofos, poetas, políticos: los Machado cultivaban el arte del diálogo, del intercambio de opiniones, y ello influiría poderosamente en sus hijos. Tenían, además, facilidad para los idiomas y empeño en aprenderlos. Se trataba indudablemente de una de las familias más cultas de Sevilla.

A principios de 1883 *Demófilo* termina *Titín y las primeras oraciones*, estudio sobre el lenguaje infantil (Titín es el apodo de su hijo Joaquín, nacido dos años antes, cuya evolución lingüística ha seguido con detenimiento). El trabajo, uno de sus más originales, será traducido, a lo largo de los siguientes años, al alemán (por Schuchardt), al italiano, al francés, al portugués y al inglés.[146]

En marzo de 1883 Machado Álvarez fecha el entusiasta «Post-Scriptum» que ha preparado para los *Cantos populares españoles*, la monumental recopilación de su amigo y discípulo Francisco Rodríguez Marín, natural de Osuna, a quien ha cedido generosamente su propia colección de unas cinco mil coplas. El texto demuestra otra vez el afán científico que anima ahora las investigaciones de *Demófilo*, que está convencido de que el estudio riguroso del folclore puede hacer una contribución muy importante a la «demopsicología» («psicología del pueblo»), así como a la antropología, la historia y otras ramas del conocimiento. Incluso estima que el estudio comparativo de la cultura popular puede contribuir a la fraternidad universal. El texto expresa un optimismo que hoy parece ingenuo, y que, de hecho, el mismo Machado Álvarez perderá durante los diez años de vida que le quedan, al ir constatando el poco o nulo apoyo concedido a sus diversos proyectos en las instancias políticas y gubernativas de la España de entonces.

* * *

Aquel mismo 1883 el abuelo Antonio Machado Núñez, que ahora tiene 68 años, gana la cátedra de Zoografía de Articulaciones Vivientes y Fósiles en la Universidad Central de Madrid.[147]

Todo indica que la decisión de concurrir a dicha cátedra se había tomado pensando, en primer lugar, en la escolarización de los niños. Tanto Machado Núñez como su hijo querían que se formasen en la Institución Libre de Enseñanza, fundada por Giner de los Ríos y sus compañeros en 1876, como sabemos, y donde colaboraban tantos amigos y correligionarios de ambos. La Institución había visto frustrada su vocación universitaria, quedándose en colegio primario y secundario, sin duda el más progresista e innovador de España.[148] Ninguno más indicado para los hijos de Machado Álvarez. Por otro lado, éste no había perdido todavía su fe en la misión redentora de los estudios folclóricos, y estimaba, sin duda, que le convenía estar en la capital para potenciar la propaganda de los mismos.

Se ha venido repitiendo que Antonio Machado y sus hermanos sólo conocieron el mar poco antes de la salida de la familia para Madrid, llevados adrede a Huelva por su padre.[149] Es poco probable, sin embargo, que no lo hubiesen visto antes, y ello en Cádiz (no había todavía enlace ferroviario con Huelva —estaba en construcción— pero sí con la ciudad natal del abuelo Machado Núñez).[150] Tenemos, además, un interesante testimonio del poeta al respecto. En 1912, casi treinta años después del traslado de la familia a Madrid, le escribió a Juan Ramón Jiménez para expresarle la admiración que le acababa de producir la lectura de su último libro, *Poemas mágicos y dolientes*, y, sobre todo, del apartado titulado «Marinas de ensueño», donde, con ecos muy rubenianos, el moguereño evocaba el mar de su Huelva natal. «Ellas me recuerdan sensaciones de mi infancia —le asegura Machado—, cuando yo vivía en esos puertos atlánticos». No hay constancia documental de que el Machado niño pasara estancias, o una estancia, en Cádiz, pero la referencia lo da a entender. Manuel y Antonio estaban al tanto, naturalmente, del viaje a América del abuelo, que de buen seguro les hablaría de sus peripecias por aquellas tierras, y es fácil imaginar que se desvivían por conocer los puertos, deseo que sin duda querría satisfacer Machado Núñez, tan aficionado a las excursiones. Pérez Ferrero apunta que los hermanos, cuando niños, soñaban con ser capitanes de navío. No sería extraño, dada la condición de marineros de algunos de sus parientes por el lado materno. El mar, de todas maneras, será fundamental en la poesía de Antonio.[151]

Demófilo y su familia siguen viviendo en la casa alquilada por Machado Núñez y Cipriana Álvarez en la calle O'Donnell, 22. En el padrón municipal de 1883 —rellenado no sabemos en qué mes— no figuran allí los nombres de los abuelos, pero sí consta todavía la presencia del pintor discapacitado José Álvarez Durán.[152]

¿Han ido ya los abuelos a Madrid, donde empezará pronto para Machado Núñez el nuevo curso académico, su primero como catedrático de la Universidad Central de la capital? Es posible.

Los trenes «espres», que disponían de primera y segunda clase, cubrían entonces la distancia entre Sevilla y la capital en más o menos quince horas. Se detenían en Lora del Río, Córdoba (unos veinte minutos), El Carpio, Andújar, Menjíbar, Vadollano, Santa Cruz, Manzanares y Alcázar. Los trenes correo iban, por supuesto, mucho más despacio. No sabemos nada acerca del viaje de Machado Álvarez y los suyos a Madrid, sólo que llegaron a la Estación del Mediodía, en Atocha, el 8 de septiembre de 1883, acompañados de una criada. Había empezado para todos una gran aventura.[153]

CAPÍTULO II

Madrid (1883-1896)

Los Machado se instalan en la calle de Claudio Coello, número 13, 3º derecha interior, esquina a la calle de Villanueva, en el elegante barrio, entonces nuevo, de Salamanca.[1] *Demófilo* le cuenta a su entrañable amigo sevillano Luis Montoto y Rautenstrauch que la casa le parece, «dentro de su precio, ocho reales, excelente, y, aunque algo pequeña, bastante capaz para albergarnos».[2] En cuanto al distrito, es «digno de un Londres o un París».[3]

Cabe deducir que la elección de la vivienda, efectuada con anterioridad (tal vez cuando Machado Núñez ganó su oposición a la cátedra de Madrid unos meses atrás), estaba condicionada hasta cierto punto por la relativa proximidad de la Institución Libre de Enseñanza, situada de manera provisional en la calle de las Infantas, número 42, al lado de la plaza del Rey. Allí, diez días después —el 18 de septiembre de 1883— inician sus estudios Manuel (que ahora tiene nueve años), Antonio (ocho) y José (cuatro).[4]

Para llegar a la Institución, trayecto de unos veinte minutos a pie, los chicos, a quienes podemos suponer acompañados por un adulto, tenían que bajar por la calle de Villanueva, cruzar la de Serrano —así nombrada en recuerdo de quien regentara los destinos de la nación tras la caída de la reina Isabel II—, y seguir, rondando la verja de la Biblioteca Nacional, hasta la Castellana. Al alcanzar el otro lado del paseo sería lógico que enfilasen, un poco más abajo, la calle del Almirante y, llegados a Barquillo, torciesen a la izquierda para arribar unos segundos después a la plaza del Rey y la calle de las Infantas.

Machado Álvarez no duda de que la decisión de confiar a sus tres hijos a Francisco Giner de los Ríos y sus colaboradores ha sido muy acertada, ya que el colegio es «con sus defectos y sin nada que se le

59

aproxime, el mejor centro de educación de España» (el primer día Manuel dibuja «un desafío, una casa, un tranvía»).[5] Entre los profesores, además, hay un gran amigo de la familia, el extremeño Joaquín Sama.[6]

Gracias a las cartas de Machado Álvarez a Luis Montoto podemos seguir de cerca los pasos iniciales de la familia en Madrid, y luego distintas peripecias suyas entre 1883 y 1887. Revelan los heroicos esfuerzos de *Demófilo*, desde el día de su llegada a la capital, por poner en marcha su programa para la promoción nacional de la «nueva ciencia» folclórica —colaboraciones periodísticas (que casi nunca logra cobrar), mucha correspondencia epistolar, entrevistas con personas relevantes o potencialmente útiles—, y la penuria en que vive el grupo, pues los únicos ingresos son el sueldo del abuelo, de seguro modesto, y los «50 duros mensuales» que les envía Cipriana —que en estos momentos está en Sevilla—, «producto de sus dos casitas, una la botica de Santa Catalina y otra de una casa que tiene en la calle de Clavellina».[7]

Mientras el abuelo, republicano irredento, se mete otra vez en la «farándula política»,[8] *Demófilo* trabaja febrilmente —así se lo cuenta a Montoto— «por arraigar en todas las regiones españolas la idea del folk-lore», y eso que no gana «ni aún para los sellos de las cartas que me fuera necesario escribir». Espera ver pronto a Castelar y Cánovas del Castillo. Aunque dice echar mucho de menos Sevilla y a sus amigos de allí, está pletórico de fe en su «campaña».[9]

* * *

El 30 de noviembre de 1883, casi tres meses después de la llegada de los Machado a Madrid, el rey Alfonso XII inaugura un monumento a Isabel la Católica al final de la Castellana, que en estos momentos termina en la plaza de San Juan de la Cruz. Obra de Miguel Oms, la escultura, que muestra a la reina a caballo, se ubica hoy a la derecha del paseo, al pie de la colina coronada por el elegante Museo de Ciencias Naturales (en su origen Palacio de Exposiciones de las Artes y la Industria). Isabel sostiene la Cruz de Covadonga en la mano, y sujetan las bridas del caballo el cardenal Jiménez de Cisneros y Gonzalo Fernández de Córdoba, el «Gran Capitán». La inscripción reza: «A Isabel la Católica, bajo cuyo

Glorioso Reinado se llevó a cabo la unidad nacional y el descubrimiento de América. El pueblo de Madrid. 1883». Cabe imaginar que a los Machado no les haría mucha gracia la obra, en primer lugar porque el abuelo, pensara lo que pensara de la llegada de los conquistadores a América, había insistido años atrás sobre el incalculable daño hecho a España por la persecución y expulsión de los musulmanes peninsulares, que, entre otras virtudes suyas, habían recogido «el saber de Grecia y Roma, transmitiéndolo a la posteridad».[10]

Justo detrás del Palacio de Exposiciones se levantarían, a partir de 1915, en el lugar conocido entonces como Cerro del Viento, los airosos pabellones de la luego celebérrima Residencia de Estudiantes, «hijuela» de la Institución Libre de Enseñanza y uno de los centros universitarios más avanzados de Europa. Hoy sigue albergando la Residencia de Estudiantes, promotora de numerosas actividades culturales. La biblioteca de la casa contiene importantes fondos pedagógicos procedentes de diversas fuentes, y una colección completa del *Boletín de la Institución Libre de Enseñanza*.

El *Boletín*, de periodicidad bimensual, da fe, desde su primer número (1876), de la intensa seriedad con la cual los hombres de la Institución Libre acometían su tarea docente. No publica literatura «de creación», y apenas se reproduce en sus páginas un poema. Todo el énfasis está sobre la pedagogía contemporánea, española y europea, y el desarrollo de temas científicos. Llama la atención el hecho de que, un año antes de llegar a Madrid, tanto Antonio Machado Núñez como su hijo habían dado a conocer allí sendos artículos. Ello hace pensar que ya estaban preparando el camino hacia la capital.[11] El abuelo no contribuirá con ningún trabajo más, pero Machado Álvarez publicará en la revista casi veinte artículos, siempre relacionados con el folclore, entre 1882 y 1887.[12]

El 18 de febrero de 1884 Ana Ruiz da luz a un nuevo vástago, nombrado Francisco en recuerdo del bisabuelo paterno.[13] Son ya cinco hijos y el piso de Claudio Coello va resultando pequeño para tanto inquilino. El 7 de mayo la familia se muda a la calle del Almirante, número 3, principal izquierda, piso algo más espacioso y con la ventaja añadida de estar muy cerca de la Institución Libre. Cuenta *Demófilo* a Montoto que viven juntos su padre y su madre, «mi tío Pepe» —el pintor discapacitado José Álvarez Guerra— «tan jaquecoso como siempre con sus tonterías», Ana y él, sus cinco hi-

jos y la criada, una muchacha abulense. ¡Once personas! Machado
Álvarez se esfuerza por ver el lado positivo de las cosas:

> La casa aunque no es grande tiene la cabida bastante para las
> dos familias con cierta racional y afectuosa independencia y
> tampoco es cara, nos cuesta 37 duros al mes. La situación es
> buena, próxima a la calle del Barquillo que desemboca re-
> cordarás en la calle de Alcalá donde está el Museo de Historia
> Natural en que mi padre explica un día sí y otro no su clase de
> Moluscos y Protozoarios.[14]

El museo está, de hecho, a poca distancia, en el espléndido
edificio que ocupa la Real Academia de Bellas Artes de San Fernando, en la calle de Alcalá, al lado mismo de la Puerta del Sol.
La inscripción latina que corona la entrada del hermoso edificio
sintetiza la intención, al fundar la academia, del «mejor alcalde de
Madrid»: «Carolus III Rex. Naturam et artem sub uno tecto in pu-
blicam utilitatem cosociavit» («El rey Carlos III unificó Naturaleza y Arte bajo un solo techo para el bien público»).[15]

La situación económica de Machado Álvarez, obsesionado con
su «empresa de folk-lorizar España», es desalentadora. ¿Qué gana
con sus artículos en el diario *La Época?* Nada, no se pagan, y eso
que «aquí la vida se hace a precio de oro». A veces se deprime. «Mi
único engrandecimiento —refiere a Montoto en abril de 1884— es
que lucho con fe, con más fe cada día y que me paso por los cojo-
nes todos los obstáculos». Y es verdad que así se los pasa. Gracias
a sus esfuerzos ya se van formando sociedades folclóricas en otras
partes del país.[16]

Terminado el curso 1883-1884 la Institución Libre de Enseñanza se cambia al número 8 del paseo del Obelisco, hoy paseo del
general Martínez Campos (el «obelisco», situado al inicio de la calle, en medio de la Castellana, era una fuente monumental dedicada
al nacimiento de Isabel II y de la cual no queda rastro).

La que iba a ser definitiva sede de la Institución Libre de Enseñanza era una quinta más o menos típica de las afueras del Madrid
de entonces, con dos plantas, un jardín espacioso, capilla privada, dependencias y edificios anejos. No había comparación con el modesto piso de la calle de las Infantas. «En el edificio principal —escribe
Antonio Jiménez-Landi— se instalan la secretaría y administración,
la biblioteca y algunas clases; las demás y los laboratorios, en la ex-

capilla y en las otras construcciones». Hoy el inmueble, que, como la Residencia de Estudiantes, sobrevivió casi milagrosamente bajo el franquismo (con otros usos, claro) es sede de la Fundación Francisco Giner de los Ríos (ilustración 13).[17]

En el número del *Boletín* correspondiente a diciembre de 1884 se nota la euforia de Giner y sus colaboradores al constatar que, si en Infantas no había sido posible desarrollar una sección adecuada de párvulos, ahora se daban todas las condiciones:

> La educación de la nueva escuela se inspirará en el mismo sentido y se acomodará a los mismos procedimientos que la *Institución* ha adoptado para todas las secciones, y que repetidas veces ha expuesto en sus prospectos generales. Así, pues, el programa enciclopédico; la enseñanza intuitiva; el trabajo manual, incluyendo la jardinería; las excursiones; la comunicación familiar entre profesores y alumnos; la combinación del trabajo y el juego con los ejercicios corporales en el jardín y aun el campo, serán [las] bases sobre las que habrá de establecerse la nueva sección.[18]

«¿Programa enciclopédico?» Con ello se quería decir «conocimientos generales». Sin currículo fijo, sin libros de texto, la idea fundamental que anima los institucionistas —y que debe mucho a Froebel— es el desarrollo de cada individuo según sus propias aptitudes. No se trata en absoluto de preparar a los alumnos para empezar el Bachillerato oficial, que luego podrán acometer como alumnos libres, con mayor o peor fortuna, sino de darles una orientación, una ética, de proporcionar a cada uno lo que necesita.[19]

En cuanto a los «ejercicios corporales», la ILE tenía un frontón —¡pero había que jugar sin gritar!— y, muy anglófila ella, introdujo el fútbol en España.[20]

Federico de Onís ha definido, en pocas palabras, el «ethos» de la Institución Libre. «Era —escribió en 1964— no sólo una escuela sino un centro de carácter social y político, en muchas cosas semejante a una orden religiosa, en que un grupo de filósofos y científicos del siglo XIX trató de ensayar la creación de una nueva España».[21] En opinión de uno de sus ex alumnos, Luis de Zulueta, «La Institución es, y seguirá siendo, un fermento de renovación [...]

un ensayo constante, una dirección, una tendencia, una reforma nunca terminada, una perenne confrontación de los más atrevidos principios pedagógicos con la realidad práctica [...]. No hay premios ni castigos, sino una convivencia constante en el estudio y en el juego, en la Institución y fuera de la Institución».[22]

Ni Manuel ni Antonio Machado parecen haber dejado una evocación de su primer curso en la Institución, cuando estaba todavía en Infantas. Los recuerdos suyos que tenemos, y son pocos, giran en torno a sus años en el paseo del Obelisco.

Un día de 1903, Manuel, guiado por «un vago designio» de ver los antiguos barrios suyos, se encontró de repente en dicho paseo, con sus conventos y casas señoriales, ante el portal tantas veces franqueado tres lustros atrás:

Un acontecimiento en mi paseo. El hotel de la Institución Libre de Enseñanza donde yo me eduqué. La vieja casa tiene también su gran jardín interior; pero este jardín no es como los otros un secreto para mí. Es un viejo amigo. Yo lo he corrido mil veces, lo he cultivado, cavado, podado... ¡Oh días benditos! ¡Oh casa bendita por la presencia del santo Giner de los Ríos, el maestro adorable y adorado!...

La vieja plancha de metal sobre la ancha puerta verde con su letrero ha despertado en mí el mundo de hace quince años, y al saludarle, casi llorando de cariño, he visto el timbre que tocábamos para entrar, alzándonos sobre las puntas de los pies. Ahora está ya mucho más bajo... Es decir, yo no tendría que empinarme para alcanzarlo.[23]

Antonio, por su parte, apuntó en 1913 que conservaba «gran amor» a Francisco Giner de los Ríos, «el imponderable», así como a Manuel Bartolomé Cossío, Joaquín Costa y a los hoy mucho menos conocidos José de Caso, Aniceto Sela, Joaquín Sama y Ricardo Rubio.[24] Otros profesores suyos durante sus seis años en la Institución Libre fueron José Ontañón (latín), Rafael Torres Campos (geografía) y Germán Flórez.[25] Cinco años después, en la «Nota biográfica» antepuesta a sus *Páginas escogidas* (1917), dirá que guarda a sus maestros de la Institución Libre «vivo afecto y profunda gratitud».[26]

No tenemos muchos testimonios de primera mano acerca de cómo eran las clases impartidas en la Institución Libre, lo cual hace que las precisiones al respecto de Manuel Bartolomé Cossío tengan un interés excepcional: «Tolerancia, ingenua alegría, valor sereno, conciencia del deber, honrada lealtad...; mutuo abandono y confianza entre maestros y alumnos...; intuición, trabajo personal y creador, procedimiento socrático, método eurístico, animadores y gratos estímulos, individualidad de la acción educadora en el orden intelectual como en todos, continua, real, viva, dentro y fuera de la clase».[27]

¡Y las excursiones! Formaban parte consustancial del método educador de la Institución Libre y, en el caso de los hermanos Machado, venían a colmar una tradición familiar, ya que desde su más tierna niñez el abuelo Machado Núñez se había ocupado de llevarlos a las afueras de Sevilla, donde les enseñaba los nombres de plantas y animales y, sin duda, les contaba anécdotas relacionadas con su vida de catedrático y divulgador de Ciencias Naturales. Francisco Giner de los Ríos, así como Machado Núñez, era muy dado a largas caminatas por el campo, que, para él, era «algo inmanente y, a la vez, trascendente», inspirador de sentimientos casi religiosos. «Los niños institucionistas —añade Antonio Jiménez-Landi— iban a él entre semana y todos los domingos, precisamente a El Pardo, a Puerta de Hierro, y, cuando no podían llegar tan lejos, a la Florida o a la Moncloa».[28]

La sierra de Guadarrama es el «lugar emblemático de los institucionistas», y cuando hay tiempo se dirigen con preferencia hacia aquellas alturas y fragosidades.[29] No puede ser casualidad que el Guadarrama sea clave en la vida y poesía de Antonio Machado, quien, en su famosa elegía a Francisco Giner de los Ríos, de 1915, no olvidará decir que

> Allí el maestro un día
> soñaba un nuevo florecer de España.   (CXXXIX)

Poco antes de escribir aquel poema Machado dedicó a Giner una nota necrológica. En ella recordaba sus primeros años en la Institución Libre:

Los párvulos aguardábamos, jugando en el jardín de la Institución, al maestro querido. Cuando aparecía don Francisco corríamos a él con infantil algazara y lo llevábamos en volandas hasta la puerta de la clase. Hoy, al tener noticia de su muerte, he recordado al maestro de hace treinta años. Yo era entonces un niño; él tenía ya la barba y el cabello blancos.

En su clase de párvulos, como en su cátedra universitaria, don Francisco se sentaba siempre entre sus alumnos y trabajaba con ellos familiar y amorosamente. El respeto lo ponían los niños o los hombres que congregaba el maestro en torno suyo. Su modo de enseñar era socrático: el diálogo sencillo y persuasivo. Estimulaba el alma de sus discípulos —de los hombres o de los niños— para que la ciencia fuese pensada, vivida por ellos mismos.[30]

En la misma nota Machado no olvida apuntar que Giner, si bien era andaluz —andaluz de Ronda—, en absoluto correspondía al «tópico» del hombre del sur. Es difícil no intuir que, al elogiar la mesura del maestro, Machado tiene presente también a su propio abuelo, tan amigo de la Institución Libre de Enseñanza y de su fundador, así como a su padre:

Como todos los grandes andaluces, era don Francisco la viva antítesis del andaluz de pandereta, del andaluz mueble, jactancioso, hiperbolizante y amigo de lo que brilla y de lo que truena. Carecía de vanidades, pero no de orgullo; convencido de ser, desdeñaba el aparentar. Era sencillo, austero hasta la santidad, amigo de las proporciones justas y de las medidas cabales.[31]

Al leer las apreciaciones de Manuel y Antonio Machado, queda claro que la influencia de la Institución Libre sobre el desarrollo intelectual y humano de ambos fue una prolongación de la que habían recibido de su familia en Sevilla, y de la cual se seguirían beneficiando después del traslado a Madrid.

* * *

Siguen, acuciantes, los problemas económicos. En julio, inmerso en la publicación de los primeros tomos de la *Biblioteca de las tradiciones populares españolas* —la abuela Cipriana ayuda con una aportación de 4.000 reales—, *Demófilo* se queja una vez más, en una carta a Montoto, de su falta de medios: «El Folk-Lore marcha y se abre camino, los libros se venden bien y sólo mi inmensa escasez

66

pecuniaria, lo deprisa que se amontonan mis obligaciones —tengo ya 5 hijos y uno con ama—, y el mal estado de los negocios de mi padre y con su estado mental algo decaído, pueden tumbar mi alegría y mis esperanzas algo fundadas de ver convertidos en hechos mis pensamientos y poderme dedicar por completo a pensar en mi buena familia y en mi psique».[32]

Para finales de 1884, *Demófilo*, fiel a su misión —o «empresa», como él la llama—,[33] y pese a todas las dificultades, ha impulsado la fundación de sociedades folclóricas en Toledo, Galicia (con la colaboración de Emilia Pardo Bazán), La Rioja, el País Vasco y Navarra. También se están desarrollando iniciativas paralelas en Murcia, León, Mallorca, Tenerife y hasta en Cuba y Puerto Rico. El hombre es incansable. «La lucha por la vida es muy difícil y el que no tenga fuerzas para ella que se quite de en medio», confiesa a Montoto, quizás pensando en las tesis de Darwin.[34] Su mayor éxito, con todo, fue la publicación, contra viento y marea, de los seis primeros volúmenes de la *Biblioteca de las tradiciones populares españolas*, «un hermoso trabajo digno de llamar la atención de todos los hombres pensadores y amantes del país».[35]

La familia Machado, ya lo sabemos, es fervorosamente republicana. Podemos imaginar, a falta de documentación, las conversaciones que tendrían lugar entre ellos sobre política, el fracaso de la tan añorada República de 1873, y la situación actual de España bajo la Restauración. En 1921, en una carta a Miguel de Unamuno, Antonio evocará un acontecimiento que le había impresionado vivamente por aquellas fechas. «Cuando yo era un niño —escribe— había una emoción republicana. Recuerdo haber llorado de entusiasmo en medio de un pueblo que cantaba *La Marsellesa* y vitoreaba a Salmerón que volvía de Barcelona. El pueblo hablaba de una idea republicana, y esta idea era, por lo menos, una emoción, y muy noble».[36]

Parece indudable que el recuerdo se remonta a finales de 1884, cuando el futuro poeta tenía nueve años y Salmerón, destituido de su cátedra madrileña y ahora amnistiado, la recuperaba tras su destierro en Francia. En una carta del 6 de enero de 1885 a Montoto, Machado Álvarez comenta con entusiasmo el regreso de su admirado amigo a la Villa y Corte: «Ha venido Salmerón; espero trabajar en su bufete; si *hace política* trabajaré en él; es republicano y honrado [...]. Con esta modificación en el plan de mi vida no espero ser rico (tú sabes bien hasta qué punto me ocupo poco de esto), pero sí mejorar mi suerte pecuniaria e impulsar mi idea». La «idea», claro está, es la propagación de los estudios folclóricos. Como se ve, rondaba la cabeza de *Demófilo* en estos momentos la posibilidad de entrar, no sólo en el bufete de Salmerón, sino en política. Política, por supuesto, republicana.[37]

* * *

Para estar más cerca de la Institución Libre de Enseñanza en sus nuevos locales del paseo del Obelisco, los Machado cambian una vez más de casa y se instalan el 29 de julio de 1885 en la calle de Santa Engracia, número 42 (después 52), piso 2°, centro. En estos momentos los madrileños están preocupadísimos: una epidemia de cólera está haciendo estragos entre ellos y «todo lo paraliza e interrumpe», incluido el proyecto que eleva *Demófilo* a la alcaldía de Madrid para la creación de un Museo Folclórico Municipal, proyecto que, para su enorme decepción, nunca cuajará.[38]

El 26 de octubre de 1885 nace el sexto hijo de Machado Álvarez y Ana Ruiz. Es una niña, a quien se bautiza cinco días después en la iglesia parroquial de Santa Teresa y Santa Isabel con los nombres de Cipriana, Isabel, Ana y Evarista.[39] Se trata de una nueva carga económica para el padre, quien, pese a todos los problemas que le atosigan, sigue luchando denodadamente, en diversos frentes a la vez, por el éxito de su proyecto folclórico.

Se acaba de producir un conflicto entre España y Alemania por la pretensión del Imperio de establecer un protectorado sobre el archipiélago de Las Carolinas, entonces bajo soberanía española. Hay protestas callejeras en Madrid, y *Demófilo* concibe la idea, absolutamente descabellada, de mandar una propuesta a todos los folcloristas del mundo para la construcción de un crucero internacional, llamado «Iberia», cuya misión será la de repeler por la persuasión pacífica y, si no, por la física, las pretensiones de Bismarck. La iniciativa, apenas hace falta decirlo, fracasa rotundamente.[40]

Las cartas de Machado Álvarez a Montoto —nuestra única fuente para conocer la situación de la familia en esta época— se hacen cada vez más infrecuentes. El 1 de diciembre de 1885 *Demófilo* explica el porqué de su silencio demasiado «prolongado». La casa ha sido un «verdadero hospital» durante meses; su hijo José ha tenido dos pleuresías y otras complicaciones; su mujer también ha padecido una pleuresía muy preocupante, después de dar a luz a Cipriana; él mismo ha sido víctima de «un catarro bronquial de bastante mal carácter»; y la abuela, que pronto hará un viaje a Extremadura, está «demacradísima» (Machado Álvarez no sabe cómo ella ha tenido fortaleza «para resistir tanto»). En resumen, «el año 85 ha sido fatal para nosotros: sólo el cariño y la estimación que mi madre, Ana y yo nos profesamos ha podido darnos fuerzas para conllevar tantos males y tantas contrariedades».

Se acaba de morir Alfonso XII, y *Demófilo* observa con laconismo la reacción del pueblo, que, «sin pena pero sin inquinas», achaca la desaparición del monarca a los dos *sextos:* al sexto mandamiento —notoriamente conculcado por el rey— y al duque de *Sesto,* compañero de sus correrías nocturnas y amatorias.

La carta termina con la comunicación de una noticia irónica, dada la situación económica de *Demófilo:* la Institución Libre de Enseñanza le ha nombrado catedrático de folclore... pero sin sueldo.[41]

* * *

La última carta que tenemos de *Demófilo* a Montoto está fechada el 21 de abril de 1887. Contiene la noticia de que ha sido nombrado miembro de la Junta Directiva del Folk-Lore de Inglaterra. ¡Otro puesto sin honorarios! «Si supieran aquellos prohombres el pobrecillo que tienen en su compañía —reflexiona no sin amargura—. Este mundo es coña... y el otro también». Siendo así, no sorprende que a Machado Álvarez se le haya ocurrido la idea de publicar una nueva antología de coplas flamencas, pero esta vez sin notas y sin aparato crítico, con la vista puesta en ganar «pan para los churumbeles».[42]

Cantes flamencos. Colección escogida fue editado por Tomás Rey aquel junio en la madrileña Biblioteca del periódico satírico semanal *El Motín,* de talante anteclerical. Llevaba un breve, sabroso y desenfadado prólogo en el cual se aprecia el dominio que tiene de su tema *Demófilo,* que insiste en que las coplas nacen cantándose, inseparables de su música, e intenta poner los puntos sobre las íes en cuanto a su autoría. La prosa no tiene desperdicio:

Todas las coplas de esta colección no son hijas de un mismo padre, sino de muchos, a los cuales, para satisfacer vuestro tenaz y, en mi opinión, un sí es no es pueril empeño de darles un nombre, llamaré Juan Sánchez, Manuel Pérez, Dolores García y Josefa López, sin contar al *Fillo*, *Frasco el Colorao*, *Curro Durse*, *er Quiqui*, Juana *la Sandita*, *la Andonda*, *Sirberio*, Pepa *la Bochoca* y otra infinidad de poetas que, sin ser académicos de la Lengua ni personas de viso, son perfectamente conocidos en su casa a la hora de comer como lo fueron y son algunos de estos célebres *cantaores* por los aficionados a las *juergas* flamencas, que así se tiran una *jara*, y se toman y se dan una *puñalá*, y se cantan una seguidilla por *too lo jondo*, y se beben diez bateas de cañas de a diez docenas cada una, apurando con cada batea su platito de aceitunas *moráas* y alcaparrones, como se *camelan* una *gachí* o se capean un toro, dándole una *estocá por too lo arto* en un decir Jesús o en menos que se persigna un cura loco.[43]

Por desgracia, esta vez tampoco hay «pan para los churumbeles». La prensa apenas se hace eco del libro, las ventas son mínimas, y *Demófilo* sigue tan pobre como siempre.[44]

Durante un año más porfía con la propaganda del folclore, y, entre otras iniciativas, reedita en el *Boletín* de la Institución Libre, en 1887, su estudio sobre el lenguaje infantil, *Titín*.[45]

Demófilo ya sabe que el folclore no le va a permitir sobrevivir, y que no hay más remedio que volver a ser hombre de leyes. En 1888 entra como redactor jurídico en una nueva revista republicana, *La Justicia*, fundada con el apoyo de Salmerón, donde hasta mayo de 1891 publicará cientos de pequeños artículos anónimos.[46]

Sería tal vez por estas fechas cuando llevan a Antonio a un mitin de Pablo Iglesias en los jardines del Buen Retiro (situados en el lugar hoy ocupado por el palacio de Correos, frente a la Cibeles). El famoso orador le deja embelesado. «Al escucharle —escribirá en 1938— hacía yo la única honda reflexión que sobre la oratoria puede hacer un niño: "Parece que es verdad lo que ese hombre dice". La voz de Pablo Iglesias tenía para mí el timbre inconfundible —e indefinible— de la verdad humana». Aun reconociendo la infidelidad de la memoria, no sólo capaz de borrar y confundir sino a veces de inventar, el poeta se sentía seguro —mientras las tropas franquistas se acercaban a Barcelona— de haber llegado aquella tarde juvenil a una conclusión tajante: «El mundo en que vivo está mucho peor de lo que yo creía. Mi propia existencia de señorito pobre reposa, al fin, sobre una injusticia. ¡Cuántas existencias más pobres que la mía hay en el mundo, que ni siquiera pueden aspirar, como yo aspiro, a entreabrir algún día, por la propia mano, las puertas de la cultura, de la gloria, de la riqueza misma! Todo mi caudal, ciertamente, está en mi fantasía, mas no por ello deja de ser un privilegio que se debe a la suerte más que al mérito propio».[47] Si realmente fue así, la reacción del joven Machado al oír al fogoso presidente del Partido Socialista Obrero Español —cuyo deseo de una España más justa estaba tan cerca del espíritu de Giner y sus colaboradores—, podemos imaginar que saldría de aquel recinto con la determinación de aplicarse con más ahínco a partir de entonces en sus estudios, que por más señas habían llegado a un punto crítico.

Y es que era ya el momento de afrontar el bachillerato, momento siempre difícil para los alumnos de la Institución Libre de Enseñanza (libre, entre otras razones, porque la ILE hacía caso omiso del currículum estatal de enseñanza secundaria). El 16 de mayo de 1889, al final de su último curso académico en el paseo del Obelisco, Antonio, que dentro de dos meses y medio cumplirá los 14 años, aprueba el examen de ingreso en el Instituto de San Isidro (donde la Institución Libre estaba entonces colegiada).[48] Allí, en junio, suspende Latín y Castellano y aprueba Geografía. Para el curso siguiente, 1889-1890, lo trasladan al Instituto Cisneros —situado entonces como hoy en la calle Reyes, al lado del «vetusto caserón» de la Universidad Central—, donde, en septiembre, recibe otro suspenso en Latín y Castellano (que aprobará al año siguiente).[49]

Después de la Institución Libre, con su ambiente distendido, sin exámenes y sin libros de texto, a Antonio le resultará extremadamente oneroso y aburrido el bachillerato. «Pasé por el Instituto y la Universidad —escribirá en 1913—, pero de estos centros no conservo más huella que una gran aversión a todo lo académico».[50]

* * *

Durante la última década del siglo los Machado siguen observando la pauta peripatética ya establecida en Sevilla. Parecen beduinos urbanos, siempre dispuestos al traslado, sobre todo (según se recuerda en la familia) la madre, a quien le encantaba ver sus muebles y enseres recolocados en nuevos espacios domésticos.[51] Abandonan, primero, el piso de Santa Engracia, 42. ¿Dónde acampan nuevamente? Pérez Ferrero afirma que en la calle de Alcalá, número 110, cerca de la plaza de toros (situada entonces al final de la calle de Jorge Juan). Puesto que son Manuel y Antonio quienes le han informado al respecto, diciendo acordarse de que el rumor de la muchedumbre taurófila llegaba a veces a los balcones de la casa, parece probable que, en efecto, vivieran allí una temporada, quizás menos de un año. Lo tiende a confirmar el hecho de que, según el mismo Pérez Ferrero, *Demófilo* señaló un día a sus hijos a un señor que acababa de salir del portal de la casa número 104, un poco más abajo. Era Federico Chueca, el famoso compositor de zarzuelas.[52]

El primer padrón municipal de Madrid, el de 1890, demuestra que el músico seguía viviendo entonces en la casa número 104 de la calle de Alcalá, pero no hay rastro de los Machado en la 110. Ya se han ido, si es que realmente habían estado allí.[53]

Y nos preguntamos otra vez adónde. Pérez Ferrero dice que el siguiente piso alquilado por la familia se encontraba en la calle de Apodaca, número 5. Es posible, pero en el referido padrón de diciembre de 1890 ya no están allí, sino en la calle de Fuencarral, número 46, 1°, no sabemos desde cuándo.[54]

El padrón revela que Ana Ruiz dio a luz a una niña el 3 de octubre de 1890, bautizada con el mismo nombre. Era su noveno y último parto. Puesto que la niña no figura en el padrón de 1895, hay que deducir que murió en algún momento de ese lustro.

El padrón también revela que Antonio Machado Núñez, Cipriana Durán y su hermano José no viven en estos momentos con la familia; que *Demófilo* percibe 2.400 pesetas anuales de la revista *La Justicia;* y que el alquiler mensual del piso de Fuencarral, 46, asciende a 120.[55]

* * *

Antonio Machado Álvarez está agotado —se acaba de reponer de una enfermedad— y desilusionado. Todo lo ha dado por su «idea», y a los 40 años, con siete hijos, no puede mantener con decoro a los suyos. Hay que hacer algo. Y en este momento (*Demófilo* acaso lo ve como providencial) unos amigos le ofrecen un puesto de abogacía en San Juan de Puerto Rico. Acepta enseguida. El 14 de junio de 1892 solicita el necesario permiso al Ministerio de Ultramar, que se concede el mes siguiente. Y a primeros de agosto, tal es la urgencia del asunto, se despide de su familia y de sus amigos.[56]

Ninguno de los hermanos Machado parece haber dejado constancia escrita de cómo fue aquel momento, seguramente muy penoso aunque todos tratasen de creer en el éxito de la empresa paternal y en la alegría de su vuelta triunfal del Caribe. A un amigo y colaborador sevillano de *Demófilo*, Antonio Sendras Burín, le dolía tanto que los esfuerzos ingentes invertidos por éste en su proyecto folclorístico no hubiesen tenido una respuesta adecuada por parte de la sociedad que, coincidiendo con su salida del país, le dedicó un fervoroso «estudio biográfico» en la prestigiosa *Revista de España*. El artículo terminaba: «Hoy nuestro querido amigo se dispone a abandonar la Península para establecerse en Puerto-Rico, donde numerosos amigos le incitan a abrir nuevamente su bufete. Al despedirnos con profunda pena de nuestro compañero le deseamos no sólo un próspero viaje, sino que se encuentre en los ilustrados portorriqueños la benévola y cariñosa acogida a que por sus innegables méritos y excepcionales condiciones es verdaderamente acreedor».[57]

Sendras señala que entre los últimos trabajos de Machado Álvarez figuraban sendas versiones españolas de la famosa *Antropología* de sir Edward Burnett Tylor (Madrid, 1887) y *Medicina popular* de George Black (Madrid, 1889). *Demófilo*, tan dotado como lingüista, había dedicado muchas horas de su vida a traducir, sobre todo del inglés y del francés, labor de divulgación muy plausible que tampoco fue debidamente valorada entonces... ni después.[58]

Machado Álvarez embarca en Cádiz, en el vapor-correo *Habana* de la Compañía Transatlántica.[59] Pese a las investigaciones llevadas a cabo por su biógrafo no se ha podido averiguar nada acerca de su estancia en Puerto Rico. Tampoco parecen haber sobrevivido las cartas remitidas desde allí a su familia. Sólo sabemos que, al cabo de menos de un año de su llegada, *Demófilo* cae gravemente enfermo. Cuando llega la noticia a España, el hermano de Ana Ruiz, Manuel, que es capitán de barco, parte hacia Puerto Rico para socorrerlo. Lo encuentra grave, regresa con él a Cádiz, y lo lleva a casa de sus suegros en la trianera calle de la Pureza, donde su mujer, que ha llegado desde Madrid, lo está esperando. Otro hermano suyo es médico, pero ya no se puede hacer nada. *Demófilo* no vuelve a ver a sus hijos, y muere abrazado a Ana Ruiz el 4 de febrero de 1893. Tiene 47 años. La causa del fallecimiento, según el parte médico oficial, es una «esclerosis medular».[60]

Luis Montoto no estaba al tanto de que su gran amigo acababa de volver, moribundo, a Sevilla. Informado de lo ocurrido, se persona enseguida, consternado, en Triana. «Vino a morir entre los suyos —refirió casi cuarenta años después—, y por designio providencial sintió [sic] su espíritu en el barrio de sus ensoñaciones, en la clásica tierra de su amor; albergue de alfareros y de hombres de mar; campo de sus estudios folclóricos, cantera de que extrajo muchos y preciosos materiales para el estudio del *saber popular*».[61]

Antonio Machado Álvarez fue enterrado en el cementerio de San Fernando, en un nicho de segunda clase (calle de San Leandro, número 32). Su muerte apenas fue advertida por la prensa sevillana.[62]

Hubo un artículo cálido y triste en las páginas del *Boletín* de la Institución Libre de Enseñanza debido a Joaquín Sama, buen amigo de *Demófilo* durante los días heroicos de Sevilla, y profesor de sus hijos en Madrid. «Era nuestro simpático colaborador —escribe Sama—, criatura bondadosa como pocas, afanoso por todo lo bueno, y de labor tan perseverante, que le permitía trabajar con lucidez y provecho en el edificio de la civilización y la regeneración de la patria y de la humanidad».

Después de repasar la obra de *Demófilo*, Sama recordaba una copla recogida por el mismo «de boca del pueblo»:

Cavando estaban su fosa
y dije al sepulturero:
«Para un corazón tan grande
no hay nicho en el cementerio».[63]

¡Qué ironía! En el cementerio de San Fernando no queda rastro hoy del nicho donde reposaron los restos de Machado Álvarez, aquel hombre tan noble, tan generoso y tan infatigable en la persecución de su «idea» folclórica. Merecía algo más de su Sevilla querida.

* * *

Antonio Machado nunca evoca, en los escritos que le conocemos, la muerte de su padre. Tampoco Manuel. Fue un golpe muy duro para toda la familia, y parece ser que actuó como un fuerte estímulo para que los dos hijos mayores de *Demófilo*, que ya sentían la llamada de la literatura —llamada que llevaban en la sangre—, empezasen seriamente a pensar en cómo iban a ganarse la vida, y no tener que depender de los abuelos.

Por estas fechas ya conocen al poeta Enrique Paradas, que va a desempeñar un papel importante en la vida de ambos. Nacido en Madrid en 1871[64] y «dueño de un inmenso caudal que perdió en poco tiempo por circunstancias adversas», según Antonio,[65] Paradas había publicado su primer libro de versos, *Agonías*, en 1891, seguido, en 1892, de un pequeño tomo de «rimas» y cantares, *Undulaciones*. El poemario tenía un prólogo de Manuel que, en su segunda edición, publicada en 1893, figura como «Post Scriptum», y que, tanto por su contenido como por su título, recuerda el puesto por su padre unos años antes a los *Cantos populares españoles* de Francisco Rodríguez Marín.[66] Manuel, como *Demófilo*, admira profundamente —así lo declara en este texto— las coplas andaluzas, «patrimonio casi exclusivo de la inimitable musa popular». Si bien son muchos los poetas cultos que han imitado el género, pocos, a juicio suyo —entre ellos Augusto Ferrán, Antonio Trueba y Luis Montoto—, han conseguido identificarse «con el espíritu de sencillez y espontaneidad que lo anima, y que constituye todo su valor». Paradas es otra excepción a la regla, «es el identificado por completo, el igual de este poeta anónimo, que canta cuando siente y como siente». Aunque Manuel no lo dice, él mismo ha empezado ya a componer cantares, e incluso a publicarlos.[67]

«Malagueñas», la primera sección de *Undulaciones*, está dedicada «A mi amigo del alma Manuel Machado», y el poema «Sevilla» —en el cual el poeta casi reivindica ser hijo de la ciudad de la Giralda— «A mi amigo de verdad, Antonio Machado, hijo de tal tierra». La amistad que ya existe entre los tres jóvenes será vitalicia.[68]

Fue casi seguramente debido a su relación con Enrique Paradas por lo que los hermanos se embarcaron durante el verano de 1893 en una peregrina y apasionante aventura periodística-literaria. Se editaba entonces en Madrid un semanario satírico, *La Caricatura*, que había empezado su andadura en mayo de 1892. Profusamente ilustrada, con dieciséis páginas —no treinta y dos o treinta y tres, como creería recordar Manuel en 1940[69]—, y una mezcla de colaboradores anónimos así como de otros, algunos de ellos celebridades, que mandaban de vez en cuando un artículo o unos versos (Leopoldo Alas, Emilia Pardo Bazán, Luis Taboada, Emilio Castelar, Joaquín Dicenta, Mariano de Cavia...), la revista tenía dos secciones habituales: «La Semana» —comentario de la actualidad política y social— y «Gacetillas teatrales». Las caricaturas del director artístico, Ángel Pons, aparecían en cada número (todas las portadas eran suyas) y añadían un poco de sal y pimienta a la publicación, toda vez que al mismo le gustaban las coristas ligeras de ropa, las damas con talle de avispa y generoso escote, y los chistes en torno a viejos verdes empeñados en la conquista de jovencitas.

Parece ser que al llegar al número 51, fechado el 9 de julio de 1893, se había producido una crisis en la administración de *La Caricatura*, porque en el siguiente irrumpe un elenco de colaboradores distinto y desaparecen la mayoría de los anteriores, con alguna excepción (Salvador Rueda, por ejemplo, que continúa siendo uno de los poetas predilectos de la revista). Entre los nuevos están Enrique Paradas, los hermanos Machado, Miguel Sawa, Pedro Barrantes y un personaje excepcional, mucho mayor que todos ellos, Eduardo Benot (1822-1907).

Escritor, matemático, filólogo, algo poeta, ministro de Fomento bajo la malograda República de 1873, autor de un proyecto de Constitución de aquélla, fundador del Instituto Geográfico y Estadístico, miembro de la Real Academia Española, compilador de gramáticas de francés, alemán, inglés e italiano y, en 1892, de una ingeniosa, eruditísima y hasta divertida *Prosodia Castellana y Versificación* en tres tomos, Benot era, al parecer, buen amigo de Antonio Machado Núñez, a quien probablemente conoció cuando los apasionantes y nunca olvidados días de «La Gloriosa». Ambos, por más señas, eran oriundos de Cádiz. Hombre afable y campechano, Benot presidía en Madrid una tertulia a la cual acudían relevantes personalidades progresistas, entre ellas el ex presidente de la República Francisco Pi y Margall, y un ex ministro de Guerra del mismo malogrado régimen, Nicolás Estévanez. En dicho cenáculo, si se hablaba preferentemente de política, ocupaba también la poesía un lugar destacado en las conversaciones. Conversaciones en las cuales intervenían a veces los hermanos Machado.[70]

No sabemos cómo se había forjado entre Benot y Enrique Paradas una relación de buena amistad, pero el hecho es que el poeta no sólo dedicó a aquél su mencionado libro *Undulaciones*, sino que le agradeció allí tan profusamente sus favores que cabe sospechar que Benot incluso había contribuido a financiar la edición. Es probable que la habitual presencia del ex ministro en *La Caricatura* a partir del número 52, además, no fuera ajena a una participación económica suya en la empresa, y es posible incluso que, a instancias suyas, fuese Paradas quien asumiera la dirección de la revista, aunque no consta el nombre del poeta como tal en ningún número de la publicación.

Se supo por primera vez de la colaboración de Manuel y Antonio Machado en *La Caricatura* por sus declaraciones a Pérez Ferrero, quien apunta en su biografía que los hermanos contribuyeron a «secciones muy varias» de la revista bajo «diversos seudónimos»: «Hacen sátiras, humorismo, poesías cómicas, críticas sangrientas de teatro. Manuel se firma *Polilla* y *Cabellera*, Antonio. Si escriben en colaboración, entonces se dan el nombre de *Tablante de Ricamonte*».[71] Antonio confirmó años después que, efectivamente, eran suyos los artículos firmados por *Cabellera*, «uno de los graciosos del teatro clásico, me parece que en una obra de Tirso de Molina» (según su hermano José, la elección del seudónimo también reflejaba el hecho de que el segundón de la familia gastaba entonces pelo muy abundante).[72] Pero *Polilla* —el «gracioso» de *El desdén con el desdén*, comedia de Agustín Moreto[73]— sólo aparece una vez en la revista, como autor de un pequeño poema ingenioso, «Entre damas (epigrama)»,[74] no sabemos a ciencia cierta si producto de la pluma de Manuel, que allí firmó numerosas composiciones de variada índole, pero sobre todo coplas o cantares, con su propio nombre (Manuel Machado o M. Machado) o (dos veces) con la inicial «M». Dichas composiciones tienden a confirmar lo que manifestó después Manuel: «De los 12 a los 15 años —¡qué edad!— era yo ya poeta, versificador al menos, y encontraba una gran facilidad para la rima y el ritmo».[75] También dan fe aquellas composiciones de que Manuel todavía apenas conoce las innovaciones de los modernistas. En cuanto a *Tablante de Ricamonte*, tal firma aparece habitualmente al pie de la sección titulada «La Semana», que figura en la primera página de cada número de la revista. Que fuesen los hermanos Machado su autor quizás lo confirme el hecho de que el «autor» dice dos veces que vive en el barrio de Pozas, el de la familia Machado en estos momentos.[76]

También parece muy probable, a la luz de lo recogido por Pérez Ferrero, que *Varapalos*, que firma la sección «Gacetillas teatrales», fuera otro disfraz de los dos hermanos, ya que hay numerosas coincidencias tanto temáticas como estilísticas entre ellas y los comentarios de *Tablante de Ricamonte* y de *Cabellera*.

La colaboración de los hermanos Machado en *La Caricatura*, iniciada en el número 52 aquel 16 de julio de 1893, sigue hasta el número 69 del mismo año (12 de noviembre). En total, dieciocho números. Podemos imaginar con qué ilusión constatan Antonio Machado Núñez y Cipriana Álvarez Durán que sus nietos han heredado las inquietudes suyas y de *Demófilo*, tanto las literarias como las políticas (José, por otro lado, ya se está revelando como artista en ciernes).

El tono de «La Semana», así como de los artículos firmados por *Cabellera* y *Varapalos*, es burlesco y satírico, como era de esperar en una revista titulada *La Caricatura*. En los catorce artículos de Antonio se nota la influencia del Larra de «El viejo castellano» o de «Vuelva usted mañana». Deprime a los anónimos redactores la mediocridad de la vida española contemporánea. Se enfadan, por ejemplo, con los ridículos e hipócritas «Padres de Familia», asociación que se encarga de arremeter contra la prostitución, la pornografía, las desnudeces y procacidades del «teatro por horas» (los «Padres» la tienen tomada especialmente con una bailarina, *La Bella Chiquita*, especialista en la danza del vientre). Son los tiempos del miedo al cólera, de alborotos separatistas en el País Vasco, de hordas de cesantes, de bombas anarquistas en Barcelona, del recrudecimiento de la guerra en el Rif, de agitaciones carlistas. Y del sedicente, y en opinión de *La Caricatura*, grotescamente ineficaz, «Gobierno de Notables» que encabeza Práxedes Mateo Sagasta. Los Machado se mofan no sólo de éste, sino de otros políticos del momento, entre ellos el ministro de Guerra, José López Domínguez (por su torpe conducta de la contienda africana) y el de Hacienda, Germán Gamazo, autor de impopulares cortes presupuestarios. También se meten con la moda, los toreros, los cómicos presuntuosos, los arbitristas y hasta con el calor asfixiante que, durante julio y agosto —cuando la Corte está ausente en San Sebastián—, agobia Madrid, donde el único lugar fresco para pasar unas horas nocturnas agradables de divertimiento es el Jardín (o Jardines) del Buen Retiro, «refugio de la ópera barata».[77]

La Caricatura demuestra que los hermanos Machado están muy en contacto con lo que ocurre entonces en España, máxime en Madrid. A Antonio le divierte construir personajes con nombres y apellidos alusivos a sus debilidades. Estanislao Matacán del Parnaso (anfitrión de reuniones literarias), Facundo Taravilla (vate), Eduvigis Ripioalcanto (aficionada a la poesía), Nicolás Piedra Pómez (poeta «entusiasta de la nota hinchada y campanuda»), Tristán Gómez Puñoférreo («hombre fuerte»), Gertrudis Gómez de Cigarrón (madre horrible de tres horribles hijos), Eleuterio López Bambalina (joven aficionado al arte teatral), Canuto García Estrambote («inspirado poeta y fogoso declamador»), Arturo Bodoque Tonante («pianista de un acreditado café, que goza entre cuantos le conocen de fama de aventajado tenor»), etcétera, son algunos de los tipos, pretenciosos y ridículos unos, patéticos otros, que desfilan por estas tempranas páginas del futuro autor del «Llanto de las virtudes y coplas por la muerte de don Guido», y a través de los cuales expresa su profundo pesimismo ante el espectáculo social que ofrece el momento español.

Machado, cuyo talento para inventar diálogos es ya evidente, caracteriza a menudo a sus personajes por su conversación. El jactancioso novillero Juan José Gómez *Chancleta*, por ejemplo, le pregunta a *Cabellera* si le ha visto torear. Respuesta negativa. Y *Chancleta* le espeta: «Pues figúrese *ustez* un torero con la capa de Rafael Molina, con el estoque de Frascuelo y el valor de Garibaldi. Mañana toreo en Pinto; vaya *ustez* a la plaza y verá lo que es guapeza y *agayas*». ¿Hace falta añadir que en dicho pueblo el fracaso de *Chancleta* es estrepitoso, las *agayas* más bien pocas, y que, según se entera *Cabellera*, el pretendido torero acaba en el calabozo?[78]

La Caricatura confirma que a ambos hermanos les interesa vivamente el teatro, cuya decadencia actual, simbolizada por el decaimiento del Español (incapaz ya de cumplir con su misión de poner en escena, con dignidad, obras clásicas), lamentan una y otra vez. Sólo queda un gran actor, Antonio Vico. De los demás se salvan pocos y, de las obras contemporáneas, casi ninguna. Todo es mala zarzuela, mala pantomima y malas traducciones del francés. En Madrid sólo se puede ir a ver partidos de pelota. Manuel y Antonio frecuentan con asiduidad los coliseos, sin embargo, se codean con las gentes de la alegre farándula, y fantasean con ser actores ellos mismos. Entre quienes que ya lo son, se hacen amigos sobre todo de Ricardo Calvo Agosti, hijo del famoso cómico Rafael Calvo, que, nacido como Antonio en 1875, ha heredado un notable talento para las tablas y será luego uno de los actores más célebres del país.

Casi sesenta años después, Calvo recordará, con entusiasta lucidez y aguda nostalgia, el inicio de su amistad de toda la vida con los hermanos Machado. Su padre, refiere, fue buen amigo de *Demófilo* y, por aquellas fechas, uno de los directores del Español. Por el teatro, gracias a tal circunstancia, iban y venían gratis los Machado, «como Pedro por su casa». Y allí los conoció el joven Calvo, así como a Antonio Zayas, futuro duque de Amalfi (que había publicado un pequeño libro de versos, *Poesías*, en 1892). Intimaron enseguida los cuatro. Jugaron juntos a la pelota en los desmontes de Madrid, y al toro en sus calles. Y, claro, hablaron sin parar de arte dramático. Al parecer, Antonio era el único del grupo que todavía no había empezado a escribir versos, y se le tenía entonces —aunque quizás nos cueste trabajo creerlo— por el chistoso de la cofradía.[79]

También frecuentaba el coliseo de la plaza de Santa Ana Enrique Paradas, e incluso trabajaba allí a veces como partiquino.[80] En su primer libro, *Agonías* (1891), Paradas había dedicado un soneto a Rafael Calvo, el padre de Ricardo, en el cual lamentaba la trágica muerte en 1888, a los 46 años, del gran actor, y la decadencia consiguiente de la escena nacional. Cabe pensar, dada la colaboración de Paradas y los Machado en *La Caricatura*, así como su compartida afición teatral, que Ricardo Calvo y Zayas se reuniría a menudo con los hermanos en sus cafés preferidos del momento: La Marina, en la calle de la Reina, que tenía un estupendo cuadro flamenco; el Naranjero, en la popular plaza de la Cebada; y el lujosamente decorado Fornos (Alcalá, 19). Como Manuel y Antonio le aseguraron a Pérez Ferrero, «fueron desde sus años mozos dos impenitentes partidarios de las tertulias».[81]

Una composición burlesca de Manuel, «De hoy no pasa», publicada en *La Caricatura*, nos da una idea bastante clara del apego del mayor de los Machado a los atractivos de la noche madrileña. El narrador —pues de contar se trata— ha prometido a su patrona, doña Tomasa, no trasnochar con tanta persistencia. Pero es difícil enmendarse, sobre todo cuando tiene un buen amigo de parecidas proclividades:

> —Guapa es Lola...
> —¡Una hermosura!
> —¡Y qué pelo!...
> —¡Si es un cielo!
> —¡Qué ojos tiene!...
> —¡Y qué cintura!
> ¡Y qué *aquel!*...
> —¡Calla!... o me huelo
> que he de hacer una locura.
> Por una chica tan mona,
> ¿qué mortal no se propasa?...

—Después de todo, en tu casa,
¿qué te espera?... La patrona,
¡la horrible doña Tomasa!
—¡Eh! ¿Vamos?...
Iré un instante,
pero enseguida me vengo
a casa. Yo soy constante
como ninguno...
Convengo;
pero vamos adelante.

_____

El jerez, la manzanilla...
los ojos de Lolilla
que miran con *intención*...
¿Quién resiste? ¿Quién no pilla
una *turca* de ilusión?
Y *juerga*, cante andaluz,
cena en Fornos a las tres...
Y locos ya ¡claro es!...
Alguien apaga la luz,
y... ¡¡la mar!!... luego después.
Hasta que Dios amanece
sigue el lúbrico derroche
y, pasada la noche,
hacia el Retiro parece
que rodamos en un coche.

_____

Al volver, doña Tomasa
no sé si me gruñiría...
Mas mi promesa... ¡qué guasa!...
a las once entré en mi casa...
¡¡Las once!!... del otro día.[82]

Los versos no dejan lugar a muchas dudas acerca del temperamento del mayor de los hermanos Machado, mucho más extravertido y más bullicioso que el de Antonio.

A partir del número 63 (1 de octubre de 1893) cambia bruscamente el formato de *La Caricatura*, que, con más dibujos de relleno y menos texto, da la impresión de estar perdiendo aliento, como si los redactores estuviesen ya cansados de su tarea, lo cual quizás era el caso.

En el número 65 (15 de octubre de 1893) falta el habitual artículo de *Cabellera* y aparece una nueva firma, *Yorick*, a quien se atribuye la primera parte de un estudio titulado «Nuestros cómicos». ¿Se trata de otro seudónimo de Antonio Machado? Por su temática, por sus sentimientos y por su estilo es probable.

Yorick se lamenta amargamente de la situación actual del arte dramático español. No se ha verificado el «cambio radical» efectuado en «otros países más cultos y aventajados», como Francia, Italia e Inglaterra. ¿Por qué? *Yorick* cree saberlo: los actores españoles no han tenido un solo modelo para imitar, «ni un maestro de quien aprender, ni un libro siquiera que les enseñase algún precepto razonable». Para que se pueda iniciar la renovación necesaria, *Yorick* lo tiene claro: habrá que empezar por abolir «la declamación hueca, hinchada y campanuda, los ademanes afectados que de puro primitivos resultan grotescos y los insufribles alardes de pulmón con que hoy se procuran los alardes del público». Son los mismos defectos ya señalados por *Cabellera*, el *alter ego* de Antonio.

Pasa luego a recordar *Yorick* cómo, en el siglo XVIII, el gran actor Lekain —Henri Louis Cain—, «desterró de la escena francesa, y por tanto de la de toda la Europa civilizada, la declamación cantada con sus ridículos atributos y falsas manifestaciones». Lo consiguió, recuerda, después de una grave enfermedad y de escuchar, en Ferney, los «sabios consejos» de Voltaire. De regreso en París, Lekain había representado el papel de Gengis Khan en la tragedia *L'orphelin de la Chine*, del mismo Voltaire, con una interpretación tan realista, tan identificada con el personaje, que el público del estreno quedó mudo al bajarse el telón, y luego prorrumpió en frenéticos aplausos. La batalla estaba ganada.

Yorick menciona de pasada que Lekain fue «modelo, maestro y precursor» del gran actor François-Joseph Talma. La referencia llama la atención, toda vez que, en un artículo anterior, *Cabellera*, quien como sabemos a ciencia cierta es Antonio Machado, ya se había reído de un pobre aspirante a actor al tacharlo de «joven aficionado al arte de Talma, Máiquez y Romea».[83] En la segunda entrega de «Nuestros cómicos», publicada en el número 68 de *La*

Caricatura (5 de noviembre de 1893), reaparece el nombre del actor francés, ahora llamado «el insigne Talma». No hemos encontrado el nombre de aquel actor en otro lugar de la revista. Es, quizás, una indicación más de que estamos en presencia de Antonio Machado.

La sospecha se va confirmando cuando, en dicha segunda entrega de «Nuestros cómicos», *Yorick* elogia al famosísimo actor Antonio Vico y lo llama «el más inspirado, tal vez, de cuantos cómicos han pisado las tablas del teatro Español». Vico ha tenido que irse a América, «desterrado por su poca fortuna», y ha dejado así la escena española «en el más lamentable abandono», máxime en vista de la muerte del compañero suyo en el Español, el «inolvidable» Rafael Calvo. Y sigue *Yorick:*

> Mientras el arte dramático se encuentra en estado tan lamentable, Emilio Mario inaugura una temporada en el teatro de la Comedia en que el público de Madrid verá como siempre un variado repertorio de pestilentos arreglos del francés y comedias insulsas de autores adocenados, y los teatros por horas, centros de todas las inmundicias sociales, patente de todos los extravíos del arte, se encuentran favorecidos por un público que gusta de espectáculos obscenos y aplaude las groseras pantomimas de bárbaros histriones.

> El arte escénico español que no ha tenido nunca un brillante apogeo nos abandona, tal vez por ventura nuestra, porque en efecto, para que se inicie una regeneración y pueda el teatro Español figurar con honra entre los demás teatros de la Europa civilizada, es preciso olvidar su pasado y comenzar de nuevo a formarla sobre bases más sólidas.

La preocupación por la situación del Español es común a todos los anónimos redactores de *La Caricatura* en esta etapa. Pero las referencias a Talma, así como el detallado análisis del temperamento artístico de Antonio Vico, hacen muy probable que *Yorick* sea Antonio Machado. Se puede añadir que el poeta nunca olvidó haber visto actuar a Vico (que murió en Cuba, reducido a la pobreza, en 1902). «Hay una evidente crisis de actores —dijo en 1935—. Yo recuerdo la época de Antonio Vico, y deploro el presente. Verle a Antonio Vico hacer el *Otelo*, por ejemplo, era algo que ya no podía borrarse de la imaginación. Aquel último acto, cuando Otelo entra a matar a Desdémona... ¡Soberbio! [...] No creo que haya habido en el mundo un actor superior a Vico. ¡En el mundo!».[84]

El último artículo firmado por *Cabellera* en *La Caricatura* (número 66, 22 de octubre de 1893) se titula «Poetas populares. Enrique Paradas». Tiene el interés, sobre todo, de demostrar la admiración que suscitan en el joven Antonio Machado las coplas del pueblo, del «gran poeta anónimo», capaces de expresar con «agreste y ruda virilidad», y muy pocas palabras, los sentimientos más profundos. Antonio, que sepamos, todavía no ha escrito poema alguno, pero vive en íntimo contacto con dos poetas —su hermano Manuel y Enrique Paradas— que rinden culto a lo popular. Si añadimos a esta circunstancia el hecho de haber tenido como padre a *Demófilo*, no nos podrá extrañar la profunda influencia de la copla andaluza sobre su propia sensibilidad.

Demófilo, además, ha estado muy presente en los últimos cuatro números de *La Caricatura*, donde han dado a conocer, a modo de homenaje póstumo, cuatro artículos suyos.[85]

Y así termina aquella aventura. *La Caricatura* confirma el interés preponderante del joven Antonio Machado por el teatro, además de su preocupación por la situación de España, dirigida por políticos ineptos y sin posición ni voz en Europa. También revela una aguda vena satírica que aflorará a veces en su obra posterior.

* * *

Uno de los resultados de la muerte de *Demófilo* es la decisión de buscar una casa con suficiente espacio para que se puedan reincorporar al seno doméstico los abuelos y el tío José Álvarez Durán. Los Machado quieren vivir todos juntos, como antes. Esta vez no se van muy lejos. El padrón de diciembre de 1895, rellenado con su pulcritud habitual por Antonio Machado Núñez, que a sus 80 años vuelve a ser «cabeza de familia», nos informa que en aquella fecha —no sabemos cuándo se instalaron— viven los siguientes inquilinos en el piso principal izquierda de la casa número 98 de la calle de Fuencarral:[86]

Antonio Machado Núñez, catedrático de Universidad
Cipriana Álvarez Durán, esposa, propietaria
José Álvarez Durán, hermano político, pintor
Manuel Machado Ruiz, nieto, escritor

Antonio Machado Ruiz, nieto, estudiante
José Machado Ruiz, nieto, estudiante
Joaquín Machado Ruiz, nieto, estudiante
Francisco Machado Ruiz, nieto, estudiante
Cipriana Machado Ruiz, nieta, estudiante
Ana Ruiz Hernández, hija política, su casa
Luisa Montilla Carmona, criada

El padrón tiene el interés añadido de revelar, bajo la rúbrica de «Sueldo anual que disfruta», que Machado Núñez cobra ahora 14.000 pesetas como catedrático y Cipriana Álvarez Durán, de sus propiedades, 1.500. El piso se alquila a 125 pesetas por mes. Por el momento, pues, los ingresos dan para mantener con dignidad a la familia.

En estas fechas Antonio sigue a regañadientes con su recalcitrante bachillerato y, según lo recogido por Pérez Ferrero, lee incansablemente en la Biblioteca Nacional, sobre todo teatro clásico.[87]

Tampoco falta a las tertulias, donde se palpa el latir de la vida literaria actual. Ya suena en ellas el nombre de un joven poeta nicaragüense, Rubén Darío, cuyo librito *Azul...*, editado en Santiago de Chile en 1888, había sido elogiado por Juan Valera, nada menos, en el prestigioso *Los Lunes de El Imparcial*. Valera había señalado, con acierto, el «galicismo mental» y «espíritu cosmopolita» de *Azul...*, tanto los poemas como las prosas. Darío, que se desvivía por conocer París, admiraba profundamente a Victor Hugo y a los «parnasianos», en primer lugar a Catulle Mendès, y la influencia francesa se notaba en cada página del libro. Al comentar los cuatro poemas que integran la sección «El año lírico», Valera había observado que el sentimiento de la Naturaleza que los impregnaba rayaba en «adoración panteísta», y que cada composición le parecía «un himno sagrado a Eros».[88]

Era cierto que el dios del amor —con Pan y Venus de apoyo— protagonizaba *Azul...* En esos momentos no había nada comparable en la lírica española. Nada, por ejemplo, como la fina sensualidad del romance «Primaveral»:

Mes de rosas. Van mis rimas
en ronda a la vasta selva
a recoger miel y aromas
en las flores entreabiertas.

Amada, ven. El gran bosque
es nuestro templo; allí ondea
y flota un santo perfume
de amor...

con su contundente final:

No quiero el vino de Naxos
ni el ánfora de asas bellas.
Quiero beber el amor
sólo en tu boca bermeja.[89]

Se suele asignar a *Azul...* el papel de texto fundacional del modernismo. Parece justificado. El impacto del libro fue extraordinario, aunque tardó en hacerse sentir en España, tan cerrada entonces a las influencias literarias externas. Dos años después de publicado *Azul...* Darío definió así el modernismo: «La elevación y la demostración en la crítica, con la prohibición de que el maestro de escuela anodino y el pedagogo chascarrillero penetren en el templo del arte; la libertad y el vuelo, y el triunfo de lo bello sobre lo preceptivo, en la prosa; y la novedad en la poesía: dar color y vida y aire y flexibilidad al antiguo verso, que sufría aniquilosis, apretado entre tomados moldes de hierro».[90] De una revolución se trataba, desde luego, y tanto de forma como de fondo. De un «revolverse» contra todo lo antiguo y podrido en nombre del arte puro y del individualismo. Y Rubén no tardó en ser considerado como el adalid más destacado del movimiento renovador, por mucho que él mismo renegara luego de escuelas y del afán de liderazgo.

En 1892 el Gobierno de Nicaragua había nombrado a Darío, ya famoso en América, miembro de la delegación que iba a mandar a España con motivo de la celebración del cuarto centenario del «Descubrimiento» (efemérides ridiculizada en *La Caricatura* en su número 14, correspondiente al 22 de octubre de aquel año). El poeta, que entonces tenía 25 años, había llegado a Madrid aquel verano y, como también era corresponsal de *La Nación*, de Buenos Aires, se quedó cinco meses con el cometido de enviar crónicas sobre la España contemporánea al gran diario rioplatense. Después, en 1893, cumpliría su sueño de conocer por fin París. ¡Y con cuánto provecho!

Debido a la reseña de Valera, al autor de *Azul...* se le abren muchas puertas en Madrid, tanto las literarias como las aristocráticas y las políticas. Traba amistad con Marcelino Menéndez y Pelayo, que prepara en estos momentos una antología de la poesía hispanoamericana, y, ¡qué inesperado estímulo para el joven Rubén!, el temible autor de *Historia de los heterodoxos españoles* declara admirar sus versos. Conoce a Emilio Castelar, «sin duda alguna, la más alta figura de España», que exclama en su presencia, refiriéndose a la emancipación de los esclavos cubanos: «¡Yo he liberado a doscientos mil negros con un discurso!». Trata al otro gran orador del momento, el malagueño Antonio Cánovas del Castillo, «con su peculiar ceceo andaluz», a Emilia Pardo Bazán (y, en el salón de ésta, a Maurice Barrès), al propio Juan Valera, que le colma de atenciones, y, entre los poetas, a Salvador Rueda, entonces en auge, a Gaspar Núñez de Arce, ya en declive, y a un anciano Ramón de Campoamor. Hasta le presentan a José Zorrilla, que Darío creía ya muerto.[91]

De quienes no habla Rubén en estas pocas páginas sobre su primera estancia en España, dictadas deprisa veinte años después, es de los escritores jóvenes. Da la impresión de no haber conocido a ninguno, lo cual no debió de ser el caso.

Es interesante comparar tales impresiones —tal vez algo distorsionadas por el paso del tiempo— con las de Manuel Machado, esbozadas en 1910 en una conferencia de gran inteligencia, acibarada y combativa. La cita es larga pero vale la pena:

Terrible, mansamente terrible para las artes españolas, y más particularmente para su mayor, la poesía, fue el largo periodo que transcurrió desde la muerte del Rey D. Alfonso XII [en 1885] hasta nuestros últimos desastres coloniales.

Vivíase aquí en una especie de limbo intelectual mezcla de indiferencia y de incultura irredimibles. Irredimibles, porque, ignorándolo todo, lo despreciábamos todo también [...]. Las escasas ideas se paseaban por el cerebro de los españoles como los guardias del orden por las calles, por parejas. Aquí no se concebían más que dos cosas: blanco o negro, tuerto o derecho, chico o grande. Y si alguien pretendía colocar una tercera noción, la ideal del matiz, la de un justo medio, entre la simple simetría de los pares, *anatema sit*.

Sagasta y Cánovas; Calvo y Vico; Lagartijo y Frascuelo... Campoamor, que era sin par, tuvo que aguantar toda la vida en frente de la contrafigura de Núñez de Arce para no dejar cojo el sistema. Todo tenía que ser por pares, y donde no los había se inventaban.

Por la ancha calle baldía que estas dos hileras de faroles simétricos y antagónicos dejaban en medio, la holganza y la incultura —incultura e incultivo, mental y material— arrastraban a este grande y desdichado pueblo a los más crueles desengaños. Embotados y entristecidos por la inacción, hartos del romanticismo pasado e incapaces para la vida práctica y laboriosa, viviendo a la sombra de glorias muertas, leyendo una Historia primitiva y falsa, sin ánimos para rectificarla y hurtarle consecuencias amargas, pero provechosas; despreciando las letras y las artes en gracia al amor de las ciencias, entonces victoriosas en el mundo (amor, sin embargo, puramente platónico, puesto que apenas un nombre de Castilla figura en la larga relación de inventores y cientistas); despreciando cuanto se ignoraba, indisciplinados, pobres y arrogantes, así vivían los españoles de fin de siglo hasta los desastres del 98.[92]

Manuel Machado no exageraba: las reminiscencias de otros muchos escritores y periodistas, no todas tan bien escritas como la que acabamos de leer, confirman su evocación de aquellos años inmediatamente anteriores al Desastre con que culminó un siglo español tan triste como laberíntico.

* * *

En 1894, terminada ya la etapa de *La Caricatura*, Manuel Machado y Enrique Paradas publican en Madrid un libro de poemas suyos, *Tristes y alegres*, para el cual Salvador Rueda ha mandado una «contera» (no le gusta la palabra «epílogo», dice) en la que elogia sobre todo la veta popular de sus «queridos amigos». Para Rueda —y podría ser *Demófilo* quien habla— las coplas anónimas «son la historia entera de una raza», y las de los dos jóvenes le parecen «en su mayoría brotadas de la lira del pueblo». El tono amistoso de la «contera» deja traslucir que Machado y Paradas ven con frecuencia a Rueda (que les lleva unos veinte años), cuyo trato, dada la creciente importancia del malagueño dentro del modernismo, así como su relación con Rubén Darío, no dejaría de actuar sobre ellos como un estímulo.

Llaman la atención, en *Tristes y alegres*, las altisonantes dedicatorias de numerosos poemas de Manuel Machado, dirigidas con preferencia a aristócratas: «Al Excmo. Sr. Marqués de Jerez de los Caballeros, glorioso representante de la grandeza andaluza», «Al insigne diplomático Sir Drumon Woalf» [sic], «A la ilustre dama la Excma. Sra. Marquesa de Mondéjar», «Al heroico general Excmo. Sr. Marqués de Novaliches», etcétera. Había que granjear apoyos, claro, pero ello también puede indicar la fascinación que ya ejerce sobre Manuel el hecho o la sospecha de tener en sus venas, él mismo, algunas gotas de sangre azul. También llama la atención el largo poema titulado «A mi querido hermano Pepe, que estudia la pintura». La composición, fechada en «diciembre de 1892», es torpe, pero transmite el fervor de estos días en que los hermanos Machado —Francisco, el menor, será también algo poeta— se van dando cuenta de que tienen vocación artística.

En 1895 se edita en Barcelona el segundo y último poemario conjunto de Manuel Machado y Enrique Paradas, *&. (Versos)*, que contiene principalmente, al parecer, composiciones publicadas con anterioridad en otros lugares.[93]

En cuanto a Antonio, pasarán cuatro años antes de que, según nuestras noticias actuales, se publique un poema suyo. En estos momentos, ya lo sabemos, lo que le preocupa sobre todo es el teatro.

* * *

La situación de los Machado, después de la muerte de *Demófilo* y ahora con el manifiesto declive del abuelo, se presenta bastante sombría. Incumbe que Manuel y Antonio, todavía muy dados a la bohemia, empiecen a sentar cabeza de verdad. Se resuelve que el primero, acaso por la preocupación que suscitan entre los abuelos y Ana Ruiz ciertos «amoríos» suyos recientes, vuelva a Sevilla y, bajo la tutela de su tío Rafael Ruiz Hernández —hermano de la madre— no sólo termine su bachillerato, lejos de las tentaciones de Madrid, sino curse luego estudios en aquella Universidad, tan vinculada a la familia.[94] Así que, en este mismo 1895, Manuel regresa a la querida ciudad natal y se instala en Triana con los abuelos maternos, Rafael Ruiz e Isabel Hernández, que viven ahora en la calle Vázquez de Leca, número 4. Allí se entera de que la abuela apenas ha salido del barrio en toda su vida, y considera que «ir a Sevilla» es un desvarío. ¿No hay en Triana, por

Dios, todo lo que hace falta para que un ser humano pueda vivir en la misma gloria?[95]

Manuel se pone manos a la obra y al año siguiente, el 20 de junio de 1896, verifica los dos ejercicios de Grado de Bachillerato en el Instituto de Sevilla. Recibe la calificación de sobresaliente en ambos. Dos meses después solicita el ingreso en el curso preparatorio de Derecho.[96]

Entretanto, el 24 de julio de 1896, muere el abuelo Machado Núñez, que recibe sepultura, como sabemos, en el Cementerio Civil de Madrid. El año anterior había fallecido, a los 54 años, Joaquín Sama, profesor de Manuel y Antonio en la Institución Libre de Enseñanza y gran amigo de la familia. ¿Fue casualidad que Machado Núñez fuera inhumado al lado de su tumba? No lo creemos.

Hubo pocas referencias a la muerte de Machado Núñez en la prensa madrileña. Según *El País*, órgano republicano extremadamente anticlerical, el sepelio tuvo lugar a las nueve de la mañana y concurrieron «al triste acto» muchas personas del mundo de la ciencia y de la política, entre ellas uno de los máximos dirigentes de la Institución Libre de Enseñanza, Manuel Bartolomé Cossío. La asistencia no fue tan numerosa, sin embargo. Aquel mismo día, al informar a Francisco Giner de los Ríos de la muerte de Machado, Joaquín Costa comentó «y como presumía fue casi solo. Y por eso fui yo, sobre todo».[97]

El País se quejó de que no hubiesen hecho acto de presencia en el entierro ni el director de Instrucción Pública ni el rector de la Universidad Complutense, «con tanto más motivo cuanto que el Sr. Machado era una de las figuras más salientes del profesorado del más alto centro docente de la nación». Se sobreentendía que la razón de tales ausencias era la naturaleza estrictamente civil del acto.[98] El día antes el mismo diario había anunciado la muerte del catedrático, subrayado su republicanismo y señalado que había abandonado «hace algún tiempo» las filas del partido centralista «para poder con más libertad mantener la protesta revolucionaria, sin distingos de ninguna especie». Machado Núñez, pues, se mantuvo fiel a sus principios «jacobinos» hasta el último momento.[99]

Según Salvador Calderón, su sucesor en la cátedra de Ciencias Naturales de Sevilla, los últimos años del «maestro querido y venerado de toda una generación de naturalistas españoles» habían sido «de retiro casi absoluto y penoso», sobre todo tras la trágica muerte de su hijo. Como legado a su familia, apunta Calderón, el abuelo dejaba únicamente «el recuerdo de sus virtudes».[100]

Pero, si no bienes, Machado Núñez había trasladado a sus nietos su pasión por la vida, su creatividad, su fervor republicano, su preocupación por España, su amor a la Naturaleza, así como otros entusiasmos e inquietudes. Según Leonor Machado Martínez, hija de Francisco, el hermano menor de la familia, su padre nunca olvidó la simpatía del viejo catedrático, y les decía: «Mi abuelo era genial y yo recuerdo, todavía noto, el calor de su mano cuando me cogía y me llevaba a todas partes, si había algún entierro me llevaba primero al entierro y después me llevaba a merendar, primero al entierro del amigo y luego a merendar...».[101]

La muerte del abuelo supone no sólo la desaparición de un ser entrañable, sino la de su sueldo universitario, vital para el mantenimiento del grupo. Sólo quedan ahora los ingresos inmobiliarios de la abuela Cipriana, que hay que suponer modestos.

La situación es grave. Se debe hacer algo. Lo primero es encontrar un piso más barato. El 18 de septiembre la familia abandona Fuencarral, 98[102] y se instala calle arriba, cerca de la glorieta de Quevedo, en el inmueble número 148, 4º principal derecha, donde, según el padrón quinquenal de 1900, el alquiler es de 55 pesetas mensuales, menos de la mitad de lo que costaba la casa previa[103]. Luego se toma la decisión de enviar a Joaquín, que ahora tiene 15 años, a Guatemala, probablemente después de consultar con los parientes que tienen los Machado allí. Parece ser que embarcó sin perder tiempo. Su partida (y regreso cinco años después) se quedarán reflejados en el poema de Antonio «El viajero», el número I de *Poesías completas*.

En el padrón municipal de 1900 consta como cabeza de familia —desaparecidos ya tanto su marido como su hijo— Cipriana Álvarez Durán, profesión «sus labores». Ahora, más que nunca, la abuela es el espaldar de la familia.

CAPÍTULO III

Madrid-París (1896-1902)

La carrera de Manuel Machado está encaminada, pero Antonio, a los 21 años, no ha terminado todavía el bachillerato. Le sigue apasionando el teatro, y en octubre de 1896 entra como meritorio, o partiquino, en la compañía de María Guerrero y Fernando Díaz de Mendoza, que entonces tienen la concesión del teatro Español.[1] Es posible que su valedor haya sido el poeta Federico Balart, entonces director artístico de la famosa pareja. Machado interviene en la refundición por José Echegaray de *Semíramis o la hija del aire*, drama histórico de Calderón, estrenado el 23 de octubre de 1896;[2] en *Tierra baja*, de Àngel Guimerá, el 27 de noviembre del mismo año;[3] y en *La calumnia por castigo*, original de Echegaray, el 22 de enero de 1897.[4] Interviene... pero poco. En 1928 recordó que había participado, mínimamente, en el estreno madrileño de *Tierra baja*.[5] Y algunos años después, cuando le preguntaron si había sido actor: «Cierto. ¡Grandes papeles! Yo estrené en Madrid nada menos que uno de aquellos payeses que van a llevar trigo al molino de *Tierra baja*. Cosas de la juventud».[6] En otra entrevista añadió que «era uno de los que sujetaban a Manelic, en el final del segundo acto» de dicha obra, y recordó los brutales cortes hechos en el texto por Echegaray, responsable del arreglo castellano.[7] En *La hija del aire* su cometido consistía en «vitorear tres veces, fuera de escena, al príncipe Ninias, hijo de la reina Semíramis»,[8] mientras en *La calumnia por castigo* parece ser que la única contribución suya fue emitir unos «murmullos» entre bastidores.[9] Según José Machado, su hermano nunca consiguió en el Español «más que un papel de cuatro palabras».[10] No prometía bien, ciertamente, la carrera histriónica de Machado. Cuando, a finales de abril de 1897, se acabó la temporada de María Guerrero y Fernando

Díaz de Mendoza en el Español, dio por terminado aquel «meritorio» empeño.[11] Nunca dejaría de fascinarle, sin embargo, el teatro, como tampoco a Manuel.

Entretanto, los dos se escriben. El 30 de noviembre de 1896, en la primera carta que se le conoce, Antonio contesta una muy reciente comunicación de su hermano desde Sevilla. Manuel le ha hablado de un *Tenorio* gracioso que se acaba de representar en la capital andaluza. En Madrid, según Antonio, también han tenido gracia los montajes de rigor de la tan célebre obra. Por otro lado, *Tierra baja* ha conocido «un éxito dudoso». Pronto se va a poner en escena un drama de José Feliu y Codina. Han querido efectuar unas brutales supresiones en una puesta en escena de *La verdad sospechosa*, de Ruiz de Alarcón («Aquí hacen mangas y capirotes de las desdichadas obras que caen en sus manos»). La carta también aporta chismorreo taurino. Está claro que Antonio algo sabe de la lidia. Bombita, que ha hecho una gran temporada, es «el primer matador de toros». Le ha visto faenar con Reverte y Guerra. Éstos no lo hicieron mal, pero «el fenómeno fue Bombita».[12]

En la Sevilla de la Restauración —ya han pasado casi treinta años desde los días heroicos de «La Gloriosa»— Manuel se reúne con varios amigos de su padre: el catedrático krausista Manuel Sales y Ferré, que le da clases de arqueología, Federico de Castro, Luis Montoto, Alejandro Guichot y Francisco Rodríguez Marín.[13] Acaso debido sobre todo a la influencia del abuelo Machado Núñez, recordado con respeto y cariño en la ciudad, las autoridades de la Universidad hispalense permiten a Manuel, a título excepcional, cursar la carrera de Filosofía y Letras en un solo año. Al mismo tiempo colabora en el diario *El Porvenir* con un soneto, «Fin de siglo», un cuento, «Solo» —aparecido antes en *La Caricatura*—, y dos críticas teatrales muy en la línea de la revista satírica fenecida.[14]

El 8 de noviembre de 1897 Manuel se licencia en Filosofía y Letras, con la calificación de sobresaliente.[15] Mientras tanto ha conocido a una prima suya, Eulalia Cáceres Sierra, que será su mujer trece años después. Todos los que han escrito sobre el hermano mayor coinciden en afirmar como hecho incontestable que su estancia de dos años en la capital andaluza —se supone que con alguna que otra visita a Madrid— le selló para toda la vida como arquetipo del sevillano, orgulloso hasta la exageración de serlo.

Terminados sus estudios, Manuel no tarda en volver, sin embargo, a la capital. Allí el siempre emprendedor Eduardo Benot, tan buen amigo de la familia, contrata a ambos hermanos para ayudarle con su gran proyecto de entonces, un ambicioso *Diccionario de ideas afines*. Antonio y Manuel se encargan de la sección referente a verbos, y parece ser que Manuel actúa como «secretario de redacción». Se supone que a cambio reciben del generoso ex ministro de la República una remuneración más o menos aceptable.[16]

Tal vez animado por el esfuerzo académico de su hermano en Sevilla, Antonio ha retomado, entretanto, sus estudios de bachillerato, y al final del curso 1896-1897 aprueba Historia Universal con un «notable», y Geometría y Trigonometría —que detesta— con un «bueno». Sólo le quedan para terminar dos asignaturas de francés. Algo es algo.[17]

* * *

En abril de 1898, según lo recogido por Pérez Ferrero, Manuel y Antonio pasan unos días en Sevilla, el primero para ver a su novia «y Antonio a que le deslumbre el encanto de su ciudad natal, imprecisa en los sueños de la infancia».[18] No se ha encontrado hasta la fecha referencia alguna a la visita en la prensa sevillana.[19] No sabemos si los hermanos trataron de entrar en las Dueñas. Si fue así, es posible que no lograsen su próposito, ya que la duquesa de Alba, que había anunciado, en marzo, que iba a emprender obras de mejora en el palacio, «con el objeto de pasar en él toda la primavera», acababa de regresar desde Madrid para participar en la Feria.[20]

Según el mismo biógrafo, los Machado se hallaban todavía en Sevilla cuando llegó la noticia de que Estados Unidos había declarado la guerra a España —fue el 21 de abril de 1898— tras la voladura en el puerto de La Habana aquel febrero, con elevada pérdida de vidas, del crucero norteamericano *Maine*, percance achacado sin pruebas a Madrid.[21]

Para principios de abril ya se habían producido manifestaciones airadas en varias ciudades españolas por las declaraciones amenazadoras del presidente MacKinley. Ahora, tres semanas después, es el momento de la verdad. Hay una manifestación de estudiantes universitarios en Sevilla y, pese al buen tiempo, se ensombrece de repente el ambiente de la Feria, que este año ha atraído a una multitud excepcional de forasteros.[22] «La noticia del conflicto bélico les aplana [a los hermanos Machado] en medio de las fiestas que se celebran —nos asegura Pérez Ferrero—. Saben que ha sonado una hora de desgracia nacional, cuya magnitud aún no pueden conocer, pero tienen la certeza de la adversidad, porque recuerdan lo que oyeron decir tantas veces a Benot, a Costa, a Cossío, al mismo Giner. Van de un lado para otro, entre el bullicio, como si tuviesen fuerzas o autoridad para detener la algazara, que no se ha resentido ni ha menguado».[23]

En los primeros días de mayo la prensa recoge la noticia de que la flota ha sido destruida en Manila por el poderoso fuego de los buques de guerra norteamericanos. Balance: cuatrocientos marineros españoles muertos y ni una sola baja yanqui (la muy superior longitud del tiro enemigo había impedido incluso que se aproximasen los barcos españoles al agresor).[24]

El 3 de julio la derrota de Santiago de Cuba sella la tragedia. Es la humillación nacional, «la catástrofe del imperio hispánico en su último acto».[25] Y a la humillación sigue, incipiente, el análisis del fracaso. ¿Cómo le podía haber pasado esto a España, dueña antes de medio mundo? ¿Qué se podía hacer ahora? En agosto el político Francisco Silvela publica un artículo, titulado «Sin pulso», que provoca discusiones amargas y apasionadas. Reproduce un parte del contralmirante Cervera que decía, escuetamente: «Hemos perdido todo». Hay más manifestaciones. La gente llora en la calle.[26]

A principios de 1899 Rubén Darío vuelve a España, esta vez como corresponsal especial de *La Nación*. Su misión: dar cuenta, con la mayor objetividad posible, de la situación del país después del «Desastre». El gran poeta y cronista está decidido a cumplir a rajatabla con su cometido. A decir la verdad y sólo la verdad.

El Rubén que desembarca en Barcelona tiene 32 años. Los dos libros suyos publicados en Buenos Aires en 1896 —*Los raros* y *Prosas profanas y otros poemas*— le han dado una enorme celebridad en América. Ahora su meta es la conquista de España.

Los raros es una serie de viñetas de unos veinte personajes literarios, en su mayoría franceses, del siglo que se va extinguiendo, y que al nicaragüense le han llamado la atención por su fuerte individualismo, condición de malditos, excentricidad, o empeño en vivir su vida libre de trabas impuestas por los demás. Entre ellos están Paul Verlaine (a quien Darío pudo expresar personalmente su intensa admiración en el París de 1893), Villiers de l'Isle-Adam, Jean Richepin, Leconte de Lisle, Léon Bloy, Rachilde, Jean Moréas, el belga Théodore Hannon, el norteamericano Edgar Allan Poe, el portugués Eugénio de Castro y, sobre todo, el fabuloso montevideano Isidore Ducasse, el «conde de Lautréamont», de cuyo casi inencontrable libro *Les Chants de Maldoror* Rubén había logrado conseguir un ejemplar en París.

El texto blasfemo y furibundo de Ducasse impresionó hondamente al poeta de *Azul...*, sobre todo sus originalísimos símiles (que luego fascinarían a los surrealistas): «El gran duque de Virginia era bello, bello como una memoria sobre la curva que describe un perro que corre tras de su amo»; «el escarabajo, bello como el temblor de las manos en el alcoholismo»; «el buitre de los corderos, bello como la ley de la detención del desarrollo del pecho en los adultos cuya propensión al crecimiento no está en relación con la cantidad de moléculas que su organismo asimila»; y, la más llamativa de todas, la comparación de la hermosura de un adolescente con la del «encuentro fortuito de una máquina de coser y un paraguas sobre una mesa de disección». Rubén no había leído nunca nada tan insólito. ¿Cómo era posible que aquel autor enigmático, muerto a los 24 años, sin un céntimo, en el París de 1846, yaciera ahora en el más cruel de los olvidos?[27]

Por *Los raros* Darío recibió furibundos ataques de los que se oponían a la renovación de las letras argentinas. Y de los beatos de toda laya. A éstos les disgustó sobre todo su ensayo sobre Hannon, que les parecía una descarada apología del «decadentismo» (cuyo mayor representante era Oscar Wilde). De Hannon decía Rubén:

> Es un satánico, un poseído. Mas el Satán que le tienta, no creáis que es el chivo impuro y sucio, de horrible recuerdo, o el dragón encendido y aterrorizador, ni siquiera el Arcángel maldito, o la Serpentina de la Biblia, o el diablo que llegó a la gruta del santo Antonio, o el de Hugo, de grandes alas de murciélago, o el labrado por Antokolsky, sobre un picacho, o en la sombra. El diablo que ha poseído a Hannon es el que ha pintado Rops, diablo de frac y «monocle», moderno, civilizado, refinado, morfinómano, sadista, maldito, más diablo que nunca.[28]

Rubén se había enamorado en París del siglo XVIII francés —de su elegancia, su gusto por la justa medida, su fina sensualidad, sus jardines—, todo ello filtrado a través de *Las fiestas galantes* de

Paul Verlaine. Y en su poema «Divagación», luego recogido en *Prosas profanas*, proclamaba:

> Amo más que la Grecia de los griegos
> la Grecia de la Francia, porque en Francia,
> al eco de las Risas y los Juegos,
> su más dulce licor Venus escancia.[29]

¡Venus! Francia, sí, era su dominio, ¿quién lo podía poner en tela de juicio?, pero a Rubén le atormentaba la antinomia, tan arraigada en el pensamiento occidental, entre cuerpo y alma, lo dionisíaco y lo apolíneo. Antinomia que había tratado de resolver en «El coloquio de los centauros» y, de manera memorable, en «Palabras de la satiresa», donde el poeta recibe un enfático consejo de la semidiosa:

> «Tú que fuiste —me dijo— un antiguo argonauta,
> alma que el sol sonrosa y que la mar zafira,
> sabe que está el secreto de todo ritmo y pauta
>
> en unir carne y alma a la esfera que gira,
> y amando a Pan y Apolo en la lira y la flauta,
> ser en la flauta Pan, como Apolo en la lira».[30]

Rubén nunca lo conseguiría. El «terror católico» a la muerte, que le «emponzoñó» desde su niñez, impedía la conjunción deseada, y el sentimiento de culpa y de pecado nunca le abandonará.[31]

¿Cómo se podía llamar *Prosas profanas* a una colección de *poemas?* Los adversarios empezaron por ahí. Rubén se encargó de señalarles que se olvidaban de las prosas latinas de la Edad Media y, sobre todo, de las «prosas» que había hecho en *román paladino* Gonzalo de Berceo. En cuanto a lo de profanas, era intolerable. Desde la cubierta misma de su libro, decían, Darío proclamaba abiertamente ser un «decadente», un inmoral. Al hojear las páginas del poemario se ratificaban en esta opinión al ver cómo se utilizaba hasta el vocabulario de la liturgia católica para fines según ellos inconfesables y perversos. Para tales mentalidades una composición como «"Ite, Missa est"», con su primer cuarteto tan *risqué*, rezumaba blasfemia:

Yo adoro a una sonámbula con alma de Eloísa,
virgen como la nieve y honda como la mar;
su espíritu es la hostia de mi amorosa misa,
y alzo al son de una dulce lira crepuscular.[32]

En cuanto a la métrica, tampoco gustaban a todo el mundo las innovaciones rubenianas, por supuesto. Versos como «su risa es la sonrisa suave de Monna Lisa» (del soneto que acabamos de citar), «bajo el ala aleve del leve abanico», «la libélula vaga de una vaga ilusión» o «el divino astillero del divino Watteau», por ejemplo, con sus repeticiones, aliteraciones y rimas internas, ponían enfermos a más de uno. Pero, estimulado por sus lecturas de los simbolistas franceses, sobre todo de Verlaine y de Mallarmé, en el fondo el nicaragüense tenía razón al decir que no hacía más que desarrollar tendencias y posibilidades que ya existían en la poesía castellana.

Darío era, no cabía duda, el más férvido discípulo de Eros que entonces existía en la lírica de lengua española. Valera ya había llamado la atención sobre el panerotismo de *Azul... Prosas profanas* lo confirmaba. Con este prestigio de renovador de formas y contenidos, de *enfant terrible* y ardiente cantor de la carne, desembarca Rubén en España a principios de 1899. Y es importante subrayarlo aquí porque el nicaragüense va a desempeñar un papel fundamental en la vida y obra de Antonio Machado.

Darío no había visitado Barcelona en su viaje anterior, y se queda asombrado ante la belleza, el civismo, la industria y la seriedad que encuentra a su alrededor. La Ciudad Condal como un París más pequeño al lado del Mediterráneo. En todas partes constata «la palpitación de un pulso, el signo de una animación». La gente, casi sin excepción, se expresa harta de Madrid, y estima que Cataluña mantiene, con los vascos, al resto del país, perezoso y atrasado. El sentimiento separatista está a la orden del día.

El poeta es testigo, en el elegante Café Colón, de una escena que le produce intensa admiración. Escena impensable en cualquier otro punto de la península Ibérica, quizás en el mundo hispánico. Entra un obrero, un *menestral*. No hay mesa libre y, sin pensárselo dos veces, el hombre se sienta en la que ocupan dos buenos burgueses. Ni éstos ni el camarero se inmutan. El obrero pide su café, lo sorbe, lo paga y se va tan tranquilo. Todo ha transcurrido dentro de la normalidad más absoluta. Se trata, piensa Darío, «del más estupendo de los orgullos: el orgullo de una democracia llevada hasta el olvido de toda superioridad, a punto de que se diría que todos estos hombres de las fábricas tenían una corona de conde en el cerebro». Cataluña era diferente.[33]

Después de Barcelona el contraste con Madrid no puede ser más brutal. Los cafés rebosan de desocupados, pululan mendigos y prostitutas (entre éstas, muchas menores), y se registran diariamente, en plena calle, atracos y robos. En una de sus primeras crónicas para *La Nación* el poeta asegura que se nota en la capital española «una exhalación de organismo descompuesto». Pese a que acaba de producirse una tragedia nacional espantosa, los políticos dan la impresión de no enterarse de nada. Todo parece tomarse más o menos a guasa. Hay una frivolidad exasperante. Los periódicos apenas hablan de lo que pasa fuera del país. No hay crítica objetiva, no hay reseñas de libros. ¿Libros? En Madrid, a diferencia de París, casi nadie los lee, y mucho menos los compra. Los editores no contratan nuevos títulos, y se limitan a adquirir manuscritos ya terminados, a precios irrisorios. Es decir, no contribuyen en absoluto a la creación de la literatura. Buenos Aires está mucho más al tanto de las últimas novedades de la literatura francesa que Madrid, «donde todo producto mental» está «en *crack* continuo». Falta totalmente la noción de «convalecencia progresiva», el empeño de caminar poco a poco, con fe y tesón, hacia algo mejor. Falta la ciencia. Falta maquinaria moderna. Falta el entusiasmo. Falta el civismo. Sólo se oye, según Rubén, «la palabrería sonora propia de la raza,» y cada cual profetiza, discurre y arregla el país a su manera. La verbosidad nacional «se desborda por cien bocas y plumas de regeneradores improvisados».

¡Qué panorama más desconsolador! Cánovas del Castillo, tan generoso con Rubén durante su primera visita a Madrid, ha sido abatido tres años atrás por un fanático anarquista. Ángel Ganivet acaba de suicidarse en las frías aguas del Duina. Al gran Emilio Castelar, desilusionado, le queda poco tiempo (pronto asistirá Rubén a su multitudinario entierro). Juan Valera está casi ciego. Zorrilla ha muerto. Campoamor ha enmudecido. Núñez de Arce, antaño admirable «profesor de energía», está sumido en el pesimismo. Hasta el estro del fogoso malagueño Salvador Rueda experimenta «un inexplicable decaimiento». «Los cisnes viejos de la madre patria callan hoy —se lamenta Rubén—, esperando el momento de cantar por última vez».

Entretanto los soldados repatriados regresan como mejor puedan a sus hogares. El espectáculo de tanto harapiento y lisiado es patético, conmovedor.

Orgulloso de haber capitaneado «un movimiento de renovación literaria y personal en América», Darío comprueba que en la Madre Patria, «la tierra de las murallas y de la tradición indomable», nadie sabe nada del modernismo. Ello no obsta para que el movimiento reciba en los diarios constantes ataques. Tal cerrazón impide la influencia de todo soplo cosmopolita. Hay una abulia universal.

Hacia América Latina la indiferencia es, de hecho, completa. Pese a la «retórica latina» de siempre, apenas hay ya vínculos con aquellas repúblicas.

La visión inicial no podía ser más pesimista. A lo largo de los dieciséis meses que pasa el nicaragüense en España, sin embargo —y durante los cuales conocerá a su compañera, Francisca Sánchez—, irá percibiendo un tenue rayo de esperanza, personificado, sobre todo, en Miguel de Unamuno quien, en 1900, a los 36 años, es sin lugar a dudas la voz crítica más poderosa que tiene en estos momentos el país (ilustración 15).

Unamuno, que da la impresión de desconocer el miedo, arremete con denuedo y sin descanso desde Salamanca contra sus adversarios, o quienes de alguna manera se atrevan a llevarle la contraria. El pensador se interesa por todo lo divino y lo humano y es de los poquísimos españoles, señala Rubén, que tienen un conocimiento cabal de la literatura y de la política portuguesas. Escribe sin parar en los periódicos y las revistas nacionales e internacionales. Hay en él un hombre meditabundo y otro de acción. Unamuno, en sus conversaciones con Darío, lo achaca al hecho de ser vasco, y cree que, en este sentido, el *representative man* vascuence es Ignacio de Loyola. Unamuno predica que sólo reincorporándose a Europa, de la cual vive aislada desde hace tanto tiempo, será posible que España resurja. Es la tesis de los ensayos de *En torno al casticismo*. El país y el idioma castellano tienen que estar abiertos al mundo. Rubén está de acuerdo en casi todo, pero no, resueltamente no, con su tenaz actitud antifrancesa.[34]

* * *

La llegada de Darío a España coincide con la inauguración en Madrid de una nueva revista semanal, *La Vida Literaria*, dirigida por

Jacinto Benavente. Uno de los colaboradores es el joven escritor guatemalteco Enrique Gómez Carrillo, amigo de Rubén, que vive desde hace casi diez años en París. En su crónica del 18 de marzo de 1899, Gómez Carrillo alude al «joven poeta sevillano Sr. Machado, que ha venido a hacerme una visita en nombre de Ricardo Fuente» —se trata del director del diario republicano madrileño *El País*—, y que le ha acompañado a ver a *La Bella Otero* en el Folies Bergère.[35]

¿Qué hace en la capital francesa Manuel Machado, pues de Manuel se trata? Parece ser que en las conversaciones de los hermanos con sus amigos madrileños había surgido el nombre de la editorial parisiense Garnier, que se especializaba en la producción de libros en español para el mercado americano y que, en 1895, había sacado en dos tomos un ambicioso *Diccionario enciclopédico de la lengua castellana*. Gómez Carrillo trabajaba para la casa, que le había publicado varios libros. Y allí había estado como traductor el escritor sevillano Alejandro Sawa, empedernido bohemio y amigo de Verlaine. Los Machado oirían hablar seguramente de Garnier en los mentideros literarios de Madrid. ¿Por qué, parece que pensaron, no buscar un pequeño empleo en la célebre editorial, conocer por fin París —que en estas fechas se preparaba para la Exposición Universal de 1900— y, al mismo tiempo, aprender bien el francés, idioma tan apreciado tanto por su padre como por el abuelo Machado Núñez?

No sabemos si hubo algún contacto o acuerdo previo con la editorial. Es posible. Manuel, de todas maneras, que fue el primero en llegar, llevó consigo cartas de recomendación de Nicolás Estévanez, el ex ministro de Guerra de la República, que había conocido el exilio en París y tenía allí contactos.[36] Estévanez frecuentaba por estas fechas, como vimos, la tertulia de Eduardo Benot en Madrid, y cabe suponer que éste, viejo amigo de la familia Machado, también intervino de alguna manera a favor de los hermanos. Sea como fuere, el escritor canario Elías Zerolo, encargado de la dirección literaria de Garnier y «federalista incondicional de Pi y Margall», acoge a Manuel con los brazos abiertos, y luego hará lo mismo con Antonio.[37]

Durante abril y mayo de 1899 —es decir, después de su encuentro con Manuel Machado en París— Gómez Carrillo pasa en Madrid una estancia que se refleja en su crónica semanal para *La Vida Literaria*. En la capital ve a Rubén Darío y trata, entre otros, a Ramón del Valle-Inclán, delgado como un palo y con la melena y los ojos de un negro de azabache. El gallego, que maneja cuando viene al caso palabrotas tremebundas, da la impresión de tener como principal meta en la vida, según Darío, *épater le bourgeois*.[38]

Parece que Antonio Machado ya conoce al turbulento autor de *Femeninas*, presentado por Miguel Sawa, hermano de Alejandro y compañero de la aventura de *La Caricatura*. «Don Ramón del Valle-Inclán, el primer gallego de su siglo, y el mejor escritor de España», declamaría Sawa en aquella ocasión. Valle-Inclán es ya casi un mito en Madrid. Antonio no tarda en concebir por él una admiración ilimitada: por su valentía, por su estoicismo ante la desgracia, por sus fabulosas mentiras, por nunca vender su pluma y, también, por haber proferido una frase que estima magnífica: «la voluptuosidad del ayuno».[39]

Antonio tiene los pies en el estribo, y se juntará pronto con Manuel en la capital gala. ¿Antes de abandonar Madrid conoce a Enrique Gómez Carrillo? Es casi seguro que sí.[40]

De regreso en París el apuesto guatemalteco manda a *La Vida Literaria* una crónica en la cual reaparece Manuel. Se publica el 1 de junio de 1899. Los dos se han reunido esta vez en una taberna turca de la Rue Cadet donde Machado le ha hablado «con nostálgico entusiasmo de las gitanas de su tierra». «A la segunda copa nos sentimos ya en plena España, en una taberna de Madrid», sigue Gómez Carrillo. Lo único que les faltaba era «Valle-Inclán el principesco», «el sutil y el callado Rubén», y dos o tres amigos más de la Villa y Corte.[41]

Unos días después llega Antonio y, según Pérez Ferrero, se hospeda con Manuel en el hotel Médicis, en la calle de Monsieur-le-Prince, muy cerca de la sede de Garnier, en la Rue des Saints-Pères, 6, y no lejos del Jardín de Luxemburgo. Es decir, que Manuel y Antonio viven, como es de rigor, en pleno Barrio Latino.[42] Quizás se instalaron en el Médicis a propuesta de Gómez Carrillo, que les pondría al corriente de que había sido uno de los últimos hoteles donde se había alojado Paul Verlaine?[43]

«De Madrid a París a los 24 años (1899) —apuntará Antonio en 1931—. París era todavía la ciudad del *affaire* Dreyfus en política, del simbolismo en poesía, del impresionismo en pintura, del escepticismo elegante en crítica. Conocí personalmente a Oscar Wilde y a Jean Moréas. La gran figura literaria, el gran consagrado, era Anatole France».[44]

A partir de junio de 1899 Manuel empieza a enviar unas impresiones parisienses a *El País*. En la primera recoge el consejo de Zerolo, el director literario de Garnier: cuidado con la endiablada Lutecia, con la tan cacareada bohemia, con las tabernas, con el amor fácil. Zerolo ha notado, preocupado, que Manuel está «deslumbrado» por el París epidérmico.[45] Dado el carácter del sevillano, era sin duda inevitable su euforia al encontrarse, tras tan larga espera, en la capital del Arte y del Amor.

Una semana después describe para sus lectores madrileños el ambiente bohemio de Montmartre, tan caro a Gómez Carrillo: «Juventud, amores, belleza y mujeres. Qué importa la pobreza del cuarto, la ruindad del traje, cuando el alma está llena de concepciones y de valores inestimables, tesoros del ingenio y del corazón». Manuel se ha quedado maravillado en el famoso Café des Quatz'arts, donde se reúnen poetas y escritores y, a su alrededor, «mariposeando inquietas y graciosas, las modelos, las bailarinas, las cantatrices, las mujeres que los aman y los acompañan y les dan lo que saben que más les gusta, la belleza, la hermosura realzada con la coquetería de la Venus moderna, nacida en París, que sabe ser bonita». Si hay un español que se encuentra feliz en tal ambiente se llama Manuel Machado Ruiz.[46]

Por otro artículo de Manuel en *El País*, «Una balada de Oscar Wilde», fechado el 10 de agosto de 1899, podemos deducir que el nunca olvidado encuentro de Antonio con el celebérrimo irlandés —que entonces vivía maltrecho en París después de sus dos años de infierno en la cárcel de Reading— tuvo lugar al poco tiempo de juntarse con su hermano. Wilde frecuentaba el Calisaya Bar, local cosmopolita del Boulevard des Italiens donde se discutía en todos los idiomas y se bebían alcoholes de todos los países. Allí Oscar contó una noche —con su habitual brillantez y haciendo alarde, sin duda, de su asombroso dominio del francés— la historia de la gruesa turquesa que llevaba en el anillo, y a la que llamaba «la sortija de la desgracia».[47]

Es probable que fuera Enrique Gómez Carrillo el encargado de presentar a los hermanos Machado al autor de *El retrato de Dorian Gray*, ya que el guatemalteco tenía con Oscar una amistad iniciada en París antes del cruel encarcelamiento.[48]

En cuanto a Johannes Papadiamantopoulos, alias Jean Moréas, es verosímil que Gómez Carrillo también le presentara a los Machado. Ateniense que vivía en París desde 1880, se trataba de una personalidad casi tan afamada en el Barrio Latino como el propio Verlaine. En su momento uno de los simbolistas más destacados, Moréas había reaccionado en contra del movimiento y fundado, en 1891, la llamada Escuela Romana, enemiga de vaguedades y «brumas nórdicas». Proponía, en su lugar, la vuelta a la claridad mediterránea y las tradiciones clásicas de la poesía francesa.[49] Rubén Darío admiraba profundamente a Moréas, a quien había conocido en su primera visita a París en 1893, y el griego protagonizaba un capítulo de *Los raros* (1896).

Y aquí una puntualización. Cuando Manuel Machado llega a París en marzo de 1899 tiene ya cierto prestigio en Madrid como joven promesa de la poesía española. Ha editado algunos libros (con Enrique Paradas), y versos suyos han aparecido en distintas revistas. En el mismo número de *La Vida Literaria* donde Gómez Carrillo hablaba de su visita con él al Folies Bergères, había dado a conocer un poema, «Lo que dicen las cosas», con la indicación de que procedía «del libro en prensa "Alma"», que de hecho no verá la luz hasta 1902.[50] Manuel, es decir, ya comienza a ser alguien en la vida literaria española. Antonio, al contrario, no ha publicado todavía nada, que sepamos. Dará a entender después, además, que fue precisamente la primera estancia suya en el apabullante París de fin de siglo lo que hizo aflorar su vocación lírica.

* * *

A principios de julio de 1899 llega a París un joven escritor y periodista vasco, oriundo de San Sebastián, de quien ya se empieza a hablar en Madrid, y que en estos momentos prepara la publicación de un libro de cuentos, *Vidas sombrías*, que se editará al año siguiente. Pío Baroja tiene 27 años y recogerá en su libro de memorias *Final del siglo XIX y principios del XX*, publicado en 1945, algunos episodios compartidos en París con los hermanos Machado, a quienes le presenta Enrique Gómez Carillo (cuyo «egotismo rabioso» y extremada vanidad no aguanta, como tampoco el papel que se ha otorgado, sin que nadie se lo haya pedido, de «gendarme» para los escritores españoles que arriban a la capital francesa en busca de una manera de ganarse la vida).

Un día Baroja presencia con los Machado una manifestación de «dreyfusistas» y «antidreyfusistas». Hay una carga de caballería y, en la desbandada, Antonio («que como yo no andaba muy bien de indumentaria») pierde el tacón de una bota. Esto por lo menos es lo que cuenta el escritor en sus memorias.[51]

Otro día hay una discusión en un figón obrero, y algo bohemio, frecuentado por los Machado (aquí el novelista remite a unas declaraciones suyas hechas a Miguel Pérez Ferrero, publicadas por éste en *Pío Baroja en su rincón).* Uno de los franceses presentes opina que la cara del vasco es «pesada y brutal». El comentario produce la intervención de Antonio, que declara, solemne: «Si en este momento entrase aquí un hombre con la misión de entregar un mensaje a quien tuviera el rostro más humano de todos los circunstantes, sin ninguna vacilación se lo daría a Baroja». Es imposible saber si ocurrió realmente así la escena, narrada tantos años después.[52]

Baroja, que regresó a Madrid aquel otoño, afirma en sus memorias haber mandado crónicas de su estancia parisiense a un diario de San Sebastián, *La Voz de Guipúzcoa.* Así fue, de hecho. En dicho diario, bajo el título «Desde París», salieron cinco artículos suyos entre el 20 de julio y el 28 de agosto de 1899. Artículos algo decepcionantes, a decir verdad. No hay mención en ellos de los hermanos Machado, pero sí alguna nota de interés acerca del *affaire* Dreyfus, que, como descubre el joven escritor, está suscitando entre los parisienses «odios inmensos» y haciendo que se acrecienten las filas de la Liga de Patriotas, cuyas manifestaciones antisemitas le parecen tan monstruosas como estúpidas. Al futuro autor de *El mundo es ansí* le choca que las parejas francesas se besen en plena calle como si estuviesen en casa; encuentra divertida una opinión oída a Oscar Wilde; y discrepa de la de Alejandro Sawa según la cual las costumbres españolas son bárbaras en comparación con las francesas. ¡Si hay asesinatos diarios en París! ¡Si la capital francesa es una ruina industrial y literaria después de la derrota de 1870! ¡Si lo único que quieren los parisienses es *fare bella figura,* impresionar! Y es que Baroja ya gusta de llevarle la contraria a cada uno.[53]

* * *

Para Antonio y Manuel el hecho tal vez más destacado de la visita a París es el descubrimiento de la poesía de Paul Verlaine, muerto tres años antes en 1896 —el mismo año que el abuelo Machado Núñez—, y objeto todavía de interminables y apasionadas discusiones en las tertulias literarias de la capital francesa.

Gómez Carrillo les cuenta, sin duda, intimidades de Verlaine, a quien había tratado con asiduidad. Acaso también lo hace Wilde, que reverenciaba al poeta de *Fêtes galantes* y le había presentado a la sociedad londinense en 1893. Los Machado no podían desconocer tampoco la inmensa admiración que por Verlaine sentía Rubén Darío, que le había conocido en persona, gracias a Gómez Carrillo, escrito páginas enfervorecidas sobre el poeta en *Los raros* y compuesto un impresionante «Responso» en su memoria.

Para Pío Baroja, además, Verlaine (con Dickens) era uno de los más grandes («Creo que hay diez o doce poesías de este poeta que están por encima de todas las demás de los otros poetas»), y es probable que compartiera aquel entusiasmo con los Machado durante su visita a París.[54]

En 1891 la Bibliothèque Charpentier había publicado una antología de Verlaine, preparada por el propio poeta, con el título de *Choix de poésies*. El libro tuvo un éxito arrollador y sería reimpreso numerosas veces a lo largo de los años y las décadas siguientes.[55] Además, en 1899, el mismo año de la estancia parisiense de los Machado, el editor Léon Vanier publicó las *Oeuvres complètes* del poeta en varios tomos, edición adquirida por Manuel.[56]

Parece indudable que los hermanos se empaparon del *Choix de poésies* durante aquellos meses, sobre todo de los versos procedentes de *Poèmes saturniens*, *Fêtes galantes*, *La bonne chanson* y *Romances sans paroles*, que forman casi la mitad del libro (los poemas posteriores, de tema religioso, les interesarían mucho menos).

A Antonio le afectaron hondamente los seis sonetos de *Poèmes saturniens* que, en el apartado «Melancholia» —melancolía de poeta nacido bajo la «la influencia maligna» de Saturno—, inician la antología. Reproducimos a continuación cuatro de ellos —«Nevermore», «Lassitude», «Après trois ans» y «Mon rêve familier»— seguidas de sendas versiones literales españolas, porque todo indica que el encuentro de Machado con ellos, en aquel fascinante París de fin de siglo, fue decisivo para su desarrollo como poeta.

El título del primero, «Nevermore», remitía a Edgar Allan Poe y su famosísimo poema «The Raven», considerado después por Machado (equivocadamente) como el «mejor» del siglo XIX, por acentuar con su estribillo de «nevermore» («nunca más»), puesto en boca del fatídico córvido, el tema del ineludible fluir del tiempo y de la felicidad amorosa perdida para siempre:[57]

NEVERMORE

Souvenir, souvenir, que me veux-tu ? L'automne
Faisait voler la grive à travers l'air atone,
El le soleil dardait un rayon monotone
Sur le bois jaunissant où la bise détone.

Nous étions seul à seule et marchions en rêvant,
Elle et moi, les cheveux et la pensée au vent.
Soudain, tournant vers moi son regard émouvant :
«Quel fut ton plus beau jour ?» fit sa voix d'or vivant,

Sa voix douce et sonore, au frais timbre angélique.
Un sourire discret lui donna la réplique,
Et je baisai sa main blanche, dévotement.

—Ah ! les premières fleurs, qu'elles sont parfumées !
Et qu'il bruit avec un murmure charmant
Le premier *oui* qui sort de lèvres bien-aimées !

NEVERMORE

Recuerdo, recuerdo, ¿qué me quieres? El otoño
hacía volar el tordo a través del aire átono,
y el sol lanzaba un rayo monótono
sobre el bosque amarillento donde la brisa detona.

Estábamos a solas y marchábamos soñando,
ella y yo, los cabellos y el pensamiento al viento.
De repente, volviendo hacia mí su mirada conmovedora:
«¿cuál fue tu día más feliz?» dijo su voz de oro vivo,

su voz dulce y sonora, con su fresco timbre angélico.
Una sonrisa discreta le dio la respuesta,
y besé su mano blanca, devotamente.

—¡Ah! Las primeras flores, ¡qué perfumadas están!
¡Y cómo suena con un murmullo encantador
el primer *sí* que sale de labios bienamados!

El segundo soneto, «Lassitude», tiene como epígrafe el último verso de la *Primera soledad* de Góngora. El hecho en sí debió de sorprender, y mucho, a los hermanos Machado. ¿Qué diablos sabía Verlaine del racionero cordobés? Según Gómez Carrillo, el poeta, que nunca había cruzado la frontera hispanogala, gustaba de declamar ruidosamente, cada vez que se aproximaba a su mesa un español: «¡¡A batallas de amor campos de pluma!!». Nunca se ha podido saber si conocía el resto del magno poema de Góngora. También decía admirar a Calderón, a quien en unos versos de *Amour* llama «poète terrible et divinement doux,/Plus large que Corneille et plus haut que Shakspeare (sic)», lo cual era mucho decir.[58]

Simpatía por España y los españoles tenía Verlaine, de todas maneras, y Antonio tomaría nota, quizás, de la alusión suya, en «Nocturne parisien», protagonizado por el Sena, al «alegre» Guadalquivir y sus naranjos. Tal simpatía sería probablemente un factor de peso en el aprecio que empezaron a sentir por su poesía los hermanos Machado en estos momentos. Pero veamos el soneto:

LASSITUDE

> *A batallas de amor campo* [sic] *de pluma.*
> (GÓNGORA)

De la douceur, de la douceur, de la douceur !
Calme un peu ces transports fébriles, ma charmante.
Même au fort du déduit parfois, vois-tu, l'amante
Doit avoir l'abandon paisible de la soeur.

Sois langoureuse, fais ta caresse endormante,
Bien égaux tes soupirs et ton regard berceur.
Va, l'étreinte jalouse et le spasme obsesseur
Ne valent pas un long baiser, même qui mente !

Mais dans ton cher coeur d'or, me dis-tu, mon enfant,
La fauve passion va sonnant l'olifant !...
Laisse-la trompeter à son aise, la gueuse !

Mets ton front sur mon front et ta main dans ma main,
Et fais-moi des serments que tu rompras demain,
Et pleurons jusqu'au jour, ô petite fougueuse !

LASITUD

¡Dulzura, dulzura, dulzura!
Calma un poco estos febriles transportes, mi encanto,
hasta en la cumbre del placer a veces, sabes, la amada
debe tener el abandono apacible de la hermana.

Sé lánguida, con caricias que adormecen,
bien iguales tus suspiros y tu mirada que mece.
Mira, el abrazo celoso y el espasmo obsesivo
no valen un largo beso, ¡incluso si miente!

¡Pero me dices, niña mía, que en tu corazón de oro
la pasión animal va sonando su cuerno!...
¡Deja que la andrajosa trompetee a su gusto!

Pon tu frente sobre mi frente y tu mano en mi mano,
y hazme juramentos que romperás mañana,
y lloremos hasta el amanecer, ¡mi fogosilla!

¿Hace falta señalar que en la poesía española de la época no
había nada comparable a versos como éstos, por su desinhibido erotismo, su sutil música y su *diablerie?*

El tercer soneto que reproducimos presenta un tema tan caro
a los poetas simbolistas franceses que se puede hablar de *topos:* la
vuelta a un viejo jardín donde se ha sido feliz, jardín que suele ser
dieciochesco, con alguna estatua y una fuente. Dada la nostalgia
que producía en Antonio el recuerdo del sevillano palacio de las
Dueñas, el poema de Verlaine no podía sino impresionarle hondamente.

APRÈS TROIS ANS

Ayant poussé la porte étroite qui chancelle,
Je me suis promené dans le petit jardin
Qu'éclairait doucement le soleil du matin,
Pailletant chaque fleur d'une humide étincelle.

Rien n'a changé. J'ai tout revu : l'humble tonnelle
De vigne folle avec les chaises de rotin...

110

Le jet d'eau fait toujours son murmure argentin
Et le vieux tremble sa plainte sempiternelle.

Les roses comme avant palpitent ; comme avant,
Les grands lys orgueilleux se balancent au vent.
Chaque alouette qui va et vient m'est connue.

Même j'ai retrouvé debout la Vélleda*
Dont le plâtre s'écaille au bout de l'avenue,
—Grêle, parmi l'odeur fade du réséda.

TRES AÑOS DESPUÉS

Habiendo empujado la puerta estrecha que se tambalea
me he paseado en el pequeño jardín
que iluminaba dulcemente el sol de la mañana,
recamando cada flor con una húmeda chispa.

No ha cambiado nada. He vuelto a verlo todo: la humilde
glorieta con su parriza y sus sillas de rota...
El surtidor emite todavía su murmullo argentino
y el viejo álamo su queja sempiterna.

Las rosas palpitan como antes; como antes,
las grandes azucenas orgullosas se mecen con el viento,
y me es conocida cada alondra que va y viene.

Hasta he encontrado de pie la Vélleda,
cuyo yeso se desconcha al final de la avenida,
—menuda, entre el olor insulso de la reseda.

«Mon rêve familier», finalmente, fue para Antonio Machado
una auténtica revelación:

---

* Estatua de Vélleda, sacerdotisa y profeta de Germanía en tiempos de Vespasiano. Sublevó a una parte del norte de la Galia y murió cautiva en Roma.

111

MON RÊVE FAMILIER

Je fais souvent ce rêve étrange et pénétrant
D'une femme inconnue, et que j'aime, et qui m'aime
Et qui n'est, chaque fois, ni tout à fait la même
Ni tout à fait une autre, et m'aime et me comprend.

Car elle me comprend, et mon coeur, transparent
Pour elle seule, hélas !, cesse d'être un problème
Pour elle seule, et les moiteurs de mon front blême,
Elle seule les sait rafraîchir, en pleurant.

Est-elle brune, blonde ou rousse ? —Je l'ignore.
Son nom ? Je me souviens qu'il est doux et sonore
Comme ceux des aimés que la Vie exila.

Son regard est pareil au regard des statues,
Et, pour sa voix, lointaine, et calme, et grave, elle a
L'inflexion des voix chères qui se sont tues.

MI SUEÑO RECURRENTE

Tengo a menudo este sueño extraño y penetrante
de una mujer desconocida, a quien amo y que me ama
y que no es, cada vez, ni del todo la misma
ni del todo otra, y que me ama y me comprende.

Sí, ella me comprende, y mi corazón, transparente
para ella sola, ¡por desgracia!, deja de ser un problema
para ella sola, y los sudores de mi frente pálida,
ella sola los sabe refrescar, llorando.

¿Es morena, rubia o pelirroja? —No lo sé.
¿Su nombre? Recuerdo que es dulce y sonoro
como el de los seres queridos exiliados por la Vida.

Su mirada es igual que la mirada de las estatuas,
y su voz, lejana, y tranquila, y grave, tiene
la inflexión de las voces amadas que se han callado.[59]

Si estos y otros poemas verlenianos de parecido tema incidieron poderosamente sobre el espíritu de Antonio Machado es porque le daban algo que necesitaba, que buscaba. La nostalgia amorosa del poeta francés, su tendencia a mirar hacia atrás, su ironía, su extremada sutileza, su musicalidad alada, su calidad de poeta atento a sus sueños... Antonio pudo volver a Madrid seguro de que el viaje a París, gracias sobre todo al encuentro con la poesía de Verlaine, había valido la pena con creces. En realidad aquel encuentro cambió el rumbo de su vida.

Dirá después que empezó a escribir los poemas de su primer libro, *Soledades*, en 1899, con lo cual podemos deducir que, al regresar a España aquel agosto, ya había tenido lugar, bajo el tutelaje de Verlaine, su iniciación lírica. ¿Por qué no se quedó más tiempo en París? No lo sabemos. ¿En el fondo no le gustó aquel ambiente? (Su relación con los franceses siempre sería difícil). ¿Se sintió incapaz de las galanterías en las cuales sobresalía su hermano? ¿Le humillaba el hecho de no tener dinero, de ser español en París después de la derrota en aquel tan breve como decisivo enfrentamiento con Estados Unidos? A este respecto, Baroja, que tampoco tenía un céntimo durante los mismos días, es elocuente. «El ser español no era una recomendación —refiere en sus memorias—. Era una época de desprestigio absoluto de España, de su vida, de su política, de sus costumbres, de su moneda, y aquel desprestigio acompañaba como la sombra a cada español en el extranjero».[60]

Ello no parece haberle afectado demasiado al campechano y garboso Manuel, para quien sólo había dos ciudades habitables en el universo: Sevilla y París.

* * *

Cuando Antonio regresa a Madrid, dejando en la capital francesa a su hermano —que se quedará hasta diciembre de 1900[61]— ya ha arribado a la Villa y Corte el joven y prolífico poeta almeriense Francisco Villaespesa, atraído por la presencia en la capital de Rubén Darío, a quien rinde culto fervoroso. «Usted ha producido una verdadera revolución artística en este pobre país —escribirá a Darío en 1901, fecha de una primorosa edición parisiense de *Prosas profanas*—; ha abierto horizontes nuevos a esta juventud; la ha conducido al combate [...]. Allá, en Andalucía, surgen a cada momento poetas nuevos...».[62]

Uno de los poetas andaluces nuevos es el moguereño Juan Ramón Jiménez, quien, a sus 19 años, ya colabora activamente en la revista madrileña *Vida Nueva,* fundada justo después de la derrota de 1898, y de título tan simbólico.[63] A Jiménez le entusiasman los poemas de Darío que lee allí y en otras revistas, y se desvive por conocerle personalmente. Cuando recibe una postal en la cual el nicaragüense y Villaespesa le invitan a Madrid «a luchar por el modernismo», no se lo piensa dos veces y se planta en la capital a principios de 1900. Bajo el brazo lleva los manuscritos de sus dos primeros libros de poemas: *Ninfeas* y *Almas de violeta.*[64]

En Madrid Juan Ramón conoce a Antonio Machado, que alaba unas traducciones suyas de cinco poemas de Ibsen, publicadas aquel enero en *Vida Nueva.* Es el inicio de una amistad que será entrañable.[65]

La relación se inaugura bajo la sombra tutelar de Paul Verlaine. «Todos nosotros leímos a parnasianos y a simbolistas —manifestó Jiménez en 1952—. De éstos, el primero Verlaine. Por cierto que Antonio Machado tenía el hábito de marcar los bordes del papel en los libros que leíamos, y yo tengo mi *Choix de poèmes* [sic] verlenianos con los bordes comidos por él».[66] Luego añadió: «El *Choix de poèmes* [sic] de Verlaine lo sabía yo —y lo sabía Antonio Machado— de memoria».[67]

En la Fundación Juan Ramón Jiménez de Moguer se conserva un ejemplar del *Choix de poésies* que pertenecía al autor de *Platero y yo.* Se trata de la edición de 1902, lo cual no quiere decir necesariamente que él y Machado no conociesen antes la famosa antología. El ejemplar de Juan Ramón no sólo tiene en numerosas páginas del primer tercio del libro los bordes marcados, sino que se han subrayado muchísimos versos e incluso, en el caso de *Fêtes galantes,* poemas enteros («Clair de lune», «À la promenade», «Les ingénus», «Mandoline»). ¿Intervención de Juan Ramón, de Antonio Machado, de los dos? Ello no se ha podido dilucidar con seguridad.[68]

¿Y la relación de Antonio con Rubén Darío? Éste afirma en su *Autobiografía* (1912) —dictada sin documentación y no siempre muy fiable en cuanto a fechas—, que durante su estancia de 1899-1900 en Madrid conoció a ambos hermanos.[69] No menciona ni al uno ni al otro, sin embargo, en las crónicas mandadas entonces a Buenos Aires (y luego reunidas en *España contemporánea),* pese a que los tres se hallaban simultáneamente en la capital durante los primeros meses de 1899 hasta la salida para París, en marzo, de Manuel.

Antonio Machado y Darío pudieron conocerse en Madrid tanto antes del viaje de Antonio a la capital francesa en junio de 1899 como a su regreso a España aquel octubre. Parece difícil que el encuentro no se hubiera producido ya para fines del año. Quizás lo corrobore el testimonio muy posterior de Juan Ramón Jiménez («Pero como los Machado, y yo, otros poetas, veíamos a Darío todos los días en su casa...»).[70] Pese a ello Machado, en 1931, situaba el encuentro en el París de 1902.[71] Manuel y Antonio, de todas maneras, estarían ya muy familiarizados —no podía ser de otra manera— con la poesía del nicaragüense.

* * *

Antonio había vuelto a Madrid con la determinación de rematar por una vez, ¡a sus 24 años!, el dichoso bachillerato. Sólo le faltaban las dos asignaturas de francés (primer y segundo curso), y con el dominio lingüístico adquirido en París no iba a ser difícil salir airoso de los exámenes de junio de 1900. Así fue, en efecto, y recibió sobresalientes en ambos.[72]

Dos meses después hay una tragedia en la familia cuando fallece Cipriana, la única niña de Ana Ruiz y *Demófilo*, a consecuencia de una «pulmonía asténica». Su pérdida, a los 14 años, no se puede comparar con la de los dos hijos muertos antes, apenas nacidos. Su lápida expresaba con elocuencia la desolación de la familia:

¡Hija de mi alma!
Cipriana Machado Ruiz
Falleció el 13 de agosto de 1900
A la edad de 14 años
Recuerdo de su desconsolada madre y hermanos.[73]

Pero la vida tiene que seguir. El 25 de septiembre de 1900 Antonio verifica los ejercicios del Grado de Bachiller y obtiene en ambos la calificación de «aprobado».[74] Enseguida, el 3 de octubre, acomete los del examen de ingreso en la Universidad de Madrid y recibe la calificación, otra vez, de «aprobado».[75]

Parece ser que el motivo inmediato de la decisión de entrar en la Universidad es poder asistir a las clases de sociología de Manuel Sales y Ferré, el famoso catedrático amigo de su padre con quien Manuel había entablado una relación afectuosa mientras estudiaba la carrera en Sevilla. Sales y Ferré acaba de trasladarse a la Complutense, encargado del flamante Instituto de Sociología, y será pronto uno de los profesores más admirados de la juventud progresista de la capital. «En torno al querido maestro —comentaba una de las efímeras revistas del momento— reúnense unos cuantos jóvenes inteligentes y laboriosos dispuestos a trabajar en las modernas ciencias sociales. Nuestro saludo a la naciente Institución y al profesor ilustre».[76] Antonio nunca olvidará el dicterio contundente de Sales según el cual «el medio es necesariamente más fuerte que el individuo»: dicterio con el cual, pasando el tiempo, se encontrará en profundo desacuerdo.[77]

La carrera universitaria de Antonio Machado será tan larga como la del bachillerato, y, de hecho, no pasará ningún examen hasta 1915. Entretanto su vida habrá tomado una dirección inesperada.

Quien para muchos parecerá asumir pronto el liderazgo de aquella juventud que admira tanto a Sales y Ferré es Benito Pérez Galdós, a los 57 años no sólo el novelista español de más fama y prestigio, sino dramaturgo de éxito. El escritor había abandonado provisionalmente el teatro en 1896, pero decide durante los primeros meses del nuevo siglo que ya es hora de volver a estrenar. Preocupado por la posibilidad de que invadan pronto España órdenes religiosas expulsadas de Francia —reforzando así el oscurantismo eclesial patrio—, resuelve escribir una obra contra el fanatismo clerical que, al mismo tiempo, le convierta en adalid de una nueva juventud deseosa de vivir en un país más libre y más justo.[78]

Así nace *Electra*, cuya acción, «rigurosamente contemporánea», se desarrolla en Madrid, y cuya protagonista epónima, la mujer moderna en versión española (por algo ha vivido en Francia), lucha por afirmar su libertad personal frente al reaccionarismo católico representado por el siniestro y repelente beato Pantoja (de quien resultará ser hija ilegítima).

El estreno de *Electra* en el teatro Español el 30 de enero de 1901 es apocalíptico. En los días y semanas siguientes hay manifestaciones en las calles de Madrid; «electristas» y «antielectristas» casi llegan a las manos en numerosas ocasiones; y se producen feroces ataques contra la obra en la prensa de derechas. El Gobierno conservador se asusta, se habla de suprimir la comedia, y hasta explota una bomba debajo de la ventana del despacho de Galdós. Después de ochenta representaciones consecutivas, *Electra*, para asombro de su autor —porque en realidad la obra es floja—, se ha convertido ella misma en un nuevo «episodio nacional».[79]

Uno de los resultados directos del estreno de *Electra* fue la salida en Madrid, el 16 de marzo de 1901, del primer número de una pequeña revista semanal del mismo nombre, animada por un grupo de escritores jóvenes, entre ellos Francisco Villaespesa —por lo visto director oficioso de la misma—, Ramón del Valle-Inclán, Ramiro de Maeztu, Pío Baroja, José Martínez Ruiz (todavía no «Azorín») y, como secretario, Manuel Machado.

La misión que se adjudica la revista, que arranca con una carta alentadora del propio Pérez Galdós, es contribuir a la renovación de la sociedad española desde postulados mayoritariamente republicanos y anticlericales (sobre todo antijesuitas). A los redactores les consternan la inercia industrial de España —con la llamativa excepción de Cataluña y el País Vasco—, la baja calidad de la enseñanza a todos los niveles, el poder de la Iglesia (y a menudo su fanatismo), la injusticia social —los miserables jornales de los campesinos andaluces en primer lugar—, el aislamiento secular de Europa, el aburrido «turno pacífico» de «liberales» y «conservadores» en el poder. Hace falta en España una revolución de sensibilidades, una revolución política, una revolución industrial, y, para algún enardecido colaborador, una revolución sangrienta. «Al cabo de tres siglos de silencio y de sueño, este pueblo, que empieza a moverse, quiere también hablar —escribe Maeztu en el número inaugural—. Nos agita el espíritu un anhelo candente de vida. Cerrados hasta hoy a cal y canto, hemos abierto de par en par las puertas a la máquina y al libro extranjeros. La máquina transforma nuestra vida; el libro modela nuestras almas».[80] «*Electra*, que es un periódico batallador, reformador, de juventud de espíritu y de vigor material, debe esforzarse en romper a puñetazos la rutina que acogota al país», advierte R. Sánchez Díaz.[81] «Abrumada por su leyenda, perezosa, infecunda, duerme la España católica, predilecta hija de los papas, en sus llanos desolados y en sus poblachones hórridos», despotrica el futuro «Azorín», para añadir en otro momento: «La religión del nirvana ha muerto. Proclamemos la religión de la vida. Nuestro culto es el trabajo y el bienestar».[82]

Inquietaba profundamente a los jóvenes de *Electra* la falta de curiosidad de tantos españoles, no sólo por otros países y sus singularidades sino por el suyo propio. Parecía que España sólo interesaba a los extranjeros, se lamentaba José María Llanas Aguilaniedo, quien, después de tomar nota de la reciente publicación de *España contemporánea*, de Rubén Darío, se pregunta: «¿Quién será el Stanley, literario al menos, de esta pobre Iberia desconocida?».[83]

La revista tiene una sección fija, titulada «Los poetas del día», que se pone en marcha con versos de Manuel Machado, y otra dedicada a poetas extranjeros, sobre todo franceses. Rubén Darío colabora desde París (con algunos poemas y una crónica sobre toros escrita el año anterior en Madrid). Roberto Castrovido aporta sagaces comentarios sobre la actualidad política. Timoteo Orbe se ocupa de «la cuestión obrera». De la época de *La Caricatura* reaparecen, brevemente, Miguel Sawa y Enrique Paradas y, también, el viejo amigo de los Machado, Eduardo Benot. Unamuno envía un artículo desde Salamanca, Blasco Ibáñez otro, y Enrique Gómez Carrillo unas frivolidades parisienses. Hay alguna contribución, bastante floja, de Salvador Rueda. Según Ricardo Gullón es la primera vez que «la generación modernista hacía acto de presencia colectiva, sin someterse a la dirección de sus mayores».[84] Habría que cuestionar, sin embargo, el uso de la palabra «modernista», término no manejado ni asumido en ningún momento por los redactores de la revista, aunque aplicable, eso sí, a la mayoría de los poetas en ella representados.

Entre sus otros méritos *Electra* tiene el de publicar, en su sección «Los poetas de hoy» (30 de marzo de 1901), los dos primeros poemas que, al parecer, publicó Antonio Machado. El primero dice:[85]

I

Desde la boca de un dragón caía
en la espalda desnuda
del mármol del Dolor
(de un bárbaro cincel estatua ruda)
la carcajada fría   5
del agua, que a la pila descendía
con un frívolo erótico rumor.
Caía lentamente,
y cayendo reía
en la planicie muda de la fuente   10
al golpear sus gotas de ironía,

mientras del mármol la arrugada frente
hasta el hercúleo pecho se abatía...
En el pretil de jaspe, reclinado,
mil tardes soñadoras he pasado,   15
de una inerte congoja sorprendido,
el símbolo admirando de agua y piedra,
y a su misterio unido
por invisible abrazadora hiedra.
Aún no comprendo nada en el sonido   20
del agua, ni del mármol silencioso
al humano lenguaje he traducido
el convulsivo gesto doloroso.
Pero una dobla eternidad presiento,
que en mármol calla y en cristal murmura   25
alegre salmo y lúgubre lamento
de una infinita y bárbara tortura.
Y doquiera que me halle, en mi memoria,
sin que mis pasos a la fuente guíe,
el símbolo gigante se aparece,   30
y alegre el agua pasa, y salta y ríe,
y el ceño del titán se entenebrece.
Y el disperso penacho de armonías,
vuelve a reír sobre la piedra muda;
y cruzan centellantes [sic] juglerías   35
de luz la espalda del titán desnuda.

*
* *

Hay amores extraños en la historia
de mi largo camino sin amores,
y el mayor es la fuente,
cuyo dolor anubla mis dolores,   40
cuya lánguido espejo sonriente,
me desarma de brumas y rencores.
La vieja fuente adoro;
el sol la surca de alamares de oro,
la tarde la salpica de escarlata   45
y de arabescos mágicos de plata.
Sobre ella el cielo tiende

su loto azul más puro,
y cerca de ella el amarillo esplende
del limonero entre el ramaje obscuro.   50

*
* *

En las horas más áridas y tristes
y luminosas dejo
la estúpida ciudad, y el parque viejo
de opulento ramaje
me brinda sus veredas solitarias,   55
cubiertas de eucaliptus y araucarias,
como inerte fantasma de paisaje.
Donde el agua y el mármol, en estrecho
abrazo de placer y de armonía
de un infinito amor llenan mi pecho,   60
donde soñar y reposar querría,
libre ya del rencor y la tristeza,
hasta sentir sobre la piedra fría
que se cubre de musgo mi cabeza.

Es de gran interés constatar el protagonismo, en estos versos inaugurales de nuestro poeta, de la fuente de un «parque viejo», la misma que, con variantes, aparecerá en numerosas poesías suyas tempranas. Ello indica la profunda influencia ejercida sobre su sensibilidad por la poesía simbolista francesa y, especialmente, la de Paul Verlaine. La presencia del limonero, sin embargo, cerca de la fuente, no hace pensar en un jardín galo. A la vista de otros numerosos versos de Machado, parece probable que se trata de una reminiscencia del palacio de las Dueñas en Sevilla y, por ello, de la infancia del poeta. Dámaso Alonso lo vio muy claro: «En los orígenes oscuros de la poesía de Machado, cuando ésta —aún ni vislumbrada en la conciencia— se le estaba infiltrando en la sangre, hay un patio de naranjos y un huerto de cipreses y limoneros».[86]

Por otro lado es singular la descripción tan pormenorizada de la estatua marmórea del Dolor (el que sea producto, por ejemplo, de un «cincel bárbaro», detalle que parece superfluo para los propósitos del poema). Da la impresión de que el poeta está pensando en una fuente que conoce. También es llamativo el hecho de que el

120

«parque viejo» donde se ubica la misma, visitado con frecuencia («mil tardes soñadoras»), esté situado fuera de la «estúpida ciudad» aunque, aparentemente, no demasiado lejos, y de que su arbolado incluya «araucarias» y «eucaliptos». Podría ser una alusión a Versalles o al Petit Trianon o, en el caso de que el poeta esté imaginando o recreando un jardín español más o menos de estilo versallesco, a los madrileños de la Quinta, la Moncloa o El Capricho. En ninguno de ellos, hay que decirlo, parece haber rastro de una fuente parecida a la evocada o imaginada por el poeta. El parque o jardín machadiano, tan reincidente en su obra poética, amalgará con insistencia, de todas maneras, elementos de su paraíso perdido andaluz y del jardín de los simbolistas franceses (él mismo en deuda con los cuadros de Watteau, algunos de los cuales quizás contemplara Antonio en el Louvre).

Es interesante, además, que el agua que cae sobre la espalda inclinada y desnuda del «titán» de «arrugada frente» y «convulsivo gesto doloroso» se describa como «erótica». Es decir, el sufrimiento que expresa la estatua parece consustancial con la ausencia de amor-pasión. Confirma esta interpretación el hecho de que el poeta nos dice, de modo explícito, que ha pasado muchísimas horas contemplando, absorto, este monumento productor de «congoja», fascinado por un simbolismo que no logra desentrañar del todo —nosotros tampoco—, pero que, según intuye, alude a la angustia amorosa.

Ello se concreta en la estrofa siguiente (versos 37-50) donde el poeta alude a su «largo camino sin amores» y se declara, en consecuencia, un rencoroso. Machado, con penosa sinceridad, subrayará una y otra vez en sus primeros poemas el desconsuelo que le produce no haber conocido, adolescente, el amor dionisíaco. Y, como veremos, aludirá con insistencia, remontándose más en el tiempo, a un amor perdido cuando era niño. «Se canta lo que se pierde», sentenciará años después. En realidad, Machado, *ab initio*, es un poeta elegíaco.[87]

Dámaso Alonso, que en 1949 recuperó «La fuente» de las olvidadas páginas de *Electra*, comentó entonces que era «del más inmaturo Machado», demasiado lastrado de «buhonería» o «bisutería» de fin de siglo.[88] Si bien la influencia modernista sobre el poema salta a la vista —en aquellos momentos difícilmente podría haber sido de otra manera—, es evidente que detrás de «La fuente» hay una vivencia honda y compleja además de un intenso aprendizaje técnico (la mezcla de endecasílabos y heptasílabos —silvas— se maneja hábilmente). Sin manuscritos, sin variantes, sin tachaduras, no sabemos nada acerca del proceso creativo que condujo a la versión impresa del poema, pero podemos aventurar que fue largo*.

El segundo poema, publicado en la misma página de *Electra* y también compuesto en silvas, dice así:

II

Siempre que sale el alma de la obscura
galería de un sueño de congoja,
sobre un campo de luz tiende la vista
que un frío sol colora.
Surge el hastío de la luz; las vagas,
confusas, turbias formas
que poblaban el aire, se disipan,
ídolos del poeta, nebulosas
amadas de las vísperas carmíneas
que un sueño engendra y un oriente borra.
Y a martillear de nuevo el agrio hierro
se apresta el alma en las ingratas horas
de inútil laborar, mientras sacude
lejos la negra ola
de misteriosa marcha,
su penacho de espuma silenciosa...
¡Criaderos de oro lleva
en su vientre de sombra!..

Es de notar, en el segundo verso, la reaparición de la palabra «congoja», pero ahora situada en el contexto de un sueño. El poema demuestra que para el primer Machado la experiencia oní-

---

* Según Juan Ramón Jiménez, «Antonio Machado escribió un libro de *Cantares*, anterior a *Soledades*, y Manuel, a sus 16 años, publicó otro, que yo tenía y me lo robaron. Ellos procuraron destruir todos los ejemplares y nunca más quisieron acordarse de tales libros» (Gullón, *Conversaciones con Juan Ramón*, pág. 57). Los recuerdos del poeta moguereño no son siempre fiables, ni mucho menos. No se sabe nada, de todas maneras, de tal libro de Antonio, que Jiménez da a entender que se editó.

rica es ya elemento fundamental de su mundo poético. He aquí la «galería del sueño» que será escenario de numerosos poemas, y que parece derivar de las del palacio de las Dueñas donde había jugado de niño el poeta, y que abrían sobre los jardines mágicos de su edén infantil. Se trata del momento del despertar, en que se disipan los sueños nocturnos y el «yo poético» se ve obligado a volver a la dura realidad de otro día. No es fácil interpretar, al final del poema, la imagen de la «negra ola de misteriosa marcha» que sacude en la lejanía del sueño en retroceso «su penacho de espuma silenciosa» y que, en su «vientre de sombra», lleva «criaderos de oro». Quizás Machado quiere indicar que sólo es verdaderamente creador (aunque productivo de congoja) el trabajo del sueño, es decir del inconsciente. Si recordamos que Freud acababa de publicar, en 1900, *La interpretación de los sueños*, libro él mismo producto del apasionado interés que suscitaba entonces el mundo onírico, vemos hasta qué punto el Machado de 26 años es hombre de su tiempo. Cabe añadir que en el número 4 de *Electra* (6 de abril de 1901) hay un poema de Manuel Machado, «Eleusis», donde el alma del poeta

> Se perdió en las vagas
> selvas de un ensueño,

vagas selvas que, al final de la composición, se convierten en «las selvas oscuras del sueño».[89] Entre «la obscura galería del sueño» de Antonio y estas selvas soñadas del hermano mayor hay una evidente vinculación, producto, cabe imaginarlo, de sus incesantes conversaciones sobre la poesía. Pero Manuel no seguirá siendo poeta de sueños y Antonio sí. Es una de las diferencias esenciales entre sus mundos líricos.

El 21 de abril de 1901, en su sexto número, *Electra* publica otro poema de Antonio Machado, asimismo compuesto en silvas:

DEL CAMINO

> El sueño bajo el sol que aturde y ciega,
> tórrido sueño en la hora de arrebol;
> el río luminoso el aire surca;
> esplende la montaña;
> la tarde es bruma y polvo y fuego y sol.

El sibilante caracol del viento
ronco dormita en el remoto alcor;
emerge el sueño ingrave en la palmera,
luego se enciende en el naranjo en flor.
La estúpida cigüeña
su garabato escribe en el sopor
del molino parado; el toro abate
sobre la hierba su testuz feroz.
La verde quieta espuma del ramaje
efunde sobre el blanco paredón,
lejano, inerte, del jardín sombrío
dormido bajo el cielo fanfarrón.

———

Lejos, en frente de la tarde roja,
refulge el ajimez del torreón.
¡Alma del moro, que la tierra verde,
florida, a sangre y hierro conquistó!
¡Alegre son de lililí moruno;
verde turbante, alfanje brillador!
¡Senda de limoneros y palmeras!
¡Soberanas lujurias bajo el sol!
¡Dulce tañer de guzla solitaria,
que obscuro encanto lleva al corazón!
¡Cosas idas presentes!... Con vosotras
flota también la tórrida ilusión
de mi alma. ¡Salve, tierra, amarga tierra!
¡Tierra de bruma y polvo y fuego y sol!

Machado dará el título de «Tierra baja» a este poema al incluirlo luego en *Soledades*. El cambio parece confirmar la sospecha —ya suscitada por su énfasis sobre lo árabe— de que la composición refleja una visita hecha a Sevilla poco antes de su estancia en París, visita que acaso le haría reflexionar sobre «cosas idas presentes». No desvirtúa tal suposición la presencia de la «estúpida cigüeña», ya que en aquellas fechas dicho pájaro solía anidar con frecuencia —hoy no tanta— en las torres de la capital andaluza.[90] Con buen sentido crítico Machado desechará el primitivo final del poema cuando éste pase a formar parte de *Soledades* (no se repetirá en su obra la rebuscada palabra «lililí» —«vocerío de los moros» según el DRAE—, sólo veremos dos veces más «guzla» —especie de rabel— y ello en el mismo poema,[91] y escasearán los tópicos seudoarábigos).

En el número nueve y último de *Electra* (11 de mayo de 1901) apareció otro poema de Machado, esta vez bajo seudónimo (César Lucanor). Son, otra vez, silvas:

SALMODIAS DE ABRIL

¡Amarga primavera!
¡Amarga luz a mi rincón oscuro!
Tras la cortina de mi alcoba espera
la clara tarde bajo el cielo puro.
En el silencio turbio de mi espejo
miro en la risa de mi ajuar ya viejo
la grotesca ilusión. Y del lejano
jardín escucho un sollozar riente;
gargarismos del agua que borbota
alegre de la gárgola en la fuente,
entre verdes ebónibus ignota.
Rápida salta en el azur ingrave,
tras de la blanca gasa,
si oscura banda en leve sombra suave,
de golondrinas pasa.
Lejos miente otra fiesta el campanario,
tañe el bronce de luz en el misterio,
y hay más allá un plañido solitario,
cual nota de recóndito salterio.
¡Salmodias de Abril música breve,
sibilación escrita
en el silencio de cien mares; leve
aura de ayer que túnicas agita!
¡Espíritu talar! ¡sombra velada,
que prometes tu lecho hospitalario
en la tarde que espera luminosa!
¡fugitiva sandalia arrebatada
tenue, bajo la túnica de rosa!
Salobre pasto al corazón esconde
fiesta de Abril, que la campaña tañe,

125

fiesta de Abril, y el eco que responde,
lejano son que dolorido plañe.
¡Tarde vieja en el alma y siempre virgen!
siento el agua de gárgola riente,
la fiesta de tus bronces de alegría...
Que en el silencio turbio de mi espejo
ríe en mi ajuar ya viejo
la grotesca ilusión. Lejana y fría
sombra talar, en el Abril de ocaso
tu doble, alado, siento
fugitivo vagar, y el tenue paso
de tu sandalia equívoca en el viento.

La exclamación del verso inicial del poema nos anuncia que, si la primavera es por antonomasia la época del amor (es difícil creer que a estas alturas Machado no conozca el romance «Primaveral», de Rubén Darío), aquí la estación sirve únicamente para acentuar la soledad amorosa del «yo poético», en cuya alcoba el ajuar (con sus connotaciones nupciales) no sólo es prematuramente «viejo» sino que se ríe —la metáfora es atrevida— de la ilusión amorosa del poeta, experimentada como grotesca. ¿Esperar el amor es grotesco? Sólo cuando se ha perdido la esperanza. Como en «La tarde», el agua de la fuente es aquí alegre, riente, saltarina. Parece mofarse en su borbotar de la angustia del poeta. La fantasma femenina que se materializa hacia el final del poema, vestida con una túnica talar color rosa que, «agitada» por «leve aura de ayer», regala un atisbo de sandalia, expresa, lo dice explícitamente el poema, el «espíritu de ayer». Espíritu que ofrece o promete a su amante un «lecho hospitalario». Unos años después, en «Retrato», reaparecerá en un contexto afín el adjetivo:

Ni un seductor Mañara, ni un Bradomín he sido
—ya conocéis mi torpe aliño indumentario—,
mas recibí la flecha que me asignó Cupido,
y amé cuanto ellas pueden tener de hospitalario. (XCVII)

Nos lo dice sin ambages el poeta. No ha sido un Miguel de Mañara —prototipo sevillano de don Juan— ni el arrogante marqués de Bradomín, «feo, católico y sentimental», de su amigo Valle-Inclán, sino quien ha recibido, pasivamente, cuando ha llegado, la flecha de Cupido. Esta mujer hospitalaria y de trazas casi botticellescas, que, como veremos, vuelve una y otra vez a los sueños de Machado, y a quien el poeta llama «espíritu de ayer», ¿se basa en una persona real, perdida para siempre? Más adelante indagaremos sobre un enigma que se tiene que plantear cualquier lector de los primeros poemas de Machado.

Otro enigma lo constituye el seudónimo de César Lucanor. ¿Por qué no firma Machado este poema con su propio nombre, como había hecho con los otros dados a conocer en *Electra*? ¿Le parecía demasiado confesional o íntimo? Cabe pensar que sí, pero ello no explica el *nom de plume*, que hace inevitable pensar en el famoso libro de *El conde Lucanor*, de don Juan Manuel. Al reaparecer el poema dentro de dos años en *Soledades*, tendrá el título de «Nevermore», tomado de Poe —que subraya el tema del amor ya imposible, irrecuperable—, y habrá desaparecido el misterioso seudónimo.[92]

Los poemas publicados por Machado en *Electra* expresan un tono sobre todo elegíaco, angustiado. Una añoranza del pasado, con su promesa de amor; la conciencia del tiempo que corre presuroso; una honda inquietud ante el porvenir... son temas, todos ellos, que desarrollará en las demás composiones que integren *Soledades*.

* * *

Si bien *Electra* significa la iniciación pública de Antonio Machado como poeta, confirma a Manuel como uno de los más prometedores de su generación. Villaespesa y él protagonizan los espacios dedicados por la revista a la poesía —salen versos de ambos en cada uno de sus nueve números—, pero no puede caber la menor duda acerca de la superioridad sobre el almeriense de Manuel quien, lejos ya de los excesos poéticos de su juventud, ha aprendido de Paul Verlaine el arte del medio tono, de la rima alada, de la sugerencia («de la musique avant toute chose»). Donde en Antonio la influencia preponderante ha sido la de *Poèmes saturniens*, en el caso de su hermano, el libro de Verlaine que más íntimamente le ha hablado es *Fêtes galantes*, con sus personajes de la Commedia dell'Arte —Pierrot, Colombine, Scaramouche, Pulcinella—, su elegante ambiente dieciochesco y su sutil erotismo. Lo delata enseguida un poema como «Encajes»:

En tu cuello
hay dos lunares,
besos, besos
a millares y en tus rizos,
besos, besos a millares...
Siempre amores, nunca amor.
Los placeres
van deprisa,
una risa, y otra risa,
y mil nombres de mujeres,
y mil hojas de jazmín
desgranadas
y ligeras,
y son copas no apuradas
y miradas
pasajeras
que desfloran nada más
desnudeces,
hermosuras,
carne pura y morbideces,
elegancias y locuras.
No me quieras, no me esperes,
no hay amor en los placeres
no hay placer en el amor.[93]

En el primer número de *Electra*, donde inaugura la sección «Los poetas de hoy», Manuel había anunciado que las composiciones seleccionadas pertenecían a su libro en prensa, *Estatuas de sombra*. De hecho, todos los versos suyos que ven la luz en la revista formarán parte del libro, el cual, con título definitivo de *Alma*, verá la luz a principios de 1902.

Una de las misiones de *Electra* era difundir la buena nueva de la poesía simbolista francesa. Se trataba de presentar a cada poeta con una breve nota biobibliográfica, luego de ofrecer al lector la traducción de unos versos suyos característicos. Los poetas elegidos fueron Henry Bataille («Por los vidrios grises», de su libro *La Chambre Blanche*, «completamente desconocido en España»),[94] Henri Barbusse («Llorosa», del libro *Pleureuses*),[95] Jean Moréas («El rufián», de *Les Cantilènes*) y Paul Verlaine («Mujer y gata», de *Poèmes saturniens*).[96]

Las versiones españolas se atribuyeron en cada caso a «Géminis» (menos en el del poema de Verlaine)[97]. La hispanista Patricia O'Riordan llegó a la conclusión, en 1975, de que el seudónimo ocultaba casi seguramente a los Machado. Es muy probable que así fuera, aunque no existe documentación al respecto. En París los hermanos, sobre todo Manuel, habían tratado de cerca a Jean Moréas, y es posible que allí tuviesen noticias de sus casi contemporáneos Bataille (Nîmes, 1872) y Barbusse (Asnières, 1874).

O'Riordan señaló las notables coincidencias existentes entre los poemas del joven Barbusse de *Pleureuses* y el Antonio Machado que publica en *Electra* sus versos inaugurales. «Hay una gran afinidad —comenta— entre el francés que canta en tono menor el paraíso perdido de la infancia, la búsqueda del ser anterior en los parques solitarios, el hastío en los viejos salones, la verdad que sólo se encuentra en sueños, y el primer Machado de *Soledades*».[98] Y es verdad que, cuando Barbusse percibe «el sufrimiento al fondo de las almas encerradas» *(la détresse au fond del âmes closes)*, o dice que «la vida es un grito hacia las cosas pasadas» *(la vie est un cri vers les choses passées)*, estamos en un mundo interior muy cercano al de los primeros versos de nuestro poeta. Verlaine, sin embargo, es el simbolista francés que más afectó a Machado. Y, sobre todo, el Verlaine de *Poèmes saturniens*.[99]

Hay otras indicaciones que hacen probable que los Machado sean «Géminis». *Electra* anunció para su segundo número un «estudio» de Antonio sobre Jean Moréas, que no se llegó a publicar. Ello confirma el interés que le suscitaba el griego, que será objeto de una página en la sección «Letras francesas».[100] Luego está la máscara elegida, quizás guiño a la condición de poetas casi «gemelos» de los hermanos.

Sea cual fuere la verdad del asunto, nadie le puede quitar a *Electra*, y a los hermanos Machado, como animadores además de colaboradores de la revista, el gran mérito de haber contribuido a la difusión del simbolismo francés en los círculos literarios españoles de principios de siglo.[101]

* * *

La desaparición en mayo de 1901 de *Electra*, que pese a las buenas intenciones del grupo fundacional sólo llegó a los nueve números, coincidió con una breve estancia en Madrid de Juan Ramón Jiménez, camino de un sanatorio en Francia.[102] Aunque falta documentación, es muy probable que en la capital se volvieran a ver entonces el moguereño y Antonio Machado.[103] Jiménez había editado en septiembre del año anterior, exquisitamente impreso en tinta verde, su pequeño libro *Ninfeas*. Quizás se lo envió a Antonio. O se lo dio ahora. El caso es que este mismo verano de 1901 Machado le manda a su joven amigo el siguiente poema:

Al libro Ninfeas *del poeta Juan Jiménez*

Un libro de amores
de flores
fragantes y bellas,
de historias de lirios que amasen estrellas;
un libro de rosas tempranas
y espumas
de mágicos lagos en tristes jardines;
y enfermos jazmines,
y brumas
lejanas
de montes azules...
Un libro de olvido divino
que dice fragancia del alma, fragancia
que puede curar la amargura que da la distancia,
que sólo es el alma la flor del camino.
Un libro que dice la blanca quimera
de la Primavera,
de gemas y rosas ceñida,
en una lejana, brumosa pradera
perdida...

París, junio 1901

No se ha podido encontrar la prueba de que Machado estuviera en París en junio de 1901. ¿Hay un error en la transcripción de la fecha? ¿O se equivocó el propio poeta, como hacía con cierta frecuencia cuando databa sus composiciones?[104] Lo que demuestran estos versos, de todas maneras, es que Machado conocía *Ninfeas*, apreciaba a su autor, seis años más joven que él, y hasta cierto punto se identificaba con su sensibilidad, su tristeza y su nostalgia por lo perdido, aunque no habría podido compartir su desenfrenado y excesivo sentimentalismo, rechazado por el propio Juan Ramón unos años más tarde.[105]

En estos momentos Manuel y Antonio Machado siguen viviendo con su familia en la calle de Fuencarral, número 148, donde, durante el otoño de 1901, el primero prepara para la imprenta el libro de poemas anunciado en *Electra*. A Antonio hay que suponerle inmerso en la vida intelectual madrileña y en la creación de nuevos poemas, frecuentador de teatros y de tertulias, oyente de conferencias en la Universidad y, como ya es su costumbre, asiduo lector de la Biblioteca Nacional. Más noticias suyas no tenemos.

Debemos señalar que, el 1 de octubre de 1901, ve la luz en Madrid una nueva revista combativa, con el nombre muy apropiado de *Juventud*, subtítulo *Revista Popular Contemporánea* y periodicidad irregular. La animan Baroja, Maeztu, Llanas Aguilaniedo, Valle-Inclán, Rafael Altamira y, otra vez metido en una aventura periodística, Manuel Machado. El director es Carlos del Río, según Baroja «un sevillano alto, flaco, elegante que vestía con desenvoltura» y tenía «pretensiones de llegar a político de importancia».[106]

En el número inaugural da el tono de la nueva publicación el neurólogo Santiago Ramón y Cajal, muy admirado por los jóvenes, que, en el artículo-manifiesto «Horizontes nuevos», proclama la superioridad de la educación británica y norteamericana, basada en la noción de *mens sana in corpore sano*, sobre la española. «Los educados por el sistema sajón avanzan por todas partes —asegura Cajal, cargando demasiado las tintas—, ocupan y conquistan el planeta, convierten en esclavas a las demás razas cuando no las extinguen y aniquilan; los educados por el método latino ven sus filas aclaradas de día en día, sus territorios pillados y arrebatados, y columbran un porvenir triste y sombrío». Dios, además, sólo cuenta «para sus altos designios» con «las razas fuertes e inteligentes». España, al no haber sabido adaptarse a tiempo a «las leyes de la naturaleza», «a las realidades del mundo», se encuentra ahora postergada, sin confianza en el futuro. Viniendo de quien viene —dentro de cinco años Cajal sería Premio Nobel—, había que tomar muy en serio la advertencia, a pesar de la manifiesta exageración del planteamiento.

No es sorprendente encontrar también en el número inaugural de *Juventud*, dada su línea regeneradora, un breve artículo de Francisco Giner de los Ríos («La idea de la universidad»), en el cual el fundador de la Institución Libre de Enseñanza arremete contra la educación anquilosada que actualmente rige en España, y ensalza la enorme variedad de iniciativas pedagógicas existentes en Gran Bretaña, Alemania y Estados Unidos, donde la investigación está a la orden del día y la gran meta, a su juicio, es «una sociedad y una vida cada vez más humanas».

En números sucesivos de la revista hay alguna colaboración esporádica de interés. Joaquín Costa insiste en que «el gran problema español actual es el de *nivelarnos* con Europa»,[107] Unamuno ironiza sobre la proclividad sestera de sus compatriotas,[108] y Manuel Sales y Ferré envía un artículo sobre la psicología del pueblo español.[109]

Antonio Machado no colabora en *Juventud*, tal vez porque la revista publica pocos poemas, pero hay que imaginarlo en estrecho contacto con sus redactores. Manuel, que ya maneja una prosa admirable, participa de manera asidua. Se revela como fervoroso defensor de la variedad y pujanza de la literatura contemporánea francesa, así como del modernismo hispánico, y arremete con brío y sarcasmo contra los que considera miserables enemigos, por pura rutina, de todo lo nuevo y atrevido en arte, entre ellos el periodista Mariano de Cavia y el escultor Mariano Benlliure, que ha dicho en su reciente discurso de ingreso en la Real Academia de San Fernando, refiriéndose a impresionistas y «decadentes», que «hay que acabar con esta raza de degenerados». El desprecio de Manuel Machado por ambos personajes rezuma por los poros de la página.[110]

Juventud termina su andadura el 27 de marzo de 1902, con el número doce,[111] justo cuando acaba de publicarse *Alma*, la pequeña *plaquette* fruto de las estancias de Manuel en París (y a cargo de Antonio Marzo, impresor de la fenecida revista).

¡Alma! El título, decidido después de muchas dudas, remite a la esencia misma de la poesía simbolista, con su énfasis sobre la vida interior, los sueños y los recuerdos, sobre el «alma» del poeta como centro del universo. La palabra —*âme*, *alma*—, de hecho, es ubicua en la poesía tanto francesa como española de la época. «Votre âme est un paysage choisi», empieza el famoso «Clair de Lune» de Verlaine (al cual no tardaron en poner música Debussy y Fauré). En «El reino interior» de Darío (*Prosas profanas*) el «alma frágil» del poeta, hermana de la Psiquis de Edgar Allan Poe,

se asoma a la ventana obscura
de la torre terrible en que ha treinta años sueña.[112]

El sentimental Juan Ramón Jiménez es un caso extremo del fenómeno, y en *Ninfeas* (1900) hasta hay un poema con la dedicatoria «Para mi Alma» (por algo se referirá Juan Ramón después a *Ninfeas* como «libro de mis 18 años del que me horroricé a los veinte»).[113] Los hermanos Machado no podían ser ajenos a la tendencia del momento y ya hemos visto cómo, en el primer poema publicado por Antonio, el «yo poético» nos asegura:

> Siempre que sale el alma de la obscura
> galería de un sueño de congoja,
> sobre un campo de luz tiende la vista
> que un frío sol colora.

Alma significa el reconocimiento como poeta de envergadura de Manuel Machado. Entre las numerosas críticas, en general elogiosas, destacaba una muy importante de Miguel de Unamuno en el influyente diario *Heraldo de Madrid*.

Del combativo catedrático de Salamanca, tan admirado de Rubén Darío, se podía haber esperado un análisis demoledor de unos poemas por lo visto empeñados en proclamar la futilidad de todo esfuerzo vital. «No podían llegar en peor ocasión», admite el propio Unamuno, muy preocupado en estos momentos por los recientes disturbios sociales que se han producido en Barcelona. Y sin embargo, y a pesar suyo, los versos de *Alma* le han cautivado de modo extraño, le han hecho parar y reflexionar.

Cuando el poeta de *Alma* dice no tener ambición alguna, querer que las olas le traigan y le lleven

> Y que jamás me obliguen el camino a elegir

la reacción de Unamuno es brusca: «¡Elegir camino! ¡Y yo que no quiero elegirlo, sino hacérmelo por la intrincada selva, por lo intransitable; camino por lo intransitable; camino al infinito, a lo inaccesible!». Y cuando Manuel proclama

> No importa la vida, que ya está perdida

el vasco, profesor de energía, se vuelve a «encabritar»: «¿Que está perdida? Pues ¡se la conquista, se la crea, se la hace...! ¿Qué es la

133

vida? La vida no es, se hace; se hace día a día, momento a momento». Pero lo que no puede negar Unamuno de ninguna manera es la calidad artística de los poemas, sobre todo de los sonetos («de firme trazo, de sobrio color»), ni su fuerza para crear en el lector el deseo reactivo de actuar, de ser, de afirmar una vitalidad a la que ellos mismos parecen renunciar, con tanto jardín versallesco de «fiesta galante», con sus personajes de la Commedia dell'Arte, sus marqueses y sus voluptuosidades. Tampoco le gustan a Unamuno, de entrada, «los dejos fatales de la raza mora» que Manuel Machado identifica en su alma, aunque, por otro lado, ¿no ha dicho un erudito alemán que puede haber una relación entre el eusquera y el idioma de los bereberes? ¡Quién sabe! ¡A lo mejor resulta que el propio Unamuno tiene sangre mora sin saberlo! Y concluye el autor de *En torno al casticismo:* «Después de haber oído al poeta y de haber luchado en mi espíritu contra el encanto de sus cantares, y de haberme defendido, mientras de su alma —del alma de su *Alma*— me dejaba penetrar; después de ese combate, vuelvo a mi labor, a abrirme por lo intransitable camino a lo inaccesible. Se lo debo al poeta; Dios se lo pague».[114]

Realmente no cabía mayor homenaje.

Unamuno comentó en su crítica que había recibido una carta de Manuel en la cual éste le anunciaba que volvía pronto a París. Allí se fue en abril de 1902, en efecto, acompañado de Antonio y del gran amigo de ambos, el actor Ricardo Calvo.[115]

Para Antonio no se trata, esta vez, de ejercer de traductor para Garnier sino de un modesto empleo que le ha conseguido Enrique Gómez Carrillo en el Consulado de Guatemala, país donde ha estado durante cinco años su hermano Joaquín, que en estos momentos emprende la vuelta a casa.

Sabemos muy poco acerca de esta estancia de Antonio en la capital francesa. Según unas declaraciones muy posteriores de Ricardo Calvo, Gómez Carrillo le echó del consulado al poco tiempo por el «desaliño» de su atuendo, pero ¿cómo saber si fue así realmente?[116] Durante el verano llega Joaquín, gravemente enfermo, «solitario y pobre». El reencuentro es jubiloso. Joaquín se da cuenta de la vida un tanto desordenada que lleva Manuel en París, se queda unos meses y el 1 de agosto, si nos hemos de fiar al pie de la letra de su relato, abandona la capital francesa con Antonio camino de Madrid, donde les esperan en la estación su madre, José y Francisco.[117]

El emotivo regreso de Joaquín al seno de la familia quedará reflejado, mezclado con alusiones a las estancias americanas de *Demófilo* y otros parientes, en el poema de Antonio «El viajero», publicado en 1907:

> Está en la sala familiar, sombría,
> y entre nosotros, el querido hermano
> que en el sueño infantil de un claro día
> vimos partir hacia un país lejano...[118].   (I)

Pasarán nueve años antes de que Antonio vuelva a pisar, en circunstancias ya muy diferentes, las calles de París.

Capítulo IV

De Madrid a Soria (1902-1907)

Cuando Machado vuelve a Madrid desde París a principios de agosto de 1902 casi está en la calle el segundo número de la *Revista Ibérica*, nueva iniciativa del incansable poeta y publicista almeriense Francisco Villaespesa. Algunos de sus redactores ya lucharon en las filas de *Electra* —Benavente, Valle-Inclán, Manuel Machado, Juan Ramón Jiménez— y hay noveles como Eduardo Marquina, Ramón Pérez de Ayala y los ilustradores Ricardo Baroja y José Machado, el hermano menor de Manuel y Antonio, que ahora tiene 24 años y se va afirmando como artista. El título indica el interés y la preocupación —ya evidentes en *Electra*— que suscita entre sus redactores Portugal, y se incluirán, en su idioma original, poemas procedentes del país vecino, tan poco conocido en el resto de la Península.

Antonio se incorpora enseguida y publica en el tercer número de la revista (20 de agosto de 1902) una secuencia de pequeños poemas, compuestos como los anteriores en una mezcla de endecasílabos y heptasílabos, cuyo tema gira otra vez en torno a la búsqueda obsesiva de un amor siempre esquivo.

DEL CAMINO

Todos somos romeros que camino andamos.

DE BERCEO

I

Quizás la tarde lenta todavía
dará inciensos de oro a tu plegaria,

y quizás el cenit de un nuevo día
amenguará tu sombra solitaria.

Mas no es tu fiesta el ultramar lejano,   5
sino la ermita junto al manso río;
no tu sandalia el soñoliento llano
pisará, ni la arena del hastío.

Muy cerca está, romero,
la tierra verde y santa y florecida   10
de tus sueños; muy cerca peregrino
que desdeñas la sombra del sendero
y el agua del mesón en tu camino.

II

Daba el reloj las doce... y eran doce
golpes de azada en tierra...   15
... ¡Mi hora! —grité—... El silencio
me respondió: —No temas;
tú no verás caer la última gota
que en la clepsidra tiembla.
Dormirás muchas horas todavía   20
sobre la orilla vieja,
y encontrarás una mañana pura
amarrada tu barca a otra ribera.

III

¡Oh, figuras del atrio, más humildes
cada día y lejanas!   25
¡Mendigos harapientos
sobre marmóreas gradas!
¡Manos que surgen de los mantos viejos
y de las rotas capas!
¿Pasó por vuestro lado   30
una ilusión velada
de la mañana luminosa y fría
en las horas más plácidas?...
Era su mano blanca entre las rosas
como una rosa blanca...   35

IV

Algunos lienzos del recuerdo tienen
luz de jardín y soledad de campo;
la placidez del sueño
en el paisaje familiar soñado.
Otros guardan las fiestas   40
de días muy lejanos;
figuritas sutiles
que caben de un juglar en el retablo...

....

Ante el balcón florido
está la cita de un amor amargo.   45
Brilla la tarde en el resol bermejo...
La hiedra efunde de los muros blancos...
A la revuelta de una calle en sombra
un fantasma irrisorio besa un nardo.

V

¡Tenue rumor de túnicas que pasan   50
sobre la infértil tierra!...
¡y lágrimas sonoras
de las campanas viejas!
Las ascuas mortecinas
del horizonte humean...   55
Blancos fantasmas lares
van encendiendo estrellas.
Abre el balcón. La hora
de una ilusión se acerca...
La tarde se ha dormido   60
y las campanas sueñan.[1]

El verso de Gonzalo de Berceo que preside el poema se encuentra en la «Introducción» a los *Milagros de Nuestra Señora:*

Todos quantos vevimos que en piedes andamos,
Si quiere en preson, o en lecho iagamos.
Todos somos romeros que camino andamos:
San Peidro lo diz esto, por él vos lo provamos.[2]

El hombre como romero a lo largo del camino de la vida: a Machado le había impresionado la contundencia de la metáfora. La colocación del verso al inicio de una secuencia de poemas agrupados, precisamente, bajo el título «Del camino», constituye todo un mensaje: vivimos inmersos en el tiempo, en el cambio constante e inevitable, y la vida no es más que un interminable ir caminando hacia la muerte (muerte que, en el caso del cristiano, si anda con rectitud, puede conducir a la vida eterna). La postura permanente de Machado ante el hecho de la mortalidad será de resignación estoica. Como dirá unos pocos años después en un cuarteto alejandrino con escalofrío dentro:

> Al borde del sendero un día nos sentamos.
> Ya nuestra vida es tiempo, y nuestra sola cuita
> son las desesperantes posturas que tomamos
> para aguardar... Mas Ella no faltará a la cita.   (XXXV)

Tal vez sorprendan al lector no familiarizado con el primer Machado la presencia en estos poemas de tantos *salmos, rezos, plegarias, inciensos* y *salmodias*. Pertenecen al vocabulario modernista, y son frecuentes también en Juan Ramón Jiménez y Villaespesa. En el caso de nuestro poeta surgen cuando se trata, como ocurre a menudo, de expresar el acuciante anhelo de amor, anhelo de intensidad religiosa. En este sentido el poema inicial de «Del camino» no cierra la puerta a la posibilidad de que la oración del romero sea por fin escuchada, y que llegue pronto, después de tan largo peregrinaje, a su personal tierra de promisión amorosa.

Es interesante constatar que, a la «galería de un sueño de congoja» del primer poema suyo publicado en *Electra*, Machado ha añadido ahora, en la cuarta sección de «Del camino» (vv. 40-44), unos «lienzos del recuerdo» animados por un retablo con figurillas de fiestas infantiles lejanas. Fiestas, por inferencia, sevillanas. La infancia, buscada, añorada y reencontrada entre sueños será uno de sus temas primordiales. José Machado, confidente suyo a lo largo de muchos años, fue preguntado, poco después de la muerte de su hermano, por sus «propósitos, sentimientos y pensamientos». «Como poeta fue uno de ellos durante toda su vida conservar en el fondo de la conciencia la clara visión de la infancia —contestó José—. Pensaba que conseguir este ideal era casi el milagro, ya que, para él, era el hombre una degeneración del niño, que se alejaba cada vez más como un río de la fuente de su origen». Es un testimonio a nuestro juicio clave.[3]

En cuanto al amor siempre elusivo, he aquí que reaparece en «Del camino», más vislumbrada que descrita, la mujer fantasmal del tétrico poema «Salmodias de Abril». Se presenta ahora como «velada ilusión» y, como había hecho antes, el poeta pregunta inútilmente por ella. Imposible no pensar en *Romeo y Julieta* cuando nos dice, desde su soledad:

> Ante el balcón florido
> está la cita de un amor amargo.

La *amargura* del amor no conocido o disfrutado a tiempo, o conocido y perdido en la lejana infancia, será tema constante de los poemas de Antonio Machado. Ampliado, «Del camino» integrará diecisiete poemas en *Soledades*, que Machado está preparando en estos momentos para la imprenta, y la angustia amorosa impregnará todo el libro.

* * *

¿Y Manuel, el poeta hermano? También ha abandonado París, para él la ciudad encantada, la ciudad del amor fácil, de la libertad y del arte, y ahora se encuentra otra vez en Madrid, donde se enzarza, con la ayuda de Antonio y de Villaespesa, en la traducción y adaptación de *Hernani*, de Victor Hugo, texto fundacional del romanticismo francés.[4]

Poco después, por razones que desconocemos, Manuel hace una visita a Granada. Desde allí manda a *El Liberal* de Sevilla, en forma de carta a Antonio, unas agudísimas impresiones de la ciudad de la Alhambra, inquietante para él —después de la luz gris o matizada de París— por su sol brillante y, sobre todo, por la gama musical de sus múltiples expresiones acuáticas, «alma de todo lo árabe». Con ello anticipaba en veinte años a García Lorca.[5]

La *Revista Ibérica* resulta ser una mariposa literaria más. Se extingue con el cuarto y último número, del 15 de septiembre de 1902, en el cual Antonio publica un segundo poema titulado «Salmodias de Abril», ilustrado con un dibujo de Ricardo Baroja. Es, otra vez, el tiempo que pasa inexorable. Y, también, la súbita reaparición de la mujer añorada:

La vida hoy tiene ritmo
de ondas que pasan,
de olitas temblorosas
que fluyen y se alcanzan.

La vida hoy tiene el ritmo de los ríos,
la risa de las aguas
que entre los blandos junquerales corren
y entre las verdes cañas.

Sueño florido lleva el manso viento;
bulle la savia joven en las nuevas ramas;
tiemblan alas y frondas,
y la mirada sagital del águila
no encuentra presa... El campo parpadea;
vibra el sol como un arpa.

¡Fugitiva ilusión de ojos guerreros
que por las selvas pasas
a la hora del cenit: tiemble en mi pecho el oro
que llevas en la aljaba!

En tus labios florece la alegría
de los campos en flor; tu veste alada
se aroma de las gualdas velloritas,
las violetas perfuman tus sandalias.

Yo he seguido tus pasos en el viejo bosque,
arrebatados tras la corza blanca,
y los ágiles músculos rosados
de tus piernas silvestres entre verdes ramas...   (XLII)

El poema demuestra lo consciente que es Machado a estas alturas de la necesidad de ir limpiando su léxico de bisutería modernista. Aquí —en comparación con «Del camino»— las concesiones son mínimas. ¡Con qué aparente simplicidad desarrolla en las dos primeras estrofas el tema del agua que fluye, tema que será tan fundamental en toda su obra! En ellas Machado es ya, plenamente, él mismo.

¿Y la figura femenina que pasa rápida por el bosque, entre los ramajes que rebosan savia nueva? Hay una evidente alusión a la diosa Diana: la mujer de ojos guerreros persigue una corza, lleva arco (el poeta quiere recibir su dardo de oro en el pecho) y tiene «ágiles músculos rosados». Parece innegable el antecedente de *La corza blanca* de Bécquer. Y hay una clara reminiscencia de los faunos de Rubén Darío, siempre atentos, entre las frondas, a la contemplación de caderas desnudas y pezones rosados. La figura hace pensar también, con su «veste alada», en las hermosas jóvenes de *La primavera* de Botticelli y, por extensión, en las de los pintores ingleses prerrafaelitas. Concreción, de todas maneras, del anhelo amoroso del poeta, que en medio de tanta ebullición primaveral siente con amargura su soledad.

* * *

Para finales de enero de 1903 está en la calle el primer libro de Antonio Machado.[6] Se trata de un delgado tomito de formato pequeño (11 x 16,5 centímetros), bellamente presentado, con 110 páginas, 42 poemas y, en la cubierta, el título destacado en llamativas mayúsculas rojas.

Antonio Machado

SOLEDADES

1903.

Imprenta de A. Álvarez. Barco 20.

MADRID

En la contracubierta del pequeño poemario consta la indicación: «De la colección de la REVISTA IBÉRICA».[7] Puesto que dirigía dicha publicación Francisco Villaespesa, hay que atribuir a éste el mérito de haber sido el primer editor de Machado (no se conoce, por otro lado, ningún título más de la anunciada colección).

«A mis queridos amigos Antonio de Zayas y Ricardo Calvo»: así reza la dedicatoria del libro. Al contrario de la práctica entonces habitual entre los «nuevos», sólo unos pocos poemas individuales, así como alguna sección, rinden tributo amistoso. Los favorecidos son Rubén Darío, Valle-Inclán, Juan Ramón Jiménez, Villaespesa y el «venerable maestro D. Eduardo Benot», tan excelente amigo de la familia Machado.

No se sabe cuántos ejemplares se tiraron de *Soledades*, pero sin duda no muchos, tal vez unos quinientos o setecientos.[8] No parecen haber sobrevivido los manuscritos originales o borradores de los poemas, con lo cual no sabemos nada acerca del proceso de elaboración de los mismos. Hoy el tomito —una de las joyas bibliográficas más codiciadas de la poesía española del siglo XX— es inencontrable en el mercado de ocasión.[9]

Cabe preguntarse por el título del libro (no comentado por Machado en los escritos o declaraciones que le conocemos). Se ha venido descartando una alusión, o un homenaje, a las *Soledades* de Góngora, cuya modalidad «culterana» no gustaba al Machado maduro. Sin embargo, algunas metáforas y unos giros sintácticos de los primeros poemas machadianos, reducidos o suprimidos en versiones posteriores, demuestran su familiaridad con la manera barroca del cordobés. Mucho más significativo, de todos modos, es el hecho de que, en treinta de los cuarenta y dos poemas del libro —como en los que hemos visto—, Machado utiliza silvas, es decir la libre combinación de heptasílabos y endecasílabos empleada por Góngora en sus dos *Soledades*.

Hay que suponer, además, que Machado, como amante de las «soledades del campo»,[10] por las cuales prefería caminar *solo*, sería muy sensible a las atravesadas por el peregrino náufrago de Góngora (víctima, por más señas, de amores infelices). Tampoco habría que olvidar la admiración que profesaban por Góngora algunos poetas simbolistas franceses, entre ellos, como sabemos, Verlaine, y de la cual tendría tal vez noticias Machado. Más probable, de todas maneras, es que el título aluda sobre todo a las *soleares* andaluzas, que ya habían inspirado el célebre libro de Augusto Ferrán, *La soledad* (1861), elogiado por Gustavo Adolfo Bécquer en una reseña que contenía su luego famosa definición de la poesía a su juicio más auténtica, es decir la «natural, breve, seca, que brota del alma como una chispa eléctrica, que hiere el sentimiento con una palabra y huye...»[11]. También se ha remarcado la coincidencia con el título del libro *Soledades* (1877) del poeta aragonés Eusebio Blanco, que gozó de popularidad en su día y tuvo varias ediciones. Además hay algún motivo compartido: la fuente, los crepúsculos, la frecuencia del adjetivo *lento* o «la monotonía del péndulo del reloj y del agua».[12] Puede haber también una posible influencia de Francisco Villaespesa, algunas de cuyas poesías anteriores a 1903 se titulaban, precisamente, «Soledades».[13]

Sean cuales fueren los antecedentes del título, los poemas del primer libro de Machado expresan la pertinaz soledad amorosa de un «yo» para quien caminar por el campo —con su sombra como sola compañera— ofrece casi el único consuelo, y que está involucrado de modo obsesivo en la búsqueda de la felicidad amorosa. El poema «Crepúsculo» nos acerca a la clave:

> La soledad, la musa que el misterio
> revela al alma en sílabas preciosas
> cual notas de recóndito salterio,
> los primeros fantasmas de la mente
> me devolvió [...]

Conviene recordar otra vez que Freud había publicado *La interpretación de los sueños* en 1900, y que ya se hablaba de una nueva «ciencia», el psicoanálisis, que buscaba —y decía saber localizar— en las profundidades de la psique los ocultos resortes de los comportamientos humanos. Machado, tan introvertido, no podía estar ajeno a esta corriente, con su énfasis sobre la infancia, y no sorprende encontrar en «Crepúsculo» versos que (pese a su ropaje modernista) lo demuestran claramente:

> Roja nostalgia el corazón sentía,
> sueños bermejos, que en el alma brotan
> de lo inmenso inconsciente,
> cual de región caótica y sombría
> donde ígneos astros como nubes, flotan,
> informes, en un cielo lactescente.[14]

«Roja nostalgia», «sueños bermejos», «lo inmenso inconsciente»: el poeta no nos deja albergar duda alguna acerca de la intensidad de su experiencia onírica, ni de la relevancia que concedía a la misma como medio de acceder al conocimiento de sí mismo.

* * *

Soledades se divide en cuatro apartados, «Desolaciones y monotonías», «Del camino», «Salmodias de Abril» y «Humorismos», y entre sus cuarenta y dos poemas se recogen (con algunas variantes significativas) los diez que hemos comentado, publicados antes en revistas.

La influencia preponderante del *Choix de poésies* de Verlaine es evidente no sólo en los poemas sino en la disposición tipográfica de los mismos: numeración en cifras romanas, con sobrado espacio para cada poema; página aparte para los títulos de los distintos apartados, destacados con grandes mayúsculas. La rúbrica del primer apartado, «Desolaciones y monotonías», remite a la del también inicial de *Poèmes saturniens* («Melancholia»), y la crítica se ha encargado de demostrar que el poema «Tarde», que lo inaugura, está tan en deuda con el soneto verleniano «Après trois ans» que hasta se puede hablar de «inspiración».[15] Mejor, tal vez, de punto de partida o sugerencia:

> Fue una clara tarde, triste y soñolienta,
> del lento verano. La hiedra asomaba
> al muro del parque, negra y polvorienta...
> Lejana una fuente riente sonaba[16].   (VI)

El parque de «Tarde» evoca más obviamente el palacio de las Dueñas que el de «La fuente» (así se titula en *Soledades* el primer poema de Machado publicado en *Electra*). En «La fuente», cerca del agua, «el amarillo esplende/del limonero entre el ramaje obscuro», pero el grupo escultórico es ajeno al escenario sevillano. Ahora hay un muro cubierto de hiedra —recordemos las altas tapias del palacio—, aportan su sombra unos «mirtos talares» —muy típicos de las Dueñas, ayer y hoy—, y la fuente le pregunta al poeta si recuerda aquella tarde anterior, cuando

> Del árbol obscuro
> el fruto colgaba, dorado y maduro.[17]

Estamos en un jardín donde predomina, sin duda alguna, el recuerdo de las Dueñas. El diálogo entablado entre el poeta y la fuente es desolador, en consonancia con el título del apartado. Se establece que «la amargura» del poeta es lejana; que, si años atrás «los bellos espejos cantores» de la fuente «copiaron antiguos delirios de amores», no fue la felicidad del futuro poeta la que reflejaron. Todo lo contrario:

Fue una clara tarde del lento verano...
Tú venías solo con tu pena, hermano;
tus labios besaron mi linfa serena,
y, en la clara tarde, dijeron tu pena.
Dijeron tu pena tus labios que ardían:
la sed que ahora tienen, entonces tenían.[18]

No se podría expresar con más contundencia la convicción de
que la angustia amorosa que hoy abruma al poeta ya le poseía cuando era muy joven. A este respecto es revelador, una vez más, el testimonio de su hermano José, según el cual su madre solía repetir
en Madrid: «Antonio no ha tenido nunca esa alegría propia de la
juventud».[19]

Machado sigue empeñado en simplificar en lo posible su expresión poética. Lo demuestra «La fuente», que ha sido harto modificado desde su aparición primitiva, sin título, en *Electra*, y que
ha perdido los diez versos en los cuales se especificaba que el parque, cuyo «opulento ramaje» incluía el de araucarias y eucaliptos, se
encontraba fuera de la «estúpida» ciudad, versos ahora sustituidos por éstos:

Misterio de la fuente, en ti las horas
sus redes tejen de invisible hiedra;
cautivo en ti mil tardes soñadoras
el símbolo adoré de agua y de piedra;
el rebosar de tu marmórea taza,
el claro y loco borbollar riente
en el grave silencio de tu plaza,
y el ceño torvo del titán doliente.[20]

Al suprimir la referencia al extrarradio urbano, el jardín o parque de «La fuente» se semeja ahora más al evocado en «Tarde»,
inspirado en las Dueñas. Machado, de cualquier forma, no incluirá el poema en *Soledades. Galerías. Otros poemas* (1907) ni en las
sucesivas ediciones de las *Poesías completas*. Lo lamentaba José Machado, para quien «si hay algo en los albores de la obra de Antonio
de sus temas esenciales, estaba ya allí, lo mismo que en las grandes sinfonías de Beethoven está el tema al principio, que será el alma del desarrollo maravilloso que luego alcanza». Al decírselo, en
fecha indeterminada, a su hermano, éste le contestaría que tenía la

intención de incluir el poema «en la más próxima edición que se hiciera». Pero nunca lo hizo, es de presumir que porque le seguía pareciendo confuso.[21]

El apartado más enjundioso de *Soledades* es «Del camino», cuyos diecisiete poemas incluyen los cinco publicados en *Revista Ibérica*. Se trata ahora, sobre todo, de los caminos del sueño, por los cuales vaga el fantasma o alma del poeta, siempre solitaria, en busca angustiosa del amor. Los poemas se estructuran a menudo como diálogos, como ocurrió en «La fuente» y «Tarde»: con la noche («amada vieja»), con un alba primaveral, con una «ilusión alegre» y, en un poema memorable —desprovisto ya de todo adorno modernista—, con la amante, diálogo, esta vez, sin respuesta:

> ¿Mi amor?... ¿Recuerdas, dime,
> aquellos juncos tiernos,
> lánguidos y amarillos
> que hay en el cauce seco?...
> ¿Recuerdas la amapola
> que calcinó el verano,
> la amapola marchita,
> negro crespón del campo?...[22]   (XXXIII)

Tal vez el diálogo con la noche sea el más intenso. Como portadora del «retablo de los sueños», la noche debe ser capaz de interpretar los del poeta. ¿Le puede decir si él es el fantasma que yerra en ellos «sobre la estepa y bajo el sol de fuego», acompañado sólo de su «pobre sombra triste»? La noche alega que no lo sabe, que el poeta nunca le ha revelado su «secreto». Y el poeta insiste:

> Dije a la noche: Amada mentirosa,
> tú sabes mi secreto;
> tú has visto la honda gruta
> donde fabrica su cristal mi sueño,
> y sabes que mis lágrimas son mías,
> y sabes mi dolor, mi dolor viejo.   (XXXVII)

La noche a su vez porfía. No, no sabe el secreto del poeta, aunque, eso sí, ha escuchado, atenta, el «salmo oculto» de su corazón, y ha visto vagar por su sueño el «desolado fantasma» a que se refiere. Las palabras finales de su exposición son desalentadoras:

Yo me asomo a las almas cuando lloran
y escucho su hondo rezo,
humilde y solitario,
ese que llamas salmo verdadero;
pero en las hondas bóvedas del alma
no sé si el llanto es una voz o un eco.
Para escuchar tu queja de tus labios,
yo te busqué en tu sueño,
y allí te vi vagando en un borroso
laberinto de espejos.[23]   (XXXVII)

La noche no se equivoca al señalar que el poeta llama «salmo verdadero» al «hondo rezo» de su alma. En el poema III de «Del camino», el «yo» evoca un momento de paz en su eterno caminar solitario cuando, de repente, aparece la sombra de la amada y

El salmo verdadero
de tenue voz hoy torna
lento a mi corazón y da a mis labios
la palabra quebrada y temblorosa.[24]   (XXIII)

Soledades expresa sobre todo el obsesivo, reincidente anhelo de plenitud amorosa. Tal vez los poemas agrupados en el apartado «Salmodias de Abril» son los más intensos en este sentido. En ellos el canto de los pájaros, o del agua, se acompaña siempre del triste plañir de las campanas de la muerte, y el poeta, rodeado por una Naturaleza en plena ebullición, no puede cantar la estación que simboliza para él no la promesa de amor o su materialización, sino su irreparable pérdida:

¡Amarga primavera!
¡Amarga luz a mi rincón obscuro![25]

Si así empieza «Nevermore» (titulado «Salmodias de Abril» en *Electra*), las palabras de mayor desánimo vienen en otro poema con el mismo título (alusivo, como sabemos, al estribillo de «El cuervo» de Poe), aunque ahora en italiano, «Mai piú». En él el «yo» dialoga desde su «triste alcoba» con el mes que para T. S. Eliot será «el más cruel». Y termina el poema:

> Pregunté a la tarde de Abril que moría:
> ¿Al fin la alegría se acerca a mi casa?
> La tarde de Abril sonrió: La alegría
> pasó por tu puerta —y luego, sombría:
> Pasó por tu puerta. Dos veces no pasa.[26]   (XLIII)

El poema, como tantos otros de *Soledades*, alude a la felicidad amorosa perdida, allá lejos, con el corolario de un futuro solitario y desconsolador. En «Cenit» el poeta pone en boca del agua de la fuente —¡otra vez el agua de la fuente!— su intuición de la terrible verdad:

> [...] Tu destino
> será siempre vagar ¡oh peregrino
> del laberinto que tu sueño encierra![27]

Aunque no habría que caer en la ingenuidad de identificar exactamente el «yo» de estos versos con el poeta que los ha creado, es evidente que la angustia que impregna *Soledades* no se inventa. Machado, cuando publica el libro, tiene 28 años. Sin profesión, sin ingresos, obsesionado por el amor perdido y el que no llega, encerrado en sí mismo, no parece bien equipado para ganarse la vida en un país donde se lee poco... y mucho menos poesía.

* * *

Cuando *Soledades* sale a la calle Antonio Machado se encuentra con Ramón del Valle-Inclán en Granada, adonde han llegado el 28 de enero de 1903 para asistir al estreno, por la compañía madrileña de Francisco Fuentes, del arreglo hecho por el gallego de *Andrea del Sarto*, de Alfred de Musset. Ricardo Calvo, tan buen amigo de los hermanos Machado, forma parte del elenco, otra circunstancia que explica la presencia de Antonio, que sepamos por vez primera, en la ciudad de la Alhambra (que tanto admira su hermano Manuel). El estreno, que tiene lugar el 2 de febrero, gusta al público, y Valle-Inclán debe salir al escenario varias veces.[28]

Hay que suponer que Machado aprovechó su breve estancia en la ciudad para subir a la Colina Roja y deambular por los palacios y jardines nazaríes.

La compañía pasa luego a Córdoba, donde abre temporada el 4 de febrero. Según Pérez Ferrero, Valle-Inclán y Machado la acompañaron. La prensa cordobesa de aquellos días confirma la llegada a la ciudad del «atildado escritor» y creador del marqués de Bradomín, pero no la del poeta, que tal vez ya había vuelto a la capital... u, otra posibilidad, hecho una visita a Sevilla.[29]

La aparición de *Soledades*, si pasa inadvertida para el gran público, produce cierto revuelo entre las amistades de los hermanos Machado. ¡Ya no se trata de un poeta sino de dos, y ambos excelentes! No se podía esperar que la crítica calara en la atormentada temática amorosa de *Soledades*. Juan Ramón Jiménez, en su reseña para *El País* (21 de febrero de 1903), apuntaba, con razón, que «el misterio del agua determina una verdadera obsesión en el alma de nuestro gran poeta», sin profundizar en tal insistencia, y se declaró impresionado sobre todo por los poemas de «Del camino» («Creo que no se ha escrito en mucho tiempo una poesía tan dulce y bella como la de estas cortas composiciones, misteriosa y hondamente dichas con el alma»).[30] Antonio de Zayas, que ya es diplomático profesional, leyó *Soledades* bajo el cielo «siempre nebuloso» de Estocolmo. El libro —algunos de cuyos poemas había leído en borrador— le parecía una «obra genial» que «deja para siempre esculpidas las recónditas sutilezas de la sensibilidad complejísima y del gusto depurado de su autor». Sensibilidad complejísima, sin duda, pero de ahí no pasaba el gran amigo a quien, con Ricardo Calvo, iba dedicado el poemario.[31]

Machado, tal vez recordando cuánto hiciera por el *succès d'estime* de *Alma* la elogiosa reseña de Miguel de Unamuno en el *Heraldo de Madrid* un año antes, se encarga de hacer llegar a Salamanca un ejemplar de *Soledades*. Lleva una dedicatoria efusiva: «A Don Miguel de Unamuno, al Sabio y al Poeta. Devotamente, Antonio Machado».[32] El vasco habla bien del libro en una carta a Manuel que no parece haberse conservado. Complacido, Antonio le escribe enseguida. A Unamuno le parece la comunicación (que tampoco se ha encontrado) tan «sugeridora» que la contesta en un artículo publicado aquel agosto en *Helios*, la revista que acaban de lanzar Juan Ramón Jiménez, Gregorio Martínez Sierra y otros amigos en Madrid, y que muy pronto será la principal portavoz de la nueva juventud literaria.

En dicho artículo Unamuno cita fragmentos de la carta de Antonio y comenta parte del resto. Antonio le ha hablado de París... y de los franceses. Unamuno reproduce sus palabras al respecto:

Poseen el arte de conversar, el cual consiste en conceder siempre la razón al interlocutor y seguir sosteniendo la tesis contraria, así como nosotros poseemos el arte de *disputar*, que consiste, a su vez, en pegarle siempre al interlocutor, aunque estemos de acuerdo con él. Y es que, para un francés, el discurrir sobre un tema cualquiera es un simple pretexto para apurar unos cuantos ajenjos, y para nosotros una opinión es algo así como un gallo con espolones afilados que debe siempre pelear. Ellos saben beber y nosotros no sabemos hablar.

«Nosotros y ellos»: Machado siempre tendrá, como hemos apuntado, una relación difícil, crítica y ambigua con Francia, producto, acaso, no solo de discrepancias intelectuales e incluso filosóficas, sino de una incompatibilidad temperamental nunca desmenuzada en sus escritos.

La cita aducida por Unamuno da a entender que el poeta ha pasado muchas horas en París hablando con franceses, discutiendo, escuchando, observando. Es posible que así fuera, aunque, dada su timidez, cuesta trabajo imaginarlo enzarzado en discusiones literarias, sin dominar aún la lengua, en pleno Barrio Latino. Desde luego Machado tiene razón, por otro lado, al afirmar que los franceses manejan su idioma con gran soltura (gracias al énfasis puesto sobre ello en las escuelas).

En su carta a Unamuno el poeta había seguido con otras generalizaciones acerca de los franceses. Por ejemplo, que siendo la vida en París un arte, allí no había sitio para el arte de verdad, lo cual no dejaba de ser un juicio muy superficial. «Pasa lo contrario en España —añadía—, donde aparte algunas capitales que tienen alma postiza, la vida, que se ignora a sí misma, corre más espontánea y verdadera, y tiene mayor encanto para el arte». Se nota que quiere impresionar a Unamuno. Y luego, con igual falta de lógica: «Empiezo a creer, aun a riesgo de caer en paradojas, que no son de mi agrado, que el artista debe amar la vida y odiar el arte. Lo contrario de lo que he pensado hasta aquí».

Había sido poco diplomático decirle a Unamuno que las paradojas no le gustaban, toda vez que el vasco era la paradoja en persona. Unamuno decide dejarlo pasar, y se mete de lleno en unas consideraciones sobre arte y vida, el tema suscitado por el poeta. Lo que dice, en resumen, es que Machado debe esforzarse por ser él mismo, sin aceptar la estética de nadie más, y expresar en su poesía lo más auténtico de sí mismo. Lo cual, como consejo, no estaba nada mal, aunque, en realidad, el poeta no lo necesitaba: ya avanzaba resuelto por el camino recomendado.[33]

Machado contesta el artículo de Unamuno, que le ha halagado, con una larga carta abierta publicada en el diario *El País*. En ella se identifica con el pensar y el sentir del «maestro» y tiene buen cuidado de explicar que no está en contra de la paradoja *per se*, sólo cuando ésta se utiliza de manera indebida. Y pasa a definirse en términos memorables: «Hombre soy contemplativo y soñador (bien se echa de ver en cuanto escribo espontáneamente), que escucha los ruidos del mundo inerte, no por mera delectación del oído, sino por un deseo incorregible de lanzar el espíritu en el recuerdo de cuanto hay más allá de la memoria». Hay que bucear en el alma propia para poder comunicarse con el alma de los demás: es el afán de relación cordial con el otro que va a caracterizar toda la obra de Machado. Y nada, tampoco, de culto a la forma por la forma. Nada de arte por el arte, de *turrieburnismo*. «Téngame por el más agradecido de sus amigos y admiradores», termina la carta. Está claro que la influencia de Unamuno sobre Machado empieza a ser preponderante.[34]

* * *

Los hermanos Machado ya son nombres que brillan con luz propia en el firmamento literario de Madrid, y tenemos varios testimonios acerca de las incesantes reuniones celebradas por estas fechas en el piso de Fuencarral, 148. «Recuerdo aquellos tiempos del modernismo —refiere José Machado, testigo privilegiado— en que por la vieja sala familiar desfilaban día y noche para visitar a Antonio y Manuel un sinnúmero de personas más o menos bohemias, algunas interesantes y de raro talento». Entre ellas Unamuno (¿es cierto?), Juan Ramón Jiménez, Valle-Inclán, Maeztu y Villaespesa. Discusiones interminables, «acaloradas disputas» y hasta violentas discrepancias caracterizaban los encuentros, que dejaban atrás montones de colillas y un tufo pestilento que hacía necesario que las mujeres de la casa abriesen luego todas las ventanas.[35]

José Machado no menciona la participación esporádica en las reuniones de la calle de Fuencarral de un joven escritor cuyo nombre empezaba entonces a sonar en Madrid. Rafael Cansinos-Asséns había nacido en 1882 y era, por lo tanto, siete años menor que Antonio. Quien mas tarde, por los primeros años veinte, sería uno de los vanguardistas españoles más originales y prolíficos, recordaba o creía recordar así su primera visita a la casa de los Machado:

> Vivían los Machado en el segundo piso* de un gran caserón viejo y destartalado, con gran patio lóbrego, donde el sol se perdía y el frío del invierno se encontraba de pronto. Volvía a recuperarse el sol al entrar en la gran sala cuadrada, con balcón a la calle, tan anegada en claridades cristalinas que al principio deslumbraba y no dejaba ver. Ya estaban allí todos, es decir, Villaespesa, Antonio de Zayas —duque de Amalfi— y Ortiz de Pinedo**. Uno de los Machado, creo que Antonio, en mangas de camisa, se estaba acabando de afeitar ante un trozo de espejo sujeto en la pared, como los que se ven en las carbonerías. La habitación, destartalada, sin muebles, salvo algunas sillas descabaladas, con el suelo de ladrillo, salpicado de colillas, y las paredes desnudas, tenía todo el aspecto de un desván bohemio. Eran tan pocas las sillas, que algunos permanecían de pie. Allá dentro, tras una puerta lateral, sonaban voces femeninas. El sol, un verdadero sol de domingo, era el único adorno de aquella habitación que parecía una leonera de estudiantes. El sol y el buen humor juvenil.[36]

La evocación de Cansinos-Asséns se complementa con otra de Juan Ramón Jiménez, recogida de viva voz por Juan Guerrero Ruiz en 1931. El autor de *Platero y yo* empezó recordando «la máxima despreocupación en el vivir y en todo cuanto le rodeaba» del Antonio Machado de entonces, solo comparable, en su opinión, a la del poeta y novelista Emilio Carrere. «En aquella época —refirió Juan Ramón— iba vestido con un gabán descolorido viejísimo, que sólo conservaba uno o dos botones de una fila, los cuales siempre llevaba abrochados equivocadamente, y debajo los pantalones los sujetaba con una cuerda lo mismo que los puños, atados con trozos

---

* En realidad se trataba del piso principal derecha.

** En el libro de Cansinos-Asséns que citamos el joven escritor José Ortiz de Pinedo se describe como «un muchacho joven y enclenque, vestido de negro» que creía que se iba a morir prematuramente y escribía, en consecuencia, «unas cosas muy tristes» (pág. 90).

de guata en vez de gemelos». Cuando los amigos visitaban a Juan Ramón en el sanatorio, «las pobres monjitas, tan finas y tan limpias sufrían de verle mezclado con aquellos tipos, y le preguntaban por qué
les recibía. Al marcharse Antonio Machado, era preciso barrer donde había estado sentado por las huellas que dejaba de migas de pan,
tabaco y ceniza, papeles mascados que comía a menudo». A veces
Machado anunciaba que iba a leer un poema. «Sacaba del bolsillo un
papel sucio, hecho dobleces, lo desplegaba y en el centro tenía
un gran agujero, porque se lo había ido comiendo sin darse cuenta,
y ya no podía leer lo que quería». En cuanto a la casa familiar, Juan
Ramón evoca con espanto su primera visita: «Entré a una habitación,
en la que sólo quedaban los restos de una mesa, bueno, que había sido mesa, en la cual había una vieja palmatoria, sin vela; de allí pasé
al cuarto donde estaban, y me dice Antonio: "Siéntate, Juanito, siéntate". Yo miré en torno y vi una butaca, que tenía un agujero en el
fondo, que no servía para sentarse, una silla sobre la cual estaba una
gatita con sus gatitos pequeños, y otra silla sobre la cual había... ¡un
huevo frito!, de varios días, que estaba allí seco, ¡pegado!».[37]

Según el moguereño, los amigos le llevaban a Antonio por entonces sus libros para que se los vendiera. Por lo visto había adquirido pericia en tal oficio. Lo corrobora el testimonio de Cansinos-Asséns, según el cual era costumbre entre los integrantes del
grupo vender los libros dedicados de los amigos, y a Antonio se le
atribuía una frase que se hizo famosa al recibir *Sol de la tarde*, de Gregorio Martínez Sierra: «*Sol de la tarde*, café de la noche». No era
mal chiste.[38]

* * *

Helios, la nueva revista mensual dirigida por Juan Ramón Jiménez, tuvo catorce números y acogió con generosidad, en sus sobrias
páginas, a Antonio Machado, quien, en el número 4 (julio de 1903),
publicó allí cuatro poemas de tema primaveral, compuestos en
silvas, que, si hemos de tomar literalmente el título del primero, re-
flejaban una reciente estancia en Sevilla:

> *El poeta visita el patio de la casa en que nació*
>
> El suelo es piedra y musgo; en las paredes
> blancas agarra desgreñada higuera...

El limonero lánguido suspende
una pálida rama polvorienta
sobre el encanto de la fuente límpida,
y allá en el fondo, sueñan
los frutos de oro...
Es una tarde clara,
casi de primavera,
tibia tarde de Marzo,
que el hálito de Abril cercano lleva;
y estoy solo en el patio silencioso,
buscando una ilusión cándida y vieja;
alguna sombra sobre el blanco muro,
algún recuerdo, en el pretil de piedra
de la fuente dormida, o, en el aire,
algún vagar de túnica ligera.
En el ambiente de la tarde flota
ese aroma de ausencia,
que dice al alma luminosa: nunca,
y al corazón: espera.
Ese aroma que evoca las fantasmas
de las fragancias vírgenes y muertas.
¡Sí, te recuerdo, tarde alegre y clara,
casi de primavera,
tarde sin flores, ¡ay! tú me traías
el buen perfume de la hierba buena,
y de la buena albahaca
que tenía mi madre en sus macetas!
Y tú me viste hundir mis manos puras
en el agua serena
para alcanzar encantados los frutos
que hoy en el fondo de la fuente sueñan...
¡Sí, te conozco, tarde alegre y clara,
casi de primavera!   (VII)

El poeta recuerda a una mujer desde un puente del Guadalquivir

Sobre la clara estrella del ocaso
como un alfanje, plateada, brilla
la luna en el crepúsculo de rosa

156

y en el fondo del agua ensombrecida.
El río lleva un rumoroso acento
de sombra cristalina
bajo el puente de piedra. ¡Lento río,
que me cantas su nombre, el alma mía
quiere arrojar a tu corriente pura
la ramita más tierna y más florida
que encienda primavera
en los verdes almendros de tu orilla!
Quiero verla caer, seguir, perderse
sobre tus ondas limpias.
Y he de llorar... Mi corazón contigo
flotará en tus rizadas lejanías.

¡Oh, tarde como aquélla, y río lento
de sombra cristalina!...
Sobre la clara estrella del ocaso
La argéntea luna brilla.

El poeta encuentra esta nota en su cartera

A la desierta plaza
conduce un laberinto de callejas.

A un lado, el viejo paredón sombrío
de una ruinosa iglesia;
a otro lado, la tapia blanquecina
de un huerto de cipreses y palmeras,
y, frente a mí, la casa,
y en la casa la reja,
y los cristales túrbidos que empañan
su figurilla plácida y risueña.

Me apartaré. No quiero
llamar a tu ventana... Primavera
viene —su veste blanca
flota en el aire de la plaza muerta—;
viene a encender las rosas
rojas de tus rosales... Quiero verla...   (X)

Y estas palabras inconexas

¡Oh, sola gracia de la amarga tierra,
rosal de aroma, fuente del camino!
Auras...Amor. ¡Bien haya primavera;
bien haya Abril florido,
y el solo amado enjambre de mis sueños,
que labra miel al corazón sombrío!...[39]

Es posible que los dos primeros poemas, específicamente localizados en Sevilla, fuesen producto de un viaje imaginado, o de aquella visita no documentada de Manuel y Antonio a su ciudad natal en 1898, en vísperas del «Desastre». Sin embargo dan la sensación de una estancia reciente. Además si hubiesen sido compuestos antes de la preparación para la imprenta de *Soledades*, es difícil descubrir razón alguna para haberlos excluido del libro.

El hecho de que no se haya encontrado en la prensa sevillana hasta la fecha referencia alguna a una visita del poeta a la ciudad entre la salida de *Soledades*, a finales de enero de 1903, y la publicación de estos poemas en *Helios* aquel julio, no es una prueba de que el viaje no se produjera. El Machado de comienzos de siglo apenas era conocido en Sevilla. Incluso, si el motivo de la visita consistía, sobre todo, en volver a ver el patio de las Dueñas, sería consecuente con la personalidad de Antonio no haberlo pregonado. En «El poeta visita el patio de la casa donde nació» el «yo» nos dice que se trata de una tibia tarde de «marzo» que lleva en su seno el hálito del «cercano abril». Al venir directamente después de una detallada descripción de la amada fuente de las Dueñas, la indicación temporal, tan precisa, es llamativa. Parece muy probable, en resumen, que Machado hizo una escapada a Sevilla en estas fechas, tal vez animado en su deseo de regresar a su lugar natal por la publicación de *Soledades*.

He aquí otra vez, de todos modos, una segunda aparición explícita en la poesía de Machado del «topos» del patio de las Dueñas, en el fondo de cuya fuente se reflejan con tanto realismo los limones que, años atrás, el niño, confundido, había tratado de cogerlos con las manos. Y he aquí otra vez la angustiosa búsqueda de la evanescente figura femenina a quien ya vimos aparecer en los sueños de los primeros poemas.

«El poeta visita el patio de la casa en que nació» se incorporará en 1907 a *Soledades. Galerías. Otros poemas*, pero sin su título (y sin sus dos primeros versos). El segundo poema de la serie, «El poeta recuerda a una mujer desde un puente del Guadalquivir», no se incluirá. ¿Por considerarlo Machado, acaso, demasiado sentimental... o demasiado revelador de un amor perdido para siempre? El poema no dice de manera específica que se trata de un puente sevillano, pero no parece arriesgado pensar en el de Isabel II, el que une a Sevilla con Triana, y que nunca quería cruzar la abuela Isabel Hernández, para quien su barrio, tan garboso él, tenía todo lo necesario para hacer placentera la vida terrestre.

¿Y el nombre de la amada, que el río canta? ¿Está pensando Machado en una mujer real o imaginada? ¿Es la misma a quien va dirigido el tercer poema de la serie, «El poeta encuentra esta nota en su cartera», que se reproducirá en *Soledades. Galerías. Otros poemas* sin el título original, y con algún ligero cambio léxico? Son preguntas muy difíciles de contestar. Lo único cierto es que, en dicho tercer poema, la descripción de la desierta plaza donde vive la amada, y a la que conduce «un laberinto de callejas», con un cercano huerto con cipreses y palmeras, hace pensar en la zona de las Dueñas y la colindante plaza de San Juan de la Palma.

La meditación final, «Y estas palabras inconexas» (también «encontradas» en la cartera del poeta), insiste sobre la amargura que han supuesto las experiencias reflejadas en los versos anteriores. Es decir, los recuerdos que han aflorado, durante la visita a la ciudad, de un amor perdido o imposible. El poema no será incorporado en obras posteriores, pero la imagen de las abejas creadoras de la miel onírica salvadora —imagen aquí demasiado forzada— reaparecerá muy pronto en los versos de nuestro poeta.

* * *

Como es evidente —y los poemas que acabamos de ver lo demuestran— la publicación de *Soledades* no significa el fin inmediato de una etapa, y el brusco inicio de otra. Seguirá la depuración de elementos formales ya emprendida, pero la temática de los versos de nueva creación continuará girando en torno al desconsuelo infantil y a la ausencia del amor reparador anhelado. A lo largo de los próximos años el poeta dará a conocer en revistas o diarios, como ha hecho antes, muestras de su obra en marcha y, por lo que toca a 1903 y 1904, sobre todo en *Helios* y la revista *Alma Española*. Y no desaparecerán las galerías de los sueños, sueños en los cuales de vez en cuando se recobra una felicidad sublime, inseparable del recuerdo de las Dueñas:

> ... Desperté. ¿Quién enturbia
> los mágicos cristales de mi sueño?
> Mi corazón latía
> atónito y disperso.
> ¡El limonar florido,
> el cipresal del huerto,
> el prado verde, el sol, el agua, el iris!...
> ¡el agua en tus cabellos!...
> Y todo en la memoria se rompía
> como una pompa de jabón al viento.[40]   (LXII)

A veces no es la angustia de perder un sueño feliz casi en el mismo instante de recordarlo, es la de tener sueños vacíos de todo aparente consuelo:

> Yo he visto mi alma en sueños...
> Era un desierto llano
> y un árbol seco y roto
> hacia el camino blanco...[41]

Hasta el jardín comparte la angustia del poeta:

> Está la fuente muda
> y está marchito el huerto.
> Hoy sólo quedan lágrimas
> para llorar. No hay que llorar, ¡silencio![42]

Y, de extraordinario interés, vuelve el tema de unas fiestas infantiles, por implicación sevillanas, pero en las cuales esta vez, acompañada de «ella», representada como «el hada más joven», todo se hunde después de momentos de indecible felicidad:

> *Sueño infantil*
>
> Una clara noche
> de fiesta y de luna,
> noche de mis sueños,
> noche de alegría,

—era luz mi alma
que hoy es bruma toda,
no eran mis cabellos
negros todavía—

el hada más joven
me llevó en sus brazos
a la alegre fiesta
que en la plaza ardía.

So el chisporroteo
de las luminarias,
amor sus madejas
de danzas tejía.

Y en aquella noche
de fiesta y de luna,
noche de mis sueños,
noche de alegría,

el hada más joven
besaba mi frente...;
con su linda mano
su adiós me decía...

Todos los rosales
daban sus aromas,
todos los amores
amor entreabría.[43]   (LXV)

El deprimido estado de ánimo de Machado en estos momentos se subraya en cuatro versos, luego suprimidos, de un poema dedicado a Rubén Darío (con motivo de publicar éste en Madrid, a
mediados de 1905, sus *Cantos de vida y esperanza):*

Yo, mísero juglar de mi tristeza,
desde el hondo rincón de mi amargura
saludo a esta belleza
que es claridad de una mañana pura.[44]   (CXLVII)

161

Tal vez el más desconsolado de estos poemas lúgubres, con todo, sea el que reproducimos a continuación, en el cual reaparece el tema de la fiesta, y cuyo irónico título casi propone una estética del sufrimiento:

Arte poética

Y en toda el alma hay una sola fiesta,
tú lo sabrás: Amor, sombra florida,
sueño de aroma, y luego... nada: andrajos,
rencor, filosofía.
Roto en tu espejo tu mejor idilio,
y vuelto ya de espaldas a la vida,
ha de ser tu oración de la mañana:
¡Oh, para ser ahorcado, hermoso día![45]

Ya vimos la palabra «rencor», asociada a la infelicidad amorosa, en el primer poema que tenemos de Machado, luego titulado «La fuente». Desde entonces no ha reaparecido, por lo menos en los poemas conocidos. Machado, hay que imaginarlo, preferiría no admitir, o no tener que admitir, padecer rencor, pero he aquí el sustantivo otra vez, contundente. Rencor por un «idilio» roto que ha dejado al «yo» del poema tan desvalido que sólo piensa en la muerte.

Estos poemas, en síntesis, dan la impresión de que, si no aparece pronto la amante, la única solución será el suicidio.

* * *

El 14 de marzo de 1904 Machado publica en *El País* una reseña del nuevo libro de poemas de Juan Ramón Jiménez, *Arias tristes*. Si bien declara que los admira «como obra de verdad y como expresión de nuestra alma», su crítica tiene el mérito de cuestionar el extremado subjetivismo que los caracteriza y, al mismo tiempo, de poner en tela de juicio su propia poesía del momento. Sus palabras denotan que se está produciendo un cambio en su manera de entender su vocación lírica:

De todos los cargos que se han hecho a la juventud soñadora, en cuyas filas aunque indigno milito, yo no recojo más que dos. Se nos ha llamado egoístas y soñolientos. Sobre esto he meditado mucho y siempre me he dicho: si tuvieran razón los que tal afirman, debiéramos confesarlo y corregirnos. Porque yo no puedo aceptar que el poeta sea un hombre estéril que huya de la vida para forjarse quiméricamente una vida mejor en que gozar de la contemplación de sí mismo. Y he añadido: ¿no seríamos capaces de soñar con los ojos abiertos en la vida activa, en la vida militante?[46]

Poco después Machado comunicó su inquietud en una carta a Miguel de Unamuno en la que reconocía, al mismo tiempo, su deuda para con el pensamiento, y el ejemplo, del catedrático de Salamanca. Son casi las mismas palabras esbozadas en la reseña de *Arias tristes*:

Usted, con golpes de maza, ha roto, no cabe duda, la espesa costra de nuestra vanidad, de nuestra somnolencia. Yo, al menos, sería un ingrato si no reconociera que a usted debo el haber saltado la tapia de mi corral o de mi huerto. Yo hoy digo: Es verdad, hay que soñar despierto. No debemos crearnos un mundo aparte en que gozar fantástica y egoístamente de la contemplación de nosotros mismos; no debemos huir de la vida para forjarnos una vida mejor, que sea estéril para los demás.

A continuación aborda el supuesto de que la poesía tenga que ver estéticamente con el misterio:

Nada más disparatado que pensar, como algunos poetas franceses han pensado tal vez, que el misterio sea un elemento estético —Mallarmé lo afirma al censurar a los parnasianos por la claridad en las formas—. La belleza no está en el misterio, sino en el deseo de penetrarlo. Pero este camino es muy peligroso y puede llevarnos a hacer el caos en nosotros mismos, si no caemos en la vanidad de crear sistemáticamente brumas que, en realidad, no existen, no deben existir.[47]

¿Cómo dudar que, a mediados de 1904, Antonio Machado, bajo la tutela intelectual y moral de Unamuno, está empeñado en superar el solipsismo, la introspección, que ha caracterizado su poesía hasta el momento?

Es penoso que haya desaparecido la correspondencia epistolar cruzada entre Unamuno y Machado en estos años.[48] Y una suerte que el vasco reprodujera los fragmentos de la carta que hemos citado, y alguno más, en su artículo «Almas de jóvenes», publicado en la revista madrileña *Nuestro Tiempo* (el otro «joven» es José Ortega y Gasset). Como había pasado el año anterior con los comentarios de Unamuno en *Helios*, Machado se sentiría seguramente halagado por la generosidad de aquel «profesor de energía», quien, además, apunta al inicio de sus observaciones que los versos de los dos hermanos «son de lo más espiritual que puede hoy leerse en España».[49]

¿Y las ventas de *Soledades?* Hay que suponerlas mínimas. Durante 1904 —no sabemos en qué mes— la cubierta original del libro fue sustituida por otra que rezaba: «Colección de escritores jóvenes, Volumen 3.º /Antonio Machado / Soledades / UNA peseta / Lezcano y Cª. Editores. Barcª. / MADRID / Imprenta de VALERO DÍAZ / Preciados, 32 —Talleres: Madera 5 y 7 / 1904».[50] Según Rafael Ferreres, el cambio fue efectuado al encargarse de la distribución de *Soledades* la librería La Económica, con sede en la misma imprenta, que ofrecía «Grandes regalos a los compradores». La nueva cubierta tiene la novedad de que no ya sólo el título del libro sino el nombre del autor se destacan en rojo. Ferreres aclara que en el ejemplar de su propiedad la portada interior coincide en todo lo demás con la descripción de la primera edición proporcionada por Dámaso Alonso, incluida la fecha 1903. Se pregunta quiénes fueron los dos «escritores jóvenes» que precedieron a Machado en dicha colección, y no encuentra respuesta.[51] Geoffrey Ribbans, sí. Tras indicar que con su nueva cubierta el libro se vendía a mitad del precio original, otra indicación de su poco éxito comercial, el hispanista señala: «En la Biblioteca Nacional constan cuatro volúmenes más de esta *Colección de escritores jóvenes:* R. Sánchez Díaz, *Amores* (otra reimpresión) (1.º); Manuel García Gómez, *Vida* (2.º); Celestino León Jiménez, *Mesa revuelta* (4.º) y José María Blázquez de Pedro, *Ideas y sentimientos (poesías)* (5.º); estos tres últimos parecen originales. Todos llevan la fecha 1904».[52] Parece evidente que, en el caso de *Soledades*, no se trataba de una *reimpresión* sino de ofrecer los ejemplares que quedaban de la tirada original con una nueva envoltura más atrayente.

* * *

El 9 de agosto de 1904 muere en Madrid la abuela Cipriana Álvarez Durán, a los 77 años. Al día siguiente la entierran en la Almudena, en la tumba de la llorada nieta que llevaba su nombre, fallecida cuatro años antes.[53] No hay referencia alguna a la desaparición de la abuela en los papeles de Antonio y Manuel que conocemos, pero podemos imaginar la honda pesadumbre que provocó en la familia, que tanto debía a aquella mujer excepcional. El 20 de noviembre de 1903 Cipriana había vuelto a Sevilla, donde, quizá intuyendo que le quedaba poco tiempo, hizo testamento. Se definió en el documento como «pensionista» y declaró que, por el reciente fallecimiento de su hermano José —el pintor discapacitado que había vivido tantos años con ella y el resto de la familia—, le correspondía «una parte de su herencia aún no dividida ni liquidada». Dispuso que a su muerte se atendiesen las deudas pendientes. Pidió católico entierro. Legó a su nieto José un retrato suyo, a Joaquín el retrato en miniatura de su hermana Luisa (de quien no tenemos más noticias) y a Francisco uno de su fallecido marido, el abuelo Antonio Machado Núñez. Ana Ruiz recibía, en usufructo para el resto de su vida, el remanente del quinto de todos sus bienes.[54]

La madre de los Machado es ahora, con la muerte de la abuela, y por vez primera en su vida, «cabeza de familia», y así figurará en el padrón de 1905 y los siguientes. No parece que el testamento de Cipriana resolviera los problemas económicos del grupo familiar. Juan Ramón Jiménez se referirá después, telegráficamente, a estos momentos difíciles, con su mordacidad habitual (y no poca inexactitud): «Madrid. Abuela queda viuda y regala la casa. Madre inútil. Todos viven pequeña renta abuela. Casa desmantelada. Familia empeña muebles. No trabajan, ya hombres. Casa de la picaresca. Venta de libros viejos. Muere la abuela».[55] «La penuria estaba en su apogeo —recuerda por su parte José Machado, refiriéndose a Antonio—, se pensó en que era absolutamente necesario allegar recursos para hacerle frente a la vida». La primera idea del poeta, según su hermano, fue prepararse para unas oposiciones al Banco de España. Pero había un problema: su mala letra. Para mejorarla asistió «a una de las muchas Academias preparatorias que, para el caso, se abrieron por aquel entonces en Madrid». Antonio logró su objetivo, aplicando la voluntad en él habitual cuando quería de verdad algo, y «a ello se debió más tarde que, siempre que quiso escribir con claridad, lo consiguió con una letra más o menos inglesa». Pero no llegó nunca a hacer oposiciones. «Se conoce que no era en el Libro Mayor de un banco —remacha José— donde había de poner su pluma el Poeta de *Soledades*».[56]

El poeta de *Soledades*... y el de los versos que siguen brotando de la misma inspiración solipsista, pese a sus mejores intenciones. Machado no rompe con su práctica de confiar a las revistas del momento algunas primicias de su obra en marcha. *Helios* y *Alma Española* se van a mejor vida en 1904, pero otras publicaciones madrileñas recogen el aliento del movimiento renovador, entre ellas *Renacimiento Latino* (1905), *La República de las Letras* (del mismo año), *Revista Latina* (1907-1908), *Renacimiento* (1907) —la verdadera sucesora de *Helios*, pilotada por Gregorio Martínez Sierra—, y *La Lectura*, fundada en 1900, que poco a poco acoge a los jóvenes, entre ellos nuestro poeta. Los «nuevos valores» también pueden contar, sobre todo si tienen a algún amigo entre los redactores, con el diario *El País*, tan republicano y tan anticlerical como siempre, *Los Lunes de El Imparcial* —acaso la hoja literaria más cotizada del país—, y alguna revista de circulación masiva como *Blanco y Negro*. Estas y otras publicaciones periódicas nos permiten seguir el rumbo de la obra lírica de Machado durante los años que preceden a la publicación, en 1907, de su segundo libro de versos, *Soledades. Galerías. Otros poemas*.

Al poeta le continúan solicitando las galerías de los sueños, eso sí, con la añoranza de los perdidos jardines de la infancia, con sus soledades. Pero, acorde con la inquietud expresada en su carta a Unamuno, Machado va ensayando una nueva manera, más abierta al prójimo, inspirada en la tradición popular tan cara a su padre. Muestra de ello es el grupo de coplas que publica en *El País* en marzo de 1905:

Consejos

Este amor que quiere ser
acaso pronto será;
pero ¿cuándo ha de volver
lo que acaba de pasar?
Hoy dista mucho de ayer...
¡Ayer es Nunca Jamás!

Moneda que está en la mano
quizá se deba guardar;
pero lo que está en el alma
se pierde si no se da.   (LVII, II)

¿Cuál es el peor de todos
los afanes? —Preguntar.
¿Y el mejor? —Hacer camino
sin volver la vista atrás.

¿Vivir? Sencillamente:
la sed y el agua cerca...
o el agua lejos, más, la sed y el agua,
un poco de cansancio ¡y a beberla!

El alma melancólica...
La doncellita fea
que guarda en cofre humilde
el limpio ajuar de fiesta
para llorar un día
sobre la mustia seda.

Taller de telarañas,
rincón de la pobreza,
bostezo irremediable
del corazón. ¡Miseria!

No preguntes, peregrino,
dónde las dichas están.
Hambre y sed te dé el camino,
lecho el mesón, agua y pan.[57]

Los temas de estos pequeños poemas de sabor popular son los de *Soledades* —el anhelo de amor, el paso inexorable del tiempo, la vida como eterno caminar—, pero con expresión mucho más escueta. Y he aquí, también, una nota nueva: caminar es el destino del hombre —Machado ya lo ha declarado y asumido—, pero ahora añade que es mejor hacerlo «sin volver la vista atrás». Con poquísimas palabras el poeta expresa otra vez su voluntad de vivir y actuar en el presente, renunciando, si puede, al fútil intento de recuperar el pasado.

Es la voluntad confesada en la carta a Unamuno, quien acaba de publicar *Vida de Don Quijote y Sancho*, que a Machado le parece admirable. Qué duda cabe, el combativo, incansable e intrépido vasco es el Alonso Quijano de la España contemporánea. Y surge el poema, precursor del nuevo modo de Machado en *Campos de Castilla:*

> Este donquijotesco
> don Miguel de Unamuno, fuerte vasco,
> lleva el arnés grotesco
> y el irrisorio casco
> del buen manchego. Don Miguel camina,
> jinete de quimérica montura,
> metiendo espuela de oro a su locura,
> sin miedo de la lengua que malsina.
>
> A un pueblo de arrieros,
> lechuzos y tahúres y logreros
> dicta lecciones de Caballería.
> Y el alma desalmada de su raza,
> que bajo el golpe de férrea maza
> aún duerme, puede que despierte un día.
>
> Quiere enseñar el ceño de la duda,
> antes de que cabalgue, al caballero;
> cual nuevo Hamlet, a mirar desnuda
> cerca del corazón la hoja de acero.[58]   (CLI)

En agosto de 1905 Machado publica en *La República de las Letras* unas «divagaciones» en torno al libro de Unamuno, en las cuales vuelve a insistir sobre el «espíritu batallador, expansivo y generoso» del pensador y su «heroica y constante actividad espiritual».[59] A lo largo de los siguientes años será tan fiel discípulo de Unamuno —leerá cada nuevo libro o artículo suyo que caiga en sus manos y mantendrá con él una correspondencia epistolar en su mayor parte perdida— que de verdad no se concibe su acción en el mundo sin tener en cuenta la influencia del gran vasco.

¿Acción en el mundo? Sí. Machado ya entiende que hay que vivir en el presente, en contacto dinámico con la realidad circundante. ¿Y la carrera, pues? Al parecer es la intervención de Francisco Giner de los Ríos lo que la decide, aunque acaso también la del viejo amigo de la familia, Eduardo Benot (que fallecerá el 27 de julio de 1907).[60] El poeta había tenido la suerte de estudiar con maestros vocacionales —con Giner a la cabeza—, pero no hay indicios de que jamás hubiera pensado en ser profesor él mismo. ¿De qué, además? Giner, al tanto de las visitas del poeta a París y, se supone, de su dominio del idioma vecino, le sugirió, por lo visto, que opositara a una cátedra de Lengua Francesa en Institutos de Segunda Enseñanza. Aunque hoy parezca mentira, por aquellas fechas sólo era necesario tener el título de Bachiller para acceder a una cátedra de francés, ya que oficialmente se consideraba tal asignatura, así como la gimnasia y alguna otra, de «adorno».[61]

Machado, no sabemos si a regañadientes, se atuvo a la sugerencia del fundador de la Institución Libre de Enseñanza. Y, al enterarse durante el verano de 1905 de que quedaban cátedras vacantes en Baeza, Orense, Soria, Huesca y Mahón, pidió ser admitido en las oposiciones pertinentes.[62]

A partir de este momento tendrá que bregar con los trámites burocráticos, entonces interminables, para conseguir toda la documentación que requería la instrucción del expediente de opositor: copia de la partida de bautismo (que envía el cura de San Juan Bautista —o sea San Juan de la Palma— en Sevilla), certificado de buena conducta del barrio donde vive, certificado que acredita que no tiene antecedentes penales, expediente académico...[63] Y, por fin, entre marzo y mayo de 1906, cuando ya se han añadido dos cátedras vacantes más —Cabra y Albacete—, las primeras pruebas escritas. Se han conservado algunas de las de Machado: *Breves apuntes sobre el francés en la «Chanson de Roland»* y dos temas sobre verbos franceses.[64] Cuando las oposiciones se suspendieron, el 3 de mayo de 1906, hasta «nuevo aviso», los ciento veinticinco opositores ya se habían quedado reducidos a veinticuatro. Machado se encontraba entre los declarados, por unanimidad del Tribunal, aptos para seguir examinándose.[65]

* * *

Los Lunes de El Imparcial, después de tan largo periplo, es todavía una de las hojas literarias más prestigiosas del país. Allí en primera plana, el 28 de enero de 1907, se publican, yuxtapuestos, unos poemas de los hermanos Machado. De Antonio, «Cante hondo» (XIV) y «De la vida. Coplas elegíacas» (XXXIX), bajo la rúbrica genérica de «Soledades». De Manuel, «Así es...», agria reflexión sobre la futilidad de la vida.

«De la vida. Coplas elegíacas» demuestra que la modalidad popular va siendo cauce casi instintivo para la sensibilidad de nuestro poeta.

¡Ay del que llega sediento
a ver el agua correr
y dice: la sed que siento
no me calma el beber!

¡Ay de quien bebe y, saciada
la sed, desprecia la vida:
moneda al tahúr prestada
que sea al azar rendida!

¡Ay del noble peregrino
que se para a meditar,
después de largo camino,
en el horror de llegar!

¡Ay de la melancolía
que llorando se consuela,
y de la melomanía
de un corazón de zarzuela!

¡Ay de nuestro ruiseñor,
si en una noche serena
se cura del mal de amor
que llora y canta sin pena!...   (XXXIX)

Por las mismas fechas Machado manda otra selección de coplas a la revista *Renacimiento*, que los recoge aquel marzo bajo el título «De la vida (Coplas mundanas)». Esta vez lo popular se mezcla con un acento mucho más personal*:

---

* Nos hemos permitido reproducir estos versos, que en *Renacimiento* se imprimieron corridos, con los espacios separadores adoptados por el propio Machado en *Soledades. Galerías. Otros poemas* (1907), así como en todas las ediciones de *Poesías completas*, y que hacen mucho más agradable la lectura del poema.

[...] Pasó como un torbellino,
bohemia y aborrascada,
harta de coplas y vino,
mi juventud bien amada.

Y hoy miro a las galerías
del recuerdo para hacer
aleluyas de elegías
desconsoladas de ayer.

¡Adiós, lágrimas cantoras,
lágrimas que alegremente
brotabais, como en la fuente,
las limpias aguas sonoras!

¡Buenas lágrimas vertidas
por un amor juvenil,
cual frescas lluvias caídas
sobre los campos de Abril!

No canta ya el ruiseñor
de cierta noche serena;
sanamos del mal de amor
que sabe llorar sin pena*.

Poeta ayer, hoy triste y pobre
filósofo trasnochado,
tengo en moneda de cobre
el oro de ayer cambiado.[66]   (XCV)

La juventud perdida, la sensación de que se va secando el manantial de la creatividad poética para dar paso al triste meditar de un filósofo poco al día —en estas fechas las lecturas de filosofía ocupan mucho al poeta—, todo ello expresado en versos que remiten a la tradición popular y al empeño de comunicabilidad, de llegar al próji-

---

* Se lee «mi pena», seguramente por errata. En *Soledades. Galerías. Otros poemas* (1907), y luego en las sucesivas ediciones de *Poesías completas*, se corrige «sin pena».

mo, que ello presupone, es, una vez más, el Machado convencido de que, para avanzar con pie firme por su camino de poeta, tiene que superar las limitaciones de un talante demasiado introvertido.

* * *

Falta documentación en relación con el «segundo ejercicio» de las oposiciones de Machado a cátedras de Francés, que transcurre durante el otoño de 1906. Cuando vuelve a aparecer el nombre del poeta es el día 9 de enero de 1907, y está en marcha el «tercer ejercicio» de las mismas. Machado, cuya propuesta de curso (programa) tiene 74 lecciones, saca de la urna la bola con el número 22: «El verbo. Su división. Sus accidentes gramaticales. Las personas. Los números. Los tiempos. Los modos. La conjugación. Conjugaciones de los verbos franceses. Comparación de la conjugación francesa con la española». A las ocho y media de la mañana lo encierran para que escriba la lección, ¡con ocho horas por delante! Después se la explica al Tribunal durante otra hora y veinte minutos. Las oposiciones eran entonces un calvario tanto para los candidatos como para sus jueces.[67]

El Tribunal se compone de siete miembros, entre ellos el venerable filólogo y crítico literario Julio Cejador y Frauca, que además es jesuita, y Antonio Gaspar del Campo, autor, como casi seguramente sabe Machado, de un conocidísimo *Arte técnico-práctico para aprender la Lengua Francesa de conformidad con los mejores sistemas*, utilizado en todos los institutos de España. Se comprende el nerviosismo del poeta estos días, recordado por otro opositor, Eduardo del Palacio y Fontán.[68]

El 19 de enero empieza el cuarto y último ejercicio de las oposiciones. El día antes se había decidido el procedimiento que se iba a seguir: «Desarrollo de un tema de composición sacado a la suerte de entre cinco designados previamente por el Tribunal; traducción del español al francés de un trozo de una obra clásica de entre otros cinco designados como el anterior; juicio crítico en francés por cada opositor de dichos trabajos hechos por el opositor precedente y lectura de los mencionados trabajos y ejercicio práctico pedagógico con una sección de alumnos durante veinte minutos como mínimum y treinta como máximum». El tema de composición sacado de la urna es «El teatro como medio educativo». Al día siguiente, por el mismo azaroso procedimiento, el fragmento que hay que traducir al francés resulta proceder de *La perfecta casada*, de Fray Luis de León. El tercer día cada opositor debe redactar un análisis crítico, en francés, del tema de composición de su «compañero precedente». Al día siguiente se hace lo mismo con la traducción. El 28 de enero Machado es llamado ante el Tribunal para hacer, con un grupo de alumnos, su «ejercicio práctico pedagógico», después de lo cual lee sus trabajos, que luego son criticados por otro opositor. El día 29 le toca a él objetar los trabajos de otro. Luego, en varias sesiones celebradas entre febrero y marzo, tiene que participar en la llamada «trinca», en la cual cada uno de un grupo de tres opositores defiende su programa pedagógico contra las críticas de los otros dos. Operación de acoso y derribo que en absoluto podía gustar al tímido y pacífico Machado.[69]

Terminan por fin las oposiciones. Y llegan, el 4 de abril de 1907, las votaciones para las siete cátedras vacantes. El poeta consigue el quinto puesto. Las únicas opciones que le quedan son Soria, Baeza y Mahón. Opta por Soria. Es el 5 de abril de 1907.[70]

La elección puede resultar extraña. ¿Por qué no Baeza, dados sus orígenes andaluces? Machado solía afirmar, según parece, y quizás no demasiado en serio, que la decisión fue consecuencia directa del reciente estreno en Madrid de una nueva obra de los hermanos Álvarez Quintero, *El genio alegre* (que, según *El País*, fue el «triunfo» teatral «más ruidoso del año»).[71] «Vaya usted a verla —alguien le habría recomendado—. En esa comedia está toda Andalucía». Y Machado va. «Y me dije: "si es esto de verdad Andalucía, prefiero Soria". Y a Soria me fui»[72]. Más probable, de todas maneras, es que intuía que en Baeza, tan alejada de Madrid, se moriría de aburrimiento (a lo mejor ni consideró la posibilidad de desterrarse en Mahón).

La documentación que se ha conservado en relación con aquellas oposiciones incluye algunos de los ejercicios de Machado redactados en francés (en enero de 1907). Demuestran que manejaba con soltura el idioma, aunque no sin algún error de ortografía. Es evidente que había heredado de su padre y abuelo una facilidad para la lengua vecina.[73]

* * *

El 16 abril de 1907 se publica oficialmente el nombramiento por Real Orden de Antonio Machado y Ruiz como catedrático numerario de Lengua Francesa en el Instituto General y Técnico de Soria.[74] Y a finales del mes, cuando ya la primavera empieza a poblar de flores silvestres la meseta castellana, el poeta se traslada a la ciudad para tomar posesión de su cátedra. Lo hace delante del director del Instituto, Gregorio Martínez Martínez —titular de Latín y Castellano— y el secretario, Juan Gil Angulo. En el documento correspondiente consta que su sueldo anual será de 3.000 pesetas.[75]

Machado ha llegado en el pequeño tren Smet y Ropero, de fabricación hispanosuiza y vía única que, después del forzoso trasbordo en Torralba del Moral, justo antes de Medinaceli, sube jadeante a las tierras del alto Duero, a unos mil metros de altura sobre el mar, para morir noventa kilómetros y tres horas más allá en la estación de San Francisco en Soria.[76] En total una odisea, desde Madrid, de doscientos cincuenta kilómetros. Tiempo de sobra para leer, dormitar, contemplar con tranquilidad el paisaje y hablar con los otros viajeros, alguno de los cuales —y tal vez el mismo Machado— tendría la sensación de ir llegando al fin del mundo.

El poeta para en la pensión que rigen, en pleno centro de Soria, Isidoro Martínez Ruiz y su mujer, Regina Cuevas Acebes. «De la estación vino a mi casa —refería años después Isidoro—. Vivía yo entonces en el número 54 del Collado, esquina a la calle del Instituto. Tenía hospedados al doctor don Mariano Iñíguez, al catedrático señor Zunón y a un delineante de Obras Públicas. Don Antonio era un hombrachón con alma de niño. Silencioso y retraído, pero hombre bondadoso y exquisito».[77]

La ciudad vivía entonces tan apartada del mundanal ruido que no mereció más de un párrafo en la *Guía Baedeker de España y Portugal* correspondiente al año 1908.[78] «Soria dormía a la sombra de su vieja colegiata —dirá después el poeta—; Soria, la ciudad mística, tan noble y tan bella, parecía encantada entre sus piedras venerables».[79] En toda la provincia, con sus casi 10.000 kilómetros cuadrados divididos en 250 municipios, sólo vivían unas 150.000 almas, de las cuales 7.000 en la capital.[80] Apenas existían industrias, predominaba «la explotación agraria de tipo medio y pequeño», había un puñado de agricultores ricos «y la mayoría pobres y empobrecidos en unas tierras esterilizadas por la erosión y la falta de abonos. Las producciones consistían en cereales (trigo sobre todo, cebada y avena), pastos con los que [se] mantenía mucho ganado, las patatas y alguna rara leguminosa. En resumen, la vida no era nada fácil para aquellos hombres en un medio en el que apenas se podía hablar de progreso técnico».[81]

No es sorprendente que, en tales circunstancias, Soria fuera en esas fechas una de las provincias españolas más devastadas por la emigración.

El lema del escudo municipal —«Soria pura, cabeza de Extremadura»—, era y es un perpetuo recuerdo de los tiempos en que la ciudad bañada por el Duero marcaba el límite sur extremo de las tierras arrancadas a los musulmanes en el siglo XII.

En 1907 se publicaban en la ciudad varios periódicos bisemanales, entre ellos *El Avisador Numantino, Noticiero de Soria* y *Tierra Soriana.* Había una Escuela Normal de Maestros de cierto prestigio. El Casino de Numancia, fundado en 1848, era el refugio de propietarios y «señoritos». Para el «estado llano» había el Círculo de la Amistad, el Círculo Mercantil y hasta la Sociedad de Obreros de Soria. Y, para todos, sin demasiadas distinciones sociales, dos cafés —El Recreo y El Desengaño— y cinco confiterías.[82] No faltaban hermosas iglesias románicas —el claustro arruinado de San Juan de Duero, a dos pasos del río, es uno de los lugares más románticos de Castilla—, y, por lo que tocaba al prestigio cultural de la ciudad, los conservadores —y Soria era muy conservadora— hubiesen preferido olvidar que Julián Sanz del Río, que trajo el krausismo a España, fue distinguido hijo del lugar. La relación de Soria con el poeta Gustavo Adolfo Bécquer era más gratificante. Casado con la hija de un médico local, el poeta sevillano había pasado temporadas en la ciudad y sus proximidades, a veces acompañado por su hermano Valeriano, el pintor, y había dedicado sugerentes páginas a paisajes y leyendas locales. También podía ufanarse la provincia de haber sido cuna del autor del *Poema de Mio Cid.* Nada de ello habría sido indiferente para el nuevo catedrático de Lengua Francesa.

Es probable que Machado se enterara durante su breve visita de que el famoso arqueólogo alemán Adolf Schulten llevaba a cabo entonces unas excavaciones en las ruinas de Numancia, cuyos restos se encuentran sobre un cerro situado a siete kilómetros al noreste de Soria, en la confluencia del Duero y del Tera. Tal vez se le ocurrió contrastar la fama de la ciudad celtibérica, que se autoinmoló antes que entregarse a los romanos, con la decrepitud que observaba a su alrededor a principios del siglo XX.[83]

Es probable que durante su breve estancia se enterase también de los brutales asesinatos y otros crímenes que con cierta frecuencia se perpetraban en el campo soriano. Constituían un tema de apasionadas conversaciones y polémicas en la ciudad, y las investigaciones judiciales pertinentes se seguían con avidez en la prensa y cuando se celebraban los correspondientes juicios.[84] Y había, otro baldón, los incendios forestales provocados. Aquel mismo abril, *Tierra Soriana* acababa de lamentar la plaga arboricida que desde hacía años asolaba la región, y el poeta oyó, sin duda, comentarios en torno a la misma. En realidad apenas pasaba una semana sin que hubiera un pinar en llamas.[85]

Podemos tener la seguridad de que Machado recorrió enseguida el hermosísimo paseo, con su doble hilera de chopos y álamos, que, a los pies de la ciudad, sigue la orilla izquierda del Duero entre San Polo y el santuario de San Saturio (patrón de Soria). La ribera, que luego inspirará algunos de los poemas machadianos más bellos, es hoy lugar de veneración para los admiradores del hombre y su obra (ilustración 25).

La primera visita del poeta a Soria quedó reflejada en un poema nacido o bien entonces o poco después. Poema compuesto, para Machado, en una insólita combinación de versos de dieciséis y ocho sílabas, y que no sólo tiene un tono optimista sino que anticipa la inspiración castellana que va a caracterizar ahora su estro. Ya no estamos en el jardín de las Dueñas, ni en el de los simbolistas franceses, ni en las hondas criptas, bóvedas, grutas o largas galerías del sueño. Cabe pensar, por añadidura, que la presencia en torres y techos de Soria de parejas de cigüeñas le hicieron aflorar a Machado recuerdos de su infancia, cuando la llegada cada febrero de estos zancudos a sus nidos producía regocijo entre los sevillanos, pues significaba la proximidad de la Semana Santa y de la Feria.[86] Reproducimos el poema tal como apareció más tarde aquel 1907 en *Soledades. Galerías. Otros poemas:*

ORILLAS DEL DUERO

Se ha asomado una cigüeña a lo alto del campanario.
Girando en torno a la torre y al caserón solitario,
ya las golondrinas chillan. Pasaron del blanco invierno,
de nevascas y ventiscas los crudos soplos de infierno.
Es una tibia mañana.
El sol calienta un poquito la pobre tierra soriana.

Pasados los verdes pinos,
casi azules, Primavera
se ve brotar en los finos
chopos de la carretera
y del río. El Duero corre, terso y mudo, mansamente.
El campo parece, más que joven, adolescente.

Entre las hierbas alguna humilde flor ha nacido,
azul o blanca. ¡Belleza del campo apenas florido,
y mística primavera!

¡Chopos del camino blanco, álamos de la ribera,
espuma de la montaña
ante la azul lejanía,
sol del día, claro día,
hermosa tierra de España![87]   (IX)

La breve estancia en Soria del autor de *Soledades*, todavía no muy conocido fuera de su círculo de amigos, no pasa del todo inadvertida, sin embargo, en la prensa local. Allí no se recoge, al parecer, la noticia de su llegada para la toma de posesión, pero sí la de su partida el 5 de mayo. «En el tren de anoche marchó a Madrid nuestro amigo D. Antonio Machado Ruiz, profesor de francés del Instituto provincial de Soria», informa a la mañana siguiente *Tierra Soriana*.[88]

Antes de fin de año no habrá nadie medianamente culto en Soria que no sepa quién es Antonio Machado. Con la presencia del poeta algo va a cambiar para siempre en la vida de la pequeña, aislada y pintoresca ciudad castellana, lamida por el Duero. Ciudad que, para Karl Baedeker, apenas existe.

CAPÍTULO V

Soria (1907-1912)

Hay indicios de que Machado regresó a Soria durante el verano de 1907, quizás con el propósito de irse familiarizando con la ciudad y su entorno antes de que empezara el curso aquel otoño. O con una finalidad literaria. Su primera visita en mayo le había inspirado un magnífico poema. Acaso le solicitaron otros versos de semejante índole y sintió la necesidad de ahondar enseguida sus impresiones. La posibilidad de tal retorno sólo se vislumbró en 2005 al reproducirse fotográficamente los borradores del poeta conservados en Burgos. Entre ellos hay una versión manuscrita a tinta, fechada «Soria, Cerro de Santa Ana, 6 Julio 1907», del poema que figura en *Campos de Castilla* con el título de «A orillas del Duero» (XCVIII). También un recorte de otro, «Por tierras del Duero», luego rebautizado «Por tierras de España» (XCIX), al pie del cual el poeta ha añadido, asimismo a tinta, «Cidones 4 de Agosto 1907» (se trata de un pueblo situado a dieciséis kilómetros de Soria, en la carretera de Burgos, con una venta famosa). Si tales indicaciones manuscritas no están equivocadas, y si deshacemos la hipótesis de dos visitas *independientes* a Soria entre julio y agosto, no parece descabellado deducir que el poeta pasó por lo menos un mes de aquel verano en la ciudad.[1]

Fijémonos en «A orillas del Duero». Santa Ana —o Santana— es la recia y pedregosa montaña (hoy afeada por desmesuradas antenas de televisión) que se yergue, tachonada de encinas, al sureste de Soria en la ribera izquierda del Duero, con los pies hundidos en la corriente. Mirando hacia el norte desde su cumbre, a 1.266 metros sobre el nivel del mar, es impresionante el panorama de la altimeseta numantina (con prismáticos se puede localizar el obelisco de la colina que cobija las ruinas de la afamada fortaleza celtibérica), así como de la ciudad, allí abajo, con su hermoso puente sobre el río bordeado de chopos y álamos. En días claros cierra el horizonte al noreste la imponente Sierra de Urbión, donde nace el Duero, y al este, hacia Aragón, la mole azul del Moncayo (tan querido de Gustavo Adolfo Bécquer). También se destacan con nitidez los parques eólicos que coronan los puertos de Piqueras y Oncala, guardadores del paso a La Rioja, que la nieve hace a menudo difíciles (antaño intransitables) en invierno. Más cerca, dominando la carretera de Soria a Burgos, se levanta la pared rocosa de Pico Frentes, la montaña más llamativa de los alrededores inmediatos de la ciudad. Si en primavera la estepa se convierte, durante unas breves semanas, en un paraíso de flores, hojas nuevas, verdes trigales y praderas, el sol inmisericorde del verano castellano se encarga de conferirle un aspecto de tierra quemada, mitigada, eso sí, por las reforestaciones de robles y pinos. No es extraño que el poeta, ante tan esplendoroso paisaje, que veinte años después definirá como «mineral, planetario, telúrico»,[2] quisiera captar o elaborar luego en un denso poema algo de lo visto y pensado aquella tarde de canícula. Y de hacerlo recurriendo al alejandrino, tan idóneo para una meditación pausada.

Podemos estar seguros de que el mencionado manuscrito del poema —el único que se conoce— no es ni mucho menos el más antiguo del mismo (por la ausencia, entre otras razones, de las enmarañadas tachaduras y enmiendas que caracterizan los borradores machadianos). Lo encabeza la rúbrica general «Campos de Castilla», recalcada con tinta oscura, inmediatamente debajo de la cual se ha insertado un «I» romano. Con ello el poeta indicaba, por lo que parece, que se trataba de la primera composición de un libro en preparación así titulado o, cuando menos, de una secuencia de poemas con dicho nombre.

En febrero de 1910 la siguiente versión del poema (luego modificada) apareció en *La Lectura*:

CAMPOS DE CASTILLA

I

Mediaba el mes de Junio*. Era un hermoso día.
Yo, solo, entre las quiebras del pedregal subía
buscando los recodos de sombra lentamente.

(*) Parece leerse «Junio» también en el borrador de Burgos. Pero en *Campos de Castilla* (1912) y *Poesías completas* se lee «Julio».

A trechos me paraba para enjugar mi frente
y dar algún respiro al pecho jadeante,   5
o bien, ahincando el paso, el cuerpo hacia adelante
y hacia la mano diestra vencido, y apoyado
en un bastón a guisa de pastoril cayado,
trepaba por los cerros que habitan las rapaces
aves de altura, hollando las hierbas montaraces   10
de fuerte olor —tomillo, romero, salvia, espliego—.
Sobre los anchos campos caía un sol de fuego.

*
* *

Un buitre de anchas alas cruzaba en su alto vuelo
majestuosamente el puro azul del cielo.

*
* *

Yo divisaba lejos un monte alto y agudo,   15
y una redonda loma cual recamado escudo,
y cárdenos alcores sobre la parda tierra
—harapos esparcidos de un viejo arnés de guerra—.

Veía el horizonte cerrado por colinas
obscuras, coronadas de robles y de encinas,   20
desnudos peñascales, algún humilde prado
donde el merino pace y el toro arrodillado
sobre la hierba rumia; las márgenes del río
lucir sus verdes álamos al claro sol de estío,
y silenciosamente lejanos pasajeros,   25
¡tan diminutos! —carros, jinetes y arrieros—,
cruzar el largo puente y bajo las arcadas
de piedra ensombrecerse las aguas plateadas
del río.

*
* *

El Duero cruza el corazón de roble
de Iberia y de Castilla.

*
* *

Oh, suelo triste y noble,   30
el de los anchos llanos y yermos y roquedas;
de campos sin arados, regatos ni arboledas;
decrépitas ciudades, caminos sin mesones;
y atónitos palurdos sin danzas ni canciones
que aun van, abandonando el mortecino hogar,   35
como tus largos ríos, Castilla, hacia la mar!

*
* *

Castilla miserable, ayer dominadora,
envuelta en sus andrajos desprecia cuanto ignora.
¿Espera, duerme o sueña? ¿La sangre derramada
recuerda, cuando tuvo la fiebre de la espada?   40
Todo se mueve, fluye, discurre, corre, o gira,
cambian la mar y el monte y el ojo que los mira...
¿Pasó? Sobre sus campos aun el fantasma yerra
de un pueblo que ponía a Dios sobre la guerra.

*
* *

La madre en otro tiempo fecunda en capitanes   45
madrastra es hoy apenas de humildes ganapanes.
Castilla no es aquella tan generosa un día
cuando myo Cid Rodrigo el de Bivar volvía
ufano de su nueva fortuna y su opulencia
a regalar a Alfonso los huertos de Valencia,   50
o que tras la aventura que acreditó sus bríos
pedía la conquista de los inmensos ríos
indianos a la Corte; la madre de soldados,
pilotos y adalides al regresar cargados
de plata y oro a España en fuertes galeones,   55
para la presa cuervos, para la lid leones.

Filósofos nutridos de sopa de convento
contemplan impasibles el amplio firmamento,
y si les llega en sueños como un rumor distante
clamor de mercaderes de muelles de levante,⁣ 60
no acudirán siquiera a preguntar ¿qué pasa?
Y ya la guerra ha abierto las puertas de la casa.
Castilla miserable, ayer dominadora,
envuelta en sus andrajos desprecia cuanto ignora.

*
* *

El sol va declinando. De la ciudad lejana⁣ 65
me llega un armonioso tañido de campana.
—Ya irán a su rosario las enlutadas viejas—.
De entre las peñas salen dos lindas comadrejas;
me miran y se alejan huyendo, y aparecen
de nuevo ¡tan curiosas!... Los campos se obscurecen*.⁣ 70
Hacia el camino blanco está el mesón abierto
al campo ensombrecido y al peñascal desierto.⁣ (XCVIII)

En los primeros catorce versos del poema no hay nada que prepare al lector para una filípica contra la decrepitud de la Castilla actual. Estamos ante un paisaje magnífico, inmenso, cuya ave simbólica es el buitre, rey (más que el águila) de los cielos mesetarios. El lenguaje es sencillo, concreto (sólo hay una comparación, la del bastón con un cayado pastoril), y casi palpamos la presencia del abuelo Machado Núñez cuando se anotan, como en un cuadernito, los nombres exactos de las humildes hierbas silvestres pisadas por el poeta en su penosa y sudorosa ascensión a la cumbre de Santa Ana.

En la sección siguiente el lenguaje adquiere densidad metafórica al ir evocando Machado, con inesperadas imágenes bélicas —inesperadas para el lector—, el panorama que percibe desde la cima del cerro. El «monte alto y agudo» —creemos que Pico Frentes— no suscita ninguna comparación (y, la verdad, bien pudiera). Pero he aquí una loma (acaso la Sierra de Marcos) que recuerda, por

---

* En el borrador de Burgos —*Burgos I (2)*, pág. 561— se lee «Los campos se [entenebrecen] oscurecen».

su redondez, un «recamado escudo»; y unos «cárdenos alcores sobre la parda tierra» que figuran «harapos esparcidos de un viejo arnés de guerra». En el borrador de Burgos, después del verso 18, el poeta añade, entre los elementos vistos desde la cumbre:

las serrezuelas calvas por donde tuerce el Duero
[formando] que traza en torno a Soria el brazo de un arquero.[3]

En la versión definitiva del poema la última imagen encontrará formulación memorable:

las serrezuelas calvas por donde tuerce el Duero
para formar la corva ballesta de un arquero
en torno a Soria. —Soria es una barbacana,
hacia Aragón, que tiene la torre castellana—.   (XCVIII)

No es forzoso percibir la alta meseta soriana en términos guerreros. Y hay que deducir que, si Machado lo hace, es porque tiene una visión de la historia española muy de su tiempo, y según la cual, como dirá en un poema posterior, Castilla «hizo a España», lo cual no estaba (ni está) demostrado.[4] Tampoco lo está que, como «pueblo», Castilla «ponía a Dios sobre la guerra». Para Enrique Baltanás, en un párrafo muy incisivo:

No se puede afirmar que Castilla (salvo por licencia poco legítima) fuese ayer dominadora (lo serían, en todo caso, sus soberanos, que lo eran además de Aragón, de Flandes, de las Indias, de parte de Italia, de Portugal... y siempre desde una concepción patrimonial, dinástica y feudal de sus estados), como tampoco que fuese, hacia 1910, ni más, ni menos, miserable que cualquier otra región española, e incluso europea. Las propias regiones o comarcas industrializadas (por entonces, en España, sólo Barcelona y la ría del Nervión) sufrían, por otro lado, su específica miseria proletaria y urbana.[5]

Machado padece el contagio del castellanismo circundante. Por algo a Ortega y Gasset le impresionaron estos versos cuando se publicó *Campos de Castilla*, pues eran afines a sus propias reflexiones al respecto (así como a las de Unamuno). Ortega recomendó a sus lectores que los repasasen dos o tres veces, «sopesando cada palabra», pues para él no sólo evocaban el paisaje «de esta nuestra tierra santa de la vieja Castilla», sino que ponían delante del lector «una realidad más profunda, poética, y sólo poética»:

la tierra de Soria humanizada bajo la especie de un guerrero con casco, escudo, arnés y ballesta, erguido en la barbacana. Esta fuerte imagen subyacente da humana reviviscencia a todo el pasaje y provee de nervios vivaces, de aliento y de personalidad a la pobre realidad inerte de la cárdena y parda gleba. En la materia sensible de colores y formas queda así inyectada la historia de Castilla, sus gestas bravías de fronteriza raza, su angustia económica pasada y actual: y todo ello sin ninguna referencia erudita que nada puede decir a nuestros sentidos.[6]

La nueva dirección que va tomando el poema se confirma cuando, tras el énfasis dado al Duero, incluso tipográficamente, el poeta expresa la tristeza que le provocan el actual decaimiento de Castilla, y la abyección de los que habitan sus campos. Machado es demasiado injusto con los campesinos, pues los «atónitos palurdos sin danzas ni canciones» no carecían, en realidad, como ya había descubierto Menéndez Pidal en 1900, de una tradición de poesía oral.[7] Pero en cuanto a la emigración no se equivoca. Soria, en aquellos momentos, como hemos señalado, es una de las provincias más castigadas por la despoblación... y la sigue siendo.[8]

Ninguno de sus contemporáneos expresó con tanto desconsuelo y tanta rabia como Machado la pobreza del campo castellano a principios del siglo XX, y por cuya pronta industrialización hiciera votos Ramiro de Maeztu en 1901.[9] Una vez leídos estos contundentes pareados, con su demoledora definicion de la Castilla actual, y su honda reflexión sobre el tiempo que todo lo muda, ¿quién los podría olvidar?:

Castilla miserable, ayer dominadora
envuelta en sus andrajos desprecia cuanto ignora.
¿Espera, duerme o sueña? ¿La sangre derramada
recuerda, cuando tuvo la fiebre de la espada?
Todo se mueve, fluye, discurre, corre, o gira,
cambian la mar y el monte y el ojo que los mira...
¿Pasó? Sobre sus campos aún el fantasma yerra
de un pueblo que ponía a Dios sobre la guerra.

La siguiente sección, la penúltima (vv. 45-64), contiene la meditación central del poema. Cae de lleno dentro de los estereotipos de la historiografía tradicional, con el obligado elogio del Cid, muy a lo Menéndez Pidal, y las referencias de rigor a la llamada «Reconquista». La «aventura» que «acreditó» los «bríos» de aquella Castilla fuerte y emprendedora (según el poema) es, claro, la caída de Granada, último bastión del islam en España, y la conquista de América. ¿No le preocupaba a Machado la desaparición de la mezcla de culturas existente en la España anterior a 1492? En el poema no hay indicio alguno de que haya ponderado la cuestión, ninguna referencia a la destrucción, en el siglo XII, de la Soria musulmana. ¿Admira de verdad Machado la hazaña imperial en América, el rapto de oro y plata que hizo posible el «milagro» español de entonces? ¿O es que, en el fondo, sólo quiere creer que un pueblo capaz de tan arrolladora energía podría cobrar una nueva pujanza? Que tal vez sea esto lo sugiere la confusión sintáctica de parte de su exposición (vv. 51-56), que el poeta tratará en vano de mejorar en la versión del poema publicado en *Campos de Castilla*.

Mucho más felices, de todas maneras, después de la desdeñosa alusión a los filósofos pueblerinos «nutridos de sopa de convento» e indiferentes ante los acontecimientos nacionales del momento (en este caso, a lo que parece, el recrudecimiento de la situación en África), son los versos finales del poema donde, en la mejor manera machadiana, se abre la posibilidad de un futuro más esperanzador. Veámoslos otra vez:

El sol va declinando. De la ciudad lejana
me llega un armonioso tañido de campana.
—Ya irán a su rosario las enlutadas viejas—.
De entre las peñas salen dos lindas comadrejas;
me miran y se alejan huyendo, y aparecen
de nuevo ¡tan curiosas!... Los campos se obscurecen.
Hacia el camino blanco está el mesón abierto
al campo ensombrecido y al peñascal desierto.

Es ya el atardecer, cuando este asombroso paisaje adquiere sus tonalidades más sutiles. Terminada su larga reflexión, el poeta se apresta a bajar a Soria, cuyos rumores se perciben desde la atalaya de Santa Ana. Entre ellos Machado selecciona el tañido que llama a la oración, alusión al poder que sobre el alma española todavía ejerce una Iglesia cerrada a las nuevas corrientes que mueven el mundo. Y, luego, la sorpresa de las comadrejas, cuya vitalidad se subraya al ser rimadas con las «viejas» que se dirigen, enlutadas, al rosario. ¿Aparecerían realmente delante del poeta aquella tarde esos tan lindos como inesperados animalitos? No lo sabemos, pero su función simbólica, de todas maneras, es evidente (con qué maestría ordena Machado sus recursos léxicos y métricos para expresar el inquieto ir y venir de las criaturas). En cuanto al último pareado, ¿no se nos ha dicho antes que la decrépita Castilla carece de mesones? Pues aquí, y no puede ser por azar, hay uno, abierto además, como tendiendo los brazos, «hacia el camino blanco». Y si por ahora no parece tener huéspedes, ¿quién pondrá puertas al futuro? El mañana puede ser mejor.

«A orillas del Duero» tiene momentos de intenso lirismo mezclado con otros plomizos, casi de panfleto castellanista puesto en verso. Acaso su interés estriba, sobre todo, en mostrarnos, mejor que ningún poema suyo de esta etapa, al Machado imbuido de las tesis noventayochistas en pugna con el otro, íntimo, soñador, de las soledades y galerías.

* * *

A comienzos de octubre de 1907 el poeta empieza en Soria su experiencia docente. En el primer curso de Lengua Francesa tiene siete alumnos oficiales, y ocho en el segundo.[10] Su tarea, pues, no es muy onerosa.

En diciembre cierran su pensión Isidoro Martínez Ruiz y Regina Cuevas Acebes. Machado se traslada, con el delineante de Obras Públicas, el profesor Federico Zunón Díaz y el médico Mariano Iñíguez, al establecimiento que dirigen, en la plaza de Teatinos (hoy calle Estudios), la hermana de Regina, Isabel Cuevas, y su marido, Ceferino Izquierdo Caballero, sargento de la Guardia Civil jubilado. La pareja tiene tres hijos: Leonor, de 13 años, Sinforiano, de 10, y la pequeña, Antonia, nacida poco antes.[11]

Machado no había pasado el verano de 1907 preparando únicamente su primer curso en el instituto soriano sino, además, una edición ampliada de *Soledades*, con la supresión de algunos poemas ya considerados por él demasiado «modernistas», la cuidadosa revisión de otros y la incorporación de versos publicados después en la prensa periódica. A finales de octubre adelanta en la madrileña *Revista Latina* una importante secuencia de composiciones recientes que, así se vería después, venían a cerrar el ciclo de tema onírico iniciado seis años atrás. Se trata otra vez de las silvas tan predilectas de Machado:

GALERÍAS

I

En nuestras almas, todo
por misteriosa mano se gobierna.
Incomprensibles, mudas,
nada sabemos de las almas nuestras.
Las más hondas palabras
del sabio nos enseñan
lo que el silbar del viento cuando sopla,
o el sonar de las aguas cuando ruedan.   (LXXXVII, II)

II

Tal vez la mano, en sueños,
del sembrador de estrellas
hizo sonar la música olvidada
como una nota de la lira inmensa,
y la ola humilde a nuestros labios vino
de unas pocas palabras verdaderas.   (LXXXVIII)

III

Y podrás conocerte recordando
del turbio sueño los borrosos lienzos,
en ese día triste en que caminas
con los ojos abiertos.
De toda la memoria, sólo vale
el don preclaro de evocar los sueños.   (LXXXIX)

IV

Los árboles conservan
verdes aún las copas,
pero del verde mustio
de las marchitas frondas.

El agua de la fuente,
sobre la piedra tosca
y de verdín cubierta
resbala silenciosa.
Arrastra el viento algunas
amarillentas hojas.
¡El viento de la tarde
sobre la tierra en sombra!   (XC)

V

ACASO...

Como atento no más a mi quimera
no reparaba en torno mío. Un día
me sorprendió la fértil primavera
que en todo el ancho campo sonreía.
Brotaban verdes hojas
de las hinchadas yemas del ramaje,
y flores amarillas, blancas, rojas,
variolaban la mancha del paisaje.
Y era una lluvia de saetas de oro
el sol sobre las frentes juveniles,
del amplio río en el caudal sonoro
se miraban los álamos gentiles.
—Tras de tanto camino es la primera
vez que miro brotar la Primavera,
dije, y después, declamatoriamente:
—¡Cuán tarde ya para la dicha mía!
Y luego, al caminar, como quien siente
alas de otra ilusión: ¡Y todavía
yo alcanzaré mi juventud un día!   (L)

VI

Húmedo está, bajo el laurel, el banco
de verdinosa piedra;
lavó la lluvia, sobre el muro blanco,
las empolvadas hojas de la hiedra.
Del viento del otoño el tibio aliento
los céspedes ondula y la alameda

conversa con el viento...
¡el viento de la tarde en la arboleda!
Mientras el sol en el ocaso esplende
y los racimos de la vid orea,
y el buen burgués en su balcón enciende
la estoica pipa en que el tabaco humea,
voy recordando versos juveniles...
¿Qué fue de aquel mi corazón sonoro?
¿Será cierto que os vais, sombras gentiles,
huyendo entre los árboles de oro?[12]   (XCI)

Machado había publicado otras secuencias de poemas bajo el mismo título de «Galerías». Pero el tono es ahora más optimista. El hecho de los sueños le continúa fascinando, y el tercer poemilla expresa su sentir al respecto con admirable concisión y claridad. No parece dudar que, para conocerse, es vital la recuperación de la experiencia onírica. El poema también demuestra, empero, que sigue fiel al deseo, confesado en 1904 a Juan Ramón, y luego a Unamuno, de ir ya soñando, si es posible, con los ojos abiertos.

El tema se prolonga en «Acaso...», poema primaveral deliberadamente opuesto al anterior, teñido de tristeza otoñal. El poeta reconoce que antes, con ojos sólo para su mundo interior, no observaba lo que tenía alrededor, allí fuera. ¿Es demasiado tarde, tras tanto caminar, para despertar? Los últimos —y tan memorables— versos sugieren que no. Se intuye el milagro de un rejuvenecimiento.

La intuición se refuerza en el poema final, situado otra vez en otoño —acaso este mismo otoño de 1907—, donde nos sorprende una alusión a los primeros versos del poeta, tan preñados de angustia erótica. ¿Será cierto que éstos se van perdiendo ahora entre los álamos cuyas hojas de oro se lleva el viento —álamos que hacen pensar en la ribera izquierda del Duero entre San Polo y San Saturio—, dejando paso a la esperanza? La respuesta positiva se sobreentiende: el poeta tiene la sensación de que acaso esté cerca el día en que, por fin, «alcance su juventud». No se equivoca.

* * *

El 15 de noviembre de 1907 el diario republicano *El País*, tan anticlerical como siempre, reproduce en su primera plana un poema,

SORIA (1907-1912)

«Las moscas», con la siguiente indicación: «Esta hermosa composición forma parte del nuevo libro de poesías que con el título de *Soledades. Galerías y Otros Poemas* publicará un día de éstos el genial poeta don Antonio Machado». Poco después el mismo diario alude al «hermoso libro del inspiradísimo Antonio Machado», dando a entender que ya está en la calle.[13]

El libro se titula, exactamente, *Soledades. Galerías. Otros poemas.* Lo publica Gregorio Pueyo, según Pérez Ferrero «el primer editor de los modernistas», que tiene una librería en el número 10 de la calle de Mesonero Romanos muy frecuentada por los jóvenes literatos del momento.[14] El tomo forma parte de la colección «Biblioteca Hispano-Americana», en la cual, también en 1907, edita Pueyo *Alma. Museo. Los cantares* de Manuel Machado, con prólogo de Miguel de Unamuno.[15]

La presentación de *Soledades. Galerías. Otros poemas* no es tan hermosa como la de *Soledades.* Pero es sobria, y, como en otros libros del mismo editor, embellece la contracubierta el logo de la casa diseñado por Juan Gris, que todavía no ha dado el salto a París y al cubismo. El impresor es Antonio Marzo, de la calle San Hermenegildo, el mismo que, en 1902, se había encargado de la primera edición de *Alma*, el librito de Manuel.

La página que sigue a la portada lleva la inscripción: «Dedicatoria. A D. Agustín Carreras y D. Antonio Gaspar del Campo». Ambos, cuando eran miembros del Tribunal de oposiciones a cátedras de Instituto en 1906-1907, habían otorgado su voto al poeta. ¿Les debía Machado algún favor especial? Quizás. Lo irónico es que apuntó mal el apellido de uno de sus benefactores, pues el bueno de don Agustín se llamaba Carrera, no Carreras. Además la dedicatoria conjunta desaparecerá en las *Poesías completas.*[16]

Integran el libro, que tiene 176 páginas con muchos espacios blancos, noventa y cuatro poemas: veintinueve procedentes de *Soledades* (1903) —del cual se han suprimido trece—, treinta y ocho publicados en la prensa periódica entre 1903 y 1907, uno («La calle en sombra...») aparecido en una antología de poetas contemporáneos[17], y veintiséis por lo visto «inéditos»*.

---

* Decimos «inéditos» entre comillas porque en algunos casos, y no nos sorprendería, se puede tratar de poemas publicados en revistas o diarios pero todavía no localizados.

191

Puntualicemos un poco más. En el libro nuevo han desaparecido los títulos de dos apartados de *Soledades*, «Desolaciones y monotonías» (dedicado a Valle-Inclán) y «Salmodias de Abril». Algunos de los poemas pertenecientes a ambos encuentran cabida en otras páginas. *Soledades* se inicia ahora con un apartado sin título que contiene diecinueve poemas: cuatro que proceden de la primera edición del libro, diez de revistas, uno de la mencionada antología, y cuatro al parecer inéditos. El apartado «Del camino» se mantiene, con dieciocho poemas en vez de diecisiete (se ha suprimido un poema de *Soledades* y hay dos más). Un nuevo apartado, «Canciones y coplas», contiene ocho poemas, cinco procedentes de la primera edición y el resto de revistas. «Humorismos», con doce poemas en vez de cuatro, se ha convertido en «Humorismos, fantasías, apuntes». Esto por lo que toca a *Soledades*.

En cuanto a *Galerías*, son treinta y un poemas: doce aparentemente inéditos y los demás publicados en revistas entre 1903 y 1907.

El libro se completa con un apartado nuevo, «Varia», integrado por seis composiciones: cuatro aparecidas hacía poco en la revista *Renacimiento* y dos supuestamente inéditas.

Machado escribió en la introducción de sus *Páginas escogidas* (1917), refiriéndose a *Soledades*, que la obra «fue refundida en 1907, con adición de nuevas composiciones que no añadían nada sustancial a las primeras, en *Soledades, galerías y otros poemas*. Ambos volúmenes constituyen en realidad un solo libro».[18] Pero el asunto es algo más complejo, como acabamos de ver (no alude Machado, por ejemplo, a los trece poemas suprimidos), y no es extraño que haya habido discrepancias, entre los estudiosos, acerca de las conclusiones que se pueden sacar de una confrontación de los dos poemarios.

Al comentar algunos de los versos publicados por Machado en revistas entre 1903 y 1907 ya hemos señalado que, si su temática sigue siendo en esencia la de la primera edición de *Soledades*, se expresa con una cada vez mayor sobriedad, y se hace evidente el esfuerzo del poeta por ir excluyendo de sus poemas elementos léxicos y usos en demasía «modernistas». La tendencia depuradora se confirma en el nuevo libro.

De los poemas recientes habría que destacar la larga composición «El poeta», donde el pesimismo salomónico lucha con la esperanza:

Con el Eclesiastés dijo: Vanidad de vanidades,
todo es negra vanidad;
y oyó otra voz que clamaba, alma de sus soledades,
sólo eres tú, luz que fulges en el corazón, verdad.   (XVIII)

Y también la «Introducción» a *Galerías*, donde Machado intenta definir su estética actual. El poeta sigue apegado, como no podía ser de otra manera, a su reino interior:

El alma del poeta
se orienta hacia el misterio.
Sólo el poeta puede
mirar lo que está lejos
dentro del alma en turbio
y mago sol envuelto.   (LXI)

Pero, si su alma *se orienta* hacia el misterio —proclividad que no puede cambiar— otra cosa es entregarse al mismo. Al poeta le incumbe ahora trabajar despierto, vigilante, con los elementos que le proporcionan, gracias a su labor transformadora, «las doradas abejas del sueño»:

Poetas, con el alma
atenta al hondo cielo,
en la cruel batalla
o en el tranquilo huerto
la nueva miel labramos
de los dolores viejos,
la veste blanca y pura
pacientemente hacemos,
y bajo el sol bruñimos
el fuerte arnés de hierro.   (LXI)

Uno de los poemas más interesantes de *Soledades. Galerías. Otros poemas* es «Elegía de un madrigal», compuesta en alejandrinos, que Machado relacionará en su cuaderno *Los complementarios* con *À la recherche du temps perdu*: «Todo cuanto dice M. Proust sobre la memoria y las intermitencias del corazón está en mi "Elegía de un madrigal", publicada en 1907 [...] y escrita mucho antes».[19] ¿Escrita mucho antes? Acaso algunos años antes, no muchos, aunque a partir de la segunda edición de las *Poesías completas* (1928) se estampará a su pie la fecha 1907 (ya lo sabemos, no hay que fiarse siempre de la datación de sus composiciones propuesta por el poeta). No se equivocaba Machado, de todas maneras, al encontrar entre «Elegía de un madrigal» y los mecanismos de la memoria descritos por Proust un evidente paralelismo:

> [...] Quiso el poeta recordar a solas,
> las ondas bien amadas, la luz de los cabellos
> que él llamaba en sus rimas rubias olas.
> Leyó... La letra mata: no se acordaba de ellos...
>
> Y un día —como tantos— al aspirar un día
> aromas de una rosa que en el rosal se abría,
> brotó como una llama la luz de los cabellos
> que él en sus madrigales llamaba rubias olas,
> brotó porque un aroma igual tuvieron ellos...
> Y se alejó en silencio para llorar a solas.[20]   (XLIX)

Se ha dicho que las «dos partes» de este poema «parecen tener poca relación entre sí».[21] Pero la relación nos parece clara y hasta lógica: en las primeras dos estrofas —no citadas— tenemos el recuerdo de una tarde «de soledad y hastío» (hastío es palabra clave en la poesía machadiana de la primera epoca), producto de la ausencia de amor; en las dos siguientes, gracias a la repentina e inesperada asociación producida por el aroma de la rosa (que en Proust será el sabor de la magdalena o la desigualdad de unas losas de la acera), es la recuperación —tan deslumbradora como efímera— de la amada en toda su particularidad física. En las profundidades de la psique está almacenado, pues, en palpitante actualidad, pero casi siempre fuera de nuestro alcance consciente, todo lo que hemos vivido y sido y sentido. Ahora bien, si en Proust experiencias como la de la magdalena son fuente de consuelo, al demostrar que en realidad el tiempo pasado no está «perdido», sino dentro de nosotros, en este poema la súbita visita de la amada sólo sirve para incrementar el dolor de haberla, precisamente, perdido para siempre. Tema machadiano recurrente.

En los poemas nuevos incluidos en el libro el recuerdo del jardín de las Dueñas vuelve a asomar (véase, por ejemplo, «A un naranjo y a un limonero vistos en una tienda de plantas y flores», que figura con el número LIII en *Poesías completas)*. Y, en una secuencia de tres poemas clave de *Galerías* (LXXVII, I-II, y LXXVIII), Machado nos acerca como nunca al origen de la «vieja angustia» que dice habita su «usual hipocondría», y que le asedia desde la niñez sevillana:

> La causa de esta angustia no consigo
> ni vagamente comprender siquiera;
> pero recuerdo y, recordando, digo;
> —Sí, yo era niño y tú mi compañera.[22]   (LXXVII, I)

En el segundo poema el poeta confiesa que, como un perro olvidado que, sin «huella ni olfato», yerra perdido y desnortado por los caminos, y

> [...] como
> el niño que la noche de una fiesta
>
> se pierde entre el gentío
> y el aire polvoriento y las candelas
> chispeantes, atónito, y asombra
> su corazón de música y de pena,
>
> así voy yo, borracho melancólico,
> guitarrista lunático, poeta,
> y pobre hombre en sueños,
> siempre buscando a Dios entre la niebla.[23] (LXXVII, II)

Años después Juan de Mairena, el *alter ego* de Machado, citará el primero de estos poemas y comentará que los versos, publicados en 1907, «pueden tener una inequívoca interpretación heideggeriana», y que en ellos *la angustia* aparece «como un hecho psíquico de raíz, que no se quiere, ni se puede, definir, mas sí afirmar como una nota humana persistente, como inquietud existencial».[24] El «yo» del poema, empero, que empieza diciendo que no consigue «ni vagamente entender siquiera» la causa de aquella angustia habitual, luego explica que está relacionada con algo muy concreto: la pérdida, cuando era niño, de una persona amada, designada como su «compañera».[25] Añadamos que la expresión «vieja angustia» aparece en otro nuevo poema de tema afín cuyo título, «Soledades», fue suprimido al incorporarse a *Soledades. Galerías. Otros poemas* y, luego, *Poesías completas:*

> Yo caminaba cansado,
> sintiendo la vieja angustia que hace el corazón pesado.[26]   (XIII)

Es muy interesante la comparación del «yo» con un niño perdido en medio de una fiesta —los pormenores hacen pensar en una procesión sevillana—, toda vez que en otro poema que vimos antes, «Sueño infantil» (LXV), es también en una fiesta donde el niño se sintió abandonado por el ser amado, «el hada más joven». En este contexto, Sánchez Barbudo atrae nuestra atención sobre un comentario posterior de Machado en una carta a Pilar de Valderrama: «¡Qué alegría, Guiomar, cuando te veo! Es algo tan elemental que comparo con la del niño que, después de haberse perdido entre un gentío extraño, encuentra a su madre».[27]

En cuanto al célebre último verso del segundo poema («siempre buscando a Dios entre la niebla»), Geoffrey Ribbans considera que plantea el «esencial problema vital de Antonio Machado»: el del hombre «sin fe definida, pero de aspiraciones infinitas, que busca una razón de ser —Dios— sin dar nunca con ella». Ribbans se cuida de apuntar en una nota, siguiendo a Serrano Poncela y a Aurora de Albornoz, que aquí la palabra Dios «indica tan sólo una aspiración religiosa, no una firme creencia».[28]

Con respecto a las preguntas formuladas en el último poema de la secuencia —el LXXVIII—, dan voz a otra angustia, la de no saber si, cuando llegue la muerte, se perderá para siempre el mundo de los sueños, depósito del pasado que sirve como único consuelo, y a veces ni eso, del poeta en su caminar solitario y amargo por la vida. Machado no lo dice, pero da a entender que al plasmar su angustia en el poema, en comunicársela así al prójimo, le está dando una supervivencia que de otro modo no tendría. No todo —otra vez la referencia al *Eclesiastés*— es trabajar para el polvo y el viento.

La publicación de *Soledades. Galerías. Otros poemas* suscitó, como era natural, cierto interés en Soria. El 21 de noviembre *Tierra Soriana* refería que el libro se pondría pronto a la venta en la ciudad, y reprodujo dos poemas del mismo, «Yo voy soñando caminos/de la tarde...» (XI) y «La primavera besaba/suavemente la arboleda...» (LXXXV). En su siguiente número (25 de noviembre) el

periódico reprodujo, también en primera plana, los seis poemas de
«Galerías» publicados en la *Revista Latina*.[29]
Soledades. Galerías. Otros poemas era como una linterna que iluminaba los secretos más hondos del mundo íntimo y angustiado de
Antonio Machado, pero ningún crítico de entonces profundizó
en su contenido. En cuanto a la reacción de los sorianos, no se ha
encontrado en la prensa local reseña alguna del libro.

* * *

El 30 de enero de 1908 el diario madrileño *El Liberal*, uno de los
más influyentes y progresistas del país, anunció en su primera plana una iniciativa inusitada*. Bajo la rúbrica POETAS DEL DÍA, con
subtítulo «Autosemblanzas y retratos», el rotativo explicaba:

EL LIBERAL rechaza esos juicios, tan extendidos como cha-
bacanos, que han sentenciado a muerte a la actual poesía española. Tiene, al revés, el meditado convencimiento de que la
lírica española entra en los bellos días de su Renacimiento y
esplendor.

Como Portugal e Italia, los dos países que hoy se honran
con mejor y mayor número de poetas, España cuenta hoy
día con una lucidísima generación de poetas jóvenes.

Tampoco EL LIBERAL admite esa creencia baja y torpe
de que en España nadie lee versos. Por el contrario, piensa que
hoy, más que nunca, es cuando se leen versos en España.

Y para demostrar lo primero, esto es, que hay en la actualidad una generación brillante de poetas nuevos, EL LIBERAL
comienza desde hoy la publicación del retrato y de una poesía
íntima, nota personal de cada uno de los poetas jóvenes más
sobresalientes.

Y para comprobar el segundo extremo, esto es, que en España hay bastantes devotos de la poesía, EL LIBERAL pre-

* Nacido en 1879 de una escisión de *El Imparcial*, *El Liberal* se había unido en
1906 con *Heraldo de Madrid* y, otra vez, con *El Imparcial*, para formar una única
empresa, la Sociedad Editorial de España, conocida popularmente como «el
Trust». Capitaneaba el diario en 1908 Miguel Moya (Montero Alonso, Azorín
García y Montero Padilla, *Diccionario general de Madrid*, Madrid, Méndez y Molino, 1990).

para una colaboración de poetas, en la seguridad de que ha de ser muy del gusto de los lectores.

Siguió la primera de las «autosemblanzas» anunciadas: la del mexicano Amado Nervo. El poema, que no llevaba título, había sido compuesta *ad hoc* para el diario madrileño:

> ¿Versos autobiográficos? Allí están mis canciones,
> allí están mis poemas. Yo, como las naciones
> venturosas, y al ejemplo de la mujer honrada,
> no tengo historia...

Entre los poetas jóvenes a quienes *El Liberal* alberga en su primera página a lo largo de los siguientes meses figuran, entre nombres que han sobrevivido, otros hoy olvidados. La segunda «autosemblanza» de la serie, publicada el 1 de febrero de 1908 bajo una fotografía del poeta, es el hoy famoso «Retrato» de Antonio Machado. No lleva título, y las pocas variantes que ofrece con la versión incluida cuatro años después en *Campos de Castilla* son irrelevantes. Así, exactamente, figura el poema en *El Liberal*:

> Mi infancia son recuerdos de un patio de Sevilla
> y un huerto claro donde madura el limonero;
> mi juventud, veinte años en tierra de Castilla;
> mi historia, algunos casos que relatar no quiero.
> Ni un seductor Mañara ni un Bradomín he sido   5
> —ya conocéis mi torpe aliño indumentario—
> mas recibí la flecha que me asignó Cupido
> y amé cuanto ellas pueden tener de hospitalario.
> Hay en mis venas gotas de sangre jacobina,
> pero mi canto nace de manantial sereno;   10
> y más que un hombre al uso, que sabe su doctrina,
> soy, en el buen sentido de la palabra, bueno.

> *

> Adoro la hermosura, y en la moderna estética
> corté las viejas rosas del huerto de Ronsard;
> mas no amo los afeites de la actual cosmética,   15
> ni soy un ave de esas del nuevo gay-trinar.

Desdeño las romanzas de los tenores huecos
y el coro de los grillos que cantan a la luna.
A distinguir me paro las voces de los ecos,
y escucho solamente, entre las voces, una.   20
¿Soy clásico o romántico? No sé. Dejar quisiera
mi verso como deja el capitán su espada,
famosa por la mano viril que la blandiera,
no por el docto oficio del forjador preciada.

*

Converso con el hombre que siempre va conmigo   25
—el que habla solo espera hablar a Dios un día—.
Mi soliloquio es plática con este buen amigo,
que me enseñó el secreto de la filantropía.
Y, en suma, nada os debo: debéisme cuanto he escrito.
A mi trabajo acudo; con mi dinero pago   30
el traje que me cubre y la mansión que habito,
el pan que me alimenta y el lecho donde yago.
Y cuando la hora llegue del último viaje,
y esté al partir la nave que nunca ha de tornar,
me encontraréis a bordo ligero de equipaje,   35
casi desnudo, como los hijos de la mar.   (XCVII)

¿El poema se compuso para *El Liberal,* o se había escrito antes? Por desgracia no tenemos información documental alguna al respecto y, además, se desconoce el manuscrito original de la composición. De todas maneras los versos

A mi trabajo acudo; con mi dinero pago
el traje que me cubre y la mansión que habito,

parecen aludir claramente a la nueva situación del poeta como catedrático de Instituto, con lo cual se impone la probabilidad de que se redactara en los últimos meses de 1907 o a principios de 1908.

Hay que añadir que la «autosemblanza» de Manuel Machado, publicada unas semanas después, también sin título, está fechada «Febrero, 1908», prueba de haberse escrito, como la de Amado Nervo, para salir en *El Liberal.*[30] Manuel, además, recordará en 1938 cómo «un gran diario de Madrid» había tenido «la feliz idea» de publicar «una galería de autopinturas poéticas», entre ellas la suya. «Y digo feliz —siguió— porque produjo muchos poemas notables y alguno verdaderamente exquisito».[31] No se puede descartar, por todo ello, que el magnífico poema de Antonio naciera a raíz de aquella insólita iniciativa del rotativo madrileño.

«Retrato» tiene un clarísimo antecedente en «Adelfos», el poema de Manuel dado a conocer en *Electra* y luego colocado al inicio de *Alma* (con la indicación de haber sido escrito en París en 1899). Tan clarísimo que parece como una contestación amistosa al mismo. Compuesto, como luego el «autorretrato» de Antonio, en alejandrinos, «Adelfos» hacía alarde de un temperamento muy distinto al del hermano menor:

> Yo soy como las gentes que a mi tierra vinieron,
> soy de la raza mora vieja amiga del sol,
> que todo lo ganaron y todo lo perdieron.
> Tengo el alma de nardo del árabe español.
>
> Mi voluntad se ha muerto en una noche de luna
> en que era muy hermoso no pensar ni querer...
> Mi ideal es tenderme, sin ilusión ninguna...
> De cuando en cuando, un beso y un nombre de mujer.[32]

La nueva «autosemblanza» de Manuel publicada en *El Liberal*, ocho años después, recalca los mismos rasgos temperamentales. Vale la pena reproducirla, pues es concluyente como testimonio del distinto talante de los dos hermanos. El primer verso alude a la fotografía del Manuel que encabeza la sección (Antonio siempre se afeitaba, pero Manuel aparece aquí, en contraste, con un magnífico bigote):

> Esta es mi cara, y esta es mi alma: leed.
> Unos ojos de hastío y una boca de sed...
> Lo demás... Nada... Vida... Cosas... Lo que se sabe...
> Calaveradas, amoríos... Nada grave.
> Un poco de locura, un algo de poesía,
> una gota del vino de la melancolía...
> ¿Vicios? Todos. Ninguno... Jugador, no lo he sido;
> ni gozo lo ganado, ni siento lo perdido.

Bebo, por no negar mi tierra de Sevilla,
media docena de cañas de manzanilla.
Las mujeres... —sin ser un Tenorio, ¡eso no!—
tengo una que me quiere, y otra a quien quiero yo.

Me acuso de no amar, sino muy vagamente,
una porción de cosas que encantan a la gente...
La agilidad, el tino, la gracia, la destreza,
más que la voluntad, la fuerza y la grandeza...
Mi elegancia es buscada, rebuscada. Prefiero
a lo helénico y puro lo «chic» y lo torero.
Un destello de sol y una risa oportuna
amo más que las languideces de la luna.
Medio gitano y medio parisién —dice el vulgo—
con Montmartre y con la Macarena comulgo...
Y, antes que un tal poeta, mi deseo primero
hubiera sido ser un buen banderillero.

Es tarde... Voy de prisa por la vida. Y mi risa
es alegre, aunque no niego que llevo prisa.

Creemos que no hace falta insistir más sobre los distintos temperamentos de los dos hermanos. Y la distinta manera de representarse ante el mundo.

El actor Ricardo Calvo, amigo vitalicio como sabemos de los Machado, recordaba, ya viejo, que el éxito del «autorretrato» de Antonio publicado por *El Liberal* fue «enorme» y produjo «el asombro de todos en aquel momento».[33]

No era para menos.

El poema está compuesto, como «Adelfos», en alejandrinos. Tal vez su fuerza deriva, sobre todo, del hecho de que Machado es consciente de que, a los 33 años, se está produciendo un cambio importante en su vida y en su obra. Su poesía ha sido desde el inicio intensamente personal, ensimismada, y ahora busca saltar las bardas de su corral. Buen momento para hacer balance.

Vimos antes que en los primeros versos del poema,

Mi infancia son recuerdos de un patio de Sevilla
y un huerto claro donde madura el limonero,

con su evocación de dos espacios bien diferenciados —el patio y el huerto— el poeta no sólo recordaba el palacio de las Dueñas, donde pasó sus primeros cuatro años, sino que acaso daba a entender que, durante los cuatro siguientes, era consciente de haber perdido ya su paraíso. Las constantes alusiones a las Dueñas en *Soledades* y *Soledades. Galerías. Otros poemas* parecen confirmar de sobra esta posibilidad.

Los dos siguientes versos

> mi juventud, veinte años en tierra de Castilla;
> mi historia, algunos casos que relatar no quiero

proclaman, si nos atenemos a la exactitud cronológica, que la juventud del poeta terminó en 1903 a los 28 años —la familia había llegado a la capital en 1883—, lo cual no deja de ser una exageración. Estimamos que no hay que tomar demasiado literalmente tal cómputo. En cuanto a los casos de su historia que el poeta prefiere no relatar, el «no quiero» hace pensar enseguida en la primera frase del *Quijote* («En un lugar de La Mancha de cuyo nombre no quiero acordarme...»). La referencia no es baladí: la ironía machadiana está muy en deuda con la de Cervantes.

Oreste Macrí ha señalado la influencia sobre estos dos versos del Rubén Darío de *Cantos de vida y esperanza*, publicado en Madrid en 1905 y reeditado en 1907 (libro en el cual, según escribirá Machado después, el nicaragüense revelará «la hondura de su alma»).[34] Influencia, en concreto, de la cuarta estrofa del primer poema del libro:

> Yo supe de dolor desde mi infancia;
> mi juventud... ¿fue juventud la mía?,
> sus rosas aún me dejan su fragancia,
> una fragancia de melancolía...[35]

En realidad no sólo se trata de la influencia sobre Machado de esta estrofa sino de la composición en su totalidad, donde Rubén repasa, desde el *point de repère* de sus casi 44 años, el camino recorrido hasta entonces.

Los siguientes versos (5-8) tienen el gran interés de definir la actitud del poeta ante la mujer y el hecho erótico. Como buen sevillano, Machado no puede desconocer la historia, famosa en la ciudad, de Miguel de Mañara, posible prototipo de don Juan, mujeriego recalcitrante que, al arrepentirse, dispuso que le enterrasen sin ataúd a la entrada del Hospital de la Caridad, por él fundado, con una inscripción que dijera «aquí yace el peor hombre del mundo» (por algo colgaba en el Hospital, y cuelga, el escalofriante cuadro de Valdés Leal, encargado por Mañara, *In ictu oculi*, vulgo *El obispo podrido)*. Machado admite no haber sido un Mañara. Tampoco un amante comparable con el ya célebre personaje de su amigo Valle-Inclán, capaz de satisfacer innumerables veces en una sola noche a la fogosa Niña Chole *(Sonata de estío)*, y cuya única queja es no haber sido capaz de experimentar el amor homosexual. Y no se trata sólo del desaliño indumentario del poeta, heredado de su padre. Hay en él algo pasivo frente a la mujer, denotado, como ya señalamos, por ese «recibir» la flecha asignada por Cupido, ese apreciar el aspecto «hospitalario» femenino.

Antonio Machado nos lo declara sin ambages. No es un conquistador, no es un Mañara, no es un Bradomín. Lo que no dice es que tampoco es un Manuel Machado. Y ello, quizás, iba siendo ya un problema.

Luego viene un reconocimiento y una cualificación (vv. 9-12). El poeta tiene, tanto de su padre como del abuelo Machado Núñez, «gotas de sangre jacobina». Algo de revolucionario, y algo de anticlerical, hay indudablemente en él. Pero, y ahí la cualificación, no obsta para que su poesía brote de «manantial sereno»: sereno en el sentido de que no siente —o no quiere sentir— hostilidad hacia los demás por una diferencias de ideas. Es notable cómo Machado rima «jacobina» con «doctrina», y «sereno» con «bueno». Es ya un consumado maestro de la rima, de la rima consciente de sí misma como elemento significativo.

La autosemblanza sigue con una consideración sobre la estética (vv. 13-16). ¿Cuál es la del poeta en estos momentos en que acaba de publicar *Soledades. Galerías. Otros poemas?* Que adora la hermosura lo sabíamos. Y también que el inexorable paso del tiempo es una de sus mayores preocupaciones, como lo era para Pierre Ronsard (es evidente la alusión al más famoso poema de éste, «Mignonne, allons voir si la rose...», glosa este mismo de un tema caro a los poetas desde el «Collige, virgo, rosas» latino). Lo que tal vez sorprendería a algún lector de 1908 es el desplante de Machado frente a los excesos del movimiento identificado, para el gran público, con Rubén Darío. Porque, ¿a qué otros «afeites de la actual cosmética» puede estar refiriéndose si no es a los del modernismo?

Queda claro en los siguientes versos (17-20) que, si de distinguir voces de ecos se trata, nuestro poeta está decidido a escuchar solo la suya interior, la voz de su más íntima autenticidad. Que es, además, lo que le ha recomendado su tan admirado Miguel de Unamuno.

¿Y la cuestión de si es romántico o clásico (vv. 21-24)? El poeta no contesta su propia pregunta. Prefiere decirnos —con una comparación militar tan inesperada como las de «A orillas del Duero»— qué suerte querría para su poesía: más famosa, como la espada de un capitán, por quien la blandiera (o sea, el propio Machado) que por sus propias cualidades inherentes*. Comparación, sí, inesperada... y también confesión. Machado, como todos los tímidos, tiene algo de exhibicionismo reprimido. No busca comparecer en público, es reacio a leer sus poemas ante la gente, pero a partir de la publicación de sus *Páginas escogidas* y *Poesías completas*, ambas en 1917, cuidará de que sus libros tengan frontispicio con un retrato suyo. Es decir, quiere que los lectores puedan contemplar una imagen suya cuidadosamente seleccionada, quiere tener celebridad... pero a distancia.

Los versos siguientes desarrollan un concepto que será fundamental en Machado: que la esencia del ser humano reside en el deseo de superar las limitaciones del «yo» para poder abrirse al «tú», al «otro»:

> Converso con el hombre que siempre va conmigo
> —el que habla solo espera hablar a Dios un día—.
> Mi soliloquio es plática con este buen amigo,
> que me enseñó el secreto de la filantropía.

En cuanto a los espléndidos versos finales del poema, tantas veces citados, son otra demostración del cambio que se está ope-

---

* En *España contemporánea*, libro que es probable que leyera Machado, Darío dice del poeta Manuel Reina: «Le llaman discípulo e imitador del señor Núñez de Arce. No veo la filiación, como no sea en la manera de blandir el verso» (edición de las *Obras completas* de Darío recogida en la sección 10 de nuestra Bibliografía, tomo III, pág. 253).

rando en Machado desde su llegada a Soria. También reflejan la honda satisfacción que le produce haber conseguido un trabajo responsable que, si no del todo vocacional, es digno y útil:

Y, en suma, nada os debo: debéisme cuanto he escrito.
A mi trabajo acudo; con mi dinero pago
el traje que me cubre y la mansión que habito,
el pan que me alimenta y el lecho donde yago.
Y cuando la hora llegue del último viaje,
y esté al partir la nave que nunca ha de tornar,
me encontraréis a bordo ligero de equipaje,
casi desnudo, como los hijos de la mar.   (XCVII)

Si, cincuenta años después, Ricardo Calvo recordaba todavía el impacto causado en Madrid por la publicación en *El Liberal* de este asombroso poema autobiográfico, hay que suponer que fue, de hecho, considerable. Machado no tardará en darse cuenta de la trascendencia de lo que ha conseguido, y el poema, ya titulado «Retrato», abrirá las páginas de *Campos de Castilla*. Hoy es una de las poesías más conocidas de la literatura española.

*   *   *

El poeta acaba de ser nombrado vicedirector del Instituto de Soria, y toma posesión como tal el 14 de abril de 1908.[36] Además ha empezado a colaborar en la prensa local. El 2 de mayo tres diarios de la ciudad —*Noticiero Soriano, El Avisador Numantino* y *Tierra Soriana*— se juntan para publicar un número extraordinario dedicado al recuerdo de los españoles caídos un siglo antes en la lucha contra Napoleón. Machado contribuye con un breve y combativo texto sobre la situación de la nación tras la tan reciente pérdida de sus últimas colonias. Se titula «Nuestro patriotismo y *La marcha de Cádiz*» (alusión a la zarzuela de este nombre de Fernando Chueca, cuyo pasodoble se hizo famoso «y se convirtió en el himno de despedida de las expediciones de soldados durante la guerra de Cuba»[37]). ¿Despertará ahora España, se dejará de soñar, fanfarrona, con pasados triunfos? ¿De jactarse de saber morir con valentía? ¿Afrontará la triste realidad presente y se enmendará? «Somos los hijos de una tierra pobre e ignorante —declara, tajante, el poeta—, de una tierra donde todo está por hacer. He aquí lo que sabemos». Y sigue con un párrafo digno de figurar en cualquier antología de la Generación de 1898:

> Sabemos que la patria no es una finca heredada de nuestros abuelos; buena no más para ser defendida a la hora de la invasión extranjera. Sabemos que la patria es algo que se hace constantemente y se conserva sólo por la cultura y el trabajo. El pueblo que la descuida o abandona, la pierde, aunque sepa morir. Sabemos que no es patria el suelo que se pisa, sino el suelo que se labra; que no basta vivir sobre él, sino para él; que allí donde no existe huella del esfuerzo humano no hay patria, ni siquiera región, sino una tierra estéril, que tanto puede ser nuestra como de los buitres o de las águilas que sobre ella se ciernen. ¿Llamaréis patria a los calcáreos montes, hoy desnudos y antaño cubiertos de espesos bosques, que rodean esta vieja y noble ciudad? Eso es un pedazo del planeta por donde los hombres han pasado, no para hacer patria, sino para deshacerla. No sois patriotas pensando que algún día sabréis morir para defender esos pelados cascotes; lo seréis acudiendo con el árbol o con la semilla, con la reja del arado o con el pico del minero a esos parajes sombríos y desolados donde la patria está por hacer.

Los sorianos no estaban preparados para el contenido del artículo del nuevo catedrático de Lengua Francesa, que se presenta, de repente, como ecologista y contestatario. No saben, claro, de quién es nieto, ni de quiénes alumno ni de quiénes amigo.

En cuanto a los héroes de 1808, Machado estima que el único homenaje aceptable que se les puede ofrecer en estos momentos, después de que la inconsciencia haya conseguido la pérdida del imperio, es el del trabajo y el esfuerzo. Y termina : «Convencidos de que sabemos morir —que ya es saber— procuremos ahora aprender a vivir, si hemos de conservar lo poco que aún tenemos».

No cabía duda. Soria ya cuenta no sólo con un poeta de creciente prestigio nacional, sino con un intelectual progresista y polémico dispuesto a decir en voz alta lo que piensa de la situación actual de la patria.[38]

El periódico local con el cual se siente más a gusto Machado es *Tierra Soriana*, con cuyo redactor José María Palacio —redactor jefe a partir del 30 de abril de 1908[39]— va teniendo una buena amistad. *Tierra Soriana* había dado a conocer, como vimos, tres poemas de *Soledades. Galerías. Otros poemas* poco antes de la publicación del libro en noviembre de 1907. Ahora reproduce otros: «Fantasía de una noche de Abril» (18 de abril) y «Los sueños malos» (16 de junio).[40]

Es posible que fuera durante este mismo 1908 cuando tuvo lugar, en Soria, el reencuentro de Machado con Manuel Hilario Ayuso, compañero suyo, en 1900, de la clase de sociología, en la Universidad de Madrid, de Manuel Sales y Ferré, aquel gran maestro, amigo de *Demófilo* en Sevilla, que siempre insistía en que «el medio es necesariamente más fuerte que el individuo». Ayuso, que le había hablado entonces a Machado de Soria y de su ciudad natal, El Burgo de Osma, es ahora abogado y militante republicano que da mítines por todo el país. En Soria, donde —según escribirá el poeta en 1914— ya no queda «ningún inquietador de espíritus» y la rutina es ley, nadie entiende cómo aquel hijo de familia acaudalada, destinado, se diría, «para cacique de la comarca», se pueda dedicar en cuerpo y alma a la causa de los humildes. Pero así es. Y a Machado, tan imbuido del espíritu de la Institución Libre de Enseñanza, Ayuso, que además es poeta en sus momentos libres, le parece un personaje valiente y necesario.[41]

El principal espoleador de conciencias españolas, con todo, es Miguel de Unamuno, cuyas peripecias Machado sigue en la prensa. Durante el verano le pide una carta que él y sus amigos puedan publicar en la prensa soriana. Unamuno sugiere, por lo visto, que utilicen extractos de las que ya ha enviado al poeta. El 21 de julio los publica *Tierra Soriana* bajo el titulo «Unamuno, íntimo», al lado del poema «Sol de invierno» de *Soledades. Galerías. Otros poemas*. En uno de ellos Unamuno había insistido, entre otras cosas, en la necesidad de trabajar cada día con renovada ilusión. «De hecho nazco cada día y tiro a que sea mi vida un perpetuo nacimiento», declara. «El gozo de la vida es producir». Machado, que, de buen seguro, es quien ha hecho la selección de citas, no podía estar más de acuerdo con el combativo rector, a quien no ha vuelto a ver desde hace varios años.[42]

* * *

Sería un error pensar que el poeta se encontraba muy a gusto en Soria. La realidad es que no estaba hecho para la vida en provincias, y echaba mucho de menos la capital. De modo que, cuando se entera durante el verano de 1908 —que pasa con su familia— de que hay una cátedra de Lengua Francesa vacante en el madrileño Instituto de San Isidro, no duda en expresar al Ministerio de Instrucción Pública, el 2 de septiembre, su deseo de tomar parte en las oposiciones. Y no sólo eso, sino que, como le explica en una carta a Rubén Darío, espera, una vez conseguida la cátedra, permutarla con la de Sevilla. ¡Sevilla! ¡Siempre la añoranza del paraíso infantil![43]

No sabemos nada más acerca de aquella iniciativa. Parece ser que, finalmente, el poeta decidió no opositar. Si fue así, la razón, quizás, era que estaba ya prendado de Leonor Izquierdo Cuevas, la hija mayor de los dueños de su pensión, y no quería que nada le apartara en aquellos momentos de su pleito amoroso, bastante difícil.

¿Cómo era Leonor, que el 12 de junio de 1909 cumpliría los 15 años, edad legal entonces para poder casarse (con tal de tener el permiso paterno)? Es lamentable lo poco que sabemos de ella. Soriana por los cuatros costados, había nacido, como Machado, en un lugar insólito: el castillo de Almenar, a ocho kilómetros de la capital, antes propiedad de los condes de Gómara, en el cual estaba instalada entonces la casa-cuartel del destacamento de la Guardia Civil al que pertenecía su padre. El castillo tenía una resonancia literaria que no podía dejar indiferente al poeta, pues allí había situado Gustavo Adolfo Bécquer el inicio de su cuento *La promesa*, en el cual el conde de Gómara, disfrazado de paje, enamora a una muchacha del pueblo y promete que, terminada la campaña de Fernando III contra los moros de Sevilla, volverá a por ella. Pero la muerte interviene y no regresa.

El castillo de Almenar domina una inmensa llanura, casi desnuda de árboles, donde soplan vientos helados en invierno, y por la cual cruzaban antaño bandadas de lobos. No sería fácil encontrar un paisaje más inhóspito. La iglesia de San Pedro Apóstol, donde fue bautizada Leonor, se encuentra hoy en un estado delicado, el hielo desmenuza año tras año, inmisericorde, sus sillares de piedra caliza, el agua se filtra por las rendijas y el cura se queja de que no hay medios para llevar a cabo la necesaria restauración. Encima del hermoso retablo, un escudo de los condes de Gómara recuerda los ilustres antecedentes del pueblo, hoy, como tantos en esta provincia castigada por la emigración, casi abandonado.[44]

«De talla, mediana; el cabello, castaño, un poco ondulado; no se ponía afeites: una niña; los ojos, morenos oscuros; la tez, más bien sonrosada; la voz, un poco aniñada. Le parecía en todo a la madre». Así recordará a Leonor su tía, Concha Cuevas.[45] Mariano Granados Aguirre, alumno de Machado que había empezado en 1909 su primer curso de francés en el Instituto de Soria, la evocó, años después, como «morena, pero blanca, con palidez de lirio», con «unos grandes, profundos y rasgados ojos» y una mirada «como la de una gacela sorprendida».[46] Pálida, muy pálida, era sin duda Leonor. José Posada, otro amigo de la familia, la recordaba «menuda y trigueña, de alta frente y de ojos oscuros», y que, según se decía, el poeta la seguía desde lejos por la ribera del Duero cuando salía de paseo con sus tías y hermanos, «o tras de su ventana la miraba en el balcón frontero, o escuchaba embelesado sus paliques».[47] Las pocas fotografías de Leonor que tenemos, sacadas el día de su boda con el poeta, nos la muestran con pelo espesísimo, profundos ojos oscuros, cara oval y —en uno de los retratos— una sonrisa encantadora (ilustraciones 26, 27).

Según Pedro Chico y Rello, que llegó a Soria en 1917 para tomar posesión de la cátedra de Geografía en la Escuela Normal, y que paró en la misma pensión, Isabel Cuevas, la madre de Leonor, era una persona no sólo hermosa sino muy buena, «personificación de la auténtica dama soriana y castellana, con todas sus cualidades de dignidad, de religiosidad y de bondad; de valor heroico y una gran simpatía». Chico, con la mayor discreción, apunta que «no tuvo suerte en su matrimonio».[48] Mariano Granados Aguirre añade el detalle de que Ceferino Izquierdo, el marido, era «hombre autoritario, de mal genio, que se embriagaba con frecuencia», y que a él y a sus amigos les infundía «cierto pavor». Leonor, que había sido compañera de juegos de Granados, «ayudaba a su madre, soportaba las violencias del ex guardia civil, lloraba en silencio, y acariciaba desde el alto balcón en los largos atardeceres la blanca paloma de sus sueños». Si, como da a entender Granados, la muchacha «adoraba los versos», tener en casa al autor de las *Soledades*, de talante tan opuesto al de un padre que les hacía infelices a todos, debió predisponerla para el amor.[49]

Apenas sabemos nada acerca del desarrollo de la relación que, de entrada, desconcierta por la poca edad de Leonor. En la pensión, casi como uno más de la familia, Machado había tenido la oportunidad de hablar con ella cada día, de verla crecer, de irse familiarizando poco a poco con su persona. «Ojos y oídos tuvieron que iniciar un complicado debate que duró casi dos años», piensa Heliodoro Carpintero, que dedicó muchas horas de su vida a investigar los años sorianos de Machado. Al mismo estudioso debemos una interesante hipótesis: el poeta, al principio, vería en Leonor a «una niña de 13 años que, sin duda, tuvo que evocarle a la hermana muerta». Es posible. Como sabemos, el fallecimiento de Cipriana en 1900, a los 14 años, había sido un golpe muy duro para la familia.[50]

¿Pero cómo, para un hombre tan tímido con las mujeres, quizás temeroso de ser rechazado, tratar de iniciar el noviazgo? Según Carpintero, acudió a un «curioso procedimiento» para cerciorarse de los sentimientos de Leonor, que era declarar los suyos en unos versos y dejarlos «con cuidadoso descuido» para que ella los leyera.[51] Se trataba del poema, originalmente titulado «Soledades», que terminaba, después de la evocación de una monjita espiada por el poeta, con tres versos, de divertida rima, acerca de cuya significación la pretendida no podía albergar ninguna duda:

Y la niña que yo quiero,
¡ay! preferirá casarse
con un mocito barbero*.

Leonor decidió que lo que ella prefería era casarse con el poeta —parece ser que hubo realmente un joven barbero—,[52] y de alguna manera se lo hizo saber así. Machado luego pidió su mano a través de Federico Zunón Díaz, su colega de Instituto y compañero de pensión. Los padres, quizás algo inquietos al principio, accedieron; la madre de Antonio también dio su conformidad; y se acordó entre todos que la boda se celebrara a finales de julio de 1909, cuando Leonor hubiera cumplido ya los 15 años. Para respetar las convenciones, parece ser que el novio se cambió enseguida a otro alojamiento.[53]

Machado expresó su euforia amorosa en un bello poema publicado aquel mayo, con otro de tema soriano («Amanecer de otoño»), en La Lectura, donde, el mes anterior, había dado a conocer una selección de sesudos «Proverbios y cantares»:[54]

---

* El poema se publicó en La Lectura, Año IX, núm. 105 (septiembre de 1909), pág. 31, y luego pasó a formar parte del titulado «En tren» (CX).

PASCUA DE RESURRECCIÓN

Mirad: el arco de la vida traza
el Iris sobre el campo que verdea.
Buscad vuestros amores, doncellitas,
donde brota la fuente de la piedra.
En donde el agua ríe y sueña y pasa
allí el romance del amor se cuenta.
¿No han de mirar un día, en vuestros brazos,
atónitos, el sol de primavera,
ojos que vienen a la luz cerrados
y que al partirse de la vida ciegan?
¿No beberán un día en vuestros senos
los que mañana labrarán la tierra?
¡Oh, celebrad este domingo claro,
madrecitas en flor, vuestras entrañas nuevas!...[55] (CXII)

En 1909 la Pascua de Resurrección se celebró el 11 de abril, con lo cual hay que suponer que el poema refleja el jubiloso estado de ánimo de Machado en los días inmediatamente anteriores a la fiesta del renacimiento cristiano y primaveral. Tras tantos años de caminar solo, desesperado al no encontrar el amor, es por fin la alegría de un abril compartido con la mujer adorada. La resurrección es también la del poeta.

¿Comunicó Machado a Rubén Darío la noticia de su próxima boda? Es posible, dada la amistad que existía entre ellos. Por estas fechas el autor de *Prosas profanas* —desde 1908 ministro plenipotenciario de Nicaragua en Madrid— lee, en la prensa o en algunas cuartillas mandadas por Machado, unas declaraciones suyas sobre la patria (muy afines a las publicadas en Soria el 2 de mayo en el homenaje de la prensa a los héroes de la guerra de la Independencia). Impresionado, Rubén envía a *La Nación* de Buenos Aires un artículo en el cual reproduce trozos del texto, así como seis poemas de *Soledades. Galerías. Otros poemas.* El artículo termina con un elogio que demuestra la gran admiración que a Darío le suscita Machado: «Sabe que nuestras pasajeras horas traen mucho de grave y que las almas superiores tienen íntimas responsabilidades. Así vive su vivir de solitario el catedrático de la vieja Soria. No le martirizan ambiciones. No le muerden rencores. Escribe sus versos en calma. Cree en Dios. De cuando en cuando viene a la corte, da un vistazo a estas bulliciosas vanidades. Conversa sin gestos, vagamente monacal. Sabe la inutilidad de la violencia y aun la inanidad de la ironía. Fuma. Y ve desvanecerse el humo en el aire».[56]

Entretanto, pasado ya San Juan —que en Soria se festeja con gran fervor en el hermoso paraje de Valonsadero— se va terminando otro año académico. En su primer curso de Lengua Francesa Machado ha tenido nueve alumnos, todos varones. Los exámenes finales se saldan con un sobresaliente con opción a matrícula de honor, tres notables y cinco aprobados. Los ocho alumnos del segundo curso (hay, excepcionalmente para estas fechas, una chica) consiguen tres sobresalientes con opción a matrícula de honor, y cinco aprobados. Machado ya practica la costumbre, que será vitalicia, de no suspender a nadie, puesto que, como sus maestros de la Institución Libre de Enseñanza, aborrece los exámenes y un sistema anticuado que pone demasiado énfasis en la memorización de información a menudo inútil, y muy poco en el desarrollo del individuo.[57]

* * *

El 12 de junio cumple Leonor los 15 años y se inician los trámites para la boda. Trámites que pronto encuentran eco en la prensa local, inevitable en una ciudad tan pequeña como Soria.[58]

El gran día está a dos pasos. El domingo 11 de julio se lee la primera de las tres amonestaciones de los novios, y amigos y familiares se acercan a la casa de los padres de la novia para expresar su felicitación. «Los invitados a la enhorabuena fueron obsequiados con pastas, dulces y licores exquisitos», refiere *Tierra Soriana*.[59]

El 17, Machado, en contra de su práctica habitual, da un recital público de su poesía. Tiene lugar en la Sociedad de Obreros, que preside Pascual Pérez Rioja, director del periódico *Noticiero de Soria*. El poeta-catedrático empieza con una «breve pero muy sustanciosa» charla cuyo tema, según los resúmenes de la prensa local, es «el arte con relación al pueblo». En ella rechaza con firmeza la noción de que hay un arte de minorías y otro para «las masas». Sólo hay uno y es un arte para todos. Terminada la charla recita siete poemas, entre ellos «Retrato», que provoca «grandes aplausos».[60]

El 29 de julio, víspera de la boda, el padre de Leonor, el ex guardia civil Ceferino Izquierdo, y Ana Ruiz, la madrina —que ha llegado desde Madrid, acompañada de su hijo José— firman su consentimiento para el enlace. El padrino de la boda es un tío de la novia, Gregorio Cuevas Acebes, de profesión cirujano-dentista.[61]

Parece ser que, en dicha víspera, tuvo lugar entre Machado e Isidoro Martínez Ruiz, el otro tío de Leonor, el siguiente intercambio. «No olvide usted que mi sobrina es una niña». «Lo sé y no lo olvido», contestaría el poeta. Y es que la diferencia de edad de los novios llamaba la atención, y escandalizaba a más de uno. No sabían, no podían saber, que para el poeta casarse con Leonor era, en parte, recobrar los años que lamentaba no haber vivido, el casi reencuentro con «el hada más joven».[62]

Al día siguiente, a las diez de la mañana, se celebra la boda en la iglesia de Santa María la Mayor, en la Plaza Mayor. La comitiva llega a pie por la principal calle soriana, el Collado. Son unos trescientos metros desde la casa-pensión de los padres de la novia en Estudios, 7. Leonor, según *El Avisador Numantino*, luce «elegantísimo traje de seda negro y magníficas joyas, cubriendo su hermosa cabeza con el clásico velo blanco prendido elegantemente y adornado con un ramo de azahar». Machado va «de rigurosa etiqueta».[63]

Oficia el capellán (y también profesor de Religión del Instituto), Isidro Martínez González.[64] Asisten, además de numerosos amigos y familiares de los novios, el claustro de profesores del Instituto. *Tierra Soriana* refiere que, concluido el acto religioso, todos fueron obsequiados con esplendidez en casa de los padres de la novia (*El Avisador Numantino* añade que el padrino, Gregorio Cuevas, aportó sidra y habanos).[65] Luego refiere, con laconismo, que hubo unos momentos desagradables durante la boda y más tarde:

> A propósito de la ceremonia de ayer no nos explicamos todavía la insana curiosidad que en actos semejantes se suele despertar en gentes desocupadas.
>
> Tampoco nos explicamos lo ocurrido anoche en la estación, donde unos cuantos jóvenes ineducados faltaron al respeto debido a todo el mundo y que desdicen mucho de la indudable cultura de nuestro pueblo.[66]

El reportaje da a entender que habían entrado en la iglesia gentes maliciosas comidas por el prurito de presenciar el enlace de dos personas de edades tan dispares. Y así fue. ¡Un catedrático de Instituto de 34 años (cumplidos unos días antes) que se casaba con una muchacha de 15! ¡Un corruptor de menores! Además, para colmo, según Carpintero, un grupo de estudiantes universitarios en vacaciones, «hijos de familias respetables y conocidas», había convertido la ceremonia en «una carnavalada», que luego siguió aquella tarde en la estación con el concurso de otros elementos chulescos. Machado nunca olvidaría aquel martirio, aquella afrenta.[67]

El proyecto de los novios había sido pasar su luna de miel en Barcelona y ver allí a Manuel, quien, huyendo de la vida promiscua que llevaba en Madrid —si hemos de creer lo que le contó a Pérez Ferrero—, estaba disfrutando una temporada en la capital catalana.[68] Pero en Zaragoza se enteran de que, debido a la huelga general que se ha declarado en Barcelona como protesta por el envío de reservistas a África, se ha cortado la comunicación ferroviaria con la misma. Ha comenzado la Semana Trágica, de la cual será testigo presencial el hermano mayor, y en todo el país se ha impuesto la suspensión de garantías. Los novios deciden dirigirse hacia el norte y, según relatará Antonio a Pérez Ferrero, estuvieron en Fuenterrabía tras pasar por Pamplona. Luego bajaron a Madrid.[69]

A principios de julio Ana Ruiz y sus hijos habían abandonado el piso que desde 1896 habitaban en la calle de Fuencarral, número 148, y ahora viven en Corredera Baja de San Pedro, número 20, principal, en el barrio de Colón, a dos pasos de la iglesia de San Antonio de los Portugueses (o de los Alemanes), y con el teatro Lara al otro lado de la calle. Pérez Ferrero señala que la mano de obra de la casa databa del siglo XVIII, y que había una cruz de Malta sobre el portal. Hoy la cruz sigue allí, pero el inmueble, así como el barrio en general, está muy deteriorado.[70]

Entre los amigos del poeta a quien conoce Leonor está Ricardo Calvo, que en estos momentos trabaja en *El gran galeoto*. A Leonor le gusta tanto la famosa obra de Echegaray que, según el testimonio muy posterior del actor, le pide a Machado que la lleve cada noche a verla, y hasta se le ocurre preguntarle, delante de Calvo: «¿Y por qué tú no eres cómico, Antonio?». El actor tuvo la sensación de que Leonor no sabía todavía con quién se había casado. Quizás no deberíamos tomar demasiado en serio la anécdota, referida tantos años después.[71]

Aquel septiembre Machado entrega a *La Lectura* el poema «Soledades». Es la composición en la que —según Heliodoro Carpintero— se había declarado a Leonor. Cabe pensar que lo hace para complacer a su mujer. Nada sabemos, de todas maneras, de su reacción al verse por primera vez aludida públicamente en la obra de su marido.[72]

De regreso a Soria la pareja se instala con los padres de Leonor en la calle Estudios, donde Isabel Cuevas les ha preparado dos habitaciones: un pequeño dormitorio con cama grande y una mesilla de noche, y un cuarto destinado a despacho de Antonio, con balcón a un jardín donde, en mayo, florecen unas acacias. Hay un gran espejo isabelino, «de elipse perfecta y molduras doradas, un sofá del mismo estilo, con sus dos butacas, tapizados con floreada tela de seda. Y una mesa-ministro de grandes dimensiones, en la que se podía trabajar cómodamente».[73]

Hoy no queda vestigio ni de la casa ni del jardín. El tiempo y acaso la indiferencia de la ciudad han hecho su trabajo.

* * *

Durante el nuevo curso, 1909-1910, el poeta, en comparación con los años previos, manda muy poco a revistas. Tampoco registra la prensa local actividades suyas de índole pública. La razón más probable de tal silencio es que está muy volcado en la elaboración de su obra de orientación castellana, iniciada en 1907 y ahora en plena evolución, como demuestran tanto los manuscritos conservados en Burgos como la publicación en *La Lectura*, en febrero de 1910, de «A orillas del Duero», inspirado, como hemos visto, por su subida a la cumbre de Santa Ana.[74]

Entretanto el poeta está tratando desesperadamente de escaparse con Leonor de Soria, donde no cuesta trabajo imaginar que la hostilidad de los reaccionarios les resulta desagradable. El 17 de marzo de 1910 solicita una beca a la Junta para Ampliación de Estudios e Investigaciones Científicas para estudiar durante un año en París. La carta empieza con un halago muy justificado, ya que la Junta, creada por Real Orden en 1907, está haciendo una contribución señera a la vida intelectual española:

> Nunca se encarecerá bastante la importancia y utilidad de este pensionado, muy especialmente para los profesores confinados en estos rincones de España aislados de todo movimiento intelectual y desprovistos casi en absoluto de elementos de cultura.

Los trabajos que me propongo realizar son los siguientes: 1º Influencias dialectales en la formación de la lengua francesa y en los primeros monumentos de su literatura. 2º Evolución de la lengua francesa. —Grado de desarrollo en que hoy se encuentra. —Su porvenir según las tendencias morfológicas y sintácticas que en ella se marcan. 3º Enseñanza de las lenguas vivas en Francia y frutos obtenidos en la práctica de los diversos métodos.

Para llevar a cabo estos estudios me atrevo a suplicar a esa Junta se digne proporcionarme para un año de residencia en París —Biblioteca Nacional —Colegio de Altos Estudios —Sorbonne— y en algunas otras ciudades de Francia —Bordeaux, Toulouse, Montpellier— con la provisión mensual de 300 francos, sobre el sueldo de catedrático que actualmente disfruto, más los gastos de viaje, que calculo en unos 500 francos.[75]

A Machado le interesaba mucho, desde luego, conseguir la pensión, ya que, al margen del estímulo intelectual que suponía un año en la capital francesa, significaría para su currículum una ventaja añadida en el momento de opositar a un destino más apropiado. En cuanto a Leonor, no es difícil imaginar que la idea de conocer París al lado de Antonio le encantaría. Desde todos los puntos de vista parecía un proyecto muy acertado.

Mientras tanto siguen su ritmo las clases, así como los deberes del poeta como vicedirector del Instituto. Este año académico hay diecisiete alumnos en el primero de sus cursos de Lengua Francesa. En los exámenes otorga cinco notables y doce aprobados. En el segundo curso, integrado por ocho alumnos, hay dos sobresalientes, tres notables y tres aprobados. El poeta continúa con su práctica de no suspender a nadie.[76]

Mariano Granados Aguirre, cuyo interesante testimonio acerca de Leonor y su familia ya hemos visto, es uno de los «notables» del primer curso. Poeta en ciernes, nunca olvidará el privilegio de haber sido alumno de Machado. En 1948, desde su exilio mexicano, recordaba que

La dureza de la gramática pasaba inadvertida La iniciación en el idioma nuevo era también la iniciación de nuevos horizontes literarios. Cuando la voz de Machado vibraba en el silencio de la clase:

> C'était dans la nuit brune
> Sur le clocher jauni
> La lune
> Comme un point sur une i*

O bien:

> Les longs sons
> Des violons...**

el recogimiento de los escolares, nuestra atención emocionada, tenía un poco de unción religiosa.[77]

¡De modo que Musset, y luego Verlaine, mediados por Antonio Machado, amenizaron el primer curso de Lengua Francesa
del Instituto de Soria en 1909-1910, y dejaron en la memoria de uno
de los alumnos una huella perdurable! ¡Qué introducción al idioma! Otro alumno, Gervasio Manrique de Lara, también recordará
con gratitud aquellas clases poco usuales en el ámbito escolar de
entonces: «Se le tenía un gran afecto admirativo a su bondad. Nos
leía páginas de los libros que recibía del extranjero. Practicaba la
lectura comentada».[78]

La lectura comentada y la memorización de poemas eran métodos consagrados en la Institución Libre de Enseñanza. ¿Cómo
dudar que Machado se sentía, como profesor, discípulo de Francisco Giner de los Ríos?

Otro alumno suyo durante este año fue Mariano del Olmo
Martínez, que todavía conservaba en 1978 dos libros de texto que
utilizaba entonces en clase el catedrático-poeta, ambos debido a
los desvelos de Antonio Gaspar del Campo (miembro del tribunal que, como sabe el lector, había apoyado la candidatura de Machado a la cátedra de Soria, y había sido objeto, en consecuencia,
de dedicatoria en *Soledades. Galerías. Otros poemas).*[79] Olmo, que

---

* Se trata de los primeros versos del poema «Ballade à la lune», de Alfred de
Musset.

** Versos iniciales —correctamente, «Les sanglots longs/des violons...»— del famoso poema de Paul Verlaine, «Chanson d'automne» *(Poèmes saturniens).*

estaba en el segundo curso, se acordaba de la admiración con la cual les hablaba Machado de *España*, de Edmundo de Amicis, libro, según el poeta, muy apreciado en la Institución Libre de Enseñanza. No era extraño: el ensayo, publicado en 1873 a raíz de la elección de Amadeo como rey de los españoles, era de una gran perspicacia.[80]

* * *

El 15 de junio de 1910 Manuel Machado y su prima Eulalia Cáceres contrajeron matrimonio en la iglesia sevillana de San Juan de la Palma, la misma donde había sido bautizado Antonio en 1875. Así terminaba la vida bohemia del poeta para quien sólo se podía vivir en París o Sevilla. No consta que ningún miembro de la rama madrileña estuviera en el acto, uno de cuyos testigos fue el tío Rafael Ruiz Hernández. Poco después la pareja vuelve a la capital y se instala en la casa familiar de Corredera Baja de San Pedro, 20, donde es probable que se incorporasen durante el verano Antonio y Leonor (quien, a lo que parece, se llevó bien con Eulalia).[81] Según el padrón municipal de aquel diciembre, los ocupantes del piso eran entonces Ana Ruiz Hernández, viuda («su casa»), Manuel Machado Ruiz («literato»), Eulalia Cáceres Sierra («sus labores»), José Machado Ruiz («pintor»), Joaquín Machado Ruiz («estudiante») y Francisco Machado Ruiz («abogado sin ejercicio»).[82]

Manuel es, todavía, más conocido como poeta que Antonio. Acaba de publicar en Barcelona *Poesías escogidas* y *Trofeos*, mientras, en París, Garnier ha sacado una selección de sus poemas con el título de su primer libro, *Alma*.[83] Cabe sospechar que esta actividad suya, y este reconocimiento, sirven como acicate para que Antonio vaya pensando en dar a conocer un volumen con sus nuevos versos de inspiración soriana.

De Giner de los Ríos, así como de su abuelo y de su padre, Antonio ha heredado la afición a las largas caminatas por el campo y a las excursiones (la subida a Santa Ana ya era indicio de ello). Unas semanas antes del inicio del curso de 1910-1911 hace un viaje a la Sierra de Urbión, la ingente cordillera que, a unos sesenta kilómetros al noreste de la ciudad, divide las provincias de Burgos, Logroño y Soria, y de la cual acaso le hablara Pío Baroja, que había subido hasta allí a principios de siglo acompañado de su hermano

Ricardo y del suizo Paul Schmitz*. Una vez más hay que recurrir en primer lugar a Pérez Ferrero:

> En septiembre de 1910 Antonio quiere ver el nacimiento del Duero, escuchar en sus fuentes el rumoroso sortilegio de sus aguas. Leonor no le acompaña en su excursión. Le aguardará, ansiosa de su regreso, en esta separación de unos días. Antonio va con unos amigos. Hacen el viaje de Soria a Cidones en el coche correo. Desde Cidones a Vinuesa siguen el camino a pie. Y en Vinuesa organizan la expedición y suben a caballo hasta Cobaleda [sic], pueblo de la sierra, cubierto de pinares, donde apenas si hay más que mujeres y viejos. Al salir de Cobaleda [sic] les alcanza una tormenta que les hace pasar instantes de verdadera angustia. Calados hasta los huesos ganan la cima del Urbión. Arriba ha despejado. Se quedan en éxtasis, sin notar apenas el cansancio y la mojadura. Desde allí les parece que se domina el mundo.
>
> Los excursionistas descienden por la Laguna Negra, y por el valle del Revinuesa a Vinuesa.[84]

No se ha encontrado hasta ahora alusión alguna a aquella visita en la prensa de Soria, por lo cual su fecha exacta sigue siendo un enigma. Tampoco han sido identificados los «amigos» que, según el mismo biógrafo, acompañaron al poeta en su excursión. Es seguro, sin embargo, que ésta se efectuó (aunque tal vez en agosto de 1910 y no septiembre). Lo confirma el inicio de la versión en prosa, desconocida de Pérez Ferrero, de *La tierra de Alvargonzález*, el gran poema concebido por Machado a raíz de este viaje:

> Una mañana de los primeros días de octubre**, decidí visitar la fuente del Duero y tomé en Soria el coche de Burgos que había de llevarme hasta Cidones. Me acomodé en la delantera cerca del mayoral y entre dos viajeros: un indiano que tornaba de México a su aldea natal, escondida en tierra de pinares, y un vie-

---

* Baroja dio cuenta de la aventura en *La obra de Pello Yarza*.

** Machado, a diferencia del narrador, no pudo visitar la fuente del Duero —un viaje de varios días— a principios de octubre de 1910, toda vez que lo retenían entonces en Soria las exigencias del nuevo curso académico.

jo campesino que venía de Barcelona donde embarcara a dos de sus hijos para La Plata. No cruzaréis la alta estepa de Castilla sin encontrar gentes que os hablen de Ultramar [...]. El indiano me hablaba de Veracruz, mas yo escuchaba al campesino que discutía con el mayoral sobre un crimen reciente. En los pinares de Durcielo, una joven vaquera había aparecido cosida a puñaladas y violada después de muerta. El campesino acusaba a un rico ganadero de Valdeavellano, preso por indicios en la cárcel de Soria, como autor indudable de tan bárbara fechoría, y desconfiaba de la justicia porque la víctima era pobre.[85]

El «crimen reciente» cometido en «Durcielo» era, sin duda alguna, el llevado a cabo en Duruelo, pueblo colindante con Covaleda, en plena Tierra de Pinares, el 18 de julio de 1910, es decir muy poco antes de la excursión de Machado. Los periódicos de Soria apenas hablaron de otro asunto durante meses, y se entabló una amarga polémica entre ellos sobre la autoría del crimen, atribuida por el diario progresista *La Verdad* al sospechoso encarcelado en Soria, un acomodado ganadero de apellido Jiménez, a quien defendía *El Ideal Numantino*, órgano derechista dirigido por el abad Santiago Gómez Santacruz. La opinión popular era que se absolvería a Jiménez, como así ocurrió.[86]

En la versión en prosa de *La tierra de Alvargonzález* el narrador pone en boca del campesino de Covaleda, encontrado en la diligencia, la historia del labrador asesinado por sus hijos codiciosos y arrojado por éstos a las profundidades de la insondable Laguna Negra de Urbión, historia que el campesino dice haber oído de niño a un pastor y saber que «anda inscrita en papeles y que los ciegos la cantan por tierras de Berlanga».[87] Los estudiosos no han desenterrado ningún romance de ciego inspirado por el parricidio de un labrador soriano llamado Alvargonzález, pero la prensa de Soria de esos años sí recoge casos de crímenes semejantes que seguramente conocería el poeta, así como de otros asesinatos cometidos en los alrededores.

Uno de los más sonados fue el de Carrascosa de Abajo, pueblo ubicado no lejos de Berlanga de Duero, en la noche del 19 al 20 de agosto de 1908, cuando un tal Víctor Marcelino Crespo y Crespo, de 26 años, estudiante de la carrera eclesiástica, mató con una navaja a su madre y una hermana mientras éstas dormían en la misma cama, y por poco acabó con tres hermanas más.[88]

Los crímenes del campo soriano llegaron a ser tan habituales en esta época que aquel septiembre uno de los periódicos locales se lamentaba: «¡Pobre provincia de Soria! Sólo le faltaba verse constantemente envuelta en las sombras de la *Crónica negra* del criminalismo, cuando tan hermosas páginas tiene conquistadas en la de la Instrucción pública». Y seguía: «Y vamos a dar noticia de una muerte más en Deza. Luego de un infanticidio en Jaray. Después, de un suicidio en Valloria. ¿Dónde tendremos mañana que apuntar más feos sucesos?...».[89]

A Machado el crimen de Carrascosa de Abajo le llamó poderosamente la atención, y el juicio oral, iniciado en la Audiencia Provincial de Soria el 15 de marzo de 1909, le inspiró el poema «Un criminal» (CVIII), publicado tres años después en *Campos de Castilla*. El motivo del asesinato, como en *La tierra de Alvargonzález*, es la codicia:

> Quiso heredar. ¡Oh, guindos y nogales
> del huerto familiar, verde y sombrío,
> y doradas espigas candeales
> que colmarán los trojes del estío!
> Y se acordó del hacha que pendía
> en el muro, luciente y afilada,
> el hacha fuerte que la leña hacía
> de la rama de roble cercenada.   (CVIII)

En la versión en prosa de *La tierra de Alvargonzález* el campesino explica que el padre asesinado vivía en un pueblo del mismo nombre situado no lejos de Vinuesa, y señala su ubicación, con exactitud, al narrador. Pero nunca hubo por aquellos contornos un pueblo, y mucho menos uno llamado Alvargonzález. Es posible que influyera en la invención del topónimo por Machado el nombre del pueblo de Villálvaro, situado casi en la linde de la provincia de Soria con Burgos, donde se había cometido un crimen notorio durante la primera década del siglo XX.[90] Hay que señalar también que una de las hojas manuscritas tempranas del poema demuestra que Machado pensó primero en dar el nombre de Peribáñez al padre, nombre demasiado en deuda con el del protagonista de la famosa obra de Lope de Vega y, por ello, pronto desechado (trasladado, empero, a la familia de Polonia, la mujer de Alvargonzález).[91] La opción siguiente, Álvar González, de recia castellanidad, hace pensar en el *Poema de Fernán*

González, así como en Álvar Fáñez, el fiel lugarteniente del Campeador en el *Poema de Mio Cid*.[92] No tardó en aparecer en los borradores, de todas maneras, el patronímico compuesto definitivo.

El poeta decía haber aprendido a leer en el *Romancero general* compilado por su «buen tío» Agustín Durán, y en la familia, como sabemos, se rendía culto fervoroso a la poesía popular. Si a estas circunstancias añadimos la posibilidad de que Machado oyera o tuviera noticia de algún romance popular inspirado por los crímenes del campo soriano, no es extraño que un día se le ocurriera acometer un poema épico contemporáneo sobre la alta meseta castellana. Así nació *La tierra de Alvargonzález*. Cuando empezó el curso académico de 1910-1911, ya tenía entre manos un proyecto literario de envergadura.

* * *

Antonio Pérez de la Mata, soriano del pueblo de Castilfrío, había muerto en 1900. Sacerdote, filósofo, psicólogo, catedrático y autor de libros de metafísica, se le recordaba en la capital de la provincia como sembrador de esperanzas.[93] Durante el verano de 1910 el Instituto, instado por el férvido republicano de El Burgo de Osma Manuel Hilario Ayuso, tan admirado por Machado, accedió a rendir público homenaje al pedagogo coincidiendo con el inicio del nuevo curso. El acto tiene lugar el primer día de octubre. Machado, para quien Pérez de la Mata era «uno de los vástagos más robustos del krausismo español»[94], participa con un animoso discurso imbuido de los ideales de la Institución Libre de Enseñanza. Se expresa convencido de que sólo salvará a España la cultura, y de que todo lo demás es pérdida de tiempo. Pero en España, precisamente, la cultura tiene todo en contra:

> En una nación pobre e ignorante —mi patriotismo, señores, me impide adular a mis compatriotas— donde la mayoría de los hombres no tienen otra actividad que la necesaria para ganar el pan, o alguna más para conspirar contra el pan de su prójimo; en una nación casi analfabeta, donde la ciencia, la filosofía y el arte se desdeñan por superfluos, cuando no se persiguen por corruptores; en un pueblo sin ansias de renovarse ni respecto a la tradición de sus mayores; en esta España, tan querida y tan desdichada, que frunce el hosco ceño o vuelve la

espalda desdeñosa a los frutos de la cultura, decidme: el hombre que eleva su mente y su corazón a un ideal cualquiera, ¿no es un Hércules de alientos gigantescos cuyos hombros de atlante podrían sustentar montañas?

Falta la fe y sobra la intolerancia. El español se empeña en no querer comprender las razones del adversario, «porque sospechamos desde el fondo de nuestra brutalidad que si lográramos penetrarlas, desaparecería el *casus belli*». Y la guerra es justo lo que quiere el español, «gallo reñidor, con espolones afilados». «Prefiere pelear a comprender —sigue Machado—, y casi nunca esgrime las armas de la cultura, que son las armas del amor». Podría ser Francisco Giner de los Ríos quien habla. ¿Y qué decir de los pueblos y de las aldeas y los campos «donde florecen los crímenes sangrientos y brutales?». «En ningún país de Europa —continúa Machado, impertérrito— es tan aguda como en el nuestro la crisis de bondad que, con profundo tino, ha señalado el actual pontífice romano». Tal vez la alusión —muy inteligente, dado el público en gran parte católico que le escucha— iba por la encíclica *Pascendi* (1907), de Pío X.[95]

Después de su valiente exposición de los males patrios, el catedrático de Lengua Francesa termina dirigiéndose a los alumnos. Éstos representan, lo recalca, «un porvenir incierto». La vida es lucha, y tendrán que emprenderla con las únicas armas que sirven: las de la ciencia y de la cultura, que, como ha dicho antes, son las armas del amor. ¡Que no olviden que Cristo ha ordenado que amemos, que respetemos, al prójimo! Y un concepto muy de la Institución Libre: «No aceptéis la cultura postiza que no pueda pasar por el tamiz de vuestra inteligencia». Hay que aprender a pensar, a razonar, a utilizar el cerebro; a distinguir «los valores falsos de los verdaderos y el mérito real de las personas bajo toda suerte de disfraces». Porque es un hecho —aquí Machado se despacha a gusto— que «un hombre mal vestido, pobre y desdeñado, puede ser un sabio, un héroe, un santo; el birrete de un doctor puede cubrir el cráneo de un imbécil».

Palabras contundentes, en fin, muy en la línea de su artículo «Nuestro patriotismo y *La marcha de Cádiz*» de dos años antes. Después de escucharlas nadie en la sala podía dudar de la categoría humana e intelectual del poeta, ni de su compromiso radical con el progreso de España. Es probable, también, que sus palabras, reproducidas en algunos órganos de la prensa local, fueran recibidas con mala cara por los elementos ultraconservadores que, ya lo sabemos, no faltaban en la ciudad.[96]

* * *

Entre los papeles de Machado conservados en Burgos hay unas quince páginas manuscritas de *La tierra de Alvargonzález*, sin indicación alguna de fecha, pero verosímilmente de este otoño de 1910, además de una copia manuscrita de la primera mitad de la versión del poema publicada por *La Lectura* en 1912. Copia que tiene el enorme interés añadido de llevar como subtítulo «Romance de ciego», luego suprimido tanto en la revista como en *Campos de Castilla*.[97]

Los borradores demuestran que Machado dudó, al principio, entre escribir su poema en alejandrinos u octasílabos romanceados. O, por decirlo de otra manera, demuestran que el poema le fue saliendo con una incertidumbre métrica a cuestas. Una de las primeras versiones del sueño del padre, por ejemplo, opta por el verso de catorce sílabas:

Echado Alvargonzález junto a la fuente clara
sobre una piedra dura como Jacob dormía
posada la cabeza y vuelta a Dios la cara
cuando el primer lucero en el azul ardía.[98]

En otra cuartilla el poeta lucha por resolver unos versos alejandrinos dedicados a los ojos de Polonia, la muchacha de quien se ha prendado Alvargonzález. Se describen sucesivamente como claros, grandes, inmortales y maternales y, al final de la página, se encuentran ya huérfanos de adjetivización:

Oh, tierra de Berlanga —El sueño hila y devana
los ojos de Polonia las tierras del amor
en una tarde oro corre una nube grana
y entre las pardas rocas hay una zarza en flor.[99]

Los borradores revelan también que no tardó en imponerse el verso octosilábico, como era lógico tratándose de un poema que pretendía ser recreación de un romance de ciego. También dan fe de que en estos momentos se van elaborando, cruzando e interfiriendo en la mente del poeta, de manera simultánea, versos de parecido tema castellano aunque distinta prosodia (alejandrinos, octosílabos, endecasílabos), y que luego pasarán a integrarse en poemas distintos. Crear *La tierra de Alvargonzález* supuso para Machado un esfuerzo ingente, penoso y largo que, sin los pocos borradores que por suerte han sobrevivido, sólo habríamos podido sospechar.

* * *

Sigue empeñado Antonio en escaparse de Soria y su ambiente tan provinciano y conservador. Durante el verano se había enterado de que estaba vacante la cátedra de Lengua Francesa en el Instituto de Barcelona. El 24 de septiembre de 1910 informa al Ministerio de Instrucción Pública y Bellas Artes que quiere opositar. Pero luego renuncia, acaso al tener noticias prometedoras de la beca solicitada a la Junta para Ampliación de Estudios.[100]

Tales noticias se confirman el 18 de diciembre cuando la *Gaceta de Madrid* anuncia que a D. Antonio Machado y Ruiz, catedrático del Instituto de Soria, se le ha concedido una pensión de un año, a partir del 1 de enero de 1911, «para hacer estudios de Filología Francesa en Francia, con 350 pesetas mensuales, 500 para viajes y 200 para matrículas». En realidad, pese al programa esbozado en la carta suya a la Junta, que vimos antes, lo que quiere hacer Machado en la capital francesa, sobre todo, es estudiar filosofía y asistir a las clases de Henri Bergson en el Colegio de Francia.[101]

La noticia de la concesión de la beca coincide con la publicación, en la revista madrileña *La Lectura*, de «Por tierras del Duero», que reproduce *Tierra Soriana* en su primera plana el 12 de enero de 1911. El poema desarrolla, en alejandrinos, el análisis del campo soriano y sus moradores —y por extensión del campo castellano en general— iniciado en «A orillas del Duero»:

POR TIERRAS DEL DUERO

El hombre de estos campos que incendia los pinares
y su despojo aguarda como botín de guerra,
antaño hubo raído los negros encinares,
talado los robustos robledos de la sierra.

Hoy ve sus pobres hijos huyendo de sus lares;
la tempestad llevarse los limos de la sierra
por los sagrados ríos hacia los anchos mares;
y en páramos malditos trabaja, sufre y yerra.
Es hijo de una estirpe de rudos caminantes,
pastores que conducen sus hordas de merinos
a Extremadura fértil, rebaños trashumantes
que mancha el polvo y dora el sol de los caminos.
Pequeño, ágil, sufrido, los ojos de hombre astuto
hundidos, recelosos, movibles; y trazadas
cual arco de ballesta, en el semblante enjuto,
de pómulos salientes, las cejas muy pobladas.
Abunda el hombre malo del campo y de la aldea,
capaz de insanos vicios y crímenes bestiales
que bajo el pardo sayo esconde un alma fea,
esclava de los siete pecados capitales.
Los ojos siempre turbios de envidia o de tristeza,
guarda su presa y llora la que el vecino alcanza;
ni para su infortunio ni goza su riqueza;
le hieren y acongojan ventura y malandanza...[102]   (XCIX)

Desde abril de 1907, cuando Machado llegó a Soria por vez primera, no han cesado los incendios forestales provocados, ni han amainado los casos de asesinato y otras brutalidades cometidos en los pueblos de la provincia. Es un ambiente tétrico que le preocupa y deprime, y las numerosísimas correcciones, tachaduras y revisiones que contienen los borradores de «Por tierras del Duero» demuestran que el proceso de creación del poema fue largo y muy laborioso, sobre todo el de las dos últimas estrofas.[103]

Cuando *Tierra Soriana* reproduce «Por tierras del Duero» Machado ya está en Madrid con Leonor, camino de París. ¿Había dado su permiso para reimprimir el poema? No es seguro, aunque hay que suponerlo. Sea como fuere, «Por tierras del Duero» subleva a algunos ciudadanos, que lo interpretan como un ataque en toda regla a Soria (donde, por cierto, hacía en aquellos momentos un frío atroz, con cinco metros de nieve en el puerto de Oncala).[104] Ataque tanto más inaceptable por cuanto procede de un forastero, por muy catedrático de francés del Instituto que sea. El 13 de enero *Ideal Numantino* comenta:

Hemos leído en «Tierra Soriana» una poesía del Sr. Machado, bellísima en la forma; pero que, a nuestro entender, no es tan recomendable por su fondo, pues no podemos admitir como justo el concepto que al Sr. Machado le merecen los habitantes de la Tierra del Duero, entre los cuales los habrá con los vicios que les atribuye el Sr. Machado, pero es innegable que son excepciones rarísimas y que en la generalidad se encuentran muchas virtudes que el poeta parece negarles en su composición.[105]

Lo más fuerte es la contribución a la polémica hecha el 14 de enero por *Noticiero de Soria*, que publica una maliciosa y divertida parodia del poema —proclamada por ella misma, erróneamente, como *plagio*—, en la cual todos los juicios negativos emitidos por Machado han sido sustituidos por otros elogiosos. Las referencias a la destrucción del paisaje han desaparecido, y resulta ahora que el campesino soriano es una bellísima persona incapaz de incendiar bosques y, por supuesto, de matar a nadie. Hay dos estrofas que lo dicen todo:

No existe ese hombre malo, ni en campo ni en aldea,
capaz de insanos vicios y crímenes bestiales;
pues bajo el pardo sayo de su envoltura fea,
existe un alma exenta de vicios capitales.

Los ojos nunca acusan envidia ni tristeza;
contra sus infortunios siempre victoria alcanza,
que a falta de otros goces y bienes y riqueza
tiene lo de ser sobrio viviendo en la templanza.[106]

Otro periódico local, *El Avisador Numantino*, «avisado» de la partida de Machado para París, se digna arremeter, unas semanas después, contra los funcionarios que «veranean» en pleno invierno, «unos con licencia, otros licenciosamente, teniendo abandonados sus destinos». ¡Licenciosamente! «Del Instituto siempre hay que decir algo —prosiguió el diario ultraconservador, después de nombrar a otros supuestos malhechores—; el profesor de francés estudia francés en Francia; pero los alumnos lo estudiarán aquí como puedan...».[107]

Fue injusta la crítica, pues se ocupaba ya de las clases de Machado un suplente.[108]

El periodista y funcionario de Montes, José María Palacio, casado con una prima hermana de Leonor, Heliodora Acebes, y a estas alturas el mejor valedor que tiene Machado en Soria, salta en defensa del poeta ausente en *Tierra Soriana,* diario del que es redactor jefe. «Los periódicos sorianos hemos combatido el instinto devastador de unos pocos salvajes que incendian pinares —señala en un comentario sin firmar—; hemos escrito con alarma y con pena por el aumento de criminalidad en la provincia, formulamos nuestra protesta de otras cosas, y eso, y nada más que eso pueden significar los versos del señor Machado».[109]

Es de suponer que Palacio envió al poeta los recortes de la prensa de estos días. En visto de la polvareda levantada, Machado decidirá cambiar el título del poema considerado tan ofensivo por algunos sorianos, y en *Campos de Castilla* pasará a llamarse, más genéricamente, «Por tierras de España».

* * *

Sabemos por otra carta del poeta a la Junta para Ampliación de Estudios e Investigaciones Científicas que la pareja pasó unos días en Madrid antes de salir para París.[110] ¿Vio allí Machado a Gregorio Martínez Sierra? Así lo da a entender Pérez Ferrero: «El poeta ha dado fin a su libro *Campos de Castilla,* que su amigo el escritor Martínez Sierra, ahora al frente de la editorial Renacimiento, le acaba de admitir y pagar con trescientas pesetas. Antonio y Leonor se consideran dichosos...».[111]

Pérez Ferrero no es siempre fiable. En este caso concreto no hay la menor prueba de que Machado entregara entonces un manuscrito al director literario de Renacimiento, ni recibiera de él la cantidad mencionada. Además, *Campos de Castilla* no estaba ni mucho menos terminado. Lo que sí parece posible es que el poeta hablara con Martínez Sierra del proyectado libro, y que éste se comprometiera a editarlo cuando se lo entregara.

Antes de subir Antonio y Leonor al tren de París podemos imaginar las animadas conversaciones que tuvieron lugar en el piso de Corredera Baja de San Pedro, con Ana Ruiz presidiendo contenta las reuniones plenarias de la familia. Para mayor júbilo, Martínez Sierra acababa de publicar *Apolo,* colección de veinte sonetos de Manuel dedicados a artistas de su admiración. «Maravilloso libro de sonetos pictóricos», apuntará Antonio en su cuaderno *Los complementarios,* después de recopilar el dedicado a un retrato de Juana la Loca.[112]

En París la pareja se instala en el Hôtel de l'Académie, el mismo establecimiento, situado en el corazón del Barrio Latino —Rue Perronet, número 2— donde, por su proximidad a la editorial Garnier, habían parado Antonio y Manuel once años antes, en 1899. Las ventanas de la habitación dan a la Rue des Saints-Pères, con la cual el hotel hace esquina.[113]

Es lícito considerar la estancia de Machado y Leonor en París como su auténtica luna de miel. Para el poeta es el goce de volver a París con una joven a su lado... y en su cama. ¿Y Leonor? Nada sabemos de su reacción al encontrarse en aquel ambiente tan ajeno —con su bullicio callejero, su elegancia y su desbordante vitalidad— al de la tranquila y provincial Soria. ¿Qué hacía cuando Antonio, atendiendo a sus obligaciones de becario y sus aficiones filosóficas, no estaba con ella, que sería a menudo? Es difícil imaginarla transitando sola por los bulevares, curioseando en las galerías de arte, entrando en los grandes almacenes o en el Louvre... ¿Escribía con frecuencia a su madre? Es probable, pero no se conoce una sola carta suya, ni a la madre ni a nadie. La verdad es que nuestra ignorancia acerca de Leonor es casi absoluta.

En febrero el poeta escribe al secretario de la Junta para Ampliación de Estudios, José Castillejo, para ponerle al tanto de sus actividades en París. Dice que está refrescando sus conocimientos de gramática histórica y filología medieval francesas antes de empezar un proyecto concreto, y que asiste a las excelentes clases de Joseph Bédier sobre los orígenes de las canciones de gesta, también a sus «explicaciones de textos» de poesía medieval. ¿La Junta le podría proporcionar una carta de presentación para el distinguido erudito, pues desearía pedirle algunas indicaciones? Se lo agradecería. Pronto enviará un informe sobre lo que ha conseguido hasta la fecha. Cree no haber perdido el tiempo. Sus «dos centros de operaciones» habituales van a ser el Colegio de Francia y la Biblioteca Nacional. Ya tiene tarjeta de lector para ésta —a veinte minutos a pie al otro lado del Sena—, y pasa allí las mañanas. La carta rezuma satisfacción y energía.[114]

En marzo, según escribe a otro miembro de la Junta, está reuniendo materiales «con que emprender una Gramática Histórica de la lengua francesa, algo más lógico y ordenado que lo que tenemos en España». Por desgracia, añade, las conferencias de Bédier, mediadas cuando llegó a París, van a terminar pronto. Es una pena.[115]

Gracias al informe enviado luego por Machado a la Junta, base de la «Memoria» de la misma correspondiente a 1910-1911, sabemos que también asistió a un curso de A. Meillet sobre Gramática Comparada y a otro de A. Lefranc sobre Lengua y Literatura Francesa Moderna. «Prepara un trabajo —precisa la Memoria— acerca del "Estado actual de los estudios filológicos en Francia", del cual ha enviado los dos primeros capítulos: "La enseñanza del francés" y "El francés en la escuela de primera enseñanza"». Dichos capítulos no se encuentran en el expediente de Machado que, procedente de la Junta, se conserva hoy en el archivo de la Residencia de Estudiantes de Madrid.[116]

En su informe Machado no mencionó su asistencia «extracurricular» a las conferencias de Henri Bergson, entonces en la cima de la fama, que eran, en realidad, lo que más le interesaba en París. «Henri Bergson es el filósofo definitivo del siglo XIX» apuntará, categórico, en 1914, para recordar a continuación: «El aula donde daba su clase era la mayor del Colegio de Francia, y estaba siempre rebosante de oyentes. Bergson es un hombre frío, de ojos muy vivos. Su cráneo es bello. Su palabra es perfecta, pero no añade nada a su obra escrita. Entre los oyentes hay muchas mujeres».[117]

Ya para entonces el célebre filósofo había publicado sus libros fundamentales: *Essais sur les données immédiates de la conscience* (1889), *Matière et mémoire* (1896), *Le rire* (1899) y *L'évolution créatrice* (1907). Serán, sobre todo el primero, objeto de detenido estudio y largas reflexiones por parte del poeta a su regreso a España.[118]

Cabe pensar que Machado no olvidaba, durante sus deambulaciones por la Universidad de París, que por estos mismos patios y pasillos había vivido días felices y productivos, sesenta años atrás, el abuelo Antonio Machado Núñez, el patriarca de la familia a quien tanto debía, quizás el amor a la gran Francia liberal, y al idioma, incluidos.

Antonio vuelve a ver en París a Rubén Darío, que vive con su compañera Francisca Sánchez —oriunda del pueblecito abulense de Navalsauz (casi tan inhóspito en invierno como Almenar de Soria)—, y la hermana menor de ésta, María, en la Rue Herschel, al lado del Jardín de Luxemburgo.

Darío —que por desgracia no nos dice nada, ni en su escueta autobiografía ni en sus otros escritos conocidos, acerca de Leonor— acaba de ser nombrado director literario de dos revistas de gran lujo, *Mundial Magazine* y *Elegancias*, que se van a publicar en París, destinadas al *beau monde* de habla española a ambos lados del Atlántico. Espera que la aventura le reporte pingües beneficios económicos, pero no será así. Los promotores, los hermanos Alfredo y Armando Guido, avispados banqueros y hombres de negocios uruguayos, lo han elegido porque es el poeta de lengua española más famoso del momento. Y saben que de dinero no entiende nada. La ganancia será para ellos, no para él.

El primer número de *Mundial Magazine* sale en mayo, cuando Antonio y Leonor han pasado ya cinco meses en París. Lleva, entre textos de Amado Nervo, Enrique Larreta, Leopoldo Lugones y otras notables plumas, unos versos de Darío y un artículo, ilustrado por unas preciosas fotografías en color, en el cual el poeta de *Prosas profanas* discurre sobre los encantos del París nocturno (sin mencionar, por supuesto, los de sus magníficos burdeles).

El número inaugural de la revista tiene un gran éxito. También los siguientes. Allí se publican *Voces de gesta*, de Valle-Inclán, y una variada gama de poemas y prosas de otros escritores tanto españoles como hispanoamericanos: Pompeyo Gener, Ramiro de Maeztu, Rufino Blanco Fombona, Alberto Ghiraldo, Manuel Machado, José Enrique Rodó, Villaespesa, el conde de las Navas, Antonio de Zayas, Joan Maragall y un largo etcétera. Rubén obtiene incluso una colaboración de Benito Pérez Galdós. Hay buenos artículos sobre los grandes pintores españoles, con lujosas ilustraciones. Y para cada número un artículo del propio Darío sobre un país de América Latina.

Machado, que en estos momentos, además de sus tareas universitarias, trabaja con intensidad en la revisión y puesta a punto de sus poemas castellanos, tiene sin duda la palabra de Rubén para publicar lo que quiera en *Mundial Magazine*. Y allí, en efecto, aparecerá más adelante la versión en prosa de *La tierra de Alvargonzález*. Ya hay entre ambos gran confianza. Tan es así que Machado se permite enviar a Darío, con una carta de recomendación fechada el 2 de junio de 1911, a un «muy querido» amigo suyo, Manuel Casillas, con la esperanza de que le dé trabajo como corrector de estilo de la revista. En la misma carta expresa su deseo de que Rubén le dedique pronto algunos minutos, ya que tiene «verdaderos deseos de saludarlo», además de llevarle «algunos encargos de sus amigos de España».[119]

En aquel París vibrante de nuevas iniciativas artísticas, Darío, que tanto había disfrutado la ciudad a fines de siglo, se siente ahora algo desnortado, y en los artículos de actualidad que envía a Buenos Aires faltan los nombres de Juan Gris y Picasso, así como el de Debussy. Después de haber dado todo en su lucha por el modernismo, está incapacitado para sintonizar con las nuevas vanguardias. Síntoma de ello son unos comentarios suyos sobre Marinetti, publicados por estas fechas. Enemigo acérrimo del automóvil y de los demás vertiginosos inventos del nuevo siglo maquinístico, Darío no puede sentirse conforme con la estética desarrollada en el ya famoso manifiesto «futurista» del italiano, aunque está dispuesto a reconocer sus méritos como poeta[120].

Antes de abandonar España, Machado se había comprometido, con generosa espontaneidad, a colaborar «frecuentemente» desde el país vecino en *Tierra Soriana*.[121] No pudo cumplir del todo con la palabra dada, pero sí envió dos crónicas, publicadas el 21 de marzo y el 4 de abril de 1911, que daban a entender que dicha colaboración iba en serio. La primera versaba sobre una nueva obra dramática de Paul Bourget —el interés de Machado por el teatro no ha decaído— y la segunda discurría en torno a la fatuidad de los tópicos que se suelen manejar al hablar de las características nacionales. No todos los españoles somos toreros ni todos los franceses erotómanos, venía a decir el catedrático ausente, que probablemente había oído en el Casino de Soria más de una banalidad acerca de los franceses. Además, recordó, la novela española contemporánea, por lo que a la pornografía tocaba, no tenía nada que envidiar a la ultrapirenaica.[122]

Si Machado no remite más crónicas a *Tierra Soriana* se debía, hay que suponerlo, a la multiplicidad de sus quehaceres en París. No está ni mucho menos de vacaciones en la *Ville Lumière* donde, amén de las obligaciones que conlleva tener una pensión estatal —entre ellas la de preparar unos trabajos concretos—, sigue con asiduidad varios cursos universitarios y pule sus poemas castellanos. Y también, claro, está Bergson. Podemos deducir, por otra parte, que nunca olvida en estos meses la necesidad de mejorar su situación profesional a la vuelta a España, sobre todo ahora que está casado. ¿Va a ser siempre catedrático de Lengua Francesa en un Instituto de provincias, con un sueldo modesto? Recordemos que en estos momentos no tiene título universitario, lo cual supone una desventaja seria para oposistar a cátedras de más prestigio. Quizás decide en París que, a su regreso a casa, empezará cuanto antes una licenciatura por libre en la Universidad de Madrid, pues sabe que sin ella siempre tendrá que concursar en condiciones desiguales, por mucho renombre que tenga como poeta.

* * *

Y es entonces cuando ocurre lo peor imaginable. Machado había pensado llevar a Leonor durante el verano a conocer las praderas y el mar de Bretaña. Pero el 14 de julio, cuando Francia entera, y París en particular, están celebrando ruidosamente la fiesta nacional, la joven tiene un vómito de sangre y se inicia el primer acto de la tragedia.[123]

Horrorizado, Antonio se lanza en busca de un médico por las calles atestadas de muchedumbre jubilosa. No encuentra a ninguno. A la mañana siguiente, después de una noche de angustia atroz, lleva a Leonor a la Maison Municipale de Santé situada en la calle Faubourg Saint-Denis, número 200, donde se suele acoger a los extranjeros enfermos. No sabemos qué diagnóstico hacen allí a lo largo de los siguientes días, pero Leonor tiene tuberculosis.[124]

¿Lo sabía, o sospechaba, Machado al casarse con ella? ¿Se trataba de una tragedia anunciada? En Soria, donde al parecer la tuberculosis era frecuente, se dice insistentemente que el poeta estaba al tanto de la condición de Leonor desde el principio. Pero si fue así no hay constancia alguna de ello ni en la obra ni entre los papeles que se conocen del poeta.

De repente todo ha cambiado de manera drástica para la pareja. Un año después Machado dirá en una carta a su madre que la repentina aparición del mal —el más temido de la época— les había herido «como un rayo en plena felicidad».[125]

El 17 de julio Antonio escribe a Rubén Darío con el laconismo que le caracteriza:

Querido y admirado maestro:
Una enfermedad de mi mujer que me ha tenido muy preocupado y convertido en enfermero ha sido la causa de que no haya ido a visitarle como le prometí.

Afortunadamente, hoy más tranquilo, puedo anunciarle mi visita para dentro de unos cuantos días —a fin de semana. Le quiere y admira

A. Machado.[126]

En la clínica, con Antonio siempre a su lado, Leonor recibe la visita de Francisca Sánchez, la compañera de Darío, y su hermana María. Pero no del autor de *Prosas profanas*, a quien espantan los hospitales. Después de mes y medio llega el momento en que los médicos recomiendan que la pareja vuelva a Soria, donde a su juicio el aire puro de la altiplanicie ayudará a la enferma («aire puro» era la recomendación entonces habitual en tales casos). Machado no tiene dinero suficiente para pagar el viaje y el 6 de septiembre escribe a Rubén:

> Querido y admirado maestro:
> Le supongo al tanto de nuestras desventuras por Paca y Mariquita que tuvieron la bondad de visitarnos en este sanatorio. Leonor se encuentra algo mejorada y los médicos me ordenan que me la lleve a España, huyendo del clima de París que juzgan para ella mortal.
> Así, pues, yo he renunciado a mi pensión y me han concedido permiso para regresar a mi cátedra; pero los gastos de viaje, no me los abonan hasta el próximo mes en España.
> He aquí mi conflicto. ¿Podría V. adelantarme 250 o 300 frs. que yo le pagaría a Vd. a mi llegada a Soria?
> Tengo algunos trabajos para la Revista que le remitiré si V. quiere.
> Le ruego que me conteste lo antes posible y que perdone tanta molestia a su «siempre»* amigo
>
> A. Machado.[127]

Darío envía enseguida el dinero. Antonio y Leonor salen tan deprisa de París que no hay tiempo para despedirse del poeta. El 11 de septiembre Machado le manda, desde Irún, una postal:

> Querido y admirado maestro:
> He tenido que partir de París en circunstancias muy apremiantes y me ha sido imposible despedirme de V. como hubiera sido mi deseo. Voy camino de Soria en busca de la salud para mi mujer.

---

* Lectura dudosa.

Mucho le agradecería que hiciera que enviasen la Revista y las pruebas de mi artículo que yo le devolvería corregidas. (Soria — Instituto).
Mil abrazos de su invariable amigo que no le olvida

Antonio Machado.[128]

El «artículo» a que se refiere Machado es, con toda probabilidad, la versión en prosa de *La tierra de Alvargonzález* (que no se publicará en *Mundial Magazine* hasta enero de 1912).

El 15 de septiembre de 1911, después de un par de días en Madrid, Antonio y Leonor están de regreso en Soria, donde recoge la noticia de su llegada la prensa local.

La rueda de la fortuna ha dado un giro brutal.[129]

* * *

Cinco días después Machado escribe a Juan Ramón Jiménez. No le ha visto en unos ocho años, pero ello no le ha impedido seguir de cerca el desarrollo de su obra. «En breve publicaré un libro que le remitiré —le confía—. Es un intermedio. Mi libro vendrá más tarde. Empiezo a verlo hoy y lo escribiré en unos cuantos años».[130]

Si la primera referencia va por *Campos de Castilla*, ¿cuál es el libro vislumbrado que el poeta espera escribir «en unos cuantos años»? «Antonio Machado proyectaba inicialmente —nos aclara Jordi Doménech— una obra de gran envergadura que probablemente habría llevado el título *Tierras de España*. Éste era el libro que pensaba publicar en un principio en Renacimiento, y con este título fue anunciado en el primer catálogo de aquella editorial, de 1911». *Campos de Castilla* sería una «versión restringida» del ambicioso proyecto original. Como dice Machado, «un intermedio».[131]

En Soria, otra vez en comunión directa con la alta meseta, Machado logra terminar *La tierra de Alvargonzález*, imprescindible para que Martínez Sierra pueda empezar a componer *Campos de Castilla*.

La salud de Leonor, que había parecido mejorar con la vuelta a la ciudad, empeora con la llegada del invierno soriano, tan frío. Machado tiene la esperanza puesta en la primavera, y cuando por fin los días se van alargando alquila una casita en el Espolón, el ca-

mino que conduce a la iglesia de Nuestra Señora del Mirón, para
que Leonor, que ya no tiene fuerzas para andar, pueda tomar el sol
y llenar sus pobres pulmones de aire puro, cumpliendo con la recomendación de los médicos. Mariano Granados los veía con frecuencia. «Es el paseo del Mirón, amplio balcón entresolado que
domina toda la ciudad y el hocino del Duero. Allí está don Antonio. Pero ahora empuja el cochecito donde afilada, fina, casi
transparente, toma el sol Leonor, con su tez pálida y su belleza
quebradiza, y sus manos exangües y la mirada infantil, un poco
asombrada, de sus ojos que miraban ya desde la profundidad de sus
ojeras».[132] «Aquella patética estampa la conservan en sus retinas y
en sus corazones cuantos la contemplaron», escribió Heliodoro
Carpintero en 1951. Y era de verdad conmovedora.[133]

Entretanto ha habido una alegría en la familia, el éxito del nuevo poemario de Manuel, *Cante hondo*, editado a principios de 1912,
que, según Pérez Ferrero, vendió más de mil ejemplares el día de
su publicación (lo cual parece una exageración excesiva). El librito
to expresaba la faceta más andaluza, más *sevillana*, de Manuel, y
en su mínima introducción el poeta declaraba, ufano: «Yo mismo,
andaluz, sevillano hasta la médula (de allí soy, de allí mis padres y
mis abuelos) canto, al estilo de mi tierra, los sentimientos propios...».
Algunos de los versos se harían pronto famosos:

> Vino, sentimiento, guitarra y poesía
> hacen los cantares de la patria mía.
> Cantares...
> Quien dice cantares dice Andalucía.

O:

> No importa la vida, que ya está perdida,
> y, después de todo, ¿qué es eso, la vida?...
> Cantares...
> Cantando la pena, la pena se olvida.

O:

> A todos nos han cantado
> en una noche de *juerga*
> coplas que nos han matado...[134]

Por estas mismas fechas sale en Madrid un nuevo periódico, *La Tribuna. Diario Independiente* (en realidad, promaurista), con vocación de llegar al gran público. Tiene doce páginas, excelentes fotograbados, abundantes noticias nacionales e internacionales, y dedica mucha atención a los adelantos tecnológicos del momento, entre ellos los referidos a automóviles y aeroplanos. En el primer número, publicado el 10 de febrero de 1912, se inaugura una sección, titulada «Cancionero», donde se acogerán, con cierta regularidad, versos de poetas conocidos y menos conocidos. Antonio Machado la abre con un poema sin título, entonces al parecer inédito, que será recogido cinco años después en *Poesías completas* (1917). Es, una vez más, el Machado soñador:

Anoche cuando dormía
soñé ¡bendita ilusión!
que una fontana fluía
dentro de mi corazón.
Di, ¿por qué acequia escondida,
agua, vienes hasta mí,
manantial de nueva vida
en donde nunca bebí?

———

Anoche cuando dormía
soñé ¡bendita ilusión!
que una colmena tenía
dentro de mi corazón;
y las doradas abejas
iban fabricando en él,
con las amarguras viejas
blanca cera y dulce miel...[135]   (LIX)

No se conoce la fecha de composición del poema, pero sospechamos que era reciente y que refleja la terrible angustia del poeta en estos momentos en que teme perder a Leonor. Machado quisiera poder creer en Dios, porque si hay Dios el milagro será posible. Pero no puede creer. El sueño ha sido una «bendita ilusión», pero ilusión al fin y al cabo, y el despertar a la realidad resulta, por implicación, penosísimo.

La relación de Manuel y Antonio con *La Tribuna* es estrecha. Allí publica el primero, este febrero, unos versos festivos, aptos para los días de Carnaval.[136] El 20 de febrero Antonio vuelve con un relato, «Casares», probablemente escrito en París, muy en la línea de las viñetas satíricas de tipos españoles que había redactado años atrás para *La Caricatura*.[137] Y luego, el 25 del mismo mes, da a conocer en el mismo diario un pequeño romance octosílabico, sin título, que expresa otra vez su desgarro ante el brutal cambio que se acaba de producir en sus circunstancias personales:

> Eran ayer mis dolores
> como gusanos de seda
> que iban labrando capullos;
> hoy son mariposas negras.
> ¡De cuántas flores amargas
> he sacado blanca cera!
> ¡Oh, tiempo en que mis pesares
> trabajaban como abejas!
> Hoy son como avenas locas
> o cizaña en sementera,
> como tizón en espiga,
> como carcoma en madera.
> Oh, tiempo en que mis dolores
> tenían lágrimas buenas,
> y eran como agua de noria
> que va regando una huerta.
> Hoy son agua de torrente
> que arranca el limo a la tierra...[138] (LXXXVI)

Parece muy difícil que Machado llamara la atención de Leonor sobre este poema, luego incluido en la sección «Proverbios y cantares» de *Campos de Castilla*, por ser tan evidente la alusión a su enfermedad. No sería así con la secuencia de siete poemas, titulada «Tierras de Soria», que publica *La Tribuna* el 2 de marzo de 1912 (entre noticias de la masiva huelga de mineros que está teniendo lugar en Inglaterra). Los poemas de Machado suelen ser el resultado de un largo y penoso proceso creador sobre el papel, con numerosos borradores sucesivos. Tal es el caso de «Tierras de Soria», apasionado homenaje —compuesto en silvas— a la altiplanicie numantina, para Antonio ya inseparable de Leonor.[139] Reproducimos en su integridad el poema tal como apareció en *La Tribuna* porque iniciaba el ciclo machadiano que hoy más conmueve a los lectores de su obra:

TIERRAS DE SORIA

I

Es la tierra de Soria árida y fría,
por las estepas y las lomas calvas,
verdes pradillos, cerros cenicientos,
la primavera pasa
dejando entre las hierbas olorosas
sus diminutas margaritas blancas.
La tierra no revive, el campo sueña.
Al expirar Abril están nevadas
las crestas de los agrios serrijones,
el caminante lleva en su bufanda
cubiertos cuello y boca, y los pastores
pasan envueltos en sus luengas capas.

II

Las tierras labrantías
como retazos de estameñas pardas,
el huertecillo, el abejar, los trozos
de verde obscuro en que el merino pasta
entre plomizos peñascales siembran
el sueño alegre de infantil arcadia.
En los chopos lejanos del camino
parecen humear las yertas ramas
como un glauco vapor —las nuevas hojas—
y en las quiebras de valles y barrancas
blanquean los zarzales florecidos
y brotan las violas perfumadas.

III

Es el campo undulado y los caminos
ya ocultan sus viajeros que cabalgan

en pardos borriquillos;
ya al fondo de la tarde arrebolada
elevan las plebeyas figurillas
que el lienzo de oro de la tarde manchan.
Mas si trepáis a un cerro y veis el campo
desde los picos donde habita el águila,
son tornasoles de carmín y acero,
llanos plomizos, lomas plateadas,
circuidos por montes de violeta,
con las cumbres de nieve sonrosada.

IV

¡Las figuras del campo sobre el cielo!
Dos lentos bueyes aran
en un alcor cuando el otoño empieza
y entre las negras testas doblegadas
bajo el pesado yugo
pende un cesto de juncos y retamas
que es la cuna de un niño.
Tras de la yunta marcha
un hombre que se inclina hacia la tierra
y una mujer que en las abiertas zanjas
arroja la semilla.
Bajo una nube de carmín y llama
y en el oro fluido y verdinoso
del poniente las sombras se agigantan.

V

La nieve. En el mesón al campo abierto
se ve el hogar donde la leña humea
y la olla al hervir borbollonea.
El cierzo corre por el camino yerto,
alborotando en blancos torbellinos
la nieve silenciosa.
La nieve sobre el campo y los caminos
cayendo está como sobre una fosa.
Un viejo acurrucado tiembla y tose
cerca del fuego; su mechón de lana

la vieja hila y una niña cose
verde ribete a su estameña grana.
Padres los viejos son de un arriero
que caminó sobre la blanca tierra,
y una noche perdió ruta y sendero,
y se enterró en las nieves de la sierra.
En torno al fuego hay un lugar vacío
y en la frente del viejo de hosco ceño
como un tachón sombrío
—tal el golpe de un hacha sobre un leño—.
La vieja mira al campo cual si oyera
pasos sobre la nieve. Nadie pasa.
Desierta la vecina carretera,
desierto el campo en torno de la casa.
La niña piensa que en los verdes prados
ha de correr con otras doncellitas
en los días azules y dorados
cuando crecen las blancas margaritas.

VI

Es una hermosa noche de verano.
Tienen las altas casas
abiertos los balcones
del viejo pueblo a la anchurosa plaza.
En el amplio rectángulo desierto
bancos de piedra, evónimos y acacias
simétricos dibujan
sus negras sombras en la arena blanca.
En el cenit la luna, y en la torre
la esfera del reloj iluminada.
Yo en este viejo pueblo paseando
solo, como un fantasma.

VII

Soria, mística y guerrera,
de vieja estirpe cristiana
fue hacia Aragón barbacana
de Castilla, en la frontera.

¡Soria, fría, «Soria pura»
cabeza de Extremadura,
con tu castillo roquero
arruinado sobre el Duero,
con tus murallas roídas
y tus casas denegridas;
muerta ciudad de señores
guerreros y cazadores;
de portones con escudos
de cien linajes hidalgos,
y de famélicos galgos,
de galgos flacos y agudos
que pululan
por las sórdidas callejas!
y a la media noche ululan
cuando graznan las cornejas.
Soria fría. La campana
de la Audiencia dio la una.
Soria, ciudad castellana
¡tan bella!... bajo la luna.[140]

En *Campos de Castilla,* ya en prensa, «Tierras de Soria» se titula «Campos de Soria». Ha desaparecido la sección VI de *La Tribuna* —que encuentra cobijo independiente en otro lugar del libro,
titulado «Noche de verano»—, hay algunos mínimos cambios en
los otros poemas, y Machado ha añadido tres más de una emoción tan intensa como contenida:

VII

¡Colinas plateadas,
grises alcores, cárdenas roquedas
por donde traza el Duero
su curva de ballesta
en torno a Soria; oscuros encinares,
ariscos pedregales, calvas sierras,
caminos blancos y álamos del río;
tardes de Soria, mística y guerrera,
hoy siento por vosotros, en el fondo
del corazón, tristeza,

242

tristeza que es amor! ¡Campos de Soria
donde parece que las rocas sueñan,
conmigo vais!... ¡Colinas plateadas,
grises alcores, cárdenas roquedas!

VIII

He vuelto a ver los álamos dorados,
álamos del camino en la ribera
del Duero, entre San Polo y San Saturio,
tras la murallas viejas
de Soria —barbacana
hacia Aragón, en castellana tierra.

Estos chopos del río, que acompañan
con el sonido de sus hojas secas
el son del agua cuando el viento sopla,
tienen en sus cortezas
grabadas iniciales que son nombres
de enamorados, cifras que son fechas.
¡Álamos del amor que ayer tuvisteis
de ruiseñores vuestras ramas llenas;
álamos que seréis mañana liras
del viento perfumado en primavera;
álamos del amor cerca del agua
que corre y pasa y sueña,
álamos de las márgenes del Duero,
conmigo vais, mi corazón os lleva!

IX

¡Oh, sí, conmigo vais, campos de Soria,
tardes tranquilas, montes de violeta,
alamedas del río, verde sueño
del suelo gris y de la parda tierra,
agria melancolía
de la ciudad decrépita,
¿me habéis llegado al alma,
o acaso estabais en el fondo de ella?
¡Gente del alto llano numantino

que guarda a Dios como cristiana vieja,
que el sol de España os llene
de alegría, de luz y de riqueza!   (CXIII)

Al pie de la versión definitiva de la sección VII («¡Colinas plateadas,/grises alcores...!»), Machado ha escrito, y luego tachado, la
indicación «Soria 15 octubre 1911».[141] Si la fecha no está equivocada, demuestra que, a los pocos días de inaugurarse el curso de
1911-1912 y de volver a su cátedra, Machado seguía trabajando con
ahínco en un canto a Soria empezado acaso dos años antes y que le
ha costado un ingente esfuerzo, sobre todo la sección V («Es la nieve. Está el mesón abierto...»), del cual hay unos diez borradores.
  Es interesante que la anécdota allí contada se ubique en un
mesón. Mesón sin huéspedes, como el de «A orillas del Duero».
Machado, para quien la vida es permanente camino, siente afecto
por albergues, mesones, refugios, fondas, posadas y ventas, estable-
cimientos que ofrecen al viajero descanso y reposición de energías,
además de calor humano, antes de reiniciar su ruta. En el poema
«Desde mi rincón» (1913), dedicado al libro *Castilla* de «Azorín»,
encontramos los siguientes versos,

¡Oh, venta de los montes! —Fuencebada,
Fonfría, Oncala, Manzanal, Robledo—.
¡Mesón de los caminos y posada
de Esquivias, Salas, Almazán, Olmedo!   (CXLIII)

versos que, en uno los borradores del poema, barajan más nombres
de hospedajes, tanto de montaña como de llanura, conocidos del
poeta:

Es la venta en los puertos:
Fuencebada
Piqueras, Oncala, Manzanal, Fuenfría,
Salas, Illescas, Almazán,
Fuenfría, Oncala, Manzanal, Piqueras
la venta y la posada[142].

En otro poema dedicado al mismo libro de Azorín, Machado recuerda una venta para él muy significativa, la de Cidones, a
dieciséis kilómetros de Soria (relacionada, como vimos antes, con

el poema «Por tierras del Duero»). Aquí un joven caballero enlutado, a quien hace llorar «el son de la marmita, el ascua del hogar», espera con ansiedad la diligencia de Burgos. Es imposible no captar las resonancias personales de unos versos que a primera vista parecen objetivos (CXVII).

Volviendo al poema V de «Campos de Soria», es evidente que, para una sensibilidad como la de Machado, un mesón sin clientela simboliza, de modo forzoso, la muerte. Además es muy significativo que en los numerosos borradores de este poema (en uno de los cuales se especifica que el hijo muere enterrado por la nieve en el puerto soriano de Oncala)[143] Machado apunta una y otra vez, en los márgenes y en su inglés original, las famosas palabras iniciales del monólogo de Hamlet: «To be or not to be, that is the question...». ¿Qué tremenda disyuntiva se le plantea al poeta, bajo la sombra tutelar del atormentado personaje shakesperiano, mientras lucha por resolver, con tanta dificultad, este poema? ¿La cuestión de seguir viviendo si se muere Leonor? Quizás. Que haya una alusión a la amada parece indudable, de todas maneras, en los versos finales del poema, donde asoma la niña que sueña con la llegada de la primavera soriana, siempre relacionada por Machado con las margaritas blancas que en abril y mayo alegran, brevemente, la estepa.

Nada más ajeno al tono de «A orillas del Duero» o «Por tierras del Duero» —con sus invectivas contra el hombre de estos llanos y cerros— que el de «Campos de Soria». Aquí ya no hay «atónitos palurdos sin danzas ni canciones» que incendian los pinares, ni son «bélicas» las parameras calcinadas por el sol de verano —aunque no faltan alusiones a la dureza de estas tierras—, ni aparecen centauros arqueros que, recortados contra el cielo del atardecer, se disponen a disparar sus flechas contra un Dios cruel. Tampoco asoma la Castilla heroica, madre de conquistadores, ni cruza por la llanura la sombra errante de Caín. Es un poema de amor donde la presencia de la esposa, aunque el poeta no la nombra, impregna los versos, sobre todo los últimos. Machado sabe, cuando en el otoño de 1911 sigue trabajando en el poema, que la felicidad tan largamente esperada puede desvanecerse en cualquier momento. Ello da al final de la «suite» su profunda tristeza. El poeta, reconciliado, gracias al milagro del amor sobrevenido, con el paisaje soriano, que ya es «paisaje del alma», parece asumir que Leonor, de modo irremediable, se le escapa. Y que su destino será el de recordar, siempre, su tan breve idilio a orillas del Duero.

* * *

A finales de 1911, acaso en noviembre, Machado manda a Francisco Acebal, director de *La Lectura*, una copia manuscrita de la primera mitad de *La tierra de Alvargonzález*. Le indica que el poema completo saldrá «en breve» en su libro *Campos de Castilla*, y le ruega que, si decide publicar lo que le remite, tenga la bondad de pasarle unas galeradas, «pues le envío un borrador donde nunca faltará qué corregir».[144] Acebal le debió de pedir el resto del poema, ya que éste salió entero en el número de la revista correspondiente a abril de 1912 (aunque con algunos recortes y sin el subtítulo «Romance de ciego» que figura en el manuscrito).

Cinco años después, al comentar su propósito en *La tierra de Alvargonzález*, Machado explicó que, si bien quería escribir entonces «un nuevo Romancero», en un intento de liberarse de su arraigado solipsismo, no se trataba en absoluto de imitar los romances viejos (caballerescos o moriscos). «Mis romances —insistió— no emanan de las heroicas gestas, sino del pueblo que las compuso y de la tierra donde se cantaron; mis romances miran a lo elemental humano, al campo de Castilla y al Libro Primero de Moisés, llamado Génesis».[145]

Los seiscientos versos (setecientos en la versión final) que cuentan el parricidio mantienen en general el registro narrativo apropiado para un poema calcado, como indicaba el subtítulo suprimido, sobre el estilo de los anónimos romances de ciego. Es decir, que suele ser impersonal, lacónico, «pueblerino». Pero el poeta experimenta ya con tanta intensidad el paisaje soriano que hay momentos en que le cuesta trabajo contener su emoción al evocarlo. Uno sobre todo, que figura así en *La Lectura*:

> Abunda en la tierra un gris
> de plomo y azul de plata,
> con manchas de roja herrumbre,
> todo envuelto en luz violada,
> ¡oh tierras de Alvargonzález!
> en el corazón de España;
> páramos que cruza el lobo
> aullando a la luna clara
> de bosque a bosque; baldíos
> sembrados de rocas pardas,

donde roída de buitres
brilla una osamenta.
Pobres campos solitarios,
sin caminos ni posadas;
¡oh pobres campos malditos
en el corazón de España!

Antes de que se publicasen en *La Lectura* estos versos, ya harto
personales, Machado los había modificado en las pruebas de *Campos
de Castilla* y añadido dos versos insuperables sobre las tierras de Alvargonzález, creemos que abrumado por el temor de que ya no hubiera salvación para Leonor. Con ellos, además de una profunda al-
teración en el último verso, quedaba clara la identificación del poeta
—de Antonio Machado, no del supuesto narrador anónimo— con los
campos sorianos donde había conocido, por fin, la felicidad amorosa:

Abunda en la tierra un gris
de plomo y azul de plata,
con manchas de roja herrumbre,
todo envuelto en luz violada.
¡Oh, tierras de Alvargonzález,
en el corazón de España,
tierras pobres, tierras tristes,
tan tristes que tienen alma!
Páramos que cruza el lobo
aullando a la luna clara
de bosque a bosque, baldíos
llenos de peñas rodadas,
donde roída de buitres
brilla una osamenta blanca;
pobres campos solitarios
sin caminos ni posadas,
¡oh, pobres campos malditos,
pobres campos de mi patria!   (CXIV)

El poeta había introducido otro cambio de último momento
muy significativo. La versión de *La Lectura* decía:

Los hijos de Alvargonzález
ya tienen majada y huerta,

> campos de trigo y centeno
> y prados de fina hierba,
> dos yuntas para el arado,
> un mastín y cien ovejas.

En *Campos de Castilla* los parricidas poseen algo más:

> Los hijos de Alvargonzález
> ya tienen majada y huerta,
> campos de trigo y centeno
> y prados de fina hierba;
> en el olmo viejo, hendido
> por el rayo, la colmena,
> dos yuntas para el arado,
> un mastín y cien ovejas.   (CXIV, vv. 157-164)

¿Por qué añadir la colmena, específicamente localizada «en un olmo viejo, hendido por el rayo»? En estas mismas fechas, queriendo creer contra toda evidencia que no va a perder a Leonor, Machado trabaja en uno de sus más hermosos poemas, «A un olmo viejo», que dará por terminado el 4 de mayo de 1912, poco después de editarse *Campos de Castilla.* Es el mismo árbol que ha introducido tardíamente en *La tierra de Alvargonzález,* pero con la diferencia de que en su entraña ya no hay colmena sino muerte:

> A un olmo viejo, hendido por el rayo
> y en su mitad podrido,
> con las lluvias de Abril y el sol de Mayo
> algunas hojas verdes le han salido.
> ¡El olmo centenario en la colina
> que el Duero lame!... Un musgo amarillento
> le mancha la corteza blanquecina
> al tronco carcomido y polvoriento...   (CXV)

La emotiva reacción ante el paisaje soriano, registro que pugna con el tono lacónico del resto de *La tierra de Alvargonzález,* propio de un romance de ciego, así como la presencia del olmo, no son los únicos indicios de subjetivismo que se puedan rastrear en el ambicioso poema. Quizás en particular habría que señalar la relación entre Miguel, el hermano menor, que vuelve rico de ultramar y se hace con las tierras del patriarca asesinado, y Joaquín Machado, que, poco después de la muerte de *Demófilo*, buscó fortuna en Guatemala y, como vimos, volvió maltrecho a Europa en 1902. El primer poema de *Soledades. Galerías. Otros poemas*, «El viajero» (I), estaba inspirado sin duda en aquella peripecia del hermano menor, y la escena en que éste regresa a la «sala familiar» se repite ahora, aunque con otro signo, cuando Miguel llama a la puerta de la desmoronada casa de Alvargonzález y se reúne después de tantos años con sus hermanos. Es difícil, por otro lado, no ver simbolizado en el regreso de Miguel el posible renacimiento de Castilla —para Machado la España esencial—, terminada ya la larga aventura imperial.

* * *

Campos de Castilla estaba ya impreso a mediados de abril de 1912 y salió poco después a la calle.[146] La presentación era de una intencionada sobriedad, con una cubierta que representaba un paisaje con algunos pinos arraigados entre rocas, todo de un modesto color pardo, emblema de la adustez de la meseta.[147]

Machado había contratado el libro verbalmente con Gregorio Martínez Sierra y Renacimiento. El poeta-editor le había dicho que le pagaría 200 pesetas por un libro de 100 páginas, y 400 por uno de 200, con una tirada de 1.000 ejemplares. Gracias sobre todo a *La tierra de Alvargonzález* (98 páginas, casi la mitad) —dedicada por Machado «Al poeta Juan R. Jiménez»— , pero también al hecho de otorgar a todos los títulos de poemas y secciones una hoja propia (con su otra cara en blanco), *Campos de Castilla* resultó tener 198 páginas. No obstante Machado sólo cobró 300 pesetas, y ello a pesar de que se imprimiesen 2.300 ejemplares, más del doble de lo convenido. Aquel septiembre el poeta se lo recriminará con razón a Martínez Sierra, aduciendo estos datos y diciéndole que debió cobrar 800 pesetas.[148]

Campos de Castilla tuvo un éxito de ventas inmediato. En la Fundación Juan Ramón Jiménez de Moguer se conserva un ejemplar con la dedicatoria manuscrita: «Al gran poeta Juan Ramón con el entrañable afecto de Antonio. Soria 1 mayo 1912». Lo sorprendente es que, al pie del lomo del mismo ejemplar, consta la indicación «Segunda edición».[149] ¿Se vendió tanto el libro nada más editarse que Martínez Sierra decidió imprimir enseguida más ejemplares? ¿Se trataba de un truco editorial para incrementar las ventas? Lo llamativo, de todas maneras, es la muy positiva acogida otorgada a *Campos de Castilla* desde el momento de su aparición. Machado ya no es el poco conocido poeta de *Soledades* y de *Soledades. Galerías. Otros poemas*, sino, para la crítica, la voz lírica más señera de la generación bautizada por Azorín como de 1898.[150]

El 25 de junio de 1912 *La Nación* de Buenos Aires publica una reseña de Unamuno bajo el título «Campos de Castilla» y la indicación «II». ¿Qué pasó con la primera parte de la crítica, que la segunda da a entender se había publicado ya en el mismo rotativo, pero que hasta hoy nadie ha localizado? ¿Se perdió antes de llegar al diario? Es un misterio. La segunda parte basta, de todas maneras, para demostrar el entusiasmo que el libro suscitó en el polémico vasco, que empieza por señalar la diferencia entre los temperamentos poéticos de Antonio y Manuel, patente, como dice, al comparar los autobiográficos «Retrato» y «Adelfos». A Unamuno le ha fascinado el énfasis puesto por Machado —máxime en *La tierra de Alvargonzález*— sobre la envidia española, sobre Caín y Abel y la codicia del campo, tan obsesionada con heredar que, como dice el narrador del poema,

> por ansia de lo que espera
> no goza de lo que tiene.

Con el don de la paradoja que le caracteriza, Unamuno dice respetar, en la envidia, la enorme energía que revela en el individuo que la padece. Le satisfaría intentar ahora mismo una «justificación estética» del cainismo, pero no es el lugar ni el momento. Que quede constancia, por lo menos, de que la envidia es señal de vida, de potencial, y que el problema está en cómo recuperar «todas las aprovechables energías que en sí encierra». Se sobreentiende que España, para llegar a ser algo grande, necesita superar su inveterada tendencia a tal vicio y convertirlo en energía positiva. Si lo consigue, no todo estará perdido. Y, al fin y al cabo, ¡mejor tener energía, aunque desviada, que no tenerla!

A Unamuno le han gustado de manera especial los «Proverbios y cantares», donde, a su juicio, Machado penetra «en las reconditeces del alma humana». Nota su filiación con el judío Sem Tob de Carrión, «nuestro clásico poeta gnómico», y con la tradición de la «sentencia rimada» que, en España, tiene «largo y glorioso abolengo y encierra lo más y lo mejor de nuestra sabiduría popular». En sus coplas, que respiran casi todas «eso que las gentes llaman pesimismo», Machado ha condensado y concentrado, en opinión de Unamuno, «su amarga sabiduría poética» y una filosofía «casi musulmana». Y cita como muestras:

> ¿Para qué llamar caminos
> a los surcos del azar?...
> Todo el que camina anda,
> como Jesús, sobre el mar.   (CXXXVI, II)

> Nuestras horas son minutos
> cuando esperamos saber,
> y siglos cuando sabemos
> lo que se puede aprender.   (CXXXVI, IV)

> ¡Ojos que a la luz se abrieron
> un día para, después,
> ciegos tornar a la tierra,
> hartos de mirar sin ver!   (CXXXVI, XII)

Era exacto que en sus «Proverbios y cantares» Machado encerraba su «amarga sabiduría poética». Los había empezado a publicar en *La Lectura*, en 1909; en 1913 dijo que iba a reunirlos en un volumen (cosa que nunca hizo);[151] y los seguiría componiendo toda su vida, como se puede apreciar al comparar las sucesivas ediciones de *Poesías completas*. Una y otra vez le sorprendemos, en sus borradores, trabajándolos, corrigiéndolos, puliéndolos. Constituyen algo así como un diario personal que recoge lo más íntimo de su sentir al ir caminando, siempre caminando, hacia el mar de la muerte. Al llamar «casi musulmana» la filosofía pesimista que se refleja en ellos, Unamuno aludía, es de presumir, a su fatalismo. En este sentido habría que recordar también que la Baetica fue la tierra natal de Séneca, y que el estoicismo es uno de los rasgos más profundos de Antonio Machado.[152]

Es interesante constatar que Juan Ramón Jiménez coincidió con Unamuno en la valoración de los «Proverbios y cantares» de *Campos de Castilla*, que eran lo que más le había gustado del libro.

«Dom Sem Tob revive en ti —le escribe a Machado durante el verano de 1912—, como si en todo el tiempo que ha estado muerto hubiese robado a lo eterno tesoros májicos [sic] e inefables». Hermoso tributo de otro poeta andaluz muy cualificado para percibir la presencia de elementos populares en la obra ajena.[153]

Campos de Castilla da pie a Azorín para un artículo en *Abc* sobre el paisaje en la poesía española a través de los siglos. El escritor considera que «lo más representativo y lo más característico» del libro es «Campos de Soria», y que en estos versos, pese a ser «una colección de detalles» —comentario incomprensible—, se siente «palpitar, vibrar, todo el espíritu del poeta». Era verdad, pero de ahí no pasa su análisis.[154]

La crítica de Ortega, en *Los Lunes de El Imparcial*, es mucho más penetrante y sutil que las de Unamuno y Azorín. Busca medir lo conseguido por Machado en su poesía hasta el momento, y ve que, sin renunciar a lo que debe a Rubén Darío —«el indio divino [...] que ha llenado diez años de nuestra historia literaria»—, se ha esforzado por encontrar su propia voz en contacto con el tiempo suyo, que ya no es el tiempo del modernismo. «Yo encuentro en Machado —dice Ortega— un comienzo de esta novísima poesía, cuyo más fuerte representante sería Unamuno si no despreciara los sentidos tanto...». Un comienzo, pero no, todavía, la fruta madura, toda vez que, para el pensador, persiste aún en *Campos de Castilla* cierto lastre descriptivo que habrá que ir soltando. Machado ya estaba en ello, debido en parte, a juicio de Ortega, a la presión sobre él de la «sobriedad de los cantos y letrillas populares», lo cual no dejaba de ser un *aperçu* muy atinado. Machado debió de sentirse muy halagado —y estimulado— por la reseña, dada la admiración que le inspiraba su autor.[155]

Hay notas y artículos en otros lugares. *La Tribuna* reproduce el 11 de junio el poema «Un criminal» y anuncia que se ocupará pronto, «con la calma debida», de *Campos de Castilla* (cosa que, por lo visto, no hace).[156] El 18 del mismo mes, en *España Libre*, Manuel Ayuso, el férvido propagandista republicano de El Burgo de Osma, elogia el libro, y el 8 de julio, en una carta a *El Porvenir Castellano*, recuerda a sus amigos sorianos que Machado es paisano de Bécquer «y enamorado como él de la "tierra triste y noble", sedienta de árboles en las cumbres y rebaños en las laderas». Ayuso propone que se organice un homenaje a Leonor, la esposa soriana «que trasplantó a los altozanos numantinos el alma sevillana del rimador insigne». El diario, de acuerdo con la sugerencia, lleva flores a la musa enferma.[157]

Mientras va avanzando el verano de 1912 Leonor tiene la alegría de saber que *Campos de Castilla*, que tanto le debe, ha colocado a su marido en uno de los primerísimos puestos de la poesía española contemporánea.

* * *

Poco después de recibir los recortes de los dos artículos de Unamuno sobre *Campos de Castilla*, es decir a mediados de julio, Antonio contesta la comunicación que acaba de recibir de su madre, en la cual se ofrece a juntarse con él y Leonor en Soria. De las muchas cartas escritas por Machado a su madre a lo largo de su vida es la única que, al parecer, ha sobrevivido:

> Queridísima mamá:
> Acabo de recibir tu carta por conducto de Don Vicente*. Leonor se encuentra un poco repuesta de la última crisis. Yo he llegado a concebir la esperanza de que si se acentuara un poco su mejoría y cobrase alguna fuerza, pudiéramos ir a Madrid para que Hausser** y algún especialista la tratase. Excuso decirte cuánto placer sería para mí tenerte aquí. Conviene esperar un poco, sin embargo, por lo que te he indicado. Por lo demás, Leonor también desea verte y hoy mismo me lo dice; aunque no le he leído tu carta y en lo sucesivo no le extrañará ni preocupará el que tú le hables de venir aquí, al contrario, le agradará mucho. Su deseo es también ir allá y, de no poder, que tú vengas.
> Mucho me entristece el haberte inquietado y entristecido tanto con mi última carta. Sería vano que tratase de ocultarte mi sufrimiento; pero también has de tener en cuenta que con las grandes calamidades vienen las grandes resignaciones; que yo tengo el consuelo de poderme consagrar a cuidarla y

---

* No hemos podido identificar a a esa persona.

** Según nos comunica Jordi Doménech, se trata del distinguido médico español, de origen húngaro, Felipe Hauser, uno de cuyos libros, *Estudios médico-topográficos de Sevilla* (1882), tenía un prólogo de Antonio Machado Núñez.

el cumplimiento de lo que el cariño y el deber me imponen, no pueden determinar en mí un estado de espíritu de violento y agudo dolor, sino de triste conformidad con lo irremediable. Te digo esto porque creo que sientes al par que la tristeza natural por la enfermedad de Leonor, una gran inquietud imaginando en mí un estado de ánimo vecino de la desesperación. No. Mi tristeza es grandísima, pero no puede tener nada de violenta. Tampoco tengo perdida toda esperanza en una mejoría, si no absoluta, relativa.

Mi salud, por lo demás, no puede ser mejor. Es cierto que los sufrimientos morales siempre perjudican; pero hay algo mucho más nocivo a la salud que es la vida desordenada y ésta hace mucho tiempo que termina para mí, y hoy más que nunca mi vida está regularizada por las mismas necesidades de la enferma. Vivo ajustado a cronómetro y mi única expansión consiste en respirar aire puro. Aunque te parezca extraño, nunca he estado más fuerte de salud. Así, pues, queridísima mamá, no te acongojes tú por mi situación; el golpe terrible para mí fue el que llevé en París, cuando la enfermedad de Leonor nos hirió como un rayo en plena felicidad. Nuestro ánimo, al fin, se adapta a todo, y las ocupaciones y deberes que impone la misma desgracia son otros tantos cauces del dolor que lo alivian y mitigan. De esto sabes tú más que yo, pues que tu vida ha sido de continuo sufrimiento por los seres queridos. Además, la felicidad es simplemente una cuestión de egoísmo o de inconsciencia. Siempre tenemos motivos para sufrir; pero los únicos dolores que no denigran y que llevan su consuelo en sí mismos, son los que pasamos por los demás.

El plan mío y el de Leonor es desde luego ir a Madrid, si la mejoría se acentúa pronto; en caso contrario que tú vengas aquí. Leonor me decía hoy: ahora puede la mamá Anita venir a ver a su niña, si su niña no va a verla a ella. Cuando nos escribas háblanos de tu viaje pues a ella le agradará saber que tú estás dispuesta a venir.

A Manuel le escribiré uno de estos días. Hoy recibo dos crónicas de Unamuno sobre el libro muy hermosas en que habla de los dos con gran elogio. Te las remitiré.

Mil abrazos a todos y mil besos para ti

Antonio.[158]

La esperanza de Machado carece de fundamento. Unos pocos días después Leonor empeora gravemente. El 30 de julio Ana Ruiz llega presurosa desde Madrid.[159] Al día siguiente, ya moribunda, Leonor recibe el Santo Viático. El 1 de agosto, a las diez de la noche, expira. Había cumplido los 18 años el 12 de junio.[160]

El tributo de José María Palacio, escrito mientras vela el cadáver y publicado cuatro días después en la primera plana de *El Porvenir Castellano*, bajo una enorme esquela de la fallecida, nos permite casi experimentar, con su tremenda carga emotiva, incluso su desbordamiento sintáctico, el hondo patetismo del momento:

DOÑA LEONOR IZQUIERDO DE MACHADO

Pocas veces con más razón que en la presente podremos decir que el dolor embarga nuestro ánimo y que es muy difícil que el entendimiento tenga la lucidez necesaria para reflejar sobre unas cuartillas la verdad y la intensidad de aquél.

Ha muerto la esposa amantísima de nuestro entrañable, del amigo del alma Don Antonio Machado.

Doña Leonor Izquierdo de Machado, tan joven, tan buena, tan bella, tan digna del hombre en cuyo corazón es todo generosidad y en cuyo cerebro dominan potentes destellos de inteligencia, ha muerto, y ¡parece mentira! ¡Pobre Leonor!

Es absurdo, en verdad querido Machado, incomprensible, cruel, pero la muerte es así de atrabiliaria y de inconmovible.

Piense usted una vez más en aquellos profundos versos, saturados de ironía y de desprecio, de su hermano Manuel, poeta excelso como usted:

¡Que la vida se tome la pena de matarme
ya que yo no me tomo la pena de vivir!

Pero no, la vida no es la que mata, aunque ella represente la pena de vivir, pena sobre todo en estas circunstancias de usted, en que se ve una juventud tronchada y toda una inmensidad de cariños y de ilusiones perdidos. ¿Por qué, Dios mío, ha de ser la vida tan amarga?

Su alma de poeta y de artista se estremeció profundamente ante la virtud y la belleza, y su lira repleta de epitalamios y su pecho rebosante de generosidad y de grandes afectos, dispuestos

255

estuvieron un día llamado por usted el más feliz de su vida en la noche más triste, a una ofrenda santa que usted, amigo del alma, prolongará siempre, pero que una enfermedad traidora y tenaz ha convertido de una manera verdaderamente absurda en amarga tristeza y en desconsuelo, que cuando es tan intenso como el suyo, anonada y desespera.

Yo quiero que llore usted lo menos posible; juntos hemos llorado la desdicha y con nosotros la lloran cuantos conocen y estiman a usted y conocieron y estimaron a Leonor, ¡a Leonor que a pesar de todos los cariños, de todos los cuidados, de todos los sacrificios, de todos los medios imaginados por usted y los médicos, a todas horas para arrebatarla a la Parca, pudo ésta más que todos, y no fue posible hacerla sobrevivir a la enfermedad que minó su existencia poco a poco, sin nada que se pudiera oponer a su avance! ¿Por qué los hombres, en vez de matarse los unos a los otros, y de odiarse, no hemos de estudiar la manera de conservar la vida a los jóvenes? ¿Somos demasiado torpes, o demasiado pequeños?

Escribo estas cuartillas entre las miradas de los que conmigo velan el cadáver de *la que fue* (y ayer era todavía. Un siglo y un minuto de tiempo) su amadísima esposa.

¡Qué de consideraciones se agolpan a la imaginación ante un cadáver de una mujer joven y buena!

Lleva usted veinticuatro horas horribles, transido por el dolor y deshecho por el llanto. Junto a usted lloran también dos madres buenas, igualmente desconsoladas. Y de vez en vez, la mano angelical de una infantita que también llora por su hermana, limpia las lágrimas a su madre. Dentro del mismo dolor hay alguna nota de consuelo.

Todos los amigos de usted queremos llevarle una parte muy grande, primero en el dolor y después en el consuelo.

La redacción de EL PORVENIR, que tiene de antiguo para usted cariños muy sentidos, toma una parte sincerísima en su desgracia. Yo que vivo cada vez más intensa y más concentrada la vida de mis afectos, quiero llevar una proporción, la más grande, aparte la de usted en su propia pena. Y su parte pedirán también otros muchos, y no pocos desde lejos. ¿No puede aliviarle a usted esto un poco, querido Machado?

Fue usted todo para Leonor, en amor, en tiempo, en actividad y en esfuerzo, y ella que está donde están las almas limpias y vírgenes como la suya, ha de bendecirle y enviarle alientos para continuar esta lucha que la vida representa, casi siempre con penas, y pocas veces con satisfacciones.

En esta impresión dominadora y terrible de ahora, yo he dicho sin ilación, y con dolor unas cuantas cosas. Es seguro que no reflejan bien un estado de alma porque no pueden reflejarlo. Pero si ellas no lo reflejan, mientras rezo una oración en honor a la memoria de Leonor, tan buena, tan joven y tan digna de usted, como la pobre hermanita que secaba las lágrimas a su madre, yo abro los brazos para que sobre ellos deje usted caer las suyas, que también alivian el espíritu. Y caen sobre un pecho amigo que las acoge con cariño y las guarda con predilección para decir luego a quien las arrojó:

El dolor santifica las almas grandes. Hay que ser fuertes ante el dolor...[161]

Por algo José María Palacio ocupará siempre en el corazón de Machado un lugar privilegiado.

Los funerales se celebran el 2 de agosto en Santa María la Mayor, donde, casi exactamente tres años antes, se habían casado Antonio y Leonor en medio de los murmullos de los beatos. Y oficia el mismo cura, el anciano Isidro Martínez González (que morirá poco tiempo después).[162] Si hubo numerosa concurrencia en la iglesia, fue muy superior, según *El Porvenir Castellano*, en el acompañamiento del cadáver al alto cementerio de El Espino: «Sobre el severo féretro iba una magnífica corona homenaje del Claustro de nuestro primer centro docente a doña Leonor Izquierdo. Tomaron las cintas los profesores Sres. D. Miguel Giménez de Cisneros, don Fermín Jodra, D. Federico Zunón y el Sr. Cabrerizo».[163]

Machado hubiera deseado, sin duda, huir enseguida de Soria, pero tuvo que aguantar todavía algunos días. El 8 de agosto de 1912 *El Porvenir Castellano* anunciaba su partida. «En el tren de la noche de hoy salen para Madrid nuestro querido amigo D. Antonio Machado y su buena madre la respetable señora doña Ana Ruiz».[164]

Es probable que el poeta hubiera decidido ya concursar un traslado a otro Instituto, de presentarse una vacante, pues ¿cómo poder seguir viviendo en Soria sin Leonor?

Detrás, en los cajones de su mesa de trabajo, dejó cientos de hojas manuscritas descubiertas allí cinco años después por un joven profesor, Pedro Chico y Rello, que ocupaba entonces la misma habitación. Eran apuntes de los viajes de Machado por la provincia. Según el poeta, con quien Rello se puso en contacto al respecto, sólo se trataba de «virutas» de su «taller de carpintero», sin interés literario alguno. Pero su pérdida es una tragedia.[165] También dejó atrás Machado —se lo había regalado a la familia de Leonor— el retrato al óleo que le había hecho la abuela Cipriana Álvarez Durán allá en Sevilla, cuando tenía cuatro años, y por el cual sentía devoción.

Del cuadro tampoco hay rastro hoy. Ya lo decía Machado:

—No hay cimiento
ni en el alma ni en el viento—.   (CXXVIII)

CAPÍTULO VI

Baeza (1912-1919)

Machado no quiere en absoluto tener que volver a su cátedra de Soria, pero sabe que conseguir una en Madrid, que es lo que desea, va a ser casi imposible. Manuel se encarga de intentarlo, de todas maneras, y escribe a tales efectos al maestro Francisco Giner de los Ríos para pedir su apoyo. «Ni puedo ni debo», contesta Giner el 1 de septiembre de 1912, algo molesto. A su juicio, Antonio «debe solicitar, entre las posibles vacantes, otro Instituto de provincia». Manuel inicia entonces gestiones en el Ministerio de Instrucción Pública, complicadas por el hecho de no poseer título universitario su hermano.[1]

Luego, lo inesperado. El 30 de agosto se anuncia en la *Gaceta de Madrid* un concurso de traslado para proveer la vacante de Lengua Francesa que se acaba de producir en el Instituto de Baeza. Machado no se lo piensa dos veces y firma, el 8 de septiembre, la instancia correspondiente.[2]

A estas alturas Manuel, decidido a ser archivero-bibliotecario, está matriculado en la Universidad Central como alumno libre de Arqueología, Numismática y Epigrafía, Bibliología, Latín Vulgar y de los Tiempos Medios, y Paleografía. Siempre excelente estudiante, aprueba todas estas asignaturas a finales de septiembre. Terminada la licenciatura en julio del año siguiente, su primer destino será la Biblioteca Universitaria de Santiago de Compostela, y, en 1914, conseguirá un puesto en la Biblioteca Nacional.[3]

Antonio ha estado tratando de conseguir, sin éxito, unas condiciones razonables de la editorial Renacimiento para una segunda edición de *Soledades. Galerías. Otros poemas.* Nada contento con lo que allí le dicen escribe el 20 de septiembre de 1912 a Gregorio Martínez Sierra, todavía directivo de la casa, con quien, a juzgar por el tono de la carta, la relación ya no es fácil. «Los amigos Castillo y Ródenas pidiéronme precio y calificaron de desmedida y usuraria mi pretensión de cobrar 500 pts —se queja el poeta—, fundados en que yo había cobrado 300 por el libro "Campos de Castilla". Añadieron que por la citada reedición habían de pagarme aun menos —pongamos 200. Esta cantidad, como precio de un libro, paréceme francamente denigrante, no para quien la ofrece sino para quien la recibe. No puedo, pues, aceptarla». A continuación Machado le recuerda el «abuso» del cual fue víctima con *Campos de Castilla*, y le pide que por lo menos recapacite. Es un Machado más *práctico* de lo que creíamos:

> Que una casa editorial es un Huerto del Francés perfectamente legalizado es cosa que todos sabemos. No es menos cierto que todos creímos que la casa Renacimiento era una excepción honrosa. Porque lo sigo creyendo me atrevo a hacer estas consideraciones.
>
> Ya sé, por indicación del amigo Castillo, que mis libros no son negocio, que la casa Renacimiento para nada necesita mi firma. Esto puede decirse con razón a cada uno de los autores de la casa —incluso de aquel que venda más—. Cierto es también que si cada uno de los autores resolviera no aceptar por sus libros cantidades irrisorias, ni los negocios editoriales serían negocios de usurero ni los que viven de su pluma —y no es éste mi caso— tendrían por qué morirse de hambre.
>
> Por amistad, si alguna le merezco, por compañerismo y, sobre todo, por caridad —no para conmigo sino para con las letras— ruégole que vea si puede modificarse este criterio de los amigos Ródenas y Castillo y se me puede ofrecer una cantidad aceptable.
>
> No tengo que decirle cuánto, al acudir a Renacimiento para ofrecerle mi libro a cambio de 500 pesetas, serán para mí interesantes esas 500 pesetas. No tengo yo mi ánimo, ciertamente, para cuentas y cábalas mercantiles, ni soy aficionado a este género de cavilaciones.
>
> Si cree V. que tengo alguna razón y que la Casa puede ser razonable conmigo, póngame dos letras y yo acudiré a «Renacimiento» a hablar con V. De lo contrario, no se moleste en contestarme.

Estaré en Madrid probablemente hasta principios de octubre en que marcharé a Soria o, acaso, a Baeza, Instituto que tengo concursado y, probablemente, no volveré más por Madrid en cuanto me resta de vida. Después de mi desgracia, he decidido consagrarme en absoluto a la poesía y no salir más de mi rincón.

Renacimiento aparte, cuente siempre con un admirador y amigo que muy sinceramente le desea toda suerte de triunfos y bienandanzas.[4]

No conocemos la respuesta de Martínez Sierra a esta amarga comunicación, si es que la hubo. Machado no consiguió sus 500 pesetas, y la segunda edición de *Soledades. Galerías. Otros poemas* no saldría —con otro editor— hasta 1919.

En la carta citada Machado dice a Martínez Sierra que su ánimo en estos momentos no está para «cuentas y cábalas mercantiles». Por supuesto que no. Está sumido en un profundo estado de desaliento. El recuerdo de Leonor le obsesiona, no sabe cómo va a poder seguir viviendo. Una tarde le atisba Rafael Cansinos-Asséns entre la multitud que acude al paseo de Rosales, en la linde oeste de Madrid, para escuchar un concierto de la banda municipal. Solo y vestido de luto, su «perfil pálido y serio resalta sobre las caras congestionadas del público». El joven escritor está al tanto de que Machado acaba de perder a su mujer, y se acerca respetuoso. El poeta le habla de la tragedia que le ha sobrevenido «con su laconismo habitual y su gesto también habitual de dejadez» —éste quizás ahora más acentuado que nunca—, y «sin incurrir en patetismos vulgares».[5]

Machado espera con impaciencia noticias acerca de la vacante de Baeza. Hay otros catorce candidatos pero el poeta es el único aspirante ya catedrático, con lo cual tiene prioridad para conseguir la plaza. Además resulta que el director del Instituto es el krausista Leopoldo Urquía, cuya familia tenía relaciones amistosas con la del poeta años atrás en Sevilla. Nunce se sabe, empero, y todavía cabe la posibilidad de que tenga que volver por el momento a Soria. Pero no será así. El 15 de octubre se anuncia de manera oficial que Antonio Machado y Ruiz es el nuevo catedrático de Lengua Francesa del Instituto de la ciudad jienense.[6]

En 1907 el poeta había renunciado al mismo puesto, quizás debido, indirectamente, a los hermanos Álvarez Quintero, como vimos en su momento, y en consecuencia conoció en Soria a Leonor. Ahora, tres meses después de perder a su mujer, el azar le ha deparado la cátedra entonces rechazada. Ironía sobre la cual quizás reflexiona mientras sube en Atocha al tren que le ha de llevar hacia su tierra natal.

* * *

Después de atravesar la altiplanicie manchega y de sortear el desfiladero de Despeñaperros (tan caro a la imaginación de los viajeros románticos del siglo XIX), el tren va serpenteando hacia abajo entre los interminables olivares que definen, y proveen de riqueza, la provincia de Jaén. Olivares que escalonan las laderas de las montañas hasta topar con los pinos, olivares que tapizan colinas y valles y casi invaden los raíles del ferrocarril. ¿Sabía Machado que la estación entonces llamada Baeza Empalme (hoy Linares-Baeza) —donde se separa de la línea Madrid-Sevilla la que se dirige hacia Granada y Almería— se situaba a dieciséis kilómetros al oeste de la ciudad, y que había un servicio de tranvía eléctrico para llegar hasta allí? Según una anécdota célebre en Baeza, no estaba al tanto de tal circunstancia y, al descender del tren, creía que ya había llegado a su destino, aunque sorprendido por el menguado caserío que veía a su alrededor. Pronto se daría cuenta de su error.[7]

El tranvía —que continuó en uso hasta medio siglo después— cruzaba el puente sobre el río Guadalimar y luego subía, con paradas en los pueblos de Canena, Rus y La Yedra, hasta alcanzar la cima de La Loma, donde aparecía de pronto, sin aviso previo, la antigua ciudad fronteriza, con el impresionante telón de fondo de Sierra Mágina (ilustración 29).[8]

El tranvía depositó a Machado en Baeza a finales de octubre de 1912.[9] Según otra anécdota local, aún más popular, lo primero que hizo aquella tarde, tras instalarse en el hotel Comercio, fue personarse en el Instituto, donde un bedel le dijo que el señor director estaba en «La Agonía». Ante las expresiones de condolencia del nuevo catedrático de Lengua Francesa, el mismo funcionario le aclaró que a don Leopoldo Urquía no le pasaba nada, gracias a Dios, y que «La Agonía» era el nombre de una reunión así bautizada porque los que a ella acudían, en su mayoría labradores acomodados, no hacían más que quejarse de todo, empezando por el tiempo que hacía... o no hacía.[10]

Machado, que por lo visto nunca había estado antes en Baeza, se encuentra con una pequeña ciudad musgosa, fría y húmeda, muy dada a los toros y muy religiosa (apenas hay familia que no tenga a alguien en una hermandad), situada a unos ochocientos metros sobre el nivel del mar y donde, como en Soria, cada piedra recuerda un pasado vigoroso que contrasta con la penosa decrepitud actual del lugar. En otoño e invierno la envuelven espesas nieblas, dignas del Londres de Dickens o Sherlock Holmes, que convierten las torres en fantasmas ectoplásmicos, y no son infrecuentes las nevadas. Esto no es Sevilla ni Málaga. Más bien un trozo de Castilla inserto en el corazón de Andalucía (ilustración 30).

El poeta toma posesión el viernes 1 de noviembre, Día de Todos los Santos, a los tres meses exactos de perder a Leonor, y la ironía de la fecha no se le escaparía mientras escucha el lúgubre tañir de campanas y los vecinos afluyen al camposanto.

Fuertemente amurallada bajo los árabes, Baeza —la Baetia de los romanos— fue ganada y perdida numerosas veces por los cristianos y tomada de manera definitiva por San Fernando en 1227. Se convirtió entonces, por su posición estratégica, en una de las claves de la «Reconquista» del sur, y llegó a ser conocida como «nido real de gavilanes» por las hazañas, supuestas o ciertas, de sus capitanes. Tuvo su máximo esplendor durante el siglo XVI, cuando adquirió fama su Universidad, hermanada con la de Salamanca (también merece Baeza su apodo de «pequeña Salamanca» por el color amarillento de sus venerables sillares y la prevalencia del estilo plateresco). Vivieron temporadas en ella el beato Juan de Ávila, primer rector de la Universidad y «apóstol de Andalucía», San Juan de la Cruz —que murió en la vecina Úbeda—, y Santa Teresa de Ávila. Luego, poco a poco, los nobles se habían ido a la Corte, o al Nuevo Mundo, y habían dejado atrás sus magníficas casas solariegas. El golpe final se asestó en 1824 cuando cerró sus puertas la Universidad, cuyo hermoso edificio, con la iglesia de San Juan Bautista al lado, se convirtió, en 1875, en Instituto de la Santísima Trinidad.[11]

Al poco tiempo de llegar a Baeza, que durante siete años iba a ser su «rincón moruno»,[12] Machado abandona el hotel Comercio y alquila un piso del entresuelo en la calle Prado de la Cárcel (hoy pasaje del Cardenal Benavides), esquina a la de Gaspar Becerra. Desde su balcón puede contemplar la espléndida (si bien entonces algo mohosa) fachada plateresca del antiguo presidio, que en vez de reos ya albergaba el Ayuntamiento.

Dice Pérez Ferrero que Ana Ruiz, preocupada por el abatido estado de ánimo de su hijo, llegó después de un mes para hacerle compañía, es decir más o menos a principios de diciembre de 1912.[13] Lo más probable, sin embargo, es que se instalara con él después de las vacaciones navideñas, que Antonio pasó casi seguramente con la familia en Madrid.

Acerca de la presencia de la madre de Machado en Baeza tenemos el testimonio de Francisca («Paquita») Urquía, hija del director del Instituto, que tenía nueve años en 1912. En el «despachito» del poeta, «muy modesto, como todo lo suyo», había un retrato de Leonor, «amplificación con su marco que a mí entonces me gustaba mucho». Ana Ruiz estaba encantada con los Urquía, que vivían en unas dependencias del propio Instituto, y gozaba recordando con ellos, hay que suponerlo, los lejanos tiempos sevillanos compartidos por ambas familias. «Algunos días salíamos juntos los tres —sigue narrando Francisca—. Él nos dejaba en el Instituto y se marchaba solo a sus largos paseos. Doña Ana, que gustaba mucho de la sociedad, de hablar con gente, disfrutaba en casa donde siempre había visitas, amigas de mamá o de mi hermana, que era ya una señorita cuando yo era muy niña aún». La hermana era la chispeante María del Reposo.

Francisca, brillante alumna, empezó a estudiar pronto con Machado. «No había más niña que yo en la clase —recordaba—. Don Antonio me sentaba a su lado y me dedicaba una atención especial. A mí me gustaba estar con don Antonio. Oía a mi padre decir que era el primer poeta de España, y me enorgullecía de estar tan cerca que podía hasta tocarlo».[14]

Hoy se conserva tal cual la pequeña aula donde daba Machado sus clases de francés: la misma mesa, la misma pizarra, los mismos bancos. Cuando venía aquí el filósofo José Luis Aranguren siempre pedía, conmovido, que le dejasen solo. No era para menos. Es tal vez, de todos los lugares machadianos, el que transmite la más densa carga emotiva, el que más nos hace sentir su presencia.

* * *

El poeta no tarda en enviar sus primeras impresiones de Baeza a José María Palacio, que las cita en un artículo suyo —«Soria, juzgada desde lejos»— publicado el 5 de diciembre de 1912 en *El Por-*

venir Castellano. Pese a tener el doble de habitantes que Soria —unos catorce mil— Baeza carece de vida intelectual:

> Esta tierra es casi analfabeta. Soria es Atenas comparada con esta ciudad donde ni aun periódicos se leen. Aparte de esto, que es suficiente y aun sobrado, la gente es buena, hospitalaria y amable. Las únicas preocupaciones son aquí la política y el juego; inquietudes espirituales, no existen; afán de cultura, tampoco. Esa pequeña Soria tiene, a mi juicio, una inmensa superioridad espiritual sobre esta ciudad, no obstante existir aquí elementos de riqueza que ahí se desconocen. No hay un solo periódico local*, ni una biblioteca, ni una librería, ni aun siquiera un puesto de periódicos donde comprar los diarios de Madrid.[15]

¡Qué barbaridad! Machado ha mandado a Palacio el poema inédito «Un loco», que éste publica en *El Porvenir Castellano* el 27 de enero de 1913. Es imposible no intuir una equiparación implícita entre el alienado que yerra gritando por los páramos castellanos, en el más absoluto desamparo, y el poeta sumido en dolor por la muerte de su compañera. Son, otra vez, las silvas predilectas:

UN LOCO

Es una tarde mustia y desabrida
de un otoño sin frutos, en la tierra
estéril y raída
donde la sombra de un fantasma yerra.

Por un camino, en la árida llanura,
entre álamos marchitos,
a solas con su sombra y su locura
va el loco, hablando a gritos.

---

* Hemos visto en una colección privada, sin embargo, el número 21 (Año II) de *El Norte Andaluz. Semanario Independiente de Información y Noticias*, publicado en Baeza el 25 de abril de 1912. Tal vez el semanario había pasado ya a mejor vida cuando Machado llegó a la ciudad.

Lejos se ven sombríos estepares,
colinas con malezas y cambrones,
y ruinas de antiguos encinares,
coronando los agrios serrijones.

El loco vocifera
a solas con su sombra y su quimera.
Es horrible y grotesca su figura;
flaco, sucio, maltrecho y mal rapado,
ojos de calentura
iluminan su rostro demacrado.
Huye de la ciudad... Pobres maldades,
misérrimas virtudes, y quehaceres
de chulos aburridos y ruindades
de ociosos mercaderes.

Por los campos de Dios el loco avanza.
Tras la tierra esquelética y sequiza
—rojo de herrumbre y pardo de ceniza—
hay un sueño de lirio en lontananza.
Huye de la ciudad... ¡El tedio urbano,
carne triste y espíritu villano!...[16]   (CVI)

El primer verso de «Un loco» recuerda el inicio del desconsolador poema de *Soledades* que empieza «Es una tarde cenicienta y mustia,/destartalada, como el alma mía» (LXXVII, I), donde
el poeta asociaba su «vieja angustia» a la pérdida, cuando era niño, de la compañera adorada. Pero llama aún más la atención el
verso «hay un sueño de lirio en lontananza», que desentona con
el resto del poema por su sabor «modernista». Había aparecido ya
en un poema de *Soledades*, no recogido después, donde, una vez
más, surgía la figura de la amada, en este caso «la niña de ojos tré-
mulos»:

Yo la amé como a un sueño
de lirio en lontananza;
en las vísperas lentas, cuando suenan
más dulces las campanas,
y blancas nubes su vellón esparcen
sobre la espuma azul de la montaña.[17]

266

Si Machado, en 1913, inserta en «Un loco» unos versos amorosos suyos de diez años atrás, alguna razón debe de haber. ¿O tenemos que creer que no se da cuenta de que se está citando a sí mismo? Nos parece que con ello hay una clara alusión a la muerte de Leonor, causa de su actual enajenación.

En «El loco» la referencia a la esposa fallecida se insinúa a través del «correlativo objetivo» del desafortunado alienado. En otros poemas escritos a finales de 1912, o principios de 1913, la alusión es mucho más personal y directa. Los cuadernos de apuntes revelan el esfuerzo de Machado por dar digna expresión poética a su desesperación, a menudo recurriendo a la copla de raíz andaluza:

Cuando se trague la tierra
los ojos que nada ven
cuando se trague la tierra
los ojos que no te ven
cuando [se cierren mis ojos] me trague la tierra
te veré—.[18]

Hay un momento en que confiesa su deseo de blasfemar. Ha pedido a Dios que salve a Leonor. No lo ha hecho. Cuenta cómo ha sido en un poema estremecedor:

I

Yo buscaba a Dios un día.
¿Dónde estás que no te veo?
Era una voz que decía:
Creo.

Tengo en mi pecho clavado
un dardo tuyo, señor.
Me heriste y he blasfemado
por amor.

II

La muerte ronda mi calle.
Llamará.

¡Ay, lo que yo más adoro
se lo tiene de llevar!

La muerte llama a mi puerta.
Quiere entrar.
¡Ay! señor, si me la llevas
ya no te vuelvo a rezar.

¡Ay! Mi corazón se rompe
de dolor.
¿Es verdad que me la quitas?
No me la quites, señor.

Una mañana dorada
de un día de primavera
vi sentada
la muerte a su cabecera.

Quiero amarte y sólo puedo
blasfemar y aborrecer,
mátame la fe del miedo
del poder.

III

Tengo en mi pecho clavado
un dardo tuyo, señor;
me heriste y he blasfemado
por amor.

Señor, señor yo te llamo.
¿Dónde estás que no te veo?
Voz que en el desierto clama
dice: Creo, creo, creo.[19]

No es la serena aceptación cristiana de la voluntad de Dios;
tampoco la resignación del estoico; es la desesperación de quien,
ante el terror de perder a la amada, ha sentido la tentación de creer
y que ya se arrepiente. No hay Dios, no hay justicia. Y clamar en el
desierto es exactamente eso, clamar sin que haya oído que escuche.

* * *

Poco después de llegar a Baeza Machado inicia el cuaderno —hoy en la Biblioteca Nacional de España—, en cuya cubierta escribe:

Los complementarios
1912.
A. Machado
Apuntes.
Composiciones inéditas[20]

Se trata de un libro tipo diario, de formato apaisado, color rojo y cantoneras doradas, donde hasta el 1 de junio de 1925 (con una última página de enero de 1926) el poeta irá apuntando versiones más o menos acabadas de poemas suyos, coplas populares o de Lope de Vega y otros autores del Siglo de Oro, reflexiones sobre filosofía (Bergson, Kant, Schopenhauer...), política, poesía y arte, pequeñas notas autobiográficas, versos —o composiciones enteras— de otros poetas (sobre todo sonetos) que le llaman la atención, traducciones de líricos extranjeros (sonetos de Shakespeare entre ellas), borradores de artículos y conferencias. La primera composición copiada en el cuaderno, en enero de 1913 (Machado apunta enero de 1912 por error), es una elegía a Leonor, ya para siempre asociada en la memoria del poeta con la luna amoratada que había visto subir una noche detrás del monte de Santa Ana, así como con la llegada de las primeras cigüeñas a principios de año a las torres de Soria:

CANCIONES

I

Es la parda encina
y el yermo de piedra.
¡Oh, montes lejanos
de malva y violeta!

¡Luna amoratada
de una tarde vieja,
sobre un campo frío,
más luna que piedra!

II

Ya habrá cigüeñas al sol
mirando la tarde roja,
entre Moncayo y Urbión.

III

Cuando el sol tramonta
el río despierta.
En el aire obscuro
sólo el agua suena.

IV

¡Oh, canción amarga
del agua en la piedra!
... Hacia el alto Espino,
bajo las estrellas...
Sólo suena el río
al fondo del valle,
bajo el alto Espino.

V

La ciudad desierta.
Se sale a los montes
por las siete puertas.[21]

Aún más ilustrativa del estado de ánimo del poeta en estos momentos es la secuencia de quince poemas, titulada «Cantares y proverbios», que no tiene reparo en dar a conocer —quizás con la esperanza de aliviar su angustia al compartirla— en el número de *La Lectura* correspondiente a mayo de 1913. Entre ellos destacan en este sentido los cuatro últimos, que no son, en realidad, ni cantares ni proverbios, sino la expresión de su terrible soledad tras la desaparición de Leonor. Soledad mitigada en parte por la contemplación, cada tarde, del hermosísimo paisaje baezano que desde los pies del paseo de las Murallas —hoy paseo de Antonio Machado—

se extiende a través de los olivares del valle del Guadalquivir hasta la imponente Sierra Mágina y, a su izquierda, las de Jódar, Quesada y Cazorla. Allí, sentado como una estatua, «llenos los ojos de lejanía, inmóvil», según un testigo, le verían a menudo sus alumnos:[22]

XI

De la ciudad moruna
tras las murallas viejas,
yo contemplo la tarde silenciosa,
a solas con mi sombra y con mi pena.
El río va corriendo
entre sombrías huertas
y grises olivares
por los alegres campos de Baeza.
La luna está subiendo,
arrebolada, jadeante y llena.
Los caminitos blancos
se cruzan y se alejan
buscando los dispersos caseríos
del valle y de la sierra.
Caminos de los campos...
¡Ay, ya no puedo caminar con ella!

(«Caminos», CXVIII)

XII

La vega está bordada de olivares
y surcada de pardas sementeras.
Tienen las vides pámpanos dorados
sobre las rojas cepas.
Guadalquivir como un alfanje roto
y disperso, reluce y espejea.
Lejos los montes duermen
envueltos en la niebla,
niebla de otoño maternal. Descansan
las rudas moles de su ser de piedra
en esta tibia tarde de Noviembre,
tarde piadosa, cárdena y violeta.
El viento ha sacudido
los mustios olmos de la carretera,

271

levantando en rosados torbellinos
el polvo de la tierra.
Aguardaré la hora
en que la noche cierra
para volver por el camino blanco
llorando a la ciudad sin que me vean.   (CXVIII)

XIII

Allá en las tierras altas
por donde traza el Duero
su curva de ballesta
en torno a Soria, entre plomizos cerros
y manchas de raídos encinares,
mi corazón está vagando en sueños.
¿No ves, Leonor, los álamos del río
con sus ramajes yertos?
Mira el Moncayo azul y blanco. Dame
tu mano y caminemos.
Por estos campos de la tierra mía
bordados de olivares polvorientos,
voy caminando solo
triste, cansado, pensativo y viejo.   (CXXI)

XIV

Soñé que tú me llevabas
por una blanca vereda,
en medio del campo verde
hacia el azul de las sierras,
hacia los montes azules
una mañana serena.
Sentí tu mano en la mía,
tu mano de compañera,
tu voz de niña en mi oído
como una campana nueva,
como una campana virgen
de un alba de primavera.
¡Eran tu voz y tu mano
en sueños tan verdaderas!

> Vive, esperanza, ¡quién sabe
> lo que se traga la tierra![23]   (CXXII)

Es interesante constatar cómo, en el cuarto verso del primer poema, Machado adapta dos de «Un loco» —«a solas con su sombra y su locura» y «a solas con su sombra y su quimera»— para expresar, esta vez en primera persona, su propia angustia. Está clarísima la identificación entre ambos solitarios.

Añadiremos que, si los tres primeros poemas de la secuencia habían surgido en silvas —la métrica predominante de «Campos de Soria»—, el último es un romance que remite enseguida al mundo onírico de *Soledades* y su tema obsesivo del amor perdido. Con la diferencia de que el escenario del reencuentro amoroso tan anhelado es ahora el paisaje soriano, no el jardín finisecular.

Cuatro años después, al incluir en *Poesías completas* (1917) los dos primeros poemas citados, fundidos ahora en uno bajo el título «Caminos» (CXVIII), Machado suprimió los versos

> Aguardaré la hora
> en que la noche cierra
> para volver por el camino blanco
> llorando a la ciudad sin que me vean.

Cuatro versos que tal vez, con su confesión de lágrimas y debilidad, ya le parecían demasiado emotivos o autocompasivos, pero que, mejor que ningún otro documento suyo contemporáneo, nos acercan a su desgarramiento tras la pérdida de Leonor.

* * *

Machado sigue fiel a *El Porvenir Castellano*, el periódico que ha ayudado a fundar en Soria con José María Palacio. El 6 de marzo publica allí «Del pasado efímero». Ya no se trata sólo del campesino castellano de «Por tierras de España». He aquí al propietario rural, al labrador conservador e iletrado, al dueño, al rentista. Aunque la inspiración inmediata del poema es baezana, cabe pensar que la viñeta no les haría mucha gracia tampoco a los socios del Casino Numantino de Soria, si es que alguna vez se dignaban hojear *El Porvenir Castellano*:

HOMBRES DE ESPAÑA

(Del pasado superfluo)

Este hombre del casino provinciano,
que vio a Carancha* recibir un día,
tiene mustia la tez, el pelo cano,
ojos velados de melancolía,
bajo el bigote gris labios de hastío
y una triste expresión que no es tristeza,
sino algo más y menos, el vacío
del mundo en la oquedad de su cabeza.
Aún se le ve lucir de terciopelo
chaqueta y pantalón abotonado
el domingo, y color de caramelo
un cordobés pulido y torneado.
Tres veces heredó, tres ha perdido
al monte su caudal, dos ha enviudado;
sólo se anima ante el azar prohibido,
sobre el verde tapete reclinado,
al evocar la tarde de un torero,
la suerte de un tahúr o si alguien cuenta
la historia de un gallardo bandolero,
o la proeza de un matón, sangrienta.
Bosteza de política banales
dicterios al gobierno reaccionario,
y augura que vendrán los liberales,
cual torna la cigüeña** al campanario...[24]   (CXXXI)

Como crítica feroz a la inercia y desidia de la derecha española sólo podía superar este poema el propio Machado, que lo conseguirá un poco más adelante con «Llanto de las virtudes y coplas por la muerte de don Guido».

Los borradores del poeta en estos momentos confirman su continuada preocupación por la decadencia de la España contemporá-

___
* Conocido torero del siglo XIX.

** Aquí se lee «cual forma de cigüeña», evidente errata por «cual torna la cigüeña» (como consta en CXXXI).

nea y su esperanza de una regeneración. Entre los papeles de Burgos hay numerosas hojas que nos permiten seguir la evolución de los poemas que finalmente cristalizarán en «El Dios ibero» (CI), «Del pasado efímero» (CXXXI) y «El mañana efímero» (CXXXV).[25] Entre ellos una que nos brinda el privilegio de espiar a Machado en el acto de creación del último (señalamos las tachaduras entre corchetes).

Del pasado superfluo.
La España efímera.

[Hay una España efímera, es un ayer que pasa]
Esta ciudad [sombría] [moruna] que el tiempo desmorona

[A orillas del Duero.]
[Tierra de Soria.]

Esta España se aburre, nuestra España bosteza
Esta España bosteza,
[Esta] España
En esta pobre España que bosteza
[por] con hambre, sueño y frío,
porque tiene estómago vacío,
vacío el corazón y la cabeza;
[no] también la alegría alguna vez

En esta pobre España que bosteza
por hambre o por hastío,
por tener el estómago vacío
vacío el corazón y la cabeza
¿Es hambre, sueño, hastío?
[El español bosteza]
El buen burgués bosteza[26]

Y esta otra hoja, ya más elaborada, donde se plasma el final del mismo poema («El mañana efímero»):

Mas otra España nace,
España del cincel y de la maza
con esa eterna juventud que se hace
del pasado macizo de la raza.

275

Una España implacable y redentora
España qu'alborea
con un hacha en la mano vengadora,
España de la rabia y de la idea.
Ésa —desdén y espada—
ésa ha de ser —y escudo adamantino
Esa tiene bruñida su armadura
adamascado el pomo de la espada
[que lleva a la cintura]
la que sabe de amor y de amargura
y tiene por su mano acicalada,
[el paciente rencor de los]
con un rencor paciente, su armadura
y adamascado el pomo de su espada.[27]

Machado, como hemos visto, siente la necesidad apremiante de resolver y publicar con rapidez los nuevos poemas que van brotando. En *La Lectura* de mayo de 1913 da a conocer, al lado de los poemas dedicados a Leonor ya citados, y bajo el título «Sátiras y epigramas», dos coplas preñadas de humor negro seguidas de la versión definitiva de «El mañana efímero»:

I

Mirando mi calavera
un nuevo Hamlet dirá:
He aquí un lindo fósil de una
careta de Carnaval.   (CXXXVI, XLVIII)

II

Nuestro español bosteza.
—¿Es hambre, sueño, hastío?
Doctor: ¿tendrá el estómago vacío?
—El vacío es más bien en la cabeza.   (CXXXVI, L)

III

La España de charanga y pandereta,
cerrado y sacristía,
de espíritu burlón y de alma quieta,

276

devota de Frascuelo* y de María,
ha de tener su mármol y su día,
su infalible mañana y su poeta.
El vano ayer engendrará un mañana
vacío y ¡por ventura! pasajero.
Será un joven lechuzo y tarambana,
un sayón con hechuras de bolero;
a la moda de Francia royalista,
un poco al uso de París pagano,
y al estilo de España especialista
en el vicio al alcance de la mano.
Esa España inferior que ora y bosteza,
cuando se digna usar de la cabeza,
aún tendrá luengo parto de varones
amantes de sagradas tradiciones
y de sagradas formas y maneras;
florecerán las barbas apostólicas
y otras calvas en otras calaveras
brillarán, venerables y católicas.
El vano ayer engendrará un mañana
vacío y ¡por ventura! pasajero,
la sombra de un lechuzo tarambana,
de un sayón con hechuras de torero.

Y Machado termina, ya en clave optimista:

Mas otra España nace,
España del cincel y de la maza,
con esa eterna juventud que se hace
del pasado macizo de la raza.
Una España implacable y redentora,
España que alborea
con un hacha en la mano vengadora,
España de la rabia y de la idea.[28]   (CXXXV)

Era evidente que la España anhelada por Machado en 1913
necesitaba o merecía, a su juicio, una revolución. Los elementos

---

* Apodo del famoso torero Salvador Sánchez Povedano (1842-1898).

bélicos de los borradores del poema se habían reducido, es verdad; pero ello sólo servía para concentrar toda la atención del lector en el hacha que lleva la mano vengadora del penúltimo verso. ¿Tenía la obsesión del poeta con este instrumento —tan manifiesta en *La tierra de Alvargonzález*— alguna relación con la circunstancia de que «machado» significa hacha en portugués, y que figura en el escudo de la familia? Es difícil resistir la tentación de sospecharlo. Además, no podemos olvidar el precedente del abuelo, que, por muy hombre de ciencia que fuera, había participado de modo activo en la revolución de 1868 y contribuido al violento derrocamiento de la monarquía borbónica.[29]

Machado se había encargado de señalar en «Retrato», cinco años antes, la presencia en sus venas de aquellas «gotas de sangre jacobina». «El mañana efímero» demuestra que ha llegado a creer que la España que desea, «implacable y redentora», tendrá que poner en su sitio, primero, a una Iglesia que lleva siglos oponiéndose a cualquier iniciativa que pudiera limitar sus poderes.

* * *

¡Las estepas castellanas y ahora los interminables olivares de Jaén! Nuestro poeta, que no conoce la España industrial —la llamada desde Madrid «periferia»— ha llegado a la conclusión, siguiendo a Cossío, de que la tarea más urgente del país reside en enviar a los mejores maestros a las escuelas rurales. Así lo proclama en un artículo, «Sobre pedagogía», publicado por estas fechas en el diario madrileño *El Liberal* —donde Manuel es frecuente colaborador—, y reproducido unos días después en *El Porvenir Castellano*. Los caciques y los curas: he aquí, para Machado, los enemigos de todo civismo, de todo progreso, de todo posible adelanto social. Enemigos, ambos, esencialmente campesinos y desprovistos de «las huellas de la ciudadanía». Para poder hacerles frente, para que ellos mismos avancen, Machado preconiza, no el ataque frontal, sino el apoyo imprescindible de quienes designa «investigadores del alma popular». Estamos con ello muy cerca de los planteamientos del padre del poeta, para quien conocer dicha alma —en sus coplas, en sus decires, en sus refranes, en sus anécdotas— constituía una tarea fundamental, imprescindible, para que la nación avanzase con pie firme. Antonio no menciona en el artículo de *El Liberal* a *Demófilo*, pero cuando dice «me atrevo a señalar el punto de vista folklórico de la pedagogía», la alusión a la obra truncada de Machado Álvarez es patente.[30]

No podía faltar, en el ciclo de poemas donde Machado se enfrenta con la España tradicional, uno dedicado a la religiosidad del hombre de la meseta. «El Dios ibero» se publicó en *El Porvenir Castellano* el 5 de mayo de 1913, y más de un soriano recordaría entonces el escándalo producido en la ciudad cuando, dos años atrás, *Tierra Soriana* había reproducido «Por tierras del Duero». Todo se resume en agradecer favores... y blasfemar cuando éstos no se conceden. El poema terminaba:

> Éste que insulta a Dios en los altares
> no más que atento al ceño del destino,
> también abrió caminos en los mares,
> y dijo: Es Dios sobre la mar camino.
> ¿No es él quien puso a Dios sobre la guerra,
> más allá de la suerte,
> más allá de la tierra,
> más allá de la mar y de la muerte?
> ¿No dio la encina ibera
> para el fuego de Dios la buena rama
> que fue en la santa hoguera
> una con Dios en llama?
> Mas hoy...
> ¡Qué importa un día!
> Para los nuevos lares
> estepas hay en la floresta umbría,
> leña verde en los viejos encinares.
> Para el grano de Dios hay sementera
> bajo cardos, abrojos y bardanas,
> y aún larga patria espera
> abrir al corvo arado sus besanas.
> ¡Qué importa un día! Está el ayer alerto
> a mañana, y mañana a lo infinito;
> hombres de España, ni el pasado ha muerto,
> ni está el mañana —ni el ayer— escrito.
> ¿Quién ha visto la faz al Dios hispano?
> Mi corazón aguarda
> al hombre ibero de la recia mano

que tallará en el roble castellano*
el Dios adusto de la tierra parda.   (CI)

El interés del poema no reside tanto en la actitud religiosa atribuida por el poeta al «hombre ibero», tan ajena a la de los místicos (aludida con la referencia a «la santa hoguera»), sino en la sobrevaloración de los antepasados del mismo, tendencia iniciada en «A orillas del Duero». Deprimido por el anonadamiento actual del país, pero con esperanzas para su futuro renacimiento, el poeta sigue obsesionado por la que considera grandeza de la Castilla anterior, la Castilla de la «Reconquista» y del «Descubrimiento» que, como afirma en otro poema, dándolo por demostrado, «hizo a España» («Las encinas», CIII). Nunca se liberará del todo, en realidad, de la que en resumidas cuentas no era más que una suposición convertida casi en dogma por una historiografía sesgada.

* * *

Además de mandar poemas y algún artículo a revistas y periódicos, Machado lee toda la prensa que puede conseguir en su «rincón moruno» (que a veces es ninguna), está al tanto de los nuevos libros que van saliendo, y se escribe con Juan Ramón Jiménez, Unamuno y Ortega y Gasset.

Dos cartas al poeta moguereño aluden a sus proyectos literarios durante abril y mayo de 1913. Está en marcha un libro, *Hombres de España* (en *El Porvenir Castellano* ya publicó bajo este título, como acabamos de ver, «El Dios ibero»). Tendrá una sección titulada «Elogios» en la cual, según le explica a Juan Ramón, procura ponerse «en el punto inicial de unas cuantas almas selectas y continuar en mí mismo esos varios impulsos, en un cauce común, hacia una mira ideal y lejana». Se trata de «la conquista del porvenir», que sólo será factible «por una suma de calidades». «Si no formamos una sola corriente vital e impetuosa —sigue Machado— la inercia española triunfará». No ha disminuido, pues, su inquietud por la regeneración del país.[31]

El poeta le asegura a Juan Ramón que su nuevo libro, que además tendrá «otra sección de romances populares, algunos poemitas

---

* En *El Porvenir Castellano*, «castaño». Sustituimos «castellano» de acuerdo con la lección de *Poesías completas*.

280

como el de Alvargonzález, apuntes de paisaje andaluz, cantares y proverbios», saldrá aquel otoño de 1913.[32] Pero no sale. Tampoco el «libro íntimo elegíaco» en que también dice estar trabajando (casi con toda seguridad una recopilación de poemas inspirados por la muerte de Leonor).[33]

¡Leonor! Machado confiesa, al final de la primera de sus cartas a Juan Ramón, que cuando perdió a su mujer pensó en suicidarse («en pegarme un tiro»), pero que el éxito de *Campos de Castilla* le salvó, «y no por vanidad ¡bien lo sabe Dios! sino porque pensé que si había en mí una fuerza útil no tenía derecho a aniquilarla». Fue cierto, sin duda, que la excelente recepción del libro le había ayudado a seguir adelante. Pero también, es de presumir, la imposibilidad de llevar a cabo un acto que hubiera significado el hundimiento, y acaso la muerte, de su madre.[34]

La memoria de Leonor nunca abandona a Machado. En «Recuerdos», fechado «En el tren» este mismo abril de 1913, evoca en pausados alejandrinos los campos de Soria mientras va bajando otra vez hacia los de Andalucía, que ya no puede sentir como suyos. Encabeza uno de los borradores un verso en inglés: «The hills of the Highlands forever I love» («Amaré siempre las cumbres de las Tierras Altas»).[35] Procede del famoso poema de Robert Burns «My Heart's in the Highlands» («Mi corazón está en las Tierras Altas»), en el cual, desde una ausencia real o imaginada, el poeta escocés expresa su acuciante nostalgia de las montañas nativas. Los versos finales del poema machadiano rezuman tristeza:

> ¡Adiós, tierra de Soria, adiós el alto llano
> cercado de colinas y crestas militares,
> alcores y roquedas del yermo castellano,
> fantasmas de robledos y sombras de encinares!
>
> En la desesperanza y en la melancolía
> de tu recuerdo, Soria, mi corazón se abreva.
> Tierra de alma, toda, hacia la tierra mía,
> por los floridos valles, mi corazón te lleva*.   (CXVI)

---

* Seguimos la versión del poema publicada en la primera edición de *Poesías completas* (1917), que ofrece unas mínimas variantes con respecto a la definitiva.

Es el adiós a los álamos del Duero ya previsto en «Campos de Soria», cuando Machado sabía que solo un milagro podía salvar a Leonor.

Otro poema de este mismo mes, fechado «Lora del Río, 4 Abril 1913», induce a pensar que el poeta (acompañado por su madre) pasó unos días aquella Semana Santa en Sevilla, quizás para visitar a sus familiares en Triana. Así lo sugiere no sólo la proximidad de Lora del Río a la capital andaluza, sino el hecho de estar tal localidad en la línea de ferrocarril que une a Sevilla con Madrid (y, por ende, con Baeza). Además en un borrador de la composición se lee: «He vuelto a ver los jardines/de la casa en que he nacido».[36] El poema expresa la desorientación del poeta al descubrir que, si bien conserva recuerdos de su infancia, éstos han perdido ahora su inmediatez. Y es que la experiencia de Soria lo ha cambiado todo:

> En estos campos de la tierra mía,
> y extranjero en los campos de mi tierra
> —yo tuve patria donde corre el Duero
> por entre grises peñas,
> y fantasmas de viejos encinares,
> allá en Castilla, mística y guerrera,
> Castilla la gentil, humilde y brava,
> Castilla del desdén y de la fuerza—,
> en estos campos de mi Andalucía,
> ¡oh, tierra en que nací!, cantar quisiera.

Cantar quisiera... pero no puede. No ha olvidado los campanarios con sus cigüeñas, el cielo añil de Sevilla, las palmeras, las pequeñas plazas desiertas embellecidas de naranjos, el huerto de las Dueñas, hasta los olores de las flores, mas

> falta el hilo que el recuerdo anuda
> al corazón, el ancla en su ribera,
> o estas memorias no son alma. Tienen,
> en sus abigarradas vestimentas,
> señal de ser despojos del recuerdo,
> la carga bruta que el recuerdo lleva.
> Un día tornarán, con luz del fondo ungidos,
> los cuerpos virginales a la orilla vieja.   (CXXV)

«Estupendo canto de un alma desarraigada» llama a este poema Sánchez Barbudo.[37] Y es cierto. Acaso volverán un día, con prístina nitidez, las memorias infantiles, pero por ahora no es posible, ni cuando el poeta regresa a su ciudad natal, porque su alma está en Soria. Lo repite con palabras sencillas y claras en un hermosísimo soneto, copiado en *Los complementarios*, que lleva la indicación «Sevilla 1913», y que quizás fue compuesto estos mismos días:

> ¿Por qué, decísme, hacia los altos llanos,
> huye mi corazón de esta ribera,
> y en tierra labradora y marinera
> suspiro por los yermos castellanos?
>
> Nadie elige su amor. Llevóme un día
> mi destino a los grises calvijares
> donde ahuyenta al caer la nieve fría
> las sombras de los muertos encinares.
>
> De aquel trozo de España, alto y roquero,
> hoy traigo a ti, Guadalquivir florido,
> una mata de áspero romero.
>
> Mi corazón está donde ha nacido,
> no a la vida, al amor, cerca del Duero...
> ¡El muro blanco y el ciprés erguido![38]
> («Los sueños dialogados», CLXIV, [XV], II)

El muro blanco y el ciprés erguido del alto Espino, donde, mientras se va aproximando la primavera, siempre tardía en Soria, yacen, frente a Santa Ana, los restos de la amada tan amargamente añorada.

* * *

«Hoy quiero trabajar, humildemente, es cierto, pero con eficacia, con verdad —escribe Machado a Juan Ramón Jiménez estos días—. Hay que defender a la España que surge, del mar muerto, de la España inerte y abrumadora que amenaza anegarlo todo. España no es el Ateneo, ni los pequeños círculos donde hay alguna juventud y alguna inquietud espiritual. Desde estos yermos se ve panorámicamente la barbarie española y aterra».[39]

En las mismas fechas, y con el mismo tono de desesperación ante el panorama nacional, Machado escribe a los dos pensadores españoles contemporáneos que más admira: Unamuno y el mucho más joven Ortega y Gasset.

A Ortega le confía el 2 de mayo de 1913:

Yo empiezo a trabajar con algún provecho. Desde hace poco empiezo a reponerme de mi honda crisis que me hubiera llevado al aniquilamiento espiritual. La muerte de mi mujer me dejó desgarrado y tan abatido que toda mi obra, apenas esbozada en *Campos de Castilla*, quedó truncada.

Como la poesía no puede ser profesión sin degenerar en juglaría, yo empleo las infinitas horas del día en este poblachón en labores varias. He vuelto a mis lecturas filosóficas —únicas en verdad que me apasionan—. Leo a Platón, a Leibniz, a Kant, a los grandes poetas del pensamiento.[40]

También se sumerge en «esos nuevos filósofos que trabajan en los cimientos de una nueva metafísica». Es decir, en primer lugar, Henri Bergson, a quien ha escuchado y leído, y cuya «tendencia» le agrada. No le gustan nada, en cambio, «los llamados pragmatistas» de corte sajón. Y desprecia «a esos ridículos tradicionalistas franceses, esa *troupe* de pedantones que aspiran a representar la espuma de la canela intelectual en Francia». Se trata de los «neocatólicos»: de Charles Maurras y la organización de extrema derecha Action Française (fundada en 1908, con revista del mismo nombre), de los rabiosos antisemitas y *chauvinistas* que ya se habían asomado al escenario nacional durante el «*affaire* Dreyfus». Machado teme que la «terrible reacción» (política y católica) que se va a producir en Francia pueda incidir en España «por contragolpe».[41]

En junio contesta una cariñosa carta de Unamuno, que acaba de publicar *Contra esto y aquello*, recopilacion de sus artículos en *La Nación* de Buenos Aires. Después de volver sobre el neocatolicismo francés, que tanto le preocupa, el poeta lamenta otra vez el sopor de Baeza, a primera vista una ciudad «mucho más culta que Soria» pero donde, según le asegura a Unamuno, apenas el treinta por ciento de la gente sabe leer:

No hay más que una librería donde se venden tarjetas postales, devocionarios y periódicos clericales y pornográficos. Es la comarca más rica de Jaén y la ciudad está poblada de mendigos y de señoritos arruinados en la ruleta. La profesión de jugador de monte se considera muy honrosa. Es infinitamente más levítica que El Burgo de Osma y no hay un átomo de religiosidad [...]. Se habla de política —todo el mundo es conservador— y se discute con pasión cuando la audiencia de Jaén viene a celebrar algún juicio por jurados. Una población rural encanallada por la Iglesia y completamente huera. Por lo demás, el hombre del campo trabaja y sufre resignado o emigra en condiciones tan lamentables que equivalen al suicidio.[42]

Machado ha llegado a la convicción de que la Iglesia española, «espiritualmente huera, pero de organización formidable», sólo cederá al embate de un impulso interior, de un impulso «realmente religioso». Nunca al que venga de fuera. «Todo lo demás —insiste— es política y sectarismo, juego de izquierdas y derechas». No es ya la dureza de «El mañana efímero». El planteamiento es el que se esperaría de un hombre que, si bien nunca ha sido católico, admira profundamente el mensaje fraternal y caritativo de Cristo.

Machado comparte luego con el pensador vasco su estado de ánimo casi al año de haber perdido a Leonor:

La muerte de mi mujer dejó mi espíritu desgarrado. Mi mujer era una criatura angelical segada por la muerte cruelmente. Yo tenía adoración por ella; pero sobre el amor, está la piedad. Yo hubiera preferido mil veces morirme a verla morir, hubiera dado mil vidas por la suya. No creo que haya nada extraordinario en este sentimiento mío. Algo inmortal hay en nosotros que quisiera morir con lo que muere. Tal vez por esto viniera Dios al mundo. Pensando en esto, me consuelo algo. Tengo a veces esperanza. Una fe negativa es también absurda. Sin embargo, el golpe fue terrible y no creo haberme repuesto. Mientras luché a su lado contra lo irremediable me sostenía mi conciencia de sufrir mucho más que ella, pues ella, al fin, no pensó nunca en morirse y su enfermedad no era dolorosa. En fin, hoy vive en mí más que nunca y algunas veces creo firmemente que la he [de] recobrar. Paciencia y humildad.[43]

¿Machado llegó a creer alguna vez, de verdad, que iba a «recobrar» a Leonor? Si así fuera, poco tiempo le duraría tal esperanza («intermedio de dudosa y anhelante "fe" unamunesca», llama a esta etapa Sánchez Barbudo»[44]). Además no se le escapa la posibilidad de tener, más adelante, una nueva relación amorosa. Así lo delatan tres versos apuntados en una hoja manuscrita de uno los cuadernos baezanos de apuntes, con fecha muy borrosa pero quizás de 1913, a la derecha de unas coplas que formarán quince años después, las tres primeras, el meollo de los «Consejos, coplas, apuntes» atribuidos al «apócrifo» Abel Martín (CLXVII; XII, 13; XII, 11; XII, 12):

IV

Para tu ventana
un ramo de rosas corté esta mañana.
Por un laberinto, de calle en calleja
buscando, he corrido, tu casa y tu reja.
En un laberinto me encuentro perdido
en esta mañana de mayo florido.
Dime ¿dónde estás?
Vueltas y revueltas; ya no puedo más...

V

Malos sueños he.
Me despertaré.

VI

Me despertarán
campanas del alba
que sonando están.

VII

¡Ay, el tiempo, el tiempo!
¿Cómo eran tus ojos
que ya no me acuerdo?

VIII

¿Soy el muerto yo?
¡Y no puede ser   No lloréis, mi vida,
que te vuelva a ver!   Buscad otro amor.

IX

Me preguntó ¿qué hora tienes?
Yo saqué mi corazón:
La hora de una esperanza
y una desesperación.[45]

La angustia de no recordar el color de las pupilas de la amada muerta, de constatar una vez más que el tiempo todo lo cambia, volverá a atenazar al poeta. Y es que la vida sigue, allí fuera. Hay otros ojos que miran... y brillan. Cerrar el corazón no sirve, absolutamente, de nada.

* * *

En mayo de 1913 Machado envía a Juan Ramón Jiménez una nota autobiográfica para una antología que en estas fechas prepara Azorín (y que nunca se publicará). En ella dice, después de aludir al palacio de las Dueñas, que en su próximo libro habrá una sección de «recuerdos de la primera infancia», y que otros tres que está preparando podrían titularse *Hombres de España*, *Apuntes de paisaje* y *Canciones y proverbios*.[46] Al poco tiempo, casi de seguro a requerimientos del propio Azorín, remite una versión más amplia, y muy cuidadosamente redactada, de aquella nota. El documento, nunca publicado en vida del poeta, tiene un interés extraordinario y merece ser citado casi íntegro:

No tengo vocación de maestro y mucho menos de catedrático. Procuro, no obstante, cumplir con mi deber. Mis lecturas han sido especialmente de filosofía y de literatura, pero he tenido afición a todas las ciencias. Creo conocer algo de literatura española. Tengo una gran aversión a todo lo francés, con excepción de algunos deformadores del ideal francés, según Brunetière. Recibí alguna influencia de los simbolistas franceses, pero ya hace tiempo que reacciono contra ella.

Tengo un gran amor a España y una idea de España completamente negativa. Todo lo español me encanta y me indigna al mismo tiempo. Mi vida está hecha más de resignación que de rebeldía; pero de cuando en cuando siento impulsos batalladores que coinciden con optimismos momentáneos de los cuales me arrepiento y sonrojo a poco indefectiblemente. Soy más autoinspectivo que observador y comprendo la injusticia de señalar en el vecino lo que noto en mí mismo. Mi pensamiento está generalmente ocupado por lo que llama Kant *conflictos de las ideas trascendentales* y busco en la poesía un alivio a esta ingrata faena. En el fondo soy un creyente en una realidad espiritual opuesta al mundo sensible. Siento una gran aversión a todo lo que escribo, después de escrito, y mi mayor tortura es corregir mis composiciones en pruebas de imprenta. Esto explica que todos mis libros estén plagados de erratas.

Mi gran pasión son los viajes. Creo conocer algo algunas regiones de la Alta Castilla, Aragón y Andalucía. No soy muy sociable, pero conservo gran afecto a las personas. He hecho vida desordenada en mi juventud, y he sido algo bebedor, sin llegar al alcoholismo. Hace cuatro años que rompí radicalmente con todo vicio. No he sido nunca mujeriego y me repugna toda pornografía. Tuve adoración a mi mujer y no pienso volver a casarme. Creo que la mujer española alcanza una virtud insuperable y que la decadencia de España depende del predominio de la mujer y de su enorme superioridad sobre el varón. Me repugna la política, donde veo el encanallamiento del campo por el influjo de la ciudad. Detesto al clero mundano que me parece otra degradación campesina. En general me agrada más lo popular que lo aristocrático social y más el campo que la ciudad. El problema nacional me parece irresoluble por falta de virilidad espiritual; pero creo que se debe luchar por el porvenir y crear una fe que no tenemos. Creo más útil la verdad que condena el presente, que la prudencia que salva lo actual a costa siempre de lo venidero. La fe en la vida y el dogma de la utilidad me parecen peligrosos y absurdos. Estimo oportuno combatir a la Iglesia católica y proclamar el derecho del pueblo a la conciencia y estoy convencido de que España morirá por asfixia espiritual si no rompe ese lazo de hierro. Para ello no hay más obstáculos que la hipocresía y la timidez. Ésta no es una cuestión de cultura —se puede ser muy culto y respetar lo ficticio y lo inmoral— sino de conciencia. La conciencia es anterior al alfabeto y al pan. Admiro a Costa, pero mi maestro es Unamuno.[47]

Entre estas apreciaciones del poeta sobre sí mismo hay unas que merecen un breve comentario.

En primer lugar, pese a su proclamada falta de vocación pedagógica, Machado cumplió con su deber lo mejor que podía, y además, para aquellos alumnos que tuviesen alguna aptitud literaria o lingüística, por pequeña que fuera, sus clases eran gozosas. Cumplió también, de modo riguroso, en Baeza como en Soria, con sus obligaciones administrativas. Sólo faltó a cuatro reuniones del claustro entre 1912 y 1919 y participó, si bien no muy a gusto, en los inevitables tribunales de exámenes y comisiones que requería su puesto, además de ejercer, a partir de finales de 1915, como vicedirector del Instituto.[48]

Si ya sabíamos de la mezcla de amor e indignación que al poeta le produce su país, expresada en tantos textos, es más novel la confesión en esta nota de los «impulsos batalladores» que a veces amenazan con convertir su resignación habitual en acción. Batalladores son, ciertamente. También es llamativa la admisión de ser, en el fondo, «un creyente en una realidad espiritual opuesta al mundo sensible», admisión compatible, por supuesto, con sus constantes críticas a la Iglesia, que aquí estima «oportuno» atacar.

En cuanto a su opinión de la mujer española, la nota autobiográfica viene a repetir una conclusión esbozada en otros lugares, o sea que la española no sólo es moralmente superior al español sino que éste ha sucumbido demasiado a su influencia, y perdido con ello su virilidad. Peregrina teoría que desarrollará en escritos posteriores.

Machado alega en la nota tener «una gran aversión a todo lo francés». Esto hay que matizarlo, desde luego. En primer lugar porque no consta ninguna aversión suya hacia el idioma que enseñaba, más bien al contrario, y luego porque está muy en deuda —aunque aquí lo minimiza— con la poesía simbolista, así como con la tradición republicana gala. Lo que sí hay en él es una actitud muy ambigua, ya lo sabemos, hacia los franceses, a quienes, hay que decirlo, no conoce en gran profundidad.

Poco después, en una reseña del reciente libro de Unamuno, *Contra esto y aquello*, el poeta vuelve a ocuparse de Francia, que dice estar ahora sumida en plena decadencia cultural:

> Es evidente que la Francia actual literaria y filosófica se caracteriza por una carencia absoluta de originalidad, por una tendencia mezquinamente reaccionaria y por una farsantería que sería cómica si no estuviese mezclada con terrores de Apocalipsis. Los que hemos vivido en Francia algún tiempo en estos últimos años sabemos que este gran pueblo espiritualmente agotado no tiene hoy otra fuerza de cohesión que el miedo. El miedo se llama hoy allí patriotismo, nacionalismo, catolicismo, clasicismo, etc., etc.[49]

Lo enunciado por Machado a continuación demuestra que su pleito con el país vecino está arraigado en la convicción de que los franceses actuales son unos degenerados. Si bien es cierto que a Francia los españoles le deben «las tres cuartas partes» de su cultura en los dos siglos pasados, no lo es menos que hoy reciben de ella «solamente productos de desasimilación, toda clase de géneros averiados y putrefactos: sensualismo, anarquismo, pornografía, decadentismo y pedantería aristocrática». ¿No hay ningún poeta, ningún compositor, ningún novelista que se levante siquiera unos centímetros por encima de la mediocridad circundante? Machado no menciona a ninguno. Francia es un «viejo verde, podrido hasta la médula», y lo que no se entiende es que los españoles, «un pueblo lleno de vitalidad, de barbarie y de porvenir», sigan imitándolo, como si en ello fuera su vida. Como se ve, Machado, profesor de Lengua Francesa, tiene un gravísimo problema personal con Francia. El hecho de que no mencione una sola vez a Debussy, por ejemplo, es indicativo. Acaso en esta «aversión» que dice sentir hacia Francia hay algo de despecho por haberse sentido ninguneado en París, despecho luego racionalizado como desprecio intelectual (París le iba mucho mejor al extravertido Manuel, ya lo sabemos). De todas maneras, una vez en marcha la Gran Guerra, que está a la vuelta de la esquina, el poeta revisará sus prejuicios y empezará a recordar cuánto deben él y el mundo a la gran Francia democrática y generosa.

* * *

Machado, no «muy sociable» según la nota autobiográfica enviada a
Azorín, acude sin embargo con cierta frecuencia, durantes sus años
baezanos, a la tertulia que se congrega cada atardecer en la rebotica
de la farmacia situada en la calle de San Francisco, no lejos de su
casa, y hoy desaparecida.[50] Sin duda se debía en primer lugar a que
el propietario de la misma, Adolfo Almazán, durante un tiempo alcalde la ciudad,[51] era no sólo una persona afable sino profesor de
gimnasia en el Instituto, donde Machado había tenido la ocasión
de estrechar con él una relación cordial. También importante, según el testimonio de su hija Francisca, fue la insistencia de Leopoldo Urquía, que frecuentaba la amistosa concurrencia.[52]

Entre los que se reúnen en «aquella habitación larga y estrecha,
como un tranvía, con asientos al pie de las estanterías colmadas de
botes antiguos»,[53] hay un militar y abogado retirado, Cristóbal Torres, con quien Machado hace buenas migas. Inesperadamente, porque Torres, antes hombre de ideas liberales, se ha vuelto ahora conservador redomado. «Personaje atrabiliario y obcecado, inventor de
fantásticas estadísticas que exponía a la tertulia, atribuyéndolas a ima-
ginarias revistas, sempiterno discutidor y letrado sin prestigio»: así
lo recordará Francisco Escolano, alcalde de Baeza más tarde, que
añade que Torres, conversador vehemente, «tenía la virtud de sacar
de sus casillas al poeta, siempre callado» y obligarle a participar en
las discusiones de la tertulia. Además, casi tan gran andarín como
Machado, Torres gustaba de acompañarle en sus paseos.[54] Quizás fue
un caso de atracción de opuestos. Fuera o no así, Machado dedicará el poema «Olivo del camino» (CLIII) a la memoria de aquel
personaje de quien nos complacería tener más noticias.

Los otros contertulios, siempre según Francisco Escollano,
incluían a Florentino Soria, profesor de Dibujo, Mariano Ferrer,
catedrático de Geografía en el Instituto y, a la muerte de Leopoldo Urquía, director del mismo, el ex alcalde conservador José
León, el médico Juan Martínez Poyatos, el abogado Emilio Fernández del Rincón, el notario y consumado tresillista Pedro Gutiérrez Peña, el registrador de la Propiedad Miguel Silvestre, y el
secretario del Instituto, Antonio Parra.[55]

Machado inmortalizó la rebotica de Almazán en su «Poema
de un día», con su irónico subtítulo «Meditaciones rurales». Fechado en 1913, obra maestra de su estancia de siete años en Baeza,
nos hace compartir una típica tarde suya en la vieja ciudad «entre
andaluza y manchega». Imposible olvidar, una vez leída, la magis-

tral evocación de la tertulia («Es de noche. Se platica/al fondo de una botica...»). En ella, aprovechando su dominio de la rima satírica, Machado nos adentra en el aburrimiento y la banalidad de una conversación provinciana:

—Yo no sé,
Don José,
cómo son los liberales
tan perros, tan inmorales.
—¡Oh, tranquilícese usté!
Pasados los carnavales,
vendrán los conservadores,
buenos administradores
de su casa.
Todo llega y todo pasa.
Nada eterno:
ni gobierno
que perdure,
ni mal que cien años dure.
—Tras estos tiempos, vendrán
otros tiempos y otros y otros,
y lo mismo que nosotros
otros se jorobarán.
Así es la vida, Don Juan.
—Es verdad, así es la vida.
—La cebada está crecida.
—Con estas lluvias... Y van
las habas que es un primor...   (CXXVIII)

Y el poeta, sin por lo visto haber aportado una palabra a la reunión, si no es para despedirse, vuelve a casa, donde le esperan el monótono tictac del reloj y, sobre su mesa, *Los datos inmediatos de la conciencia* de Henri Bergson.

* * *

En octubre de 1913 anima a Machado la fundación, por Ortega y Gasset, de la Liga de Educación Política Española, «una de las empresas —según Julián Marías— de menos consecuencias visibles, pero más reveladoras, de las acometidas por Ortega, y que ha solido ser desatendida cuando no enteramente olvidada».[56] Unos meses antes Ortega había lanzado el «Prospecto» de la Liga, firmado por él mismo, Manuel Azaña, Gabriel Gancedo, Fernando de los Ríos, el marqués de Palomares, Leopoldo Palacios, Manuel García Morente, Constancio Bernaldo de Quirós y Agustín Viñuales. Hubo adhesiones de otros noventa y nueve intelectuales de categoría. «Reunidos en una agrupación de enérgica solidaridad que lleva este nombre —empezaba el «Prospecto»—, pensamos unos cuantos españoles emprender una serie de trabajos destinados a investigar la realidad de la vida patria, a proponer soluciones eficaces y minuciosamente tratadas para los problemas añejos de nuestra historia, a defender, por medio de una crítica atenta y sin compromisos, cuanto va surgiendo en nuestro país con caracteres de aspirante vitalidad, contra las asechanzas que mueven en derredor todas las cosas muertas o moribundas».[57]

Machado se adhiere enseguida a la iniciativa orteguiana, como apenas podía haber sido de otra manera, dado el respeto que le merece el joven pensador, así como su propia insatisfacción con la situación del país, sobre todo la situación política. Así lo expresa el 21 de octubre de 1913 en una carta a Manuel García Morente, uno de los firmantes del «Prospecto», ex alumno de la Institución Libre de Enseñanza, colaborador de Ortega y, en estos momentos, catedrático de Ética en la Universidad de Madrid: «Es un deber, como dicen, el acudir en defensa de la España futura. Sólo creando una corriente vitalísima por una suma de calidades se puede triunfar del número y de la inercia. Yo, como ustedes, tampoco me hago ilusiones, pero no profeso el escepticismo al uso que equivale a una fe negativa».[58]

Va creciendo en Machado la satisfacción de pertenecer a un grupo generacional que lucha por el avance del país. Ello le ayuda, seguramente, a afrontar la doble soledad de estar otra vez sin pareja y de encontrarse muy alejado de la capital española. Y ello, además, en un lugar sin aliciente intelectual alguno.

Expresivo de su aislamiento es el hecho de no poder acudir, por culpa de estar en Baeza, al homenaje que se ofrece en los jardines de Aranjuez, el 23 de noviembre de 1913, a Azorín, inventor de la etiqueta «Generación del 98». Machado —que prefiere el término «promoción»[59]— había enviado a Juan Ramón Jiménez en mayo un poema inspirado por la lectura del reciente libro de Azorín, *Castilla*, que pensaba incluir en la sección «Elogios» del nuevo poemario que estaba proyectando. «Acaso encuentres en esa composición alguna crudeza —añadía—. Hay en mí cierto desgarramiento inevitable e impurezas que mi espíritu arrastra cuando se desborda y superficializa». La alusión iba por estos nueve versos, muy en la línea de «Del pasado efímero»:

> Malgrado de mi porte jacobino,
> y mi asco de las juntas apostólicas
> y las damas católicas,
> creo en la voluntad contra el destino.
> A pesar de la turba milagrera
> y sus mastines fieros,
> y de esa clerigalla vocinglera
> ¡corazoncitos de Jesús tan hueros!,
> creo en tu Dios y en el mío.[60]

Juan Ramón lee el «elogio» de Machado en el acto de Aranjuez, y dos semanas después, en Soria, lo publica José María Palacio en *El Porvenir Castellano*. Al margen de la arremetida anticlerical, suprimida por Machado en las *Poesías completas* (1917), el poema, transido de los signos de admiración tan frecuentes en sus versos, constituye uno de los cantos a Castilla más fervorosos de Machado:

> Desde un pueblo que ayuna y se divierte,
> ora y eructa, desde un pueblo impío
> que juega al mus, de espaldas a la muerte,
> creo en la libertad y en la esperanza,
> y en una fe que nace
> cuando se busca a Dios y no se alcanza,
> y en el Dios que se lleva y que se hace.

En el «Envío» del poema Machado no deja de aludir a un aspecto de Azorín que sin duda sorprendía a los que lo habían conocido cuando, todavía José Martínez Ruiz, era uno de los colaboradores de *Electra* más revolucionarios y hostiles a la Iglesia. El escritor de Monóvar se ha ido haciendo con el paso del tiempo más conservador, pero sigue teniendo «corazón de fuego». Los últimos ocho versos del poema dejaban claro que Machado no desesperaba del viejo amigo de los tiempos heroicos:

> ¡Oh, tú, *Azorín*, escucha: España quiere
> surgir, brotar, toda una España empieza!
> ¿Y ha de helarse en la España que se muere?
> ¿Ha de ahogarse en la España que bosteza?
> Para salvar la nueva epifanía
> hay que acudir, ya es hora,
> con el hacha y el fuego al nuevo día.
> Oye cantar los gallos de la aurora.   (CXLIII)

Machado lleva en la sangre un anticlericalismo y un odio a la beatería, heredados de su padre y de su abuelo, que le acompañarán hasta la muerte, por mucho que quiera convencerse de que su poesía surja de manantial sereno. Es un revolucionario que repudia la violencia, pero que se da cuenta de que, sin recurrir a la fuerza, todo cambio del *statu quo* español será casi imposible.

El ensimismamiento del poeta por un lado, y por otro la rabia que le provoca al amodorramiento del país, no le impiden seguir apreciando el maravilloso paisaje baezano. El pequeño poema «Otoño (desde Baeza)» —luego titulado «Noviembre 1913» en *Poesías completas*— lo demuestra cabalmente:

> [...] Por el fondo
> del valle, el río el agua turbia lleva.
> Tiene Cazorla nieve,
> y Mágina, tormenta;
> su montera, Aznaitín... Hacia Granada,
> montes con sol, montes de sol y piedra.[61]   (CXXIX)

A Machado le había llamado la atención, desde el paseo de las Murallas de Baeza, la alta y dentada cumbre del Aznaitín, inmensa roca montañosa que alcanza los 1.740 metros sobre el nivel del mar, y cuya función de barómetro local recoge una copla célebre entre los baezanos: «Cuando Aznaitín se pone la montera/llueve aunque Dios no quiera». Es decir, cuando cubre sus crestas una nube. En otro momento el poeta dirá:

> Sol en los montes de Baza.
> Mágina y su nube negra.
> En el Aznaitín afila
> su cuchillo la tormenta.   (CLXXI, II)

A Machado le asalta el deseo de escalar el gigante. En la expedición, imposible de fechar con precisión —como casi todas las suyas—, le acompañan su colega Juan Camps, catedrático de Física y Química en el Instituto, Adolfo Almazán, el pintor Florentino Soria y, como guía, el alcalde de Jimena, pueblo ubicado a los pies del «barómetro» y perfectamente visible en días claros desde Baeza, así como el colindante de Garciez. No sabemos si los excursionistas alcanzaron la cumbre de la montaña, pero las vistas de La Loma y sus pueblos desde las laderas de la misma son de todas maneras espectaculares. El descenso es muy difícil, con el peligro de caerse, y el alcalde —según testimonio de Camps— les enseña a ir bajando mediante pequeños saltos. Sólo Machado no logra hacerlo, y opta por deslizarse pendiente abajo sentado, con el consiguiente desarreglo de pantalones y persona.[62]

A aquella visita a Aznaitín parecen aludir unos versos copiados en *Los complementarios:*

> En Garciez
> los olivos son de riego,
> todos tienen agua al pie.
> En Jimena
> hay más agua que sed;
> de ocho caños sale el agua,
> en todos has de beber.[63]

* * *

Siempre atento a la sociedad que le rodea, Machado sigue de cerca la poesía que se está produciendo ahora en su tierra natal. En marzo de 1914 apunta en *Los complementarios,* bajo el título «Del heinismo andaluz»: «*José Moreno Villa.* Joven poeta malagueño. Andaluz fino y culto, es decir culto dos veces. Publica un libro titulado *Garba* cuya es esta bella poesía». A continuación copia uno de los poemas del librito, «Leyenda de la mora Argentea»:

> Argentea se vistió
> de monja en un monasterio.
> La hermosa sierva de Allah,
> ¡qué bien lleva el blanco velo!...

Editado en 1913, *Garba* le había causado a Machado una impresión muy agradable, entre otras razones porque suponía un esfuerzo por parte de su autor —doce años menor que él— para liberarse de las secuelas de la poesía finisecular y tender hacia una poesía menos sentimental, más abierta al mundo exterior. Tiene una prevención, sin embargo, y añade al pie del poema citado: «El peligro que puede correr este joven poeta es el del conceptismo. Hay en él imágenes que responden a intuiciones vivas; pero otras son cobertura de conceptos».[64] Se trata de la primera formulación que tenemos de la que será obsesiva tesis machadiana —casi dogma— según la cual la imagen poética no debe estar al servicio de *conceptos*, de *ideas*, sino expresar y transmitir la emoción de lo hondamente sentido o intuido, en primer lugar la conciencia del tiempo que fluye inexorable, y que todo lo va arrastrando y cambiando a su paso. Así, tres años después, Machado achacará a Juan Ramón Jiménez el haber sucumbido al mismo peligro que acecha a Moreno Villa. La lírica del moguereño, anota en *Los complementarios*, «es cada vez más barroca, es decir, más conceptual y al par menos intuitiva. La crítica no ha señalado esto. En su último libro "Estío" las imágenes sobreabundan, pero son cobertura de conceptos».[65]

Los apuntes de *Los complementarios* indican repetidamente el poco aprecio que a Machado le suscita el barroco (su recargamento ornamental, su insistencia en «enturbiar» lo claro, en «disfrazar» la línea pura), por brillante o entretenido que pueda ser a su manera. Nunca cambiará su opinión.

> El pensamiento barroco
> pinta virutas de fuego,
> hincha y complica el decoro. (CLXI, LXXXVIII)

Para Machado, queda claro, la poesía no tiene nada que ver con los juegos del ingenio. Es, al contrario, palabra sencilla, cordial, «palabra esencial en el tiempo».[66]

A partir de marzo de 1914 Moreno Villa será un importante referente poético para Machado, que continuará siguiendo con interés el desarrollo de su obra y, en 1925, le dedicará un ensayo muy importante en la *Revista de Occidente*.

La primavera ya engalana los campos de Baeza. Se aproxima la Semana Santa. A los hermanos Machado, como los poetas sevillanos más conocidos del momento que son —los Álvarez Quintero sólo les hacen la competencia en el terreno teatral—, acude el popular semanario *Nuevo Mundo* con el objeto de pedirles una colaboración para su número especial. Antonio manda «La saeta» (que medio siglo después será musicado genialmente por Joan Manuel Serrat):

> ¡Oh, la saeta, el cantar
> al Cristo de los gitanos,
> siempre con sangre en las manos,
> siempre por desenclavar!

cuya última estrofa quizás molestó, o desconcertó, a algún reaccionario hispalense:

> ¡Oh, no eres tú mi cantar!
> No puedo cantar, ni quiero
> a ese Jesús del madero
> sino al que anduvo en el mar.[67]   (CXXX)

El poema de Manuel, «Sevillanas», de hecho más apto para la Feria que para Semana Santa, ilustraba una vez más la diferencia de ambos temperamentos:

> Todas las primaveras
> tiene Sevilla
> una nueva tonada
> de seguidillas.
> Nuevos claveles
> y niñas que por Mayo
> se hacen mujeres...[68]

Un mes después Antonio publica «Poema de un día» en *La Lectura*. Para los baezanos incapaces de entender las desventajas de su ciudad, les habrían parecido aquellas «Meditaciones rurales», de conocerlas, un grave insulto a su *patria chica*, aunque en el fondo no hacían sino expresar la mortificación del poeta ante el hecho de encontrarse en un lugar donde no parecían contar para nada ni la cultura ni la preocupación por la situación del país:

> ¡Oh, estos pueblos! Reflexiones,
> lecturas y acotaciones
> pronto dan en lo que son:
> bostezos de Salomón.   (CXXVIII)

En «Poema de un día», con técnica magistral, Machado nos crea la ilusión de estar generando nosotros mismos las meditaciones, las libres asociaciones psíquicas, de una persona condenada a consumir su vida en un rincón aburrido donde el tiempo pesa sobre el alma como una losa y, en el caso del poeta, la ausencia de la compañera recientemente perdida se hace mucho más difícil de sobrellevar que en una gran ciudad. No creemos exagerar al decir que no hay nada comparable en la lírica española del siglo XX.

La publicación de «Poema de un día» coincide con el alumbramiento de otro documento extraordinario. Machado, ya lo sabemos, había hecho en *Soledades. Galerías. Otros poemas* una declaración contundente acerca de los sueños (algo modificada en *Poesías completas),* diciendo que «De toda la memoria sólo vale/el don preclaro de evocar los sueños» (LXXXIX).

Era un «don» que poseía él mismo y que valoraba en toda su importancia. Lo demuestra otra vez el alucinante texto en prosa «Los complementarios. (Fragmento de pesadilla) (La España en un futuro próximo)», fechado 2 de mayo de 1914, que nos adentra en su delirante mundo onírico. El «contenido manifiesto» de la pesadilla, para recurrir al término freudiano, es de escalofrío: el «yo» soñador, sambenitado en su celda de condenado a muerte; la llegada del jovial verdugo —viejecito con aspecto de peluquero que lo despierta dando unos delicados «golpecitos» en la puerta—; el diálogo entre ellos; el artefacto que ha inventado el verdugo para despachar con más eficacia a los reos (y que revela que el poeta mide un metro ochenta, bastante más que el promedio de entonces); el vago recuerdo del proceso judicial (tres veces dijo *sí* el jurado, tres veces *no);* la acusación y condena a muerte (¡por haber arrojado a la vía al revisor del expreso de Barcelona!); la profesión de inocencia del «yo», que no recuerda nada de lo que le imputan; el excelente buen humor de los jueces, e incluso, contra toda propiedad, del propio abogado defensor; la insistencia del verdugo en ahorcar al reo allí mismo en su celda porque, si no, tendrá que hacerlo en el teatro, como manda el reglamento, delante del público; y, lo peor, la revelación de que las entradas ¡las revenden los curas! Al escuchar esto el «yo» se sabe perdido. La muchedumbre ya se va aproximando, se oyen voces femeninas («¿Es aquí donde van a ahorcar a un inocente?»), el verdugo abre el «pesado portón» y entra un abigarrado gentío en la celda: «burgueses, obreros, golfos, mujeres, soldados, chiquillos». Y, por supuesto, un clérigo. Muchos traen su silla para ver el espectáculo más cómodos. Algunos hasta comida. Un naranjero pregona su mercancía. Todo promete estupendamente. Hablan y critican el clérigo y un buen burgués: los verdugos no son como antes, cuando algunos «habían hecho largo aprendizaje en el matadero» y sabían degollar dignamente, como Dios manda, a los hidalgos. Hoy no conocen su oficio. El verdugo pide silencio. Quiere explicar las ventajas de su aparato, tan científico. «¡Viva la ciencia!» grita una voz. «¡Viva Cristo!» contesta otra. Interviene el buen burgués. Su «voz tonante» es la de la reacción de siempre:

«¡Fuera, gentuza!... Y silencio, en nombre del real Rey. (Pausado). El señor verdugo tiene un privilegio real para ensayar un aparato de su invención. Al reo asiste el derecho de reclamar los auxilios de nuestra santa religión, antes, naturalmente, de que se le ejecute; pero puede prescindir de ellos, si ésta es su voluntad. Nuestro augusto monarca quiere mostrar a su amado pueblo su tolerancia, su sentimiento del nuevo ritmo de los tiempos...».

La pesadilla termina con el lacónico diálogo del muerto con el barquero Caronte (no se ha descrito la ejecución), «a la orilla del agua irrebogable», con evidente reminiscencia del *Infierno* de Dante y quizás del cuadro de Patinir, *El paso de la laguna Estigia*, que Machado podía haber admirado en el Prado (y cuyos azules metálicos tanto gustaban a Salvador Dalí):

Caronte. —¿Quién te trajo, infeliz, a esta ribera?
—Ahorcóme un peluquero, no sé por qué razón.
Caronte. —¡La de todos! Aguarda y embarcarás.
(1) —¡La de todos!... Y yo que creí haber muerto de una manera original.[69]

La llamada (1) remite a una nota a pie de página donde Machado apunta: «Es la transcripción casi exacta de un sueño. No hay en él nada compuesto. Debe ser estudiado. No puede publicarse sin su exégesis y análisis, empresa muy difícil y, acaso, sin interés que compense el trabajo. Documento no es arte».[70]

Documento no es arte, pero en este texto —casi de seguro no el primer borrador del mismo— se nota el oficio de escritor. Desconocido hasta la publicación de *Los complementarios* tres décadas después de la muerte del poeta, el «fragmento de pesadilla» se anticipa al surrealismo, tan en deuda con Freud, y a Joyce. Y, notablemente, a *El proceso* de Kafka (1925). El poeta veía difícil llegar a la significación de su pesadilla. Sin duda lo era, pero el subtítulo, «La España en un futuro próximo», hace pensar que sentía la tentación de interpretarla como alusiva de alguna manera a la inminente ruina de España.[71]

Lo sugiere la larga carta que escribe a Ortega y Gasset antes de volver a Madrid para las vacaciones de verano, que gira en torno a una reciente conferencia del filósofo sobre el tema eterno de España y sus males. Con la bancarrota de la Hacienda nacional, los dos tercios del territorio sin cultivar, la emigración más alta de Europa y otras deficiencias, pregunta el poeta, ¿cómo se puede hablar de la vitalidad de la raza? Es una pura ingenuidad. ¿Qué hacer, pues? Lo tiene claro: «Nuestro punto de partida ha de ser una irresignación desesperada ante el destino; nuestra empresa luchar a brazo partido con lo irremediable, y nuestro esfuerzo el necesario para vencerlo. ¿Confianza? Ninguna. Fe, sí; fe en nuestra voluntad, es decir en la única fuerza capaz de obrar lo milagroso. ¿Que es absurdo acometer el milagro? No. Lo absurdo es esperarlo de las nubes».[72] Es lo que lleva meses diciendo: si los que quieren una España nueva no se apiñan y ponen todos juntos el hombro al arado, con voluntad férrea, no hay nada que hacer y el país se hundirá definitivamente. ¿Hace falta, pues, una revolución? Seguramente, aunque no parece que haya reflexionado acerca de cómo pudiera ser llevada a cabo.

Además, ¿qué va a pasar en Europa? Son momentos muy tensos en los que el viejo continente y Rusia, entregados a la locura de la carrera armamentística —con Alemania a la cabeza— están al borde de la guerra. El 28 de junio el estudiante Gavrilo Princip enciende la mecha cuando asesina al archiduque Francisco Fernando, heredero del trono austrohúngaro, y desequilibra así la relación de fuerzas en los Balcanes. El 1 de agosto Alemania invade Luxemburgo y el Gobierno francés ordena la movilización general.

El día 3 los alemanes cruzan la frontera de Bélgica. La reacción de Londres no se hace esperar: si el káiser no retira inmediatamente a sus tropas, Inglaterra entrará en la guerra. Machado, que ha vuelto como todos los veranos a Madrid, se entera de lo que ocurre durante una excursión a Guadarrama acompañado de su hermano José. «Salimos de Cercedilla —apunta en *Los complementarios*—, pernoctamos en la casita de la Institución [Libre de Enseñanza] Don Víctor Masriera, su señora, Pepe y yo. De la casita a la Granja a pie. De la Granja a Segovia en automóvil. De Segovia a Madrid en tren. Corazón e itinerario de Don Francisco Giner. En el tren encontramos al Sr. Cossío. Nos dice que la guerra es un hecho, y que Inglaterra entrará en ella. Cossío cree en el triunfo de los aliados. Alemania ha enviado un ultimátum a Rusia». El día 5 el poeta añade: «Ayer Inglaterra declaró la guerra a Alemania por la invasión de Bélgica».[73]

De modo que ha empezado la atroz conflagración prevista por Rubén Darío quince años antes, fruto, según Machado, de la locura de los hombres que creen en la «Diosa Acción».[74] El Gobierno español, presidido por Eduardo Dato, se apresura a anunciar su neutralidad... y el país se sienta en la barrera a ver qué pasa.

El 29 de agosto la revista madrileña *Nuevo Mundo*, cuyo editorial se titula «Europa a sangre y fuego», da a conocer el pequeño poema que a Machado le ha inspirado su reciente excursión a Guadarrama, es decir, a los parajes tan indisolublemente asociados, para el poeta, con sus tiempos en la Institución Libre y el magisterio de Francisco Giner de los Ríos:

> ¿Eres tú, Guadarrama, viejo amigo,
> la sierra gris y blanca,
> la sierra de mis tardes madrileñas
> que yo veía en el azul pintada?
> Por tus barrancos hondos,
> bajo el asombro de tus cumbres agrias,
> mil Guadarramas y mil soles llegan
> caminando, conmigo, a tus entrañas.[75]

Camino de Balsaín, 1911 (CIV)

El poema había nacido, quizás, antes de que Machado supiera que había empezado la guerra. Guerra que para España significará no sólo la neutralidad —y, para muchos, mala conciencia—, sino tres años de enconadas disputas entre aliadófilos y germanófilos.

* * *

A finales de agosto de 1914 la gran noticia nacional es la destitución de Unamuno como rector de la Universidad de Salamanca. Machado expresa su «santa indignación» a Ortega, que acaba de publicar una carta de protesta en *El País*. No se han revelado las razones del cese, gubernamental por supuesto, pero el vasco no deja nunca de ser una molestia para las autoridades políticas, sean quienes sean. En estos momentos es militante del Partido Obrero Socialista Español y, acaso más grave, lucha por la libertad de cátedra, postura inaceptable para quienes mandan y cortan. Y hay otras cargas en su contra (Unamuno es muy incómodo también desde el punto de vista de la ortodoxia católica). De modo que a la calle. ¿Qué hacer por el maestro? Machado se expresa dispuesto a secundar cualquier iniciativa que sugiera Ortega al respecto.[76]

En septiembre no tiene más remedio que volver a Baeza, donde los odiosos exámenes empiezan el día veinte.[77] Entre sus alumnos del curso nuevo hay un joven poeta en ciernes llamado Rafael Láinez Alcalá, nacido en 1899 en el pueblo de Peal de Becerro. Láinez —como Mariano Granados, aquel alumno soriano también poeta bisoño— siempre recordará el énfasis puesto por Machado sobre la lectura en voz alta de poemas franceses, así como sobre las ventajas de su memorización (método practicado en la Institución Libre de Enseñanza). Un día don Antonio le encarga una traducción de «Le lac», de Lamartine. A veces le pide repetir en clase las composiciones aprendidas, entre ellas una de Leconte de Lisle, «Midi», nunca olvidada por el futuro catedrático de Historia del Arte:

Midi, roi des étés, épandu sur la plaine,
Tombe en nappes d'argent des hauteurs du ciel bleu.
Tout se tait. L'air flamboie et brûle sans haleine...[78]

Gracias al testimonio de Láinez conocemos con bastante fidelidad el perfil externo del poeta durante sus años baezanos. «Caminaba apoyado en su recio bastón —escribió el ya ex alumno en 1919— y por su indumento podríamos confundirle con un ser vulgar, si no advirtiéramos en toda su persona un algo superior, que a nuestros ojos le ennoblecía y elevaba».[79] «Recuerdo la estampa de don Antonio, con su "torpe aliño indumentario" —apuntará el mismo testigo años más tarde—, avanzando como a pasos renqueantes, apoyado en fuerte cayada rústica, grandes los zapatos, largo el abrigo con cuello de pajarita y grueso nudo de corbata negra; negro el sombrero blando, mal colocado casi siempre; a veces llevaba destocada la noble cabeza de revuelta cabellera; iba rasurado con pulcritud, pero el traje maculado por las manchas de ceniza del inevitable cigarillo».[80] Sí, el catedrático de francés fumaba mucho, mucho, y aquellas manchas inevitables eran tan abundantes que sólo el respeto que sentían por él los alumnos pudo impedir que el apodo de don Antonio *Manchado* se generalizara en el Instituto... y fuera.[81]

A veces el poeta se iba andando por el hoy llamado Camino Viejo de Úbeda (o Camino de San Antonio) hasta llegar, bajando y subiendo entre olivares, a la ciudad hermana, una distancia de nueve kilómetros. Se decía en Baeza que el motivo de tales paseos era comprar cerillas, pero cuesta trabajo creer que Machado no pudiera conseguir herramientas de fumador tan imprescindibles más cerca de casa. También se rumoreaba que visitaba allí un prostíbulo, lo cual es difícil (si no imposible) de imaginar, ante el inevitable peligro del qué dirían. ¿No bastaba la belleza de Úbeda, la ciudad más renacentista de Andalucía por obra y gracia del secretario de Carlos V, Francisco Cobos, y su arquitecto, el gran Andrés de Vandelvira? ¿Para qué buscarle tres pies al gato?[82]

Machado solía descansar durante estas excursiones en el lugar llamado El Encinar, del cual todavía quedan algunos vestigios al lado del Camino de San Antonio:

Sobre el olivar,
se vio a la lechuza
volar y volar.
Campo, campo, campo.
Entre los olivos,
los cortijos blancos.
Y la encina negra,
a medio camino
de Úbeda a Baeza.   (CLIV, II)

* * *

El poeta no podía sentirse, en absoluto, indiferente ante la neutralidad española en la guerra, que necesariamente le hacía pensar, cuestionar, sopesar. El poema «España, en paz» (CXLV), fechado en 10 de noviembre de 1914 en Baeza y publicado cuatro meses después en *España*[83], no era sólo una meditación (en alejandrinos) sobre lo que estaba ocurriendo al otro lado de los Pirineos, allá en la fría llanura donde

>   las brumas de la Mancha caerán como un sudario
>   de la flamenca duna sobre el fangal sangriento

sino un intento de plantear un dilema moral que el poeta no había resuelto todavía de manera satisfactoria. El razonamiento del poema no es fácil de seguir y, como en «A orillas del Duero», al referirse con aprobación a las hazañas del Cid, así como a las de los conquistadores en América, la sintaxis se vuelve tortuosa. «El mundo en guerra y en paz España sola»: ¿estamos en presencia de un gesto quijotesco, auténticamente español, hecho de «desdén y orgullo» y, por ende, encomiable, o en la de una cobardía? En cualquier caso lo que cuenta es que España aproveche su «paz bendita» de manera constructiva, bruña «la enmohecida espada» y la tenga tan limpia como *pulidos* y *acicalados* sus hierros para, en el momento idóneo, emprender su propia guerra. Pero, ¿qué guerra y contra quién? Los versos suenan al peor Rubén Darío pomposo y sonoro. Y la razón, a nuestro juicio, es que Machado, en los meses iniciales de la guerra, no ha superado todavía su ambigüedad hacia Francia, evidente en el poema cuando se refiere a la nación entera como «el avaro francés» enfrentado al «César» alemán.

Dicha ambigüedad, para honra del poeta, se irá superando pronto. El 25 de noviembre, después de una ausencia de Madrid de cuatro años, Unamuno acude a la capital para pronunciar en el Ateneo una conferencia incendiaria titulada «Lo que ha de ser un rector en España». ¡Le pueden despedir pero no acallar! ¡Sigue siendo quién es! En el *gallinero* de la famosa casa de la calle del Prado están Machado —hay que suponer que ha conseguido un permiso para ausentarse de Baeza— y su hermano José.[84] El poeta no logra hablar con Unamuno aquella tarde, tampoco en la Residencia de Estudiantes, donde se aloja el vasco. Y el 31 de diciembre le escribe desde Baeza, donde ese año pasa las vacaciones navideñas, para expresarle su continuada adhesión. Lo que Unamuno ha dicho en público sobre la neutralidad de España en la guerra le parece del todo correcto. La actitud del país «no es muy digna», y tal vez habría que intervenir a favor de los aliados, «olvidando el poco amor que éstos nos profesan» (lo cual también es una generalización muy débil). En cuanto a su vida en Baeza, Machado no oculta su impaciencia:

> Yo sigo en este poblachón moruno, sin esperanzas de salir de él, es decir, resignado, aunque no satisfecho. Para salir de aquí tendría que intrigar, gestionar, mendigar, cosa incompatible, no sé si con mi orgullo o con mi vanidad. En los concursos saltan por encima de mí, aun aquellos que son más jóvenes en el profesorado y no precisamente a causa de su juventud, sino por ser Doctores, Licenciados, ¡qué sé yo cuántas cosas![85]

Y era cierto que, al no tener titulación, el poeta no podía esperar oposital con ventaja. Por su siguiente carta a Unamuno, fechada en 16 de enero de 1915, nos enteramos de que éste le ha propuesto una permuta con el titular de la cátedra de francés en el Instituto de Salamanca, a punto de jubilarse. La idea le parece estupenda a Machado («Ahí está V. y la tierra castellana que tanto amo»), pero, por desgracia, dicho titular decidirá que no está por la labor.

En la misma carta el poeta vuelve a los franceses y concede que, como Unamuno, él también, «en el fondo, acaso sea francófilo». ¡Por fin! Añade, noblemente, que su antipatía hacia Francia «se ha moderado mucho con ese que V. llama *estallido de barbarie* de las derechas» y que, además, tal antipatía siempre iba dirigida contra la Francia reaccionaria, no la otra, la admirada a través de tres generaciones por su familia. Las circunstancias, es decir, le van ayudando a matizar su actitud negativa ante los franceses y su cultura.[86]

¿Y la dichosa neutralidad española? Le preocupa más cada día. Su hermano Manuel le acaba de escribir a este propósito, y opina que consiste «en no saber nada, en no querer nada, en no entender de nada». Claro, en la relación de Manuel con Francia no hay ambigüedad alguna. Y glosa Antonio: «Es verdaderamente repugnante nuestra actitud ante el conflicto actual, y épica nuestra inconsciencia, nuestra mezquindad, nuestra cominería. Hemos tomado en espectáculo la guerra, como si fuese una corrida de toros, y en los tendidos se discute y se grita. Se nos arrojará un día a puntapiés de la plaza, si Dios no lo remedia».[87]

No parece el mismo Machado que un año antes, en su «nota autobiográfica» para Azorín, afirmaba tener «una gran aversión a todo lo francés».[88]

* * *

España se mueve, pese a todo. Se nota un cambio. Una inquietud intelectual cada vez más acentuada, acicateada por las noticias que llegan de la guerra. Unamuno y Ortega siguen siendo los grandes espoleadores de conciencias, pero hay sangre nueva, otra generacion de jóvenes dispuestos a dar la batalla. Entre ellos un nieto de Giner, Fernando de los Ríos Urruti, nacido en Ronda en 1879 (cuatro años después que Machado), ex alumno de la Institución Libre, catedrático, desde 1911, de Derecho Político Español Comparado con el Extranjero en la Universidad de Granada, y futuro ministro socialista de la Segunda República. De los Ríos aludirá años después, en una conferencia, al estado de ánimo de los que, como él, habían vivido, antes de alcanzar los 20 años, la angustia del «Desastre». «Difícilmente aquellos que me escuchan —dijo— podrán darse cuenta del dolor enorme que sintió el alma española en 1898; difícilmente los jóvenes que me escuchan podrán apreciar la impresión que a nosotros, niños recién ingresados en las universidades, nos causó aquella enorme derrota que hoy bendecimos, porque en 1898 se encontró la clave psicológica del renacimiento intelectual, y aun del económico de España».[89]

Y es que ya para mediados de 1914, con el continente una vez más en guerra, la derrota española finisecular se podía interpretar o asumir, de hecho, como tal «bendición»: como liberación, en definitiva, de intolerables cargas coloniales y oportunidad para un nuevo comienzo en casa... y en Europa. Así lo entiende una nueva revista, *España. Semanario de la Vida Nacional*, fundada por Ortega y Gasset, que va a tener un enorme peso en la vida intelectual española hasta su desaparición en 1924 (el índice onomástico de la edición facsimilar es impresionante por el número y calidad de los colaboradores).[90]

El primer número de la revista se publica el 29 de enero de 1915. «Nacido del enojo y la esperanza, pareja española, sale al mundo este semanario ESPAÑA», empieza el editorial. Diecisiete años después del «Desastre» de 1898, la revista quiere ser portavoz de «toda una España nueva que siente encono contra otra España fermentada, podrida». Aunque publicado en Madrid, el semanario «será escrito en toda la nación», como confirma la larga lista de escritores adscritos a las distintas provincias, entre ellos Antonio Machado («Jaén»). *España* cree que a pesar de la mediocridad, ineficacia y monumental desprestigio actuales de las instancias estatales, empezando por el Parlamento, la «restauración» de la raza no es imposible. Sólo hacen falta fe, voluntad y trabajo. Y hay que ponerse manos a la obra ya, pues el momento «es de una inminencia aterradora». Machado, en absoluta sintonía con su admirado Ortega y Gasset, manda para el número inaugural del semanario el poema «A una España joven». Poema, a diferencia de «España, en paz», claro, límpido, directo:

> ... Fue un tiempo de mentira, de infamia. A España toda
> la malherida España, de Carnaval vestida
> nos la pusieron, pobre y escuálida y beoda
> para que no acertara la mano con la herida.
> Fue ayer; éramos casi adolescentes [...]   (CXLIV)

Poco después expresa su satisfacción con *España* en una carta a Juan Ramón Jiménez. Tras preguntarle si la revista paga las colaboraciones —como es natural, le gustaría cobrar algo por una vez—, vuelve a quejarse de su situación actual. «Yo sigo en este poblaco trabajando lo que puedo; pero, en verdad, deseoso de volver a Madrid. Llevo ocho años de destierro y ya me pesa esta vida provinciana en que acaba uno por devorarse a sí mismo. Muchas veces pienso en abandonar mi cátedra e irme a vivir ahí de mi pluma. Pero esto sería la miseria otra vez». Tiene listo «un nuevo voluminoso libro», pero no sabe dónde editarlo. «Parece que la guerra ha venido a paralizarlo todo, como no sea la estupidez y la barbarie, que siguen avanzando».[91]

¿De qué «nuevo voluminoso libro» se podía tratar? Desde la aparición de *Campos de Castilla* en 1912 había publicado en revistas y periódicos unos veinte poemas, por lo menos.[92] A ellos habría que añadir sus versos inéditos, la mayoría relacionados de alguna manera con su experiencia soriana y la pérdida de Leonor. No lo suficiente, a juzgar por los manuscritos que conocemos, para formar un libro «voluminoso», a no ser que incluyera textos en prosa, crítica literaria, etcétera. ¿O es que ya concebía la idea de editar una antología de su obra poética, o incluso sus poesías completas, proyectos, ambos, que se harán realidad dos años después? Es posible que, en efecto, algo de ello ya le estuviera rondando la cabeza.

Machado viene de una familia que le ha transmitido la pasión lectora, y le duele profundamente que haya tantos españoles que no sepan lo que es un libro... o un diario. Al poco tiempo de llegar a Baeza en noviembre de 1912 lamentaba, como vimos, que la ciudad no tuviera «ni un solo periódico local». La situación había cambiado, sin embargo, el 11 de febrero de 1914, con la salida del primer número de *Idea Nueva. Semanario Reformista*, órgano local del Partido Reformista de Melquíades Álvarez. Dirigida por un baezano emprendedor y de amplias miras, José Cejudo Vargas, la revista no sólo quería predicar la buena nueva del reformismo, y arremeter contra el poder de los caciques locales, sino servir, con tolerancia y afán de diálogo, a los mejores intereses de la ciudad. Combatir, según uno de sus colaboradores, «la indiferencia y abulia que aniquilan a nuestra querida *patria chica*» o, como decía otro, «la inercia enervadora de tantos años». *Idea Nueva* salió airosa de su primer año, e hizo honor a su nombre. Para Mariano Ferrer, catedrático del Instituto, tenía, pese a su carácter de periódico político, «el acierto de procurar ser lo menos político posible». Es trágico que no parezca haber sobrevivido una colección completa de *Idea Nueva*, pues por los muy pocos números que se conocen podemos deducir que durante sus por lo menos dos años y medio de vida dio amplia cuenta, en sus cuatro páginas semanales, de la vida baezana.[93]

El 11 de febrero de 1915 la revista celebró su primer aniversario. Machado envió un artículo en el cual expresó su fe en la prensa —nacional y local—, imprescindibles ambas, a su juicio, para la regeneración de un país «donde nadie lee un libro». Es más, se expresó «plenamente convencido de que, en nuestra patria, es el periódico el único órgano serio de cultura popular», y arremetió enseguida, como había hecho en su discurso durante el homenaje a Pérez de la Mata en el Instituto de Soria, contra los falsos intelectuales que dicen despreciar la prensa, pero que, en realidad, son enemigos acérrimos de todo progreso. «El peor de los analfabetismos —añadía— no es ciertamente el del siervo de la gleba, encorvado sobre el terruño de sol a sol para ganar el sustento; hay un analfabetismo con birrete y borlas de doctor infinitamente más lamentable». ¡Otra vez los negros catedráticos![94]

Entre los que mandan desde Madrid su enhorabuena a *Idea Nueva* en su primer aniversario están el joven periodista, asiduo colaborador de *España* y miembro del Partido Reformista, Luis de Zulueta —que como Fernando de los Ríos será ministro de la Segunda República—, y Joaquín Machado, el hermano de Antonio, que contribuye con unos versos burlescos que fingen recoger una conversación telefónica con el director de la revista durante la cual ambos brindan, con Möet et Chandon, como Dios manda, por el éxito de la iniciativa. Acaso la comunicación más emotiva y retadora es la enviada por Fernando Vinuesa («Presidente del Comité Republicano»), que dice escuetamente: «El aniversario de la República se celebra el mismo día que se publica el extraordinario de IDEA NUEVA. ¿De qué libertades gozaría España y la prensa sin la Revolución del 68 y la República del 73? Yo me moriré, soñando en una patria republicana; con la esperanza de ver regenerada a Baeza; y con la pena de no encontrar un político que pueda parecerse a D. Francisco Pi y Margall». Sentimientos con los cuales Machado, al recordar la participación de su abuelo en «La Gloriosa», así como la tradición republicana de su familia, estaría, a buen seguro, muy de acuerdo.

El Porvenir Castellano reprodujo el artículo del poeta, que no en vano había sido uno de los fundadores del periódico soriano. También dio a conocer, dos semanas después, la necrológica publicada por Machado en *Idea Nueva* al recibir la dolorosísima noticia de la muerte, a los 75 años, de Francisco Giner de los Ríos, aquel «maestro de maestros» con quien había convivido, más que estudiado, años atrás en el Instituto Libre de Enseñanza, y cuyo ejemplo seguía influyendo profundamente en su manera de ser... y de enseñar. Machado ya tiene ocho años de experiencia pedagógica a sus espaldas cuando redacta su elogio de Giner, y sabemos por los testimonios de alumnos suyos que, dentro de las restricciones impuestas por la enseñanza estatal, siempre hizo lo posible porque sus clases fuesen, como las de Giner, «socráticas», fundadas en el diálogo y en el respeto al otro. Para Machado, el maestro y amigo desaparecido era «un místico, pero no contemplativo y extático, sino laborioso y activo. Tenía el alma fundadora de Teresa de Ávila y de Íñigo de Loyola; pero él se adueñaba de los espíritus por la libertad y por el amor. Toda la España viva, joven y fecunda acabó por agruparse en torno al imán invisible de aquel alma tan fuerte y tan pura».[95]

La emoción de Machado es tal ante la muerte de Giner que surge también la elegía en verso, en silvas asonantadas. El poema se publicó en *España* el 26 de febrero de 1915 y se hizo inmediatamente célebre. El maestro se había ido —así se lo transmite al poeta la luz matinal— dejando un mensaje sencillo:

> [...] Hacedme
> un duelo de labores y esperanzas.
> Sed buenos y no más, sed lo que he sido
> entre vosotros: alma.
> Vivid, la vida sigue,
> los muertos mueren y las sombras pasan;
> lleva quien deja y vive el que ha vivido.
> ¡Yunques, sonad; enmudeced, campanas!

Y Machado, que por estar lejos no puede asistir al sepelio en el Cementerio Civil de Madrid, recomienda un entierro menos formal en las alturas del Guadarrama, tan amado de don Francisco y sus discípulos:

> Y hacia otra luz más pura
> partió el hermano de la luz del alba,
> del sol de los talleres,
> el viejo alegre de la vida santa.
> ... Oh, sí, llevad, amigos,
> su cuerpo a la montaña,
> a los azules montes
> del ancho Guadarrama.
> Allí hay barrancos hondos
> de pinos verdes donde el viento canta.
> Su corazón repose
> bajo una encina casta,
> en tierra de tomillos, donde juegan
> mariposas doradas...
> Allí el maestro un día
> soñaba un nuevo florecer de España.

Baeza, 21 febrero 1915 (CXXXIX)

Aquel nuevo florecer de España, por el cual Giner se había afanado toda su vida, parecía ya, a su muerte, una realidad tangible. Pero las campanas del «sombrío catolicismo español», como lo había llamado Machado en un largo ensayo sobre el nuevo libro de Ortega, *Meditaciones del Quijote*, editado por la Residencia de Estudiantes, no iban a enmudecer tan fácilmente.[96]

* * *

El ensayo había salido en enero de 1915 en *La Lectura* y, más que crítica del libro de Ortega, era una exposición del sentir del poeta acerca del Caballero de la Triste Figura, quien, «siempre que interrogamos nuestro destino» —que era el caso tras el «Desastre» de 1898—, «es nuestro fantasma familiar». Hermoso texto este de Machado, de cuyo «cúmulo de erratas» se queja casi paranoicamente en una carta a Juan Ramón Jiménez. «Creo que esos mamarrachos de *La Lectura* lo hacen a propósito para encima de no pagar, desacreditar al colaborador», fulmina. Pero, ¿tenían dichos «mamarrachos» la culpa de que, cada vez que Machado estampaba los apellidos del joven maestro, saliesen, sin la «y», como «Ortega Gasset»? Era difícil. El desliz, de todas maneras, no parece haber enfriado la buena relación que mantenía con el joven «gran capitán» ante quien se disculpa a principios de marzo, lamentando aquellas «erratas garrafales» y dándole la enhorabuena por el éxito de la revista *España*.[97]

Por las mismas fechas Unamuno le manda *Niebla*, recién salida de imprenta. «Portentosa me parece de honda realidad su nivola y de humorismo, aunque desoladora», le escribe Machado el 21 de marzo, para enzarzarse a continuación, como el caso merece, en unas cavilaciones acerca de la muerte, tema tan obsesivo para el vasco. Machado ha leído también, en *España*, el ensayo de Unamuno «La noluntad nacional», y está de acuerdo en que «no se ve inquietud por ninguna parte» en el país, lo cual no acaba de ser del todo cierto, como él mismo ha apuntado en otros lugares, y que la existencia de la nueva revista desmiente. El poeta, aunque no lo dice, tiene muy presente en su carta el confuso poema «España, en paz», que saldrá allí dentro de unos días. «Si al menos tuviéramos el valor de nosotros mismos, de oponer un alma desdeñosa —aunque parezca grotesco— a esos pueblos que hoy guerrean y preparar una guerra nuestra... Pero esto es una quimera. Si carecemos de una voluntad creadora de una finalidad ¿en qué basar nuestro orgullo? Eso de que nos dejen en paz no puede ser nunca, ciertamente, un ideal ni menos una realidad». Machado termina con una noticia: va a concursar para la plaza vacante del Instituto de Alicante, con la esperanza de cambiarla después por otro destino. No tenemos información alguna acerca de aquel intento que, al parecer, el poeta siguió con otro en Cuenca. Da la impresión de que el hombre estaba ya tan desesperado en Baeza que cualquier otro Instituto, estuviera donde estuviera, le habría parecido una bendición de los dioses.[98]

* * *

Sigue habiendo, no obstante, el consuelo del paisaje. Machado había referido a los contertulios de la rebotica de Almazán su excursión a las fuentes del Duero en 1910, y parece ser que fue uno de ellos —tal vez Cristóbal Torres— quien lanzó la propuesta de una visita al nacimiento del Guadalquivir en la Sierra de Cazorla. Dicho y hecho, aunque en torno al «rebobinado» jiennense de la subida a Urbión —imposible entonces en menos de cuatro días— todo es vaguedad e imprecisión, empezando por la fecha del mismo, si bien parece que la expedición tuvo lugar en la primavera de 1915. Machado le dijo a Pérez Ferrero que lo habían acompañado su hermano Joaquín y Adolfo Almazán, y que se había juntado con ellos en Peal de Becerro su alumno Rafael Láinez Alcalá. Pero la memoria es traidora y, según el propio Láinez —que tampoco es siempre fiable—, él sólo compartió con los excursionistas, y por casualidad, el trayecto desde Baeza hasta Peal.[99]

Machado, que no se olvidó de llevar su cuaderno de apuntes, capta o evoca, en la segunda parte del poema «Los olivos», algunos pormenores e incidencias del primer tramo del viaje. Los viajeros van en un «carricoche lento,/al paso de dos pencos matalones». Después de Úbeda siguen, bajo un «sol de fuego», por La Loma, y llegan, ocho kilómetros más adelante, a Torreperogil, «triste burgo de España», donde el poeta encuentra «una orgía de harapos» (mendigos, críos) en la plaza, y un convento, el de la Misericordia, que le provoca una amarga reflexión final:

Esta piedad erguida
sobre este burgo sórdido, sobre este basurero,
esta casa de Dios, decid ¡oh santos
cañones de Von Kluck!*, ¿qué guarda dentro?   (CXXXII, II)

---

* El general Alexander von Kluck, que dirigió el primer cuerpo del ejército alemán en la batalla del Marne.

Llegados a Peal sólo había dos posibilidades: seguir hasta Cazorla y subir desde allí, atravesando los pueblos de La Iruela y Burunchel, al puerto de las Palomas (1.290 metros), para luego bajar al valle del joven Guadalquivir —recorrido largo y difícil de unos cuarenta kilómetros—, u optar por dirigirse hacia Quesada y enfilar, antes de alcanzar el pueblo, el camino, mucho más corto (unos veintidós kilómetros), de El Chorro y Puerto Lorente. La decisión, claro está, se había tomado antes de salir de Baeza, ya que expediciones como ésta, de varios días y por lugares agrestes y deshabitados, necesitaban entonces mucha preparación, mucha logística (¿qué víveres llevar, qué ropa, dónde pasar las noches...?). Los versos de Machado inspirados por la excursión no nos ayudan a fijar el trayecto más allá de Peal.[100] Tampoco hay indicaciones al respecto en *Los complementarios* o en el epistolario del poeta conocido hasta la fecha, y ninguno de los otros participantes parece haber dejado constancia escrita de la aventura. ¡Otra excursión machadiana sin documentar! Lo lógico, de todas maneras, era que escogiesen la ruta, más asequible, de El Chorro y Puerto Lorente, y que la hiciesen a lomos de bestias. En cuanto a las vistas que pudieron contemplar durante la expedición, ambas subidas proporcionaban panoramas inolvidables, tanto hacia Mágina y La Loma (con Baeza, Úbeda y Torreperogil escalonadas a lo largo de ella) como, llegados al puerto correspondiente, del hondo valle del Guadalquivir niño, y de las sierras que se extienden, cubiertas de pinos, al lado opuesto.

El poema «Mariposa de la sierra», el número CXLII de *Poesías completas*, lleva la indicación «Sierra de Cazorla, 28 mayo 1915». Es posible que estemos ante la fecha de la expedición, aunque hay que tener en cuenta que la poesía se había publicado tres meses antes en *La Lectura*, sin datación o referencia topográfica alguna. También podría ser que Machado se equivocara después al añadir la fecha al poema. Lo probable, de todos modos, es que la excursión se realizara en la primavera de 1915 (la referencia en «Los olivos» a los cañones de Von Kluck dificulta que fuera anterior a la Gran Guerra).

Alcanzado el fondo del valle, si fueron por Puerto Lorente, esperaban a los viajeros diez kilómetros de camino forestal hasta llegar al nacimiento del Guadalquivir en la Cañada de las Fuentes, ubicada a 1.350 metros sobre el nivel del mar en un hondo barranco densamente arbolado que serpentea entre las cuerdas montañosas de Las Vaquerizas y Los Gilillos. Aquí, como señala el nombre del lugar, el agua brota por todos lados, filtrándose entre las rocas, saltando desde mil grietas, corriendo alegremente cuesta abajo. El «manantial» del río padre de Andalucía es, en realidad, multitudinario, por mucho que el poeta recordara o creyera recordar después haberlo visto brotar debajo de un pino verde.[101]

Machado le contó a Pérez Ferrero que, como en Urbión, les había caído encima una tormenta durante el último tramo de la excursión, y que se habían abrigado en la caseta de unos ingenieros que por allí bregaban. No sabemos nada más acerca de las peripecias de la aventura, que dejaría honda huella en el recuerdo —y en los versos— del poeta.[102]

Machado, que está transitando en estos momentos, según confiesa a Ortega, por una época de «sequedad» creadora[103], pasa el verano de 1915 en Madrid, donde firma, en julio, un manifiesto aliadófilo que se publica en la prensa extranjera. Lo reproduce *España*. Entre los otros signatarios están Valle-Inclán, Unamuno, Ortega y Gasset, Ramón Menéndez Pidal, Falla, Azorín, Joaquín Turina, Azaña, Fernando de los Ríos, Pérez Galdós, Ramiro de Maeztu, Santiago Rusiñol, Francisco Grandmontagne, Ramón Casas, Gregorio Marañón, Gabriel Alomar, Manuel Ciges Aparicio y Enrique de Mesa. Es un documento impresionante por su acendrada afirmación de solidaridad con quienes están luchando por la recuperación de la libertad en Europa, y con la población civil que está sufriendo las dramáticas consecuencias de la lucha. Después de publicado no se podía alegar que en España todo fuera indiferencia hacia la brutal guerra que estaba despedazando el continente.

Durante estos meses los Machado abandonan la casa de la Corredera Baja de San Pedro, 20, y vuelven a instalarse en la calle de Fuencarral, esta vez en el número 99, piso segundo. El padrón municipal de diciembre de 1915 es revelador. Lo firma como «cabeza de familia», con letra impecable, Manuel Machado, de profesión «Archivero-Bibliotecario» en la Biblioteca Nacional, con sueldo de 3.000 pesetas anuales. El alquiler anual es de 1.500. No figura Ana Ruiz, con lo cual podemos deducir que sigue al lado de Antonio en Baeza. Viven con Manuel y Eulalia Cáceres el padre y una hermana de ésta, Carmen, un año mayor que ella (y que va para monja). Y están todavía José («pintor») y Joaquín (estudiante de «2º curso de Dibujo, Pedagogía»), aunque no Francisco, que desde 1913 es oficial de Prisiones en El Puerto de Santa María.

Completa la relación la «sirviente» Matea Romero Inhiesta, toledana de 51 años.[104]

* * *

Hay algo que Antonio Machado ya tiene muy claro: no puede demorar por más tiempo la consecución de un título universitario, imprescindible para mejorar su situación laboral. Había aprobado en 1900 los ejercicios de examen de ingreso en la Universidad Central de Madrid, pero nunca había empezado formalmente la carrera. Decide ahora que no puede seguir así y se inscribe como alumno libre, para el curso 1915-1916, en la Facultad de Filosofía y Letras.[105] Habiendo tomado tal determinación, nada le impedirá llegar a la meta propuesta. «En cuanto a la firmeza de su voluntad la demostró en todas las ocasiones —es José Machado quien habla—. Buena prueba de ello fue cuando años después de ser catedrático hizo la carrera hasta hacerse doctor en la Facultad de Filosofía y Letras, sin que fuera óbice para ello haber pasado ya de los años estudiantiles. También se dedicó al perfeccionamiento del inglés. Después al latín, que había estudiado sin ahondar demasiado. Quiso hacerlo para poder leer [a] Shakespeare en su propio idioma y, de modo especial, a Virgilio».[106] En efecto, tanto los borradores y apuntes manuscritos como la obra publicada de Machado demuestran que llegó a tener un excelente conocimiento del inglés literario, si no hablado (lo cual era imposible en sus circunstancias). Por lo que nos dice en *Los complementarios* del poeta de la *Eneida*, parece ser que también logró un meritorio dominio del latín.[107]

«La *necesidad* de un título académico fue, en verdad, el pretexto para consagrar unos cuantos años a una afición de toda mi vida»: así, en 1932, explicó Machado al filólogo Federico de Onís aquella decisión tan pragmática.[108] La «afición» no era otra que la filosofía, estimulada por una familia donde el pensamiento y razonar eran actividades habituales, así como por el contacto con los profesores de la Institución Libre de Enseñanza.

Tomada la decisión de empezar la licenciatura, Machado, tan amigo de los libros de apuntes, empieza a confiarles sus reflexiones filosóficas. Un anticipo es el breve y abstruso comentario, inserto en *Los complementarios* el 4 de diciembre de 1915, titulado «Heterogeneidad del ser. Apuntes para una nueva teoría del conocimiento. Espacio y tiempo», primer indicio de lo que será pilar fundamental del pensamiento de su «apócrifo», Abel Martín: la «otredad» o «radical heterogeneidad» del ser.[109]

Entretanto, el 22 de octubre de 1915, su hermano Francisco se ha casado en El Puerto de Santa María con una muchacha gaditana, Mercedes Martínez López.[110] Antonio es testigo de la boda y aprovecha para visitar, al parecer por vez primera, Sanlúcar de Barrameda, donde, al contemplar la anchurosa desembocadura del Gran Río de Andalucía, se produce el milagro y surgen unas «soleares inolvidables»:[111]

> ¡Oh, Guadalquivir!
> Te vi en Cazorla nacer;
> hoy, en Sanlúcar morir.
> Un borbollón de agua clara,
> debajo de un pino verde,
> eras tú, ¡qué bien sonabas!
> Como yo, cerca del mar,
> río de barro salobre,
> ¿sueñas con tu manantial?   (CLXI, LXXXVII)

Machado borda la realidad al adjudicar al Guadalquivir un solo manantial, pero sería ocioso recriminarle su pino verde, tan caro a la poesía popular del sur. Le ha impresionado profundamente el espectáculo del ancho río fundiéndose con el Atlántico al lado del Coto de Doñana, cuyas marismas y dunas y pululante vida natural tanto habían fascinado al abuelo Machado Núñez, y donde Adolf Schulten, después de sus excavaciones en Numancia, buscó en vano los restos de Tarteso. Veánse, si no, las coplas dedicadas a Sanlúcar en «Hacia tierra baja» (CLV).

El poeta estampa la indicación «Sanlúcar de Barrameda, 1915», además, al pie de otro poema inspirado por la desembocadura del Guadalquivir —poema filosófico, misterioso— publicado en 1916 en *La Lectura*. En él dos hombres, uno dormido y el otro despierto, meditan, «en el tartesio llano/por donde acaba España y sigue la mar», acerca de los enigmas de la vida y de la muerte (CXXXVII, II).[112]

Otro poema filosófico, el que comienza «Pensar el mundo es como hacerlo nuevo», publicado en el mismo número de *La Lectura*, pero no recogido en las *Poesías completas*, lleva la indicación «Puerto de Santa María, 1915».[113]

La visita a la tierra ancestral de los Machado fue, pues, productiva.

El poeta, mientras tanto, no olvidaba ni dejaba de añorar sus viajes en tren con Leonor. Parece que los tuvo muy presentes durante esta breve estancia al lado del mar en la baja Andalucía. En el mismo número de *La Lectura* donde aparecieron los poemas mencionados dio a conocer, sin título, el que se llamará «Viaje» en *Páginas escogidas* y «Otro viaje» en *Poesías completas*:

> Ya en los campos de Jaén,
> amanece. Corre el tren
> por sus brillantes rieles,
> devorando matorrales,
> alcaceles,
> terraplenes, pedregales,
> olivares, caseríos...

Los últimos versos del poema se cuentan entre los más desoladores jamás escritos por el poeta:

> Soledad,
> sequedad.
> Tan pobre me estoy quedando
> que ya ni siquiera estoy
> conmigo, ni sé si voy
> conmigo a solas viajando.[114]   (CXXVII)

* * *

Machado tiene ahora en marcha, además de su carrera universitaria, un magno proyecto literario: la publicación por la casa Renacimiento, que había editado *Campos de Castilla* en 1912, de una «compilación» de todos sus versos. «El libro constará, calculo yo —escribe a Juan Ramón Jiménez a fines de 1915— de unas 350 a 400 páginas (34 versos por p.). Incluiríamos lo contenido en *Soledades, Galerías*, etc., *Campos de Castilla* y, además, las composiciones que pudieron publicarse en esos dos libros (muchas inéditas), unas 100 páginas más y que intercalaríamos, según su índole, unas en la primera parte del libro, otras en la segunda. El libro se dividiría en secciones, siguiendo un orden de fechas (del

903 al 7 — del 7 al 12 — del 12 al 15)». Como se ve, el poeta tenía una idea muy clara del volumen que quería. Pero tendría que
esperar dos años y medio antes de verlo editado, en julio de 1917,
no ya por Renacimiento sino por la Residencia de Estudiantes, con
el título de *Poesías completas*.[115]

Apenas iniciado 1916 llega, en febrero, la noticia, tan triste como inesperada, de la muerte en Nicaragua de Rubén Darío. Después de una fútil y abortada campaña suya en Estados Unidos contra una guerra que se volvía cada día más encarnizada, ya no había
podido más. Su desaparición conmociona el mundo hispánico y
afecta hondamente a Machado. ¡Pobre Rubén! Sólo tenía 49 años
recién cumplidos, pero había abusado durante dos décadas del al-
cohol, y acabó con una mortal cirrosis atrófica del hígado. No hubo periódico de lengua española, a ambos lados del Atlántico, que
no anunciara en primera plana, en medio de las últimas nuevas de
la Gran Guerra, que había fenecido en su tierra natal el «Rey de la
Literatura Hispanoamericana».

La muerte del adalid del modernismo daría lugar, forzosa-
mente, a una paulatina revisión de lo que había aportado Rubén a
la poesía contemporánea y, en el caso de Machado, a una meditación en profundidad sobre lo que le debía al poeta y al amigo. Sin
duda tenía muy presente en estos días de intenso dolor la extraña
elegía *avant la lettre* que Darío le había dedicado once años atrás y
que, a partir de 1917, Antonio colocaría con orgullo al frente de sus
Poesías completas:

> Misterioso y silencioso
> Iba una y otra vez.
> Su mirada era tan profunda
> Que apenas se podía ver.
> Cuando hablaba tenía un dejo
> De timidez y de altivez.
> Y la luz de sus pensamientos
> Casi siempre se veía arder.

¡Cuántos recuerdos! El primer encuentro con los versos de Rubén y luego con el hombre de carne y hueso; las conversaciones a altas horas de la noche, entre copa y copa; la correspondencia epistolar cruzada; la ayuda del nicaragüense cuando hubo de volver a España
antes de tiempo con Leonor tan gravemente enferma; las noticias

que de vez en cuando llegaban acerca de las últimas peripecias de aquel poeta tan supersticioso, tan obsesionado con la muerte.

Machado responde al poema de Rubén con unos alejandrinos que se publican en *España* al lado de un poema desconsolado del íntimo amigo de Rubén durante los días heroicos de París, Amado Nervo (la versión de *Poesías completas* ofrecerá unas mínimas variantes):

A RUBÉN DARÍO

Si era todo en tu verso la armonía del mundo,
¿dónde fuiste, Darío, la armonía a buscar?
Jardinero de Hesperia, ruiseñor de los mares,
corazón asombrado de la música astral,
¿te ha llevado Dionysos de su mano al infierno
y con las nuevas rosas triunfante volverás?
¿Te han herido buscando, en soñada Florida,
la fuente de la eterna juventud, capitán?
Que en esta lengua madre tu clara historia quede.
Corazones de todas las Españas, llorad...[116]   (CXLVIII)

La muerte de Rubén parecía significar, y en efecto fue así, el fin del «modernismo». A un mundo en guerra, con millones de muertos, aquella estética ya no tenía nada que decir. Rubén lo sabía, y sus amigos, entre ellos Antonio Machado, también. Muerte y muerte. La de Leonor, como una premonición. Ahora la de Darío, que había visto la tragedia que se avecinaba. Y de repente, por asociación, el recuerdo del fallecimiento del padre, también acaecido tan a deshora, hacía ya casi veinte años, después de volver, moribundo, de Puerto Rico. El 13 de marzo de 1916 Machado apunta en una página de *Los complementarios* un poema dedicado a *Demófilo*:

EN EL TIEMPO

1882. 1890. 1892.

Mi padre

Ya casi tengo un retrato
de mi buen padre, en el tiempo,

pero el tiempo se lo va llevando.
Mi padre, cazador, —en la ribera
de Guadalquivir ¡en un día tan claro!—
—es el cañón azul de su escopeta
y del tiro certero el humo blanco.
Mi padre en el jardín de nuestra casa,
mi padre, entre sus libros, trabajando.
Los ojos grandes, la alta frente,
el rostro enjuto, los bigotes lacios.
Mi padre escribe (letra diminuta—)
medita, sueña, sufre, habla alto.
Pasea —¡oh padre mío! Todavía
estás ahí, el tiempo no te ha borrado!
Ya soy más viejo que eras tú, padre mío, cuando me
                                        [besabas.
Pero en el recuerdo, soy también el niño que tú
                                        [llevabas de la mano.
¡Muchos años pasaron sin que yo te recordara, padre mío!
¿Dónde estabas tú en esos años?[117]

Una nota aclara que las fechas que encabezan el poema se
refieren al retratado, no al retratista. Si en 1882 la familia estaba
todavía en Sevilla (aunque habían abandonado el mágico palacio de
las Dueñas tres años antes), en 1890 ya llevaban siete en Madrid
y, en 1892, *Demófilo*, a quien no volverán a ver sus hijos, había
salido para el Caribe. El poema, nunca publicado, sirvió como borrador del hermoso soneto que empieza:

Esta luz de Sevilla... Es el palacio
donde nací, con su rumor de fuente.
Mi padre, en su despacho. —La alta frente,
la breve mosca, y el bigote lacio—.
Mi padre, aún joven. Lee, escribe, hojea
sus libros y medita. Se levanta;
va hacia la puerta del jardín. Pasea.   (CLXV, IV)

Es también en esta primavera de 1916, tan cargada de muerte, cuando Machado decide publicar las emocionantes silvas que,
en forma de carta, había confiado tres años antes a su mejor amigo en
Soria, José María Palacio (CXXVI).[118]

Obsesionado con el recuerdo del camposanto donde yace Leonor, no es sorprendente que Machado hubiera expresado más de una vez su deseo de estar a su lado cuando llegara el momento de su propio fallecimiento. Entre sus borradores hay unos versos tachados que dicen:

> Cuando muera, amigos míos,
> si vale mi obra un céntimo,
> cuando muera, amigos míos,
> si mi obra vale un entierro,
> a la tierra castellana
> llevadme, cerca del Duero.[119]

¿Cómo salir de este círculo vicioso? Solo un nuevo amor sería capaz de conseguir el milagro —ya lo insinuó el poeta en una copla citada antes—, pero ¿dónde, cómo encontrarlo? Machado no se considera «seductor» a lo Miguel de Mañara o Bradomín, lo sabemos, pero ello no quiere decir que no sea sensible a la belleza femenina. Al contrario. Y al parecer hay una mujer en Baeza que le atrae.

Francisco Escolano, citado antes, llegó a la conclusión —al escuchar el chismorreo de sus paisanos— de que el poeta se había enamorado de una baezana. A ello se referirían, entre otros versos, el poema que figura en *Poesías completas* con el número CLV («Hacia tierra baja»), donde se alude a una «enjauladita» que sueña tras sus rejas con amores muy románticos y muy a lo Mérimée... y muy poco con la oferta que en realidad ofrece el lugar:

> Por esta calle —tú elegirás—
> pasa un notario
> que va al tresillo del boticario,
> y un usurero, a su rosario.
> También yo paso, viejo y tristón.
> Dentro del pecho llevo un león.   (CLV, I)

Se ha sugerido que la elegida fuera o bien Francisca («Paquita») Urquía, hija del director del Instituto de Baeza, o su hermana María del Reposo.[120] En 1914 Francisca sólo tenía unos once años, lo que hace imposible su candidatura. En cuanto a María del Reposo, ya para entonces adolescente, ¿atizó, acaso sin darse cuenta, los rescoldos sentimentales de quien empezaba a creer que quizás conocería otra vez el amor? En 1966 tuvimos ocasión de entrevistarla. Al abordar la relación de la familia Urquía con Machado, y teniendo muy presente el rumor repetidamente oído en Baeza acerca de una posible relación sentimental entre ella y el autor de *Campos de Castilla*, le preguntamos si era verdad que don Antonio la había pretendido. Doña María del Reposo, algo sorprendida por la pregunta, pero en absoluto ofendida —era una persona amabilísima y divertida—, contestó que el poeta nunca se había declarado pero que a ella le constaba, por sus atenciones, que «algún interés» hubo por su parte, interés no correspondido.[121]

Heliodoro Carpintero, en general tan cauto, afirma que fue al fracasar la pretensión amorosa del poeta, en 1916, cuando «le brotó el anhelo de dejar Baeza».[122] Pero aquel anhelo existía mucho antes de 1916 y, si realmente Machado se interesó por María del Reposo Urquía —a quien no nombra Carpintero—, no creemos que fuera tampoco cuestión de hondo enamoramiento.

* * *

Sigue rugiendo la maldita guerra. Parece que el mundo se ha vuelto loco. En un artículo publicado en Buenos Aires Machado declara que ha llegado a la conclusión de que Francia no lucha sólo para defender su territorio propio, sino para toda la humanidad. No es el concepto que tenía de ella antes. Francia ha revisado dos veces el *affaire* Dreyfus. Ha invertido sus esfuerzos más en resolver un caso de conciencia que en la preparación para la guerra. Ello da fe de su grandeza, y explica su desprevención ante Alemania (cuyo patológico belicismo al poeta le parece resultado del aniquilamiento del individuo allí practicado en aras de un nacionalismo exacerbado e inhumano). Por suerte, Francia, la gran Francia heredera de la Revolución, la «del laicismo en la enseñanza, de la separación de Roma, de la libertad, en suma», queda en pie. A Machado le han impresionado, por más señas, una palabras recientes de Romain Rolland, preñadas de magnanimidad: «Nada de venganzas ni de represalias. Son horribles semejantes palabras. Un gran pueblo no se venga: restablece el derecho». Francia, no lo duda ahora Machado, prevalecerá.

¿Y la postura ante la guerra de la derecha tradicional española? Sigue germanófila, por supuesto, ya que odia a Francia por su «impiedad», por haber lanzado el lema de «libertad, igualdad, fraternidad». También le repele Inglaterra, donde prendió, antes que en Francia, la llama liberadora (encendida por John Locke). Machado se niega a aceptar que los reaccionarios españoles representen el «alma» nacional, como ellos piensan, pese a su alto «valor numérico». Contra ellos está «la Constitución del Estado, nuestro rey Alfonso, cuyas tendencias marcadamente liberales no son ya un secreto para nadie, y toda la España capaz de mediana conciencia y de trabajo fecundo». Causa extrañeza encontrar a Machado ensalzando el pretendido liberalismo de Alfonso XIII, a quien dice despreciar en *Los complementarios*. ¿Irónica cautela por parte de un funcionario de Estado —y Machado lo es— cuyo compromiso proaliado, expresado en público, está en conflicto con la neutralidad proclamada por el Gobierno? Quizás.[123]

Con la llegada de junio termina el cuarto curso de Machado en Baeza. Desde hace dos años llegan por estas fechas a la ciudad un grupo de alumnos de la cátedra de Teoría de la Literatura y de las Artes de la Universidad de Granada, cuyo titular es el salmantino Martín Domínguez Berrueta. Sin duda influido por el antecedente de la Institución Libre de Enseñanza, don Martín se decanta por la enseñanza práctica de su asignatura. Concede la necesidad de la *teoría*, pero cree fervorosamente que lo que cuenta de verdad es el conocimiento directo de la obra de arte, del monumento, del bajorrelieve. Y Berrueta no se contenta sólo con sacar su clase a la calle para conocer mejor las maravillas de Granada, tanto musulmanas como cristianas, sino que, desde 1913, organiza cada primavera y verano, apoyado por una subvención del Ministerio de Bellas Artes e Instrucción Pública, unos viajes de estudio. Algunos veranos van a Castilla la Vieja —donde la catedral de Burgos es la gran obsesión del maestro—, a veces llegan hasta León y Galicia. Y Madrid siempre los recibe durante algunos días. En la España de entonces no eran frecuentes tales iniciativas. En cada ciudad de su itinerario los alumnos granadinos son agasajados por las autoridades, y ofrecen a cambio una «charla de viaje» que provoca los elogios de rigor en la prensa local.[124]

Berrueta y su alegre tropa estudiantil se presentan en Baeza el 8 de junio de ese año, camino de Ronda y Córdoba. El mismo día *Idea Nueva* reproduce un artículo del catedrático, publicado dos semanas antes en la revista madrileña *Nuevo Mundo*, en el cual ensalza la vieja ciudad jienense «que vive muriendo, fuera del camino, en el olvido de las caravanas de hacendados turistas y aun de los prestigiosos consagrados en cosas de arte».[125]

En Baeza los están esperando, naturalmente, y Machado, con quien Berrueta ya tiene una relacion cordial, recibe con afabilidad a los estudiantes en el Instituto, donde ha prometido (muy en contra de su práctica habitual) leerles algunas poesías suyas. Es la tarde del 10 de junio de 1916.[126] «Ya las ha leído —escribe aquella noche a sus padres el alumno Ricardo Gómez Ortega—. Son estupendas. Es un tío».[127] Unos días después otro miembro del grupo, el futuro diplomático Luis Mariscal, «cronista oficial» del viaje, comenta en *El Noticiero Granadino:* «En Baeza el insigne Machado, haciendo una excepción imponderable en su modo de vivir silencioso y modesto, accedió a los ruegos del señor Berrueta y en una charla de fuerte intimidad leyó escogidas composiciones suyas —algunas inéditas— haciendo llegar gota a gota toda su expresión al alma de sus embebecidos oyentes»[128].

Gómez Ortega recordará años después que Machado leyó, además de versos propios, algunos poemas de Rubén Darío, «con una voz hueca, pero no tan hueca como la de Juan Ramón Jiménez», dándoles una gran intensidad. El hecho de la reciente muerte del nicaragüense, que tanto había conmovido al poeta, prestaría a la lectura, cabe imaginarlo, una emoción intensa.[129]

Entre los oyentes está Federico García Lorca quien, a sus 18 años, va ganando cierta fama en Granada como pianista y compositor. Tocó por la noche en el Casino de Artesanos, según Gómez Ortega, «hermosos trozos de música clásica y algunas de sus composiciones de motivo andaluz». No sabemos si asistió Machado al concierto, que provocó el entusiasmo del público, aunque es muy probable que sí.[130]

Lorca acaba de perder a su maestro de piano, y pronto se revelará como poeta. La principal influencia sobre sus primeros poemas será la de Rubén, pero no tardará en aparecer la de Machado, del Machado íntimo de las soledades y las galerías del alma ante cuya angustia erótica demostrará ser muy sensible el granadino, desgarrado, él también, por el desasosiego amoroso. Para Lorca el encuentro con Machado reviste una importancia extraordinaria, tal vez determinante. Machado seguirá con atención su carrera de genial poeta y dramaturgo... y cantará como nadie su vil muerte.

* * *

Durante 1915-1916 Machado se había ido preparando para los exámenes de su primer año como alumno libre de la Facultad de Filosofía y Letras de la Universidad Central de Madrid. Los verifica (como entonces se decía) a finales de las vacaciones, en septiembre de 1916, y recibe sendos sobresalientes en sus tres asignaturas: Lengua y Literatura Españolas, Lógica Fundamental e Historia. Ya está en marcha, pues, y con buen pie, su tardía licenciatura.

Cuando vuelve a Baeza para el nuevo curso (inaugurado con mucha pompa por el rector de la Universidad de Granada, Federico Gutiérrez, y con la presencia de Martín Domínguez Berrueta), ya tiene entre manos dos importantes proyectos literarios: la publicación, por la editorial Calleja, de un volumen de sus *Páginas escogidas* y, por la Residencia de Estudiantes, la de sus *Poesías completas*.[131]

En estos momentos el director literario de Calleja es el siempre emprendedor Juan Ramón Jiménez. Machado le confía que espera cobrar 2.500 pesetas a la entrega del original (no es probable que consiguiera más de 500), a cambio de ceder todos los derechos de *Páginas escogidas* menos el de incluir las composiciones que quiera en sus *Poesías completas*. Pide a Juan Ramón que revise con mucho cuidado las pruebas, dada su propia y conocida torpeza «para cazar erratas».[132]

Entretanto, cada vez más contrario a los alemanes, firma el manifiesto de la Liga Antigermanófila, en el cual se explica que la asociación viene «a dar la batalla a los enemigos intestinos de España, a los que se están sirviendo de la terrible tragedia europea para desviar al pueblo español de la única ruta de sus libertades, de sus intereses y de su seguridad nacional». También firma Manuel.[133]

El poeta pasa la Semana Santa, como es su costumbre, en Madrid, donde vuelve a ver a Juan Ramón. De vuelta en Baeza se queja de no haber recibido todavía «nuevas pruebas del libro». Se trata de *Poesías completas*, ya que *Páginas escogidas* está prácticamente en la calle. Es un tomo de pequeño formato (15 x 10 cm), encuadernado en tela roja con letras doradas en la cubierta, 325 páginas y, como frontispicio, una hermosa fotografía, con la firma del poeta, sacada algunos años antes (ilustración 31). Lleva sobrecubierta de cartoncillo con la indicación, en su cara posterior, de que pertenece a la segunda serie de la «Biblioteca Calleja», serie dividida en tres grupos: «Antologías», «Contemporáneos» y «Clásicos». «Los libros del primer grupo —es Jordi Doménech quien nos pone al tanto— llevaban todos el título *Páginas escogidas* y salía un tomo cada mes. La programación para los primeros libros, de 1917, fue la siguiente: mayo, Azorín; junio, Antonio Machado; julio, A. Palacio Valdés; agosto, Clarín; septiembre, Montaigne; octubre, Quevedo». Machado, pues, está bien acompañado.[134]

Páginas escogidas comprendía cincuenta y cuatro poemas procedentes de *Soledades. Galerías. Otros poemas*, una selección de *Campos de Castilla* y cinco poesías aparecidas entre 1913 y 1916 en publicaciones periódicas. *La tierra de Alvargonzález*, incluida íntegra, dominaba por su tamaño el libro, así como había hecho en *Campos de Castilla*.[135]

El «prólogo» de la antología, fechado «Baeza, 20 de abril de 1917», constituye una pequeña reflexión de Machado sobre su poesía hasta el momento. Explica que se ha encontrado con un grave dilema ante la necesidad de seleccionar. Entre el poeta que compone el poema y el poeta que luego lo enjuicia mide un abismo, y no sólo temporal. Si se crea por intuiciones, que siempre son personales, se critica con conceptos, que son de todos. El poeta es acaso la persona menos indicada para juzgar lo que ha conseguido, o no conseguido. Con todo, cree haber contribuido, con otros poetas de su promoción, «a la poda de ramas superfluas en el árbol de la lírica española y haber trabajado con sincero amor para futuras y más robustas primaveras».[136]

Las ramas superfluas, claro, eran las del modernismo. En la nota antepuesta en *Páginas escogidas* a la selección de *Soledades*, surge, como no podía ser de otra manera, el nombre de Rubén Darío. Machado reconoce haber admirado al autor de *Prosas profanas*, «el maestro incomparable de la forma y de la sensación», que luego había revelado «la hondura de su alma» en *Cantos de vida y esperanza*. Pero insiste en que su propia pretensión era conseguir una poesía más íntima que expresara «una honda palpitación del espíritu; lo que pone el alma, si es que algo pone, o lo que dice, si es que algo dice, con voz propia, en respuesta animada al contacto del mundo». Extraña que no haya referencia alguna a la influencia del simbolismo, ninguna mención de Paul Verlaine. Era como si no quisiera admitir lo que debía —y era mucho— a la poesía francesa de fin de siglo (en la escueta «Nota biográfica» que sigue al prólogo, además, no se mientan las estancias parisienses).

Extraordinariamente revelador, en relación con tales apreciaciones, es el texto tan complejo como breve que precede la selección de *Campos de Castilla*. Muy conocidas son sus palabras iniciales: «En un tercer volumen, publiqué mi segundo libro, *Campos de Castilla* (1912). Cinco años en la tierra de Soria, hoy para mí sagrada —allí me casé; allí perdí a mi esposa, a quien adoraba— orientaron mis ojos y mi corazón hacia lo esencial castellano». La consideración siguiente nos sitúa de lleno en el campo teórico-metafísico en que se mueve el poeta en estos momentos:

> Ya era, además, muy otra mi ideología. Somos víctimas —pensaba yo— de un doble espejismo. Si miramos afuera y procuramos penetrar en las cosas, nuestro mundo externo pierde en solidez, y acaba por disipársenos cuando llegamos a creer que no existe por sí, sino por nosotros. Pero si, convencidos de la íntima realidad, miramos adentro, entonces todo nos parece venir de fuera, y es nuestro mundo interior, nosotros mismos, lo que se desvanece. ¿Qué hacer, entonces? Tejer el hilo que nos dan, soñar nuestro sueño, vivir; sólo así podremos obrar el milagro de la generación. Un hombre atento a sí mismo y procurando auscultarse, ahoga la única voz que podría escuchar: la suya; pero le aturden los ruidos extraños. ¿Seremos, pues, meros espectadores del mundo? Pero nuestros ojos están cargados de razón, y la razón analiza y disuelve. Pronto veremos el teatro en ruinas, y, al cabo, nuestra sola sombra proyectada en la escena. Y pensé que la misión del poeta era inventar nuevos poemas de lo eterno humano, historias animadas que, siendo suyas, viviesen, no obstante, por sí mismas. Me pareció el romance la suprema expresión de la poesía, y quise escribir un nuevo Romancero. A este propósito responde *La tierra de Alvargonzález*.

El texto quiere iluminar el intento del poeta de las «soledades» y «galerías», aludido en sus cartas de 1904 a Unamuno y Juan Ramón Jiménez, por liberarse de su excesiva tendencia a la introspección y, dentro de lo posible, lograr «soñar despierto». Por fundir, de alguna manera, subjetividad y objetividad, la mirada hacia adentro y la mirada hacia fuera, ya que la dedicación exclusiva al mundo interior o al exterior le había llegado a parecer igualmente distorsionadora o estéril. *La tierra de Alvargonzález*, la épica de la paramera soriana, representaría así el esfuerzo por resolver un grave dilema a la vez poético y casi metafísico. Machado no dice hasta qué punto estimaba ahora haber logrado su propósito. Tampoco lo dirá después. Ello sugiere, acaso, que tenía dudas al respecto.

* * *

A finales de abril o principios de mayo de 1917 Martín Domínguez Berrueta vuelve a Baeza. Entre los alumnos está otra vez Federico García Lorca, ahora no sólo músico sino flamante poeta. Ya se sienten más distendidos los granadinos con Machado, que en enero ha tenido el detalle de contribuir, para su revista *Lucidarium*, con una selección de «proverbios y cantares», dedicada a Berrueta, «maestro y amigo». Entre ellos hay un pequeño romance sin título, producto de una larga elaboración, que expresa la inquietud del poeta ante una posible falta de inspiración en estos momentos (ya ha mencionado a Ortega su «sequedad creadora» actual), y retoma la imagen de las abejas transformadoras de los poemas de la primera época:

> ¿Mi corazón se ha dormido?
> Colmenares de mis sueños,
> ¿ya no labráis? ¿Está seca
> la noria del pensamiento,
> los arcaduces vacíos
> girando, de sombra llenos?
> No, mi corazón no duerme.
> Está despierto, despierto.
> Ni duerme ni sueña, mira,
> los claros ojos abiertos,
> señas lejanas, y escucha
> a orillas del gran silencio.[137]   (LX)

Esta vez Machado y Lorca actúan juntos en un concierto celebrado en el Casino. Así lo recordará nuestro poeta dos décadas después en sus entrevistas con Pérez Ferrero (donde hay cierta confusión entre las visitas de 1916 y 1917). Según Machado, él había iniciado el acto con la lectura de algunos fragmentos de *La tierra de Alvargonzález* y el joven Federico, luego, había interpretado al piano *La danza de la vida breve*, de Falla, y una selección de canciones populares.[138]

Machado había olvidado, o no mencionó, la participación en el concierto de las dos hijas de Leopoldo Urquía: Paquita y su admirada María del Reposo, excelente pianista apasionada de Chopin y de Mendelssohn. Muchos años después María del Reposo recordaba que Lorca tocó «con un brío tremendo, tremendo».[139]

Lorca evocó Baeza en su primer libro, *Impresiones y paisajes*, publicado al año siguiente. En el capítulo correspondiente, titulado «Ciudad perdida» y dedicado a María del Reposo, no aparece Machado, pero es difícil, al leerlo, no verle transitando solo por «estas calles de cementerio por las que nadie pasa».[140]

Machado debió de quedarse intrigado ante la constatación de que Lorca ya no era sólo pianista sino también poeta. No sabemos nada de sus conversaciones, pero cabe imaginar que hablaron largo y tendido, y que incluso el granadino, nada tímido a la hora de recitar, se atreviera a leer algun poema.

La visita de los estudiantes quedó reflejada en un artículo de Machado publicado el 4 de junio en *El País*. No se conformó allí con elogiar a Berrueta, sino que se le ocurrió tildar de «benemérito desbravador de gitanos» al clérigo Andrés Manjón, famoso personaje en la ciudad de la Alhambra, catedrático de Derecho y creador de las Escuelas de Ave María, que, a ojos de la burguesía católica granadina, era poco menos que un santo. Hubo una dura polémica de la cual Berrueta salió malparado. «La carta que recibe Antonio de su compañero es desoladora —refiere Pérez Ferrero—. A veces, la mejor intención provoca una hecatombe».[141]

* * *

Pérez Ferrero apunta en su biografía que Antonio volvió fugazmente a El Puerto de Santa María en 1917 para apadrinar a su sobrina Ana, primera de las niñas de Francisco Machado y Mercedes Martínez.[142] Puesto que Ana nació el 20 de mayo, podemos tener la casi seguridad de que el poeta efectuó aquella visita antes de volver para las vacaciones a Madrid, es decir hacia finales de mayo o principios de junio.[143]

El mismo biógrafo cuenta que fue al regresar a Baeza cuando Machado visitó el santuario de Tíscar, en la sierra de Quesada. Es probable, pero no hay documentación. Dicho santuario está enclavado, entre inmensas rocas, al pie de la casi calva Peña Negra, y alberga la imagen de la Virgen de la Sierra, la patrona de Quesada, encontrada, según creencia popular, en la cercana Cueva del Agua. De esta gruta sale una impresionante catarata que alimenta, allí abajo, un charco de peligroso acceso, conocido como el «pilón azul», donde se bañan en verano los jóvenes de los pueblos colindantes.

La visita a Tíscar inspiró a Machado un poema que le revelaba como muy informado acerca de las singularidades del santuario y sus alrededores:

> En la sierra de Quesada
> hay un águila gigante,
> verdosa, negra y dorada,
> siempre las alas abiertas.
> Es de piedra y no se cansa.
>
> Pasado Puerto Lorente,
> entre las nubes galopa
> el caballo de los montes.
> Nunca se cansa: es de roca.
>
> En el hondón del barranco
> se ve al jinete caído,
> que alza los brazos al cielo.
> Los brazos son de granito.
>
> Y allí donde nadie sube
> hay una virgen risueña
> con su río azul en brazos.
> Es la Virgen de la Sierra.[144]   (CLXVI, IV)

Machado había apuntado, correctamente, los nombres dados por los lugareños de Quesada a estos imponentes escenarios de aspecto antro/zoomórfico. El «águila gigante» con las alas siempre abiertas la componen los tres picos contiguos conocidos como Pico Rayal (Picón del Rayal), Navilla Alta (Picón del Guante) y Aguilón del Loco (Villalta). Y es cierto que allí arriba parece haber una inmensa ave rapaz que arrastra las alas por el suelo. El «caballo de los montes» es el llamado Cerro del Caballo. El «jinete caído» que alza los brazos al cielo «en el hondón del barranco» —aquí Machado retoma un verso de *La tierra de Alvargonzález*— no es otro que Los Picones (ubicados en el barranco de Figue y cuyas crestas dan la impresión de figurar dedos apuntando hacia arriba). En cuanto al «río azul» que lleva la Virgen de la Sierra en brazos, parece que la sorprendente imagen alude, bisémicamente, al Niño y a la catarata que baja desde la Cueva del Agua al «pilón azul», sin olvidar que el azul es el color simbólico de María. Hoy una placa tallada en la roca del santuario recuerda la visita del poeta a este solitario lugar.[145]

Se ha dicho que, desde Tíscar, Machado y sus acompañantes (no sabemos quiénes fueron) descendieron al valle del río Guadalhorta —afluente del Guadiana menor— y llegaron, después de atravesar cuarenta kilómetros de campo casi desértico, sólo poblado por esparto, al pequeño pueblo de Alicún de Ortega, ya en la provincia de Granada.[146] Lo único cierto es que al poeta le gustó el nombre de Alicún, de evidente procedencia árabe. En unos versos de vena popular evocó después aquella visita, real o imaginada, y la vuelta después a su «rincón» jienense:

> Ya había un albor de luna
> en el cielo azul.
> ¡La luna en los espartales,
> cerca de Alicún!
> Redonda sobre el alcor,
> y rota en las turbias aguas
> del Guadiana menor.
>
> Entre Úbeda y Baeza
> —loma de las dos hermanas:
> Baeza, pobre y señora,
> Úbeda, reina y gitana—.
> Y en el encinar,
> ¡luna redonda y beata,
> siempre conmigo a la par![147]   (CLXVI, II)

Machado volvió a recordar Alicún en unas coplas incluidas más tarde en la secuencia titulada «A la manera de Juan de Mairena. Apuntes para una geografía emotiva de España»:

> En Alicún se cantaba:
> «Si la luna sale,
> mejor entre los olivos
> que en los espartales».

Y en la sierra de Quesada:
«Vivo en pecado mortal:
no te debiera querer;
por eso te quiero más».   (CLXXI, V y VI)

Hay otra coplilla de Machado —más bien piropo— que da a entender que en aquel pueblecillo rodeado de espartales no faltaba alguna muchacha guapa:

Tíscar tiene un ermitaño,
Belerda, más de un pastor,
Alicún, lindas caderas
y una fuente que brilla al sol.[148]

* * *

En la primavera de 1917 los Machado, que llevan dos años viviendo en el piso de Fuencarral, 99, acometen el que va a ser su último cambio de casa en Madrid y firman el contrato de alquiler de una amplia vivienda de ocho habitaciones, situada en la frondosa calle de General Arrando, número 4, primero derecha, a tiro de piedra de la plaza de Chamberí. Puntualiza, con humor, José Machado: «Primero —según rezaba el rótulo anunciador de la escalera— pero, desgraciadamente, tercero para los efectos de la subida».[149]

Manuel y Eulalia Cáceres escogen este momento para establecer hogar propio, y alquilan un piso en la calle de Churruca, número 15 (entresuelo izquierda exterior), a unos pocos metros de la glorieta de Bilbao. Hay que suponer que la elección se ha hecho en función de estar cerca del resto de la familia: son unos diez minutos a pie. Una placa del Ayuntamiento de Madrid señala hoy la casa de Manuel en Churruca, 15; otra, de la Sociedad General de Autores, la de Antonio en General Arrando, 4.[150]

José Machado, que se instala con su hermano Joaquín y la madre en el nuevo piso, apunta que éste, por dar al norte, era bastante frío. Las tres habitaciones principales, casi del mismo tamaño, estaban seguidas, y cada una tenía un balcón que daba a la calle. A la derecha había un gabinete y, a la izquierda, el cuarto de Antonio («cuarto, despacho y dormitorio»), donde solía trabajar hasta altas horas de la noche (y a veces hasta el amanecer).[151]

En junio de 1917 el poeta tiene otra vez encima sus exámenes de licenciatura. «El próximo lunes —le escribe a Julio Cejador y Frauca desde General Arrando— compareceré ante V. con harto rubor y como reo de Lengua Latina». El célebre crítico literario y orientalista jesuita, catedrático de Lengua y Literatura Latinas de la Universidad de Madrid, que dos años antes había empezado la publicación de su monumental *Historia de la lengua y literatura castellana*, no es un desconocido para Machado en su capacidad examinadora, ya que fue uno de los vocales del tribunal que le había otorgado su cátedra soriana en 1907. La carta, que deja vislumbrar que los dos se han visto con cierta regularidad desde entonces, tiene el interés de mostrarnos una vez más la tremenda voluntad puesta por Machado en conseguir su título:

Deseando allegar medios oficiales para mejorar de fortuna, emprendí los estudios de Filosofía, y llevo, con la de V., cinco asignaturas, entre ellas el Griego. Reducido a mis propios recursos, con la mezquina base del Latín aprendido hace treinta años, gracias a su buen método he traducido la Epístola de Horacio y cuanto tiene V. de Virgilio en su texto, y algo, también, de Salustio y de Cicerón, abarcando cuanto más he podido, y, seguramente, apretando poco. Pero ¿para qué decirle lo que ha de ver? Sólo pretendo declararle mi buen deseo, para recomendarme a su benevolencia y para que no vea en mí al fresco capaz de sonrojar a los amigos, ni tampoco al petulante poeta modernista, pues después de traducir, aunque a trancas y barrancas, versos de Virgilio, el «cur ego salutor poeta»* del maestro Horacio es cosa que me digo a mí mismo. Vea V. en mí un caso de anacronismo escolar y a un viejo y desmemoriado estudiantón que de todas sus bondades necesita.[152]

Ha tenido la diplomacia de enviarle a Cejador un ejemplar de sus recién aparecidas *Páginas escogidas*, donde el amargo poema «Viaje», publicado sin título el año anterior en *La Lectura*, como vimos, está dedicado a él (cuando reaparezca un mes después en *Poesías completas*, titulado «Otro viaje», habrá desaparecido la dedicatoria).

---

* Horacio, *Ars Poetica*, v. 87 («Cur ego si nequeo ignoroque, poeta salutor»). Más o menos, «¿cómo puedo pretender que me consideren poeta si no sé nada?»

El erudito jesuita no duda en otorgar a alumno tan inhabitual un sobresaliente. Este mismo junio Machado también se examina de Teoría de la Literatura y de Historia Universal, ambas con sobresaliente, y, en septiembre, con la misma calificación, en Lengua Griega. Su tardía licenciatura va viento en popa.[153]

Y su carrera literaria, ya que la publicación de *Poesías completas* al mes siguiente —según el colofón el libro se terminó de imprimir el 11 de julio de 1917— supone un magno acontecimiento en el mundo de las letras españolas.

Poesías completas (1899-1917) —así reza el título en la primera página del libro (pero no en la cubierta ni en la portada)— constituían el volumen 7 de la Serie IV («Varias») de las Publicaciones de la Residencia de Estudiantes, que poseían la pulcra sobriedad que era de esperar de la casa dirigida por Alberto Jiménez Fraud. El tomo, puesto a la venta al precio de cuatro pesetas, fue impreso por el Establecimiento Tipográfico de Fortanet (calle Libertad, número 29). Tenía 268 páginas y 152 poemas numerados con cifras romanas. En el centro de la cubierta figuraba el medallón con la cabeza pensativa del «atleta rubio» griego, distintivo de la Residencia. El título se destacaba en letras rojas y el del poeta en negras, lo que formaba un hermoso contraste.

Al final de la obra se incluye un pormenorizado catálogo de los libros editados por la Residencia hasta la fecha. Asombra por su calidad. Entre ellos están *Meditaciones del Quijote* (1914), de Ortega y Gasset (que Machado había reseñado para *La Lectura); Al margen de los clásicos* (1915), de Azorín (que incluye entre otros ensayos su crítica de *Campos de Castilla); La edad heroica* de Luis de Zulueta y la *Vida de Beethoven* de Romain Rolland, ambos de 1915; *La filosofía de Henri Bergson* (1916), de Manuel García Morente, de gran interés para nuestro poeta; y los primeros tomos de los *Ensayos* de Miguel de Unamuno.

En cuanto al contenido del libro, Machado recoge en él, íntegro, *Soledades. Galerías. Otros poemas*, de 1907. Añade a *Soledades* el poema «Anoche cuando dormía...» (LIX) —publicado en *La Tribuna* en 1912— y «¿Mi corazón se ha dormido...?» (LX), por lo visto inédito. Y, a *Galerías*, el amargo romance «Eran ayer mis dolores...» (LXXXVI), que en *Campos de Castilla* se encontraba en el apartado «Proverbios y cantares». Aunque falta, después de *Soledades. Galerías. Otros poemas*, el título *Campos de Castilla* (debido, según parece, a un desliz por parte de Machado y su editor), el libro también se incorpora en su totalidad. De los poemas «nuevos», la gran mayoría habían aparecido en la prensa periódica entre 1912 y 1917, y es muy probable que algunos de los hipotéticamente inéditos también. Entre éstos destacan «Orillas del Duero» (CII), «Recuerdos» (CXVI), «Al maestro Azorín, por su libro *Castilla*» (CXVII), el pequeño romance narrativo sobre la muerte de Leonor, «Una noche de verano...» (CXXIII), «En estos campos de la tierra mía,/y extranjero en los campos de mi tierra...» (CXXV), «Los olivos» (CXXXII), «Llanto de las virtudes y coplas por la muerte de don Guido» (CXXXIII), «Mis poetas» (CL) —con su homenaje a Gonzalo de Berceo y Jorge Manrique—, y numerosos poemillas pertenecientes a la sección «Proverbios y cantares» (CXXXVI), que aquí suman cincuenta y dos comparados con los veintiocho de *Campos de Castilla* (1912).

En su conjunto los poemas del llamado «ciclo de Leonor» significaban una aportación de primer orden a la poesía elegíaca española y europea, y eso que había habido momentos cuando Machado creía que la pérdida de su compañera le impedía ya cantar:

> ¿Será porque se ha ido
> quien asentó mis pasos en la tierra,
> y en este nuevo ejido
> sin rubia mies, la soledad me aterra?   (CXLI)

¡La soledad, las soledades de Antonio Machado! Posteriormente había seguido alegando «sequedad creadora» debido a la muerte de Leonor, pero allí estaban los magníficos poemas inspirados por su recuerdo.

De los poemas «inéditos» con semejante tema aparecidos en *Poesías completas* habría que mencionar «Orillas del Duero», en el cual Machado vuelve a evocar la ribera izquierda del río entre San Polo y San Saturio. Se trata de aquella tarde inolvidable (ya recordada en un soneto de 1907)[154] en que el poeta intuía que nacía el amor. Tarde inseparable en su memoria de una descomunal luna amoratada que había ido subiendo detrás de Santa Ana:

> Era una tarde, cuando el campo huía
> del sol, y en el asombro del planeta,
> como un globo morado aparecía
> la hermosa luna, amada del poeta.

En el cárdeno cielo vïoleta
alguna clara estrella fulguraba.
El aire ensombrecido
oreaba mis sienes, y acercaba
el murmullo del agua hasta mi oído.
    Entre cerros de plomo y de ceniza
manchados de roídos encinares,
y entre calvas roquedas de caliza,
iba a embestir los ocho tajamares
del puente el padre río,
que surca de Castilla el yermo frío.   (CII)

También hay que señalar, entre los poemas «inéditos» de *Poesías completas*, los agregados a los «Proverbios y cantares» (que en *Campos de Castilla* tanto habían gustado a Unamuno, Ortega y Juan Ramón Jiménez). Constituyen ya una modalidad que será natural en Machado hasta el fin de sus días: el compendio de su pensamiento, la fina flor de su ironía, la confirmación del hondo andalucismo que, tanto como Manuel, pero más recónditamente, llevaba en la masa de la sangre. Muchos de ellos vuelven al perenne tema del camino. Uno, en particular, se hará famoso:

Caminante, son tus huellas
el camino, y nada más;
caminante, no hay camino,
se hace camino al andar.
Al andar se hace camino,
y al volver la vista atrás
se ve la senda que nunca
se ha de volver a pisar.
Caminante, no hay camino,
sino estelas en la mar.   (CXXXVI, XXIX)

De todas las composiciones al parecer inéditas de *Poesías completas*, la que quizás hizo más impacto en el mundo de las letras fue el «Llanto de las virtudes y coplas por la muerte de don Guido». El poema fue muy celebrado en la Residencia de Estudiantes, donde, si todo el mundo se daba cuenta de que se trataba de una parodia de las coplas por la muerte de su padre de Jorge

Manrique, tan admiradas por Machado, a nadie se le escapaba tampoco el intenso sarcasmo que impregnaba el divertidísimo retrato del hipócrita sevillano, retrato tan perfilado, tan malicioso, que hacía pensar en un modelo concreto. ¿Pero quién?[155]

> Cuando mermó su riqueza,
> era su monomanía
> pensar que pensar debía
> en asentar la cabeza.
> Y asentóla
> de una manera española,
> que fue casarse con una
> doncella de gran fortuna;
> y repintar sus blasones,
> hablar de las tradiciones
> de su casa,
> a escándalos y amoríos
> poner tasa,
> sordina a sus desvaríos. (CXXXIII)

Después de conocer los versos dedicados a don Guido, no se podía dudar del buen humor de Antonio Machado, ni de su pericia satírica (anticipada años atrás en las páginas de *La Caricatura*), ni de la opinión que le merecía el clásico «caballero andaluz».

En cuanto a los poemas aparecidos después de *Campos de Castilla* y ahora incorporados en *Poesías completas*, hay que destacar el titulado «A Narciso Alonso Cortés, poeta de Castilla», publicado a finales de 1914 en el libro de éste, *Árbol añoso*.[156] Y destacarlo porque, entre las ocho estrofas alejandrinas que integran la composición, hay tres donde, acaso con más contundencia que en ningún otro lugar, Machado logra expresar la congoja que a todos nos produce la acción despiadada del tiempo:

> Al corazón del hombre con red sutil envuelve
> el tiempo, como niebla de río una arboleda.
> ¡No mires: todo pasa; olvida: nada vuelve!
> Y el corazón del hombre se angustia... ¡Nada queda!
> El tiempo rompe el hierro y gasta los marfiles.
> Con limas y barrenas, buriles y tenazas,

el tiempo lanza obreros a trabajar febriles,
enanos con punzones y cíclopes con mazas.
El tiempo lame y roe y pule y mancha y muerde;
socava el alto muro, la piedra agujerea;
apaga la mejilla y abrasa la hoja verde;
sobre las frentes cava los surcos de la idea.   (CXLIX)

Poesías completas es como el diario íntimo del poeta a lo largo
de veinte años. A partir de su publicación por la Residencia de
Estudiantes en el verano de 1917, el alma de Antonio Machado no
tenía secretos para el lector de sensibilidad.

* * *

De Baeza a Madrid, de Madrid a Baeza, de Baeza a Madrid... A Machado le cansa cada vez más la vida de provincias, y quiere urgen-
temente regresar a la capital. La única posibilidad de conseguirlo
es terminar la licenciatura y luego volver a opositar. ¡Qué rabia!
¡Qué aburrimiento!
    ¿Y la vía de las influencias? Ocurre que en estos momentos
Azorín acaba de ser designado subsecretario del Ministerio de Instrucción Pública y Bellas Artes. Consciente de que España no puede permitirse el lujo de tener enterrado en provincias a un poeta de
la categoría de Machado, el autor de *Castilla* trata de conseguirle
una plaza en Madrid. ¡Y resulta que en el país que ha inventado la
novela picaresca no es posible en este caso saltarse las normas! ¡Que
hay que respetar la cola! Y ello debido a la inflexibilidad del jefe de
la Sección de Institutos, un tal Vicente Cuadrillero. Azorín se disculpa ante el poeta y, si hemos de dar crédito a Mariano Quintanilla, de quien recogemos la anécdota, Machado bromea: «Ha dicho
"que no" uno de la Santa Hermandad. Yo creía que todos habían
muerto, pero todavía queda uno».[157]
    A finales de 1917, de vacaciones con la familia en el piso de
General Arrando, Machado asiste, entusiasta, a una conferencia
de Unamuno, «La España social en la hora presente», pronun-
ciada en la Casa del Pueblo.[158] De vuelta en su «rincón moruno»
escribe al vasco una larga carta para, como dice, «consignar por
escrito, nuevamente, mi sentimiento cada vez más hondo, de admiración y afecto, hacia Vd. y su obra». Acaba de leer *Abel Sánchez*

(Una historia de pasión), que le ha impresionado por su insistencia sobre la envidia española, tema que él mismo ha tratado en algunos de los poemas más hondos de *Campos de Castilla*. Ve en la novela una invitación a «expulsar de nuestras almas al hombre precristiano, al gorila genésico que todos llevamos dentro». Unamuno, como Machado en sus grandes poemas de la paramera soriana, ha vuelto al libro del Génesis, por donde yerra la sombra de Caín, libro en el cual el poeta dice no ver «sino la gran lucha del hombre para crear el sentimiento de la fraternidad, que culmina en Jesús». Una y otra vez, a lo largo de los años venideros, insistirá: Cristo vino para enseñar al hombre a superar su egoísmo innato y a amar a su prójimo como a sí mismo. A Machado la historia de José, que perdona a sus hermanos y rechaza a la mujer de Putifar porque «no es un semental, es un hombre», le parece «lo más poético y delicado de la Biblia precristiana». El problema —sigue *exponiendo* ante Unamuno, ¡ante Unamuno!— es que, pese al mensaje de Cristo, el cainismo persiste, ya extendido, además, a las naciones, «en ese sentimiento tan fuerte y tan vil que es el patriotismo». Cainismo que sólo parecen capaces de superar los rusos («¡bendito pueblo!»), a quienes el poeta, que sin duda ha reflexionado largamente sobre la Revolución de 1917, atribuye, no sin cierta ingenuidad, «un sentimiento más noble y más universal». «El tolstoísmo salvará Europa», remacha, para luego añadir, cauto, «si es que ésta tiene salvación».

Sigue desarrollando, a continuación, el tema de Cristo y de la fraternidad, como si estuviera pronunciando una conferencia. Ha llegado a la conclusión de que el amor al prójimo puede ser «una forma indirecta de amarse cada cual a sí mismo», y que la verdadera fraternidad cristiana es amor al otro «por amor al padre común». Es decir, para el cristianismo, el prójimo no existe para que nosotros nos reconozcamos en él, o nos sintamos mejor amándole, sino por derecho propio, al ser hijo, como nosotros, de un padre común. Y Machado remacha: «Tal me parece a mí el sentido del Evangelio y la gran revelación del Cristo, el verdadero transmutador de valores». Es difícil no intuir la influencia sobre las reflexiones de Machado de José Álvarez Guerra y su *Unidad simbólica*, quizás transmitida por la abuela Cipriana.

En cuanto a la relación del mensaje de Jesús con la filosofía moderna, Machado opina que ésta, al pretender separar la razón de la fe, «olvida demasiado la profunda significación del cristianismo».

¿A qué vino el nazareno al mundo? Machado lo tiene claro: a predicar «valores universales que no son de naturaleza lógica, los nuevos caminos de corazón a corazón por donde se marcha tan seguro como de un entendimiento a otro, y la verdadera realidad de las ideas, su contenido cordial, su vitalidad».

«Los nuevos caminos de corazón a corazón»: no es sorprendente que Unamuno recordara dos años después esta «carta tan estupenda sobre el amor fraternal» en la cual, además, Machado le recomendaba que, habiendo escrito *Abel Sánchez*, hiciera ahora «su novela cristiana, la novela del amor, de la fraternidad». El gran don Miguel tiene que haber sido consciente, por otro lado, de la profunda influencia de su propio pensamiento sobre el poeta, evidente desde el inicio de su relación quince años atrás, y reconocida de modo explícito en «Poema de un día». No es difícil imaginar que ello le produciría legítima satisfacción.[159]

* * *

Los amigos de Lorca en Baeza, entre ellos María del Reposo Urquía, esperaban con impaciencia la publicación de su primer libro, *Impresiones y paisajes*, pues sabían que iba a contener un capítulo sobre la ciudad. Lorca tenía una buena amistad con el joven ubetense Lorenzo Martínez Fuset —con el paso del tiempo asesor jurídico de Franco—, que estudiaba el bachillerato en el Instituto de Granada. Por una carta del mismo al poeta, fechada 9 de abril de 1918, nos enteramos de que Lorca pensaba ir en persona a Baeza con ejemplares del libro para regalárselos a los predilectos, entre ellos el autor de *Campos de Castilla*. «He hablado con Machado —le dice Martínez Fuset—. Éste en su modestia no tiene límites, al enseñarle tu carta se apresuró a indicar que él jamás podía ser objeto de un viaje; no obstante, que se alegraría mucho de verte, encargándome mucho que le remitieses el libro. Digo igual. Y que al menos le indicases librería en que se hallase. En el recorrido que te hicimos indicó que debías seguir la Música, pues dice que harías época y música, cosa de la que estamos faltos en España». No cabe duda de que Machado había reconocido los dones del joven Federico. «Añadió por último —sigue Martínez Fuset— que Granada era poco para ti y que los primeros éxitos se cifrarán en sitios donde el triunfo fuese más costoso y resonante». Lo cual no dejaba de ser verdad (Lorca se escaparía pronto a Madrid). Machado había terminado aceptando la visita, con la advertencia que se hiciera pronto, ya que él pensaba marcharse en junio. Pero parece ser que Lorca no pudo desasirse de Granada en aquellos momentos.[160]

Por una carta de Machado a su hermano Manuel, conservada en la biblioteca de José María Cossío en Tudanca, sabemos que para estas fechas los dos habían empezado a colaborar en una obra dramática en verso sobre Julián Valcárcel, el hijo bastardo y rebelde del conde-duque de Olivares. Antonio se mostraba ilusionado con el proyecto («veo una posibilidad de oro y nombradía»), que esperaba reanudar con Manuel durante el verano en Madrid. La madre también estaba entusiasmada «y pensando ya en el hotel campestre que hemos de adquirir a cuenta de futuros éxitos». ¡Siempre el problema del dinero! La gestión de *Desdichas de la fortuna o Julianillo Valcárcel* será larga y accidentada, sin embargo, y la obra no se estrenará hasta 1926.[161]

La misma carta demuestra que Machado está ahora considerando la posibilidad de opositar a una cátedra de italiano, nada menos, en Madrid. Tan fuerte es su deseo de escaparse de Baeza, donde ahora vive en la calle de San Pablo, 6.[162]

En junio, otra vez en la capital, se examina en Psicología Superior (sobresaliente), Lengua y Literatura Griegas (sobresaliente) e Historia de la Filosofía (notable). Luego, en septiembre, en Antropología (sobresaliente) y Psicología Experimental (notable). Ha acabado con éxito la carrera, ¡a los 43 años! Su título de licenciado se expedirá el 7 de diciembre de 1918.[163]

Entretanto, el 17 de septiembre, manda una instancia al presidente de la Junta para Ampliación de Estudios e Investigaciones Científicas para pedir plaza de profesor de lengua y literatura castellanas en el recién fundado Instituto-Escuela, hijuelo de la Institución Libre de Enseñanza, tentativa acerca de la cual no tenemos más datos, y que vuelve a demostrar el empeño del poeta en librarse de Baeza.[164]

Así se lo declara el 30 de diciembre en una carta a Federico de Onís: «El clima moral de esta tierra no me sienta y en ella mi producción ha sido escasa» (pero no tan escasa, como hoy sabemos).[165] Las solicitudes presentadas por el poeta a lo largo de 1919 para opositar a plazas en otros institutos se multiplicarán: el 10 de marzo para Zaragoza (Lengua Francesa)[166]; el 12 de mayo para Orense, Mahón y Cádiz (Lengua y Literatura Castellanas) y para León, Lérida, Orense, Palencia, Salamanca y Lugo (Psicología, Lógica y Ética). Acerca de la suerte que corrieron estas gestiones falta documentación. Sólo sabemos que ninguna de ellas fructificó.[167]

Es en este mismo mes de mayo, al parecer, cuando la editorial Calpe saca la segunda edición de *Soledades. Galerías. Otros poemas* en su «Colección Universal» (biblioteca económica de pequeño formato dirigida al gran público y pronto célebre), donde lleva el número 27. El prólogo está firmado «Toledo, 12 de abril 1919». Y es que Machado ha visitado allí durante Semana Santa a su hermano Francisco, que desde principios de año, tras su etapa en El Puerto de Santa María, es oficial en el penal de la vieja ciudad del Tajo (gracias a una intervención de Eduardo Ortega y Gasset, hermano de José, solicitada a través de éste por Antonio). El prólogo tiene el interés de aludir al final de la guerra que ha devastado durante cuatro años el continente, y de sugerir que, tras la Revolución rusa, el poeta no está sin fe en la posible renovación socialista de la vieja Europa y su «agotada burguesía».[168]

No se trata de una mera reimpresión de la primera edición de 1907.[169] Se han suprimido tres secciones de ésta —«Canciones y coplas», «Humorismos, fantasías, apuntes» y «Varia»—, y allí donde en 1907 sólo había un poema bajo el título «Elogios» —el soneto a Valle-Inclán— figuran ahora los catorce incluidos en *Poesías completas*. También, como en *Poesías completas*, se incorpora el romance de *Campos de Castilla* que empieza «Eran ayer mis dolores» (LXXVI).

Mientras tanto, después de consultar con Manuel Bartolomé Cossío, por quien profesa «afecto filial», el poeta ha tomado el toro por los cuernos y ha decidido doctorarse en Filosofía. Así se lo explica en una carta del 3 de mayo de 1919 a Ortega y Gasset, donde le pide unas orientaciones para su examen de Metafísica aquel verano y le explica que, si bien no ha leído a Aristóteles, cree tener «una concepción relativamente clara de Kant en sus líneas generales». Tal vez esperaba con ello que Ortega le preguntara sobre todo acerca del autor de *Crítica de la pura razón*. «Si no me encuentro, a su juicio, completamente despistado, comparecería ante V. en el próximo Junio —sigue el poeta—. Si me aconseja otro camino, lo dejaría para Septiembre y trabajaría durante el verano, siguiendo sus indicaciones». No sabemos qué le recomendó Ortega, pero el hecho es que Machado se examinó con él de Metafísica aquel junio y recibió un sobresaliente, así como, de manos de Cossío —a quien ha pedido previamente información sobre la educación griega— un notable en Pedagogía.[170]

La experiencia de ser examinado por Ortega, ocho años más joven, debió de ser intimidante, y Machado se apresuró a expresarle su agradecimiento en una breve carta que tiene el interés añadido de revelarle como entusiasta lector de *El Sol*, el gran diario madrileño fundado en diciembre de 1917, con la colaboración de Ortega, por el empresario Nicolás María de Urgoiti. Hasta que la Guerra Civil lo calle para siempre, *El Sol* será el diario progresista más leído de España, así como el más respetado fuera, y entre sus múltiples y distinguidos colaboradores figurará de manera esporádica nuestro biografiado.[171]

En septiembre se examina de Derecho y Estética, con sobresalientes en ambas asignaturas.[172] Ya se ha salido con la suya y es, además de poeta consagrado y licenciado en Filosofía y Letras, doctor de la Universidad de Madrid. Después de cinco años de esfuerzos y tesón como alumno libre, es dueño ahora de todas las credenciales necesarias para oposit con auténticas esperanzas de éxito a las cátedras que le interesen. No consta, sin embargo, que se molestara en solicitar su título de doctor. Quizás porque ya ha conseguido el traslado al Instituto de Segovia, pedido el 7 de septiembre de 1919 y concedido por Real Orden el 30 de octubre.[173]

Ha llegado por fin el momento de escaparse de su agobiante «rincón moruno». Segovia tiene la gran ventaja de estar a cien kilómetros de Madrid, aunque separa ambas ciudades una imponente barrera montañosa, y el tren cubre la distancia en unas tres horas. Ello significa que podrá pasar los fines de semana con su familia, volver a participar en la vida intelectual madrileña, ir al teatro, ver a los amigos. Y, ¿quién sabe?, quizás encontrar un nuevo amor. Es, cómo dudarlo, un gran momento para el poeta.

CAPÍTULO VII

Segovia (1919-1928)

José Tudela, amigo de la etapa soriana de Machado, lleva ocho meses viviendo en Segovia como archivero de la delegación local de Hacienda. Al enterarse del nombramiento del poeta como catedrático de Lengua Francesa en el Instituto General y Técnico, lo busca un domingo, muy ilusionado, en el Café Varela de Madrid, y se pone a su disposición. Machado agradece el detalle y el 26 de noviembre de 1919 viaja a Segovia acompañado de su cicerone. «Enviámosle nuestro más afectuoso saludo —decía a la mañana siguiente *El Adelantado de Segovia*—, y mucho celebraremos que encuentre grata su estancia en esta vieja ciudad castellana, donde seguramente hallará motivos de inspiración el genial poeta».[1]

La Tierra de Segovia, por su parte, anunciaba el mismo día que «Antonio Machado, el poeta de Castilla, vuelve a Castilla», y aseguraba que «aquí verterá en sus versos cadenciosos y austeros las profundas emociones que esta ciudad hermana y este campo fraterno habrán de despertar en el alma castellana de este poeta andaluz».[2]

El 1 de diciembre el nuevo catedrático, según fórmula por lo visto consagrada, «tomó posesión de su cargo quieta y pacíficamente».[3]

Al día siguiente *La Tierra de Segovia* dedica al poeta su primera plana. ANTONIO MACHADO EN SEGOVIA reza el enorme titular. En medio de la página se reproduce el ya famoso «Retrato» de 1908 y, a su derecha, «A un olmo seco», con, debajo, la sugerente copla machadiana: «¿Para qué llamar caminos/a los surcos del azar?.../Todo el que camina anda,/como Jesús, sobre el mar» (CXXXVI, II). La página incluye además un artículo enjundioso de José Tudela, titulado «El poeta de Castilla», y la breve carta abierta de un escritor local, Marceliano Álvarez Cerón, en la cual expresa el deseo de que Machado «penetre, se apodere, del corazón de Segovia».

Las expectativas puestas en el poeta como futuro cantor de la ciudad eran, de verdad, excesivas, aunque para Machado ésta le resultaba «de una belleza insuperable».[4] Se esperaba de él lo imposible: que Segovia fuera una segunda Soria. Y no podía ser porque las circunstancias eran ya otras y Machado tenía los ojos puestos ahora, sobre todo, en Madrid.

Tudela no tarda en encontrar para el poeta la que será su residencia definitiva en la ciudad hasta 1932: la casa de huéspedes de Luisa Torrego, ubicada a tiro de piedra de la plaza de San Esteban, con su hermosa torre románica, en el número 11 de la calle de los Desamparados (hoy número 5, conservada como Casa-Museo Antonio Machado).[5]

El poeta llega a la ciudad del Eresma en el momento en que se está poniendo en marcha, por «distintos elementos del Instituto, de la Escuela Normal de Maestros y algunos otros», una admirable iniciativa pedagógica a la cual une de inmediato su esfuerzo y el prestigio de su nombre: la Universidad Popular, concebida para ofrecer, «principalmente para la clase obrera», cursillos de índole práctica, gratuitos y nocturnos, desde Higiene del Hogar y Dibujo Aplicado a las Artes y Oficios hasta Química Popular y Geográfica Económica de España. Las clases empiezan a principios de febrero de 1920, y Machado se encarga de un cursillo de francés que integran, entre otras secciones, Lectura, Traducción de Periódicos y Revistas y Redacción de Cartas Comerciales. Después dará otras clases, entre ellas una de literatura española. Cabe pensar que, al apoyar esta tarea desinteresada, el poeta era muy consciente de estar prolongando la tradición familiar, ya que tanto el abuelo Machado Núñez como Demófilo se habían interesado por divulgar, entre la población, los adelantos científicos y demás conquistas materiales de la sociedad contemporánea.[6]

Para llegar al Instituto, situado en la plaza de Díaz Sanz al lado de los primeros arcos, todavía bajos, del viaducto romano, el poeta tenía que subir, después de abandonar la pensión de la calle de los Desamparados, por la de Escuderos hasta la Plaza Mayor —dominada por la catedral— para ir bajando luego por la estrecha calle Real hasta el Azoguejo y, desde allí, enfilar la cuesta del Angelete (tras la Guerra Civil, Ruiz de Alda), debajo del acueducto, para alcanzar la plaza donde se ubicaba —y se ubica— el vetusto caserón del Instituto.[7]

El 3 de enero de 1920, a las pocas semanas de llegar a Segovia, una Real Orden le acumuló la cátedra de Lengua y Literatura Castellanas, lo cual le suponía, amén de más trabajo, un incremento de 2.000 pesetas anuales de sueldo. Toda vez que ya tenía un compromiso con la Universidad Popular, no le faltaban tareas docentes en su nueva situación.[8]

* * *

Machado pasa los fines de semana con los suyos en Madrid. Según el padrón quinquenal de 1920, ocupan entonces el piso de General Arrando, 4, la madre —que firma el documento como cabeza de familia—, sus hijos José («dibujante») y Joaquín («empleado en el Ministerio de Trabajo»), y una «sirviente», Matea Monedero Calvo, madrileña nacida en 1900 y que más adelante se casará con José.[9] En cuanto a Manuel, el padrón correspondiente demuestra que ahora viven con él y Eulalia Cáceres, en el cercano piso de Churruca, 15, la hermana de ésta, Carmen, el padre de ambas, Francisco, y una sirviente, Juana, que resulta ser hermana menor de Matea Monedero, la muchacha que trabaja para la familia en el piso de General Arrando.[10]

Madrid cobija en estos momentos una bulliciosa vanguardia literaria muy en contacto con Europa. Machado la contempla con una curiosidad no exenta de simpatía, y toma nota del empeño de sus poetas en crear imágenes desprovistas de emoción personal, así como del apego que tienen a Vicente Huidobro, que acaba de pasar una temporada en la capital española. Machado ha leído dos recientes *plaquettes* del chileno: *Horizon carré* (publicado en París en 1917) y *Ecuatorial* (Madrid, Pueyo, 1918). Su reacción es negativa. En la poesía de Huidobro encuentra la misma manía de la imagen por la imagen que viene registrando en la promoción española actual. «Bajo la abigarrada imaginería de los poetas novísimos se adivina un juego arbitrario de conceptos, no de intuiciones —escribe en *Los complementarios*, recurriendo a la misma terminología empleada en su apunte sobre Moreno Villa de seis años antes—. Todo eso será muy nuevo (si lo es) y muy ingenioso, pero no es lírica. El más absurdo fetichismo en que puede incurrir un poeta es el culto de las metáforas». Tal es el impacto de la lectura del poeta chileno y de sus condiscípulos que Machado empieza a elaborar a continuación un ensayo titulado «Sobre las imágenes en la lírica. (Al margen de un libro de V. Huidobro)», en el cual interpreta la poesía contemporánea como síntoma de una «honda crisis» y grave desorientación de la sociedad de la inmediata posguerra.[11]

La transición del Modernismo al Ultraísmo se puede observar con nitidez en la revista *Cervantes* (1916-1920) y, quizás sobre todo, en *Grecia* (1918-1920), que, nacida en Sevilla bajo la advocación de Rubén Darío, se muda a Madrid en 1920 ya convertida en corifeo de las tendencias actuales que irradian desde París. En abril de 1919 Machado había dado a conocer en ella, rodeada de textos ruidosamente «novísimos», una antigua poesía suya, «Galerías» («Yo he visto mi alma en sueños...»), aparecida en la revista *Alma Española* en 1904, pero nunca recogida en libro. No cabía yuxtaposición más incongruente, ni más elocuente.[12]

El 17 de septiembre de 1920 se publica la contestación de Machado a una encuesta del semanario madrileño *La Internacional*, organizada por el inquieto Cipriano Rivas Cherif. Se trata de dos preguntas de Tolstoi, «¿Qué es el arte? ¿Qué debemos hacer?», así formuladas en sendos libros del ruso. Además de Machado y su hermano Manuel, participan Valle-Inclán, Juan Ramón Jiménez, Unamuno, Azorín, el poeta Luis Fernández Ardavín y el joven escritor y crítico Antonio Espina. Machado, como era de esperar, aboga por la libertad del arte frente a los imperativos religiosos y morales: libertad para que el arte sea el resultado de «una actividad integral, de que son tributarias, en mayor o menor medida, todas las actividades del espíritu». En otras palabras, un arte radicalmente comprometido con la condición humana en todas sus expresiones. Rechaza el naturalismo, la copia sin depurar de la «realidad». El arte auténtico reelabora los elementos naturales que encuentra dentro y fuera de sí y los somete, como la abeja el néctar, a un proceso de transformación. Machado lo sintetiza en una copla:

> Si vino la primavera,
> volad a las flores;
> no chupéis cera.   (CLXI, XVI)

En cuanto a la segunda pregunta tolstoiana, opina que el artista debe *crear*; que es su obligación, atento a lo que lo rodea, pe-

ro siempre fiel a sí mismo. ¿Y la obra actual del poeta, acerca de
la cual le ha preguntado Rivas Cherif? « Yo, por ahora, no hago más
que folklore, *autofolklore o folklore de mí mismo* —contesta—. Mi próximo libro será, en gran parte, de coplas que no pretenden imitar
la manera popular —inimitable e insuperable, aunque otra cosa
piensen los maestros de retórica—, sino coplas donde se contiene
cuanto hay en mí de común con el alma que canta y piensa en el
pueblo. Así creo yo continuar mi camino, sin cambiar de rumbo».[13]
    Machado entiende que al proceder así respeta con fidelidad
la pauta establecida por su tan admirado Lope de Vega. «En todas
las composiciones de carácter popular se persigue una condensa-
ción de elementos primarios. Se busca la confluencia del ritmo,
del cante y de la danza», advierte en uno de los cuadernos en que
va elaborando o copiando muchas coplas suyas «de carácter popular». Éstas son «completamente originales», afirma, y «es precisamente el elemento popular la obra del poeta». Lo mismo se
observa «en las *composiciones* de Lope de Vega. Lope inventa su propio folk-lore».[14]
    Una excepción al «folklore de sí mismo» es el poema «Olivo
del camino», dedicado a la memoria de Cristóbal Torres («caballero andaluz, muerto en Baeza en 1920») —aquel a veces atrabiliario amigo de la rebotica de Almazán— con la indicación al pie:
«Campo de Córdoba, 1920». El poema, que se publicará dos años
después en la revista *Índice*, de Juan Ramón Jiménez, contrapone
el olivo, árbol andaluz por antonomasia —en este caso olivo silvestre, crecido al lado de una fuente—, a la encina castellana, tan
asociada a Leonor. Machado ha acudido a un mito que le es caro:
el de Deméter, diosa de la agricultura (la Ceres romana), que, disfrazada de vieja, descansa un día debajo de un olivo al lado de un
camino en Eleusis, y luego, agradecida por la generosa acogida de
los reyes, Keleo y Metanaira, intenta inmortalizar con el fuego
sagrado al recien nacido y endeble hijo de los mismos, Demofón.
Machado ya había recurrido a este mito al final del prólogo a la
segunda edición de *Soledades. Galerías. Otros poemas*, del año anterior, para expresar su ansia de una renovación sociopolítica de la
vida europea tras la Gran Guerra: «Deméter, de la hoz de oro, tomará en sus brazos —como el día antiguo al hijo de Keleo— al vástago tardío de la agotada burguesía y, tras criarle a sus pechos, lo
envolverá otra vez en la llama divina».[15] Ahora el énfasis es más
bien personal:

Bajo tus ramos, viejo olivo, quiero
ver estos campos de la tierra mía,
como a la vera ayer del alto Duero
la hermosa tierra de encinar veía.[16]

«Olivo del camino», que en su versión definitiva y más larga iniciará *Nuevas canciones* (CLIII), representa una tentativa, a nuestro juicio fallida, de encontrar una salida al *cul de sac* poético en que se encuentra Machado en estos momentos. Y decimos fallida porque, a diferencia de los grandes poemas suyos, por ejemplo «A un olmo seco», aquí no sólo se nota demasiado el esfuerzo invertido en los versos —los endecasílabos y heptasílabos no fluyen con la naturalidad que acostumbran— sino que el lenguaje a veces resulta torcido y arcaizante hasta el punto de encontrarnos con un hipérbaton digno del Góngora barroco tan denostado:

Tu fruto, ¡oh polvoriento del camino
árbol ahíto de la estiva llama!,
no estrujarán las piedras del molino...

Sólo una grave falta de inspiración podía conseguir que, a estas alturas, Machado fuera capaz de producir versos tan pesados.

* * *

De las obras individuales que expresaban con más originalidad el ocaso de la sensibilidad modernista después de la Gran Guerra se puede destacar *Luces de bohemia*, de Valle-Inclán, publicada en *España* entre julio y octubre de este mismo año de 1920. Inspirada en la trágica vida y muerte del escritor Alejandro Sawa —el empedernido bohemio sevillano amigo de Verlaine, fallecido en 1909—, la obra, situada en un Madrid «absurdo, brillante y hambriento», reúne en una de sus escenas más memorables —el entierro de Max Estrella— a dos personajes emblemáticos de la época: el ficticio y tan real marqués de Bradomín, a quien ya le queda poco tiempo, y Rubén Darío. La conversación que mantienen los dos después de la inhumación de Max debió de impresionar a Machado. Tampoco le dejarían indiferentes los exabruptos del ciego y moribundo Max, desesperado ante la que considera aplastante mediocridad de la España de su época: «España es una grotesca deformación de la civilización europea», «España, en su concepción religiosa, es una tribu del Centro de África», «Este pueblo miserable transforma todos los grandes conceptos en un cuento de beatas costureras»...

Don Ramón había escrito la definitiva elegía de una época.

Mientras va saliendo en sucesivos números de *España* el amargo «esperpento» valleinclanesco, le llama la atención a Machado una larga crónica aparecida, el 24 de agosto de 1920, en el diario madrileño vespertino *La Voz*. «Detalles de la tragedia desarrollada ayer en Zaragoza» rezaban los titulares. Y debajo: «El pueblo reacciona contra el cruel atentado. —Manifestaciones públicas. —Pidiendo el mando militar. El agresor está muy grave». Según pormenorizaba el reportaje, una huelga había casi paralizado el servicio de alumbrado público de la capital aragonesa. Cuando cuatro funcionarios municipales intervinieron para efectuar unas reparaciones, un hombre les había disparado a quemarropa con una pistola automática. Dos de ellos —un ingeniero y su ayudante— murieron en el acto, y, poco después, el arquitecto que los acompañaba. El asesino, un obrero asturiano de 28 años que llevaba tres meses en la ciudad y de nombre (quizás falso) Inocencio Domingo de la Fuente, fue detenido en la cocina de una portería. Al ser sacado de la casa por los guardias, el público congregado en la calle lo golpeó «furiosamente» y lo quería linchar. En la comisaría ingresaron otros cuatro detenidos, todos sindicalistas, a quienes unos militares decían haber oído exclamar, minutos después del atentado, «¡bien muertos están!», y un joven que, al llevar comida para el asesino, también fue aprehendido. Según *La Voz*, la patronal zaragozana había pedido al capitán general de la plaza que se hiciera cargo de la situación, aplicara mano dura a los obreros y declarara el estado de guerra. La derecha zaragozana mostraba sus dientes, y en la manifestación que organizó a continuación hubo un conato de asalto al Sindicato de Dependientes del Comercio. Al día siguiente, durante el entierro de las víctimas, se produjeron más incidentes.[17]

Lo que acaba de leer Machado en *La Voz* le inspira un poema que, como «Olivo del camino», no tiene nada que ver con el *autofolklore personal* al cual dice estarse dedicando ahora con exclusividad. Pero es un poema mucho más interesante: hondamente sentido, socialmente comprometido... y «modernísimo». Nunca recogido en *Poesías completas*, y por ello poco conocido, marca un hito en el desarrollo de la poesía machadiana durante la década de los veinte. Silva-romance asonantada —modalidad casi instintiva en el poeta desde hace años—, se dio a conocer en *La Lectura* en septiembre de 1920, a pocas semanas del crimen, y, caso único en nuestro poeta, venía precedido por una cita periodística. A Machado le había impresionado sobre todo la actuación del muchacho que llevó comida al asesino:

EL QUINTO DETENIDO Y LAS FUERZAS VIVAS

«El quinto detenido —dice *La Voz* del 24 de agosto, al dar cuenta del crimen de Zaragoza, perpetrado por un obrero, que dijo llamarse Inocencio Domingo— es un individuo que se presentó en la Comisaría llevando comida para Inocencio».

El quinto detenido... Los graciosos
que juegan del vocablo,
hacen su chiste en su café. Yo digo:
¡Oh santidad del pueblo! ¡Oh pueblo santo!

Cesaraugusta tiene
ira y sangre en las manos,
ira y piedad. —¡Vendas, camillas...! ¡Pronto!
Voces: «¡A muerte el vil!». Gritos: «¡Picadlo!».

Cesaraugusta brama,
con su rejón clavado,
como un toro en la arena.
Ya el asesino es un muñeco laxo
que las turbas arrollan, que las turbas
golpean. Puños. Palos.

Caballos y correas amarillas,
sables al sol, tricornios charolados.

Cesaraugusta tiene
clamor de plaza ante el balcón cerrado
de la Casa del Pueblo.
Como en Esquilo, trágicos,
los brazos y las bocas...
No, es el furor judaico,
que grita enronquecido:
«¡Muera la prole de Caín el Malo!».

———

Por una calle solitaria, un hombre
de blusa azul, el rostro mal rapado,
los ojos inocentes y tranquilos
y el corazón ligero, aprieta el paso.
Lleva en la mano diestra
un bulto envuelto en un pañuelo blanco.
Dobla la esquina.
—¿Adónde vas?
—Le llevo
un poco de comida a ese muchacho.[18]

La cavernaria reacción de la turba zaragozana, bramando como sus antepasados en el circo de la Cesaraugusta romana, así como el rasgo humanitario del «quinto detenido», habían afectado hondamente al poeta. Dieron lugar a un poema de protesta no de tema nuevo en Machado —ahí está, en «Un criminal» de *Campos de Castilla*, el «pueblo de carne de horca» que «la severa/justicia aguarda que castiga al malo» (CVIIII)—, pero sí de estilo innovador y lenguaje a ratos casi telegráfico, como en el memorable apunte sin verbo,

Caballos y correas amarillas,
sables al sol, tricornios charolados

que anticipa, ¿quién lo diría?, al Lorca de la «Oda al Santísimo Sacramento»:

Cables y media luna con temblores de insecto.
Bares sin gente. Gritos. Cabezas por el agua.[19]

Sin el poema de Machado, con su trasfondo de acuciante lucha obrera, el patetismo del joven quizás desquiciado que llega a la ciudad en busca de trabajo, y el detalle del hombre de blusa azul que acude, como buen samaritano, al lado del incriminado, el trágico incidente de Zaragoza habría quedado para los libros de historia. Por arte y magia de la poesía, Machado los salva de los estragos del tiempo.

Poco después, en un artículo de *El Sol* («Los trabajos y los días»), demostró hasta qué punto le preocupaban las graves injusticias que se cometían en España. No sabemos si aludía a un hecho real, como el de Zaragoza. Tampoco importa mucho. Lo esencial, una vez más, es el radical compromiso social que rezuma el texto, ilustrativo, por otro lado, de la mejor prosa machadiana: ágil, concisa, chispeante, irónica (como la de su padre *Demófilo* en sus momentos más felices):

Por equivocación

Dos pobres hombres que comían en la venta de un camino de España fueron muertos a tiros por la guardia civil. Fue un error, un tanto irreparable, que hasta las personas de orden lamentaron. Pero los muertos no han debido quedar muy satisfechos de la memoria de los vivos; porque esta noche —noche de luna clara— llamaron a la puerta de mi casa. Y a otras muchas debieron llamar antes. Tal vez no se les oyó. De otro modo, ¿cómo hubieran ellos pensado en despertar a un pobre modernista del año tres? El caso es que los dos muertos —fantasmas, si queréis— subieron a mi cuarto y allí pude verlos de cerca. Eran dos figuras, un tanto rígidas, que parecían arrancadas a un lienzo de ciego romancero. Se inclinaron. Acaso pretendían excusarse por lo intempestivo de la hora. «Oh, no —les dije—; toda hora es buena para recibiros; porque sé a lo que venís. Vosotros queréis un poco de piedad para vuestra memoria». Ellos movieron la cabeza de derecha a izquierda. «¿No? Entonces es que tenéis hijos y queréis que esa piedad sea para ellos». Ambas cabezas espectrales quedaron inclinadas, oblicuas. Era como si quisieran decir: «Sí... pero tampoco es eso». Yo comencé a inquietarme, porque el diálogo iba a ser imposible. «Entonces —añadí— vosotros deseáis algo más... por ejemplo: justicia». Mis dos fantasmas movieron la cabeza de arriba abajo. «Mucho pedís —les dije— o quizá demasiado poco; porque la justicia es, en España, un simple lema de ironía». Tomé la pluma y les escribí esta copla:

Dice el burgués: Al pobre,
la caridad, y gracias.
¿Justicia? No; justicias,
para guardar mi casa.

Y añadí: «Tomad, hijos míos, y que os publiquen eso en los papeles».[20]

La justicia en España, ¿«un simple lema de ironía»? Planea sobre el texto la amargura de los exabruptos de Max Estrella en *Luces de bohemia*, que casi con toda seguridad ha estado leyendo Machado en *España*. En este mismo mes, además, un editorial de otra revista madrileña, *La Pluma* —de Manuel Azaña y Rivas Cherif—, manifiesta, al referirse a la reciente condena de Unamuno en Valencia por el delito de injurias al rey: «En España se disfruta virtualmente de cierto número de libertades: a condición de no usarlas».[21]

El ambiente es otra vez irrespirable, como si no hubiera cambiado nada desde los tiempos de Larra.

Pero hay gente nueva dispuesta a luchar. A quien más va conociendo Machado entre ellos es a Gerardo Diego, que desde abril de 1920 ocupa la cátedra de Literatura en el Instituto de Soria, donde se entera de muchos pormenores de la vida de nuestro poeta en la ciudad del alto Duero. Machado lee sus poemas, los comenta en sus cartas, duda un poco del término *creacionismo* («la poesía ha sido siempre creacionismo, y jamás otra cosa»), y le aconseja que huya del ambiente cada vez más «beocio» de Madrid, «donde la poesía se asfixia en un aire cargado de vulgaridad y cosmética».[22]

Ya lo había dicho en su artículo «Los trabajos y los días», después de aludir a «aquel gran poeta y gran corruptor», Rubén Darío: «Un arte recargado de sensación me parece hoy un tanto inoportuno. Todo tiene su época. Necesitamos finos aires de sierra; no perfumes narcóticos».[23]

* * *

Pasan los meses. El poeta va y viene entre Segovia y Madrid. Da sus clases, se pasea con unos pocos amigos íntimos en ambas ciudades, lee la prensa, medita, escribe. En marzo de 1921 se produce el asesinato del presidente del Consejo de Ministros, Eduardo Dato —otra vez los anarquistas—, quizás por haber nombrado al odiado general Martínez Anido gobernador militar, es decir represor, de Barcelona. La noticia del crimen consterna el país. La primavera ve la salida del primer libro de otro joven poeta, Dámaso Alonso, *Poemas puros: poemillas de la ciudad*, que no consterna a nadie (según su autor sólo vendió un ejemplar), y el verano el de Federico García Lorca, *Libro de poemas*, elogiosamente reseñado por Adolfo Salazar en la primera página de *El Sol*.[24] En julio se produce el desastre de Annual, con 12.000 soldados españoles muertos. El ambiente de pesimismo que invade el país recuerda el de 1898. Machado se cartea entretanto con Juan Ramón Jiménez. Le presenta a un joven amigo segoviano, el escultor Emiliano Barral, que tiene entre manos un proyecto para un monumento a Rubén Darío, y le promete colaboraciones para su nueva revista, *Índice*, que tendrá una vida tan efímera como intensa.[25]

Machado nunca ha dejado de ser fiel a Miguel de Unamuno, a quien lee con asiduidad en *El Liberal*, y cuyas actuaciones públicas, siempre sonadas, sigue con atención, así como sus nuevos libros, que devora nada más publicados. El 24 de septiembre de 1921 le escribe una larga carta. Le dice que España entera «se ha embrutecido hasta convertirse en piedra y que V. golpea sobre ella como un titán», y manifiesta que su proximidad a Madrid, ahora que está en Segovia, y sus frecuentas visitas, le han dado otra visión de la capital, que actualmente le parece (ha dicho casi lo mismo a Gerardo Diego) la mismísima Beocia. Pese a la tragedia de Annual, los políticos —empezando por Melquíades Álvarez y su Partido Reformista— siguen inútiles, dispuestos a no proponer o propiciar nunca la reforma de nada. A los miserables se les ve «siempre con la escudilla a la puerta de palacio». El dogma de la accidentalidad de las formas de gobierno, caro a tal partido, está imposibilitando la revolución que Machado estima ya «inexcusable». Y sigue arremetiendo: «Con ello han conseguido anular la única noble, aunque de corta fecha, tradición política que teníamos y la labor educativa de Pi y Margall y Salmerón y otros dignos repúblicos». Machado recuerda la emoción de la vuelta de Salmerón desde Barcelona, cuando era joven, y la añoranza que había entonces de la República. Y se desahoga ante el maestro, siempre apuntando a los sedicentes reformistas:

En vez de ahondar el foso donde se hundiese la abominable España de la Regencia y de este reyezuelo, repugnante lombriz de caño sucio*, afirmando al par el republicanismo, y acrecentándolo, depurándolo, enriqueciéndolo de nueva savia, decidieron echar un puente levadizo hasta la antesala de las mercedes. Pecaron de inocentes y, quizás, de fatuos y engreídos, porque pensaron, acaso, que ellos podrían, una vez dentro de la olla grande, dar un tono de salud al conjunto pútrido del cual iban a formar parte. ¡Gran error!

Creo que es preciso resucitar el republicanismo, sacando las ascuas de la ceniza y hacer hoguera con leña nueva.[26]

Machado vive intensamente y deprimido, como demuestra esta carta, el día a día del discurrir sociopolítico de España, lento y aburrido como nunca. ¿Dónde están ahora las grandes esperanzas de 1915, cuando empezó a publicarse la revista *España*? El 4 de enero de 1922 apunta en *Los complementarios*, para inaugurar el nuevo año:

Una gran disminución de la riqueza. Las ganancias de la guerra obtenidas por el robo y la explotación a los beligerantes se van tan rápidamente como vinieron.

La guerra de Marruecos ha entristecido a muchos hogares. Amengua el ansia de divertirse. Los teatros han hecho malas pascuas y subirán una dolorosa cuesta de Enero. Aprobados los proyectos de Cambó —el cuervo catalán— y satisfecho el vampirismo financiero que devora a España, el parlamento se cerró y no volverá a funcionar mientras no surja la presentación de presupuestos.

El pueblo más desdichado de Europa aguarda atónito y resignado a que *le consumen* la ruina definitiva [...]. Los elementos que forman el cuadro en torno a la monarquía son todos los viejos políticos, es decir todos los políticos, pues entre ellos no hay un solo elemento juvenil, sano, enérgico. Series de pandillas y tertulias, con diversas denominaciones que aguardan, escudilla en mano, su turno a la puerta de palacio. Todos están convictos y confesos de su propia vejez, y creen en lo irre-

---

* Según Doménech, *DPD*, pág. 465, nota 8, «la expresión *lombriz de caño sucio*, de fuerte carácter despectivo, es usual en Andalucía y especialmente en Sevilla».

mediable de la ruina de España, pero todos esperan satisfacer, una vez más, sus mezquinas ambiciones, o bien (los que aún no han alcanzado el ápice de la cucaña) que les llegue la hora de vestir la ansiada librea. Et après eux le déluge.[27]

En otra nota de las mismas fechas Machado vuelve a ensañarse con la reacción española, siempre más... reaccionaria que la de otros países de Europa Occidental. «Cuando la sociedad de naciones tenga importancia y se organice para la acción —apunta en *Los complementarios*—, tendremos que ser excluidos. Ya en el concepto del mundo burgués hemos sustituido a Turquía. El mundo obrero decretará el bloqueo de España. Todo lo sacrificaremos al triunfo de Loyola». Lo peor de todo es que las izquierdas no parecen inquietas: «Han puesto de moda un cierto optimismo, una cierta fe en no sabemos qué entidad mística que ha de renovarnos a nosotros también. Creen, o aparentan creer, que nuestra regeneración puede operarse por presión externa. Seremos remolcados hacia el porvenir. ¿Y por qué no hundidos como boya inútil?».[28]

En tales momentos, gracias a la insistencia del poeta y sus compañeros de la Universidad Popular, Unamuno acepta dar una conferencia en Segovia sobre «Problemas de actualidad». El acto se celebra el 24 de febrero de 1922 en el teatro Juan Bravo, y, como era inevitable, dada la personalidad y la fama del invitado, constituye un magno acontecimiento en la ciudad. Presentado por Machado como «la más alta representación de la intelectualidad española, de la conciencia de España en estos angustiosos momentos» —alusión sin duda a Annual, cuyas responsabilidades se están debatiendo acaloradamente—, el célebre catedrático de Salamanca, ya en recia campaña contra Alfonso XIII, no decepciona al público que abarrota el teatro.[29]

Al mes siguiente el propio Machado hace su debú segoviano como conferenciante, hablando de literatura rusa en la Casa de los Picos, y en términos clarísimos para que todos lo entiendan. ¿Qué debe la moderna literatura europea a la rusa? ¿Qué es, en literatura, «lo específicamente ruso»? Si en España la gente lee con placer a Turguéniev, Dostoievski y Tolstoi en malas traducciones de malas traducciones, algo muy especial deben tener estos autores. ¿Qué es? La respuesta es «universalidad», es decir, como explica Machado enseguida, el «sentido de lo íntegramente humano». Al pueblo ruso, durante tantos siglos esclavizado por los zares, le falta sutileza dialéctica, pero no el amor al prójimo que es «la gran revelación de Cristo» (revelación que no conocieron los griegos): «Se diría que el ruso ha elegido un libro, el Evangelio, lo ha puesto sobre su corazón y con él, y sólo con él pretende atravesar la historia». Tolstoi, para Machado, es el escritor más representativo de «lo específicamente ruso», y sus personajes, siempre en conflicto con la sociedad que los rodea, andan, como Unamuno, en busca de verdades eternas. Lo cual no impide que sean criaturas de carne y hueso, desgarradas por pasiones y deseos terrenales. En resumen, a diferencia de las literaturas sobrerefinadas de algunos países europeos —con Francia a la cabeza— la rusa no ha olvidado el dolor humano. Es su gran fuerza.[30]

La tesis de la conferencia —Rusia como máxima expresión del amor cristiano— será expuesta a Machado en numerosas ocasiones durante el resto de su vida.

* * *

En Segovia Machado se hace pronto asiduo de la tertulia que se reúne cada día después de comer en el taller del ceramista Fernando Arranz, ubicada en una vieja iglesia románica abandonada, la capilla de San Gregorio (hoy desaparecida). Allí, entre montones de barro, viejos muebles y un piano alquilado, no falta nunca ni el café ni la buena conversación. Los otros habituales —muchos de ellos colaboradores de la Universidad Popular— son Blas Zambrano, profesor en la Escuela Normal, padre de quien será famosa pensadora, María Zambrano; los escritores Julián María Otero (autor de una *Guía sentimental de Segovia*), Marceliano Álvarez Cerón, Ignacio Carral y Mariano Grau; Eugenio de la Torre («Torreagero»), pintor y caricaturista; Mariano Quintanilla, catedrático de Filosofía en el Instituto y, según el segoviano Pablo A. de Cobos, que tenía conocimiento de causa, «uno de los compañeros que más de cerca convivió con el poeta»;[31] el padre Villalba, agustino exclaustrado y pianista; Carranza, cadete de Artillería y músico; Ramón Juan Seva, empleado en la delegación de Hacienda; Luis Carretero, ingeniero; Agustín Moreno, médico y catedrático del Instituto; y el joven escultor Emiliano Barral, que acaba de pasar una larga estancia en Italia, con quien, como ya dijimos, Machado hace buenas migas y que le esculpirá una cabeza admirable. En la tertulia suele tocar el padre Villalba, se recitan versos, se discute de arte y de literatura y se comentan los últimos libros. Desde todos los puntos de vista el ambiente supera el de las menguadas tertulias baezanas.[32]

Machado se hace amigo íntimo de Blas Zambrano, un año más joven, que en su hombría de bien, su desaliño indumentario y su aire de gran señor sin prisas y algo despistado tiene cierto parecido con el poeta. Extremeño de Segura de León, previamente maestro nacional en Vélez Málaga y Madrid, Zambrano había llegado a Segovia en 1909 —diez años antes que Machado— para regentar la escuela aneja a la Normal de Maestros, y ejercer de catedrático de Gramática.[33] «Como ambos eran corpulentos —recuerda Manuel Cardenal de Iracheta—, bamboleantes en el andar, calzaban grandes botas y tenían aire distraído, ambos eran bautizados por los "silleteros" niños —frase de don Antonio— como *charlotes*» (Ángel Lázaro apuntará que Machado tenía «zapatones enormes de *clown*»).[34] Pablo A. de Cobos, a quien debemos páginas insustituibles sobre Machado y Zambrano, también recuerda su conjunto, «lento andar ingrávido, de plantas difíciles, con apoyo del bastón; los dos con cuello de pajarita y gran corbata sobre pechera almidonada».[35]

Emiliano Barral labró un magnífico busto de Zambrano, titulado «El arquitecto del Acueducto» a instancias del propio interesado, que no quería, por modestia, que se esculpiera en él su nombre.[36] Y su cabeza de Machado, hoy conservada en el Instituto Fernán González de Burgos, captó para siempre la *vera efigie* del poeta.

Todas las tardes, «salvo cuando la ventisca envolvía la ciudad y el campo», los contertulios dan un paseo por la ciudad y sus alrededores. «Por la Fuenciscla —sigue Cardenal de Iracheta—, carretera de Santa María de Nieva adelante, pasando por el ventorro de Abantos (vieja iglesia mudéjar). Por bajo el Acueducto, camino del Terminillo (el mejor vino, de la más breve viña, ¡lástima!, habla don Antonio), Camino de La Granja, o tal vez camino de Río-frío, hasta el mismo Palacio».[37]

Entre los asuntos comentados en el seno de la tertulia —y en el café La Unión, en la calle Real, donde también se reúnen los concurrentes— figura la Liga de los Derechos del Hombre, fundada en Francia veinticinco años atrás y cuya sección española preside Miguel de Unamuno. Machado, Blas Zambrano, Mariano Quintanilla y otros compañeros firman el manifiesto de la Liga el 4 de marzo de 1922. Deciden establecer en Segovia una delegación de la misma, con el poeta como presidente, y así se hace aquel junio en que el rey Alfonso XIII se digna visitar Las Hurdes, y Manuel de Falla y Federico García Lorca —han pasado seis años desde el primer encuentro del granadino con Machado en Baeza— organizan en la Alhambra el Concurso de Cante Jondo.[38]

* * *

Acaba de salir el primer número del periódico bisemanal *La Voz de Soria*. Su director es Mariano Granados —diez años atrás alumno de Machado y amigo de Leonor—, y su redactor jefe José Tudela, que ha regresado a la ciudad después de su estancia en Segovia. Machado, accediendo con generosidad a la petición de Tudela, colabora con una serie de siete artículos breves y misceláneos publicados, bajo la rúbrica «De mi cartera», entre agosto y noviembre de 1922. A veces, como los de *La Caricatura* hace treinta años, tienen un tono jocoso y satírico. Otras anticipan los comentarios de sus dos «apócrifos», Abel Martín y Juan de Mairena. En uno de ellos Machado analiza el libro *Imagen*, de Gerardo Diego, que considera como «el primer fruto logrado de la novísima lírica española». Noviembre, con la inexorable llegada de las reposiciones del *Don Juan* de Zorrilla, le da pie para tratar un asunto que considera de importancia crucial. ¿Qué es «lo específicamente *donjuanesco*», se pregunta, así como ha preguntado en escritos anteriores por «lo específicamente ruso» y «lo específicamente cristiano»? Lo único que queda claro es que el célebre personaje es un fenómeno netamente español, que no habría podido nacer en otro lugar. Don Juan, según Machado, persigue a la mujer no como objeto erótico sino, como ya apuntó Stendhal, *cinegético*. Es un cazador de mujeres nocturno que no tiene nada que hacer a la luz del día («Allí donde no haya hembras esclavas y espesas celosías, don Juan se entrega a los azares del juego, y a los embates del vino y la camorra»). La conclusión de Machado es algo débil y confusa (la afinará en escritos posteriores): don Juan, esencialmente español, es al amor lo que sus compatriotas a la cultura, es decir «un bárbaro, una *x* preñada de misterio».[39]

Machado quiere conseguir cuanto antes un traslado a Madrid. El 13 de enero de 1923 se anuncia la oposición entre auxiliares a la cátedra de Lengua Francesa del Instituto General y Técnico del Cardenal Cisneros. El 8 de febrero el poeta pide ser admitido en la misma. No sabemos nada más acerca de esta iniciativa, que resulta frustrada.[40]

Sigue componiendo —y en algún caso retocando— sus «Proverbios y cantares». El 10 y el 31 de marzo de 1923 publica una selección de los mismos en *España* (otra saldrá aquel otoño en la *Revista de Occidente*, de Ortega y Gasset, una de las publicaciones periódicas más destacadas del país hasta su desaparición al iniciarse la Guerra Civil). Machado tiene todos los visos, a la luz de esta insistencia, de irse confirmando como un nuevo Sem Tob de Carrión (precedente del cual es consciente).[41]

El 1 de julio de 1923 *Segovia. Semanario Independiente* da a conocer «Los ojos», una silva-romance de Machado de muy otro orden. La primera sección del poema plantea la situación de un viudo desconsolado que, al encerrarse herméticamente en la casa donde ha conocido la felicidad, cree que podrá envejecer conservando nítido el recuerdo de la amada, «solo, con su memoria y el espejo/donde ella se miraba un claro día». El tiempo se encarga de demostrarle su error:

II

Mas, pasado el primer aniversario,
¿cómo eran, preguntó, pardos o negros,
sus ojos? ¿Glaucos?... ¿Grises?
¿Cómo eran, ¡Santo Dios!, que no recuerdo?...

III

Salió a la calle un día
de primavera, y paseó en silencio
su doble luto, el corazón cerrado...
De una ventana en el sombrío hueco
vio unos ojos brillar. Bajó los suyos,
y siguió su camino... ¡Como ésos!   (CLXII)

El poema indica hasta qué punto le seguía inquietando a Machado el recuerdo de Leonor, pero en pugna ahora, parece claro, con el deseo de un nuevo amor. La vida sigue, el tiempo todo lo va borrando, incluso el color de los ojos de la amada muerta (tema ya apuntado, como vimos, en una copla quizás de 1913). Sí, hay que salir a la calle, hay que dejar el luto. Hay que vivir.

Anima a Machado en esta sana intención la visita que le hacen en Segovia un grupo de literatos capitaneados por el malogrado poeta y novelista madrileño, Mauricio Bacarisse. Ajeno por naturaleza a los homenajes, Machado había intentado disuadir al joven. Pero no tuvo más remedio que rendirse ante su entusiasmo y su devoción personal. El acto se celebra el 18 de mayo en el rústico lugar denominado «El Pinarillo», en las afueras de la ciudad, donde se sirve a los comensales, al aire libre, una típica comida segoviana. No han llegado en el tren de Madrid cientos de admiradores del poeta, es cierto, pero sí algunos incondicionales, entre ellos Pedro Salinas, Fernández Ardavín y el excelente crítico literario Juan Chabás, a quienes se juntan numerosas personalidades y amigos del poeta en la ciudad. A los postres Bacarisse lee una larga lista de adhesiones. Entre ellas hay nombres muy conocidos: Eugenio d'Ors, Enrique Díez-Canedo, Ramón Pérez de Ayala, Luis Araquistáin, Rufino Blanco Fombona y el pintor cordobés Julio Romero de Torres, gran amigo de la familia Machado. Después el poeta «deleitó a los comensales», según *El Adelantado de Segovia*, al leer un poema inspirado por la vista, desde el tren, del sanatorio del Alto Guadarrama (CLXIV, [XI]). «Fue este un momento emocionante —sigue el mismo diario, perdiendo un poco los estribos—. Empezaron a dejar oír sus ecos resonantes las campanas de la Catedral, como si ese magnífico templo de la fe y de la arquitectura gótica, que se eleva al cielo en fantástica adoración, quisiera asociarse, con sus sonoras plegarias de bronce, a la voz del maestro...»[42].

A Machado le encantó la fiesta y se disculpó al día siguiente, en una carta a Bacarisse, por no haber expresado suficientemente durante el banquete, a su juicio, cuánto agradecía la «exquisita cordialidad» de los presentes. El ágape le había conmocionado. «Nunca me he sentido ni más feliz ni más acompañado ni más hondamente satisfecho que entre ustedes», terminó.[43]

A Antonio Machado nadie le pudo tachar nunca de no saber estar.

* * *

No se podía decir lo mismo de los militares. El 13 de septiembre de 1923 se produce el golpe de Estado del general Miguel Primo de Rivera, y se impone la dictadura. Machado está consternado y apunta el 2 de octubre en *Los complementarios*: «España cae en cuatro pies. ¿Se levantará? Probablemente encontrará cómoda la postura y permanecerá en ella largo tiempo».[44] Iba a permanecer en ella,

de hecho, siete años. Siete años que al poeta le parecerán interminables. Tanto en *Los complementarios* como en su correspondencia
con Unamuno, desterrado a Fuerteventura por el nuevo régimen
en febrero de 1924, expresará su desprecio de la clase política —sobre todo de los «reformistas» de Melquíades Álvarez— que ha hecho posible el éxito del golpe y que, una vez consumado éste, nunca aceptará la menor culpabilidad por lo ocurrido. En cuanto a
Alfonso XIII, alude con sorna, en un apunte, a lo que define ahora como «su natural cobardía».[45]

Durante los primeros meses del nuevo régimen Antonio y Manuel ponen a punto, con la colaboración de J. López P. Hernández,
un arreglo de *El condenado por desconfiado*, de Tirso de Molina. Se
estrena el 2 de enero de 1924, con su íntimo amigo Ricardo Calvo en el papel estelar de Enrico, en el teatro Español, donde, años
atrás, se había infiltrado en las venas de ambos hermanos la pasión por el teatro, y Antonio hasta había hecho sus pinitos de actor.

«Averigüemos —apunta Machado en vísperas del estreno— si
la obra que apasionó a nuestros abuelos del siglo XVII, en sus comienzos, conserva para nosotros, hombres del siglo XX, algún valor emotivo, si es capaz todavía de cautivar nuestra atención y de
movernos al aplauso». Se atreve a pensar que sí, pese a que el teatro del Siglo de Oro, por muy infrecuentemente representado, no
tenga un público habituado.[46]

Se equivocaba: sólo hubo cinco representaciones.[47] La experiencia sirvió, empero, para que los hermanos decidiesen seguir
adelante con el intento de recuperar obras del teatro clásico español. Y también, al parecer, como estímulo para volver a trabajar en *Desdichas de la fortuna o Julianillo Valcárcel*, empezada cinco años antes.

Entretanto había llegado a la pensión de Machado en Segovia
un ex alumno de la Institución Libre de Enseñanza, Pablo González Bueno, que, a pesar de ser veintitrés años menor que el poeta,
llegará a tener con él una relación de confianza. González Bueno
recordará décadas después la casa de Luisa Torrego («mujer admirable, no ya sólo por la atención y afecto con que trataba a los huéspedes, sino por su extraordinaria bondad de carácter»). Era muy
dura la vida en ella durante los meses invernales, debido a la falta
casi absoluta de calefacción. La estufa de petróleo que tenía Machado en su cuarto era más o menos inútil. Un día, además, casi
lo inmoló. «Don Antonio salió despavorido de su cuarto con la cara

ennegrecida, y ennegrecidadas quedaron las paredes de su habitación —refería el mismo testigo—. Nunca he llegado a comprender cómo la inflamación de aquel artefacto pudo producir, instantáneamente, tales efectos».[48]

Mariano Quintanilla también recordaba aquella estufa, más decorativa que útil. «Tengo que abrir el balcón para que se caldee la habitación», bromeaba el poeta, que muchas noches volvía al café para poder seguir leyendo.[49]

González Bueno no olvidaba la disposición de las habitaciones de la pensión, modificadas después. Pasado el comedor, a mano izquierda, había un pasillo, con unas ventanas que daban a un tejado más bajo que ellas, y al pequeño jardín de un convento de monjas. El cuarto suyo, el primero, era muy pequeño y no tenía ventana. Luego venía el del tercer huésped —«don Avelino»— que el poeta tenía que atravesar para llegar al suyo, circunstancia muy incómoda para ambos.[50]

Durante sus dos años segovianos (1924-1926) González Bueno coincidía cada sábado con Machado en el tren de Madrid, que salía a eso de las doce y llegaba a la Estación del Norte unas cuatro horas después. El viaje se hacía en las condiciones más modestas

Siempre sobre la madera
de mi vagón de tercera   (CX)

y durante el trayecto los dos almorzaban «la buena comida» proporcionada por doña Luisa. Un día un niño empezó a llorar de manera estrepitosa, alborotando el tren entero. «Las mujeres señalaban a la madre, que estaba desesperada, algún remedio para evitar la desazón del niño, que no cesaba por nada. Esto lo cuento por la gracia que a don Antonio y a mí nos hizo el que un viajero dijera, textualmente: "Señora, ¿por qué no prueba a sentarse encima de él?"».[51]

Machado le dio el nombre malicioso de «El tren de las Euménides» porque, al parecer, solía coincidir en él con algunas profesoras físicamente poco agraciadas que también viajaban a Madrid. Le gustaba sentarse en el último vagón porque desde su plataforma se conseguían las mejores vistas. También recibió apodo: «El balcón de los paisajistas».[52]

González Bueno se dio cuenta de que Machado tenía una auténtica fobia hacia los perros. Ver un can —grande, pequeño, daba igual— y cruzar enseguida al otro lado de la calle era en él todo uno.

«Me dijo —siguió refiriendo el mismo testigo— que su horror a los perros era por el temor —un temor incomprensible— de que pudiera ser mordido y contraer la rabia».[53] José Machado ha confirmado este rasgo de su hermano, que a veces hasta se negaba a salir al campo por temor a encontrarse con un ejemplar del tremebundo animal. Según José, al margen de esta fobia, tampoco le gustaba el que consideraba «servilismo realmente repugnante» de los perros, que además ladraban por todo, «y con gran preferencia a los desgraciados».[54]

Machado también le confesó a González Bueno que le producía vértigo encontrarse ante una superficie horizontal sin algún punto de referencia concreto, y que una vez, al atravesar la plaza de Neptuno en Madrid, y constatar que estaba vacía, se había sentido impelido a tirarse al suelo. La imagen hace pensar en alguna plaza de pesadilla de Giorgio de Chirico, donde la única indicación de una presencia humana es la dura sombra negra que proyecta sobre la escena una figura invisible.[55]

Tales anécdotas confirman el temperamento hipersensible del poeta de *Soledades*, a quien había acompañado desde la infancia, como sabemos, una honda angustia.

* * *

El 22 de abril de 1924, según su colofón, se termina de imprimir *Nuevas canciones* en los talleres madrileños de G. Hernández y Galo Sáez (Mesón de Paños, 8). El editor es Mundo Latino, que, según Machado, puso el libro en venta a finales de mayo.[56] Se tiran 3.000 ejemplares, cada uno numerado y, al parecer, firmado personalmente «Machado».[57] Tiene 220 páginas, con muchos espacios en blanco, el pequeño dibujo de un paisaje en la cubierta (cielo, agua, árboles) y, según indica la portadilla, los poemas se compusieron entre 1917 y 1920, con lo cual, en realidad, no son del todo «nuevos» en 1924. El libro, reconoce Machado en una carta a José Tudela, es una «simple miscelánea de lírica dispersa por diarios y revistas, en la cual no creo haber añadido mucho esencial a mi obra».[58] Y era verdad: empezando por «Olivo del camino», que en una versión ampliada abre el libro, la gran mayoría de los poemas habían sido ya publicados en la prensa periódica.

La colección, cuya temática gira insistentemente en torno a la esposa perdida, y a la soledad consiguiente y tenaz del poeta, con numerosos recuerdos de Soria:

> Contigo en Valonsadero,
> fiesta de San Juan,
> mañana en la Pampa,
> del otro lado del mar.
> Guárdame la fe,
> Que yo volveré.   (CLIX, XIV)

deja traslucir, al mismo tiempo, el profundo anhelo de otro amor. Lo indican de manera clara el poema «Los ojos» (CLXII) —que ya vimos— y otras poesías de la colección como «Hacia tierra baja» (CLV).

Un componente destacado del libro es el prolijo caudal de poemillas que, bajo el título de «Proverbios y cantares», acrecienta notablemente los dados a conocer con el mismo título en *Campos de Castilla, Páginas escogidas* y, luego, la primera edición de *Poesías completas,* así como en diversas revistas. Entre ellos, algunos, parece ser, no publicados antes, como

> Para dialogar,
> preguntad, primero;
> después... escuchad.   (CLXI, II)

> En mi soledad
> he visto cosas muy claras,
> que no son verdad.   (CLXI, XVII)

> Enseña el Cristo: a tu prójimo
> amarás como a ti mismo,
> mas nunca olvides que es otro.   (CLXI, XLII)

No todo en el libro, tan marcadamente «neopopular», lleva la impronta del *autofolclore* o de los proverbios y cantares. Hemos visto que «Olivo del camino» y «Los ojos» eran originales a su manera. «Apuntes para un estereoscopio lírico», titulado «Galerías» en *Poesías completas* (CLVI), es del mejor Machado intimista, y nos devuelve a los sueños del paraíso perdido sevillano y a la alta estepa soriana. Hay sonetos de factura clásica (los tres de la serie

«Glosando a Ronsard y otras rimas», CLXIV), otros en los que el poeta elogia a contemporáneos suyos —Valle-Inclán, Baroja, Pérez de Ayala, Eugenio d'Ors— y uno, al parecer inédito, en que glosa un poema publicado años atrás en *Soledades* y no recogido después en libro («Crepúsculo»), donde la soledad se definía como «la musa que el misterio/revela al alma en sílabas preciosas...».[59] Ahora, otra vez solo, el poeta vuelve a interrogar a aquella musa:

> ¡Oh soledad, mi sola compañía,
> oh musa del portento, que el vocablo
> diste a mi voz que nunca te pedía!,
> responde a mi pregunta: ¿con quién hablo?
>
> Ausente de ruidosa mascarada,
> divierto mi tristeza sin amigo,
> contigo, dueña de la faz velada,
> siempre velada al dialogar conmigo.
>
> Hoy pienso: este que soy será quien sea;
> no es ya mi grave enigma este semblante
> que en el íntimo espejo se recrea,
>
> sino el misterio de tu voz amante.
> Descúbreme tu rostro, que yo vea
> fijos en mí tus ojos de diamante.
>
> (CLXIV, «Los sueños dialogados», [XV], IV)

Rafael Cansinos-Asséns, al tomar nota de este y otros poemas afines del libro, no se distó mucho de la verdad al indicar, en su enjundiosa reseña del mismo para *Los Lunes de El Imparcial,* que «el poeta de *Nuevas canciones* es el mismo de *Soledades. Galerías. Otros poemas,* salvo que mucho más cansado y grave, si es posible, y más cargado de experiencia a lo largo del camino».[60] A Machado le costó trabajo encajar el comentario y apuntó en *Los complementarios* que el crítico no había tenido en cuenta su «propósito auténtico» en el libro. Con ello se olvidaba de que él mismo le había dicho a José Tudela que era una «simple miscelánea» de poemas publicados en revistas y no añadía «mucho esencial» a su obra. La nota en *Los complementarios* no aclara en qué consistía, para Machado, dicho «propósito auténtico». Probablemente, a juzgar por las observaciones hechas a Rivas Cherif en 1920, expresar «el común sentir» de los demás a través de su «folklore de sí mismo».[61]

Nuevas canciones no fue un éxito comercial. En julio de 1925, más de un año después, su editor, José María Yagües, le confió a Gerardo Diego que, pese a la expectación suscitada por el anuncio de su aparición, «no se ha vendido todavía más que la mitad de los tres mil ejemplares que se hicieron». Lo cual, sin embargo, no era nada mal en la España de entonces.[62]

* * *

Machado no deja de seguir de cerca la *res publica*, todavía dominada en estos momentos por la cuestión de las responsabilidades derivadas del desastre del ejército español en Annual. El poeta está convencido —así lo comenta en *Los complementarios* el 23 de junio de 1924, después de apuntar un esquema para un nuevo libro de poemas, compuesto de sonetos, canciones y proverbios— que los generales Berenguer y Navarro no serán castigados como manda el Código Penal Militar, o sea con la pena máxima, sino, para complacer al rey, «con sobrada benevolencia».[63] Y así resultará. El 9 de julio, después de la amnistía, Machado consigna, lacónico, que ya se prepara el ascenso de Berenguer, y propone un pequeño diálogo sarcástico:

—Niño, ¿cómo se llamaba el Gran Capitán?
—Gonzalo de Córdoba.
—¡Imbécil! Dámaso Berenguer.

El comentario que apunta el poeta a continuación es tajante:

Asombra la insignificancia de los políticos barridos por el golpe de mano del 13 de Septiembre.
    Sólo en España puede darse el caso de un señor que, después de ser Presidente del Consejo, pase a no ser absolutamente nada.[64]

Entretanto, mientras Primo de Rivera «ofrece su vida al apóstol Santiago para que le resuelva el lío de Marruecos», el continuado exilio de Unamuno en Francia provoca en Machado un

369

agudo sueño en el cual vuelve don Miguel a España acompañando a un nuevo duque de Angulema y sus Cien Mil Hijos de San Luis, que marchan sobre San Sebastián (donde está pasando el verano la familia real). A juicio de Machado sólo Unamuno, tan hostil a Alfonso XIII, salva a España en estos momentos del desprecio de Europa.[65] La situación es bochornosa, el monarca habla de restablecer la Constitución —¡con la dictadura en pie!— y ya hay «cola de mendigos a la puerta de palacio» (a la cabeza, como siempre, los «reformistas» de Melquíades Álvarez). De Unamuno, «el único hombre de España», no se quiere acordar nadie. «Sólo España, el país más estúpido del planeta, puede cerrar los ojos y dejarse llevar al derrumbadero por gente tan menguada». ¡Qué desolación![66]

* * *

Poco después de iniciado en 1912 *Los complementarios* Machado había atribuido a un poeta de su invención, Abel Infanzón, una maliciosa copla inspirada por la capital andaluza y sus habitantes:

> ¡Oh maravilla!
> Sevilla sin sevillanos,
> ¡la gran Sevilla!...[67]

Infanzón reaparece en el mismo cuaderno diez años después como uno de los doce líricos de un *Cancionero apócrifo* del siglo XIX esbozado por Machado con la justificación de que los poetas «han hecho muchos poemas y publicado muchos libros de poesías; pero no han intentado hacer un libro de poetas».[68] Infanzón, sevillano nacido en 1825 y muerto en París en 1887, ha glosado posteriormente la copla citada:

> ¡Oh maravilla!
> Sevilla sin sevillanos,
> ¡la gran Sevilla!
>
> Dadme mi Sevilla vieja
> donde se dormía el tiempo,
> en palacios con jardines,
> bajo un azul de convento.

Salud, oh sonrisa clara
del sol en el limonero
de mi rincón de Sevilla,
¡oh alegre como un pandero,
luna redonda y beata,
sobre el tapial de mi huerto!

Sevilla y su verde orilla,
sin toreros ni gitanos,
Sevilla sin sevillanos,
¡oh maravilla![69]

Resulta, así, que el primer personaje «apócrifo» inventado por nuestro poeta no sólo es sevillano, sino sevillano cuya infancia tiene mucho que ver con la del sevillano, Antonio Machado en el tan recordado y soñado palacio de las Dueñas.

Los nombres y versos de los doce poetas que «pudieron haber existido», así como las sucintas biografías de cada uno de ellos, nos recuerdan el gran sentido del humor que tenía el poeta.[70] Aquí, entre otros, desfilan —recordando los nombres inventados por Machado en *La Caricatura*— Víctor Acucroni (italiano de origen), Manuel Cifuentes Fandanguillo (gaditano), Froilán Meneses (leonés), Tiburcio Rodrigálvarez (soriano de Almazán), y un lírico inesperado: «*Antonio Machado*. Nació en Sevilla en 1875. Fue profesor en Soria, Baeza, Segovia y Teruel. Murió en Huesca en fecha todavía no precisada. Alguien lo ha confundido con el célebre poeta del mismo nombre, autor de *Soledades, Campos de Castilla*, etc.».[71] Los versos neopopulares de aquel otro Antonio Machado se parecen mucho, ¡qué sorpresa!, a los que compone nuestro poeta en estos momentos:

Alborada

A la hora del rocío
sonando están,
las campanitas del alba,
¡tin tan, tin tan!...[72]

Entre los nombres de los poetas inventados figuran los de seis filósofos españoles, también del siglo XIX, con el título, en cada caso, de un libro suyo representativo. Algunos de los nombres, como los de los poetas, son debidamente burlescos:

Ignacio Santaren, *De lo universal cualificativo.*
Homobono Alegre, *Leibniz, filósofo del porvenir.*
José Callejo y Nandín, *La inteligencia y la isla de Robinson.*
Eugenio March, *Las siete formas de la objetividad.*
Miguel Zurumburo, *La heterogeneidad del ser.*
Antonio Espinosa y Mon, *De lo uno a lo otro.*[73]

De estos títulos, cuatro —con alguna leve variación— serán atribuidos luego por Machado a su primer gran apócrifo, Abel Martín (*Las cinco formas de la objetividad* —ya no siete—, *De lo uno a lo otro, Lo universal cualitativo* y *De la esencial heterogeneidad del ser*). Puesto que el poeta comparte iniciales con Abel Martín (que a su vez asume el nombre de pila del sevillano Infanzón, el apócrifo machadiano inaugural), y se ha ocupado ya de «la esencial heterogeneidad del ser» en *Los complementarios* (título además del libro de poemas «publicado» por Martín en 1884), parece claro que el filósofo, que por más señas ha nacido en Sevilla (1840), es hasta cierto punto *alter ego* del poeta.

* * *

Si han pasado diez años desde la breve aparición en *Los complementarios* de Abel Infanzón, con su maliciosa copla sobre los sevillanos, también lleva ya Machado una década siguiendo atentamente al joven poeta y pintor malagueño José Moreno Villa. ¿Poeta y pintor? No sólo eso. Moreno Villa es también, hacia 1924, reputado ensayista, crítico e historiador del arte. Además, ¡ha estudiado química en Alemania! Por algo es ahora el brazo derecho de Alberto Jiménez Fraud en la madrileña Residencia de Estudiantes, donde se intenta la gran aventura de la convivencia de las ciencias, por un lado, y las artes por otro. Tras la Guerra Civil, Moreno Villa evocará aquellos tiempos maravillosos, desde su exilio mexicano, en *Vida en claro*, autobiografía tan imprescindible para nuestro conocimiento de la época como *La arboleda perdida* de Rafael Alberti, o *Mi último suspiro* de Luis Buñuel.

Desde la aparición de *Garba* (1913) Moreno Villa ha publicado varios pequeños libros impresos con primor y casi siempre en ediciones limitadas, entre ellos *El pasajero* (1914) y *Evoluciones* (1918).

En 1924 la editorial madrileña Caro Raggio le saca *Colección (Poesías)*. A Machado le interesa sobremanera este poemario, así como el artículo «Autocríticas», dado a conocer por Moreno Villa en el número de la *Revista de Occidente* correspondiente a diciembre de 1924, en el cual el malagueño dice al respecto: «Poesía desnuda y de voz francamente humana he querido hacer».[74] «Siempre miro con alegría y respeto la copla andaluza —añade—. Y siempre está a mi alrededor cuando escribo, sin yo buscarla».[75] Ambos —libro y «autocrítica»— provocan un enjundioso ensayo teórico de Machado, «Reflexiones sobre la lírica. El libro *Colección* del poeta andaluz José Moreno Villa (1924)», publicado en la *Revista de Occidente* en junio de 1925. Ensayo de tal envergadura y relevancia que no parece exagerado decir que casi sitúa a Machado, como poeta-crítico, al nivel de T. S. Eliot en Inglaterra.

Se trata, otra vez, de la imagen poética, tan en boga y tan analizada en estos momentos por la crítica, tanto española como extranjera, así como por los poetas mismos (tengamos en cuenta que la conocida conferencia de Lorca, «La imagen poética en don Luis de Góngora», es de 1926). Y se trata también, otra vez, pero ya en profundidad, de distinguir entre la imagen conceptista y la intuitiva, la que mana, no del pensamiento sino de «la zona sensible y vibrante de la conciencia inmediata». Ambas son necesarias, aunque las «específicamente líricas», para Machado, son las intuitivas. Un poema sin estructura coherente, lógica, no llegará nunca al prójimo. Tampoco un poema compuesto sólo de las intuiciones de su creador. Hay que buscar un equilibrio entre ambos modos: «No es la lógica lo que en el poema canta, sino la vida, aunque no es la vida lo que da estructura al poema, sino la lógica».

Los «poetas modernos» se dividen, en gran parte, a juicio de Machado, en dos grupos antagónicos y perversos: los conceptistas, quienes, «al margen de toda emoción humana», se entregan a la creación de imágenes ingeniosas, buscadas, y los que, prescindiendo, en un alarde de extremado subjetivismo, de toda lógica, proponen una lírica «producto de los estados semicomatosos del sueño». Directamente antes de la «autocrítica» de Moreno Villa en la *Revista de Occidente* hay un artículo, algo despectivo, de Fernando Vela sobre el *Manifeste du surréalisme* de André Breton, que se acaba de publicar en París.[76] Parece indudable que Machado lo ha leído. La alusión a los surrealistas es más evidente todavía en el borrador manuscrito de su ensayo, donde el poeta se refiere a «las cerebraciones semicomatosas del sueño, con que algunos sedicentes novadores —¡bien rezagados a fe mía!— pretenden asombrarnos».[77]

¿Y Moreno Villa? Machado cree percibir en la obra del poeta malagueño «una tendencia a la ponderación y al equilibrio» (aunque todavía, acaso, más escorada hacia «el esquema lógico que la corriente emotiva de sus versos»). Tendencia que considera muy positiva.

La afirmación de Moreno Villa según la cual ha querido hacer en *Colección* «poesía desnuda y de voz francamente humana» le da pie a Machado no sólo para cuestionar estos términos, sino para perfilar una revaloración de los simbolistas franceses, a quienes tanto debe su propia poesía (aunque a veces lo haya negado o no querido admitir). Entiende ahora que el simbolismo, con su énfasis sobre el alma del poeta, fue una reacción inevitable y necesaria contra la frialdad y buscado objetivismo del parnasianismo: «La poesía declara la guerra a lo inteligible y aspira a la expresión pura de lo subconsciente, apelando a las fuerzas oscuras, a las raíces más soterrañas del ser». Aspiración que, después de la Gran Guerra, llega a su culminación con el surrealismo.

¿Será posible un hombre nuevo capaz de andar despierto por el mundo, sin por ello despreciar su vida onírica? Es el problema que ya empezaba a preocupar al poeta veinte años atrás, después de publicar *Soledades*. Piensa ahora, a juzgar por la evidencia de la lírica contemporánea en general, y por el último poemario de Moreno Villa en particular, que tal síntesis ya va siendo una posibilidad. Entretanto el poeta malagueño está en el buen camino: camino por el que, desde *Campos de Castilla*, se empeña en andar el peregrino vitalicio que es Antonio Machado.

A Moreno Villa le complace enormemente el ensayo de Machado, aparecido en lugar tan destacado. «Hay en este estudio muchas observaciones, indicaciones finas que sólo Machado, poeta y filósofo, podía transmitirnos», apunta. Estima que Machado no se equivoca en atribuirle un afán de escaparse de la cárcel subjetiva: «Tenía fe en mis ojos y en el diálogo que yo y las cosas podíamos entablar». Entre éstas, hasta «el capote de un guardia civil agitado por el aire» (en *Garba* había hecho breve acto de presencia la Benemérita, catorce años antes de que la publicación del *Romancero gitano* lanzara al Instituto a la fama universal).[78]

* * *

El primero de enero de 1925 la compañía de María Guerrero y
Fernando Díaz de Mendoza pone en el teatro Español la traducción de *Hernani* elaborada, en 1902, por los Machado y Francisco
Villaespesa. «Ha rodado por todas las compañías de verso —escribió Antonio dos días antes en *Los complementarios*—. Estará lleno de desatinos. Se hizo en cuatro días».[79] No es mal momento
para el montaje: faltan casi exactamente cinco años para el centenario del estreno de *Hernani* en París aquella tumultuosa noche de
febrero de 1830, y además la situación española actual, con la llegada al poder de Primo de Rivera, permite que la obra, con su am-
bientación española, pueda verse como alusiva, de alguna manera,
a la restricción de libertades impuesta por el Directorio militar. En
su prólogo a la primera edición de *Hernani*, Victor Hugo, como se
recuerda estos días, había proclamado: «El romanticismo, tantas
veces mal definido, no es en el fondo —y aquí está su definición
real— sino el *liberalismo* en literatura». Palabra que, en España, remite con necesidad a las Cortes de Cádiz, al fracaso de la República —tan doloroso para la familia Machado— y a las prohibi-
ciones de la Iglesia.

La velada es triunfal y significa para los hermanos Machado
algo parecido a una apoteosis. Además en un coliseo que ha sido
fundamental en la vida de ambos. Fue testigo de ello el crítico dramático Rafael Marquina, que escribió en el *Heraldo de Madrid*:
«Cuando, después de terminar la jornada penúltima del drama, y
accediendo, por fin, a las solicitaciones insistentes del entusias-
mado auditorio, se presentaron en escena los hermanos Machado
—dos cultos, nobles y excelsos poetas de la España contemporánea—, la ovación clamorosa y reiterada con que los acogió el público, el entusiasmo de que éste dio pródiga muestra, eran la expresión auténtica de una admiración colectiva, largos años robustecida
por la lozanía de la obra poética con que ambos hermanos han
enriquecido a España».[80]

Al día siguiente María Guerrero, feliz por el éxito obtenido,
pide a los Machado una obra original.[81] Deciden, así estimulados,
volver a trabajar en *Desdichas de la fortuna o Julianillo Valcárcel*, empezada siete años antes. El 1 de junio terminan el primer acto de la
obra. «Tragicomedia en cinco actos y en verso destinado a la compañía de María Guerrero y Fernando Díaz de Mendoza»: así la describe Antonio, al consignar la noticia, en la penúltima página de *Los
complementarios*.[82]

No sabemos nada acerca de la elaboración de la obra, rematada durante aquel otoño, del método de trabajo de los hermanos, de las fuentes precisas en que se documentaron para su recreación de la apasionada y trágica vida del hijo bastardo del conde-duque de Olivares (nombrado por éste Enrique Felípez de Guzmán) que, según la leyenda, murió de desesperación al perder su libertad anterior de aventurero y verse sometido a los rigores e hipocresías de la vida cortesana.[83] Tampoco sabemos las razones por las cuales los hermanos eligieron precisamente este asunto histórico, aunque es posible que el hecho de llamarse Leonor el gran amor de Julián fuera una de ellas. No es que Leonor de Unzueta sea una recreación de Leonor Izquierdo, desde luego. Pero alusiones a la esposa muerta sí hay en la obra, y al nuevo amor anhelado, más de diez años después de perderla, así como pequeños guiños para entendidos (el hecho de que el platero se llame Cidones, por ejemplo: recordemos la famosa venta de dicha localidad soriana que para el poeta tenía una significación amorosa inmarcesible).

Las reflexiones de Julianillo acerca del amor se parecen mucho a las que Antonio Machado recomienda en estos momentos. En septiembre de 1925 el poeta publica en la revista *Alfar* el soneto que empieza:

> Huye del triste amor, amor pacato,
> sin peligro, sin venda ni aventura,
> que espera del amor prenda segura,
> porque en amor locura es lo sensato.   (CLXV, v)

Es evidente la relación de estos versos y los que siguen con el diálogo que tiene lugar en el primer acto de *Desdichas de la fortuna* entre Julianillo y quien será su malhadada esposa, Juana:

> JUANA.
> Que os place amor de aventura.
>
> JULIÁN.
> Antes que amor pacato
> que aspira a prenda segura.
>
> JUANA.
> El loco amor.

JULIÁN.
La locura
es en el amor lo sensato...

JUANA.
Luego el prudente...

JULIÁN.
No ama
por prudencia, que es temor
de abrasarse en pura llama;
que no da fruto la rama
cuando se hiela la flor.
Nunca la cordura entiende
de amor que de veras arde,
ni, menos, nunca lo enciende,
porque ese fuego no prende
dentro de pecho cobarde...[84]

La fatal separación de Julianillo y Leonor, cuyo amor irremediable arranca de su primera juventud, recuerda mucho el insistente tema de la temprana pérdida de la compañera que impregna *Soledades*. «Mil veces se dan los brazos/y una sola el corazón»: así define Julianillo el «amor loco» que lo consume. Es difícil no llegar a la conclusión, una vez más, de que la muerte de Leonor Izquierdo reavivó en Machado el dolor de aquella pérdida anterior, prístina.

El lector moderno se queda sorprendido ante el olor a mustio que hoy exhala *Desdichas de la fortuna o Julianillo Valcárcel*. El hecho de que fuera posible en 1925 escribir una comedia en verso al estilo del Siglo de Oro —cuando ya estrenaban Pirandello y Cocteau, y en casa había un Valle-Inclán cada vez más atrevido— causa extrañeza. Una cosa era abogar por la renovación del teatro clásico y refundir a Tirso de Molina, y otra muy distinta intentar seguir en la misma tradición clásica después de la Gran Guerra. Los hermanos eran muy conscientes de lo que hacían, de todas maneras, equivocadamente o no. El público estaba acostumbrado, por otro lado, a obras en verso —ahí estaban dos recientes triunfos de Eduardo Marquina—, y tanto Manuel como Antonio sabían mucho de métrica, mucho de rima. Por todo ello les parecía no sólo necesario sino legítimo seguir, en su afán por la recuperación del teatro clásico, no sólo con el verso, los apartes y los monólogos, sino con trucos a la vieja usanza como el de disfrazar a Leonor de don César (lo cual requería a una actriz capaz de hablar con convincente voz varonil, algo harto difícil).

Al margen de su anacronismo técnico, *Julianillo Valcárcel* era una obra bien hecha, eso sí, con oficio, y cobraba vitalidad sobre todo cuando aparecía en ella el motivo popular, caro a ambos hermanos, a través de coplas y música:

¡Si mi corazón abrieras
lo mismo que una granada,
en cada grano te vieras,
Leonor mía, retratada![85]

También tenía interés como estudio de los celos, tema que los Machado desarrollarán en *Juan de Mañara*, su segunda obra original.

La condición de Julianillo al final de la «tragicomedia», soñando día y noche con Leonor —desaparecida sin dejar rastro en la Nueva España—, es definida por la condesa como melancolía, «que hoy dicen hipocondría». Añade que es una aflicción no sólo grave sino, en el caso de Julián, «mortal», y que, desde la partida de Leonor, nunca lo ha abandonado.[86] «Hipocondría» es la palabra que Machado ha utilizado para describir su propia condición de amante abandonado en un poema de *Soledades* comentado antes:

Es una tarde ceniciente y mustia,
destartalada, como el alma mía;
y es esta vieja angustia
que habita mi usual hipocondría.   (LXXVII, I)

«Antonio no ha tenido nunca esa alegría propia de la juventud», solía decir su madre.[87] Al final de la obra la pobre Juana, que ama desesperadamente a su marido, recuerda que sólo le ha visto reír una vez, cuando estaba con «don César» en el jardín de su palacio, el Buen Retiro. Es decir, aunque ella no lo sabe, con Leonor. En la relación de ésta y Julianillo, pues, está concentrado todo el *pathos* de la vida sentimental de Antonio Machado y de su permanente angustia.

No sabemos cómo fueron las conversaciones de los dos hermanos mientras elaboraban a su pareja de amantes, pero parece imposible que, al irlo haciendo, no hablaran de su propia vida sentimental e íntima.

Pablo A. de Cobos ha dejado constancia de que Mariano Quintanilla, uno de los compañeros del Instituto de Segovia que «más de cerca convivió» con Machado, sólo le oyó aludir una vez a Leonor, para afirmar (contra toda evidencia) que la tisis no era contagiosa.[88] Al final de *Julianillo* parece que el propio Machado alude a tal reticencia, observada por todos los amigos del poeta. La condesa está comentando la ironía de que Juana, al hablar con tanta insistencia de don César en presencia de su marido, sin saber que César es Leonor disfrazada, hace aún más penosa la situación del moribundo. Y dice:

> Y así permite el Señor,
> aunque de distintos modos,
> que en Leonor pensamos todos
> y nadie mienta a Leonor.[89]

En presencia de Machado, desde luego, nadie mentaba, ni por asomo, a la esposa muerta.

* * *

Entretanto va cuajando el denso texto que, al publicarse durante el verano de 1926 en la *Revista de Occidente*, titulado *Cancionero apócrifo. Abel Martín*, va a sorprender mucho a quienes desconocen al Machado aficionado a la filosofía. Por desgracia es imposible seguir el proceso de elaboración del *Cancionero*, por la ausencia de borradores, menos dos hojas de *Los complementarios* acerca de la «heterogeneidad del ser» (1915), mencionadas antes, y seis sobre «Los problemas de la lírica» (1924).[90]

El *Cancionero apócrifo* de Abel Martín, que en 1928 pasará a engrosar la segunda edición de *Poesías completas* (CLXVII), es, más que un cancionero, un comentario sobre el pensamiento de Martín tal como se desprende mayormente de sus poemas, de los cuales Machado nos proporciona una amplia antología. Pensamiento, hay que decirlo, muy difícil, y a veces casi impenetrable, para quienes no sean (nos incluimos) adeptos de la filosofía, acostumbrados a tratar con las mónadas de Leibniz y la antinomia eleática-heraclitana, a andar con desenfado por el «mundo nouménico» o a especular sobre el «panlogismo» de Hegel o el ser y el no ser. Cuando el comentarista del *Cancionero apócrifo* —a quien sería un error identificar del todo con Machado— concede que la ideología de Martín «es, a veces, obscura», nos parece ver dibujarse en los labios del poeta una leve sonrisa burlona.

Excepción hecha de los escuetos datos que nos proporciona el comentarista sobre el nacimiento y muerte de Martín, de la vida de éste apenas colegimos nada: nada acerca de su educación o profesión, la razón de su temprana desaparición a los casi cincuenta años, de su físico, de sus amigos (si es que los tuvo), ni siquiera los nombres de sus padres o de su esposa (apenas mentada). Se nos dice, eso sí, que, según cuantos le conocieron, Martín fue un hombre «en extremo erótico» que profesaba «un apasionado culto a la mujer», pero respecto a sus amores, reales o imaginados, sólo disponemos de la «información» que se pueda inferir de la poesía suya reproducida por el comentarista quien, basándose en una copla de Martín,

> ... Aunque a veces sabe Onán
> mucho que ignora Don Juan

sugiere que tal vez el filósofo-poeta fuera un adicto al autoerotismo, o sea, más dado a las fantasías eróticas que a la realización de empresas amorosas «de verdad».

«¿Dónde tienes los ojos?» le había dicho la abuela Cipriana, o Ana Ruiz, al Machado niño, cuando el episodio de la caña dulce en la sevillana plaza de la Magdalena. ¿No veía Antonio que la del otro chico era más grande que la suya? Martín, como Machado, tiene mucho que decir acerca de lo que habría que hacer correctamente con los ojos. No le cabe duda de que existen para escrutar lo que hay a nuestro alrededor, allí fuera en el mundo exterior, no para contemplar en éste, de alguna manera, el reflejo propio (Machado, como sabemos, lleva años luchando contra su arraigada tendencia a la «autoinspección»). Según el comentarista, el primer poema compuesto por Martín fue una copla que ya contenía lo esencial de su metafísica:

> Mis ojos en el espejo
> son ojos ciegos que miran
> los ojos con que los veo.

Ciegos porque, al mirarse a sí mismos en el espejo —¡cuántos espejos hay en la obra de Antonio Machado!—, se han incapacitado para ver el mundo circundante, y, en primer lugar, a la otra persona. Machado, no ya Martín, lo formulará de manera más sucinta en otra copla:

> El ojo que ves no es
> ojo porque tú lo veas;
> es ojo porque te ve.   (CLXI, I)

También aconsejará:

> Mas busca en tu espejo al otro,
> al otro que va contigo.   (CLXI, IV)

Los ojos del prójimo no dependen, para existir, de que nosotros los veamos. Están allí, independientes de nosotros, con el oficio de mirar. El Narciso para quien los ojos de la amada sólo son un espejo en que verse a sí mismo no podrá nunca conocer el amor como lo entiende Martín. Porque el amor, el amor maduro, es reconocer la absoluta «otredad» de la persona amada. Como explica el comentarista: «No es tampoco para Abel Martín la belleza el gran incentivo del amor, sino la sed metafísica de lo esencialmente otro».

Llámese como se llame, la sed de lo otro, la sed de amor, es definitoria del ser humano. Está en nosotros, previa al encuentro con la pareja. Los poemas atribuidos a Martín, que aluden a menudo a Leonor, lo dicen claramente. El soneto «Primaveral», por ejemplo —compuesto en Baeza en 1918, según indicación de Machado en *Los complementarios*, donde lo copia en 1924— nos devuelve una vez más a la ribera izquierda del Duero entre San Polo y San Saturio (o así parece):

> Nubes, sol, prado verde y caserío
> en la loma, revueltos. Primavera
> puso en el aire de este campo frío
> la gracia de sus chopos de ribera.

> Los caminos del valle van al río
> y allí, junto del agua, amor espera.

¿Por ti se ha puesto el campo ese atavío
de joven, oh invisible compañera?

¿Y ese perfume del habar al viento?
¿Y esa primera blanca margarita?
¿Tú me acompañas? En mi mano siento

doble latido; el corazón me grita,
que en las sienes me asorda el pensamiento:
eres tú quien florece y resucita.

Abel Martín, nos asegura el comentarista, analiza largamente este soneto en un capítulo de su libro *De lo uno a lo otro*, donde dice: «La amada acompaña antes que aparezca o se oponga como objeto de amor; es, en cierto modo, una con el amante, no al término, como en los místicos, del proceso erótico, sino en su principio». No estamos lejos, pues, de la formulación posterior de Machado, según la cual todo amor es fantasía.

Entre las «rimas eróticas» de Martín, así denominadas por el comentarista, hay que mencionar los dos sonetos de la sección titulada «Guerra de amor». En el primero —evocador, dice Martín, de «su total historia emotiva»— es, otra vez, la angustia amorosa juvenil, rememorada ahora desde un otoño más resignado:

¡Y cómo aquella ausencia en una cita,
bajo las olmas que noviembre dora,
del fondo de mi historia resucita!

Martín insiste en que no hay que interpretar tal ausencia «en un sentido literal», en que no se trata del recuerdo de una cita real a la cual no acudiera la amada. Sabemos, sin embargo, que en el «fondo» de la «historia» de Machado, si no de Martín, hubo una desgarradora experiencia amorosa, reflejada con insistencia en *Soledades*.

En el segundo soneto es el recuerdo del amor, del nuevo amor, finalmente encontrado:

Nel mezzo del cammin pasóme el pecho
la flecha de un amor intempestivo.
Que tuvo en el camino largo acecho
mostróme en lo certero el rayo vivo...

Largo acecho porque, según la teoría de Martín, la amada
está prefigurada en la mente del amante antes de aparecer. De modo que, cuando lo hace, la reconoce enseguida.

La aportación poética más importante del *Cancionero apócrifo*
es la secuencia de coplas «vagamente relacionadas» —dice el comentarista— con la previa disquisición de Martín sobre el amor (las
tres últimas, como señalamos en el capítulo anterior, se encuentran
ya en uno de los cuadernos baezanos manuscritos, y se remontan
quizás a 1913)[91]:

Consejos, coplas, apuntes

1

Tengo dentro de un herbario
una tarde disecada,
lila, violeta y dorada.
Caprichos de solitario.

2

Y en la página siguiente,   5
los ojos de Guadalupe,
cuya color nunca supe.

3

Y una frente...

4

Calidoscopio infantil.
Una damita, al piano.   10
Do, re, mi.
Otra se pinta al espejo
los labios de colorín.

5

Y rosas en un balcón
a la vuelta de una esquina,   15
calle de Válgame Dios.

6

Amores, por el atajo,
de los de «Vente conmigo».
... «Que vuelvas pronto, serrano».

7

En el mar de la mujer   20
pocos naufragan de noche;
muchos, al amanecer.

8

Siempre que nos vemos
es cita para mañana.
Nunca nos encontraremos.   25

9

La plaza tiene una torre,
la torre tiene un balcón,
el balcón tiene una dama,
la dama una blanca flor.
Ha pasado un caballero   30
—¡quién sabe por qué pasó!—,
y se ha llevado la plaza
con su torre y su balcón,
con su balcón y su dama,
su dama y su blanca flor.   35

10

Por la calle de mis celos
en veinte rejas con otro
hablando siempre te veo.

11

Malos sueños he.
Me despertaré.   40

384

Antonio Machado Núñez, abuelo paterno del poeta. Cortesía de Dª Leonor Machado
artínez.

2. Cipriana Álvarez Durán, abuela paterna del poeta. Cortesía de Dª Leonor Machado Martínez.

Sevilla en 1862, captada por la cámara de Charles Clifford. © Biblioteca Nacional.

El puente de Triana, que nunca quiso cruzar la abuela materna de Machado. © Biblioteca
acional.

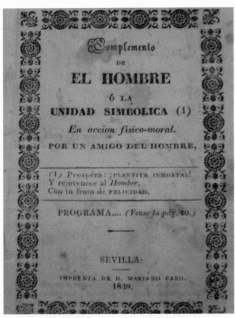

5. Cubierta del «Complemento» a la *Unidad simbólica* de José Álvarez Guerra, «Un Amigo del Hombre». © AGA.

6. Cubierta de una de las obras de Antonio Machado Núñez.

7. La tumba de Antonio Machado Núñez en el Cementerio Civil de Madrid.

8. Antonio Machado, niño, retratado por la abuela Cipria Álvarez Durán (paradero hoy desconocido).

El palacio de las Dueñas en Sevilla, donde nació Antonio Machado en 1875, hoy.

10. La fuente del patio principal de las Dueñas en la actualidad.

1. Antonio Machado Álvarez *(Demófilo)*, padre de Antonio Machado. © Colección particular.

12. Ana Ruiz Hernández, madre de Antonio Machado. Cortesía de Dª Leonor Machado Martínez.

3. La Institución Libre de Enseñanza, hoy Fundación Francisco Giner de los Ríos, en Madrid (paseo General Martínez Campos, número 14).

4. La calle de Fuencarral, donde vivieron tantos años los Machado, hacia finales del siglo XIX. El edificio a la derecha es hoy el Museo Municipal de Madrid. © EFE.

15. Miguel de Unamuno a principios del siglo XX.

16. El joven Manuel Machado. © Biblioteca Nacional.

17. Juan Ramón Jiménez en la época en que llega a Madrid.

18. Pío Baroja, prematuramente calvo. © AGA.

9. Antonio Machado en 1910. Cortesía de ordi Doménech.

20. Rubén Darío, *el Magnífico*. © ALBUM / akg-images.

1. José Ortega y Gasset hacia 1915. © AGA.

22. Joaquín Machado, que emigró joven a Guatemala. Cortesía de Dª Leonor Machado Martínez.

23. El peripuesto guatamalteco Enrique Gómez Carrillo.

24. Jacinto Benavente a principios del siglo XX.

25. Soria, camino de San Saturio a orillas del Duero.

26. Antonio Machado y Leonor el día de su boda. © EFE.

27. Otro retrato de la boda. © EFE.

8. La tumba de Leonor en el alto Espino e Soria.

29. Baeza. El tranvía de la estación. Cortesía de Antonio Tornero.

0. Baeza bajo la nieve. Cortesía de Antonio Tornero.

31. Machado tal como quiso aparecer ante el público lector en 1917. Frontispicio de la primera edición de *Poesías completas*.

2. Machado fotografiado de perfil por Alfonso, hacia 1927. © Alfonso. VEGAP. Madrid. 2006.

33. Antonio y Manuel, autores teatrales.
© Alfonso. VEGAP. Madrid. 2006.

34. Otro retrato de Antonio de la misma
época (1927). © Archivo *Abc*.

35. La pensión de Machado en Segovia, calle de los Desamparados. © EFE.

6. Pilar de Valderrama. Frontispicio de su libro *Huerto cerrado* (1928). © Biblioteca Nacional.

37. El monasterio de Santa María del Parral en Segovia, visto desde la explanada del Alcázar. Inspiró un apasionado sueño de Machado.

38. «El Jardín de la Fuente», donde se encontraban Guiomar y Machado.

9. Antonio y Manuel con Miguel Primo de Rivera y su hijo José Antonio en la fiesta por el éxito de *La Lola se va a los Puertos* (1929). © AGA.

10. Machado con Ortega y Gasset, Marañón y Pérez de Ayala en el mitin republicano celebrado en Segovia el 14 de febrero de 1931. © AGA.

41. Manuel Machado y su mujer, Eulalia
Cáceres. © Alfonso. VEGAP. Madrid. 2006.
© AGA.

42. Francisco Machado y su mujer, Mercedes
Martínez López. Cortesía de Dª Leonor
Machado Martínez.

43. Antonio y su madre con José y Matea y sus tres hijas, Eulalia, María y Carmen, ¿1933?
© AGA.

4. El famoso retrato de Machado por Alfonso en el Café de las Salesas, Madrid, 1934.
© Alfonso. VEGAP. Madrid. 2006.

45. La comida de despedida en el Quinto Regimiento, Madrid, 24 de noviembre de 1936. De izquierda a derecha, Antonio Machado, Antonio Mije, Pío del Río Hortega y el comandante Carlos Contreras.

46. La Casa de Cultura en Valencia donde estuvieron alojados los Machado durante las primeras semanas de su evacuación.

47. Villa Amparo, en Rocafort. Aquí vivieron los Machado hasta su salida para Barcelona en 1938.

8. La cubierta del folleto «Madrid», editado n 1937.

49. Un Machado ya muy desmejorado físicamente. © AGA.

50. Machado (el primero por la izquierda en la segunda fila) en el Segundo Congreso de Escritores para la Defensa de la Cultura, Valencia, 1937.

51. El hotel Majestic, donde Machado pasó sus primeros días en la capital catalana.

2. La Torre Castañer, en Barcelona. Aquí vivió el poeta hasta los últimos días de la guerra.

3. Can Santamaria, cerca de Cervià del Ter, donde el poeta y los suyos pasaron algunos días camino del exilio. De izquierda a derecha: José Sacristán, Enrique Rioja, Juan Roura, Antonio José Machado.

54. Mas Faixat, donde Machado y su familia pasaron su última noche en España.

CAMÍ DE L'EXILI
ANTONIO MACHADO RUIZ
VA PASSAR EN AQUESTA CASA
LA DARRERA NIT.
(26-27 DE GENER.1939)
ABANS D'ARRIBAR A FRANÇA.

55. Placa en Mas Faixat que recuerda aquellas horas angustiosas.

. La frontera abarrotada de refugiados cerca de Cerbère, 15 de febrero de 1939.
Cover – Corbis.

7. Collioure en la década de 1930. © Roger Violet / Cordon Press.

58. Probablemente la última foto en vida de Antonio Machado, sacada en la terraza del hotel Bougnol-Quintana, Collioure.

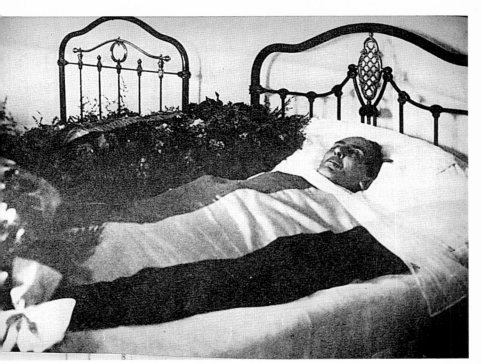

9. Ya se acabó. El poeta, muerto, en el hotel Bougnol-Quintana. Lo cubre la bandera republicana. © AGA.

10. El entierro. Llevaron el ataúd milicianos republicanos refugiados. © Archivo *Abc*.

61. Después de su breve recorrido por Collioure, el féretro reposa en el cementerio antes de inhumación del poeta. © AGA.

62. La primera tumba del poeta en el cementerio de Collioure.

63. El hotel Bougnol-Quintana, hoy, despué de un chubasco.

12

Me despertarán
campanas del alba
que sonando están.

13

Para tu ventana
un ramo de rosas me dio la mañana.   45
Por un laberinto, de calle en calleja,
buscando, he corrido, tu casa y tu reja.
Y en un laberinto me encuentro perdido
en esta mañana de mayo florido.
Dime dónde estás.   50
Vueltas y revueltas. Ya no puedo más.

Por el «calidoscopio infantil» de Abel pasan en rápida sucesión (pero no abigarrada confusión) imágenes de amores, amoríos
y sexo venal. Se identifica una calle específica, la de Válgame Dios,
que, según Macrí, «existe realmente en Sevilla». No hemos encontrado rastro de ella, sin embargo, en la documentación pertinente.[92] Donde sí había —y hay todavía— una calle con tan
peregrino nombre es en Madrid. Calle muy pequeña situada entre las de Gravina y Augusto Figueroa, al lado de la plaza de Chueca, en cuya casa número 3 murió en 1873 el pintor Eduardo Rosales. En Válgame Dios, según el periodista Alfredo Marquerie
en su libro *Personas y personajes* (1971), alquilaba una prostituta frecuentada por Machado «entre 1927 y 1929» un pequeño piso. Marquerie dice haberlos visto juntos un sábado por la noche en un bar
de la Red de San Luis, y que aquella mujer, que «se parecía de un
modo estremecedor a la Leonor soriana», le informó otro día que
el piso tenía un balcón con rosas, y que las campanas del cercano
convento de la calle de Luis de Góngora despertaban por la mañana a aquel «sabio», cuyo nombre desconocía, cuando pasaba la
noche con ella. Parece clara, pues, la alusión de los versos 14-19.
A no ser, es decir, que el periodista se lo inventara todo décadas después, basándose en los detalles aportados por el poema.[93]

En la sección 9 (vv. 26-35) llama la atención la plaza con la
torre, en uno de cuyos balcones aparece la amada (no ya la rame-

ra) con una flor en la mano para otro pretendiente. ¡Cuántos balcones del amor en los poemas de Machado! Surgen enseguida los celos: la dama está siempre hablando en su reja. Nos enteramos de que se trata de un mal sueño, de una pesadilla de la cual el soñador espera despertar, ya que, como declara la última estrofa del poema, su búsqueda infructuosa de la amada, que termina con el contundente «Ya no puedo más», lo tiene al borde de la desesperación.

Los dos versos finales recuerdan «Fantasía de una noche de abril», de *Soledades*, donde el «yo» buscaba, con parecida angustia, a la amante esquiva:

> Como un laberinto mi sueño torcía
> de calle en calleja. Mi sombra seguía
> de aquel laberinto la sierpe encantada,
> en pos de una oculta plazuela cerrada.
> La luna lloraba su dulce blancor.   (LII)

También parece haber una reminiscencia del poema «El poeta encuentra esta nota en su cartera», publicado en *Helios*, que comentamos antes (pág. 159). El ambiente es parecido: calles laberínticas, plaza recoleta (¿alusión a la de San Juan de la Palma, próxima al palacio de las Dueñas?), la casa de la amada, la reja:

> A la desierta plaza
> conduce un laberinto de callejas.
> A un lado, el viejo paredón sombrío
> de una ruinosa iglesia;
> a otro lado, la tapia blanquecina
> de un huerto de cipreses y palmeras,
> y, frente a mí, la casa,
> y en la casa, la reja,
> ante el cristal que levemente empaña
> su figurilla plácida y risueña.   (X)

Los «Consejos, coplas y apuntes» atribuidos a Martín expresan, parece claro, la angustia de Machado tras la muerte de Leonor, la cual, a su vez, sigue reavivando el recuerdo de aquel amor anterior que tantas veces, y con tan punzante nostalgia, aflora en los versos del poeta.

El *Cancionero apócrifo*, ya lo hemos dicho, ofrece muchas dificultades para el lector no versado en filosofía, que, para su profundización, no tendrá más remedio que dedicar muchas horas a familiarizarse con el texto y consultar a quienes lo han estudiado detenidamente.[94] Entretanto, sin ir más lejos, el soneto «Al Gran Cero» es tal vez la introducción más asequible al pensamiento martiniano. Se trata de exponer en verso la alternativa suya al mito hebreo de la Creación («concepción judaica, tan sacrílega como absurda»), según la cual Dios es el Creador de la Nada, no del Mundo; de la Sombra (Noche), no del Día (Luz). La Nada es el «Gran Cero», también llamado en el poema «cero integral», «huevo universal vacío», «hueca esfera»:

AL GRAN CERO

Cuando *el Ser que se es* hizo la nada
y reposó, que bien lo merecía,
ya tuvo el día noche, y compañía
tuvo el hombre en la ausencia de la amada.

Fiat umbra! Brotó el pensar humano.
Y el huevo universal alzó, vacío,
ya sin color, desustanciado y frío,
lleno de niebla ingrávida, en su mano.

Toma el cero integral, la hueca esfera,
que has de mirar, si lo has de ver, erguido.
Hoy que es espalda el lomo de tu fiera,

y es el milagro del no ser cumplido,
brinda, poeta, un canto de frontera
a la muerte, al silencio y al olvido.

Los tercetos contienen la recomendación que este Dios nada ortodoxo hace al poeta, es decir al propio Martín. Ya que éste tiene ahora conciencia de la nada, su cometido, frente a la muerte, el silencio y el olvido —la realidad de la condición humana— es, precisamente, dar voz a la angustia consiguiente en un canto entonado en la linde o frontera entre la vida y el vacío.

El *Cancionero apócrifo* de Abel Martín es el producto de un esfuerzo intelectual e imaginativo ingente, extendido a lo largo de más de diez años, y cabe pensar que al entregarlo a la imprenta Machado experimentó una profunda satisfacción, quizás un profundo alivio. Además ya le solicita otro apócrifo, nacido del costado de Martín: Juan de Mairena.

¿Por qué la invención de estos personajes? ¿Qué suponen en la vida de su creador? Justina Ruiz de Conde consideraba que Machado, después de publicar sus *Nuevas canciones*, había llegado a la convicción de que no podía seguir por más tiempo en su arraigado «ensimismamiento», y que la creación de un *alter ego* a través del cual expresar y proyectar sus preocupaciones íntimas y elucubraciones filosóficas, así como un renovado contacto con el teatro, le ayudarían a ir superando su retraimiento social, el callejón de incomunicación en que se encontraba, y a distanciarse de sí mismo. Es probable que algo de ello hubiera. Por lo que se refería al teatro, de todos modos, la colaboración con Manuel hacía inevitable el trato no sólo con actores, actrices y productores, sino con periodistas y, acaso lo más importante, con el gran público. Ello se iba a ver enseguida.

* * *

El 19 de enero de 1926 la gran actriz argentina Lola Membrives, muy popular en España, estrena en el teatro Lara otro arreglo de los hermanos Machado: *La niña de plata*, de Lope de Vega. «Éxito mediano» apunta Antonio en la última página de *Los complementarios*.[95] La crítica de Rafael Marquina en el *Heraldo de Madrid* lo confirma: la obra, pese a sus intrínsecos méritos, así como a la excelente adaptación de los dos poetas, no había gustado de manera rotunda (siguiendo la fortuna, dos años antes, de *El condenado por desconfiado*). A su juicio, el público teatral madrileño, tan acostumbrado «a la bazofia que le sirven cotidianamente», no estuvo a la altura de lo que se le ofrecía. También fue culpable, le parecía, «la rancia y poco eficaz presentación escénica». Con todo, continuando su labor de recuperación del teatro clásico, los Machado habían hecho una notable contribución, «en estos momentos de degradación teatral», a la dignificación del arte dramático.[96]

Unas semanas después, el 9 de febrero de 1926, la compañía Guerrero-Díaz de Mendoza pone en escena, en el teatro de la Prin-

cesa (hoy María Guerrero), *Desdichas de la fortuna o Julianillo Valcárcel*. El éxito está casi garantizado esta vez, dada la naturaleza
extraordinaria de la ocasión: se trata no sólo del beneficio de la excelsa actriz sino del primer estreno original de los famosos hermanos. «La obra de los ilustres sevillanos respondió plenamente
a la solemnidad artística de la noche —decía el *Heraldo de Madrid*
al día siguiente—. Se ovacionaron los cuatro actos, y al final de los
tres últimos se reclamó reiteradamente en el proscenio la presencia de los poetas, que anoche quedaron consagrados como excelentes dramaturgos».[97]

Todo fueron parabienes. La Guerrero, en el papel de la condesa, había estado magnífica. Su hijo, muy competente en el de
Julianillo. Los otros cómicos, dignos. El decorado, «admirable
de propiedad y de luz». El vestuario, de una «gran adecuación» a
la época de Felipe IV.[98] «Floridor», en *Abc*, elogia la versificación
de la obra —su «limpio y galano romance», sus «bien aparejadas
redondillas»— y señala su calidad de digna continuadora del teatro clásico español.[99] Para Antonio de Lezama, en *La Libertad*, el
estreno ha constituido «un éxito inmenso»: «Manuel y Antonio
Machado, que ya tenían el más alto prestigio literario, han con-
quistado en una sola batalla la bengala de los grandes capitanes. Su
tragicomedia es, teatralmente considerada, perfecta y revela un conocimiento absoluto de la escena». Según Lezama, los autores
tuvieron que salir «docenas de veces» al proscenio al final de todos
los actos, lo cual, a su entender, constituía el juicio más elocuente
acerca de la gran calidad de la obra, una de cuyas escenas reproduce el diario.[100] L. Bejarano, en *El Liberal*, estimaba que la obra tenía
«la fecha, la prestancia de las obras clásicas, y sobre este mérito, que
bastaría a prestigiarla, una pasión, una vivacidad, una juventud
que no suelen darse en las obras que le sirven de modelo».[101] Enrique Díez-Canedo, por su parte, recuerda en *El Sol* que los hermanos, que ahora se arriesgan por el difícil derrotero del teatro, «han
hecho aprender de memoria sus versos a la generación ya madura
y a la que ahora entra en la vida». Han salido airosos del nuevo reto. La obra, pese a algunos flecos del argumento, a algunos momentos algo inverosímiles, es sólida, con diálogos de verdad, no una
serie de monólogos, y la versificación camina «holgada y estricta»,
trátese de octasílabos de romance, cuartetas o quintillas.[102]

Puesto que la temporada de la Guerrero debe terminar for-
zosamente el 10 de marzo, los hermanos no podían esperar que la

obra tuviera más de treinta representaciones. De hecho hubo unas veinte, lo suficiente para que pudiesen sentirse estimulados para acometer juntos una nueva obra original. Además la tragicomedia sería publicada en abril por la librería madrileña de Fernando Fe y, en diciembre, por la popular revista semanal *Comedias*.[103]

Dos días después del estreno, aniversario de la instauración de la República (11 de febrero de 1873), se publica en Madrid el manifiesto fundacional de Alianza Republicana, conjunción constituida por Manuel Azaña (Acción Republicana), Manuel Hilario Ayuso, el fogoso amigo soriano de Machado (Partido Republicano Federal), Roberto Castrovido, durante tantos años director de *El País* (Prensa Republicana), Marcelino Domingo (Partido Republicano Catalán), Alejandro Lerroux (Partido Republicano Radical) y el catedrático José Giral. El propósito: acabar con la monarquía y traer la Segunda República. Machado es uno de los firmantes del manifiesto, al lado, entre otros, del novelista Vicente Blasco Ibáñez, Gregorio Marañón, Ramón Pérez de Ayala y Miguel de Unamuno.[104]

¿Los hermanos Machado, tan republicanos ambos, se las habían ingeniado para que María Guerrero estrenara *Julianillo* en estas fechas y no en otras? Es posible. De todas maneras, en una obra protagonizada por un personaje para quien la libertad personal es la meta suprema, a más de uno le parecería descubrir alusiones veladas a la dictadura de Primo de Rivera, quizás sobre todo cuando el conde-duque le espeta a su bastardo rebelde «¿Libertad...? ¿Para qué la queréis?» y recibe la respuesta:

> Para respirarla.
> ¿Para qué se quiere el aire,
> y morimos cuando falta?[105]

El 21 de febrero la Asociación de Antiguos Alumnos de la Institución Libre de Enseñanza organiza un homenaje a los poetas para festejar el éxito de su primera obra teatral original. El acto, alegre y emotivo, tiene lugar en el jardín, al lado del vetusto tejo tan amado del llorado Francisco Giner de los Ríos. El recuerdo del fundador impregna el breve discurso pronunciado por Manuel Bartolomé de Cossío (que empieza diciendo que, con los muchos años que tiene, ya bordea «los linderos del misterio»). Cossío compara a Giner con Fénix, el maestro de Aquiles, cuyo padre le había encargado que enseñase al futuro héroe dos cosas imprescindibles: «A hablar bien y a realizar grandes hechos». Así de sencilla y clara había sido la enseñanza de Giner. Una prueba más de ello es la recién estrenada obra de los hermanos, «porque con palabras de hermosura, y desde largo tiempo, habéis recreado, habéis embellecido, habéis purificado nuestra vida». Cossío ha encontrado en *Julianillo* un mensaje digno de Giner, maestro de los dos célebres ex institucionistas: «Sé siempre sincero, lucha contra la farsa, afírmate en tu naturaleza; vive tu propia vida». «Por eso —sigue— vuestra doña Leonor, convertida en don César, es la figura más poética de la tragicomedia, la que más nos conmueve, la que más vemos luego en nuestros sueños, la que hunde más sus raíces en nuestros corazones».[106]

A Machado, que admiraba profundamente a Cossío y se sentía muy en deuda con su magisterio y su apoyo, aquellas palabras le debieron de llegar al alma.

* * *

En mayo y junio de 1926 la *Revista de Occidente* publica las dos entregas del *Cancionero apócrifo* de Abel Martín. Al final de la última Machado anuncia que se estudiará, en otra ocasión, la «historia anecdótica» del filósofo a través de la obra de Juan de Mairena, su «biógrafo, discípulo y contradictor». Y añade: «A Juan de Mairena debemos también una aguda crítica de la producción de Abel Martín, donde se ponen a resalto muchas contradicciones y el prejuicio sensualista que vicia toda la ideología del maestro». Sigue luego, después de la firma de Machado, la indicación: «Continuará el *Cancionero*». No lo hará en la *Revista de Occidente*, sin embargo. Y cuando haga su debú Juan de Mairena, dos años después, será en la segunda edición de *Poesías completas* (1928), donde se colocará el *cancionero* suyo después del de su maestro, introducido por una breve nota biobibliográfica: «Juan de Mairena, poeta, filósofo, retórico e inventor de una *Máquina de cantar*. Nació en Sevilla (1865). Murió en Casariego de Tapia (1909). Es autor de una *Vida de Abel Martín*, de un *Arte poética*, de una colección de poesías: *Coplas mecánicas*, y de un tratado de metafísica: *Los siete reversos*». ¿Dónde está Casariego de Tapia? En Asturias hay un pueblo llamado Tapia de Casariego. ¿Se trata del mismo, con sus dos términos trastocados, bien deliberadamente o por error? Nadie lo ha podido explicar.

El *Cancionero apócrifo* de Mairena, glosado por el mismo anónimo comentarista que se ha ocupado del de Abel Martín, es mucho más asequible, para el lector no versado en filosofía que el de su maestro.

El apartado «Arte poética» repite en gran medida ideas expuestas con claridad por Machado en su largo ensayo sobre José Moreno Villa, «Reflexiones sobre la lírica», aparecido, como vimos, en junio de 1925 en la misma *Revista de Occidente*, y que se remontaba a la etapa baezana. Mairena, como Machado, «no se chupa el dedo en su análisis del barroco literario español» (pese a incurrir a veces él mismo en algún barroquismo, como señala el comentarista). Se llama *el poeta del tiempo* y, como Machado, sostiene que el poema que no lleve muy marcado el acento temporal está más cerca de la lógica que de la poesía. Jorge Manrique es, por antonomasia, el gran poeta del tiempo; Calderón es todo lo contrario, aunque la fugacidad, a veces, es tema de sus poemas. Y he aquí, otra vez, la disyuntiva entre la imagen intuitiva y la conceptista o culteranista, entre la que expresa una intuición y la que «encubre» o «enturbia» un concepto. Todos los vicios del barroco señalados y ejemplificados por Mairena se reducen, en realidad, a uno: el descabellado culto al artificio por el artificio mismo. El barroco es la abeja que liba en la miel en vez de en las flores; es la complejidad y lo ornamental en vez de la sencillez; es el adjetivo innecesario o huero, el decir *oro cano* y *pino cuadrado* en vez de plata y mesa, el llamar *áspid de metal* a una pistola. O, como había dicho Machado unos años antes, creerse con derecho a escribir *los eventos consuetudinarios que acaecen en la rúa* y no, llanamente, «lo que pasa en la calle».[107]

En la sección «La metafísica de Juan de Mairena» el comentarista, después de señalar que el punto de partida de la misma está en un pensamiento de Abel Martín (según el cual Dios no es el creador del mundo sino de la nada), cita una aseveración fundamental del lírico-filósofo sevillano: «Todo poeta —dice Juan de Mairena— supone una metafísica; acaso cada poema debiera tener la suya —implícita, claro está, nunca explícita—, y el poeta tiene el deber de exponerla, por separado, en conceptos claros. La posibilidad de hacerlo distingue al verdadero poeta del mero señorito que compone versos».

Según tal razonamiento Antonio Machado, autor de dichas líneas y creador de Abel Martín y Juan de Mairena, es, indudablemente, un «verdadero poeta».

El comentarista señala que el libro de Mairena *Los siete reversos*, que propone siete caminos «por donde puede el hombre llegar a comprender la obra divina», es un voluminoso tomo de casi 500 páginas. No se leyó en su tiempo, nos asegura, y ni siquiera mereció una mención de Ménendez Pelayo en su «Índice expurgatorio del pensamiento español». Aquí parece haber una alusión al bisabuelo José Álvarez Guerra, «Un Amigo del Hombre», cuya *Unidad simbólica*, seguramente poco leída en su tiempo (y nada después), fue despreciada por aquel martillo de la heterodoxia española.[108] Álvarez Guerra, de hecho, fue un ser tan raro que casi parecía él mismo un «apócrifo», un escritor que sólo existiera en la mente de otro escritor.

Lo más divertido del *Cancionero apócrifo* de Juan de Mairena —y tiene momentos muy entretenidos— es el juego machadiano según el cual Mairena «sostiene» que el autor de la *máquina de trovar* responsable de la creación de sus *Coplas mecánicas* no es él, sino el poeta (igualmente inventado por Machado) Jorge Meneses. La máquina, sea quien fuere su progenitor, tiene la función de crear poemas que expresan el «sentir genérico» del hombre contemporáneo, es decir del hombre possimbolista (no olvidemos que Mairena muere en 1909). Meneses, como Machado, estima que el poeta ya no tiene derecho a cantar únicamente su propia intimidad, y que su obligación es comunicarse con el prójimo. Un corazón solitario no es un corazón, y la máquina de trovar, a la espera de la llegada de los nuevos poetas *cordiales*, tiene la misión de suplir de manera provisional la laguna, y crear coplas que recojan el sentir común de los hombres. Nada tan ingenioso en Machado como el proceso que, gracias a la máquina, su manipulador y su público, desemboca en los versos:

Dicen que el hombre no es hombre
mientras que no oye su nombre
de labios de una mujer.
Puede ser.

La creación de Juan de Mairena va a suponer para la vida y obra de Machado un considerable cambio de dirección. Acompaña ahora al poeta un *alter ego* quien, como el personaje de ficción que es, va a ser capaz de seguir creciendo a su lado. El gran hallazgo de Machado será convertirle en catedrático, como él, de Instituto, oficialmente de Gimnasia —asignatura casi tan despreciada entonces como el francés— pero, *oficiosamente*, de Retórica. Ello no ocurrirá hasta pasados algunos años. Y cuando lo haga habrá nacido uno de los personajes más entrañables de la literatura española del siglo XX.

* * *

Los sevillanos Manuel y Antonio Machado no podían sentirse indiferentes ante el mito del sevillano don Juan, tan vinculado a la vida del sevillano Miguel de Mañara, ex pecador mayor y fundador del Hospital de la Caridad, de quienes seguramente tenían noticias desde su infancia. Cabe pensar, además, que, tempranamente iniciados en el culto al teatro, verían muy jóvenes su primera representación de la famosa obra de Zorrilla. Manuel Machado, por otro lado, iba a ser él mismo casi una reencarnación de don Juan, mientras que en Antonio había algo de Tenorio *manqué* («ni un seductor Mañara, ni un Bradomín he sido»). Además, como hemos visto, nuestro poeta ya había escrito sobre el personaje en 1922. No es sorprendente, pues, que se les ocurriera a los hermanos llevar a la escena a un donjuán actual, tema además que, bien conducido, podía generar dinero. Así nace *Juan de Mañara*, «drama en tres actos y en verso», en el cual se ponen a trabajar durante el verano y el otoño de 1926.

Una de las particularidades de la obra es su insistencia sobre el tema del primer amor, tan caro a Antonio y ya desarrollado en *Desdichas de la fortuna*. Cuando conocemos al joven, guapo y rico Mañara, éste se encuentra ultimando la venta de su viñedo en Sanlúcar y, harto de ser un señorito andaluz improductivo,

> buen bebedor y maestro
> en el arte de pasar
> la vida y matar el tiempo,
> mimado de la fortuna
> como estos campos me hicieron.[109]

está en vísperas de subir a bordo de su yate, amarrado en el Guadalquivir, y largarse a Marsella camino de París. Pero enseguida, al reencontrarse con su prima Beatriz, ya convertida en magnífica mujer, todo empieza a complicarse. Diez años después de aquel impulsivo, y para ambos inolvidable, beso en el jardín —él con 15 años, ella con 10—, se enciende en segundos la mecha de la pasión. Y justo a tiempo porque Beatriz está a punto de entrar en un convento, segura de haber perdido a Juan para siempre. Cuando éste huye al final del primer acto, sin embargo, con su hasta ahora pareja, la *femme fatale* Elvira, y el yate sale pitando río abajo hacia Sanlúcar y el ancho mar, sabemos que Beatriz no se quedará en Sevilla con los brazos cruzados.

Hay que subrayar el momento en que la casi monja, esperando a Mañara en su ventana y decidida a entregársele en cuerpo y alma, presencia con espanto aquella fuga. «Beatriz, tras de la reja, muestra su desolación sin poder gritar siquiera», dice la acotación escénica.[110] Más tarde la propia Beatriz confirma: «Quise y no pude gritar».[111] Es la misma frase que pronuncia el «yo» del alucinante poema «Recuerdos de sueño, fiebre y duermivela», que luego veremos, cuando vislumbra a la amada, brevemente, «en las torres del olvido» antes de desaparecer de su vida para siempre. Antonio Machado, ya lo sabemos, vive siempre acompañado del recuerdo —agudizado por la pérdida de Leonor— de un trauma amoroso anterior.

Al margen del interés central de *Juan de Mañara* —¿qué novedad darán los Machado al arrepentimiento del protagonista?—, hay numerosos pequeños detalles de interés. La familia de Beatriz, por ejemplo. Los Montiel son terratenientes andaluces típicamente reaccionarios y, en el Madrid de 1926, la posibilidad de una alusión al dictador Miguel Primo de Rivera era ineludible. De labios del sacerdote «particular» de la familia, además, así como de los prohombres de la misma, vamos escuchando un rosario de tópicos gastados acerca de la juventud moderna, «atlética, gimnástica, deportiva», y algún que otro asunto de actualidad. La intención satírica es obvia: esta gente, orgullosísima de su abolengo, de sus monjas, de sus aventureros, representa la autosatisfacción estéril de la clase dominante española. Ello se nota de modo especial cuando hablan del abuelo Enrique, en sus tiempos «tronero mayor/de Sevilla entera», que, purgados sus errores en Roma, había vuelto a sus fincas hecho un santo, ¡todo un remedo del impagable don Guido del famoso «llanto» machadiano, que tanto había hecho reír en la Residencia de Estudiantes!

En cuanto al pintor Esteban Larios, enamorado pero no correspondido por Beatriz, sus comentarios sobre los ojos remiten de manera indefectible al pensamiento de Abel Martín y a los «Proverbios y cantares» de su creador: los ojos existen para ver lo que está allí, en el mundo exterior, no para contemplar el propio reflejo en los de la amada o en cualquier otro espejo.

Si la versificación de la obra es eficaz y los diálogos se desarrollan con fluidez, los apartes y monólogos eran ya, para 1926, tan anacrónicos como el truco del disfraz de Elvira, que, de regreso en Sevilla, ronda al santo en que ya se ha convertido, sin adecuada explicación, Mañara. Pero, hay que recalcarlo, santo laico más en la línea de Francisco Giner de los Ríos que del abuelo Enrique: en el postrer Mañara no hay asomo de beatería católica y, cuando es evidente que se está muriendo, a nadie se le ocurre llamar al cura. El Mañara que al fin de su vida se solidariza con los pobres y los que sufren 'no existiría si los hermanos Machado no hubiesen estudiado en la Institución Libre de Enseñanza. Encarna la convicción de Antonio según la cual lo esencial del cristianismo es amar al prójimo, pero de manera desinteresada, no con la abyecta finalidad de ganar el cielo y así librarse del castigo divino.

Juan de Mañara fue estrenada en el teatro Reina Victoria el 17 de marzo de 1927 por la compañía de Josefina Díaz y Santiago Artigas. «Empresa difícil traer a un escenario moderno la figura legendaria del héroe sevillano», apuntó con razón Santorello en *Blanco y Negro*.[112] Difícil, sin duda, pero admirablemente conseguida a juzgar por la reacción del público que llenaba la sala. Lo contó al día siguiente en *La Libertad*, con pelos y señales, Antonio de la Villa:

> Lleno el teatro en las localidades y en los pasillos. Emoción y fervor por ver lo que ocurría. Como pocas veces sucede, el completo se ha hecho antes de sonar los timbres y dar luz a la batería.
>
> La primera jornada es un continuo desbordamiento de entusiasmo. Medida con exactitud para que no decaiga un momento la acción, la escena amorosa entre Beatriz y Juan enciende la hoguera y hace prorrumpir en ovaciones clamorosas, que obligan a salir a los autores, interrumpiéndose de momento la representación.
>
> En este mismo tono se desenvuelven las escenas siguientes, entronque del drama. El público, sin perder frase, subraya con exclamaciones tal pensamiento o cual belleza de expresión.

Y al final del primer acto, otra vez las ovaciones clamorosas y unánimes que obligan a bajar y subir el telón hasta seis veces para homenajear a los autores y los intérpretes.

El mismo cuadro se repite en la escena pasional del segundo acto, una escena de asombrosa realidad humana que matizan Josefina Díaz —más admirable que nunca— y Santiago Artigas. Y otra vez el mismo desbordamiento en el momento final, que con ser el más difícil, por la forma del desenvolvimiento y la sencillez con que lo presentan los autores, es un portento de concepción.

La unanimidad en el aplauso explica más que nada el éxito del drama. Arriba y abajo la gente ovacionaba con el mismo clamor.

En los dos últimos actos, el telón sube y baja varias veces, acentuándose más y más el agrado del público.

Y luego en los pasillos, en el vestíbulo, en las mismas localidades, el público, a su sabor, comenta, ensalza y define la magna labor realizada por Manuel y Antonio Machado.

Un éxito grande, grande. Si es el público el encargado de dar esa ejecutoria, en esta jornada lo ha demostrado bien elocuentemente.[113]

«El éxito fue clamoroso, inmediato, del teatro entero —terminaba Enrique Díez-Canedo su breve reseña para *El Sol*, con la salvedad—; menos vivo al final, pero ya con vigor para afirmar la victoria».[114] Melchor Fernández Almagro, en *La Voz*, no dejó de señalar algunos fallos constructivos de la obra y, leyendo entre líneas —nadie se atrevía a reprochar de manera abierta a los autores—, se colige que no le había convencido del todo el desenlace, o sea la «conversión» de Mañara.[115] Tampoco a Floridor, en *Abc*.[116] Rafael Marquina, en el *Heraldo de Madrid*, opinó por su parte que «posiblemente» habría sido necesario introducir un episodio aclaratorio entre las últimas jornadas para preparar el desenlace.[117] No le faltaba razón. En cuanto a Juan Chabás, en *La Gaceta Literaria*, consideraba que, si bien *Juan de Mañara* no iba a revolucionar la dramaturgia española contemporánea —los Machado «nacieron completamente fuera del espíritu nuevo del teatro»—, tenía el valor de representar «una posición pura, alta, en el instante quizás peor de nuestro teatro en verso».[118] Joaquín Aznar, director de *La Libertad*, creía encontrar en la obra una vuelta al teatro en el sentido etimológico de la palabra y, con ello, a la mejor tradición de la escena española: es decir, al «drama religioso», el más acorde, a su juicio, con «el alma del pueblo».[119] De acuerdo casi común el gran acierto del drama era el «hallazgo» del carácter de Beatriz, magníficamente interpretada por Josefina Díaz. También se elogió el trabajo de su hijo Santiago Artigas en el papel de Mañara. Y hubo consenso, asimismo, en torno a la «naturalidad» de la versificación, que para Luis Bejarano, de *El Liberal*, tenía «la flexibilidad y las inflexiones de la prosa».[120]

Para los Machado, pues, la nueva reencarnación de Don Juan que han alumbrado es un considerable triunfo. La obra alcanza las cuarenta y ocho representaciones, lo cual, en un Madrid con muchos teatros, constituye un éxito más que aceptable. Y la garantía de poder seguir estrenando. La obra es publicada en abril por Espasa-Calpe y luego, aquel noviembre, por la revista *El Teatro Moderno*, donde los autores se la dedican a Josefina Díaz de Artigas y su hijo, «"creadores" admirables de Beatriz de Montiel y Juan de Mañara».[121]

Por estos días el periodista Ángel Lázaro entrevista a ambos hermanos. ¿Habrá ahora una nueva obra teatral suya cada año? «Don Antonio hace un gesto vago y sonríe. Sonrisa siempre un poco triste, nostálgica, venida de los jardines solitarios del alma». Lázaro, que conoce bien la obra del poeta, y al hombre, está al tanto de que vuelve cada fin de semana a la capital. «Todos los sábados don Antonio se escapa de Segovia, y viene a Madrid. Don Manuel le espera en un café de la Gran Vía, y allí charlan durante mucho tiempo. Luego, cuando el crepúsculo reparte sus últimos oros sobre los tejados y los miradores de la ciudad, los dos hermanos se echan a la calle. Manuel va airoso, elegante, cortesano... Antonio va como a empujones, arrastrando no sé qué fardo misterioso, con patética obstinación, hacia lo imposible... ¡Sonámbulo divino!». Se ha dicho que la entrevista «rezuma una indisimulada animadversión hacia Machado». No lo creemos, sin embargo: Lázaro lo llama «uno de los poetas más grandes que registra la historia de la poesía castellana». Lo que quiere sugerir el entrevistador, al tiempo que da fe del «torpe aliño indumentario» del poeta y su físico «alto, alto, ancho, encorvado», es su incapacidad práctica, su falta de vocación como profesor, y la profunda tristeza que le impregna desde la muerte de su mujer. La viñeta de Lázaro se agradece: no tenemos muchas tan agudas.[122]

Por estos mismos días, el 24 de marzo de 1927, Machado es elegido miembro de la Real Academia Española en medio de solapadas maquinaciones del general Primo de Rivera, que no quiere que salga nombrado el político republicano Niceto Alcalá-Zamora.[123] La prensa recoge de manera amplia, y con gran satisfacción, la noticia de la elección del poeta (propuesta en primera instancia por los compañeros suyos de la Universidad Popular de Segovia y luego apoyada por los «inmortales» Azorín, Armando Palacio Valdés y Ricardo León). Machado, típico en él, le quita importancia al asunto, y nunca llegará a formalizar su incorporación a la Docta Casa (aunque sí escribirá más tarde un borrador del discurso de ingreso).[124] Según Mariano Quintanilla —para quien «las dos modalidades» que formaban la personalidad de Machado eran «un escepticismo agudo y una bondad extraordinaria»— los amigos del poeta advirtieron enseguida que no le había gustado en exceso el asunto, y hubo bromas en torno:

—Ya es usted inmortal.
—Sí, ya no me parte un rayo.[125]

Unamuno, que sigue exiliado en Francia, le felicita por su elección. «Es un honor al cual no aspiré nunca —contesta el poeta aquel junio—; casi me atreveré a decir que aspiré a no tenerlo nunca. Pero Dios da pañuelo a quien no tiene narices». Aprovecha para decirle a Unamuno cuánto se le echa de menos en la España miserable y chabacana de Primo de Rivera, y que ha asistido al estreno de su drama *Todo un hombre*, «lo más bello que se ha hecho en el teatro durante estos años». Ha leído, además, su *Agonía del cristianismo*, que, en la traducción del hispanista Jean Cassou, ha tenido un considerable éxito en Europa. «No me extraña —comenta—. Unamuno salva a España del olvido, mientras España... No, España tampoco lo olvida».[126]

* * *

Son los días del tercer centenario de la muerte de Góngora y de la reivindicación del cordobés por los jóvenes poetas bautizados después como «Generación de 1927». Pululan las iniciativas en torno al autor de las *Soledades* y, como era inevitable, a Machado se le requiere su opinión acerca de una lírica barroca con cuyos postulados se siente en radical desacuerdo. En febrero, cuando le pidiera Giménez Caballero su participación en el número especial de *La Gaceta Literaria* dedicado a Góngora, había contestado con evasivas (a Machado siempre le costaba trabajo proferir un «no» rotundo): «Por mi desdicha, no tengo tiempo que dedicar a trabajos tan de mi gusto como ese que ustedes me proponen. Todo el día me ocupan clases, prácticas, repasos, etc., en el Instituto. Con todo, si algo puedo hacer se lo remitiré». Pero no se lo remitió. Giménez Caballero publicó la carta de Machado, hay que presumir que sin su permiso, en *La Gaceta* aquel junio.[127]

En los círculos intelectuales y artísticos de Madrid se hablaba ya con insistencia no sólo de Góngora sino de Sigmund Freud —lo evidencia *La Gaceta Literaria*—, debido sobre todo a una circunstancia que al mismo creador del psicoanálisis le sorprendía de manera llamativa: la publicación en Madrid, a partir de 1922, de sus *Obras completas*, traducidas por Luis López Ballesteros. Fundamental para la realización de la magna empresa, emprendida por la editorial Biblioteca Nueva, había sido el apoyo, desde el primer momento, de Ortega y Gasset, que contribuyó con una introducción para el primer tomo, *Psicopatología de la vida cotidiana*. En la Residencia de Estudiantes se devoraban y comentaban los tomos al par que iban saliendo —ahí están sendos testimonios de Buñuel y Dalí—, los títulos se reseñaban en las publicaciones periódicas más importantes, sobre todo en la *Revista de Occidente*, y se empezaba a filtrar la influencia de los postulados freudianos en la literatura y el arte.[128]

Machado, siempre atento a sus sueños y proclive a la introspección, no podía estar indiferente ante el psicoanálisis. Años atrás lo había dado a entender en unos memorables versos de *Soledades. Galerías. Otros poemas*. Figuran así en *Poesías completas*:

> Y podrás conocerte recordando
> del pasado soñar los turbios lienzos,
> en este día triste en que caminas
> con los ojos abiertos.
> De toda la memoria, sólo vale
> el don preclaro de evocar los sueños.   (LXXXIX)

Don cuya ausencia suplía ahora la técnica de la libre asociación, capaz, por lo menos en teoría, de liberar memorias oníricas y reprimidas. Dado tal ambiente, ¿cómo sorprenderse de que a Antonio se le ocurriera la idea de escribir, en colaboración con Manuel, un drama que reflejara el acuciante interés actual, y el suyo propio, por la exploración del inconsciente? Y decimos Antonio porque todo indica que la iniciativa, muy acorde con sus preocupaciones más íntimas, fue suya.

Los hermanos decidieron situar la acción del drama, como la de *Juan de Mañara*, en su Andalucía nativa, y darle toda la emoción de una búsqueda casi detectivesca. Intuyeron, correctamente, que la obra necesitaba un título con resonancias simbólicas, en la línea ibseniana. Y así nació *Las adelfas*, que les ocupó durante el verano y otoño de 1927.

La adelfa, como bien sabían los Machado, tenía ya larga prosapia en la poesía popular andaluza como emblema del amor fracasado o infeliz, del amor que *amarga*. Y ello por la sencilla razón de que se trata de un arbusto de flores y hojas bellísimas pero *venenosas* que no tocan nunca ni animales ni pájaros. Rodríguez Marín, el aventajado discípulo de *Demófilo*, había recogido en su monumental *Cantos populares españoles* algunas coplas alusivas a la mala fama de *Nerium oleander:*

> Eres como la adelfa,
> mala gitana;
> que echas hermosas flores
> y luego amargan.

> Con la flor de la adelfa
> te he comparado,
> que es hermosa y no come
> de ella el ganado.[129]

Fueron un acierto tanto el título de la obra como la decisión de radicar el meollo de la acción dramática de la misma en una finca, Los Adelfos, situada —consideramos que no por casualidad— en la ribera del Guadalquivir cerca del pueblo cordobés de Alcolea, escenario de la breve batalla que dio al traste con Isabel II en 1868 e inauguró algunos años de progreso vividos intensamente por la familia Machado.

Fue ingenioso el argumento ideado por los hermanos. ¿Cómo ocurrió la misteriosa muerte, seis años atrás, de Alberto, el ma-

rido de la duquesa Araceli? ¿Qué pasó aquella noche en la glorieta
de las adelfas? ¿Fue un accidente el disparo mortal de la escopeta?
¿Un suicidio? Araceli sufre pesadillas reiterativas al respecto. ¿Qué
significan? ¿Habrá sido ella responsable, al no poder querer a Alberto? ¿Qué opina de todo ello el psicoanalista Carlos Montes, que
creció al lado de Araceli en Los Adelfos, casi como hermano suyo
y que, como luego nos enteramos, estuvo prematuramente enamorado de ella? ¡Hay mar de fondo! Carlos Montes, ahora acérrimo paladín del dogma de que, para curarse de un trauma emocional, la única terapia eficaz consiste en recuperar las experiencias
reprimidas y enterradas en el subconsciente, no duda acerca de la
terapia a seguir. «El alma puede enfermar», le asegura a Araceli.
Y, recurriendo a imágenes muy familiares para los lectores del Machado de *Soledades*, pasa a explicar, asaz pedante:

> Hay una erotemática* nueva,
> un arte de partear
> espíritus, que es mayéutica
> más sutil que la del sabio
> Sócrates, si no tan bella,
> y consiste en alumbrar
> no las divinas ideas,
> esas verdades de todos
> y nadie, sino las nuestras,
> las que cada cual al fondo
> sin fondo del alma lleva.
> En zonas del alma donde
> el candil de la ciencia
> —o antorcha o sol, si te place—
> no luce ya o luce apenas,
> donde el poeta imagina
> el trajinar de la colmena
> de un mundo creador, nosotros
> pensamos que está la negra
> mansión de los sueños malos
> o el antro donde se engendran.

---

* Es difícil imaginar que la pobre Araceli pudiera conocer este estrafalario neolo-
gismo («arte de dialogar»), del griego *erotein*.

Deseos que no han podido
cumplirse, turbias y feas
visiones: un mundo inválido
de fracasos y miserias.
Toda una flora malsana,
toda una fauna perversa;
cuánto tachó el rojo lápiz
de la moral, o la excelsa
luz de los sagrados tópicos
de la razón se avergüenza,
allí está, azorado, inquieto,
emboscado entre maleza.
Nuestra misión es sacarlo
a la luz...[130]

Sacar a la luz lo escondido en las profundidades del alma: estamos en el ambiente de las galerías machadianas de principios de siglo, con sus hondas criptas por donde van y vienen a su antojo los fantasmas del pasado, que a veces el poeta trata en vano de convocar. Además la «conferencia» de Carlos repite casi palabra por palabra ideas plasmadas por Machado en un texto teórico, «El porvenir del teatro», que será publicado unos meses después a raíz del estreno de *Las adelfas:*

El comediógrafo actual puede alcanzar una clara conciencia del diálogo, conocer sus límites y sus posibilidades, porque la psicología moderna, cavando en lo subconsciente, nos ha descubierto toda una dialéctica nueva, opuesta y, en cierto modo, complementaria de la socrática. Hoy sabemos que el dialogar humano oscila entre dos polos: el de la racionalidad, del pensar genérico que persigue el alumbramiento de las ideas, las verdades de todos y de ninguno; y el de la conciencia individual, cúmulo de energías y experiencias vitales, donde la *mayéutica* freudiana opera, con nuevos métodos, para sacar a luz las más recónditas verdades del alma de cada hombre.[131]

No puede caber duda: Antonio Machado está convencido de que el psicoanálisis aporta un valioso método para profundizar en el conocimiento del hombre y ayudarle a ser más libre.

Mientras avanza la obra podemos ir comprobando el acierto de los críticos que han visto en *Las adelfas* más la mano de Antonio que de Manuel.[132] La obra está ribeteada de alusiones a poemas previos suyos, casi siempre relacionados con el obsesivo tema del amor perdido allá lejos para siempre. Y no puede ser casualidad que el problema de Araceli, descubierto gracias al psicoanálisis, es su fijación infantil con Carlos —fijación que antes no ha reconocido—, y de la cual se libera al final de la obra cuando, decidida a vender Los Adelfos, entrega su amor a Salvador (de nombre tan obviamente simbólico), el «gran capitán de industrias a lo moderno», el hombre que vive a tope el hoy y el ahora. No por nada el nuevo enlace se celebra la noche de San Juan, entre coplas y hogueras, cuando la adelfa, según una creencia muy extendida en Andalucía, pierde por única vez al año su veneno.[133]

Puesto que el psicoanálisis es tema de la obra, parece lícito pensar que se pueda aplicar una interpretación freudiana a la misma. ¿Cómo no ver, pues, a través de la casi incestuosa vinculación de Araceli con su «hermano» Carlos Montes, y de su posterior liberación de la misma cuando se da cuenta de la verdad de sus deseos infantiles, ocultos, una clara alusión de Machado a su fijación con la memoria de un primer amor perdido, luego la de Leonor, y su afán de encontrar por fin un amor nuevo, un amor total?

* * *

Parece ser que en estas fechas Machado terminó uno de sus poemas más originales, «Recuerdos de sueño, fiebre y duermivela» (CLXXII), atribuido a Abel Martín y su *Cancionero apócrifo* al publicarse, en noviembre de 1931, en la *Revista de Occidente*.

Se desconocen, por desgracia, los borradores del poema, de muy variada métrica. Su punto de partida se remonta a la prosa, que comentamos antes (págs. 299-301), «Los complementarios. (Fragmento de pesadilla) (La España en un futuro próximo)», fechada en Baeza el 2 de mayo de 1914 y copiada en el cuaderno *Los complementarios*. Es decir, estamos ante el resultado de un largo proceso elaborativo.

La crítica ha destacado el carácter confesional de los «Recuerdos» y señalado cómo en ellos Machado repasa su vida, desde su infancia (en el jardín encantado del palacio de las Dueñas) y sus primeras inquietudes eróticas hasta el difícil presente en que un nuevo amor —su posibilidad, su realidad— pugna, en la conciencia del poeta, con el afán de seguir leal a la memoria de Leonor (no mencionada por su nombre pero sí aludida).[134]

Llama la atención el que el poema se inicie con un guiño a la masonería (ausente en el anterior texto en prosa):

> Esta maldita fiebre
> que todo me lo enreda,
> siempre diciendo: ¡claro!
> Dormido estás: despierta.
> ¡Masón, masón!

La referencia se asocia, quizás intencionadamente, con la copla de *Nuevas canciones* en que el poeta, demostrando otra vez su dominio magistral de la rima burlona, había evocado —o quién sabe si inventado— una misa en Soria con Leonor a su lado:

> En Santo Domingo,
> la misa mayor.
> Aunque me decían
> hereje y masón,
> rezando contigo,
> ¡cuánta devoción!   (CLIX, XII)

No hay que olvidar que Machado procede de una familia proclive a la masonería. Es más, su padre y su abuelo, masones ambos, habían sido vilipendiados por el clero sevillano, como señalamos antes (págs. 36, 51). En vista de ello, así como de esas «gotas de sangre jacobina» que lleva en sus venas y de su arraigado republicanismo, no nos puede sorprender que llegara el día en que, fiel a la tradición de los suyos, sintiera la tentación de hacerse masón. ¿Lo hizo, adaptando su realidad a lo que, según la copla citada, ya habían murmurado de él, años atrás, algunos sorianos beatos?

El testimonio al respecto de Emilio González López no parece dejar lugar a dudas. Según éste el poeta ingresó, en 1930, en la logia madrileña Mantua, de la Gran Logia Española, a la cual pertenecía el propio González López, que allí lo conoció, presentado por Leonardo Martín Echevarría, catedrático de Geografía y Historia en el Instituto de Segovia y amigo de Machado. Acerca de la actividad masónica del poeta no sabemos nada, aunque González López asegura que siguió fiel a su logia hasta la muerte. Cuesta trabajo creer, de todas maneras, que su participación en las tenidas de Mantua fuera muy asidua, o que ambicionara ocupar en ella un puesto de relevancia. Estimamos que se trataría, a lo sumo, de una decisión de confraternizar con quienes compartían sus propias aspiraciones para una nueva España, y que el poeta sería más bien de los masones de estado «durmiente». También cabe pensar que disfrutaría al saberse ya, como su abuelo y su padre, profundo pecador a ojos de la Iglesia.[135]

En la primera sección del poema —gracioso romancillo heptasílabo asonantado—, el «yo» se aproxima galán, entre sueños, a la ventana de la amada, rosa en mano y con la garganta seca de emoción. El ambiente es netamente andaluz, con este toro de la noche que está bufando a la puerta (toro bastante lorquiano, hay que decirlo, quizás en deuda con el *Romancero gitano*). Las tres inquilinas —Lucía, Inés y Carmela— de la casa de lenocinio situada en Lucena, que desvían al «yo» de su propósito, parecen más del mundo bohemio y jaranero de Manuel Machado que del de Antonio. Se trata de la dionisíaca llamada de la carne, en oposición al «amor puro» que para nuestro poeta sigue representando Leonor.

Empieza la sección II el verso eje «En la desnuda tierra...» que, con sus puntos suspensivos, introduce por asociación otra reminiscencia amorosa. «En la desnuda tierra...» suena familiar. Es el inicio del verso «En la desnuda tierra del camino» de un poema de *Soledades. Galerías. Otros poemas* (1907) donde se trata del breve y consolador retorno de la amada, o de su sombra:

En la desnuda tierra del camino
la hora florida brota,
espino solitario,
del valle humilde en la revuelta umbrosa.
El salmo verdadero
de tenue voz hoy torna
al corazón, y al labio,
la palabra quebrada y temblorosa.   (XXIII)

En «Recuerdos de sueño, fiebre y duermivela», en cambio, el tono es sombrío, y el solitario caminante fracasa en su desesperado intento de aproximarse a la amada:

La vi un momento asomar
en las torres del olvido.
Quise y no pude gritar.

«Quise y no pude gritar»: como vimos antes, es exactamente lo que dice Beatriz, en *Juan de Mañara*, al recordar el terrible momento en que, desde la reja donde espera a Juan, le ve escaparse con su rival. La repetición del verso ahora, visto en este contexto, remacha la sensación de la traumática pérdida de la amada: el adiós definitivo.[136]

Vuelve el romancillo en la siguiente sección, con la misma asonancia, y nos damos cuenta de que quién ha dicho «masón, masón» es el verdugo (que luego resulta ser peluquero, como en la prosa) que va a ejecutar en público al enfebrecido soñador masónico.

Y surge en este punto, en la sección VI —ya en silvas— la imagen del arbolillo que crece al lado de la fuente fría, y que recuerda de modo ineludible, con su pajarillo azul, símbolo del amor, al olmo seco —o casi seco— del famoso y conmovedor poema de Soria. Pajarillo azul que introduce, como ocurre tan a menudo en los sueños, el deseo —y hasta la imaginada consecución— de volar... y el miedo a caer desde una gran altura, que es otro modo, si bien mortífero, de hacerlo. Imagen acerca de cuya significación sexual no tenía dudas Sigmund Freud (para quien todo sueño expresa un deseo, aunque disfrazado).

Ya ahorcado el masón sambenitado, le toca la travesía del «lago irrebogable» del olvido con Caronte el barquero, y la bajada al infierno. Se impone la alusión al «lasciate ogni speranze» de Dante y a su famoso guía.

Y, de repente, más recuerdos de lugares emblemáticos, situados ahora en el infierno de la memoria, todos revueltos, empezando, esta vez de manera clarísima, por el jardín encantado de las Dueñas, tan recurrente, y siguiendo por calles y rincones, unos identificables para nosotros —como «La Puerta de la Luna» de la catedral de Baeza—, otros probablemente inventados a propósito por el poeta (Carlos Feal Deibe ha señalado la influencia sobre esta parte del poema *El estudiante de Salamanca*, de Espronceda, obra muy admirada de Machado, así como de *El diablo mundo*[137]).

Puesto que el ahorcado se encuentra ahora en el imperio de los muertos, acompañado de un guía no identificado, la aparición

407

de Leonor (sección XI) resulta casi inevitable. Pero no es como el encuentro de Dante y Virgilio con los adúlteros Francesca da Rimini y Paolo, escena de tanto patetismo que el narrador del *Infierno* se desmaya. Aquí el ahorcado descubre que la amante está doblemente muerta, una figura de cera que no le responde cuando acude con su flor. La alusión al carácter definitivo de aquella terrible noche soriana es patente:

> ¿No me respondes, bien mío?
> ¡Nada, nada!
> Cuajadita con el frío
> se quedó en la madrugada.

En la sección final, la XII, el muerto y su guía siguen transitando por las emblemáticas calles donde penan los condenados por excesos amorosos, y llama la atención la referencia al cura homosexual quien, «loco por un lindo adolescente», ha sido fulminado por un rayo (celestial, por supuesto).

Para Luis Rosales, el magno poema tiene en algunos momentos «un inequívoco carácter desgarrador y burlón de esperpento».[138] Algo del Valle-Inclán de los espejos deformantes del callejón del Gato hay en él, sin duda, pero quizás lo que más queda en la memoria es el tono de resignación, no exenta de humor, que lo impregna, al repasar el «yo» su historia y contemplar un porvenir tal vez desprovisto del consuelo de un amor que para él ha resultado siempre esquivo.

* * *

Durante la primera mitad de abril de 1928 se pone a la venta la segunda edición de *Poesías completas*. Se trata de un volumen de 392 páginas, con tapas duras, un hermoso y estilizado diseño floral en la cubierta y, como frontispicio, una fotografía reciente del poeta que evidencia la cantidad de pelo que ha perdido desde 1917. En la portada, debajo del nombre del autor, se indica, entre paréntesis, que se trata de poemas compuestos entre 1899 y 1925. Hubo, por tanto, un lapso de tres años entre la última composición del libro y la publicación del mismo. Sin embargo parece a todas luces imposible que los *cancioneros* de Abel Martín y Juan de Mairena hubiesen sido terminados para finales de 1925. Machado, como sabemos, no es siempre fiable cuando de fechar sus composiciones se trata.

El nuevo tomo incorpora, además de *Nuevas canciones*, la secuencia de cinco sonetos (CLXV) dada a conocer en *Alfar;* «Viejas canciones» (CLXVI), casi todas publicadas en la misma revista; el *Cancionero apócrifo* de Abel Martín (CLXVII), que había visto la luz en la *Revista de Occidente* en 1926, y, como primicia absoluta, el *Cancionero apócrifo* de Juan de Mairena (CLXVIII).

El 12 de abril, en *La Libertad,* Juan Chabás dio la buena nueva de la salida del libro y pasó a comentar exclusivamente los textos atribuidos a Abel Martín y Juan de Mairena (con la excusa de haber hablado del resto en otro lugar). Recomendó al lector, con buen tino, que, para entender mejor dichos textos «apócrifos», consultara el artículo de Machado sobre la poesía de Moreno Villa, publicado en la *Revista de Occidente..* Tal «lectura comparada», estaba seguro de ello, le sería muy útil. Por lo que a él le tocaba, Chabás no dudaba que la gracia de los apócrifos estaba en cómo a través de ellos, con una delicada mezcla de «ironía y verdad», Machado expresaba sus propias ideas sobre la poesía y la filosofía. Martín y Mairena, «explicándose a sí mismos y el uno al otro, entreabren con claridad certera el secreto de la poesía de su creador». Secreto que ahora, «en este volumen íntegramente poseído, sigue siendo gustoso e inimitable, cantado en versos profundos, como dijo Rubén».[139]

Cuando se publica el elogioso comentario de Chabás los Machado han llegado a Barcelona para asistir al estreno por Lola Membrives, en el teatro Eldorado, de *Las adelfas.* Hay mucha curiosidad en la capital catalana por conocer la nueva obra de los célebres poetas, que han traído consigo una «autocrítica» de la misma que se publica en *El Noticiero Universal* el 12 de abril y es recogida al día siguiente, mañana del estreno, en *Heraldo de Madrid.* En ella explican que con las flores del título simbolizan «cuanto en las almas tiene el encanto de lo malsano» y que, si bien todos queremos conocer nuestro pasado, lo «adélfico» consiste en el enfermizo y fútil intento de revivirlo. «Contra esta inversión del sentido de lo vital milita la vida misma —enfatizan—; solo ella puede curarnos de la insania que pretende vivir a retrotiempo». De vivir «a retrotiempo» sabe mucho Antonio Machado, que lleva años tratando de salir de círculo tan vicioso. Según la «autocrítica», *Las adelfas,* en el fondo, es un *carpe diem,* un canto a la vida que se experimenta plenamente en el momento presente. Y el psicoanálisis, al tratar de liberar al paciente de un pasado traumático que se resiste a morir, un método que merece respeto.[140]

En unas declaraciones a la prensa barcelonesa los hermanos difunden, además, las ideas clave de un artículo-manifiesto de Antonio, «Sobre el porvenir del teatro», ya citado, que se publicará unos días después en la nueva revista segoviana *Manantial*, y en el diario madrileño *La Libertad*.[141] Según este texto el futuro del teatro consiste, sobre todo, en la «reintegración» de acción y diálogo y en el aprovechamiento, para la profundización en éste, de los descubrimientos del psicoanálisis acerca de los ocultos resortes que mueven a los seres humanos. Se sobreentiende que es lo que han tratado de hacer en *Las adelfas*. Los Machado expresan su gran satisfacción con Lola Membrives, y anuncian que ahora van a escribir para ella una comedia andaluza, «sin andalucismos ni deformaciones dialectales». Parece indudable la alusión, ligeramente maliciosa, a los otros hermanos dramaturgos, también sevillanos, los Álvarez Quintero, que, ellos sí, se especializan en «andalucismos» y «deformaciones dialectales».[142]

Con tanta publicidad el coliseo de la plaza de Cataluña se llena hasta los topes la noche del 13 de abril. El primer acto gusta muchísimo, y algunas de las escenas son interrumpidas por «cálidos aplausos». Cuando termina, el público reclama repetidas veces la presencia de los autores. El segundo cosecha un éxito aún mayor, y al caerse el telón tienen que salir repetidamente al proscenio. El drama finaliza entre estruendosos aplausos, y los autores son objeto de «prolongadas ovaciones» y «verdadero entusiasmo». La velada es triunfal para todos: los hermanos, la Membrives —en el papel de Araceli—, los demás actores, la presentación escénica, el vestuario. La crítica, además, se muestra complaciente (aunque Domènec Guansé, de *La Publicitat*, opina que escribir en verso una obra de tema tan actual no deja de ser, a estas alturas, una anomalía).[143]

Unos días después se publica una entrevista con los hermanos en el diario barcelonés *La Noche*. La firma José María Planas, que ha pasado una hora con ellos en la Maison Dorée, el famoso café situado a dos pasos del Eldorado y muy frecuentado por escritores, actores y artistas. Preguntado si es su primera visita a la capital catalana, Antonio contesta que sí, que intentó llegar en su viaje de novios, pero que se desencadenó la Semana Trágica y no pudieron pasar de Zaragoza. ¿Qué impresión le causa Barcelona? «Es una ciudad magnífica —contesta—, la primera de España, sin ningún género de dudas». «He notado también una cosa curiosa —añade—: que Barcelona se parece mucho más a París o a Sevilla que no a Madrid». Y para rematar el asunto: «Puede decirse que Madrid es una capital, mientras Barcelona es una ciudad de veras».

El entrevistador quiere saber la opinión que tienen los hermanos del teatro español contemporáneo. ¿A qué nuevos dramaturgos admiran? Dicen que a dos: a Manuel Abril y, sobre todo, a García Lorca, que con *Mariana Pineda*, estrenada por Margarita Xirgú el año anterior (y elogiada por Manuel en *La Libertad)*, ha constituido «una revelación».[144] ¿Y los autores extranjeros? Los hermanos aprecian a Shaw, Jules Romains y Pirandello, pero opinan que los dramaturgos de fuera no tienen nada que enseñar al teatro español de hoy, que debe buscar su inspiración propia en la tradición clásica nacional. En cuanto a los poetas catalanes, Antonio dice no conocer a los jóvenes pero sí a Verdaguer, Maragall, Alcover, Carner y López Picó. Y recuerda su participación, cuando era joven, en el estreno madrileño de *Terra baixa*, de Àngel Guimerá.[145]

Al día siguiente *Abc* recoge algunas de estas declaraciones pero, extrañamente, se olvida de señalar que los hermanos acaban de conseguir un considerable éxito en Barcelona con su nuevo drama. Tampoco reproduce los elogios de la ciudad prodigados por Antonio, quizás por considerar que eran menospreciativos para la Villa y Corte.[146]

Las adelfas sólo tiene cuatro representaciones, debido, según *El Día Gráfico*, a «la necesidad de dar entrada en el cartel de Eldorado a otras obras de mérito indiscutible y el hecho de tener varios estrenos para la actual temporada».[147] Los Machado podían sentirse muy contentos, de todas maneras, con la recepción de su comedia, que auguraba un éxito importante durante la temporada otoñal en Madrid. Mientras, de gira, la actriz la representará con fortuna en varias ciudades, entre ellas Vigo, La Coruña y Gijón.[148]

* * *

Los hermanos se han comprometido a escribir una comedia andaluza «sin andalucismos ni usos dialectales» para Lola Membrives, y, estimulados por el reto, se ponen enseguida manos a la obra.

Teniendo en cuenta el nombre de pila de la famosa actriz, se les ocurre que el punto de partida podría ser el poema de Manuel, «Cante hondo», publicado en *El Liberal* en 1916 y luego incorporado, con el título «Cantaora», a su librito *Sevilla* (1919). Se trata de la glosa de una copla popular:

CANTE HONDO

«Là Lola,
la Lola se va a los Puertos,
la Isla se queda sola».

Y esta Lola, ¿quién será,
que así se ausenta, dejando
la Isla de San Fernando
tan sola, cuando se va?

Sevillanas,
chuflas, tientos, marianas,
tarantas, «tonás», livianas...
Peteneras,
«soleares», «soleariyas»,
polos, cañas, «seguiriyas»,
martinetes, carceleras...
Serranas, cartageneras.
Malagueñas, granadinas.
Todo el cante de Levante,
todo el cante de las minas,
todo el cante...

Que cantó tía Salvaora,
la Trini, la Coquinera,
la Romera, la Junquera,
la Pastora...
Y el Fillo, y el Lebrijano,
Y Curro Pabla, su hermano.
Proita, Moya, Ramoncillo,
Tobalo —inventor del polo—,
Silverio, el Chato, Manolo
Torres, Juanelo, Maoliyo...

Ni una, ni uno
—cantaora o cantaor—,
llenando toda la lista,
desde Diego, el Picaor
a Tomás el Papelista
(ni los vivos, ni los muertos),
cantó una copla mejor
que la Lola...
Esa, que se va a los Puertos,
y la Isla se queda sola.[149]

El padre de los Machado había publicado en su *Colección de cantes flamencos* una variante de la copla inspiradora de Manuel, tal vez conocida por éste desde su niñez:

A Sebiya ba la Lola,
Consolación se ba ar Puerto,
La Nena la ejan sola.

«La Lola era una cantadora célebre de la Isla —explicaba *Demófilo* en una nota a pie de página—; ignoramos si en esta copla se alude a ella. En Andalucía llamamos Lolas a las Dolores».[150]

Cabe pensar que, al decidir hacer a la Lola de la copla protagonista de su comedia, inventando su historia y encarnando en ella la esencia del cante —del cante jondo— los hermanos tenían presente la enorme fascinación que el mundo del flamenco había ejercido sobre su malogrado padre. Además la colección de cantes de *Demófilo* aportará otros versos populares que servirán para la construcción de la comedia.[151]

De entrada es Manuel, de los dos hermanos, quien más «conocimientos empíricos» tiene del mundo del flamenco, «del universo de la juerga, sus planetas y satélites mayores y menores: artistas, señoritos, comparsas o sea mangones, a los que él conoce suficientemente después de incontables amaneceres compartidos».[152] Pero Antonio, aunque nunca ha sido amigo de juergas —flamencas u otras—, también tiene el cante muy adentrado, como demuestran los «Proverbios y cantares», en los cuales, desde hace años, va expresando sus sentires más profundos. En *La Lola se va a los Puertos* será admirablemente conseguida, gracias en no pequeña parte a los distintos temperamentos de los hermanos, la síntesis del aspecto *jondo* del cante y del mundo que lo rodea.

413

Por otro lado es evidente que los Machado, al elaborar el argumento de la obra, deciden pronto que el Guadalquivir será eje de la misma, desde su nacimiento, visitado años atrás por Antonio, hasta su desembocadura en Sanlúcar de Barrameda. Así de claro lo dirá la propia Lola en el primer acto al comparar el manantial del cante con el del Gran Río de Andalucía:

> ¿Usted no ha visto
> en la Sierra de Cazorla
> nacer el Guadalquivir
> entre piedras, gota a gota?
> Pues así nace el cantar,
> como el río, y baja a Córdoba
> y a Sevilla, hasta perderse
> en la mar tan grande y honda.
> Ése es también mi camino;
> ¡paso libre![153]

Con el proyecto de su nueva obra los Machado ya tienen un núcleo temático que les afecta a ambos íntimamente: el cante jondo, con el inevitable recuerdo del padre, el primer flamencólogo español; la Andalucía occidental, la baja, que es su patria; las reminiscencias de los viajes a ultramar de sus antepasados; y la posibilidad de satirizar, como ya habían hecho en *Juan de Mañara*, el caciquismo, tan relacionado con el mundo, si no con la esencia, del cante.

Entretanto, de regreso en Segovia después del viaje a Barcelona, Antonio ha recibido una carta del joven y enérgico director de *La Gaceta Literaria*, Ernesto Giménez Caballero, en la cual le pide unos versos para la revista. El poeta dice que no tiene nada inédito, pero promete que procurará mandarle algo. Luego viene un párrafo en extremo interesante. Machado sigue empeñado en la invención de heterónimos, y en la promoción de una poesía que, rehuyendo el excesivo intimismo, tienda hacia los demás:

Entre manos tengo mi tercer poeta apócrifo: Pedro de Zúñiga, poeta actual, nacido en 1900. Acaso encuentre en la ideología de este poeta motivos de simpatía. Abel Martín y Juan de Mairena son dos poetas del siglo XIX que no existieron, pero debieron existir, y hubieran existido si la lírica española hubiera vivido su tiempo. Como nuestra misión es hacer posible el surgimiento de un nuevo poeta, hemos de crearle una tradición de donde arranque y él pueda continuar. Además, esa nueva objetividad a que hoy se endereza el arte, y que yo persigo hace veinte años, no puede consistir en la lírica —ahora lo veo muy claro—, sino en la creación de nuevos poetas —no nuevas poesías—, que canten por sí mismos. El verdadero sermón poético, a la española, ha de engendrar en el espíritu como se engendra en la carne y, por ende, impregnar a la musa para nuevos poetas que, a su vez, nos den en el porvenir las nuevas canciones.[154]

Machado no lo sabe pero muy pronto va a llegar la musa suya, tan largamente esperada. Y con ella «nuevas canciones» de verdad.

Capítulo VIII

Segovia-Madrid (1928-1932). La diosa

Ocurre el milagro a principios de junio de 1928, cuando la poetisa madrileña Pilar de Valderrama, de 39 años, llega a Segovia con una tarjeta de presentación para Machado, facilitada por la hermana del actor Ricardo Calvo, María, muy amiga suya y profesora particular de sus hijos.[1]

Valderrama es ferviente admiradora de la poesía de Machado. «Le leía con tanta frecuencia —recuerda en su autobiografía *Sí, soy Guiomar* (1981)— que yo que nunca tuve en la memoria ni los versos míos, me sabía los suyos de tanto repetirlos en silencio».[2] En el mismo lugar dice que unos meses antes de conocer al poeta le había mandado un ejemplar de su nuevo libro de versos, *Huerto cerrado*, publicado en Madrid por Caro Raggio —cuñado de Pío y Ricardo Baroja—, sin recibir contestación.[3] El poemario, editado según ella a comienzos de 1928, con considerable éxito de crítica, no lleva colofón, pero parece seguro que para mediados de año estaba en la calle[4]. Por otro lado, Machado debió de tener noticias ya de Valderrama por amigos comunes, empezando por los Calvo, e incluso de sentir curiosidad por conocerla. El encuentro tiene lugar en el vestíbulo del hotel Comercio. Valderrama es hermosa, a juzgar por la fotografía del frontispicio de *Huerto cerrado*, con abundante pelo negro y grandes ojos oscuros (ilustración 36). Nada más verla, el poeta se enamora.[5]

Pilar de Valderrama Alday Martínez y de la Pedrera, para darle su nombre completo, nació en Madrid —al parecer el 27 de septiembre de 1889—, hija de Francisco de Valderrama Martínez, natural de Santurce (Bilbao), y Ernestina Alday de la Pedrera, de Santander.[6] Según cuenta en *Sí, soy Guiomar* su padre fue abogado brillante, diputado por el Partido Liberal antes de los 25 años, y gobernador de Oviedo, Alicante y Zarazoga. En la capital aragonesa, a los cuarenta días de nacer, la niña —de ahí su nombre— fue presentada a la Virgen del Pilar. Poco después, cuando empezó a resentirse la salud del padre, que sufría «trastornos nerviosos», la familia se trasladó a Montilla, en Córdoba, donde los abuelos tenían propiedades. Allí murió Francisco de Valderrrama, a los 39 años. Pilar lo adoraba y su pérdida la marcó con un sello de tristeza indeleble.[7]

Cuatro años después la familia regresó a Madrid para que se pudiera atender a la educación de los hijos, pero volvían a veces en verano a Montilla. En la capital Pilar recibió la formación otorgada entonces a las muchachas de su clase social y, entre los 8 y los 14 años, estudió como interna en el Sagrado Corazón de Chamartín, donde echó mucho de menos a su madre, adquirió un buen conocimiento del francés y, según recordará en un poema, era considerada algo extraña por sus compañeras:

> Cuando yo era niña —niña ya crecida—
> me llamaban *rara*,
> porque con las otras niñas, mis amigas,
> apenas jugaba...[8]

Cuando la madre vuelve a casarse es otro desgarro para Pilar. Y su infelicidad se exacerba al surgir tensiones con el padrastro y los hermanastros. Tiene la ventaja de poseer un físico agradable y una gracia de palabra. Pasan los años. Sus hermanos Fernando y Francisco, mayores que ella, entran, respectivamente, en la Escuela de Ingenieros Industriales y en la Facultad de Derecho. Cuando Pilar conoce al palentino Rafael Martínez Romarate, amigo acomodado de Fernando, es un flechazo. Se casan enseguida. Es junio de 1908. Ella tiene 20 años, él, 22. Son jóvenes, ricos, de gustos refinados. Todo parece sonreírles.[9]

Valderrama cuenta en sus memorias que vivieron primero en el barrio de Argüelles, en un lujoso piso de la calle del Marqués de Urquijo, esquina al paseo del Pintor Rosales, cuyo dueño era el general Valeriano Weyler. El padrón municipal de 1915 los censa, en efecto, en el número 41 de dicha calle, 1º A derecha (hoy es el número 47, y en la fachada se ha colocado una placa municipal en recuerdo de Weyler). Martínez Romarate consta en dicho padrón como «ingeniero».[10] En aquel piso espacioso, con diez balcones, irán naciendo los hijos de la pareja: uno que muere pronto, luego Alicia (1912), María Luz (1913) y Rafael (1915). Según Valderrama su marido no resultó cariñoso con ella y sus hijos. A éstos no los acariciaba ni besaba nunca. Había algo que desde el principio no funcionaba.[11]

En 1922 la familia se instala en el magnífico chalé —entonces se decía hotel— levantado por Martínez Romarate (según su propio proyecto y con el dinero de Pilar) sobre un cercano solar de Rosales, número 44 (después, 56). El paseo tiene a su inicio el Cuartel de la Montaña y al final la Cárcel Modelo, ambos desaparecidos hoy. Enfrente está el magnífico Parque del Oeste. Integran el chalé un semisótano, dos plantas, «una gran terraza con vistas a la sierra de Guadarrama que se erguía al fondo», una espaciosa biblioteca y, detrás, un jardín con árboles donde Pilar cuida sus plantas. La pareja tiene una vida social intensa. Al marido le gusta el teatro, con afición especial a la escenografía y la decoración. Pilar escribe poemas, según ella «a escondidas como si cometiera un delito», aunque *Las piedras de Horeb* llevaba ilustraciones de su marido, lo cual parece demostrar su aprobación. Para finales de la década de los veinte pertenece al Lyceum Club Femenino —donde conoce a Zenobia Camprubí, esposa de Juan Ramón Jiménez, y a María de Maeztu— y al Cineclub, regido por Ernesto Giménez Caballero (con la colaboración, desde París, de Luis Buñuel). Pasan los veranos en San Rafael o en la finca solariega de la familia de Martínez Romarate, situada a unos veinte kilómetros de Palencia. A veces hacen una escapada al extranjero: Francia, Suiza, Italia.[12]

En *Sí, soy Guiomar* Valderrama evoca su primer encuentro con Machado. Refiere que unos meses antes su marido le había confesado, demudado, que acababa de suicidarse —se había tirado de una ventana de la calle de Alcalá—, una joven con la cual, a espaldas suyas, mantenía relaciones desde hacía dos años. Valderrama no aduce la fecha del lúgubre suceso, pero fue el 17 de marzo de 1928. La desafortunada muchacha, según los periódicos, se llamaba Felisa Ernestina Castro Pérez, tenía 25 años y estaba domiciliada en la calle de Corredera Baja de San Pedro (donde unos años atrás habían vivido los Machado).[13] Pilar conocía de sobra el carácter donjuanesco de su marido, pero esto era diferente. Se trataba de un «hecho trágico que me impresionó dolorosamente, marcando un cambio en mi vida íntima, alterando su rumbo como si se partiera en dos etapas: el antes y el después».[14] ¿Qué hacer? Su primer impulso fue huir de casa, alejarse de una persona que ya le era insoportable. Por fin dijo a su madre, ignorante de lo ocurrido, que estaba mal de los nervios y se marchó a Segovia —con la tarjeta de presentación para Machado— «en busca de sosiego». Y, sin duda, para meditar sobre lo que iba a hacer.[15]

Allí, según sigue relatando Valderrama, llovía y hacía un frío intenso. A los pocos días, por lo visto sin tratar de ver al poeta, volvió a Madrid, donde se encontró con que su marido se había ido a Francia. Pero no tardó mucho en regresar y, a finales de mayo, Pilar huyó otra vez a Segovia. Ahora hacía mejor tiempo. Después de algunos días mandó a Machado, a través de un botones, su tarjeta, y aquella misma noche —fue el 2 de junio— el poeta se presentó en el hotel Comercio. Y sigue la musa:

No puedo expresar la emoción que tuve al encontrarme con él y estrechar su mano. Era el poeta tan admirado el que estaba ante mí, con su desaliño, sí, pero con un rostro bondadosísimo, una frente ancha y luminosa, una cabeza, en fin, admirable sobre un cuerpo alto, desgarbado y poco atractivo.

Al verme, no supe qué pasó por él, pero advertí que se quedó como embelesado, pues no cesaba de mirarme y apenas habló para decirme cuánto sentía estar tan ocupado con los exámenes, que no podía acompañarme ni atenderme como sería su deseo. Añadió que dos días después terminaba su actuación en el tribunal y tenía que irse ineludiblemente a Madrid, lo que lamentaba, pues le agradaría verme y serme útil.[16]

Valderrama le invita a cenar con ella en el hotel a la noche siguiente. El poeta acepta gustoso. Apenas come. Apenas habla. No hace más que mirarla. «Después de la cena —sigue contando la escritora—, como hacía una magnífica noche de fines [sic] de junio, estrellada y tibia, no recuerdo si él o yo, propusimos un paseo hasta el Alcázar». Durante el mismo explica al poeta que está atravesando por momentos amargos, sin contarle «exactamente los motivos».[17]

Machado nunca olvidará aquel paseo, y la belleza del paisaje castellano visto bajo la luna desde la explanada del aquel palacio de hadas, a cuyo pie se juntan rumorosamente los ríos Eresma y Clamores. Fue uno de los momentos estelares de su vida.

El poeta pidió a Valderrama sus señas, y, según ella, le dijo que le mandaría enseguida un ejemplar de la recién aparecida segunda edición de sus *Poesías completas*. Ella le advirtió que no podía decir cuándo estaría otra vez en Madrid, por razones de su salud. Prometió ponerle unas letras en cuanto lo supiera. Y así lo hizo.[18]

Hasta aquí la versión de la musa, que merece una lectura cautelosa. ¿Fue a Segovia con el propósito concreto de conocer al poeta? No lo dice pero parece muy probable (para el «alivio» de su espíritu podía haber elegido otros lugares).

Hay un poema en *Huerto cerrado* que nos ayuda a conocer el estado de ánimo de Pilar de Valderrama en estos momentos, además de arrojar luz sobre su personalidad y su mundo interior. Se titula «Desengaño purificador». El «yo» empieza recordando cuánto había creído en el amor del compañero, amor «muy puro, muy firme y leal», amor «sin mezcla sensual», y luego cuenta, tomando su tiempo, la triste historia de lo ocurrido:

> Toda la ternura que dentro guardaba
> fue en busca de ti...
> y creyendo entonces poseer tu alma
> mi alma te di.
>
> ¡Qué pronto he sabido de tus propios labios
> cuánto me engañé!
> No era tu amor puro, delicado y firme,
> como yo pensé...
>
> Y ansiosa mi alma de castos amores
> el deleite sano del campo buscó.
> Y amó el sol brillante de los claros días.
> Y de los ocasos, la nostalgia amó.
>
> Y las tardes grises que despacio llueve
> resbalada el agua con rumor de lloro.
> Amó los inviernos envueltos en bruma,
> amó los otoños cuajados de oro.

Y de los estíos las noches serenas,
los rubios trigales.
Amó la alegría de las primaveras;
y el verde afelpado de los cipresales.

A todos los campos de todos los sitios
mi alma entregué.
El alma que tú no quisiste; y ahora
¡qué lejos me siento de ti!

Todo el amor puro que yo en ti buscaba
en los campos hallo.
En vez de los besos y abrazos lascivos
beso el blanco lirio y abrazo su tallo.

Un favor te debo muy grande... muy grande...,
que por ti he sabido amar la belleza
en la fuente pura, en la esencia misma
de la Naturaleza.

¡Qué lejos estamos!
¡Qué enorme distancia ahora nos separa!
Mientras tú caminas rozando los charcos
yo estoy en el éter... en la nube clara...

Sin tu desengaño yo sería ahora
amante vencida que sigue tu paso,
con el cuerpo herido, con el alma herida
y enfangada, acaso.

¡Qué favor me hiciste cuando pronunciaste
las frases aquellas!
En vez de asomarme a tus ojos grises
tengo por ventanas las claras estrellas.

Tengo el cuerpo sano,
y el alma aromosa como las acacias.
A ti te lo debo, y desde mi altura
—mi amado de un día— ¡yo te doy las gracias![19]

Parece claro que el poema refleja sobre todo la desilusión de Pilar ante los continuados amoríos y engaños de su marido. La impresión de que, como resultado, ya reniega de cualquier contacto físico con los hombres se confirma en otros poemas del libro. Así como su acendrado catolicismo. En «No ser nunca cautivo» expresa el deseo de que su alma no se deje encarcelar jamás «por los hierros de ninguna pasión». En la última estrofa leemos:

> Toda pasión es garfio que a la tierra sujeta
> y al espíritu roba vigor y agilidad.[20]

El anhelo del «yo» está puesto ahora, exclusivamente, en fundirse con una próvida madre Naturaleza, «escuchar el lenguaje de las aves nocturnas» y «sentir las hierbecillas acariciar» su cuello. Y seguir el ejemplo de Cristo. Así, en «Plegaria»:

> No busque yo otro amor que no sea el tuyo;
> todo es fuera de Ti lascivo y vano,
> y aunque de todo amor terrenal huyo
> ¡llévame, Nazareno, de tu mano![21]

Huerto cerrado demuestra que Pilar de Valderrama, en el momento de conocer al poeta, ha renunciado, resueltamente, al amor físico —por asco o por miedo—, y que sólo busca la ternura. El tema aparece una y otra vez, con insistencia, en estos versos. Otro poema, «Beso de almas», da a entender, quizás, que Valderrama ya ha intuido, además, antes de conocer en persona a Machado, que el autor de *Soledades* es quien se la podrá proporcionar.

En la primera estrofa se declara muy confiada de que el otro, aunque no la ha visto nunca, sabe con toda seguridad que ella existe, si bien lejos. Ignora el color de su pelo, el de sus labios. Pero no puede albergar la más mínima duda acerca del hecho de su realidad, ni que están hechos, platónicamente, el uno para la otra. Y sigue el poema:

> Tu espíritu poeta, que al mío va buscando,
> no piensa en mi figura, si soy joven o vieja,
> si viví sin amores o si vivo siempre amando,
> si soy flor donde extrajo ya sus mieles la abeja.

Como van los sonidos por las ondas sonoras
viene tu pensamiento a fundirse en el mío,
y llegan tus gemidos hasta mí, cuando lloras,
como llegan mis risas hasta ti, cuando río.

Y el magnífico influjo atraviesa los mares,
que las almas hermanas no conocen fronteras;
ni el rumor de las olas sofocó mis cantares
ni apagaron los tuyos las vastas cordilleras.

Para tales amores huelgan rejas y muros;
van de un alma a otra alma, y en su esencia radican,
blancos son como el nácar, como la nieve, puros,
donde posan su aliento no manchan, purifican.

Buscadores del Arte, ni la materia miran
ni trataron por verla de acortar la distancia,
son celestes planetas que a la luz del sol giran
envueltas en los áureos ropajes de la infancia.

Y unidos en un vuelo de santos ideales
lejos de las pasiones que manchan y envilecen,
flotan en los inmensos espacios siderales
y a los ritmos del alma, los cuerpos enmudecen.

Mientras dure la vida, que se consume a prisa,
de la atracción gocemos el mágico embeleso;
y en las noches calladas, de aromática brisa,
mi espíritu poeta pondrá en el tuyo un beso.[22]

Antonio Machado, que busca con desesperación la plenitud amorosa, no la va a poder encontrar fácilmente en una mujer muy católica para quien lo único que parece tener importancia en el amor es la fusión de almas, de corazones, y la ternura sin contacto físico.

Durante el verano de 1928 los dos se ven secretamente en La Moncloa, a kilómetro y medio del chalé de Pilar, después del Parque del Oeste. Allí, cerca del «palacete» del siglo XVIII —hoy residencia oficial del presidente del Gobierno— había un jardín que pertenecía entonces, así como el edificio, al Ministerio de Instrucción Pública. Ambos habían sido cedidos por un Real Decreto de 1918, para su restauración, a la Sociedad de Amigos del Arte, y estaban abiertos al público.[23] Desde el jardín, según escribió en 1930 su restaurador, el pintor y jardinero Xavier de Winthuysen,

> se divisa un paisaje maravilloso de amplísimo horizonte. De un lado la Casa de Campo; de otro la masa del encinar de El Pardo, y, como fondo, la sierra de Guadarrama. Las puestas de sol desde estos lugares son tan maravillosas que se las cita en las guías extranjeras.[24]

Musa y poeta se veían en la frondosa glorieta, con fuente redonda y banco de piedra alrededor, que había en medio del jardín. La llamaban «El Jardín de la Fuente», y Machado apodó el banco como «El Banco de los Enamorados».[25] En enero de 1929 el poeta le rogó a la amada que incluyera en el nuevo libro que estaba preparando, *Esencias*, la poesía inspirada por aquel *locus amoenus*, argumentando que no había en ella nada «comprometido». Ella accedió.[26] El poema se llama «El Jardín de la Fuente (canción triste)». Tiene innegables ecos de las *Soledades* machadianas y, a través de ellas, del Paul Verlaine de los *Poèmes saturniens*. La fuente, como las de Machado, canta a la vez que cuenta. Es «La Fuente del Amor». Y lo que canta y cuenta aquí es el dolor de la ausencia, de lo que no puede ser:

> El mismo banco de piedra
> donde los dos una tarde...
> Se enrosca a el [sic] alma la hiedra
> del recuerdo... ¡El pecho arde!...
>
> Pero estoy sola —es invierno—
> sentada en la piedra fría.
> Siento un escalofrío interno.
> ¡No está su mano en la mía!
>
> Dime, Fuente del Amor,
> ¿dónde el que mi pecho añora
> se oculta?
> ... Del surtidor
> el agua, saltando, llora...

Mis labios están helados.
Mis ojos miran sin ver,
¡tan cansados!,
este frío atardecer

en el Jardín de la Fuente.
¡Cómo suena su canción
—canción del Amado ausente—
dentro de mi corazón![27]

La Estación del Norte, testigo de las llegadas y salidas semanales del poeta, se encuentra al pie de la ladera en cuya cresta se
asienta el paseo de Rosales, ladera que forma parte del Parque del
Oeste. A veces, nada más regresar a Madrid, el poeta sube a pie hasta delante del chalé de la musa y, oculto entre las frondas, espera
ansioso que salga al balcón. A veces tiene suerte, a veces no. Un día
le manda una copla alusiva a este rito:

Hora del último sol.
La damita de mis sueños
se asoma a mi corazón.[28]

A menudo, al volver a Segovia, el poeta imagina que desde la
ventanilla puede vislumbrar a la musa allí arriba, con su traje azul,
cuando el tren llega al paso de nivel situado al lado de la iglesia de
San Antonio de la Florida. Cerca del paso, a unos pocos metros del
pequeño cementerio donde yacen los cuarenta y tres madrileños
fusilados por los franceses en la madrugada del 3 de mayo de 1808,
se habían despedido una tarde. ¡Cómo olvidarlo! Pilar es ya una obsesión.[29]

Dice Valderrama en *Sí, soy Guiomar* que su obra de teatro *El
tercer mundo*, publicada en 1934, se inspiraba, «en su fondo», en la
relación que tenía con el poeta.[30] Ello es indudable, pero también
en la relación, muy atormentada, que tenía en casa. Cuando el misterioso amante italiano de Marta es arrollado por un coche frente
al chalé de ésta e introducido en el mismo, nos damos cuenta de
que el marido —dramaturgo de éxito demasiado ocupado con su
fama y con sus proyectos para hacerle caso a su mujer— se parece
mucho a Rafael Martínez Romarate. El «tercer mundo» es un espacio imaginario ubicado entre el mundo del sueño y el de la vi-

gilia, donde, a fuerza de voluntad, todo es posible, hasta el amor prohibido por las convenciones religiosas y sociales. «Yo ideé ese "tercer mundo" —escribe Valderrama en sus memorias— ¡qué distinto del que ahora llaman así! para tener plena certeza de la conexión de nuestros pensamientos, ya que por la separación real de nuestras vidas era un consuelo sentir en esos momentos su compañía, su calor espiritual a través de la distancia que nos separaba». Machado hizo suyo el concepto, y se referirá con frecuencia al «tercer mundo» en su correspondencia con la amada.[31]

En el otoño de 1928, cuando las hojas del Parque del Oeste se van tornando amarillas y ya empieza a hacer frío, la pareja comienza a frecuentar un café de Cuatro Caminos que, según reveló la escritora Justina Ruiz de Conde en 1961, casi seguramente informada al respecto por la propia Valderrama, se llamaba el Franco-Español y estaba situado «por la avenida Reina Victoria, en su primera bocacalle a la izquierda».[32] La descripción es sólo un poco inexacta. Se trataba del restaurante o merendero de tal nombre que, de acuerdo con la *Guía Directorio de Madrid y su provincia* correspondiente a 1929, se encontraba al inicio de la calle Doctor Federico Rubio y Galí (hoy Pablo Iglesias), justo antes del Tercer Depósito del Canal de Isabel II y, de hecho, muy cerca de donde empieza la avenida de la Reina Victoria en la glorieta de Cuatro Caminos. El hecho de que había al lado del Franco-Español otro merendero, La Terraza, sugiere que se trataba de un lugar de esparcimiento popular.[33]

Cuatro Caminos, entonces barrio más obrero que burgués, casi en el extrarradio de la ciudad, tenía la virtud de estar alejado de las miradas curiosas de amigos y familiares. Por ello el poeta había buscado allí un escondite para sus entrevistas con la musa. Quizás le atrajo también el nombre del establecimiento, acerca del cual caben todas las hipótesis. En sus cartas a la amada Machado lo llama «nuestro rincón», o «nuestro rincón conventual». Valderrama, por su parte, recuerda con nostalgia, en *Sí, soy Guiomar,* «un salón grande» donde se sentaban «en unas incómodas sillas ante una mesa de mármol, acompañados siempre de algunas parejas de empleados y obreros, bajo la atención asidua del mozo Jaime».[34]

Pronto se establece un ritmo y un protocolo para los encuentros. A finales de los años veinte, después de una década en Segovia, Machado sólo tiene clase los tres primeros días de la semana, y vuelve a Madrid el miércoles por la noche. Luego, el domingo por la tarde, regresa a Segovia. Los dos suelen verse los viernes por la noche en su «rincón», y a veces los sábados por la mañana o por la tarde (si ella no puede acudir —a menudo hay un contratiempo inesperado— le llama allí por teléfono o deja un mensaje con el mozo). Luego, después de separarse, se escriben prolíficamente: ella a Segovia, para que el poeta tenga carta el martes o el miércoles antes de volver a Madrid, él a través de una de las confidentes de Pilar —Hortensia Peinador, María Estremera y Marta Valdés— o de la agencia de mensajería Continental (ubicada en la carrera de San Jerónimo, 15).[35]

Desde el primer momento, si hemos de creer a Valderrama, ella impuso las condiciones que debieron regir la relación, y le dijo al poeta que por fidelidad a sus creencias, a sus hijos y a sí misma «no podía ofrecerle más que una amistad sincera, un afecto limpio y espiritual, y que de no ser aceptado así por él, no nos volveríamos a ver». Y Machado, según ella, contestó: «Con tal de verte, lo que sea».[36]

Valderrama reconoce que Machado, en virtud de tal pacto, padeció la tortura «de la barrera que nos separaba materialmente». Cabe deducir, sin embargo, que el poeta, ante tal planteamiento del asunto, pensaría que con el tiempo, y al irse conociendo ambos mejor, la situación podría cambiar a su favor. Entretanto su posición frente a la diosa se parecía mucho a la del trovador medieval: amor cortés, sí; sexo, no.

Toda vez que, como dice Machado en un poema no publicado en vida, Pilar le había buscado a él, no al revés, las condiciones impuestas se podían considerar harto injustas:

Tú me buscaste un día
—yo nunca a ti, Guiomar,
y yo temblé al mirarme en el tardío
curioso espejo de mi soledad...[37]

Valderrama calcula, en sus memorias, que Machado le escribió unas doscientas cuarenta cartas a lo largo de los siete años de su relación, de las cuales ella quemó todas menos «unas cuarenta» en vísperas de la Guerra Civil, antes de salir para Portugal, escogidas «al azar las que estaban encima, sin releerlas siquiera por la premura del tiempo».[38] De las dirigidas por ella al poeta no parece haberse salvado ninguna. La pérdida de esta correspondencia es una tragedia. Las de Machado constituían —lo sabemos por las pocas que han sobrevivido— una especie de diario íntimo, y hoy serían un documento de inmenso valor para conocer mejor, mucho mejor, la intimidad de uno de los grandes poetas de Europa.

Para empeorar esta situación, las cartas de Machado salvadas de las llamas fueron manipuladas después por su destinataria cuando decidió darlas a conocer en parte. Se recurrió entonces a cortes e incluso a tratamientos con decolorantes para borrar pasajes considerados imprudentes o arriesgados (¡algunos de ellos han vuelto a ser legibles con el paso de los años, incluso en color rojo, como para mofarse de tales prevenciones!). Gracias a *Cartas a Pilar*, la magnífica edición de Giancarlo Depretis —descubridor de estas maniobras tan destructivas e hipócritas— la correspondencia existente, conservada en la Biblioteca Nacional de España, se puede leer ahora en su correcto orden cronológico (Machado casi nunca fechaba sus cartas), y con la restitución de algunos pasajes de extraordinario interés.

Integran el epistolario nueve cartas de 1929 (no hay ninguna de 1928), diecisiete de 1930, cinco de 1931, cuatro de 1932 y una muy breve, imposible de fechar por falta de datos internos, pero tal vez de 1930. Es bien poco en comparación con lo que había, pero lo suficiente para permitir que nos asomemos a una relación que de otra manera se habría quedado sumida en el más profundo de los silencios.

* * *

Pilar de Valderrama dice en *Sí, soy Guiomar* que Machado le leyó *Las adelfas* en su «rincón» secreto. Es probable, además, que el 22 de octubre de 1928 la musa asistiera al estreno madrileño de la comedia en el teatro del Centro. ¿Cómo se iba a perder un acontecimiento que, según demuestra la prensa de aquellos días, despertó mucha expectación en Madrid?

El día antes se publica una entrevista con los poetas en *La Libertad*, mantenida a media tarde «en un viejo café de la calle de Toledo» —el San Isidro, hoy desaparecido, frente a la catedral—, con divanes rojos y grandes espejos. Antonio, con su «rostro melancólico, infantil», parece recién llegado de Segovia y haber entrado en el establecimiento para dialogar un rato consigo mismo, no con otro. «Hay en la persona de Antonio Machado un aire de cansancio, de sonambulismo —nota el reportero—, de hombre que "va buscando a Dios entre la niebla" a tientas, orientándose con la brújula sonora de su corazón». Manuel, claro, es otra cosa. «Cuando vemos pasar al poeta, ágil, airoso, elegante, no sabemos si camino de una fiesta mundana o una cueva donde hay unos ojos negros, unos faralaes rojos y un entrecortado sollozar de bordones —la prima que canta y el bordón que llora—, nos acordamos, sin saber bien por qué, de ese torero gitano que se llama Rafael Gómez cuando saluda con los pies juntos y una inclinación rítmica y justa, como un "dandy" metido en su traje de luces». Antonio, con aire abstraído, habla poco durante la entrevista. «Calla, sonríe, apenas apunta una frase, una opinión tímidamente». El redactor se queda un poco sorprendido ante el hecho, y añade que Manuel le dijo después: «Lo mismo es en los ensayos. No dice nada nunca. Jamás se le ocurre rectificar a un actor. Afortunadamente en este caso, no hay nada que hacer siendo Lola Membrives la directora. Es tan buena directora como actriz». Quedaban bien dibujadas, una vez más, las distintas personalidades de los dos hermanos.[39]

A la mañana siguiente, día del estreno, *Abc* publica una versión revisada de la «autocrítica» dada a conocer en la prensa de Barcelona seis meses atrás cuando, con la asistencia de los dos autores, la Membrives había puesto en escena por primera vez *Las adelfas*. El comentario acrecienta la expectación de público y críticos. Está garantizado el lleno.[40]

El triunfo no es rotundo, empero. «Una vez más se utilizan en la poesía dramática las lecciones del psicoanálisis», comentaba Enrique Díez-Canedo en *El Sol*, pensando, casi con seguridad, en la obra de Ignacio Sánchez Mejías, *Sinrazón*, ambientada en un manicomio, que se había llevado a las tablas en Madrid siete meses antes con éxito de público, jolgorio de los amigos del diestro y asombro de los críticos.[41] Díez-Canedo deja traslucir que habría preferido que los hermanos prescindiesen del verso en una obra de asunto tan actual como el de *Las adelfas*, aunque reconoce —como todos sus compañeros— que lo han manejado con su habitual maestría. En cuanto a los que acudieron al estreno, oyeron con la atención debida los tres actos y aplaudieron en los finales a los hermanos, pero, a juicio de Díez-Canedo, «más a ellos que a la comedia».[42] Enrique de Mesa, en *El Imparcial*, confirmaba la reacción del aforo: «Las autores fueron llamados a escena al final de todos los actos; pero el público seguramente aplaudía más a los poetas consagrados que a los dramaturgos de *Las adelfas*».[43] Otros críticos se expresaron disconformes con el uso del verso en la obra, entre ellos Juan González Olmedilla, del *Heraldo de Madrid*, que lo encontraba «inadecuado a la forma realista, detallista, minuciosa en que está escrita».[44] Tenía razón, seguramente. Para el fino crítico que es Melchor Fernández Almagro, la comedia, pese a sus indudables méritos, entre ellos el de traer un tema «europeo» a las tablas españolas, resultaba «oscura y confusa; fría, de resultas». Tampoco a él le parecía acertado poner el verso «al servicio de la psicología o las costumbres», por bien hecho que estuviera (con algunas caídas, todo había que decirlo, que «deprimían un tanto al público»).[45]

Hubo alguna variante del tópico, ya corriente, acerca de los distintos temperamentos de los dos hermanos. «Manolo Machado es un hombre cordial, sonriente y marchoso, como Julio Romero de Torres», sentenciaba Ceferino R. Avecilla en *La Voz*. Luego añadía: «Antonio Machado es hondo y cejijunto como una saeta. Y sugiere un naranjo cordobés que ha florecido en el Azoguejo milagrosamente». ¡Un andaluz castellanizado en Segovia, al abrigo del acueducto romano![46] Manuel Abril estaba de acuerdo, y contribuyó, en la revista *Buen Humor*, con unos versos graciosísimos al respecto:

> Manuel,
> postinero,
> jacarero,
> chispero y doncel
> (y archivero);
> el del garbo y cortesanía;
> entre organillo y cairel
> y zambra y... melancolía
> con dedalito de hiel
> escéptica, envuelta en miel
> de galana cortesía—;
> y talento y simpatía
> ese es él.
> Y el hermano,
> el aplomado andaluz
> castellano,

trashumante,
—guitarra de mesón— poeta andante
por el yermo soriano,
y el docto claustro segoviano,
y el Betis —flor de lis— de Andalucía...[47]

Los Machado se divertían, a lo mejor, con tales comparaciones, que tenían la ventaja de hacerles mucho más interesantes a ojos del público que los igualmente sevillanos, pero monocromáticos, hermanos Álvarez Quintero.[48]

Jorge de la Cueva, en *El Debate* —el diario católico más influyente de España— se creyó en la necesidad de llamar la atención sobre los efluvios malsanos que daban nombre al drama. «Nada hay de inmoral en el asunto —tranquilizó a sus lectores, para desdecirse a continuación—; pero, como vemos muy frecuentemente, la franqueza con que se sondea en el adulterio, el cinismo de la adúltera y su franca confesión, sin rubor ni arrepentimiento, la hacen [sic] cruda y peligrosa». ¡Ojo, pues, con *Las adelfas!*[49] En cuanto a la trama, todos los críticos coincidían en que el desenlace —la oferta amorosa de Salvador, aceptada por una Araceli liberada con demasiada facilidad de sus traumas gracias al psicoanálisis— era artificial y floja. Con respecto al trabajo de Lola Membrives, en el papel de Araceli, los elogios fueron unánimes.

«La cortés acogida no era, evidentemente, la que correspondía a la obra»: así, después de la Guerra Civil, resumirá Miguel Pérez Ferrero la fortuna de la comedia. *Las adelfas* tuvo veintiocho representaciones antes de desaparecer de la cartelera madrileña. Entretanto la había editado la popular revista teatral *La Farsa*, con dibujos de José Machado.[50]

* * *

La primera carta de Machado a Pilar de Valderrama que se libró del holocausto fue escrita entre el 11 y el 12 de enero de 1929. Vale la pena reproducirla íntegra porque da la tónica de todo este menguado epistolario y nos acerca de lleno al Machado cuya vida, desde su encuentro con la musa siete meses antes, le parece un sueño en que apenas puede creer. La carta revela que la pareja practica un juego imaginario procedente del «tercer mundo» inventado por Valderrama —juego «oscilante entre lo lícito y lo ilícito»[51]— se-

gún el cual, a cierta hora previamente convenida, la diosa visita ima-
ginariamente a su poeta:

Viernes 11 = Madrid.

Comienzo la carta que echaré ¡ay! en Segovia, el Domingo.
Porque mis vacaciones se acaban sin remedio. Volveré a mi
rincón de los «Desamparados». Y ahora seguramente el Eresma no suena pues, según me dicen, se ha helado el pobrecillo.
Pero en la noche vendrá mi diosa —¿se acordará?— a ver a su
poeta. Procuraré que la habitación no esté demasiado fría; aunque mi diosa es tan buena y tiene tanto calor en el alma que
no le asusta el frío, ni el viento cuando va a acompañar a su
poeta. En la *Leyenda Áurea*, que escribió Jacome Varaggio
—¿no la has leído?— una colección de vidas de santos y san-
tas, no se cuenta de ninguna santa nada tan bonito como lo
que haces tú, Pilar de mi alma, por tu poeta, al acompañarle
en el banco de los enamorados o en nuestro gélido café. Lo
mejor de la historia se pierde en el secreto de nuestras vidas.
Pero Dios, que lo ve todo, lo tomará en cuenta. Cuando pienso en ti, Pilar, vuelvo a creer en Dios, sobre todo cuando
pienso en lo que haces por mí.

Mañana a las doce iré a nuestro café, con la esperanza de
verte; siempre con ánimo de ser bueno, y con el propósito, que
todavía no he cumplido, de arrodillarme delante de ti.

Pasé por el Parque. No vi a mi diosa. Estaban echadas las
persianas de los balcones. Esto quiere decir —pensé— que mi
reina no aparecerá. «Vuélvete, pobre Antonio, que, decidi-
damente, hoy no la ves».

Muy triste estoy, Pilar. Pero mañana es día grande: ¡veré
a mi gloria!

Sábado.

Vuelvo de nuestro café, donde he estado esperándote hasta las
dos, y encuentro en casa tu carta, que llegó —creo que a la
una— por conducto de Hortensia Peinador. Mi diosa está ma-
lita; pero no quiere alarmar a su poeta. Quiero creer que eso
es nada. Quietecita en la cama, vida mía, que, en efecto, el
tiempo está muy malo y la *grippe* en todas partes. Ya tenía yo

mi preocupación por el frío de nuestro café, hasta el punto que hoy mandé poner una pequeña estufa de gasolina para calentar nuestro rincón. Ardiendo estuvo hasta que me marché. Verás, otra vez, qué bien calienta.

Mañana Domingo me voy a Segovia —¡con cuánta amargura!— no porque crea que tu enfermedad es de cuidado, que seguramente no es nada —sino por no haberte podido ver. Allí espero que mi reina me ponga unas letras y me diga que está buena. Pero no te preocupes ni hagas nada violento por escribirme. Quieta, arropadita en tu cama, porque allí está —a tu cabecera— tu poeta dándote el calor de su corazón. No dudes un momento que estoy contigo, que te acompaño siempre; y si no te digo nada es porque —ya lo sabes— a tu lado apenas hablo: te miro nada más. Aparte de eso, sólo sé llorar o besar tu mano de diosa. Quiero aprender a contarte cuentos que te diviertan, como las madres a los niños. Porque en mi baraja de amores, falta el de madre o el de vieja nodriza, que todavía no he aprendido, por razón de mi sexo, pero que aprenderé para ti.

Tu indisposición no me extraña; yo también he pasado una noche algo febril, y en mi casa están todos con la *grippe*, aunque por fortuna benigna. Te aconsejo mucho abrigo y para sudar un poco, tomar un ponche con una copita de coñac. Es mano de santo. Después, no salir sino a la hora del sol y cuando estés perfectamente repuesta. Cuida tu cuerpecito, diosa mía, que aunque tú eres sobre todo alma, él es también de Dios y, por cierto, de los que hace cuando está de buen humor y se esmera en sus obras. ¿Qué te parece? Procura también dormir, preciosa mía, pero sin tomar hipnóticos, que sólo remedian por el momento y, a la larga, excitan. Cierra tus ojos preciosos —los indefinibles— y con la firme voluntad de dormir, pensando en tu poeta, te dormirás. Y en tu sueño nos encontraremos los dos perfectamente transfigurados. Yo seré un patriarca muy venerable y tú una niña, en sus brazos. Si no te agrada, suéñame como tú quieras, diosa mía.

Dejaré esta carta en Madrid a Hortensia Peinador. Desde Segovia —a donde voy sólo por la esperanza de carta tuya— escribiré a nuestro Continental, para que tú la recojas cuando puedas. No te preocupes. Yo estaré en Madrid, como siempre, el Miércoles por la noche. De modo que, desde ese día hasta el Domingo, si puedes escribirme lo haces a mi casa. ¿Sabes?

No olvides nada de lo que te digo. No quiero cansar tu atención. Salgo a echar esta carta, enterándome antes del número de Hortensia —no recuerdo si es 13 o 33—. ¡Maldita memoria!

Adiós, reina y gloria mía, el corazón de tu poeta, inmenso para ti —sólo para ti— te acompaña.

Adiós, ¿sientes todo lo que te envío?

Hasta ahora mismo.

Antonio

Repasando tus cartas encuentro las señas de Hortensia (Plaza de Salmerón 13)*

Diosa, preciosa mía; mil y mil y mil... Y otra vez mi corazón.[52]

La carta demuestra que, ya para principios de 1929, Machado se siente seguro del amor de la diosa, seguro de que, si él sigue respetando lo acordado entre ellos (mejor si la coge en brazos entre sueños, disfrazado de padre, que como amante de carne y hueso), no le va a fallar, y que, si ella no acude a la cita prometida, alguna fuerza mayor tiene que haber. Ello no quita el desaliento, incluso la depresión, cuando la amada no aparece. Ya no puede vivir sin verla, aunque sólo sea vislumbrar o imaginar su presencia detrás de los cristales de su casa. Se ha convertido en su razón de ser absoluta. Machado, como Julianillo Valcárcel, no quiere saber nada del «amor pacato». Es un poseso del amor loco, dispuesto a todo. Incluso, sin duda, a morir de amor si hace falta. No se podía esperar menos del poeta de las *Soledades*.

Las demás cartas de enero de 1929 ratifican el frenesí amoroso de estos momentos. «¡Con qué regocijo vuelvo a Madrid!» escribe el día 16.[53] ¡Regocijo! Es una palabra que nunca antes, ni una sola vez, hemos visto en Machado. Dos días después dice que su alegría al verla «tiene algo del loco regocijo del perro que ve a su amo tras larga ausencia».[54] Tan eufórico anda, tan *orgulloso*, que hasta ha hablado de Valderrama en una carta a Unamuno, nada menos:

---

* La plaza de Nicolás Salmerón, hoy plaza de Cascorro.

A Unamuno le digo que eres mujer y poeta, pero no literata, un alma que canta dentro de un cuerpo divino. Y añado que eres muy buena; pero, para que no sospeche nada, no le digo que eres buena para mí, sino en general... Y paso a hablarle de otras cosas. ¡Cuánto me duele no poderle confesar mi amor entrañable a mi diosa![55]

A Unamuno, que sigue exiliado en Hendaya, le ha escrito Machado, de hecho, el mismo día. La carta ha sobrevivido. En ella le dice que el prolongado destierro del maestro ya va pesando en mucha gente, y que su apartamiento de la prensa española ha creado «un enorme vacío espiritual». Le repite que ha leído en francés su *Agonía del cristianismo* (traducido por Jean Cassou) —se conoce que aprecian fuera al gran pensador—, y le asegura que su obra de teatro, *Todo un hombre*, sigue cosechando éxitos dondequiera que se ponga. ¿Y la musa?:

Hace unos días envié a V., con nuestro *Juan de Mañara*, el libro *Huerto cerrado* de Pilar Valderrama. Esta señora, a quien conocí en Segovia, mujer muy inteligente y muy buena, es una ferviente admiradora de Vd. Me envió su libro para que yo se lo remitiese a V., pues ignoraba sus señas. En esa obra encontrará V., acaso, algo de su gusto, sobre todo, una cierta verdad cordial que ya no se estila.[56]

Del «cuerpo divino» de Pilar no le había dicho nada Machado a Unamuno, por supuesto. ¿El poeta le mandó *Huerto cerrado* a instancias de la amada o por iniciativa propia, con la esperanza, cabe sospecharlo, de que el vasco publicara una crítica del poemario? No lo sabemos. Sea como fuere, Machado es consciente de que, a cambio de la «bondad» de la diosa, su obligación es patrocinar con eficacia su carrera literaria. Y hará lo que pueda por cumplir.

En la primera de las cartas de Machado a la musa, como hemos visto, le dice: «De modo que, desde ese día hasta el Domingo, si puedes escribirme lo haces a mi casa. ¿Sabes?». La pequeña pregunta insinuante se repite a menudo en las cartas. Forma parte del lenguaje cifrado de la pareja. Y tiene a veces connotaciones eróticas. La segunda carta de la serie (14 de enero de 1929) termina así:

Diosa, gloria, reina mía, no olvides a tu pobre loco. Hasta pronto, ¿verdad? Sientes mi corazón. ¿Qué te dice? Envíame un ¿sabes, Antonio? Adiós, adiós.

El abrazo infinito y el beso inacabable

Antonio[57]

La frase «y el beso inacabable» fue borrada por Valderrama años después de muerto el poeta con un decolorante, pero, según señala Depretis, «ha reaparecido con un color sanguino desteñido».[58] ¡El retorno freudiano de lo reprimido! ¡Y otra demostración del grave conflicto que existía entre los amantes! ¿Cómo se iba a contentar Machado con un «¿sabes, Antonio?» enviado a través del éter?

En la tercera carta de la serie (16 de enero de 1929) vuelve la interrogativa. Es miércoles, y Machado cogerá en unos minutos el taxi que le lleve a la estación de Segovia. Pilar le ha enviado unos versos expresivos de su sed de ternura, y el poeta está eufórico: «Te he sentido a mi lado, Pilar, vida mía. Y he oído lo que me dices. Y ahora con tu cantar vuelvo lleno de orgullo a Madrid, porque, en efecto, el calor de tus ¿sabes? me da la vida». Y añade: «¡Qué feliz soy, Pilar, cuando pienso que tú me quieres! ¿Será verdad?».[59]

La quinta carta de la serie, de finales de enero, contiene un pasaje aún más llamativo, borrado por Valderrama, pero hoy, por suerte, «reaparecido»:

El domingo te sentí a las doce ¡tan cerca! Y tus ¿sabes? me quemaban el corazón. ¡Y qué fuego tan delicioso viene de ti! Y en ese tercer mundo ¡qué embriaguez, qué locura, qué orgía! Después —pero después— salí a echar la carta y a recorrer los lugares que te dije. Y luego volví para soñar contigo toda la noche. No quieras saber... El lunes no fui a clase porque después de tanto soñar, había que dormir algo. ¿Comprendes?[60]

¡De modo que, debido a los «¿sabes?» de Pilar, Machado ya es capaz hasta de no cumplir con sus deberes profesionales! Unos días después implora a la diosa: «Y no olvides esos ¿sabes? tuyos que a mí electrizan».[61] Parece evidente que Pilar, consciente del sufrimiento del poeta al no poder tener con ella una relación física, ha hecho una pequeña concesión. ¿Son besos lo que le manda al «tercer mundo»? ¿Son caricias? ¿Una mirada comprensiva? Los «¿sabes?», de todas maneras, dan la impresión de querer decir que, si ella pudiera, le daría todo.

Avanza con pie firme *La Lola se va a los Puertos*. En José Luis, el hijo del cacique machista don Diego, los hermanos han creado a un heredero capaz de ser muy crítico con la clase social en la cual le ha tocado nacer, sobre todo cuando resulta que su padre es rival para el afecto de la cantaora. Los ecos de «A orillas del Duero» hacen pensar que es Antonio el autor de la filípica de José Luis contra los suyos:

> Me cargan los señoritos
> de nuestra tierra. Son vanos,
> fríos de cuello... Confunden
> la ligereza de cascos
> con la gracia; la indolencia
> con la elegancia. Esos gansos
> que desprecian cuanto ignoran
> —y son el Espasa en blanco—
> no me interesan.[62]

Por otro lado la relación de Machado con Valderrama se va reflejando cada vez más en la de la cantaora con Heredia, relación exclusivamente profesional y amistosa de la cual, por mandato expreso de Lola, queda proscrito el amor que siente por ella desde hace años el guitarrista, quien se lo explica así al libidinoso don Diego:

> Ella,
> después de escucharme un rato
> me dijo: «Si tú quisieras
> ser mi guitarra». «¿No más
> que un instrumento de cuerda
> un hombre? Lola, eso es poco».
> «Y más de lo que tú piensas.
> Eso o nada. Elige». «Quien
> elige lo que le dejan,
> no elige; pero se aviene
> a la razón, compañera»,
> le respondí...[63]

«Eso o nada. Elige»: era la misma disyuntiva impuesta por Valderrama, y Machado, como Heredia, se había «avenido».

«Cuando termine la escena final —escribe Machado a Pilar el 20 de enero de 1929— te la leeré para que me digas tu opinión y, sobre todo, para que nadie la conozca antes que mi diosa. ¿No soy tu poeta? Con ese título quisiera yo pasar a la historia. Lo que a ti no te guste se borra y se hace de nuevo».[64] Valderrama le ha dicho lo mucho que le satisface otra escena de la obra que acaba de leer. Machado está contentísimo: «Y cuando a ti te gusta, que eres el gusto mismo y el talento y —todo hay que decirlo— la más juncal y salada de las mujeres, algo bueno tendrá la escena». El piropo se parece a los lanzados a Lola, por distintos varones, a lo largo de la obra. Para Heredia la cantaora es «la hembra juncal».[65] Y cuando exclama:

> ¡Lo que hace Dios cuando está
> de buen humor, y se esmera
> una miajita en sus obras![66]

Machado está repitiendo lo que le ha dicho a Pilar en la primera carta de la serie: «Cuida tu cuerpecito, diosa mía, que aunque tú eres sobre todo alma, él es también de Dios y, por cierto, de los que hace cuando de buen humor y se esmera en sus obras».[67]

Hay más coincidencias. Lola se defiende de los hombres que se acercan a ella como moscas a una vela alegando que su único novio es el cante. Pilar tampoco se entrega, y Machado, a veces tan desesperado como Heredia, no puede resistir otro piropo al que no le falta una pizca de ironía: «¿Cuándo nos veremos? Sueño con nuestro rincón. ¡Ojos y labios de mi diosa! ¡Su cuerpo tan precioso y tan defendido por el alma que lleva dentro! Todo para mí se ilumina cuando la veo».[68]

El poeta oscila entre la euforia y la depresión. Cuando no recibe una carta es el hundimiento; cuando llega es la gloria; si ve a la diosa, aunque sólo sean unos minutos, se repone enseguida, como un Anteo redivivo. Uno de los problemas es que la diosa le ha dicho, a principios de 1929, que no vuelva a poner los pies en el parque frente a su casa, sin duda por temor a que le vea su marido rondando por allí. Ello le duele mucho a Antonio, pero no tiene más remedio que obedecer. «¿Estuviste en esa función cinematográfica? —le pregunta el 26 de enero—. ¿Y qué has hecho estos días? ¿No habrás olvidado a tu poeta? ¡Ay, Pilar, no me olvides nunca! Y ahora que nos vamos a ver más de tarde en tarde —porque, al fin, aunque sin hablarnos, nos veíamos a la hora del último sol— necesito mucha fe en tu memoria». Además se está volviendo celoso, e incluye una copla (de la época baezana) a propósito:

> Porque nadie te mirara
> me gustaría que fueras
> monjita de Santa Clara.[69]

Valderrama frecuenta la iglesia de San Ginés, en la calle del Arenal, famosa entre otras razones por albergar la tumba de Lope de Vega. Por los aledaños suele aparecer el poeta, con la esperanza de un avistamiento, cuando sabe que Pilar va a oír misa en el templo. Si la atisba es la felicidad, si no, otra vez, la desilusión o la amargura. Cuando Pilar le pide una copla para incluirla en *Esencias* es la señal de que todo va viento en popa. Un día es ella la celosa cuando llega a creer que Antonio ha estado hablando con otra mujer. «Yo te agradezco tu poquito de rabia, saladita mía —le contesta el poeta—, porque es señal que me quieres; pero no la tengas, Pilar. A ti y a nadie más que a ti, en todos los sentidos —¡todos!— del amor, puedo yo querer. El secreto es, sencillamente, que yo no he tenido más amor que éste. Ya hace tiempo que lo he visto claro. Mis otros amores sólo han sido sueños, a través de los cuales vislumbraba yo la mujer real, la diosa. Cuando ésta llegó, todo lo demás se ha borrado. Solamente el recuerdo de mi mujer queda en mí, porque la muerte y la piedad lo ha consagrado...».[70]

El andar tan enloquecido con Pilar no impide, sin embargo, que Machado reciba información u oiga rumores, en los círculos republicanos que frecuenta, acerca de los preparativos en curso, capitaneados por el curtido político exiliado José Sánchez Guerra, para el derrocamiento del régimen de Primo de Rivera y la destitución de Alfonso XIII. Tres días antes del pronunciamiento, previsto para la noche del 28 al 29 de enero de 1929, con amplia complicidad civil y militar, le escribe a la amada: «Una confidencia —con toda reserva—. Es posible que uno de estos días ocurran graves sucesos políticos. Porque pudieran ser de gran trascendencia, te los anuncio. Pero de esto, no conviene hablar. También pudiera —y es lo probable— no ocurrir nada». En efecto, no ocurrió nada, o casi. Pero el conato de rebelión era una indicación de la creciente insatisfacción de los españoles con la monarquía y la dictadura.[71]

* * *

¿Por qué encubrió Machado a Pilar de Valderrama, en los poemas por ella inspirados, bajo el nombre de Guiomar? Debemos a Justina Ruiz de Conde, autora de *Antonio Machado y Guiomar* (1964), una fascinante indagación sobre el asunto, que la lleva desde la presencia del nombre (al parecer de raíz celta) en la literatura medieval y posterior de Francia, Portugal y España —se trata siempre de una mujer bella y de mucha personalidad—, hasta consideraciones sobre la búsqueda por el poeta de un disfraz poético y misterioso que al mismo tiempo tuviera cierta semejanza (e incluso rimara) con el nombre real de la amada (Pilar/Guiomar le venía como anillo al dedo, así como las connotaciones simbólicas de «guía» y de «mar»). Ruiz de Conde reduce a siete sus hipótesis. El poeta pudo estar pensando en : 1) La mujer del rey Artús. 2) La de su tan admirado Jorge Manrique —Guiomar de Castañeda Ayala Silva—, cuyo nombre aparece en enrevesados acrósticos del poeta. 3) La infanta Guiomar del «Romance de Guiomar y del emperador Carlos» (Carlomagno), tal vez leído por Machado de niño en el *Romancero general* compilado por su pariente Agustín Durán. 4) Las varias Guiomares que hacen acto de presencia en Cervantes. 5) La Guiomar cantada por Amado Nervo en un soneto. 6) La segoviana de tal nombre que aparece en la famosa novela modernista de Enrique Larreta, *La gloria de don Ramiro*. 7) «El Balcón de doña Guiomar», en Ávila. 8) Alguna Guiomar conocida de los Machado mientras vivían en Sevilla, quizás una criada. Y 9) La calle sevillana nombrada Doña Guiomar (se trata de Guiomar de Manuel, fallecida en 1426, célebre por su amor a Sevilla y por su piedad).

¿Cuál de las hipótesis cuadra mejor? Ruiz de Conde estima que «pueden ser varias a la vez» —como es evidente—, pero que lo más importante, acaso, «fue la musicalidad del nombre, la necesidad de la rima, el número de sílabas, el acento de *Guiomar*, y el sentido o sentidos de la propia palabra».[72]

Oreste Macrí, por su parte, ha notado el contraste, en el «Romance de Guiomar», entre el viejo Carlomagno, ya sexualmente exhausto, y «el juvenil fulgor» de la dama, y piensa que aquí está la clave del enigma. Pero no nos convence del todo, pues Machado, con sus 53 años, no es todavía un viejo cuando conoce a Pilar de Valderrama (aunque empieza a pensar que sí) y ella tampoco tan joven con sus 39.[73]

Añadiremos que ni Ruiz de Conde ni Macrí señalan que doña Guiomar de Manuel —la que tenía y tiene calle en Sevilla—, daba limosna anual a las monjas del convento de las Dueñas. Toda vez que el cercano palacio de los duques de Alba tomó su nombre del convento, desaparecido a mediados del siglo XIX, es posible que Machado vinculara en algún momento a la geografía de su infancia «a aquella mujer incomparable, por cuyas venas corrió sangre de reyes y cuya alma se abrasó en el divino fuego de la caridad cristiana».[74]

También existe la posibilidad de que cayera en que las letras de «mar», reorganizadas un poco, daban sus iniciales, A. M. R., en cuyo caso «Guiomar» podría significar no sólo «guía hacia la mar» (muerte, olvido) sino «guía de Antonio Machado Ruiz en su camino hacia el misterio o lo desconocido».

En cuanto a la propia Pilar de Valderrama, llegó a la conclusión, después de leer el estudio de Justina Ruiz de Conde sobre el nombre, así como las especulaciones al respecto de José Luis Cano, de que ambos cargaban demasiado las tintas. A su juicio no hubo «ninguna intención por parte de Machado de tipo literario ni de "circunstancias" al escogerlo. Sólo trató de hallar un nombre que tuviera las mismas sílabas que el mío y que sonara igual para poder usarlo en versos». Lo cual, como explicación, quedaba, la verdad, un poco pobre. Valderrama no descartaba, empero, que Machado pudiera haber estado pensando también en la esposa de Jorge Manrique. «Pero nada dijo, empezando a dedicar versos a Guiomar como la cosa más natural y yo así lo acepté».[75]

* * *

No ha sobrevivido una sola carta escrita por Machado a la diosa entre febrero y agosto de 1929, como ya se ha señalado. Acerca de la vida del poeta durante estos meses, en que trabaja afanosamente con Manuel en *La Lola se va a los Puertos*, tenemos alguna pequeña información de otras fuentes. El 14 de febrero los hermanos firman, en *Abc*, unas consideraciones sobre su trabajo conjunto para la escena. Es interesante notar que creen urgente defender el teatro contra «la creciente americanización» de los gustos, sobre todo debido al cine, que ya lo invade todo (el cine sonoro llegará pronto con *La canción de París,* estrenada en Barcelona el 20 de septiembre de 1929).[76] En *La Lola se va a los Puertos* se encarga de remacharlo San Pedro, nada menos, a través del guitarrista Heredia:

> Todo se americaniza,
> se desustancia, y de fuera
> viene todo: cante, música,
> juegos, bailes y peleas,
> que lo castizo se acaba
> y día vendrá en que venga
> hasta el agua del bautismo
> de Yanquilandia, en botellas...[77]

En las mismas declaraciones los Machado vuelven a reafirmar su convicción de que el teatro auténtico es una «reintegración» de acción y diálogo. Y reivindican —lo cual es sorprendente a estas alturas— el restablecimiento de monólogos y apartes, aunque, eso sí, «dándoles una significación y alcance que nunca tuvieron».[78]

Pocas semanas después Antonio contesta unas preguntas de Ernesto Giménez Caballero para *La Gaceta Literaria.* ¿Cómo ve en estos momentos la nueva juventud literaria española? Ya nos lo podemos imaginar. El poeta aprecia el talante lúdico, deportivo, de la misma, aunque observa una carencia de grandes personalidades («No parece que de toda ella pueda salir un don Miguel de Unamuno, un Benavente, un Pío Baroja, un Valle-Inclán, un Ortega Gasset» —Machado sigue sin otorgarle al filósofo su «y»—). Específicamente, encuentra en Pedro Salinas, y más en Jorge Guillén, una tendencia a rehuir «aquella zona central de nuestra psique donde fue siempre engendrada la lírica». Es el argumento mantenido años atrás en el ensayo sobre José Moreno Villa: a los poetas nuevos les falta cordialidad, son «más ricos de conceptos que de intuiciones» y se dirigen «más a la facultad de comprender que a la de sentir»; padecen la «contaminación» de Paul Valéry y la «poesía pura». Con todo, Machado no niega que entre ellos hay «muchos portentosamente dotados», y nombra, además de a Salinas y Guillén, a Lorca, Gerardo Diego, Dámaso Alonso, Juan Chabás, Alberti y Francisco Garfias.[79]

Este mismo mes contesta una carta de la hispanista y poeta francesa Matilde Pomès, que tiempo atrás le había visitado en Segovia y es gran amiga, precisamente, de los «jóvenes», sobre todo de Lorca (que muy pronto se irá a Nueva York). Machado le agradece el interés que está mostrando por divulgar el conocimiento de su obra en el país vecino.[80]

Pilar, entretanto, está preparando con su marido la inauguración de «Fantasio», el teatrillo que han montado en su chalé de Rosales. Tiene lugar el 28 de abril. La obra elegida es *El príncipe que todo lo aprendió en libros*, de Benavente, en la que toman parte los tres hijos de Valderrama, la hija del pintor Darío de Regoyos, y otros jóvenes.[81] Podemos tener la seguridad de que Machado no estuvo entre los invitados —nunca conocería el interior de aquella casa tan espiada desde el Parque del Oeste—, e igualmente de que le interesaría mucho aquella iniciativa, inspirada por «El mirlo blanco» de los Baroja, y elogiada, durante sus dos «temporadas», por la crítica madrileña.[82]

* * *

El 15 de agosto de 1929 Machado recibe una carta de la diosa que se apresura a contestar en el acto. El poeta ha estado «muy inquieto», pues sospecha haber incurrido, durante su encuentro de unos días antes, «un poquito en desgracia» de la amada. ¿Qué había pasado? ¿Se trata del episodio recogido de labios de Valderrama por Ruiz de Conde, y evocado décadas después por Guiomar? Quizás. Una tarde, al llegar al Franco-Español, Machado había encontrado el establecimiento lleno de gente. ¡El «rincón» estaba invadido! El previsor Jaime, consciente del disgusto que iba a producir tal circunstancia en sus dos asiduos clientes, había preparado una habitación alternativa arriba, y allí el poeta esperaba ansioso la llegada de la diosa. «El camarero me hizo subir por la escalera —escribió Guiomar en un documento dirigido en 1961 al padre Félix García «como si de una confesión se tratara»—, y en una salita del primer piso me esperaba Antonio. No hice más que abrir la puerta y ver una mesa, un diván y al poeta que me recibía gozoso. Ni siquiera me senté, despidiéndome hasta otro día a pesar de su insistencia porque me quedara unos momentos, pero no lo hice y me marché». Para Valderrama se trataba, está claro, de una especie de trampa sexual, con el «rincón» del *amor cortés* convertido de repente y con alevosía en poco menos que casa de citas. Se rompía así lo pactado y no había más reacción posible que la retirada.[83]

¡Pobre Machado! A consecuencia de este episodio, o de otro posible desliz, ha estado no sólo preocupado sino viviendo experiencias oníricas de gran intensidad: «Y he tenido sueños —buenos y malos— y en uno de ellos —el malo— (ya te contaré el bueno después) me reñías muy cruelmente y yo lloraba con mucha amargura; y tú me dejabas en una habitación oscura, castigado, y te marchabas, dejando cerrada la puerta, diciéndome, desde lejos: ahí te quedas, poeta mío que ya no te quiero». Sueño —y hay que suponer que Machado lo transcribe con exactitud— que parece contener la reminiscencia de algún castigo maternal que dejara profunda huella en el subconsciente del poeta, ahora revivida por el fallo cometido con la amada. Así, por lo menos, lo interpreta el poeta, que añade a continuación: «En ese sueño eras tú la figura adorada y maternal, que castiga simulando la ausencia de su ternura».

El segundo sueño es aún más significativo. «Se sueña frecuentemente lo que ni siquiera se atreve uno a pensar —afirma Machado a modo de introducción—. Por eso son los sueños los complementarios de nuestra vigilia, y el que no recuerda sus sueños ni siquiera se conoce a sí mismo». Ya sabemos que se trata casi de un dogma machadiano, reiterado a lo largo de su vida. El «sueño bueno» ha sido, de veras, tremendo:

Soñé, sencillamente, que me casaba contigo, después de una breve historia de amor. ¿Quieres que te la cuente? Pero me sería difícil recordarla toda, la cinta cinemática del sueño va demasiado deprisa y tiene trozos obscuros, aunque otros, en cambio, mucho más claros e íntimos que en la vida misma. Era en una de estas viejas ciudades de mi destierro, que el sueño no precisa —Segovia, Soria...— vaga ciudad de Castilla y era, primero, una mañana, poco después del alba. Tú ibas camino de la iglesia con manto y mantilla negras [sic], y en la mano un libro de misa. Yo te seguía diciéndote versos que no puedo recordar y que tú escuchabas volviendo la cara, de cuando en cuando... Después era a la orilla de un río y entre álamos paseábamos juntos y, al fin, era en una iglesia, ésta la recuerdo muy bien, la de Santa María la Mayor de Soria, donde yo me casé. Allí estuvimos arrodillados juntos, después de la ceremonia. Había un enorme gentío y sonaba el órgano. El sueño se complicaba con recuerdos auténticos de mi boda, pero con esta diferencia: mi estado de espíritu era en esta ocasión de una alegría rebosante, todo lo contrario de lo que fue en mis nupcias auténticas. La ceremonia fue entonces para mí un verdadero martirio. Y ahora salía yo contigo del brazo, lleno de alegría y de orgullo. Se diría que, en el sueño, tomaba yo el desquite de nuestro secreto amor, pregonándolo a los cuatro vientos. Tales son los absurdos compensatorios del sueño merced a los cuales vivimos en otro mundo lo que más vedado nos está en éste. El resto del sueño no te lo quiero contar. Era demasiado feliz, aun para sueño.[84]

¡Qué suerte que haya sobrevivido esta carta! Después de contar sus sueños, tan reveladores de sus deseos, el poeta ruega a la diosa que no le castigue con su ausencia, y que le perdone. «Seré bueno, todo lo bueno que tú quieras. Te lo prometo, vida mía». La próxima vez hablarán «muy formalitos». Sobre todo hablará ella y él escuchará, «embelesado». «Tú no sabes el encanto que tiene tu voz para mí —sigue—, y su virtud aquietadora. Léeme también algo de lo que escribes. Mi cariño es muy grande, Pilar, muy hondo y muy verdadero. Sin verte no podría vivir, por lo menos sin la esperanza de verte. ¿Comprendes? Es verdad que tu presencia me enloquece; pero yo me pondré la camisa de fuerza. ¡Ay! Si vieras cuánto sufro sólo al pensar que pudiera disgustarte...».[85]

¡Una camisa de fuerza para el enloquecido de amor que es Antonio Machado, quien, si no logra poner freno a sus emociones, puede perder para siempre a la amada!

Con su carta, el poeta incluye la última escena de *La Lola se va a los Puertos*, a la cual, como señala Depretis, no ha añadido todavía los versos enviados por la amada (ella dirá después que «por insistente deseo suyo»): «El corazón de la Lola/sólo en la copla se entrega».[86] La obra está ya en manos del actor Ricardo Puga, de la compañía de Lola Membrives, a quien ha gustado muchísimo (Puga desempeñará el papel de Heredia). La famosa actriz acaba de volver a España y no tardará en montar la obra, de modo que habrá que comenzar otra vez «la lucha con los actores». «Pronto terminaré mis versos a Guiomar —añade el poeta— y, enseguida mi Discurso, para libertarme de Segovia» (se trata del tan postergado discurso de ingreso en la Academia). ¿Y el «tercer mundo»? Machado espera la «visita anunciada» de Pilar para el día siguiente, viernes. ¿Será a la hora de la siesta? «En ella sabré si me has perdonado, diosa mía. El miércoles te sentí a mi lado. ¿Me sentiste tú?». Y termina la carta con otra promesa de enmienda:

Escríbeme cuando puedas también. Voy a ser bueno, Pilar. Perdóname. ¿Verdad que volverás a atarme en nuestro rincón? Y nunca me olvides, saladita mía, gloria y reina. Tu poeta te adora y no vive más que para ti. ¡Bien lo sabes tú! Ahora estoy lleno de alegría porque el final de tu carta es muy cariñoso. Sí, tú me quieres, aunque yo no lo merezca... ¡Más mérito por parte tuya!
    Adiós, adiós. Tu

Antonio[87]

¿Volver a atarle en su rincón? ¿Se había levantado para besarla? Parece ser, de todas maneras, que en un momento de exaltación había conculcado, o casi, las reglas de juego impuestas por la musa.

Unas noches después —tal vez el siguiente lunes— vuelve a escribir a Pilar desde el «rincón» de Cuatro Caminos. La amada se acaba de ir, es «la amargura de ese momento terrible de la separación, ese principio de tu ausencia, tan violento, que es tanto como un desgarrón en las entrañas». Le duele no haber podido, por la emoción, decirle lo que quería: «El amor tiene más gestos que palabras, y cuando se complica con la necesidad del freno... ¡Ay! Pilar, tú no sabes bien lo que es tener tan cerca a la mujer que se ha esperado toda una vida, al sueño hecho carne, a la diosa... Ahora que estoy solo quiero llorar un poco, de amor, de gratitud. Así no se me romperá el corazón».

En estos momentos el poeta está consagrado a la inserción de los dos versos de Pilar en la última escena de *Lola*. «En ellos se expresa maravillosamente la idea esencial de la obra —subraya—. ¡Qué buena eres, diosa mía! Dios te pague tanta bondad para tu poeta. ¿Dices que hay algo nuestro en la comedia? En todo lo que escribo y escribiré hasta que me muera estás tú, vida mía. Todo lo que en la Lola aspira a la divinidad, todo lo que en ella rebasa del plano real, se debe a ti, es tuyo por derecho propio. Mío no es más que la torpe realización de una idea que tú y sólo tú podías inspirarme». Le recuerda que cuando se conocieron sólo estaba escrita gran parte del primer acto. Insiste en que el resto, es decir el desarrollo de la personalidad de Lola, está en impagable deuda para

447

con ella: «La idea de que Dios, trabajando un día de fiesta, corrija su creación y pretenda salvar al mundo, formando a la Lola y enviándola a los mortales para ordenar el universo por el querer, se me ocurrió a mí pensando en mi diosa, y se expone en la primera escena del segundo acto, que te leí un día en nuestro rincón. A ti se debe, pues, toda la parte transcendente e ideal de la obra. Porque yo no hubiera pensado jamás en la divinidad de una cantadora flamenca. Sólo mi Pilar es divina; pero todo personaje femenino para tu poeta, ha de tener algo tuyo. ¿Comprendes ahora por qué desearía yo que esta obra tuviera un verdadero éxito?».[88]

Un día después es la inmensa alegría que le ha producido recibir un poema de Pilar, «Ofrenda», compuesto para él durante una noche de insomnio. El poeta ha soñado otra vez con ella, «y esta vez con que me querías con todo tu corazón». Desea creer que el sueño —cuyos pormenores no cuenta— ha coincidido en el tiempo con la composición de los dieciocho versos romanceados que le ha mandado la amada, a cada uno de los cuales dice haber dado cien besos. No conocemos estos versos. ¿Y los suyos a Guiomar, que desde hace tiempo le ocupan? Benjamín Jarnés, estrecho colaborador de Ortega y Gasset en la redacción de la *Revista de Occidente*, los está reclamando. Machado le promete a Pilar que los va a terminar.[89]

Y cumple. De «sequía creativa» ya nada. Pilar de Valderrama ha inspirado uno de los poemas de amor más hermosos, más hondos, del español, quizás de cualquier idioma. Se publica en el número de la *Revista de Occidente* correspondiente a septiembre de 1929:

CANCIONES

II

En un jardín te he soñado,
alto, Guiomar, sobre el río,
jardín de un tiempo cerrado
con verjas de hierro frío.
Un ave insólita canta
en el almez, dulcemente,
junto al agua viva y santa,
toda sed y toda fuente.
En ese jardín, Guiomar,
el mutuo jardín que inventan
dos corazones al par,

se funden y complementan
nuestras horas. Los racimos
de un sueño —juntos estamos—
en limpia copa exprimimos,
y el doble cuento olvidamos.
(Uno: mujer y varón,
aunque gacela y león,
llegan juntos a beber.
El otro: No puede ser
amor de tanta fortuna:
dos soledades en una,
ni aun de varón y mujer).

*

Por ti la mar ensaya olas y espumas,
y el iris, sobre el monte, otros colores,
y el faisán de la aurora canto y plumas,
y el búho de Minerva ojos mayores.
Por ti, ¡oh, Guiomar!...

*

III

Tu poeta
piensa en ti. La lejanía
es de limón y violeta,
verde el campo todavía.
Conmigo vienes, Guiomar,
nos sorbe la serranía.
De encinar en encinar
se va fatigando el día.
El tren devora y devora
día y riel. La retama
pasa en sombra; se desdora
el oro de Guadarrama.
Porque una diosa y su amante
huyen juntos, jadeante,
los sigue la luna llena.
El tren se esconde y resuena
dentro de un monte gigante.

Campos yermos, cielo alto.
Tras los montes de granito
y otros montes de basalto,
ya es la mar y el infinito.
Juntos vamos; libres somos.
Aunque el Dios, como en el cuento
fiero rey, cabalgue a lomos
del mejor corcel del viento,
aunque nos jure, violento,
su venganza,
aunque ensille el pensamiento,
libre amor, nadie lo alcanza.

*

Hoy te escribo en mi celda de viajero,
a la hora de una cita imaginaria.
Rompe el iris al aire el aguacero,
y al monte su tristeza planetaria.
Sol y campanas en la vieja torre.
¡Oh, tarde viva y quieta
que opuso al *panta rhei** su nada corre,
tarde niña que amaba tu poeta!
¡Y día adolescente
—ojos claros y músculos morenos—,
cuando pensaste a Amor, junto a la fuente,
besar tus labios y apresar tus senos!
Todo a esta luz de abril se transparenta;
todo en el hoy de ayer, el Todavía
que en sus maduras horas
el tiempo canta y cuenta,
se funde en una sola melodía,
que es un coro de tardes y de auroras.
A ti, Guiomar, esta nostalgia mía.[90]   (CLXXIII)

¡Qué tributo a la diosa por fin encontrada! ¡Qué sutil orques-
tación de octasílabos y silvas! ¡Qué reto al Dios de las prohibicio-

---

* El «estado de flujo» en que, según Heráclito, está inmersa toda la creación.

nes y castigos bíblicos, al que dirán, a las miserables convenciones sociales que encadenan el amor! Machado nunca pudo huir con Valderrama, ni en tren ni en automóvil. ¡Ni pudo recorrer algunos kilómetros a su lado en un tranvía, por temor a que alguien los viera juntos! Pero en la imaginación, en el «tercer mundo», todo era posible. Cuando el poeta volvía a Segovia o bajaba a Madrid, muchas veces tendría seguramente la sensación de estar acompañado de Pilar, de *sentir* su presencia. Otras, desbordado de soledad, habría dado todo porque aquella compañía fuera realidad tangible. En la imposibilidad del amor total anhelado, había que dar forma poética a aquella «nostalgia». Y si en 1929, al publicarse «Canciones» en la *Revista de Occidente*, nadie sabía si Guiomar era disfraz de una mujer real o sólo fruto de una férvida imaginación, hoy, gracias al puñado de cartas salvadas por Valderrama de las llamas, sabemos que al poeta no le hacía falta inventar nada. Sólo tener el genio capaz de transmutar en versos una realidad a la vez maravillosa y torturadora: la de tener y no tener, como en el título de la famosa novela de Hemingway.

* * *

A principios de septiembre de 1929 Benjamín Jarnés vuelve a rogar a Machado que cumpla con lo prometido. Esta vez se trata de su tercer poeta apócrifo, Pedro de Zúñiga, cuyo cancionero, al parecer, iba a prolongar, en la *Revista de Occidente*, los de Abel Martín y Juan de Mairena. Machado explica que se había visto obligado a «cambiar de labor» durante agosto para dar el último toque a *La Lola se va a los Puertos*, y que se lo enviará para finales de mes.[91] Pero no se sabrá nada más de Pedro de Zúñiga. En cuanto a *La Lola*, todo Madrid espera ya con impaciencia el estreno, que se anuncia para la noche del 8 de noviembre de 1929 en el teatro Fontalba (el «aristocrático» coliseo, propiedad del marqués de Fontalba, situado en la Gran Vía y hoy desaparecido).

Tres días antes los hermanos hacen unas declaraciones a Ángel Lázaro, compañero de redacción de Manuel en *La Libertad* y buen amigo y admirador de ambos poetas. Lázaro, que había asistido a la lectura de la obra por Manuel en el Fontalba hacía unas semanas,[92] dice, a efectos de la entrevista —ya conoce la respuesta—, que quiere saber si se trata de una comedia andaluza o *flamenca*. Manuel y Antonio lo tienen claro: no se puede establecer una linde fija entre lo gitano y lo andaluz, porque lo específico de Andalucía es su facultad para asimilar distintas culturas. Recuerdan que el motivo inicial de la obra fue la famosa copla que le da su título («lo más parecido, dentro del cancionero andaluz, al "haikai" japonés»). Defienden a continuación «la pandereta», o sea el tópico andaluz, que por muy trillado que esté no deja de corresponder, les parece, a cierta realidad tangible (toros, flamenco...). E insisten en que ellos son andaluces, no andalucistas, y que además no todos los andaluces son iguales. «Prontitud y viveza expresiva»: hay abundancia de ambas en el sur, de acuerdo. Pero, ¡ojo!, lo andaluz tampoco es eso. Es, más bien, un amalgama de apasionamiento y de reflexión (fruto de «la enorme capacidad metafísica» de su pueblo). En resumen: «El andaluz piensa y canta a la par; pasión y sentencia van íntimamente fundidas en sus coplas: el volumen de sentimiento envuelto en un juicio de totalidad».[93]

¿Quién ha hecho estas declaraciones sobre lo andaluz? ¿Antonio o Manuel? ¿Ambos a la vez? Lo cierto es que tienen un sabor literario, el sabor de la palabra escrita. Ello se confirma al comparar la entrevista con la «autocrítica» de los hermanos publicada en *Abc*, según la hospitalaria tradición del rotativo de la calle de Serrano, la mañana del estreno.

En ella los hermanos dejan claro que la obra es elegíaca; que el cante jondo se va, de forma irremediable, como Lola al final de la comedia; y que no por ello hay que rasgarse las vestiduras («las cosas tienen un momento poético interesante cuando, con el pie en el estribo, nos dicen adiós. ¿Por qué no despedirlas amorosamente?»).

Y otra cosa. ¿Es Lola gitana? ¿Es Heredia gitano? Cuando Rosario alude despectivamente a «la gente del bronce», la cantaora responde, no sin desprecio, que su padre tenía una fragua en Córdoba, y que ella algo sabe de metales. No parece caber duda acerca de su ascendencia. Unos segundo después añade:

> Las gentes
> que andan por el mundo solas
> —del bronce, como usted dice—
> me conocen y ya me toman
> tal cual soy.[94]

Parece clara la reminiscencia de los versos de Lorca, en su romance «Prendimiento de Antoñito el Camborio en el camino de

Sevilla», donde una voz anónima increpa al gitano por dejarse llevar por la Guardia Civil:

¡Se acabaron los gitanos
que iban por el monte solos!
Están los viejos cuchillos,
tiritando bajo el polvo.[95]

En cuanto a Heredia, ahí está su apellido, con, otra vez, la asociación lorquiana, porque Antoñito el Camborio es Torres Heredia de apellido. Los Machado despliegan, en cualquier caso, al suscitar la cuestión, toda su sabiduría, ironía y, también, gracia (la verdad es que ambos tienen gracia, Antonio cuando quiere, Manuel casi siempre). Lo más grande de Andalucía, insisten, no es lo gitano, sino la mezcla de culturas que define las milenarias tierras del sur de España y que *incluye*, eso sí, y a mayor honra, lo gitano. «Andalucía —explican, por si no quedaba claro—, que ha sabido ser tantas cosas, asimilar tantos elementos exóticos, y donde tantos injertos raciales han prendido y dado su flor y su fruto, no ha de avergonzarse de haber sido alguna vez un poco gitana». Y añaden para remachar el asunto: «Por lo demás, el cante hondo —cualquiera que sea su origen y su importancia— y el arte de Antonio Chacón —que gloria tenga—, de Ramón Montoya y de Pastora Imperio, son algo tan andaluz, por lo menos, como la filosofía de Séneca y de Averroes». Se conoce, pues, aunque no mencionan de manera precisa la aportación árabe a la cultura española, que los hermanos Machado se sienten orgullosos de pertenecer a una cultura mestiza. En ello coinciden plenamente con Federico García Lorca.[96]

El estreno de *La Lola* —¿quién mejor que la otra Lola, la gran Lola Membrives, para encargarse de ello?— cosecha el triunfo más sonoro, más rotundo, de todos los de Manuel y Antonio. Al día siguiente no hay crítico que no esté de acuerdo: el público se entregó sin reservas; los aplausos subrayaron muchas frases, sobre todo en el segundo acto, cuando cortaron varias veces la representación y se requirió la presencia de los autores en el escenario; también fueron llamados los hermanos numerosas veces al final de cada acto. Lola la cantaora, encarnada con enorme garbo por la Membrives, había sido la reina de la noche madrileña.

Entre los comentarios más o menos convencionales de los críticos se pueden espigar algunas observaciones originales. Joaquín

Aznar, director de *La Libertad*, recuerda que la Andalucía de los Machado es la occidental, la atlántica, no sólo porque ellos son naturales de Sevilla sino por el origen portugués de su familia (algo que no sabía todo el mundo, por supuesto). Nota que don Diego, el cacique libidinoso, es un remedo del famoso don Guido del poema de Antonio, hasta en su inverosímil vuelta al seno de la Iglesia, dispuesto a poner «sordina a sus desvaríos». El personaje, añade Aznar, ya había hecho acto de presencia, de manera difusa, en *Juan de Mañara*. ¡Es evidente que a los hermanos Machado no les hacen gracia alguna los caciques andaluces!

Enrique Díez-Canedo es quizás el único crítico que justiprecia el esfuerzo de los Machado por encarnar en Lola a la Andalucía milenaria, asimiladora de distintas culturas. Se ve que ha leído con atención la «autocrítica» de *Abc* cuando apunta que, si bien Lola es probablemente de sangre gitana, ello no se recalca, no por tener los hermanos nada contra los gitanos, ni por evitar el tópico, sino por querer aferrarse a una verdad más profunda. Díez-Canedo, como poeta que es, además de crítico, también sabe admirar la maestría de los Machado en el manejo del romance, tan extraordinario —y tiene razón— que los versos casi suenan a conversación «normal».

¿Estuvo Pilar de Valderrama entre el público que atestaba el Fontalba y que brindó a los Machado su noche más feliz? Resulta difícil imaginar que la diosa no se las ingeniara para asistir al estreno de una obra a la cual no sólo había aportado dos versos, sino cuya protagonista le debía rasgos esenciales de su personalidad.

El 16 de noviembre, mientras en Madrid no se habla de otra cosa que de *La Lola se va a los Puertos*, la revista *La Farsa* edita la obra, ilustrada, como *Las adelfas*, por José Machado.[97]

El día 27 se celebra un homenaje a los hermanos por el «extraordinario triunfo» de su comedia. Consiste en una representación especial de la misma en el Fontalba, «con el teatro lleno de un distinguido público», y después, en el Ritz, de una fiesta flamenca por todo lo alto que se prolonga casi hasta el amanecer. Acude «lo mejor de la intelectualidad, del gran mundo y del periodismo», empezando por el dictador, Miguel Primo de Rivera, cuyo hijo José Antonio, el futuro fundador de Falange Española, ofrece el agasajo en nombre de la comisión organizadora, y entrega a los hermanos un álbum con los nombres de todos los presentes. Y sigue el *Heraldo de Madrid*: «Cuando el orador anunció al brillante senado que una casa facilitaba, con rumbo andaluz de cosecheros de vinos verdaderamente "generosos", todo el jerez que quisiera —y pudiera— beberse, una gran ovación de franca alegría le hizo poner punto a su discurso».

Durante la velada Antonio leyó unas cuartillas «de sabrosa sátira contra ciertos gustos teatrales y del credo dramático que sustenta con su hermano», y Manuel dos poesías sobre «la Lola». Pablo González Bueno, el joven ex alumno de la Institución Libre que durante dos años había sido compañero de pensión del poeta en Segovia, lo vio aquella noche «enteramente feliz». No era para menos.[98]

La Lola se va a los Puertos se mantiene en cartelera hasta el 5 de enero de 1930, rebasa las míticas cien representaciones (de hecho, alcanzará ciento diecisiete) y reporta un buen dinero. Cuando los actores Carmen Díaz y Rafael Bardem la llevan a Zaragoza a finales de año, los hermanos visitan la capital aragonesa y son homenajeados con una comida en la conocida Posada de las Almas. Allí, en medio de tanto triunfo, Antonio no dejaría de pensar en su diosa, bautizada en Zaragoza a los cuarenta días de nacer con el nombre de su famosa Virgen. Lo confirma por otro lado Justina Ruiz de Conde, quien afirma que, con motivo de un viaje a Zaragoza, Machado trajo para Valderrama «una medallita de la Virgen del Pilar, de oro, con piedrecitas preciosas». Puesto que no se sabe de otra visita de Machado a la ciudad del Ebro, Pilar probablemente recibió su regalo en enero de 1930.[99]

* * *

La irritación social ya cunde en todo el país después de los siete años en el poder de Primo de Rivera, y a finales de diciembre de 1929, sin que apenas trascienda a una prensa sujeta a rígida censura —como tantas veces en la reciente historia española— ha habido otro abortado complot contra la dictadura apoyado esta vez, entre otros, por los generales Gonzalo Queipo de Llano y Miguel Cabanellas Ferrer (que luego serán puntales de la conspiración antirrepublicana de 1936).[100]

Para enero de 1930 se ha preparado otro movimiento. Consciente de la impopularidad creciente de Primo de Rivera —así como de la suya propia—, Alfonso XIII cesa de manera fulminante al dictador, con la esperanza de cortar el impulso rebelde. Y, de hecho, con la «dimisión», el día 28 de enero, del general y de todos sus ministros, se aplaza la sublevación. El día 30 el rey sustituye a Primo de Rivera por el jefe de su Casa Militar, el general Dámaso Berenguer —tan despreciado, como vimos, por Machado—, que anuncia su propósito de formar un Gobierno «apolítico» y de propiciar una próxima convocatoria a Cortes. Como gesto, un decreto de amnistía permite el inmediato regreso a España de Unamuno, Indalecio Prieto, Eduardo Ortega y Gasset y otros disidentes.[101]

Se habla ya de República. Y también, cada vez más, de fascismo, uno de cuyos propugnadores italianos, Bragaglia, acaba de protagonizar un incidente, con pistola incluida, durante un homenaje a Ernesto Giménez Caballero, director de *La Gaceta Literaria*, que se celebra en el Café Pombo, en la famosa tertulia de Ramón Gómez de la Serna. Giménez Caballero, que va a ser el principal teórico del fascismo hispánico con *Genio de España* (1933), dirá después, recordando aquel banquete, que «la guerra civil había comenzado en España».[102]

Había en el ambiente, es cierto, una tremenda crispación, acrecentada por la crisis económica, una desilusión generalizada con Alfonso XIII —que incluso compartían muchos monárquicos—, y grandes expectativas de cambio. Un cóctel, en resumen, explosivo.

El 9 de febrero regresa Unamuno, tras un exilio casi tan largo como la dictadura. Dispuesto, claro está, a dar guerra nuevamente. Su vuelta impacta al país. El día 11 hay un banquete en Segovia para conmemorar la inauguración de la República, acaecida cincuenta y siete años atrás. La presencia en el acto de Machado —«del inspirado poeta y consecuente defensor de las libertades públicas y de los derechos del hombre»— se recibe, según *El Adelantado de Segovia*, «con nutridos aplausos». Al final de la celebración los comensales dirigen un telegrama «de salutación y aplauso» a Unamuno, recordando sin duda su visita de 1922.[103]

El número especial dedicado al vasco por *La Gaceta Literaria* en marzo coincide, irónicamente, con la muerte de Primo de Rivera en París. La colaboración de Machado, quizás enviada demasiado tarde, sale en el número siguiente, el correspondiente al 1 de abril. «Es don Miguel de Unamuno la figura más alta de la actual política española —empieza—. Él ha iniciado la fecunda guerra civil de los espíritus, de la cual ha de surgir —acaso— una España nueva...».[104]

Acaba de salir el nuevo libro de Pilar de Valderrama, *Esencias. Poemas en prosa y verso*. La sección *Coplero íntimo* no sólo contiene una copla contribuida por Machado a requerimientos de la musa:

> Ni sé lo que pienso
> ni sé lo que digo,
> que ya no es mía mi voz
> ni es mi pensamiento mío.[105]

sino otras de sabor muy machadiano, por ejemplo:

> Quise asomarme a la vida
> sin careta y sin disfraz.
> Todos rieron. Volví
> a ponerme el antifaz.[106]

———

> Amar es un ¡siempre! ¡siempre!
> la sed que nunca se acaba
> del agua que no se bebe.[107]

y versos que aluden claramente a la relación de poeta y musa:

> Quiso dejar de quererle
> a poquito de tratarle,
> y comprendió que, ¡tan pronto!,
> ya era tarde...[108]

En otros momentos de *Esencias* la influencia de Machado es también evidente, como en «Canción de primavera», localizada en Segovia, «orilla del Eresma», donde el «blanco garabato» de la cigüeña (imagen predilecta de Machado) deja tan pocas dudas al respecto como la adjudicación del adjetivo «galán» a la primavera:

> Ya la cigüeña, blanco garabato,
> sobre la torre está.
> Y, en su balcón, la niña.
> y allá, en el prado verde, Abril galán...[109]

457

Este mismo mes de abril, a partir del día 24, volvemos a tener acceso a las cartas de Machado a Valderrama. El poeta ha estado buscando en vano, en las librerías, el nuevo libro de la musa. Le insta a que se lo mande «a las personas que han de ocuparse de él». Entre ellas a Unamuno, quien, según sus noticias, vendrá pronto a Madrid. «Acaso tengas ocasión de conocerlo en casa de Victorio Macho —añade—, pues él no dejará de visitar al escultor y a su propia efigie». Macho es cuñado de Pilar —está casado con una hermana de Rafael Martínez Romarate—, y vive al lado del chalé suyo en el paseo de Rosales. Se ve que el poeta está haciendo lo que puede por promocionar la carrera literaria de la diosa, que se muere porque le estrenen *El tercer mundo* («el nuestro», puntualiza Antonio) u otra obra teatral suya, *Vida que no se vive*. La musa está en la cama, acatarrada, y Antonio se expresa deprimido al no haber podido verla: «He pasado unos días muy tristes, lleno de preocupaciones, presagios, malos sueños, ¡qué sé yo!». Gracias a *Esencias*, que le habla del «alma tan noble y tan grande» de la amada, está consiguiendo, sin embargo, aguantar el tipo. «Cuídate, diosa mía —prosigue—, y no olvides a tu pobre poeta, tan solo, tan triste, tan profundamente desdichado. Tú, desde lejos —aun sin verme— puedes hacer mucho por mí, con sólo recordarme, con enviarme algún ¿sabes? de esos tuyos, que siempre me llegan». Que Dios le conceda todas las felicidades, en fin. Y a su poeta «una paz interior que no tuvo nunca y, en último caso, el tranquilo sueño del que no se despierta».[110]

Nos preguntamos si conocer a Pilar no ha sido, después de todo, una desgracia para el poeta.

Unamuno, según había intuido Machado, no tardará en volver a Madrid. El 3 de mayo la Compañía Ibero-Americana de Publicaciones organiza un banquete en su honor en el famoso restaurante Lhardy. Acude la flor y nata de la intelectualidad madrileña. Machado preside, entre otros, la mesa. Unamuno, después de seis años de exilio, se expresa poco satisfecho con la situación política actual. Se ha encontrado con mucho miedo. «Los republicanos tienen miedo a la República —se queja—. Los socialistas, al Socialismo, y este miedo no es más que el deseo de no cargar con las más mínimas responsabilidades». Por lo que le toca a él, está «dispuesto a todo», y se niega a rendirse hasta que no haya muerto «la mayor parte de esa podredumbre». Al final del homenaje, según *La Gaceta Literaria*, el homenajeado es «efusivamente aplaudido». El espoleador de conciencias más impertérrito del país ha vuelto a casa.[111]

Un mes después Machado sigue preguntando en las librerías por *Esencias*. Lo encuentra ya con más frecuencia que antes. ¡Incluso encarga algún ejemplar, para ver si ayuda a moverlo! Lo que no ha hecho todavía es hablar, como ha prometido, con el promotor teatral Cipriano Rivas Cherif —ahora con su compañía en el Español— de la posibilidad de estrenar *El tercer mundo* u otra obra de la amada. Uno se imagina con qué timidez el poeta abordaría tema tan delicado por miedo a que se trasparentara su interés personal en el asunto.[112]

En la noche del viernes 9 de mayo Valderrama y él coinciden, precisamente, en un estreno del Español. «No pude menos de salir a verte un momento —le escribe Antonio—. Tú debiste sentir que yo te miraba, aunque no llegaste a volver la cabeza del todo. ¿Qué sería de mí sin estos momentos que, de cuando en cuando, me concedes? Sólo me aterra pensar que, acaso, yo haya contribuido a complicar y a entenebrecer tu vida».[113]

Pilar le acaba de anunciar que estará fuera todo el verano con su familia. La noticia entristece terriblemente al poeta:

> Por de pronto, pienso con amargura en esa que me anuncias ausencia tuya durante el verano. Y como soy un amante sin vanidad, sin orgullo, como te quiero religiosamente —aunque atormentado— todo hay que decirlo —por lo humano, demasiado humano— convencido de que amo a una diosa, temo que algún día, todo se me desvanezca como un sueño. ¿Y qué haré yo sin ti, Pilar? Pero tú no me olvidarás mientras yo viva, ¿verdad?[114]

¿Y el Jardín de la Fuente, que también ha caído bajo el veto de la musa? ¿Cómo está, ahora que llega la primavera? El poeta dice que se transporta hasta allí a menudo en su imaginación. ¿Y la igualmente prohibida franja del Parque del Oeste, frente a su casa? ¿Se asoma ella alguna vez a su balcón «a la hora del último sol»? Y luego una reflexión impregnada de patetismo: «¡Qué cosa tan extraña es ésta de nuestro pasado! Se define como aquello que ya *no es* o por lo menos como aquello que ya no actúa. Sin embargo, yo creo que nuestro pasado no sólo existe en nuestra memoria, sino que sigue actuando y viviendo fuera de nosotros. En una palabra, yo creo que nosotros seguimos yendo al Jardín de la Fuente».[115]

Se aproxima el segundo aniversario de su encuentro, de aquel maravilloso e inolvidable paseo bajo las estrellas de primeros de junio. «¿Vendrás a verme en nuestro Tercer Mundo? —pregunta Antonio en la misma carta, otra vez en Segovia—. Esta noche te espero en la explanada del Alcázar para que bajemos juntos hacia la confluencia del Eresma y el Clamores». «Adiós, mi diosa —termina—. Aguardo tus órdenes en Madrid, como siempre, el miércoles. ¿Nos veremos en nuestro rincón? Tú no me olvides, Pilar, diosa mía. ¿No recuerdas cómo temblaba a tu lado, el último día que nos vimos? Cada día estoy más convencido de tu divinidad».[116]

A veces produce un poco de vergüenza poder leer estos mensajes tan íntimos (pese a las manipulaciones posteriores de Valderrama), escritos para los ojos de la amada. Una noche Machado va otra vez al Español, con sus hermanos. Cree ver a la diosa simultáneamente en dos filas distintas, tal es su turbación —mezcla de miedo y esperanza—, y fracasa en lo principal, que es hablar con Rivas Cherif. Continúa preparando la crítica que le ha prometido de *Esencias,* que lee a solas en el «rincón». Pilar le ha dicho, al parecer, «que no tiene tantos motivos de tristeza». ¿Que no tiene tantos motivos? «Verdad, en parte —contesta—. Pero repara en que con uno me basta para sufrir mucho más de lo que tú imaginas. Si tú pudieras vivir toda la intensidad de esta pasión mía y la conciencia que tengo yo de esta barrera que ha puesto la suerte entre nosotros, tendrías compasión de mí. Toda una vida esperándote sin conocerte, porque, aunque tú pienses otra cosa, toda mi vida ha sido esperarte, imaginarte, soñar contigo. Y cuando tú, al fin, llegas, diosa... Sí, yo lo comprendo, cuanto nos separa no es culpa tuya, y tú eres santa, buena y piadosa para tu poeta. Con todo, has de perdonarme que yo más de una vez haya pensado en la muerte para curarme de esta sed de lo imposible».[117]

¿Pilar es de veras santa, buena y piadosa con su poeta? Su comportamiento tiene otra lectura o lecturas, desde luego, que no han dudado en proclamar algunos machadianos, entre ellos Jordi Doménech, que sostiene que lo único que le interesaba, o casi, era su autopromoción literaria, para la cual consideraba que Machado le podía ser muy útil. Cada uno, ante la escasez de información a nuestro alcance, tendrá que decidir por sí mismo después de leer las cartas del poeta y la autobiografía de Valderrama.[118]

El poeta tiene otras razones para estar deprimido. Se encuentra todavía atrapado en Segovia, no sólo por sus clases sino por los exámenes. ¡Y ha habido un parte de Instrucción Pública para que, encima, participe en un tribunal de oposiciones! En cualquier país civilizado del mundo, debió de pensar, podría dedicarse con exclusividad a su creación literaria, en el lugar que le diera la gana, en vez de seguir como catedrático de francés en un instituto de provincias. Y ahora ni tiene todo el verano libre. Jura que, cuando termine con el tribunal, se dedicará, en este orden: a su discurso de ingreso en la Academia, a su crítica de *Esencias*, y a la nueva obra dramática en la que ya trabaja con Manuel.[119]

Poco después logra hablar por fin con Rivas Cherif de las obras de teatro de Valderrama. Pero en el saloncillo del Español hay mucha gente, empezando por otros autores «que miran de reojo a todo el que llega como a un competidor». No ha podido insistir mucho en tales circunstancias. Confía, no obstante, en que Rivas Cherif por lo menos las lea.

Entretanto, el teatrillo de Pilar y su marido en el chalé de Rosales acaba de tener un éxito de crítica del cual el poeta se expresa complacido. Uno se pregunta cómo era posible aguantar tanta exclusión de la vida de la amada, sobre todo en esta fecha —el 1 de junio de 1930—, víspera del segundo aniversario de la mágica velada de su pacto amoroso. «Esta noche te aguardo en nuestro Tercer mundo —le anuncia—. ¿Vendrás? Mañana partiré para Segovia y allí recibiré tu última visita de este curso. Yo celebraré allí un aniversario, a las once de la noche, en la explanada del Alcázar, mirando a la sierra. Ya me dirás si a esa hora y en el mismo día has evocado tú la misma silenciosa escena».[120]

Ha llegado, estos días, la noticia del éxito clamoroso que está teniendo Lola Membrives en Buenos Aires con *La Lola se va a los Puertos*. «Todavía tu poeta va a ser rico. ¿Qué te parece?», bromea Machado, recordando, quizás, una frase suya cuando, más de diez años antes, Manuel y él habían ideado *Julianillo Valcárcel*, y la madre, ilusionada con el proyecto de sus hijos, soñaba con poder vivir en una casa de campo. Machado se apresura a añadir que la musa tiene «en parte» la «culpa» del éxito porque, al parecer, éste ha sido definitivo al final del tercer acto, «allí donde están tus versos».[121]

Sigue viviendo Machado en función casi exclusiva de las visitas de la amada al «rincón» de Cuatro Caminos, que «dan cuerda

por unos días a este corazón» (pero sólo por unos días). «Sin ti hace mucho tiempo que no viviría y, así, mi vida entera no es más que
un homenaje a mi diosa —confiesa el 9 de junio—. Fuera de estos
momentos en que nos vemos, el resto de mi vida no vale nada; ¡nada! diosa mía. Yo te juro que nada de ella me alegra: ni éxitos, ni
halagos, ni gloria literaria...». Hay en marcha un plan para nombrar
hijos predilectos de Sevilla a los hermanos. Incluso quieren ponerle una lápida a Antonio en el palacio de las Dueñas. Pero el poeta
no quiere ir, de tan desconsolado que está. ¡Que pongan la lápida
cuando haya muerto! ¡Que le dejen en paz! Jura desear que todos
se olviden de él menos la diosa. Y, de hecho, sólo bajará a la capital andaluza Manuel.[122]

A Machado, empeñado ahora en llevar a buen puerto su crítica de *Esencias*, le ha llamado fuertemente la atención el poema en
prosa «Piedad». Y no es sorprendente porque se trata de uno de
los más reveladores de la intimidad de Valderrama, donde, entre
otras alusiones muy personales, se lee:

Por piedad no se abandona al marido —o a la mujer— que
[ultraja.
Por piedad se acoge al hijo que del ultraje nació.
Por piedad se renuncia al amor y se vive al lado de quien no
[se ama.
Por piedad, cuando no queda amor, se da ternura...[123]

Debió de ser muy difícil para Machado aceptar que Pilar
siguiera viviendo *por piedad* con un marido a quien, por haberle
ocultado durante dos años su relación con la muchacha que luego se suicidó, así como por sus amoríos anteriores, ya no podía
querer.

Los críticos estaban empezando a ocuparse de *Esencias*, gracias en parte a los esfuerzos de Machado. Cansinos-Asséns, por
ejemplo, cumple con una reseña en *La Libertad* que al poeta le complace. «Ya te dije que Cansinos escribiría seguramente y que lo haría bien», se congratula el poeta antes de decir que la crítica suya,
retrasada por las malditas oposiciones que en estos momentos le
tienen esclavizado, no tardará en aparecer. Cree —o quiere creer—
que el libro va a tener «un éxito enorme», lo cual, en realidad, era
pedir peras al olmo en un país donde se leía muy poco, y, mucho
menos, poesía.[124]

La reseña de Cansinos era muy positiva, ciertamente. Valderrama, que ya había revelado su «delicada complejidad y su aptitud lírica» en *Las piedras de Horeb* y *Huerto cerrado**, aparecía ahora, según el crítico, como una de «las mujeres modernas emancipadas que empieza ya a haber entre nosotros y que han pasado de la novena a la conferencia y al recital en una transición naturalísima». No sólo tiene un piropo para Valderrama, «alma traspasada por todas las flechas de la inquietud», sino un elogio para el marido comprensivo, autor de libros interesantes**, con quien, convertido el hogar matrimonial en «templo para las Musas», la poetisa ha iniciado la aventura teatral de «Fantasio». Cansinos no sabía de la misa la mitad, o si la sabía la callaba.

El escritor encuentra en los versos de Valderrama «una actitud pánica que exalta sobre todo el misterio del amor», «un lirismo pánico, espiritualizado por un soplo de franciscanismo». Y apunta, con razón, que el amor que canta Valderrama «no es un amor sensual apegado a las formas, sino un amor de esencias, que se adhiere a lo más íntimo y más real de los seres y de las cosas para remontarse a la esencia suprema: Dios o el "anima mundi" de los antiguos».[125]

¡Algo de ello sabía Antonio Machado, por experiencia directa!

Una noche es la desesperación de ver a Pilar en el teatro Alcázar y no poder dirigirle la palabra (la ha reconocido, pese a su falta de vista larga, por su pelo negro, «inconfundible»). Luego, la musa le ha dicho que rompa su carta anterior. El poeta protesta. «Todas tus cartas son para mí sagradas ¿sabes? Las guardo, además, donde nadie pueda leerlas». Pilar ha insinuado, además, que hace mal en verle. Esto sí que no: «Dar cuerda a un corazón por unos cuantos días, ése es todo tu pecado. ¿Qué te parece?». Para colmo Valderrama y su familia se van a ir pronto de vacaciones. Machado, resignado —¿qué remedio le queda?— dice que hará acaso una

---

* Pilar de Valderrama dice en *Sí, soy Guiomar* (pág. 41) que Cansinos-Asséns publicó una crítica de *Huerto cerrado* en *La Libertad*. La hemos buscado allí, sin éxito, entre enero de 1928 y junio de 1929. Quizás salió en otro lugar. Tampoco hemos localizado ninguna otra crítica del libro publicada en 1928.

** Valderrama dice en *Sí, soy Guiomar* (pág. 40) que Martínez Romarate escribió un libro en dos tomos titulado *Las sendas de Oriente*. No parece estar en la Biblioteca Nacional.

pequeña escapada a la alta estepa soriana, pues el calor le enerva y exalta su neurastenia (es la segunda vez que nombra así su delicada salud emocional). Ha decidido desistir de un proyectado viaje a París. Quiere trabajar. «Pienso que ya no tengo derecho a perder tiempo, porque tal vez no me queda mucho para mi obra y debo aprovecharlo. Mi discurso, la comedia, que será la última, un libro de poesías a mi diosa y... colorín colorado. Si eso hiciera me daría por satisfecho».[126]

La nueva comedia avanza, aunque por el momento, a juicio de Antonio, les va saliendo demasiado «cómica y satírica». «Es un ambiente de banca y política —explica a Pilar—, cuyos personajes tienen algo de la caricatura aristofanesca. La titularemos probablemente "La prima Fernanda". El título no dice nada de la comedia, para que toda ella sea, en cierto modo, una sorpresa para el público. La protagonista es una mujer un tanto demoníaca, que revuelve y destruye todo un mundo de convenciones y falsedades. Al fin, como la Lola, también se va, pero dejándolo todo *patas arriba*. No tiene la divinidad de la Lola, que ordena el mundo por el querer, sino la inquietud diabólica que hace el caos donde reinaba un orden ficticio». Y termina, por si acaso la amada se esté inquietando: «En el fondo, también la obra es honesta y moral. Tengo la esperanza de que te guste, diosa mía».

Se va aproximando la partida de la musa a la finca familiar, o, como la llama Machado, su «monte palentino». «Ya pienso con terror en los días de tu ausencia —le confía—. ¡Tan feliz como vengo yo siendo este verano con los ratitos que me concedes!». Y sigue reflexionando: «Aunque alguna vez pensé que no podía crecer este cariño que te tengo, noto que cada día que pasa te quiero más, porque cada día veo en ti un matiz nuevo, un nuevo destello de tu divinidad. Ahora, cuando te recuerdo, no sólo te veo, sino que también te oigo hablar, como si te tuviera a mi lado. Cuando duermo, me ocurre a veces despertar oyendo tu voz. Lleno estoy de ti, diosa mía, pasadito me tienes de un fuego del que tú eres inocente, sin duda. En él quiero consumirme».[127]

En la última carta de la serie, empezada el 4 de julio, la diosa ya se ha ido. El poeta, que se pregunta si la volverá a ver, recuerda, con acuciante nostalgia, «la radiante sorpresa» de su llegada para la entrevista de «fin de temporada». Pilar le ha pedido unos «cantares» suyos inéditos. Le manda «Apuntes líricos para una geografía emotiva de España» (CLXXI, con variantes) —reminiscencias de sus excursiones jienenses— y añade una preciosa copla alusiva a su habitual comunicación «tercermundista»:

> Por los caminos del aire,
> con los vilanos del monte
> me llegan tus ¿sabes? ¿sabes?

con el comentario: «Y todo ello para que no me olvides. Y para animarte a escribir tus poesías. ¿Sabes?».[128]

Ausente Pilar, Machado acude a veces al «rincón», invadido por «una enorme tristeza». ¡No es lo mismo imaginarla que tenerla a su lado! Pero queda el consuelo de la correspondencia. A veces Valderrama le adjunta un sobre con la dirección a la cual debe enviar su contestación (resulta que una de las confidentes suyas, María Estremera, está pasando el verano en un pueblo cercano y puede servir, como ya lo hecho en Madrid, de conducto). La distancia que separa a los amantes no puede, como es lógico, impedir que se vean en su espacio imaginario. «Hoy Jueves, además —escribe Machado el 7 de agosto de 1930—, espero según tu promesa, tu visita de Tercer mundo. ¿Vendrás? Yo dedico toda la noche a esperarla, como toda esta mañana a evocar tu imagen en nuestro rincón conventual». Y termina: «Cuando vuelvas ¡ay! si Dios me conserva hasta entonces, te leeré muchas cosas nuevas todas para ti. ¿Sabes?».

Entre las «cosas nuevas» estará *La prima Fernanda*, en la que sigue trabajando con Manuel a lo largo del verano y que ahora piensan titular *Crisis total*, para indicar con ello el fondo político del drama.[129]

Machado ya ha puesto a la musa al tanto de la personalidad de la protagonista, «mujer un tanto demoníaca, que revuelve y destruye todo un mundo de convenciones y falsedades». Fernanda tiene mucho que ver con Electra, la heroína de la obra de Galdós que tanto había impresionado, e inspirado, a los Machado y sus amigos casi treinta años atrás. Como ella, es la mujer liberada que regresa a Madrid desde Francia imbuida de modernidad y de progreso, y como ella se enfrenta con una sociedad en muchos aspectos anquilosada. En realidad poco parece haber cambiado desde entonces, aunque en el verano de 1930 las posibilidades de un cambio político real son mucho mayores. La intención de los hermanos, al concentrar la mirada sobre el mundo político y bancario del Madrid actual, era —lo demostrarán sus comentarios posteriores— expresar el hartazgo de

465

los españoles tras siete años de una dictadura que no sólo había privado al pueblo de los derechos democráticos más básicos, sino que daba un espectáculo de bochornosa mediocridad ante Europa. El error de los hermanos era pensar que valía la pena escribir en verso un drama de tanta relevancia actual, con, para más inri, el habitual bagaje de apartes y otros trucos de un teatro ya caduco. *La prima Fernanda*, así concebida, no tenía la menor posibilidad de pasar de un *tour de force* anticuado, por mucha modernidad que tratasen de inyectarle —el papel en la obra de la radio, por ejemplo, que emite un debate parlamentario, el Bugatti de la simbólicamente nombrada Aurora, los *whiskys*, el «pollo pera», el tenis, las alusiones a la poesía contemporánea (el libro *Seguro azar*, de Pedro Salinas, y la polémica sobre la «deshumanización del arte»), al cine (Charlot), etcétera—, y por mucha sátira que hubiera de los políticos actuales (Román Corbacho) y de las fuerzas reaccionarias (representadas por el ridículo salvapatrias general Bernardino, que al fin se sale con la suya y encabeza un golpe de Estado más).

* * *

Los republicanos están convencidos de que va llegando su hora. El 17 de agosto de 1930, a efectos de planificar la acción necesaria para acabar con la monarquía e instaurar el nuevo régimen democrático, se reúnen secretamente, en San Sebastián, Niceto Alcalá-Zamora y el ex monárquico Miguel Maura, por la Derecha Republicana; Alejandro Lerroux, por el Partido Radical; Marcelino Domingo, Álvaro de Albornoz y Ángel Galarza, por el Partido Radical Socialista; Manuel Azaña, por Acción Republicana (de la cual Machado es miembro desde su fundación en 1926); Santiago Casares Quiroga, por la Organización Republicana Gallega Autonomista (ORGA); y, en representación de los partidos catalanes, Matías Mayol, Jaime Anglada Aiguadé y Manuel Carrasco Formiguera. También asisten, sin ostentar ninguna representación colectiva, Felipe Sánchez Román, Eduardo Ortega y Gasset e Indalecio Prieto. Poco después se logrará el apoyo, en principio, de la Confederación Nacional de Trabajo (CNT), el sindicato anarquista. En San Sebastián se llega a un pacto, nunca formalizado por escrito, según el cual, de triunfar la iniciativa rebelde, utilizando si hace falta la fuerza, se instaurará un Gobierno Provisional que, bajo la presidencia de Niceto Alcalá-Zamora, garantice la libertad religiosa y política y proceda a la elección de Cortes Constituyentes. También se prevén estatutos de autonomía para las regiones que los deseen, después de los necesarios debates parlamentarios.[130]

Los términos del Pacto de San Sebastián no trascienden a la prensa, evidentemente, pero podemos estar seguros de que Machado, como republicano comprometido que es, está al tanto.

El domingo 28 de septiembre se celebra en la Plaza de Toros de Madrid un masivo acto republicano que da la medida del apoyo que existe en el país para acabar con la monarquía. Se calcula que acuden más de quince mil personas. Hablan, entre otros, Alcalá-Zamora, Azaña, Marcelino Domingo, Alejandro Lerroux y Diego Martínez Barrio. El entusiasmo es indescriptible.[131]

Entretanto, después de las vacaciones, Pilar de Valderrama ha vuelto a Madrid con su familia, y se han reanudado los encuentros esporádicos del «rincón» de Cuatro Caminos. En la primera carta de la nueva etapa que se conoce, escrita hacia mediados de septiembre y «manipulada y amputada» después por Valderrama,[132] el poeta compara una vez más su corazón con un reloj casi parado: «Literalmente has dado cuerda a mi corazón. Llevaba muchos días de agotamiento moral y casi fisiológico. Después de verte, salí de nuestro rincón como hombre nuevo. Con decirte que me fui a pie hasta la plaza del Progreso».[133]

Buen trecho, ciertamente: no se anda desde Cuatro Caminos a la hoy plaza de Tirso de Molina en menos de dos horas, sobre todo, como en el caso de nuestro poeta, con los pies mal.

En estos momentos aparece, por fin, en *Los Lunes de El Imparcial*, el largamente meditado artículo de Machado sobre *Esencias*, en el cual, como le dice a Valderrama, lamenta no haber podido decir todo lo que hubiera querido. Y es verdad que se aprecia en la crítica cierta incomodidad, cierta reserva, resultado inevitable de la imposibilidad de iluminar aspectos personales de los poemas que él conoce como nadie, y cuya elucidación habría podido suscitar sospechas en torno a una posible relación suya con la autora. Deja claro, con todo, que el «hondo tema» del libro es el expuesto en la «preciosa *solear*» de la sección *Coplero íntimo* (que contenía, a escondidas, la aportación suya que hemos visto):

> Amar es un ¡siempre! ¡siempre!
> la sed que nunca se acaba
> del agua que no se bebe.[134]

Machado hace hincapié en el énfasis puesto por Valderrama sobre la *caritas* cristiana en poemas como «María Magdalena» y «Piedad», y repite conceptos que le hemos oído antes sobre Jesús, encarnación del amor fraterno y el primero en ver a la mujer como persona, no como objeto, y en pedir «la tregua del eros genésico» o, dicho de otro modo, la superación del «bíblico semental humano». Intuimos que el poeta quiere demostrar a Pilar que entiende la raíz honda de su rechazo del amor físico que él hubiera deseado compartir con ella.

Hay que señalar, además, la pequeña broma que se permite Machado al referirse a su apócrifo Abel Martín, como si de un conocido escritor de carne y hueso se tratara. Las virtudes cantadas por Pilar de Valderrama —piedad, humildad, compasión, castidad—, dice, «Ya para Abel Martín —recordémoslo— eran virtudes mágicas». ¡Recordémoslo! Y luego: «No olvidemos que para Abel Martín fue el Cristo, como salvador, un ángel díscolo, un menor en rebeldía contra la norma del Padre. De este modo alcanzaba —según Martín— la tragedia del Gólgota significación y grandeza». ¡No olvidemos! Se presupone que el lector está al tanto del pensamiento del tal Martín. Entre líneas Machado está dando fe de que sigue con sus apócrifos. Y, de hecho, las reflexiones atribuidas a Martín se desarrollarán, o se citarán casi literalmente, en la larga serie de artículos sobre Juan de Mairena que, a partir de noviembre de 1934, publicará el poeta en el *Diario de Madrid* y, luego, en *El Sol*.[135]

Entretanto los Machado han terminado los dos primeros actos de *La prima Fernanda* y van atrasados con el tercero. Si no se dan mucha prisa será imposible estrenar la obra durante la nueva temporada. Por otro lado *La Lola se va a los Puertos* sigue triunfando en distintos escenarios. Carmen Díaz la ha puesto en Sevilla, con Ricardo Calvo hecho un prodigio en el papel de Heredia, y la va a «reprisar» pronto en el Fontalba. Y ha llegado una carta de Lola Membrives —que en diciembre volverá a España— en la cual anuncia el gran éxito de la obra en Montevideo. El regreso de la famosa actriz puede ser importante para Pilar, piensa Antonio. Quizás a través del amigo Ángel Lázaro podrán hacerle llegar una de sus obras.[136]

De las cartas de estos meses sólo se salvaron de la chimenea de Valderrama unas pocas. Cabe deducir que en el epistolario sacrificado habría alusiones a la situación política. El 26 de octubre

Machado esboza una pequeña reflexión amorosa. Ha visto a la diosa en el «rincón». ¡Qué alegría! «Pero pienso Pilar —manifiesta—, que somos demasiado buenos. ¿Tendremos que arrepentirnos de ello algún día? Arrepentirse de la virtud; ¡extraña paradoja! Las verdades vitales son siempre paradójicas y un poco absurdas. Sólo tú, con tu gran talento, comprendes lo que te quiero decir, y aun lo perdonas en el fondo de tu corazón. Porque todo es amor, diosa mía: lo que te digo y lo que me callo». ¡Ay, el sexo que no puede decir su nombre! El problema, como confiesa Machado a continuación, es que la amada le parece cada día más hermosa. «Y quedamos en que el amor como antiafrodisíaco —acaso no hay otro mayor— es un poco cruel y requiere una cierta ceguera. ¡Cuántas veces he renegado de mis ojos!». Se nota que el poeta ya tiene pericia en moverse por este terreno tan resbaladizo. ¿Qué no le diría a Valderrama en la correspondencia destrozada?[137]

Machado lleva tiempo quejándose de su salud, sospechando que se puede morir pronto, refiriéndose a su hipocondría y otros males por el estilo. Decide a principios de noviembre, siguiendo la recomendación de Pilar, hacerse un «reconocimiento detallado» con su amigo, el conocido doctor Carlos Jiménez Encina. «No estoy bueno, diosa mía —escribe a la musa—. Sólo a tu lado me siento vivir intensamente, con olvido de todo. Sí, en esos momentos, soy feliz, fuerte, joven, sano... Después empiezo a decaer, y a recaer en mi abatimiento». Es, otra vez, la premonición de la tumba, la necesidad de trabajar deprisa para terminar cosas esenciales, «sobre todo el libro que te consagro, y tirar una edición completa y corregida de mis obras. Calculo que necesitaré un par de años. Con eso me contento. Después...Confieso que la vida me pesa mucho. Gracias a ti la llevo con resignación. Pero... esta enorme barrera entre nosotros. Y quién sabe lo que más allá nos espera. ¡Ay! Mucho me temo que todo acabe aquí». Reconoce a continuación que son pensamientos «un tanto fúnebres, propios de los días primeros de noviembre». ¿Y si cae enfermo? Que Pilar no deje de ir a verle. «Será para mí un gran consuelo. Porque tú eres, no dudes, el gran amor de mi vida».[138]

Unos días después, al volver a Segovia, le espera una carta de Pilar con versos que le hacen llorar.[139] Su comentario hace sospechar que se trata del poema, o de un borrador temprano del poema, reproducido años después por Valderrama, muerto ya su ma-

rido, en *Sí, soy Guiomar*, donde explica que lo escribió «dominada por un gran malestar y tristes presentimientos» al ver pasar al
poeta algunas veces, al atardecer (¡pese a la prohibición!), por el
Parque del Oeste, mirando hacia su casa.

El poema, titulado «Testamento de un amor imposible», evoca los encuentros de la pareja en su «rincón» de Cuatro Caminos,
en «El Jardín de la Fuente» de la Moncloa y en su «Tercer Mundo» de ningún sitio:

> [...] Si yo me muero antes, volverás una tarde
> a buscarme en la fronda de aquel viejo jardín.
> Te sentarás de nuevo sobre el banco de piedra
> junto a la fuente aquella que te hablará de mí.
> Si yo me muero antes, recogerás mis versos
> y formarás con ellos un breviario de amor
> que será tu breviario, como si en él tuvieras
> el signo de la vida y de la religión.
>
> Si yo me muero antes, como en las noches nuestras
> en nuestro Tercer Mundo yo te iré a visitar.
> Me sentirás lo mismo que si estuviera viva,
> ¡que para ti, esas noches, he de resucitar!
>
> Si yo me muero antes, llegarás a mi tumba
> a llorar y a llevarme una muda oración.
> Y una rosa sangrienta cortarás de su rama
> que subirá a buscarte desde mi corazón.
>
> ... Y al fin, irás un día a tenderte en el suelo.
> ¿Cerca o lejos? ¡Qué importa! Por la vida pasó
> este amor sin mancharse, y al reencontrarnos luego,
> con mi mano en tu mano, te llevaré hasta Dios.[140]

Parece claro que Pilar, enfervorizada lectora de Dante, había
llegado a verse como una nueva Beatriz con la misión espiritual
de encauzar la sed erótica que su persona provocaba en el poeta hacia el puro manantial cristiano. La imagen de Pilar y Antonio mano en mano camino de Dios, cuando en la vida terrenal tal contacto

físico estaba rigurosamente prohibido por la amada, suscitará en más de un lector, nos imaginamos, una reacción de rechazo. ¿Quién era Pilar de Valderrama para sentirse con derecho a presumir que su misión en el mundo era llevar a Antonio Machado hacia el Cielo católico? A la luz de este poema, queremos decir, no es difícil considerar a Machado víctima de sus propias fantasías y de un lamentable autoengaño. Tampoco es difícil llegar a la conclusión de que le había llovido encima la peor de las desgracias: enamorarse perdidamente de la persona para él menos indicada, una Venus no ya con pieles, sino con cilicio, y a quien, a buen seguro, no le gustaba nada cómo terminaba su carta del 10 de noviembre de 1930: «Te espero esta noche para tenerte muy apretadita contra mi pecho, sin decirte nada, porque nada puedo decirte que no sea: ¡mi reina!, ¡mi diosa!, ¡mi vida!, ¡mi Pilar!». Pero de apretadita contra su pecho, nada. ¿Cuándo hubo caso de amor más desventurada, más cruel para quien no lo había buscado? Puesto que en estos momentos Machado tiene las gafas rotas, con la vista en consecuencia mermada, se le ocurre exponerlo en una copla escrita tiempo atrás:

> Porque más vale no ver
> fruta madura y dorada
> que no se puede coger.[141]

Con Lola Membrives en alta mar, rumbo a España, Antonio y Manuel están luchando por terminar *La prima Fernanda*, alias *Crisis total*, que ahora se llama *La Nueva Cleopatra* y luego volverá a titularse *La prima Fernanda*. Mientras trabaja, a Antonio se le antoja que le siguen llegando los «¿sabes?» nocturnos de Pilar, cuya presencia a veces siente muy próxima. Mejor así, porque, si no, sería ya la desesperación más absoluta, más lóbrega.[142]

Según Depretis, la siguiente carta, escrita entre el 14 y el 20 de diciembre de 1930, ha sido «manipulada, amputada, recortada y después recompuesta» por Valderrama, con la supresión, incluso, de su emotiva despedida: «¡Adiós! El beso infinito» (en una carta anterior la musa había borrado, como vimos, la que decía «¡Adiós! El beso inacabable»).[143]

Es difícil imaginar que en esta misiva, u otra de estos días, Machado no se refiriera a la fracasada sublevación de Jaca, iniciada el 12 de diciembre, que, dirigida por el capitán Fermín Galán y an-

471

ticipándose con torpeza a lo acordado por el Comité Revoluciona-rio Nacional, fue reprimida sin dificultad por las fuerzas guberna-mentales. Sentenciados a muerte Galán y su compañero, el capi-tán García Hernández, el primero, antes de caer, había gritado «¡Viva la República!». Fermín Galán y García Hernández eran los primeros mártires del nuevo régimen de libertades que se aproxi-maba de manera inexorable.[144]

Es de agradecer que, en la carta mutilada que vamos comen-tando, la musa no borrara o amputara el pasaje en que el poeta vuelve a dar parte de su actividad onírica. Un reciente sueño suyo ha sido, de verdad, fabuloso. Se trata otra vez de Unamuno, a quien, como le contó a Pilar en su momento, hubiera querido poder «con-fesar» su «amor entrañable». El poeta ha soñado que está otra vez con ella en Segovia, donde se pasean, a orillas del Eresma, por los claustros del vetusto monasterio de Santa María del Parral. «Allí nos encontramos a Don Miguel de Unamuno, vestido de fraile y cantando *La Marsellesa* —refiere—. ¿Qué te parece el sueño? Des-pués nos cogió de la mano, nos llevó al altar mayor, nos echó una bendición y desapareció. El resto del sueño no puedo recordarlo bien, pero era sumamente grato y complicado con una música ma-ravillosa. No creas que invento nada, diosa mía».

Machado suele oscilar entre creer que los sueños represen-tan deseos que no se pueden expresar en la vida despierta, o que dan voz simbólica a profundos miedos. En este caso lo soñado qui-zás ha sido un amalgama de ambas posibilidades. Unamuno, el español vivo a quien, desde hace tres décadas, más admira Ma-chado, da la impresión de no temer nada ni a nadie y, si los teme, de no dejarse arredrar nunca ante ellos. El poeta quisiera ser como él, capaz de enfrentarse al mundo entero si fuera necesario. Pero a tanto no ha llegado todavía. En su defecto quisiera tener el *nihil obstat* del adusto, y a su manera temible, vasco, convertido en mi-nistro de Dios, ¡pero ministro revolucionario!, para un pleito amo-roso que le llena de zozobra, de frustración y de ansiedad.[145]

* * *

El *tempo* de los acontecimientos políticos no deja de acelerarse. A los sucesos de Jaca sucede, en noviembre, la intentona republicana, tam-bién fracasada, del aviador Ramón Franco, uno de los héroes del vuelo transatlántico del Plus Ultra, en 1926, y hermano de quien, diez años después, se levantará contra la República. Luego, en diciembre, es la debacle de Cuatro Vientos, «dirigida» por el general Queipo de Llano con el apoyo del mismo Ramón Franco, que se ha escapado de sus prisiones militares y vuela sobre Madrid dispuesto a bombardear el Palacio Real (cosa que finalmente no hace por no querer causar bajas). Hay otra desbandada, pero es evidente que el «antiguo régimen» tambalea y que tarde o temprano, quizá más bien temprano, va a caer como una fruta podrida.[146]

El 9 de febrero de 1931 se levanta la censura gubernamental, por primera vez desde 1923, y los periódicos progresistas se aprestan a desvelar no sólo las iniquidades de la dictadura de Primo de Rivera sino las de sus sucesores en el poder, empezando por los fusilamientos de Jaca y los inculpados por Cuatro Vientos.[147] El mismo día José Ortega y Gasset, Gregorio Marañón y Ramón Pérez de Ayala lanzan su Agrupación al Servicio de la República, en cuyo manifiesto afirman que sólo un régimen republicano será capaz de emprender la «soberana empresa de resucitar la Historia de España» y de modernizar el país tanto tecnológica como socialmente. El éxito de la iniciativa es arrollador (quince mil miembros para finales de febrero, veinticinco mil para abril) y confirma que hay en toda España una inmensa sed de República. Machado se adhiere enseguida.[148]

El 13 de febrero dimite el general Berenguer y le toma el relevo, como presidente del Gobierno, el almirante Juan Bautista Aznar, jefe de la Base Naval de Cartagena, quizás propuesto por el poderoso conde de Romanones.[149]

Al día siguiente, 14 de febrero, Ortega, Marañón y Pérez de Ayala acuden a Segovia para dar el primer mitin de su campaña republicana en el teatro Juan Bravo, casi de seguro como detalle para con Machado. La prohibición gubernativa inicial se levanta, y el local, que se abre a las ocho de la tarde, se llena hasta los topes. En la embocadura del escenario se ha colocado un cartel de gran tamaño donde reza la leyenda DELENDA EST MONARCHIA, producto del ingenio orteguiano utilizado por vez primera al final de su contundente acusación «El error Berenguer», publicada el 15 de noviembre de 1930 en la primera plana de El Sol.[150]

Machado preside el acto y presenta brevemente a los oradores. «La revolución no es volverse loco y levantar barricadas —dice—; es algo menos violento, pero más grave. Rota la continuidad evolutiva de nuestra historia, sólo cabe saltar hacia el mañana. Para ello se requiere el concurso de mentalidades creadoras, porque si no la revolución es una catástrofe. Saludo a estos tres hombres como verdaderos revolucionarios, como los hombres del orden, de un orden nuevo».[151]

El 16 de febrero el *Heraldo de Madrid*, además de reproducir los discursos de Segovia, publica en su primera página unas declaraciones de Ortega según las cuales España está asistiendo al triunfo de la Generación del 98. Desde aquella fecha hasta 1931, según el pensador, todo ha sido una «simple anécdota». Pero por fin se ha producido el cambio. Y sigue: «Ahora que se va a estas constituyentes es cuando empieza la reconstitución del país y con ello triunfan los ideales profundamente revisionistas —demoledores y reconstructivos— de toda una generación. Puede decirse que se ha retardado en treinta y tres años el momento de dar cauce a las aspiraciones nacionales representadas por la generación del 98». Es un punto de vista con el cual, sin duda, Machado estaba plenamente de acuerdo.[152]

El deseo del «orden nuevo» preconizado por el poeta en Segovia se registra en todo el país. Cuando, el 6 de marzo, se convocan elecciones municipales para el 12 de abril, es imposible desconocer que España está en vísperas de días históricos después de siete años de «envilecedora esclavitud política», así tildados en una proclama dirigida a los electores madrileños por la Agrupación al Servicio de la República.[153]

Ello se refleja en la truncada correspondencia de Machado con Pilar de Valderrama. Resulta que, el 22 de marzo, *La prima Fernanda* tiene ahora «demasiada actualidad», a la vista de los acontecimientos que se están sucediendo en el país, hasta el punto de que el «figurón» de la obra —el político fantoche Román Corbacho— se parece mucho, sin que haya sido la intención de los hermanos, al político liberal Santiago Alba. La comedia debería de haberse estrenado cuatro meses atrás. Machado estima, con razón, «que se avecinan acontecimientos políticos», y piensa que esta vez no habrá sangre derramada. Y así será.[154]

Siete días después comunica a la amada, exultante, que ha estado con Unamuno, quien le ha hablado elogiosamente de *Huerto cerrado*, pero sin mencionar *Esencias*. ¿No se lo había mandado? ¿O es que en la mente del vasco los dos libros se han fundido en uno?

Los raros amantes se siguen viendo en el «rincón», donde Pilar le parece a Machado, para tortura suya, «cada día más hermosa». Y continúan las visitas consoladoras de la diosa al «Tercer Mundo». Se va aproximando la primavera, y Machado se pregunta cómo estará el Jardín de la Fuente. Le han dicho que la Ciudad Universitaria va invadiendo el distrito, «y que acabará con ella». «¡Qué iniquidad! He aquí un motivo más para [...]». ¿Para qué? «A continuación —apunta Depretis— hay dos líneas borradas por PV [Pilar de Valderrama] que son indescifrables».[155]

    ¿Qué decían? No lo sabemos. En cuanto al Jardín de la Fuente, existe todavía, intacto y lozano, al lado de la Presidencia del Gobierno, dentro del recinto de La Moncloa.

* * *

El domingo 12 de abril de 1931 hace un tiempo primaveral en casi toda España, y la gente afluye masivamente a los colegios electorales, abiertos desde las ocho de la mañana, para votar a sus ediles. La jornada se desarrolla, con alguna mínima excepción, dentro del más estricto civismo. Aquella noche, cuando se difunde la noticia de que los republicanos han arrasado, Machado escribe a la diosa unas palabras en las cuales parece subyacer el temor de que los acontecimientos pudieran ser motivo de conflicto entre ellos. Está claro que Valderrama le ha expresado su inquietud en relación con lo que está pasando. «Algo me preocupan también las noticias que aquí circulan sobre la agitación política —concede el poeta—. Procura en estos días, diosa de mi alma, no salir ni andar por el centro de Madrid. Como el triunfo antidinástico ha sido abrumador, temo disturbios graves. Veremos. Por mi parte, ahora que veo demasiado cerca un posible triunfo de la República, pienso en formar en partidos los más alejados del poder. Es nuestra misión. Yo visitaré a don Miguel de Unamuno, como le prometí».[156]

    Al día siguiente, 13 de abril, resulta evidente que el triunfo republicano en las urnas municipales significa el fin de la monarquía. Por lo que toca a Segovia, la bandera republicana se iza, alrededor de las seis de la tarde, en el Ayuntamiento. Y participa en el acto Machado con otros amigos.[157]

    El martes 14 de abril la Segunda República es un hecho incontestable. A las ocho de la tarde se organiza en la Casa del Pueblo segoviana una multitudinaria manifestación encabezada, en representación de la Agrupación al Servicio de la República, por Rubén Landa,

475

Antonio Ballesteros y Machado. Los siguen dirigentes de la Casa del Pueblo y de Alianza Republicana. Al llegar al Azoguejo, a la sombra del acueducto, son recibidos con aplausos y vítores. Desde allí se dirigen a la Plaza Mayor. A cada paso se les añaden más gentes.[158]

Poco después los representantes de las distintas formaciones entran en el Ayuntamiento y aparecen en el balcón central del edificio al lado de la bandera republicana. Hay discursos ¡cómo no! El presidente de la Casa del Pueblo —Pablo Velasco— recomienda la tranquilidad más absoluta, y pide un minuto de silencio en memoria de Fermín Galán y García Hernández, los mártires de Jaca. Toma la palabra a continuación el presidente del Casino, de Alianza Republicana, Segundo de Andrés, que se felicita «por el triunfo de la República y por el orden con que se ha proclamado ésta». Se expresa en el mismo sentido el abogado Pedro Rincón. Machado no dice nada, quizás por modestia. Terminado el acto, y acatando las indicaciones de los oradores, los manifestantes se dispersan «en medio del mayor entusiasmo y corrección».[159]

El 15 de abril el poeta da cuenta de lo sucedido en la ciudad a Valderrama. Cuenta parcial, minimizando con cautela su propia participación en los hechos: «Recibí tu carta, diosa mía, el miércoles a mi vuelta de Segovia, después de tres días de trajín e insomnio por los sucesos políticos. Fuimos unos cuantos republicanos platónicos los encargados de mantener el orden y ejercer el gobierno interino de la ciudad. He aquí toda la intervención de tu poeta en el nuevo régimen, del cual he de permanecer tan alejado como del viejo». En la misma carta revela que, ¡por recomendación de la amada!, ha estado hojeando *La Conquista del Estado*, la revista fascista que acaban de lanzar Ramiro Ledesma Ramos, Ernesto Giménez Caballero y Juan Aparicio. Se sobreentiende que a Valderrama le ha interesado. Machado le dice que le parece «un periodiquillo sin importancia, escrito por unos cuantos jóvenes que no saben lo que quieren ni lo que dicen. Por un lado simpatizan con Mussolini y el fascio italiano, por otro, con la Revolución rusa. Eso no es nada, ni tiene la menor trascendencia». El poeta sabe que, cuando es cuestión de hablar de política con la diosa, más vale andar con pies de plomo. Si fue así antes, ahora mucho más. Cabe pensar que el riesgo de perderla por razones ideológicas le parecía ahora muy real.[160]

Por desgracia se trata casi de la última carta del poeta a Valderrama que ha sobrevivido, de modo que es imposible seguir el curso del diálogo sociopolítico de la pareja durante los años republicanos. Lo seguro, de todas maneras, es que, desde el primer momento, la llegada del nuevo régimen se le antojó a la amada un desastre para España, según dice en sus memorias. Influyó en ello el hecho de que coincidió tal llegada con la agonía de su madre, quien, tras una larga enfermedad, falleció, como si de un sombrío presagio se tratara, el 8 de mayo de 1931. «Nunca se borró de mi memoria la noche del 14 de abril —escribe en *Sí, soy Guiomar*— cuando yo la estaba velando, mientras el rey Alfonso XIII salía justamente a aquella hora de España, para no volver más. Era el prólogo de lo que luego había de venir y que yo vi aquella noche con claridad meridiana, casi de visionaria: el sufrimiento que a los españoles nos aguardaba».[161]

Seis años después, en plena guerra, el poeta recordará, con más entusiasmo que el transmitido en su momento a Valderrama, lo que para él significó la proclamación de la República. Lo hace a través de su Juan de Mairena «póstumo» y, al parecer, pensando sobre todo en la tarde del 13 de abril de 1931:

¡Aquellas horas, Dios mío, tejidas todas ellas con el lino más puro de la esperanza, cuando unos pocos viejos republicanos izamos la bandera tricolor en el Ayuntamiento de Segovia!... Recordemos, acerquemos otra vez aquellas horas a nuestro corazón. Con las primeras hojas de los chopos y las últimas flores de los almendros, la primavera traía a nuestra República de la mano. La naturaleza y la historia parecen fundirse en una clara leyenda anticipada o en un romance infantil:

> *La primavera ha venido*
> *del brazo de un capitán.*
> *Cantad, niñas, en corro:*
> *¡Viva, Fermín Galán!*

Florecía la sangre de los héroes de Jaca, y el nombre abrileño del capitán muerto y enterrado bajo las nieves del invierno era evocado por una canción que yo oí cantar o soñé que cantaban los niños en aquellas horas:

> *La primavera ha venido*
> *y don Alfonso se va.*

Muchos duques le acompañan
hasta cerca de la mar.
Las cigüeñas de las torres
quisieran verlo embarcar...

Y la canción seguía, monótona y gentil. Fue aquel un día de júbilo en Segovia. Pronto supimos que lo fue en toda España. Un día de paz que asombró al mundo entero. Alguien, sin embargo, echó de menos el crimen profético de un loco, que hubiera eliminado a un traidor. Pero nada hay, amigos, que sea perfecto en este mundo.[162]

¡Un traidor! ¡Y más de uno, que no tardarán en ponerse manos a la obra o que ya lo están haciendo! Desde el momento de su proclamación la República tiene en contra no sólo la depresión económica mundial, sino la férrea oposición de la Iglesia católica y de las fuerzas reaccionarias del país.

El Gobierno Provisional muestra sus dientes nada más empezar su andadura, en cumplimiento de lo pactado en San Sebastián. El 15 de abril deroga por decreto el odiado Código Penal de la Dictadura (el de 1923, conocido como Código de Galo Ponte).[163] El día 17, la inicua Ley de Jurisdicciones según la cual, desde 1906, los supuestos delitos cometidos por civiles contra el ejército eran juzgados por tribunales militares.[164]

El 24 de abril, en medio de tanto bullicio, Irene López Heredia estrena *La prima Fernanda. Comedia de figurón* en el teatro Reina Victoria. Los hermanos se apresuran a manifestar la víspera que la obra se escribió tiempo atrás, que circunstancias ajenas a su voluntad demoraron su estreno, y que, con la llegada del nuevo régimen, su temática quedaba menos actual y... menos polémica. «*Escenas del viejo régimen* la titulamos —declaran a *Abc*—, porque, pensando piadosamente, suponemos que sea ese mundo el que ha terminado su *karma* en los días que hoy vivimos». En cuanto al subtítulo, la obra se llama *comedia de figurón* «porque hay en ella una máscara ridícula, la caricatura genérica del hombre político que padece España hace tres cuartos de siglo. No es obra de clave, no alude directa ni embarazosamente a nadie».[165]

El día del estreno, Juan González Olmedilla, del *Heraldo de Madrid*, entrevista a los autores, que insisten sobre el extraordinario cambio que se acaba de producir en la vida española con la instauración de la República, y alegan que su obra, empezada hace año y medio, tiene en este sentido algo de «présaga», al describir un mundo político corrompido al borde del colapso. «*La prima Fernanda* no la hubiéramos escrito ahora, desterrado aquel régimen de figurones —insisten—, porque no nos parecería gallardo el dar lanzadas a moro muerto».[166]

El estreno es un éxito y los autores tienen que salir repetidas veces al escenario. La bella López Heredia resulta impecable en el papel de Fernanda, Francisco López Silva divertidísimo en el muy difícil de Corbacho (¿cómo no caer en la trampa de la caricatura?), y Mariano Asquerino encarna a la perfección al elegante y cínico financiero Leonardo.

Matea Monedero, la mujer de José Machado, decía recordar, años después, que durante la representación su marido le había señalado a una mujer, en uno de los palcos, «que lucía un peinado muy aparatoso, por lo que me llamó extraordinariamente la atención». Se trataba, según le diría José, de «la que está persiguiendo a Antonio». Según Monedero el poeta salió durante un entreacto para hablar con ella. A José Machado la relación de Antonio con la Valderrama no le hacía gracia alguna.[167]

La crítica, con algún pequeño reparo, se mostró benévola con *La prima Fernanda*, tanto con la obra en sí como con el montaje, y supo apreciar, entre otras cosas, los guiños a usos lingüísticos, modas e innovaciones técnicas de última hora (jerga deportiva, transmisión radiofónica del discurso en las Cortes de Corbacho, automóviles), así como la alusión al debate sobre «la deshumanización del arte» y la «poesía pura» (el pequeño rifirrafe al respecto entre Fernanda y el joven poeta Jorge encanta al público).

En cuanto a la intención política de la obra, Antonio de la Villa, de *La Libertad*, no albergaba dudas al respecto: se había escrito a raíz de la caída «de aquella odiosa Dictadura que colmó de oprobio a nuestro país», y era «fiel reflejo de nuestra mísera vida española, esclavizada hasta hoy por ese mundo aristocrático donde vivía rutilante el financiero cauteloso, el político camaleónico, las damas del "flirt", los generales cuarteleros, toda la podredumbre que ha habido que barrer en un esfuerzo generoso del pueblo».[168]

Varios críticos, si bien elogiaban la sobria versificación de la obra, consideraban que hubiera sido mejor, no obstante, acudir a la prosa. Enrique Díez-Canedo, por ejemplo: «Ni una vez se permiten [los autores] la tirada lírica, en estos versos cortados y sinuosos que, siendo verso, tienen calidades de prosa. Nos preguntamos si no valdría más que fuesen prosa verdadera...».[169] «Está escrito en verso, en el romanceo octasílabo de los clásicos —señalaba Luis Araújo-Costa—, pero los autores se [las] ingenian para que ostente calidades de prosa y lo consiguen con frecuentes encabalgamientos».[170] El consenso era que, tomada la decisión de optar por el verso, según su costumbre, los autores se habían lucido, como incumbía a dos grandes poetas empeñados en continuar la tradición del teatro clásico.

Hubo un crítico que, a contracorriente, tuvo la valentía de decir que la obra le parecía no sólo defectuosa sino rematadamente mala, pese a los elogios que recibía. Para Antonio Espina, poeta y narrador, casi veinte años más joven que los Machado, era lamentable que dos auténticos poetas hubiesen deformado «los valores líricos de sus grandes estilos hasta convertirlos en un magma confuso de elementos inexpresivos» al servicio de una comedia pretendidamente moderna. ¿Moderna? El general don Bernardino —«general bufo de los de ¡voto a mil bombas!»— y Corbacho, figura proveniente de la farsa italiana, eran «caricaturas pueriles» y anacrónicas, «vetustas efigies que no debe sacar a estas alturas de la putrefacta guardarropía en que yacen ningún autor de mediano bueno gusto». ¡Putrefacta guardarropía! Gracias a Dalí, Buñuel y Lorca, el adjetivo se había puesto de moda en la Residencia de Estudiantes y su zona de influencia para designar a todo lo rancio, aburguesado y reaccionario. Antonio Espina creía que la obra lo merecía con creces:

No sé dónde he leído que «La prima Fernanda» es obra de gran modernidad. Hace falta no estar enterado de nada para afirmar semejante estolidez. El hecho de que los autores hayan entremetido en el juego del seudoargumento un episodio financiero a la francesa y de que hayan bosquejado un par de tipos de muchachos vanguardistas que hacen un poco de deporte y charlan con audacia (en tanto el más espeso destino burgués, el del matrimonio, les aguarda), no autoriza a dar patente de modernidad a esta comedia. Ni mucho menos. Es vieja, y pesada, y mediocre, y sensiblera.[171]

Los hermanos, en resumen, debían limitarse a escribir poesía, Antonio con la «melancolía ardiente» que era lo suyo, Manuel con su habitual «garbo rítmico». No sabemos cómo reaccionaron los autores ante tal rapapolvo, muy saludable en medio de tanta adulación. Sea como fuere, tendrían pronto otra ocasión para vérselas con el acertadamente apellidado Espina.

La prima Fernanda tuvo treinta y dos representaciones, un éxito razonable pero lejos de las míticas cien que, en el caso de los Machado, sólo alcanzaría La Lola se va a los Puertos.[172] El 31 de mayo de 1931 la editó, como las dos obras anteriores, la revista La Farsa, con dibujos de José Machado. Iba dedicada por los dos autores a Irene López Heredia, «maravillosa Fernanda».[173]

* * *

Siguen con ritmo trepidante las reformas introducidas por el Gobierno Provisional. Al día siguiente del estreno de La prima Fernanda, 25 de abril, es el turno del decreto, luego conocido como «Ley Azaña», que concede el paso a la reserva, o a situación de retirado, a los generales, jefes y oficiales que así lo soliciten. Y es que el ejército está sobrecargado de oficiales.[174]

Los hombres que han traído la República tienen claro que la principal obligación del nuevo régimen, sin minimizar las demás, es mejorar la calidad de la enseñaza primaria y secundaria, dominada desde hace siglos por la Iglesia. En 1931 el 32,4 por ciento de una población de veinticinco millones es analfabeto, y los republicanos calculan que hacen falta 27.150 escuelas nuevas, nada menos. Se pone inmediatamente en marcha un plan quinquenal para tratar de paliar tan lamentable situación. La meta: siete mil escuelas el primer año y cinco mil cada uno de los cuatro siguientes. Se alcanzará el objetivo del primer año, lo cual es casi increíble; en 1932 se abrirán 2.580; y en 1933, antes de que las derechas accedan al poder, 3.990. A lo largo de los treinta años anteriores sólo se habían inaugurado 11.128 escuelas, o sea unas 366 al año. La comparación habla por sí misma.[175]

El 1 de mayo de 1931 se celebra con intenso júbilo, a lo largo y a lo ancho del país, la fiesta del trabajo. Hay imponentes manifestaciones. En Salamanca marchan juntos, cogidos del brazo, Unamuno —ahora, tras su exilio, más famoso y popular que nunca— y el líder socialista excarcelado Francisco Largo Caballero. Queda la imagen para la Historia.[176]

Y llegan más decretos. El 6 de mayo el que suprime la obligatoriedad de la enseñanza religiosa y, el 8, el que reduce las dieciséis divisiones del Ejército a ocho.[177]

Si Antonio Machado es declaradamente republicano, no se queda a la zaga Manuel, que ha puesto letra a la música que acaba de componer el alicantino Óscar Esplá para el posible himno nacional del nuevo régimen (que, de manera provisional, ha adoptado el de Riego). Según *Ahora* del 26 de abril, el himno de Esplá y Machado se va a oír por primera vez aquella tarde en el Ateneo. La letra de Manuel Machado empieza:

Es el sol de una mañana
de gloria y vida, paz y amor.
Libertad florece y grana
en el milagro de su ardor.
¡Libertad!
España brilla a tu fulgor,
como una rosa de Verdad.[178]

El proyecto de Esplá y Manuel Machado no prospera, pero quedaba la letra como demostración del republicanismo del mayor de los Machado. Por estos mismos días entrevista a los dos hermanos, «en un café castizo del castizo Madrid», el periodista Francisco de Viu. Ambos se expresan muy satisfechos con la llegada de la República —que consideran «la forma racional de gobierno, y por ende, la específicamente humana»— y en desacuerdo con los «cucos» para quienes los modelos de gobierno son «accidentales» y no tienen importancia en sí. La referencia va por los grupos católicos y monárquicos que, a los pocos días de proclamada la República, ya se están organizando para la férrea defensa de sus intereses en la nueva situación, sobre todo en el campo de la enseñanza. Grupos cuyo portavoz es el diario *El Debate*, dirigido por Ángel Herrera Oria, y cuyo máximo líder político será, muy pronto, José María Gil Robles. Los hermanos aplauden los decretos ya promulgados por el Gobierno Provisional —mencionan específicamente la derogación de la Ley de Jurisdicciones y del «cavernario» Código Penal de la Dictadura de 1923, la libertad de cultos, las reformas introducidas por Azaña en el Ejército—, y esperan con ilusión las que se proyectan en Justicia, Instrucción Pública, Hacienda, Trabajo y otros ministerios. Opinan, con razón, que el problema religioso «es el más difícil y delicado». ¿Cómo afrontarlo, cómo resolverlo? «Conviene educar al pueblo para que ahonde y depure su sentimiento religioso —manifiestan—. El Estado no ha de avasallar a la Iglesia, pero sí ejercer sobre ella una tutela amorosa, obligar a los curas a cumplir más fiel e intensamente su misión, sin invadir otra esfera que la puramente religiosa, mejorar su situación económica y elevar, sobre todo, el nivel de su cultura».[179]

¿Tutela amorosa sobre la Iglesia? ¿Obligar a los curas a cumplir mejor con su misión? El Gobierno Provisional ya está topando con una Iglesia que se opone de manera frontal al proyecto de una España laica y progresista. Y todo empeora algunos días después cuando, el 7 de mayo, el cardenal Segura, arzobispo de Toledo y primado de España, se refiere en una carta pastoral a la peligrosa amenaza que suponen para los «derechos» de la Iglesia los proyectos del nuevo régimen. La quema de conventos en Madrid el 11 de mayo, no ajena al contenido de dicho documento, convence a la jerarquía católica de que hay que ir a una confrontación sin cuartel, y dará lugar, el 2 de junio, a la carta de protesta colectiva de los obispos. ¡Y todavía la República no habrá cumplido dos meses de vida![180]

* * *

La llegada del nuevo régimen da al «hipocondríaco» poeta otra razón muy poderosa —ya no es sólo Pilar de Valderrama— para seguir viviendo y luchando. Debió de comprender que tenía la obligación de ponerse al servicio incondicional, sin demora, de una causa que llevaba en la sangre.

En mayo de 1931 el Gobierno Provisional lanza una de las grandes iniciativas de la República: las Misiones Pedagógicas, cuya cometido es llevar cultura —teatro, cine, discos, libros, reproducciones de cuadros del Prado, conferencias— a los pueblos y las aldeas más aislados y desfavorecidos de la geografía española. Machado muestra un vivo interés por esta labor —que, con seguridad, le recuerda los esfuerzos de la Universidad Popular de Segovia— y no duda en apoyarla y ser uno de sus impulsores. Luego, a principios de junio, no sólo participa en la puesta en marcha de la delegación segoviana de Acción Republicana, el partido de Manuel Azaña al que pertenece desde 1926, sino que accede a ocupar un puesto en su comité ejecutivo. El 21 de junio firma con otros compañeros de Acción Republicana un manifiesto dirigido a los segovianos. Nada, pues, de ver los toros desde la barrera: quiere ayudar a construir la Segunda República, como habían ayudado su padre y su abuelo a construir la Primera.[181]

El 28 de junio de 1931 las elecciones generales a las Cortes Constituyentes dan una amplia victoria a la conjunción socialista-republicana. Parece ser que la nueva democracia va bien encaminada.

Unos días después Pilar de Valderrama, con los nervios alterados por la muerte de su madre, y también por lo que está ocurriendo en el país, en absoluto de su gusto, se va con los suyos a Hendaya, aconsejada por el doctor Gregorio Marañón. Y hasta allí, si hemos de fiarnos del testimonio de la diosa, llega, en una «breve escapada», el poeta. «No nos vimos en la playa —escribirá Valderrama en *Sí, soy Guiomar*, poniendo los puntos sobre las íes—, sino en un camino que partía casi enfrente del hotelito que habitábamos, situado en la carretera que conduce a la playa. El camino iba subiendo y desde lo alto —donde estuvimos un rato sentados a media tarde— se veía el mar».[182] La llamada de atención iba para Justina Ruiz de Conde quien, en *Antonio Machado y Guiomar* (1964), después de hablar con Valderrama, se había tomado la libertad de evocar una escena luego negada vehementemente por la musa. Según Ruiz de Conde, Machado había llevado a Pilar —a San Sebastián, no a Hendaya— unos zarcillos de oro terminados en un pendiente de nácar. «Se niega la amada a aceptarlos —sigue Ruiz de Conde—, pero el poeta la convence y la adorna, al fin, con el regalo. (La escena empieza en la Zurriola, en una noche encendida de verano, ya casi al amanecer; los enamorados bajan, después, a la playa.) Pretende besarla, pero ella se retrae, vuelve bruscamente la cabeza y el beso se pierde porque cae un pendiente».[183]

Valderrama tenía el mayor interés en negar, años después, aquel intento de beso, luego aludido por Machado en «Otras canciones a Guiomar» (CLXXIV), pero por lo menos corroboró que había ido a verla, aunque fuera a Hendaya y no a San Sebastián.

¿Durante su breve visita a la amada le puso el poeta al tanto de la marcha de *La duquesa de Benamejí*, la nueva obra de teatro que está escribiendo con Manuel? Cabe pensar que sí. Después de *La prima Fernanda* —que, como queda dicho, tuvo treinta y dos representaciones—[184] los hermanos habían decidido volver a la Andalucía rural y esbozar un drama situado en los malos tiempos de Fernando VII y los Cien Mil Hijos de San Luis. La idea de ubicar la acción en la Sierra de Quesada fue, sin duda, de Antonio —hay reminiscencias de su excursión al santuario de la Virgen de Tíscar y de los poemas inspirados por la misma—, y quizás, también, el origen de la protagonista. ¿Por qué procede la duquesa, precisamente, de Benamejí, pueblo del sur de Córdoba, y no de otro lugar? Es posible que influyera en ello el famoso romance de García Lorca, «Reyerta», donde los cuchillos de la envidia, manejados por hijos de Benamejí, acaban con la vida de Antonio Torres Heredia (así como hace la navaja de Rocío, la celosa gitanilla, con la de la duquesa). Pero más importante, quizás, es que Benamejí no dista mucho de Montilla, donde Pilar de Valderrama había pasado parte de su infancia, y en cuya iglesia de San Francisco Solano —patrono de la localidad— estaba enterrado su padre.[185]

Lorenzo Gallardo, el heroico bandido de la comedia, nacido en Quesada, es otro personaje machadiano para quien el primer amor es el único. En Benamejí, cuando era el humilde «niño del olivar», se había enamorado de la futura duquesa. Nunca la ha olvidado. Ella tampoco a él. Y ahora, capitán de la serranía y encarnación de la libertad, Lorenzo —enemigo de todo lo que representa el *establishment* a que pertenece la amada— tiene la posibilidad de rescatar a ésta, de hacerla suya. Y, claro, se sale con la suya, aunque todo acabará en la muerte.

El tema de la obra era trillado, manoseado. Y el hecho de estar escrita en una mezcla de verso y prosa, en vez de sólo en verso, tampoco le iba a prestar necesariamente el aire de «modernidad» que el público tenía derecho a esperar de un drama contemporáneo.

La obra revelaba el conocimiento que tenía Antonio del libro de Victor-Aimé Huber, *Skizzen aus Spanien* (1829), traducido al francés, con mucho éxito, en 1830, como *Esquisses sur l'Espagne*, y mencionado por el poeta varias veces, con aprobación, en *Los complementarios*, donde apunta que, si bien anterior al viaje de Prosper Mérimée, contenía toda la España del autor de *Carmen*.[186] «Se encuentra usted, capitán, en plena España de Van Huber», le dice Don Antonio, con sorna, al oficial francés Delume. El problema, sin embargo, era que *La duquesa de Benamejí*, a no ser que la intención de los Machado fuera paródica —y no lo creemos—, apenas salía del mismo ambiente de tipismo.[187]

Pero decidieron seguir adelante. Después dirían que escribieron la obra «con amor, sin gran esfuerzo y por solaz y alivio de ocupaciones menos gratas», con la voluntad, claro, de que entretuviera.[188]

Durante el verano de 1931 y los meses siguientes los diputados de las Cortes Constituyentes elaboran febrilmente el texto de la Magna Carta. Hay debates apasionados. El más intenso se desarrolla en torno a la cuestión religiosa, como era de prever. Se inicia el 8 de octubre y lo protagonizan Fernando de los Ríos y José María Gil Robles.[189] El 14 de octubre *El Sol* anuncia en primera plana que Manuel Azaña, desde dos días antes presidente del Gobierno, acaba de declarar en un «sensacional discurso» en el Parlamento, y con toda la intención que lo caracteriza, una frase de enorme calado: «España ha dejado de ser católica». La derecha no se la perdonará nunca. Y, a lo largo de toda la República, Azaña y De los Ríos serán para ella las bestias negras del nuevo régimen, bestias a las cuales nunca dejarán de atacar con rabia, con desprecio, con odio, a menudo bajándose a los insultos personales más rancios y más repelentes.

Cuando la Constitución se aprueba el 9 de diciembre de 1931 está en la calle el número de la *Revista de Occidente* correspondiente a noviembre, con portada y contraportada hermosamente ilustradas por la pintora Maruja Mallo, compañera de Rafael Alberti (y luego de Miguel Hernández). Abren el número los alucinantes «Recuerdos de sueños [sic] , fiebre y duermivela» de Machado, que comentamos antes. Con su atribución al *Cancionero apócrifo* de Abel Martín, los versos cogieron con el paso cambiado, sin duda, a quienes sólo conocían los poemas de *Nuevas canciones*.

En estos momentos de ilusión republicana Machado vuelve a trabajar en su discurso de ingreso en la Academia de la Lengua —que nunca leerá—, hasta cierto punto para complacer a la siempre ambiciosa Pilar de Valderrama, que no entiende que, siendo académico, su poeta no quiera ocupar su sillón. El texto sólo se conoce por un borrador mecanografiado incompleto perteneciente a la Hispanic Society de Nueva York.[190] Versa sobre la literatura contemporánea en general y la poesía en particular —ambas, para Machado, las últimas consecuencias del solipsismo del hombre del siglo XIX y, por ende, en crisis radical—, y retoma argumentos y puntos de vista expresados con anterioridad, especialmente en el ensayo sobre José Moreno Villa y, con fecha más reciente, en las declaraciones de Machado a *La Gaceta Literaria* sobre la juventud literaria actual. El discurso tiene además el interés de confirmar que el poeta sigue involucrado en la elaboración de su apócrifo Juan de Mairena, a quien trasladará numerosas ideas sobre la literatura apuntadas en estos renglones.[191]

Gerarado Diego está ultimando por estos días la preparación de su luego famosa *Poesía española. Antología 1915-1931*, que, iniciada por un amplio florilegio de Rubén Darío, saldrá a principios de marzo de 1932. Machado le envía, además de algunos pormenores de sus viajes, una elegante «Poética». En ella vuelve a insistir en que la poesía, la poesía auténtica, es «palabra esencial en el tiempo», y a expresarse «algo en desacuerdo» con los poetas actuales —que forman el meollo de la antología—, sobre todo por su utilización de imágenes «en función más conceptual que emotiva». De la primera etapa machadiana Diego reproduce (damos en cada caso el número romano de *Poesías completas)* el XXVIII («Crear fiestas de amores...»), el LIX («Anoche cuando dormía...»), el LXII («Desgarrada la nube...») y el LXXXVIII («Tal vez la mano, en sueños...»). De las épocas castellana y baezana, «Campos de Soria» (CXIII, VII, VIII Y IX), «A José María Palacio» (CXXVI), «Poema de un día» (CXXVIII, vv. 1-87) y «Proverbios y cantares» (CXXXVI, XXXV, XLI, XLIV y XLVI). De la de *Nuevas canciones*, «Galerías» (CLVI, IV y VI), «Iris de la noche» (CLVIII, X), «Proverbios y cantares» (CLXI, XIX-XXI, LII, LXIV), CLXIV (los sonetos «El amor y la sierra» y «Los sueños dialogados»), CLXV (los sonetos «Verás la maravilla del camino...» y «¡Esta luz de Sevilla!... Es el palacio...»), CLXVII (el soneto «Rosa de fuego»; las coplas I, II, III y IX del número [XII]; y el soneto «Al gran Cero»). La selección se cierra con «Apunte de sierra» («Abrió la ventana...»), nunca recogido en libro*, y dos secciones de las «Canciones a Guiomar» (CLXXIII, II y III).

Criticable como cualquier antología, la de Gerardo Diego daba una idea bastante cabal del marcado acento temporal que, según su propia estética, Machado quería imprimir a sus versos.

La publicación de la antología coincide con la de una Orden gubernamental, fechada 19 de marzo de 1932, según la cual, a petición del secretario del Patronato de las Misiones Pedagógicas, se autoriza a Machado para residir en Madrid durante el resto del curso, «para la organización del Teatro popular». Podemos imaginar con qué ilusión el poeta abandonó provisionalmente sus deberes en Segovia para dedicarse en la capital a un trabajo tan acorde con sus convicciones. El permiso, al parecer conseguido gracias a la intervención de Luis Álvarez Santullano, que coincide con Ma-

---

* *Macrí(1)*, pág. 799.

chado en las reuniones del Patronato, también significaba la posibilidad de ver con más frecuencia a Pilar de Valderrama.[192]

Una semana después, el 26 de marzo, Margarita Xirgú estrena *La duquesa de Benamejí. Drama en tres actos, en verso y en prosa*, en el teatro Español. Los críticos se ven en un penoso dilema. Los hermanos Machado son famosos y muy respetados. ¿Cómo decir, entonces, que se trata de una obra de tema tan desgastado como de dramaturgia periclitada? Se aferran, naturalmente, al hecho de que por primera vez los autores han recurrido a la prosa, aunque mezclada con los versos, lo cual, para Enrique Díez-Canedo, en *El Sol*, constituye «cosa nueva» y trae a la memoria ciertos pasajes de *Don Álvaro* (otros críticos también relacionan la obra con el famoso drama del duque de Rivas).[193] Pero se nota entre líneas, pese a los elogios de rigor a la trama y a la maestría de la composición, el aburrimiento de los encargados de reseñar el drama.

Sólo Antonio Espina, una vez más, tiene la valentía de declarar sin ambages que *La duquesa de Benamejí* es un intento fallido. Se trata, para él, del «libreto de una zarzuela» —una zarzuela «de alta calidad literaria», por supuesto— para la cual no se ha compuesto todavía la música, y que «todos» echaron de menos la noche del estreno. La gran equivocación de los autores, en opinión de Espina, ha sido «vitalizar un tipo de poema dramático que ya no tiene resonancia alguna en nuestros nervios». Y sigue, con palabra certera: «Es inútil repetir efectos de viejo teatro. El romanticismo histórico es ya pieza de museo. Tuvo su valor emotivo, fresco y auténtico, sobre las almas de nuestros abuelos [...]. Hoy carece de sentido para almas que viven un clima moral y artístico muy distinto de aquél en que se formó el teatro, la novela y el periodismo romántico». Total: «Una especie de melodrama inocente y desatinado». A Espina no le faltaba razón.[194]

Como era inevitable, ningún crítico se preguntó por el hecho de situarse la acción en la Sierra de Quesada, ni captó la «intertextualidad» de ciertas alusiones a los poemas inspirados por la excursión de Antonio al santuario de la Virgen de Tíscar, y que había dado a conocer en *Nuevas canciones*.

En cuanto al aspecto político de la obra, la crítica no valoró el «protofascismo» del duque, adulador de Fernando VII, que se expresa encantado con la intervención de los Cien Mil Hijos de San Luis, quienes, con la ayuda de buenos patriotas españoles como él, «están limpiando de mala semilla nuestra tierra». Cuando el mismo personaje despotrica, a continuación, «Mal año para la España libertina. Masones, comuneros, carbonarios, ¡ya os llegó vuestro San Martín! ¡Constitucionalistas! Sólo la palabra me hace reír»,[195] la alusión a los enemigos declarados de la Segunda República parece fuera de duda (República cuya Constitución, de tan reciente aprobación, empieza con la declaración de que «España es una República democrática de trabajadores de toda clase»). Pero la prensa del momento no registra comentario alguno acerca de este aspecto de la obra.

La duquesa de Benamejí cosecha un éxito de público suficiente para que la publicación semanal *La Farsa* la edite quince días después en su célebre colección de obras actuales.[196]

Entretanto *La Lola se va a los Puertos* sigue triunfando en distintos montajes y escenarios, entre éstos, el 25 de mayo, el teatro de la Latina, por demanda popular y de la mano de Ricardo Calvo. «Un triunfo más de La Lola, que sólo en la copla se entrega —escribe Antonio el día siguiente, exultante, a Pilar—. ¿Y cómo no había de triunfar obra que inspira, ampara y protege una diosa?». El poeta no ha podido asistir a la velada debido a sus «achaques»: está en la cama después de «un nuevo ataque hepático», con «tremendos vómitos de bilis», y dice que tendrá que «volver a un régimen muy severo», régimen que ha descuidado un poco, «no mucho, pues en verdad no creo haber cometido ningún abuso». Que Pilar no se alarme ni se preocupe: el «nuevo arrechucho ha sido un aviso» que respetará. La carta exhala el tono «hipocondriaco» de misivas anteriores. Además la madre, Ana Ruiz, que ahora tiene 78 años, también ha estado indispuesta, y se colige que, para completar el cuadro de tristeza, la propia musa, pues el poeta le recomienda que no deje de visitar al médico «para estos dolorcillos de que me hablaste».[197]

El 2 de junio de 1932 es el cuarto aniversario del encuentro de Machado y Pilar. «Heme aquí otra vez frente a la primera noche de verano, o algo parecido, con mi balcón abierto y pensando en mi diosa —le escribe el poeta, enardecido—. Fue una noche como ésta —tal vez del mismo día de Junio— cuando nos conocimos en Segovia y vimos juntos, desde la explanada del Alcázar, el panorama castellano, a la luz de la luna, con los montes todavía nevados. Yo no lo olvido. ¿Lo habrás tú olvidado? Han transcurrido cuatro años durante los cuales yo he ido queriéndote cada día más».

Si la salud «fisiológica» del poeta ha mejorado algo, no así, dice, su «estado de espíritu», que declara ser en estos momentos «de gran angustia». «Apenas puedo trabajar. Es posible que todo ello pase, como otras veces, pero cada nueva depresión de espíritu es en mí más larga y más grave. ¿Será la vejez? Es posible y sería lo peor. Siempre tuve más miedo a la vejez que a la muerte». Machado no deja traslucir la probabilidad de que su deprimido estado de ánimo tenga que ver con la permanente frustración de no poder convivir con la amada. Si, como creemos, la angustia tantas veces expresada en los poemas de *Soledades* tenía su raíz en la pérdida infantil del objeto amado, la imposible relación con Guiomar debió de reanimarla. En cuanto a la vejez, significaría para Machado la extinción de toda esperanza amorosa, peor que la muerte misma.

En su carta Pilar se ha expresado defraudada con el desarrollo de la República y, especialmente, al parecer, con la cuestión del Estatuto catalán, que a lo largo de mayo de 1932 se debate intensamente en las Cortes, con memorables intervenciones de Ortega y Gasset, Unamuno y, sobre todo, Manuel Azaña. Planea sobre el nuevo régimen el fantasma del separatismo catalán y, con ello, el peligro de un golpe de Estado reaccionario. Los ánimos están revueltos. «Razón tienes, diosa mía —concede, diplomático, el poeta— cuando me dices que la República —¡tan deseada!, yo confieso haberla deseado sinceramente— nos ha defraudado un poco». Los catalanes le preocupan a él también, no lo niega. Considera que se están extralimitando en sus pretensiones y, con ello, dañando la República. Quiere para ellos «una moderada autonomía, y nada más», y todavía no ha perdido la esperanza de que el asunto se resuelva. El poeta, que, como sabemos, sólo ha estado una vez en Cataluña, y ello brevemente (para el estreno de *La Lola se va a los Puertos),* no da la impresión de haber calado en la realidad del hoy llamado *fet diferencial.*[198]

En un fragmento de otra carta a Pilar de estas fechas, hoy perdida y tal vez destruida, Machado apunta: «En fin, dejemos la política, la cual, dicho sea de paso, no ha de apasionarme nunca, ni monárquica ni republicana». Parece evidente que, al año de inaugurarse la República, es más consciente que nunca de que la política puede sembrar cizaña entre la diosa y él.[199]

Con la entrada del verano sigue deprimido. «He pasado unos días muy malos, lleno de intranquilidad y angustia», confiesa a Pilar hacia mediados de junio, sin dar más explicaciones. Quizás ha contribuido a su estado de ánimo el reciente matrimonio de su hermano Joaquín con una joven compañera suya del Ministerio de Trabajo, Carmen López Coll. Sólo a él, de todos los hermanos, se le está negando la posibilidad de poder vivir en pareja.[200]

Llegan las vacaciones y Valderrama se va con los suyos, este año a San Sebastián. El poeta, un verano más, visita solo el «rincón» de Cuatro Caminos, «bendito y ya para nosotros inolvidable». En la última carta suya a Pilar que conocemos, escrita en julio, le refiere que Jaime, el camarero, le ha comunicado que a lo mejor va a ser necesario cerrar el establecimiento por falta de clientes. «Triste es pensar —reflexiona Antonio— que una diosa y su poeta no sean bastante para sostenerlo. Pero, si llega el caso del cierre, buscaremos otro semejante, no lejos de allí».

Si Machado promete seguir acudiendo al «rincón» algunas mañanas durante la ausencia de la amada, y confía en que ella, por su parte, le haga allí alguna «visita de Tercer Mundo», también continúa fiel a la tertulia habitual de la tarde con sus hermanos José y Manuel y algún amigo íntimo. Allí los ha visitado Cipriano Rivas Cherif (que no ha hecho nada para promocionar a Valderrama), siempre en el epicentro de la vida teatral de Madrid. En cuanto a Antonio y Manuel, tienen entre manos una nueva comedia. Se titula *El loco amor*. «Ya te consultaré sobre ella —continúa Machado—. El tema es el eterno de Calisto y Melibea, Fernando y Dorotea etc.». Pero no se sabrá nada más de la obra proyectada.

«Sigo tus consejos en todo —va terminando la carta—. Mi salud, sin embargo, depende de que tú no olvides a tu poeta, ¿sabes? Y como para nosotros ya no hay distancias, yo sabré siempre ¡siempre! cuándo piensas en mí». Para Machado, tan achacoso, tan temeroso de la vejez y tan víctima de una angustia inmisericorde arraigada en lo más hondo de su alma, Guiomar sigue siendo imprescindible.[201]

Entretanto lo más importante es conseguir un traslado a la capital. ¡Son ya trece años en Segovia! El poeta se entera, probablemente antes de publicarse la resolución, el 10 de agosto de 1932, en la *Gaceta de Madrid* —el mismo día de la fracasada intentona del general Sanjurjo en Sevilla—, de que para el próximo año académico se van a crear varios Institutos de Segunda Enseñanza en Madrid, Barcelona, Valencia, Sevilla, Zaragoza y Valladolid, utilizando inmuebles provisionales. Se trata de un proceso de urgencia, de llenar de manera interina las cátedras correspondientes con personal ya titulado. «El desempeño de estas cátedras —dice el decreto— durará, por lo menos, un año, y los designados para ocuparlas tomarán posesión de sus cargos antes del día 15 del próximo mes de Septiembre».

En Madrid habrá aquel otoño tres nuevos Institutos. El poeta hace constar de inmediato su deseo de conseguir la cátedra de Lengua Francesa en uno de ellos. No podía tener mejores credenciales académicas, literarias y políticas, y en septiembre es designado titular del Instituto Calderón de la Barca, instalado en el impresionante edificio del Instituto Católico de las Artes y las Industrias, ubicado en la calle Areneros y recientemente incautado a los jesuitas.[202]

Después de su largo periplo por provincias, el poeta ha conseguido por fin volver a Madrid. Ello significa el regreso definitivo al seno de su familia y la esperanza de ver con más frecuencia a la diosa. También la posibilidad de colaborar más de cerca con quienes en estos momentos, acechados por el enemigo, trabajan afanosamente por la consolidación de la democracia en España.

Capítulo IX

Madrid (1932-1936)

La casa familiar de los Machado sigue siendo General Arrando, 4, donde viven con la madre Antonio, José y Matea y sus tres hijas (Eulalia, María y Carmen). Manuel y Eulalia Cáceres están todavía en Churruca, 15, muy cerca. Por la mañana el poeta atiende sus clases en el Instituto Calderón de la Barca; por la tarde es la obligada tertulia con Manuel y José, acompañados de unos pocos amigos; continúan los encuentros con la musa en el «rincón» de Cuatro Caminos, no sabemos ya con qué regularidad; y cada noche, después de la cena y a veces hasta el amanecer, hay las largas horas de trabajo habituales. Nada de viajes fuera del país, y apenas dentro. Una vida aparentemente apacible y poco variada.

Los cafés habituales de los hermanos son el de las Salesas (calle Bárbara de Braganza, número 8) —se trata de la apodada por Antonio «tertulia salesiana», donde el fotógrafo Alfonso sacará a finales de diciembre de 1933 su magnífico retrato del poeta (ilustración 44)—, el Varela (calle Preciados, número 37, casi esquina a la plaza de Santo Domingo), y el Español (calle Carlos III, número 1, al lado del teatro Real).[1]

Luis Álvarez Santullano, uno de los privilegiados contertulios de los Machado, evocó después de la guerra aquellas reuniones: «Entrañable y delicada amistad, poco frecuente en ese grado, la de los tres hermanos, Manuel, Antonio y José, ordenados así en razón de edad. Todas las tardes, en la proximidad del oscurecer, fuese invierno o verano, reuníanse los tres hermanos en un café madrileño y con ellos dos o tres amigos, el actor Ricardo Calvo, inexcusablemente. Era la peña de los Machado, los dos poetas y el pintor, a la que poco a poco se incorporaban amigos y admiradores de Antonio, sobre todo...»[2]. Entre éstos, el médico Carlos Jiménez En-

cinas, «con su barba blanca, clásica y simpática» —el que le hiciera
el chequeo a nuestro poeta en 1929 (no sabemos con qué resultados)— y el aguafortista Ricardo Baroja, hermano del novelista.[3]

Cuando los Machado y los suyos quieren estar solos, esca-
bullirse de los importunos o los «demasiado locuaces» —que no
escasean—, el conciliábulo se instala de repente en otro lugar, a veces distante, y se participa el cambio, con sigilo, a los amigos. «Aunque mis tareas no me consentían la asistencia regular a la tertulia
de Antonio —sigue Santullano—, no dejaba de recibir cariñosa-
mente los avisos de estas divertidas trashumancias».[4]

Soria, entretanto, no ha olvidado a su poeta y le quiere nombrar hijo adoptivo de la ciudad. El 19 de agosto de 1932 Machado
agradece la iniciativa. «Nada me debe Soria, creo yo —escribe con
su habitual mesura a los responsables del proyectado homenaje—,
y si algo me debiera, sería muy poco en proporción a lo que yo le
debo: el haber aprendido en ella a sentir a Castilla, que es la manera más directa y mejor de sentir a España».[5]

El acto tiene lugar la mañana del 5 de octubre delante de la
ermita de San Saturio, al lado del amado «río padre» cuyos chopos
no han perdido todavía sus hojas cantoras. Son las fiestas del santo, y acude una multitud de vecinos.

Machado —que viene acompañado de su hermano José— no
ha estado en la ciudad, que sepamos, desde 1912, veinte años atrás.
Según el testimonio de José Tudela, se quedó desconcertado ante los
cambios producidos en el entorno urbano durante su ausencia: «No
encontró los jardines de evónimos, con telas de araña, los jardines
viejos del parque de la Dehesa, como él los había visto, y encontró
calles cambiadas con nuevas edificaciones. Ya no era una ciudad silenciosa, tranquila... y se esfumó el recuerdo de la vieja Soria».[6]

Según *El Avisador Numantino*, el poeta, al llegar al vetusto puente sobre el río, le dijo a su hermano, «con la misma emoción de un
niño»: «Mira, Pepe, éste es mi Duero, mi Duero».[7]

Rodeado de las autoridades municipales Machado se dirige
por el hermoso camino, tan familiar, que conduce a San Saturio.
¡Tantos recuerdos, tanta tristeza, sin duda, que no hay que exte-
riorizar! En la plazoleta delante del santuario se han instalado una
mesa y sillones. De todo ello da detallada cuenta la prensa local al
día siguiente. Habla el alcalde, habla el teniente de alcalde y, claro,
habla el poeta, que repite más o menos lo que ha dicho en un artículo suyo publicado unos días antes en *El Porvenir Castellano*. El

texto, que constituye un acendrado elogio de Soria, como requiere el momento, empieza con el recuerdo de la luna amoratada que se había levantado detrás de Santa Ana «en una tarde de septiembre de 1907», luna que nunca ha olvidado el poeta y que se relaciona indisolublemente, en su memoria, con el inicio de su relación con Leonor, a quien parece que no menciona de manera directa en su discurso.

El poeta subraya luego la belleza del castellano hablado en Soria, y la incidencia del lugar y su paisaje sobre la literatura española, siendo el más reciente caso el de Gerardo Diego. Encomia la sobriedad de la meseta, que opone a lo barroco («que sólo aspira a exhibición y a efecto»), y recuerda el aforismo «nadie es más que nadie», oído por vez primera a un humilde pastor de la paramera numantina. El discurso demuestra que sigue aferrado al dogma de que Castilla es la esencia misma de España. «En párrafos emocionantes por la belleza de expresión —resumía *El Avisador*— dice que Castilla, difundida por todas partes, es la expresión de España, y que la alta meseta soriana, esta Soria pura es la síntesis de Castilla, lo que quiere decir, que aquí está el corazón de España».

Terminado el discurso se levanta el alcalde para descorrer la cortinilla tricolor —incumbe en estos momentos el detalle republicano— que cubre una placa de mármol con el busto del poeta. Reza la inscripción «Rincón del poeta Antonio Machado. MCMXXXII». La orquesta municipal prorrumpe con «una bonita marcha triunfal», hay fervientes aplausos, y se dan vivas a Machado y a Soria. Después, según *El Avisador*, «el poeta descansó un momento en el Ayuntamiento, y a las dos regresó a Madrid».[8]

¿No había previsto Machado subir a la tumba de Leonor en el Espino? ¿No habría sido un impulso irresistible? ¿Temía que, si lo hiciera, se convertiría en acto público, algo que en absoluto hubiese deseado? ¿Pensó que sería casi una profanación, ahora que estaba enamorado de otra mujer? Aunque no sabemos las respuestas a tales preguntas, parece lícito suponer que volver a Soria en tales condiciones constituía para Machado una prueba muy dura, y que, una vez cumplido el que consideraba su deber, sólo quería huir.

* * *

La República ha seguido cumpliendo con los compromisos adquiridos en el Pacto de San Sebastián, y el 9 de septiembre de 1932, después de apasionantes debates en las Cortes, y gracias sobre todo a los esfuerzos de Manuel Azaña, se ha aprobado el Estatuto Catalán. «El hecho que celebramos —dijo Azaña en Barcelona unos días después— no es un hecho catalán, sino un hecho español, y más diré: un hecho de la historia universal, y es probable que sea la República española, con sus soluciones autonomistas, la que en adelante señale los caminos a seguir a otros pueblos europeos en situación más o menos semejante a la nuestra». Las derechas, naturalmente, no estaban de acuerdo: el «separatismo catalán» había ganado por el momento la partida... pero luego se vería.[9]

Acaparan los titulares de los periódicos españoles a principios de 1933 dos noticias, una nacional y otra europea: la matanza de campesinos, el 12 de enero, en el pueblo gaditano de Casas Viejas (hoy Benalup de Sidonia), y la llegada al poder de Adolf Hitler el día 30.

En Casas Viejas, propiedad del duque de Medina Sidonia, unos quinientos braceros anarquistas, hartos de vivir en una situación de precariedad intolerable, habían proclamado el comunismo libertario y rodeado la casa-cuartel de la odiada Guardia Civil. En la siguiente refriega habían muerto un sargento y un número. El 12 de enero llegó al pueblo un fuerte contingente de la Benemérita y de la Guardia de Asalto al mando de un capitán de Artillería, de nombre Manuel Rojas Feigespán. Por orden de éste se encendió la choza donde se había refugiado un grupo de revoltosos. Dos hombres que salieron corriendo fueron abatidos por una ráfaga de metralleta. Los demás murieron entre las llamas. Al día siguiente, Rojas ordenó fusilar a doce anarquistas.[10]

La barbaridad se convierte en la cuestión política más acuciante del momento. ¿Era verdad que Manuel Azaña había dado la orden de «tiros a la barriga», como se rumoreaba? Parecía imposible, pero el bulo, propagado por las derechas, adquirió pronto categoría de hecho probado y demostrado. Durante las semanas siguientes se fue averiguando lo ocurrido con una lentitud políticamente suicida. Se abrió una investigación parlamentaria y, el 7 de marzo, Azaña, engañado al principio por la policía, informó a las Cortes que había habido ejecuciones ilegales. Se procesó al director general de Seguridad, Arturo Menéndez, y el capitán Rojas fue condenado a veintiún años de prisión (saldría al inicio de la guerra, y sería uno de los más sanguinarios represores de Granada).[11]

Casas Viejas daña muy seriamente el crédito del Gobierno. Y a lo largo de los siguientes meses la oposición no pierde ocasión para utilizar el bochornoso episodio como arma arrojadiza contra Azaña. En cuanto a Hitler, la prensa española sigue atentamente, semana a semana, lo que ocurre en Alemania. El incendio del Reichstag el 27 de febrero; la concesión en marzo de plenos poderes al Führer; el Concordato con Roma; la creciente persecución de judíos, intelectuales y homosexuales...: todo ello es objeto de amplia cobertura durante estos meses. Los periódicos republicanos y de izquierdas no se hacen ilusiones con respecto al crecimiento del fascismo en casa. Saben que la derecha dura, alentada por la caída de la República de Weimar —cuya Constitución ha sido modelo para la española—, está urdiendo la destrucción de la tan reciente democracia.[12]

El 8 de marzo de 1933, en medio de tanta zozobra e incertidumbre, Josefina Díaz Artigas pone en escena *Bodas de sangre*, la nueva obra de Lorca, en el teatro Infanta Beatriz. El estreno es apoteósico. Machado ve el drama tres días después y, con la generosidad que le caracteriza, escribe enseguida:

Querido y admirado poeta:
Hasta la noche de ayer no pude ver su magnífica tragedia *Bodas de sangre*. Tuve la satisfaccion de unir mi aplauso al de un público tan numeroso como entusiasta.
¡Bravo y a otra!
Siempre suyo

Antonio Machado.[13]

España da la impresión de irse dividiendo fatalmente en dos bandos, como las familias de la tragedia lorquiana, cuya pareja de amantes, condenados a no poder vivir su amor, debió de conmover hondamente a Machado, que de ello sabe mucho. Si algunos días después se funda en Madrid la revista *El Fascio*, a principios de abril es la publicación del manifiesto de la Asociación de Amigos de la Unión Soviética (cuya sede será atacada en julio por un comando de las JONS, Juventudes Ofensivas Nacional Sindicalistas) y, el 1 de mayo, el adelanto de una nueva y combativa revista comunista, *Octubre. Escritores y Artistas Revolucionarios*. Por las mismas fechas *El Socialista* da profusa cuenta de los desmanes que está llevando a cabo el régimen de Hitler, entre ellos la destrucción de los sindicatos, mientras *El Debate*, el más importante diario católico español, no oculta su satisfacción por el Concordato firmado por el Führer con el Vaticano. Las dos Españas.[14]

Machado, muy atento a lo que ocurre tanto en casa como en Europa, está pasando por un momento de poca productividad lírica. Cuando, en julio, le pide Jorge Guillén una colaboración para la nueva revista madrileña *Los Cuatro Vientos*, contesta que acaba de enviar «unas páginas» a *Mediodía*, la de sus «paisanos» sevillanos, y otras a América. «Sólo me quedan virutas de mi carpintería», se disculpa, recurriendo a una de sus imágenes favoritas.[15]

Las «páginas» remitidas a Sevilla incluían un magnífico poema, atribuido a Abel Martín, en que surgen, entre sueños, punzantes recuerdos del paraíso infantil del palacio de las Dueñas y, allí arriba, iluminando el cielo nocturno sevillano, la luna llena. Parece claro que, a través de su filósofo apócrifo, Machado está expresando una obsesión con la vejez y la muerte que ahora le atenaza más que nunca. El lector familiarizado con las *Soledades* no dejará de captar en estas silvas reminiscencias de versos compuestos años atrás:

ÚLTIMAS LAMENTACIONES DE ABEL MARTÍN

> Hoy, con la primavera,
> soñé que un fino cuerpo me seguía
> cual dócil sombra. Era
> mi cuerpo juvenil, el que subía
> de tres en tres peldaños la escalera.   5
> —Hola, galgo de ayer. (Su luz de acuario
> trocaba el hondo espejo
> por agria luz sobre un rincón de osario.)
> —¿Tú, conmigo, rapaz?
> —Contigo, viejo.
> Soñé la galería   10
> al huerto de ciprés y limonero;
> tibias palomas en la piedra fría,
> en el cielo de añil rojo pandero,
> y en la mágica angustia de la infancia
> la vigilia del ángel más austero.   15

La ausencia y la distancia
volví a soñar con túnicas de aurora;
firme en el arco tenso la saeta
del mañana, la vista aterradora
de la llama prendida en la espoleta   20
de su granada.
¡Oh Tiempo, oh Todavía
preñado de inminencias,
tú me acompañas en la senda fría,
tejedor de esperanzas e impaciencias!

*
* *

¡El tiempo y sus banderas desplegadas!   25
(¿Yo, capitán? Mas yo no voy contigo.)
¡Hacia lejanas torres soleadas
el perdurable asalto por castigo!

*
* *

Hoy, como un día, en la ancha mar violeta
hunde el sueño su pétrea escalinata,   30
y hace camino la infantil goleta,
y le salta el delfín de bronce y plata.
La hazaña y la aventura
cercando un corazón entelerido...
Montes de piedra dura   35
—eco y eco— mi voz han repetido.
¡Oh, descansar en el azul del día
como descansa el águila en el viento,
sobre la sierra fría
segura de sus alas y su aliento!   40
La augusta confianza
a ti, naturaleza, y paz te pido,
mi tregua de temor y de esperanza,
un grano de alegría, un mar de olvido...[16]   (CLXIX)

Si la imagen de la juventud perdida como galgo subiendo de
tres en tres los peldaños es nueva en los versos machadianos, ha-

bían aparecido ya en las galerías del sueño, tiempo atrás, ángeles vigilantes y hermosas formas femeninas vestidas de túnicas botticellescas, a veces agitadas por «leve/aura de ayer»[17], a veces produciendo «tenue rumor» mientras «pasan/sobre la infértil tierra» (XXV). También el poeta ha relacionado antes, mucho antes, su angustia amorosa con los términos *ausencia* y *distancia*. Recordemos sobre todo el poema «El poeta visita el patio de la casa en que nació», publicado en *Helios* en 1903, donde el «yo» vuelve al palacio encantado de la infancia en busca de alguna huella de la felicidad perdida (también eran silvas):

> [...] Es una tarde clara,
> casi de primavera,
> tibia tarde de Marzo,
> que el hálito de Abril cercano lleva;
> y estoy solo en el patio silencioso,
> buscando una ilusión cándida y vieja;
> alguna sombra sobre el blanco muro,
> algún recuerdo, en el pretil de piedra
> de la fuente dormida, o, en el aire,
> algún vagar de túnica ligera.
> En el ambiente de la tarde flota
> ese aroma de ausencia,
> que dice al alma luminosa: nunca,
> y al corazón: espera...[18]   (VII)

En cuanto al segundo término, Machado había aludido, en un poema de 1901 dedicado a Juan Ramón Jiménez y ya citado, a «la amargura que da la distancia».[19] En 1907 repitió el concepto:

> Amargo caminar, porque el camino
> pesa en el corazón. ¡El viento helado,
> y la noche que llega, y la amargura
> de la distancia!...   (LXXIX)

«Las últimas lamentaciones de Abel Martín», queremos decir al señalar estas reminiscencias, son en realidad las lamentaciones *prístinas* de Antonio Machado, poeta reincidente para quien el pasado lejano, a veces recuperado momentáneamente en sueños, es uno de los motores de su obra más auténtica.

Al final del poema el «yo», cansado del perpetuo asalto frustrado a las soleadas torres del amor —así las queremos interpretar— pide en versos memorables (la imagen del águila) descansar por fin de la lucha. Parece claro que a Martín no le queda mucho tiempo.

Unos meses después, en la tercera edición de *Poesías completas*, se evoca el postrer trance del filósofo (que, según sabemos por el *Cancionero apócrifo*, publicado en la *Revista de Occidente* en 1928, falleció en Sevilla en vísperas de cumplir los 50 años). Abel se está muriendo casi ciego, sin calor de nadie (se sobreentiende que ya es viudo), y escucha al caer la noche, desde su «rincón», el estridente griterío de los niños en la calle y los agudos silbidos de los últimos vencejos que vuelan alrededor de una cercana torre. Preocupado como antes por ausencias y distancias, Martín se cree abandonado de su Dios particular. Lo subrayan los versos de Mairena que sirven como epígrafe: el tiempo otorgado a Martín se agotará en cualquier minuto. Es el final.

Ayuda aproximarse a este poema tener el soneto «Al gran Cero» delante (CLXVII, [XV]). Allí, como vimos, se invita al poeta, a los poetas, ante la reafirmación de Dios como creador de la Nada, a brindar «un canto de frontera/a la muerte, al silencio y al olvido». Ahora acompañamos al filósofo en los momentos en que está, precisamente, en aquella frontera: la linde entre la vida y la desaparición.

No dudamos en pedirle al lector que se sumerja en estas silvas y se deje contagiar por su misterio y su escalofrío, porque, junto con las «Últimas lamentaciones de Abel Martín», nos acercan a lo más profundo de Antonio Machado.

MUERTE DE ABEL MARTÍN

Pensando que no veía
porque Dios no le miraba,
dijo Abel cuando moría:
Se acabó lo que se daba.
    J. DE MAIRENA: *Epigramas.*

I

Los últimos vencejos revolean
en torno al campanario;
los niños gritan, saltan, se pelean.

En su rincón, Martín el solitario.
¡La tarde, casi noche, polvorienta,   5
la algazara infantil, y el vocerío,
a la par, de sus doce en sus cincuenta!

_____

    ¡Oh alma plena y espíritu vacío,
ante la turbia hoguera
con llama restallante de raíces,   10
fogata de frontera
que ilumina las hondas cicatrices!

_____

    Quien se vive se pierde, Abel decía.
¡Oh, distancia, distancia!, que la estrella
que nadie toca, guía.   15
¿Quién navegó sin ella?
Distancia para el ojo —¡oh lueñe nave!—,
ausencia al corazón empedernido,
y bálsamo suave
con la miel del amor, sagrado olvido.   20
¡Oh gran saber del cero, del maduro
fruto sabor que sólo el hombre gusta,
agua de sueño, manantial oscuro,
sombra divina de la mano augusta!
Antes me llegue, si me llega, el Día,   25
la luz que ve, increada,
ahógame esta mala gritería,
Señor, con las esencias de tu Nada.

II

    El ángel que sabía
su secreto salió a Martín al paso.   30
Martín le dio el dinero que tenía.
¿Piedad? Tal vez. ¿Miedo al chantaje? Acaso.
Aquella noche fría
supo Martín de soledad; pensaba
que Dios no le veía,   35
y en su mudo desierto caminaba.

502

III

Y vio la musa esquiva
de pie junto a su lecho, la enlutada,
la dama de sus calles, fugitiva,
la imposible al amor y siempre amada.   40
Díjole Abel: Señora,
por ansia de tu cara descubierta,
he pensado vivir hacia la aurora
hasta sentir mi sangre casi yerta.
Hoy sé que no eres tú quien yo creía;   45
mas te quiero mirar y agradecerte
lo mucho que me hiciste compañía
con tu frío desdén.
Quiso la muerte
sonreír a Martín, y no sabía.

IV

Viví, dormí, soñé y hasta he creado   50
—pensó Martín, ya turbia la pupila—
un hombre que vigila
el sueño, algo mejor que lo soñado.
Mas si un igual destino
aguarda al soñador y al vigilante,   55
a quien trazó caminos,
y a quien siguió caminos, jadeante,
al fin, sólo es creación tu pura nada,
tu sombra de gigante,
el divino cegar de tu mirada.   60

V

Y sucedió a la angustia la fatiga,
que siente su esperar desesperado,
la sed que el agua clara no mitiga,
la amargura del tiempo envenenado.
¡Esta lira de muerte!   65
Abel palpaba
su cuerpo enflaquecido.

¿El que todo lo ve no le miraba?
¡Y esta pereza, sangre del olvido!
¡Oh, sálvame, Señor!
Su vida entera,
su historia irremediable aparecía   70
escrita en blanca cera.
¿Y ha de borrarse el sol del nuevo día?
Abel tendió su mano
hacia la luz bermeja
de una caliente aurora de verano,   75
ya en el balcón de su morada vieja.
Ciego, pidió la luz que no veía.
Luego llevó, sereno,
el limpio vaso, hasta su boca fría,
de pura sombra —¡oh, pura sombra!— lleno. (CLXXV) 80

Si los primeros siete versos del poema nos sitúan, con lenguaje
sencillo, en el espacio físico donde se va muriendo Martín, la exclamación de los siguientes (vv. 8-12) inquieta y sorprende por la
violencia de sus imágenes incendiarias, con esta «fogata de frontera» que ilumina las hondas cicactrices anímicas del filósofo que se
extingue.

En los versos 13-28 compartimos con Abel las reflexiones, en
primera persona, que le ocupan durante estos momentos postreros,
y que vienen a ratificar su creencia en Dios como creador de la Nada, así como en la esencial «heterogenidad del ser»: quien se vive se
pierde porque el excesivo sujetivismo, el solipsismo, hace imposible llegar al prójimo. En cuanto a las penas y las dudas amorosas,
el «sagrado olvido» de la noche eterna acabará con ellas.

En las secciones II y III el narrador omnisciente nos pone al tanto de dos encuentros que experimenta Martín, entre sueños, antes de
morir. Primero con el ángel anunciador de su próxima muerte, y luego —son los versos más memorables del poema— con la Muerte misma, en una personificación que recuerda la imaginada por el poeta
unos años antes al evocar los momentos en que fallecía Leonor:

Una noche de verano
—estaba abierto el balcón
y la puerta de mi casa—
la muerte en mi casa entró.

Se fue acercando a su lecho
—ni siquiera me miró—
con unos dedos muy finos,
algo muy tenue rompió.   (CXXIII)

Después de su piropo a la «musa esquiva», «la imposible al amor y siempre amada» —¿cómo no sospechar una alusión velada a «Guiomar»?—, Abel reflexiona en la sección IV sobre su vida y su obra, y se dirige al Dios Creador de la Nada. Ha luchado contra su tendencia solipsista, ha querido vigilar activamente sus sueños en vez de entregarse con pasividad a ellos. ¡Ha creado! Pero si la muerte proporciona igual destino tanto al soñador como al vigilante, ¿para qué el esfuerzo? Sólo Dios, al crear la nada, ha sido creador auténtico. El resto es noche, olvido, el triunfo inexorable del tiempo que todo lo destruye.

La evocación de los últimos segundos de Martín... Sólo diremos que la imagen de la postrera libación del filósofo, rebosante su copa de sombra mientras despunta la luz del nuevo día, nos parece, en su *claroscuro* estremecedor, uno de los momentos cumbre de la lírica española.

* * *

En estas fechas un simpático hispanista y musicólogo inglés, John Brande Trend, que acaba de ser nombrado catedrático de Español en la Universidad de Cambridge, está escribiendo un libro que, editado al año siguiente con el título *The Origins of Modern Spain*, rendirá entusiasta tributo al grupo de educadores españoles europeístas —los hombres de la Institución Libre de Enseñanza— que habían surgido en las últimas décadas del siglo XIX y con justicia podían ser considerados como «Padres de la Segunda República». Trend había pasado frecuentes temporadas en la Residencia de Estudiantes durante los años veinte, mantenía excelentes relaciones con Manuel de Falla y algunos de los más distinguidos escritores de la época, y fue quizás el primer extranjero en publicar un ensayo sobre Lorca. Para el hispanista la Segunda República significaba la llegada de la gran España posible, y estaba convencido de que el principal deber del nuevo régimen era ayudar a elevar el nivel cultural de la población, especialmente de las clases menos favorecidas. Los años veinte, era cierto, habían sido testigo de un deslumbrante florecimiento artístico, pese a las cortapisas de la dictadura de Primo de Rivera, pero se trataba de una renovación que apenas había afectado al pueblo en su conjunto. Ahora esto tenía que cambiar. Había que construir una España genuinamente democrática, culta, tolerante, abierta a Europa y al mundo.

El júbilo de Trend, que admiraba profundamente la poesía de Machado, apenas le cabía en el cuerpo, y nos recuerda el del norteamericano John Hay unos sesenta años antes tras «La Gloriosa» de 1868.

Ambos libros, a la luz de lo que pasó muy poco tiempo después de publicados, hacen que sea triste hoy su lectura.

En el otoño de 1933 el ambiente español era ya extremadamente tenso. Mientras los republicanos y las izquierdas se disgregan en infinidad de grupos y grupúsculos, las derechas, aprovechando la nueva ley electoral, han formado la gran coalición de la CEDA (Confederación Española de Derechas Autónomas), cuyo líder indiscutible, José María Gil Robles, no oculta su propósito de que España se convierta en Estado corporativista. Es decir, en un Estado calcado de la Italia de Mussolini. Italia, que ve con agrado la fundación, el 29 de octubre, de Falange Española («Il primo comizio di propaganda del movimiento fascista spagnolo» —«El primer acto de propaganda del movimiento fascista español»— informa el diario del Duce, *Il Popolo d'Italia*).[20] Durante el mismo José Antonio Primo de Rivera profiere su luego célebre apología de «la dialéctica de los puños y las pistolas». No cabe duda: el fascismo español va cobrando pujanza.

El 19 de noviembre las elecciones dan una amplia victoria a la CEDA. Después de dos años de progreso, es el inicio del después llamado (por las izquierdas) «Bienio Negro». Machado apunta en uno de sus cuadernos, parodiando un pareado suyo de la época soriana («La primavera ha venido./Nadie sabe cómo ha sido»):

> La República se ha ido.
> Nadie sabe cómo ha sido.
> R.I.P.

Abajo esboza unas consideraciones acerca del jefe de la coalición ganadora:

Gil María Nadie
dice su tarjeta.
—Si vuelve, que pase.

* * *

—¿Don Gil no ha venido?
—No ha venido nadie.
—¿Nadie?
—Que yo sepa,
Nadie.
—¿Nadie?
—Nadie.[21]

Gil Robles no era, desde luego, un don nadie. Pero el no haber afirmado nunca lealtad a la República —«el accidentalismo» era lo suyo—, y su conocido aprecio del Estado corporativista de Mussolini, le habían hecho acreedor a las más graves sospechas, no sin razón, por parte de quienes ilusionaban la consolidación de la democracia en España.[22]

Para estas fechas ya está en la calle la tercera edición de *Poesías completas*, con la indicación de que abarcan ahora desde 1899 a 1930. Tiene un frontispicio del poeta, bastante logrado, por su hermano José. Añade a la segunda edición «Canciones del alto Duero» (CLX), «El viaje» (CLXIII), «Últimas lamentaciones de Abel Martín (Cancionero apócrifo)» (CLXIX), «Siesta. En memoria de Abel Martín» (CLXX), «A la manera de Juan de Mairena. Apuntes para una geografía emotiva de España» (CLXXI), «(Abel Martín). Los complementarios (Cancionero apócrifo)». Recuerdos de sueño, fiebre y duermivela» (CLXXII), «Canciones a Guiomar» (CLXXIII), «Muerte de Abel Martín» (CLXXV) y «Otro clima» (CLXXVI).

A Machado le complace la reseña del libro publicada por Benjamín Jarnés el 28 de enero de 1934 en *La Nación* de Buenos Aires. «Como la de Juan Ramón Jiménez —empieza—, la poesía de Antonio Machado se difunde entre el llamado gran público con la lentitud de toda obra esencial que ha de ser levadura y no cartel de desafío». Para Jarnés los «tres valores» preferidos por Machado son la sencillez, la claridad y la hondura. Es más: Machado es el poeta «quien elevó la sencillez al nivel poético más alto», quien para conseguirlo «adelgazó su sensibilidad hasta arrancar de ella los tañidos más sobrios». No era extraña la satisfacción del poeta.[23]

Mientras tanto, el 12 de enero, ha salido en la *La Libertad* una interesante entrevista de Machado con la escritora comunista Rosario del Olmo. Muy consciente de las grandes tensiones que ya desgarran no sólo España sino Occidente entero, la periodista parece convencida de que el combate definitivo se acerca, y quiere saber dónde se sitúan ideológicamente los creadores españoles actuales más relevantes, empezando por el poeta de *Campos de Castilla*. España, por su historia, estima con razón Del Olmo, «sirve de unión a Oriente y Occidente», y podría desempeñar, por ende, un papel importante en el mundo. Considera que inhibirse en tales circunstancias supone complicidad, y que ningún artista verdadero puede contemplarlo. El arte por el arte es impensable, la torre de marfil un «muro desde donde se ametralla». ¿Cuáles, según Machado, son los deberes del arte actual? El poeta contesta que, si tal arte tiene, de hecho, un deber, quizá sea únicamente el de ser eso, *actual*, plenamente de su propio tiempo. Y su propio tiempo, está seguro de ello, significa apertura hacia «el otro». «Porque pasó el tiempo del solipsismo lírico en que el poeta se canta y escucha a sí mismo —recalca—. El poeta empieza a creer en la existencia de sus prójimos y acabará cantando para ellos». Es la reiteración de una convicción ya expuesta en numerosas ocasiones, y que bajo la República irá cobrando cada vez más pujanza.[24]

* * *

Para marzo de 1934 parece ir sobre firme el proyecto de convertir en zarzuela, no ya *La duquesa de Benamejí* —como había sugerido Antonio Espina—, sino *La Lola se va a los Puertos*, la obra teatral más popular de los hermanos Machado. El compositor y guitarrista granadino Ángel Barrios, buen amigo de García Lorca y de Manuel de Falla, lleva trabajando en la partitura desde finales de 1932, y Antonio y Manuel están ilusionados con lo que ha conseguido hasta la fecha. Un día el futuro académico Rafael Lapesa, compañero de Machado en el Instituto Calderón de la Barca, está presente cuando la pianista Pura Lagos interpreta algunos temas de la obra en preparación mientras Barrios los va glosando. A lo largo de los siguientes meses los Machado azuzan al compositor para que termine la partitura, ya que el empresario Luis Calvo «tiene interés» en montar la obra cuanto antes. Luego resulta que tanto interés no tiene, de modo que se inician conversaciones con otro empresario y con la compañía lírica dirigida por el tenor Emilio Sagi-Barba. Pero aunque parece ser que Barrios logró terminar la partitura a trancas y barrancas antes de la guerra, la obra no será montada hasta 1951, en pleno franquismo, muertos ya ambos hermanos.[25]

El 3 de abril de 1934 se funda un nuevo partido político, Izquierda Republicana, fusión de Alianza Republicana, de Manuel Azaña, el Partido Republicano Radical Socialista, de Marcelino Domingo, y la Organización Republicana Gallega Autónoma (ORGA), de Santiago Casares Quiroga. Machado, que admira intensamente a Manuel Azaña —primer presidente de la coalición— saca el carné.[26]

Los periódicos siguen comentando, día a día, la alocada carrera belicista de Adolf Hitler. El 7 de abril se publica en el *Heraldo de Madrid* un manifiesto titulado «Contra el terror nazi». Encabeza nuestro poeta la lista de firmantes, que incluye, entre otros, a Alejandro Casona, María Teresa León, Ricardo Baroja, María Martínez Sierra, Ramón J. Sender, Rosario del Olmo, Rafael Alberti y —tampoco podía faltar— Manuel Machado. El documento nos da una idea cabal de la enorme inquietud que siembran ya en España el imparable crecimiento del nazismo y las noticias del hostigamiento de judíos, comunistas, homosexuales y otros disidentes o «inadaptados» que están llevando a cabo los esbirros del Führer:

> La cruel represalia ejercida en Alemania contra todos los hombres y mujeres opuestos a la política hitleriana ha provocado la más viva protesta en todos los espíritus liberales, que consideran como un elemental deber de solidaridad humana, al margen de las ideologías que cada uno sustente, unirse para reclamar con toda energía la cesación de este sistema de persecución intolerable, que significa el mayor atentado cometido en nuestra época contra el derecho de las gentes.
>
> Los millares de seres sometidos a torturas físicas y morales increíbles en las cárceles y en los campos de concentración; las innumerables víctimas caídas en la lucha; la violación de las garantías individuales —como lo demuestra el caso del jefe comunista Thaelmann, retenido injustamente en prisión e incomunicado tan rigurosamente que ni siquiera sus familia-

res, sospechando una grave enfermedad (involuntariamente confirmada por labios autorizados), han conseguido obtener la menor noticia de él desde hace tiempo—, exigen el interés y la ayuda de cuantos sienten hondamente el imperativo de la justicia. Es forzoso conseguir en nombre de ésta la libertad y el respeto de la vida de Thaelmann, Torgler y de todos cuantos sufren los rigores del hitlerismo, porque así nos lo impone el sentido humano de la vida.[27]

Los que ven con honda preocupación lo que está pasando en Alemania no son, precisamente, las derechas españolas, que ya llevan cinco meses en el poder. Ello se confirma cuando el Gobierno, que ha emprendido el desmantelamiento de la legislación del primer bienio de la República (incluida, en mayo de 1934, la abolición de la pena de muerte), amnistía al general conspirador Sanjurjo y a José Calvo Sotelo, que, de regreso de París, funda sin perder tiempo el Bloque Nacional, cuya meta, como la de Gil Robles, es la implantación en España de un estado corporativista.[28] El jefe de la CEDA, mientras tanto, ha escogido como escenario para una multitudinaria manifestación de las Juventudes de Acción Popular la explanada de El Escorial, queriendo subrayar con ello que la coalición que dirige representa a la España auténtica, la católica, la personificada por Felipe II. Tiene lugar el 22 de abril.[29]

A partir de estos momentos, consciente del peso de su nombre y de la obligación moral de ponerlo al servicio de la democracia, Machado no dudará en firmar todos los manifiestos antifascistas que se le pongan por delante. Quizás ningún intelectual de la República hará tanto en este sentido.

También está dispuesto a expresar sus ideas en órganos declaradamente marxistas. La revista comunista *Octubre. Escritores y artistas revolucionarios*, dirigida por Rafael Alberti, había empezado su andadura en 1933, como vimos, tras el triunfo de las derechas en las elecciones. Entre sus colaboradores, habituales u ocasionales, figuran el propio Alberti, Ramón Sender, Arturo Serrano Plaja, Louis Aragon, Pedro Garfias, Alejo Carpentier, Emilio Prados, el hispanista norteamericano Waldo Frank, Luis Cernuda y María Teresa León. Alberti recuerda en *La arboleda perdida* cómo consiguió la colaboración de Machado para el que iba a ser sexto y último número de la revista, publicado en abril de 1934: «Una tarde del Café Varela me decidí, no sin cierta cortedad, a pedirle a Antonio Machado una colaboración para *Octubre*. Lo que él quisiera: verso, prosa, un saludo, cualquier minúsculo trabajo. Nuestra sorpresa fue grande cuando a los pocos días me envió a casa un corto ensayo —que para mayor halago me dedicaba— bajo este sorprendente título: *Sobre una lírica comunista que pudiera venir de Rusia*».[30]

Sorprendente, de verdad. Y original. Precedía el artículo, cuando apareció en la revista, una nota agudísima sobre el poeta, cargada de intencionalidad política y debida, casi seguramente, a María Teresa León. Machado, decía, es «el poeta más grande que ha producido la burguesía española en lo que llevamos de siglo», y ya demostró su compromiso social en *Campos de Castilla*. Luego, en el prólogo a la segunda edición de *Soledades. Galerías. Otros poemas* (1919), apenas terminada la Gran Guerra, había expresado su rechazo de «una economía social definitivamente rota» y previsto la posibilidad de que, tras la conflagración bélica, el árbol humano se renovara por la raíz. Es decir que la nota busca en la obra anterior del poeta indicios de una aproximación al marxismo, o simpatía hacia él, que ya se va ratificando. En las cuartillas remitidas a *Octubre*, según la misma presentación, el poeta, a través de su apócrifo Juan de Mairena, intuye una nueva era «ya presente en las tareas que se ha impuesto la juventud soviética». Y, si Juan de Mairena, desde su postura burguesa, negaba la posibilidad de una lírica específicamente comunista, Machado, su creador, se ha encargado de enmendarle la plana, de situarle «en la comprensión del presente» y de descubrirle «la grandeza de una nueva lírica apoyada en el esfuerzo fraternal del trabajo, que no sólo se limitará a Rusia, sino que abarcará la tierra entera».

Se trataba de una lectura muy interesada, desde luego, del texto de Machado, en el cual Mairena, «si hubiese vivido en nuestro tiempo con la mentalidad del suyo», afirma que lo «específicamente ruso», expresado en la literatura prerrevolucionaria, es «la interpretación exacta del sentido fraterno del cristianismo, que es, a su vez, lo específicamente cristiano». Son dos ideas clave de Machado que irá desarrollando, o bien en voz propia o mediante la de su apócrifo, a lo largo de los siguientes años. Si lo «específicamente ruso» es la interpretacion exacta del espíritu fraternal, evangélico, del cristianismo, se deduce que el comunismo, en su expresión auténtica, tiene con éste una vinculación insoslayable. Y Machado/Mairena hace a continuación una aseveración retadora: Moscú es alma, corazón, y Roma —sólo interesada en el poder— ha tomado de Cristo únicamente «lo imprescindible para defenderse de él».

A juicio de Machado/Mairena hay razones para esperar que el marxismo ruso no esté reñido, en su esencia, con el cristianismo tan arraigaido en el alma rusa: «Es posible que ignoremos todavía cuál es la honda y popular interpretación rusa del marxismo. Y lo probable, lo casi seguro, es que Rusia no sea tan infiel a sí misma que renuncie a su misión histórica, esencialmente cristianizadora».

En la tercera y última sección del artículo, se aventura la hipótesis de que Mairena, pese a sus reticencias, probablemente habría añadido a lo anterior la afirmación siguiente: «Con todo, de cuanto se hace hoy en el mundo, lo más grande es el trabajo de Rusia. Porque Rusia trabaja para emancipar al hombre, a todos los hombres, de cuanto es servidumbre en el trabajo».

La identificación de Machado y Mairena queda aún más clara en los dos últimos párrafos del artículo, donde el poeta habla ya en voz propia y repite lo que tantas veces ha dicho. Hay en el mundo un conflicto entre solipsismo, egoísmo, individualismo, por un lado, y el anhelo de fraternidad, «la palabra rusa por excelencia», por otro. El *corazón* del eslavo, a juicio de Machado, es superior a la *inteligencia* de Lenin, «el pensador alemán». Por ello, termina, «se presiente una reacuñación cordial del marxismo por el alma rusa, que puede ser cantora, lírica y comunista en el sentido humano y profundo de que antes hablamos».[31]

Ningún lector objetivo del artículo de Machado en el momento de su publicación podía dudar, pese a la nota anónima de presentación, que Machado entretenía sus dudas respecto al marxismo. En ello sería muy consecuente a lo largo de los dos siguientes años y, con mucha entereza, durante la Guerra Civil. El poeta no se sentía capaz de asumir del todo la raíz materialista del marxismo, pero tampoco podía negar el enorme potencial de éste para la mejora de la condición humana. Nadie más lejos de ser *antimarxista* que Antonio Machado.

* * *

El Instituto Calderón de la Barca contaba, según recordará uno de sus ex alumnos, Alfonso Sancho Saez, con un excelente cuadro de profesores, procedentes, en su mayor parte, de la Institución Libre de Enseñaza. Entre ellos, además de Machado y Rafael Lapesa, estaban Roma Rubíes, Amós Sabrás, Mariano Quintanilla —uno de los mejores amigos del poeta en Segovia—, Consuelo Burell y María Elena Gómez Moreno. «En aquel Instituto —refiere Sancho Saez— no había libros de texto, confeccionábamos nuestras lecciones sobre las explicaciones de clase y aprendíamos a redactar al mismo tiempo que destrozábamos nuestra preciosa caligrafía escolar». Un día de esta primavera de 1934 Lapesa lee unos versos de Machado a Sancho Saez y sus compañeros, y éstos se quedan sorprendidos al enterarse de que su desaliñado catedrático de francés —desaliñado pero con «blanquísimos cuellos y puños almidonados»—, que aplasta la ceniza de sus interminables cigarrillos contra su traje y lleva los bolsillos desbordados de papeles, es ¡un gran poeta! A partir de este momento aquellos muchachos, entre ellos el futuro historiador de arte José María Pita Andrade y Carlos Pascual de Lara, el malogrado pintor de la Escuela de Vallecas, descubren, al escuchar a Machado, «un nuevo atractivo en su hermosa frente, en su larga melena entrecana».[32]

Por las mismas fechas conoce el poeta por vez primera a quien Lorca había bautizado «Cónsul General de la Poesía Española»: Juan Guerrero Ruiz. El alicantino, uno de los promotores de la ya desaparecida revista murciana *Verso y Prosa*, llevaba años admirando a Machado desde lejos. En abril de 1934 decide que ya es hora de hacerle una visita, y se toma la libertad de aproximarse, tarjeta en mano, a General Arrando, 4. Franqueada la puerta sale a recibirlo la madre, «una anciana menudita», que le hace sentar en una mecedora de rejilla mientras pasa a avisar al poeta. Guerrero observa que las paredes de la habitación están totalmente cubiertas de retratos al óleo de José Machado. Entre ellos, tres o cuatro de la madre, otro de una mujer joven y algún paisaje.

Llega el poeta. «Alto y grueso», tiene de verdad el «torpe aliño indumentario» del famoso autorretrato. Y añade Guerrero: «Un guardapolvo de dril usado, que sólo abotona hasta la cintura, deja ver lo que si yo fuera una dama me hubiera hecho enrojecer: el pantalón todo desabrochado y entreabierto» («Eso no es de ninguna manera literalmente verdad —comentará disgustado Pablo A. de Cobos—. Machado era descuidado, pero limpio, siempre»[33]). Guerrero explica que una de las razones de su visita es pedir la colaboración del poeta para una página del *Boletín* del Instituto de las Españas, de Nueva York, dirigido en esta ciudad por

Federico de Onís y representado en España por el propio Guerrero. Machado promete darle algo, aunque, dice como para disculparse, lo ínédito suyo se ha incluido en la reciente tercera edición de sus *Poesías completas*. Se levanta para buscar un ejemplar de la misma. A través de la puerta Guerrero espía su cuarto y ve «una modestísima cama de hierro pequeña, cubierta con modesta colcha amarilla, y cerca, una mesa de trabajo donde se amontonan libros y papeles; sin duda es la habitación donde hace habitualmente su vida». Machado vuelve con el volumen y comenta: «Los editores, ya sabe usted, no son espléndidos. A mí ahora me han dado mil novecientas pesetas por esta nueva edición de mis obras, con una tirada de dos mil ejemplares».

La conversación gira hacia Juan Ramón Jiménez, con quien Guerrero tiene una relación estrecha. Machado recuerda su larga amistad con el poeta, a quien ahora no ve porque «no quiere molestarle». Dice admirar la inmensa paciencia con la cual Juan Ramón reelabora sus poemas, aunque hay en ello una tácita crítica hacia tal proceder («significa un trabajo enorme volver a situarse en el ambiente de una poesía para corregirla y mejorarla, ya que cuando no se ha hecho mejor ha sido porque se ha encontrado con una limitación que no se ha sabido vencer»).[34]

La viñeta termina con un apunte de Guerrero sobre los ojos de Machado, los ojos que años atrás Rubén Darío encontrara «tan profundos que apenas se podían ver». Contrastando con su rostro «algo abotargado», que para el alicantino «no tiene la expresión que pudiera imaginar el lector de sus hermosos versos», miran «con bondad y por ellos se asoma al mundo el alma del poeta».[35]

Se agradecen estos apuntes *pris au vif* por el atento y observador Juan Guerrero, que nos permiten casi entrar en la casa del poeta mientras corre la primavera madrileña de 1934. Suplen, aunque sea mínimamente, nuestra falta de información acerca de Machado durante estos meses en que, hay que suponerlo, sigue escribiéndose con Pilar de Valderrama y viéndola de vez en cuando en su compartido «rincón conventual» de Cuatro Caminos.

* * *

El 1 de octubre se produce una crisis gubernamental cuando la CEDA, que lleva diez meses manteniendo en el poder a Alejandro Lerroux, le retira su apoyo. El presidente de la República, Niceto

Alcalá-Zamora, que hasta ahora se ha negado a que participe en el Ejecutivo la coalición liderada por Gil Robles, cede a las presiones de éste y le concede tres carteras clave en el nuevo Consejo: Agricultura, Trabajo y Justicia. Para Gerald Brenan se trataba de una «decisión fatal», causa de todos los «desastres» que vinieron después.[36] Otro gran historiador, Gabriel Jackson, ha recordado que la presencia en el Gobierno de aquella coalición, abocada a la creación de un Estado corporativista, les parecía «tanto a los liberales de la clase media como a la izquierda revolucionaria como un equivalente a la implantación del fascismo en España».[37]

La reacción ante la noticia de la composición del nuevo Ejecutivo no se hace esperar, y los sindicatos convocan una huelga general revolucionaria para el día 4. Tiene una respuesta desigual, pero en Asturias, Cataluña y el País Vasco adquiere una virulencia extraordinaria. En Asturias, donde se hacen enseguida dueños de toda la cuenca, los mineros resisten hasta el día 15, cuando Oviedo cae ante la arremetida de unidades regulares del Ejército de África. La represión es brutal, con numerosos fusilamientos y muchos miles de encarcelamientos. Dejará recuerdos y rencores imborrables entre la población civil.[38]

En cuanto a Cataluña, el 6 de octubre el presidente Companys proclama «la República Catalana dentro de la República Federal Española». La aventura sólo dura diez horas al negarse el general Batet, gobernador militar de la plaza, a ponerse a las órdenes de la Generalitat. Manuel Azaña, que había llegado a la Ciudad Condal a fines de septiembre, y que proyectaba regresar a Madrid el 4 de octubre, es encarcelado el 7 de octubre. Las autoridades dan por descontado que ha estado implicado en los acontecimientos, lo cual es del todo incierto.[39]

El 9 de noviembre se publica una entrevista con Machado en *El Sol*. El reportero, Alardo Prats, ha hablado con él en uno de sus cafés preferidos, no especificado, donde lo ha encontrado sentado sobre un diván «de rojo *peluche*», en medio de una nube de humo de tabaco. Prats quiere conocer su opinión acerca de la supuesta crisis que está padeciendo la cultura. El poeta se muestra cauto. Considera que es muy difícil saber lo que está ocurriendo, prever el futuro, profetizar rumbos. El reportero insiste. ¿Qué piensa de «la actualidad ruidosa que acongoja y llena de pesadumbre a unos, que es acicate y forja de sueños y de acciones que corren tras estos sueños para otros»? Machado emite más generalidades: el artista no se puede escapar de su tiempo, las cuestiones políticas y sociales del momento le atañen inevitablemente... y, desde luego, «hay desorientación». ¿A qué atribuirla?, insiste Prats. «A la falta de ideas directoras, a las luchas políticas y sociales...». Poco a poco, bajo el asedio periodístico, el poeta va expresando opiniones más concretas. La clase proletaria reclama sus derechos, afirma. Se expresa opuesto al concepto de masas. La alusión a Ortega parece inexcusable. «Las masas —insiste— buscan no ser masas en el sentido que se da a este nombre, y lo conseguirán». Y viene, por fin, una declaración tajante, que encaja con el artículo publicado en *Octubre:*

> Yo no soy marxista ni puedo creer, con el dogma marxista, que el elemento económico sea lo más importante de la vida: es éste un elemento importante, no el más importante; pero oponerse avara y sórdidamente a que las masas entren en el dominio de la cultura y de lo que en justicia les corresponde me parece un error que siempre dará funestos resultados.

Alardo Prats no suelta a su presa. Es una de las entrevistas más penetrantes jamás hechas a Machado. A lo largo de ella el poeta viene insistiendo en que el artista, y sobre todo el poeta, no debe mezclar la política con su obra. Pero, pregunta Prats, ¿no han influido algunos grandes poetas en la sociedad de su época? Machado no lo niega pero considera que ha sido *reflejándola*, no poniendo su pluma al servicio de intereses políticos explícitos. ¿Y en la URSS? El poeta expresa otra vez una opinión contundente: «Todo lo que he leído de la literatura de la Rusia nueva es francamente superficial, y de ninguna manera se puede comparar con la producción de los viejos maestros rusos».[40]

Quedaba, pues, meridianamente claro. Machado no era marxista, pero sabía medir y apreciar la contribución real y potencial del marxismo a la liberación del hombre contemporáneo. Lo seguiría proclamando hasta el final de su vida.

* * *

Poco antes de los magnos acontecimientos de octubre todo estaba preparado para el lanzamiento en la capital española de un nuevo rotativo de gran formato, *Diario de Madrid*, que, dadas las circunstancias, no pudo salir a la calle hasta el 26 de octubre. El director es el crítico y ensayista Fernando Vela, a quien Machado ha conocido en la redacción de la *Revista de Occidente*. Vela le invita a iniciar una colaboración regular en el diario. En 1936 Machado explicará que decidió recurrir entonces a las «notas de Juan de Mairena» empezadas cuando, al llegar a Segovia, le acumularan la cátedra de Literatura Castellana y se diera cuenta de que en España se carecía «de un manual que expusiese las ideas elementales de nuestra literatura, dándose el caso de llegar a ser más fácil a un profesor español enseñar cualquier literatura extranjera que la propia». Eran dichas notas, con otras nuevas, las que, según las mismas declaraciones, empezó a enviar a Fernando Vela. No era muy exacta la explicación (si es que la apuntó bien el entrevistador), toda vez que el nacimiento de los apócrifos se remontaba, en realidad, a la época baezana y de *Los complementarios*.[41]

En los artículos de *Diario de Madrid* se explayará Juan de Mairena a lo largo de casi un año. El primero sale el 4 de noviembre de 1934, el último el 24 de octubre de 1935. En total, treinta y tres. Harán célebre al personaje.

Si en 1928, cuando hace su debú en la segunda edición de *Poesías completas*, Mairena era «poeta, filósofo, retórico e inventor de una Máquina de Cantar», es ahora, además —como Machado—, dramaturgo y catedrático de Instituto. Catedrático, oficialmente, de Gimnasia, pero, en la práctica, de Retórica (y Sofística), con clases «gratuitas y voluntarias» que se dan al margen del programa establecido (Mairena, como su maestro Abel Martín, desprecia la llamada «educación física»).[42]

El instituto de Mairena está ubicado en «una gran población» de la Andalucía occidental, no identificada por nombre, con una burguesía «algo beocia» y una aristocracia «demasiado rural». Que Machado esté pensando en Cádiz —lugar natal del abuelo, no lo olvidemos— lo hacen pensar las referencias a Rota, Chipiona (con su periódico *El Faro de Chipiona)*, Chiclana y El Puerto, así como la cita concreta de un artículo sobre Mairena —publicado en el ficticio *El Mercantil Gaditano*— y el hecho de tener dicha «gran población» una Universidad donde él mismo ha estudiado.[43]

Mairena enseña a los alumnos que acuden libremente a su cátedra oficiosa «una actitud interrogadora y reflexiva»[44] y, en particular, un bienhumorado escepticismo dispuesto a dudar de todo, incluida su propia duda. Es decir, «una posición escéptica frente al escepticismo».[45] Más que enseñar, en realidad, Mairena lo que hace es *aconsejar*, porque la pedagogía suya, en evidente deuda para con la de Giner de los Ríos y sus colaboradores de la Institución Libre, se basa en el respeto más absoluto al prójimo, con quien sólo caben la sugerencia, el ejemplo y el diálogo, nunca la imposición. «Yo os aconsejo», «Reparad en que...»: la invitación a someter a criterio propio lo propuesto por el otro, a «desconfiar de todo lo que se dice»,[46] es una constante. Mairena, que alude de manera casi obsesiva a las enseñanzas de su propio maestro —sobre todo a su creencia en «la esencial heterogeneidad del ser» y en Dios como creador de la Nada— es un profesor exquisito que, como Machado, nunca suspende a nadie, quizás con la sola excepción del examinando que, en respuesta a la pregunta «¿Sabe usted algo de los griegos?», contesta: «Los griegos..., los griegos eran unos bárbaros».[47]

Los alumnos de Mairena —que son pocos— no echan en balde el consejo de pensar por sí mismos, de pasar todo lo que les dice por el cedazo del escepticismo, y a veces, no sin irritación por parte del profesor, discrepan convincentemente de sus argumentos.

Como profesor de Retórica y de Sofística que es, Mairena pone mucho énfasis sobre la necesidad de hablar bien, de hablar claro, lo cual es imposible, como insiste con sus alumnos, «pensando mal». Por ello la Retórica, como él la entiende, tiene mucho que ver con la lógica.[48] Les invita encarecidamente a huir del barroquismo, de la grandilocuencia: «Veremos lo que pasa cuando lo distinguido, lo aristocrático y lo verdaderamente hazañoso sea hacerse comprender de todo el mundo, sin decir demasiadas tonterías».[49] Y les sugiere que sometan a análisis continuo los lugares comunes, frases hechas, tópicos y demás banalidades que les propone el lenguaje diario. ¿Cómo puede existir un *guardia de asalto*, por ejemplo? Es una contradicción absoluta.[50]

Cuando de filosofía se trata, Mairena rinde habitual pleitesía a Martín, como señala José Luis Abellán.[51] Pero en el momento de opinar sobre otros asuntos, empezando por sus paisanos, sólo apela a su propio juicio. Considera que los españoles son dueños de algunas cualidades muy positivas —la generosidad, por ejemplo, o la falta de soberbia («Nadie es más que nadie»)— pero que también adolecen de serios vicios. Entre éstos, el no querer aprender del prójimo. «En España no se dialoga porque nadie pregunta, como no sea para responderse a sí mismo —sentencia—. Todos queremos estar de vuelta, sin haber ido a ninguna parte. Somos esencialmente paletos».[52]

Si Mairena muere en 1909 (a los 44 años), el narrador es estrictamente actual y se puede permitir algunas referencias o alusiones, en general someras, a lo que está ocurriendo a su alrededor (comenta el debate de la «poesía pura», por ejemplo, y expresa su admiración por «nuestro gran don Ramón del Valle-Inclán» o «nuestro gran don Miguel de Unamuno»). También, de vez en cuando, especula sobre lo que Mairena hubiera opinado de tal o cual acontecimiento ocurrido después de su desaparición. Incluso Machado acude al truco de hacerle vaticinar algún futuro hecho o circunstancia que luego resultaron ser ciertos (la Gran Guerra, la fundación de la Sociedad de Naciones, la creciente «americanización» de la cultura europea...).

El maestro admira profundamente el folclore andaluz, expresivo, a su juicio, de «un escepticismo extremado, de radio metafísico».[53] «Tenemos un pueblo —decía Mairena— maravillosamente dotado para la sabiduría; un pueblo a quien no acaba de entontecer una clase media, entontecida a su vez por la indigencia científica de nuestras universidades y por el pragmatismo eclesiástico, enemigo siempre de las altas actividades del espíritu».[54] Es evidente la influencia sobre tales razonamientos del malogrado *Demófilo* —muerto a los 47 años con sólo tres más que Mairena—, aunque no se le nombra de modo específico (ya conocemos la reticencia de Machado en relación con sus familiares). La Escuela Popular de Sabiduría Superior que quiere fundar Mairena, sin conseguirlo, recuerda las numerosas iniciativas del padre —muchas de ellas frustradas— en torno al estudio y propagación del folclore. En ella, dice, se habría enseñado al hombre del pueblo «a repensar lo pensado, a desaber lo sabido y a dudar de su propia duda, que es el único modo de empezar a creer en algo».[55]

Vehículo para la ironía machadiana: el poeta es capaz incluso de utilizar a Juan de Mairena para justificar su propia afición, como autor dramático, a los apartes y monólogos, tan ajenos a los usos teatrales modernos.[56]

¡Y para aludir a Pilar de Valderrama! El 3 de enero de 1935 los «Apuntes y recuerdos» de Mairena en el *Diario de Madrid* incluyen unos versos amorosos, atribuidos a Abel Martín, que el profesor de Retórica lee y comenta ante sus alumnos. Son versos que se integrarán mayormente en «Otras canciones a Guiomar» (CLXXIV), y que demuestran que Machado sigue obsesionado con la musa.

Mairena comienza reproduciendo y glosando tres coplas amorosas de Abel Martín, la primera encontrada en el álbum de una señorita de Chipiona («o que lo fue en su tiempo», añade con malicia), la segunda en otro álbum parecido, la tercera en un número antiguo de *El Faro de Rota:*

> Escribiré en tu abanico:
> te quiero para olvidarte,
> para quererte te olvido.

> Te abanicarás
> con un madrigal que diga:
> en amor el olvido pone la sal.

> Te mandaré mi canción:
> «Se canta lo que se pierde»,
> con un papagayo verde
> que la diga en tu balcón.

Mairena explica a sus alumnos que estos versos de su maestro, compuestos durante sus años juveniles y románticos, expresan su creencia de que «el amor empieza con el recuerdo, y que mal se podía recordar lo que antes no se había olvidado». ¿No captan bien Rodríguez, Gozálvez, el «oyente» Joaquín García y demás discípulos lo que quería decir Martín? Pues otros versos suyos lo exponen «muy claramente»:

> Sé que habrás de llorarme cuando muera
> para olvidarme y, luego,
> poderme recordar, limpios los ojos
> que miran en el tiempo.
> Más allá de tus lágrimas y de
> tu olvido, en tu recuerdo,
> me siento ir por una senda clara,
> por un «Adiós, Guiomar» enjuto y serio.

Pero la exposición tampoco era tan «clara», aunque se supone que los alumnos de Retórica sí captarían ya un poco mejor que, para Martín, de alguna manera, lo primordial en el amor era la memoria (inseparable del olvido que la hace posible). Dos años después Mairena precisará, remitiendo otra vez a Martín, que el poeta ha de saber que «el olvido es una potencia activa, sin la cual no hay creación propiamente dicha».[57]

Huérfanos de información acerca de la relación de Machado y Pilar de Valderrama en estos momentos, ¿podemos deducir de los versos de Martín que la diosa ya le ha hecho saber que no pueden seguir viéndose, o que tienen que verse con menos frecuencia? ¿Y que los versos del apócrifo son una especie de mensaje-respuesta que le envía Machado desde su columna del *Diario de Madrid* (que cabe pensar ella leía)? *Sí, soy Guiomar* nos hace pensar que algo de ello hubo. Allí dice Valderrama, refiriéndose a 1935 y sus encuentros con Machado en el café de Cuatro Caminos:

La situación en Madrid empeoraba de día en día. Las dificultades para acudir a nuestro café aumentaban, sucediéndose las revueltas callejeras y los atentados personales, más, en aquellos barrios populares donde se hallaba el local, siendo un peligro andar por ellos sola al anochecer. Por añadidura, aquel salón tranquilo y poco frecuentado comenzó a llenarse de alborotadores, gentes mal encaradas que vociferaban y no nos permitían hablar con sosiego. Todo esto me obligó a decidir que suspendiéramos las entrevistas mientras la situación no cambiara. Cuando con gran sentimiento mío se lo comuniqué a Antonio, lo comprendió y se resignó una vez más, conviniendo en seguir escribiéndonos siempre que pudiéramos. Sus cartas no me faltaban puntualmente cada semana. Yo iba a recogerlas con la mayor ilusión a casa de mi amiga María [Estremera]. También yo le enviaba las mías a la calle General Arrando, 4, donde seguía viviendo.[58]

Lo que ocurrió realmente no lo sabemos, debido a la ausencia de las cartas. Pero que durante 1935 la relación se hizo ya insostenible —para Valderrama— parece evidente. El poeta sabía, de todas maneras, que Guiomar siempre viviría en su memoria, pese a olvidos momentáneos, y que, gracias al milagro poético, el recuerdo de su relación estaría a salvo del tiempo: «Porque sólo la creación apasionada triunfa del olvido».

Machado/Martín glosa el tema en los versos siguientes que, como señalamos antes, aluden a una visita del poeta a la amada durante las vacaciones veraniegas en San Sebastián o Hendaya. Son las «Otras canciones a Guiomar», que figurarán en la cuarta edición de *Poesías completas* con algunas mínimas variantes:

> ... ¡Sólo tu figura
> como una centella blanca
> escrita en mi noche obscura!
>
> Y en la tersa arena,
> cerca de la mar,
> tu carne rosa y morena,
> súbitamente, Guiomar.
>
> En el gris del muro,
> cárcel y aposento,
> y en un paisaje futuro
> con sólo tu voz y el viento;
>
> en el nácar frío
> de tu zarcillo en mi boca,
> Guiomar, y en el calofrío
> de una amanecida loca;
> asomada al balcón
> que bate la mar de un sueño,
> y bajo el arco del ceño
> de mi vigilia, a traición,
> ¡siempre tú! Guiomar, Guiomar,
> mírame en ti castigado:
> reo de haberte creado,
> ya no te puedo olvidar.

«Aquí —comenta Mairena— la creación aparece todavía en la forma obsesionante del recuerdo. A última hora el poeta pretende licenciar a la memoria, y piensa que todo ha sido imaginado por el sentir». Imaginado, es decir, creado. Los versos finales citados por Mairena no podían expresar con más claridad la pretensión *a última hora* de Abel Martín:

> Todo amor es fantasía;
> él inventa el año, el día,
> la hora y su melodía,

inventa el amante y, más,
la amada. No prueba nada
contra el amor que la amada
no haya existido jamás.[59]   (CLXXIV, II)

Machado, como buen escéptico que es, y ante la evidencia de
que su relación con la Valderrama nunca ha sido la que él hubiera
deseado, ha llegado a creer —si es que un escéptico puede creer en
algo que no sea la duda— que la única realidad es la conciencia creadora que ha sido capaz, en este caso, de inventar, partiendo del
ser de carne y hueso llamado Pilar de Valderrama, a una mítica,
apócrifa «Guiomar».

Ni al ser de carne y hueso ni a la misteriosa dama de nombre
medieval alude nunca en público, por supuesto, el poeta. El 1 de
abril de 1935 sale una entrevista suya en el vespertino *La Voz*.
«Proel» (Ángel Lázaro) —amigo tanto de Manuel como de Antonio, como sabemos— ha tenido una charla distendida con el
poeta en uno de sus cafés madrileños preferidos. Sólo pretende
dar una idea de cómo es Machado en el aspecto humano y de averiguar qué proyectos literarios tiene en estos momentos. Nada de
someterlo a un exigente interrogatorio.

El poeta fuma sin parar, «y la ceniza del cigarro va decorán-
dole el pecho». Acaricia el puño de su bastón mientras hablan. «Rostro infantil, de aire lejano —apunta Lázaro—. Desdén por todas las
pequeñas cosas del mundo. Hay a quien le basta para vivir un trozo de pan y otro de queso, me decía alguien refiriéndose al poeta
en una ocasión; pero a Antonio Machado le basta con el pan solamente. Una virtud suprema del poeta. Por ella se salvará siempre,
y cuando los hombres pasen afanados como la ardilla en busca de la
tiránica vanidad de cada día, él los verá pasar sereno, impávido, con
las pupilas cargadas de dulzura y de eternidad».

«Proel» quiere saber de dónde ha surgido Juan de Mairena.
¿Cuánto tiempo lleva dialogando con él? «¡Qué sé yo! Muchos años.
Doce o quince», contesta el poeta, como si la cosa no fuera con él.

¿Nuevos proyectos? Machado revela que ha terminado con su
hermano una comedia en prosa, *El hombre que murió en la guerra*,
pero que todavía no han encontrado al galán idóneo para encarnar
al protagonista. Existe una grave crisis de actores. ¡Hoy no hay ninguno como aquel gran Antonio Vico, tan soberbio en *Hamlet!* El
comentario provoca una pregunta acerca de los pinitos histrióni-

cos del poeta hace ya tanto tiempo. Machado recuerda alguna anécdota al respecto, y que pasó muchos años de joven leyendo apasionadamente a Lope de Vega, cuyo tercer centenario no se está celebrando, a su juicio, con la debida coherencia. Tal vez lo mejor sería que los que aman al prolífico y genial improvisador hiciesen una antología de «la inmensa y tan rica selva» de su obra.[60]

El hombre que murió en la guerra no será representada hasta después de la Guerra Civil, en 1941. Publicada en 1947, con prólogo de Manuel, la obra es harto banal, de trama inverosímil e inconsecuente (no convence el truco del soldado aristócrata que vuelve a casa, con otro nombre, diez años después de la Gran Guerra de 1914-1918). Quizás su mayor interés estriba en el hecho de estar escrita en prosa. Los hermanos, que llevaban sin estrenar desde 1932, habían llegado a la conclusión, al parecer, de que ya no servía el teatro en verso. Por otro lado no sabemos hasta qué punto el texto de la obra fue refundido durante o después de la guerra por Manuel.

La primavera de 1935 es turbulenta, como recordará años después Pilar de Valderrama, y no ayuda nada el nombramiento como ministro de Guerra, a principios de mayo de 1935, de José María Gil Robles, a quien le falta tiempo para ascender al general Francisco Franco a la jefatura del Estado Mayor.[61]

En su número de abril-mayo de 1935, la revista *El Tiempo Presente* publica unas breves declaraciones de Machado. La entrevistadora es Rosario del Olmo, la escritora comunista que un año antes había hablado con el poeta para *La Libertad*. ¿Cuáles son, a juicio de Machado, las «verdaderas causas» que están amenazando ahora con destruir la paz del mundo? Contesta que el hambre es una de ellas (Lorca dirá lo mismo en una entrevista de estas fechas). Otra «la escasa fantasía del hombre para imaginar los horrores de la guerra». Luego la insolidaridad —«la ideología batallona de la burguesía, con su dogma activista y su culto al *struggle for life*»—, y «la incurable barbarie y el sadismo de las multitudes urbanas». El problema, en el fondo, es el egocentrismo del hombre contemporáneo, el olvido del amor fraterno que en estos momentos preconiza Juan de Mairena en el *Diario de Madrid*.[62]

* * *

Machado tiene una relación amistosa con Luis Álvarez Santullano, que en 1932 le había conseguido un permiso del Ministerio de Instrucción Pública para que se pudiera dedicar con mayor provecho a las Misiones Pedagógicas, a cuyo Patronato sigue ahora perteneciendo. Santullano ve al poeta en las reuniones de las Misiones, presididas por Manuel B. Cossío. De hecho, Machado será hasta el final «uno de los vocales más asiduos del Patronato y hablando allí poco, decía siempre la palabra justa y orientadora». Se había interesado sobre todo por el teatro ambulante (para cuya dirección había propuesto a Ricardo Marquina). Santullano recordaba, entre otros pequeños pormenores de aquellas sesiones, el célebre gabán del poeta, inmortalizado en uno de los «apuntes» de su apócrifo más célebre: «La especialidad de este abrigo —decía Mairena a sus alumnos— consiste en que, cuando alguna vez se le cepilla para quitarle el polvo, le sale más polvo del que se le quita, ya porque sea su paño naturalmente ávido de materias terrosas y las haya absorbido en demasía, ya porque éstas se encuentren originalmente complicadas con el tejido. Acaso también porque no sea yo ningún maestro en el manejo del cepillo [...]. Con este gabán que uso y padezco, alegorizo yo algo de lo que llamamos cultura, que a muchos pesa más que abriga...».[63] «Machado —apostilla Santullano— no tenía la menor soltura a la hora de ponerse su rígido y compacto abrigo, y así era graciosa tarea la que los amigos nos dábamos para ayudarle a meterse las mangas y tirarle de aquí y de allá hasta acomodárselo al cuerpo, nunca cumplidamente, pues la oposición de la prenda, que no prendía, era la de una tabla rebelde a la flexibilidad. Antonio se sometía sonriente a la operación, no sin decir entre dientes: "Este maldito gabán... No hay quien le pliegue a razones"».

La última reunión con Cossío —están Santullano, Machado y Ángel Llorca («otro maestro excepcional»)— tiene lugar en Collado Mediano, pueblo de la Sierra de Guadarrama tan amada del maestro.[64]

Cossío muere pocos días después, el 1 de septiembre de 1935. Para la España progresista es la pérdida de uno de sus más insignes patriarcas. Miles de discípulos, amigos y admiradores del «ciudadano ejemplar» forman tras el cortejo fúnebre, y cuando llega al Cementerio Civil el pequeño recinto se abarrota. El maestro recibe sepultura al lado de Francisco Giner de los Ríos y Julián Sanz del Río en medio de un imponente silencio. Se trata de un grandioso acto de afirmación democrática, con la asistencia de muchos políticos de la República, entre ellos Manuel Azaña (cuyo combativo libro *Mi rebelión en Barcelona* se acaba de poner a la venta), Fernando de los Ríos y Julián Besteiro, y de numerosos intelectuales y escritores. En la prensa consta la asistencia de los «hermanos Machado». ¿Aprovecharon la ocasión para aproximarse discretamente a la cercana tumba del abuelo (a cuya inhumación asistiera Cossío en 1896)? No lo sabemos, pero es de imaginar que Antonio tendría muy presente a Machado Núñez esta mañana en el Cementerio Civil.[65]

Todos los periódicos republicanos dedican primeras planas a la muerte del maestro y dan detallada cuenta del entierro. La prensa de derechas apenas se da por enterada, con la excepción de *Abc*, que tiene la elegancia, ¡en su página 30!, de llamar a Cossío «ilustre profesor» y, después de una breve semblanza biográfica, de ofrecer su «pésame más sincero» a la familia del fallecido.[66]

Veinte años antes, conmovido por la muerte de Giner, Machado le había dedicado una sentida elegía. Ahora le toca reflexionar sobre la vida y la obra del otro gran institucionista y querido profesor. Lo hace insertando un breve comentario en su columna de Juan de Mairena en el *Diario de Madrid*:

> Era mucha la belleza espiritual del gran español que hoy nos abandona para que podamos encerrar su figura en las corrientes etopeyas de la españolidad. Tampoco nos quedan buenos retratos suyos. El mejor que poseemos es obra de un valenciano, que reproduce las finas calidades del cuerpo. Pero nada más. La expresión es débil y equivocada, como de mano que no acierta a rendir con firmeza el señorío interior sin pizca de señoritismo, que todos veíamos en él. Lo más parecido a su retrato es la figura velazqueña del marqués de Espínola recogiendo las llaves de una ciudad vencida. Porque allí se pinta un general que parece haber triunfado por el espíritu, por la inteligencia; que sabe muy bien cómo la batalla ganada pudo perderse, y que hubiera sabido perderla con la misma elegancia. Eso trazó Velázquez, pincel supremo: el triunfo cortés, sin sombra de jactancia; algo muy español y específicamente castellano; algo también muy del hombre que hoy lloramos...[67]

El 24 de octubre Machado publica su último artículo en el *Diario de Madrid*. Y es que Santullano, que trabaja en *El Sol*, le ha convencido, a instancias de la dirección del mismo, para que se cambie al «periódico español entonces más leído», con la garantía añadida de un espacio privilegiado en la primera plana de los domingos. La colaboración empieza el 17 de noviembre de 1935 y terminará el 28 de junio de 1936: catorce artículos quincenales que llegarán (Santullano no se equivocaba) a un público mucho más amplio que el del diario dirigido por Fernando Vela.[68]

El mismo día de su último suelto en el *Diario de Madrid* Machado suscribe un contrato con Espasa-Calpe para un libro que recoja los artículos allí publicados. Su título provisional: *Conversaciones de Mairena con sus discípulos*. Se estipula que tendrá una primera tirada de 2.200 ejemplares y que el poeta percibirá 1.350 pesetas por la cesión de los derechos.[69]

Entretanto la invasión de Abisinia por Mussolini a principios de octubre de 1935 ha estado provocando las airadas protestas de los republicanos españoles. El 6 de noviembre Machado firma una enérgica protesta contra la acción italiana al lado de Teófilo Hernando, catedrático de Medicina de la Universidad de Madrid, Fernando de los Ríos, el conocido abogado, escritor y político republicano Ángel Ossorio y Gallardo, el periodista Roberto Castrovido, Álvaro de Albornoz —ministro del Gobierno Provisional de la República—, el penalista de renombre internacional y uno de los padres de la Constitución de 1931, Luis Jiménez de Asúa, Federico García Lorca y alguien más. Parece ser que, en aquellos momentos de férrea censura gubernamental, sólo se atreve a publicarlo el *Diario de Madrid*.[70] La revista satírica ultraderechista *Gracia y Justicia*, que se especializa en calumniar a los prohombres políticos y culturales de la izquierda, no pierde la ocasión de expresar su extrañeza ante el apoyo al manifiesto de Machado, «intelectual de verdad y poeta único» (de Fernando de los Ríos, Azaña, Lorca y demás ralea izquierdista no esperaba otra cosa). ¿Qué le ha pasado? Y pone en boca del poeta-profesor una respuesta que por lo menos tenía la virtud de ser divertida: «En Abisinia no hay Institutos y, por consiguiente, tampoco cátedras de Francés... Como aquí, en España, yo no he podido redimirme, al cabo de los años, ni del uno ni de la otra, tengo ganas de que venga el Negus para que las suprima de un plumazo».[71]

El 8 de diciembre Machado recibe otra visita de Juan Guerrero. El poeta le comenta que está preparando una nueva edición de *Poesías completas* y un libro con los artículos de Juan de Mairena publicados en *Diario de Madrid* y *El Sol*. ¿Y *El hombre que murió en la guerra*? No se ha puesto en escena todavía por falta de un buen actor (como había manifestado en anteriores declaraciones). A su juicio se trata de lo mejor que él y Manuel han hecho hasta la fecha. Guerrero, con su ojo observador de atento diarista, nota que el poeta ha estrenado un nuevo guardapolvo, «idéntico al anterior que llevaba, de dril, su traje de casa sempiterno».[72]

* * *

«EL DECRETO DE DISOLUCIÓN DE LAS FUNESTAS CORTES DEL BIENIO NEGRO»: Así de claro anuncia el *Heraldo de Madrid* en primera plana, el 7 de enero de 1936, la tremenda noticia. ¡Se acabó la pesadilla! Las elecciones han sido convocadas para el 16 de febrero. Se habla de la recuperación de la República. También, con insistencia, de la necesidad imperiosa de crear sin perder un segundo un gran bloque electoral progresista para no repetir el error garrafal de 1933.

El pacto del Frente Popular se sella una semana después, el 15 de enero.

El fervor preelectoral se parece mucho al que vivió España en vísperas de las municipales de abril de 1931, y los actos políticos de todo signo se multiplican alrededor del país.

El 19 de enero, en su columna de *El Sol*, Machado no puede resistir la tentación de comentar la peligrosa situación que se vive en España. «¿Qué hubiera pensado Juan de Mairena de esta segunda República —hoy agonizante—, que no aparece en ninguna de sus profecías?», se pregunta después de unas consideraciones sobre Maquiavelo («agonizante» porque el poeta espera que salga de las urnas, después del «bienio negro», una «Tercera República» democrática). Y contesta: «Él hubiera dicho, cuando se inauguraba: ¡Ojo al sedicente republicanismo histórico, ese fantasma de la primera República! Porque los enemigos de esta segunda habrán de utilizarlo, como los griegos utilizaron aquel caballo de madera, en cuyo hueco vientre penetraron en Troya los que habían de abrir sus puertas y adueñarse de su ciudadela».[73] La alusión va por Alejandro Lerroux —cuatro veces presidente del Consejo durante el bienio derechista— a quien Machado culpará después, con palabras durísimas, de haber sido quizás el principal traidor de la República «al dar acogida en su vientre insondable a los peores enemigos del pueblo», es decir, al haber incluido, en su gabinete de mayo de 1935, a una mayoría de ministros que no habían sido republicanos en 1931 y que, en realidad, eran enemigos del régimen.[74] Para Machado, aquel político era «un hombre profundamente viejo, un alma decrépita de ramera averiada y reblandecida».[75]

A principios de febrero de 1936 se constituye en Madrid, como respuesta a una iniciativa de lord Robert Cecil, la Mesa Permanente Española de la Unión Universal por la Paz. La integran Ángel Ossorio y Gallardo, Manuel Azaña, Teófilo Hernando, el socialista Julio Álvarez del Vayo y Antonio Machado. Unas semanas después, firmado por los mismos, se publica en la prensa el manifiesto de la organización. Su mensaje está al alcance de todos: el peligro de guerra se acentúa cada día, agudizado por el conflicto italo-abisinio; la paz es indivisible (si se rompe en un lugar del mundo se romperá en otros); defender la paz «no supone simplemente maldecir de la guerra y cruzarse de brazos» sino trabajar por ella, organizarla, propagarla; España, que ha incorporado el pacifismo a su Constitución, «puede hacer oír su voz, enteramente desinteresada, en defensa del orden internacional». «Dense cuenta todos —termina el documento— de que la pretensión de desinteresarse de esta causa común, de permanecer al margen o de afectar una neutralidad inhibitoria, es sólo un modo de contribuir a la guerra». Han expresado su «fervorosa adhesión» numerosas personalidades relacionadas con el mundo de la cultura, entre ellas Azorín, Alejandro Casona, García Lorca, Luis Araquistáin y el compositor Óscar Esplá (que había hecho la propuesta de himno de la República con Manuel Machado). Se trata de una seria llamada de atención en momentos en que la crispación política española se acentúa día tras día.[76]

En vísperas de las elecciones Machado participa en otras iniciativas de marcado tinte político. Es el primer firmante de la convocatoria para un homenaje popular a Rafael Alberti y María Teresa León, recién regresados de Rusia, que tiene lugar el 9 de febrero.[77] Y prepara unas cuartillas, como no podía ser de otra manera, para el homenaje, de clara significación republicana, que se celebra el 15 de febrero en el teatro de la Zarzuela en memoria de Ramón del Valle-Inclán, que acaba de morirse en su Galicia natal. Al no poder asistir al acto las lee Rafael Alberti.[78]

Unos días después, en su columna de *El Sol*, Machado señala, a través del comentarista, que Juan de Mairena había conocido a Valle-Inclán en 1895 y escuchado de sus labios el relato de sus correrías mexicanas. Además resulta que Mairena fue «uno de los tres compradores» del primer libro del escritor, *Femeninas*. El comentarista comparte la alta opinión que tenía Mairena del autor de las *Comedias bárbaras*, y expresa su admiración por la dignidad del mismo en el último trance: «Olvidemos un poco la copiosa anecdótica de su vida, para anotar un rasgo muy elegante y, a mi entender, profundamente religioso de su muerte: la orden fulminante que dio a los suyos para que lo enterrasen civilmente. ¡Qué pocos lo esperaban! Allá, en la admirable Compostela, con su catedral y su cabildo, y su arzobispo, y su botafumeiro... ¡Qué escenario tan magnífico para el entierro de Bradomín! Pero Valle-Inclán, el santo inventor de Bradomín, se debía a la verdad antes que a los inventos de su fantasía. Y aquellas sus últimas palabras a la muerte, con aquella impaciencia de poeta y de capitán: "¡Cuánto tarda esto!" ¡Oh, qué bien estuvo D. Ramón en el trago supremo a que aludía Manrique!».[79]

* * *

El 16 de febrero de 1936 España acude otra vez a las urnas. El Frente Popular gana por una estrecha mayoría, pero, debido a las provisiones de la Ley Electoral de 1932, que adjudica al bando victorioso una representación parlamentaria proporcionadamente más elevada, obtiene 267 escaños en las nuevas Cortes frente a los 132 de las derechas, al contrario de lo ocurrido en 1933. Los republicanos están eufóricos. El nuevo Gobierno indulta sin perder un minuto a los miles de presos políticos, y las escenas a las salidas de las cárceles son delirantes.[80]

Una de las primeras decisiones del Ejecutivo es decretar, el 18 de febrero, el «estado de alarma», que le concede poderes policiales excepcionales (y que se renovará cada mes hasta el estallido de la sublevación militar de julio). Es una indicación de la extrema inestabilidad del país en estos momentos en que el presidente del Consejo, Portela Valladares, le ruega a Azaña, sin éxito, que asuma el poder para evitar el caos.[81]

El triunfo electoral de las izquierdas siembra el terror entre las clases adineradas, que ven el fantasma de la revolución marxista a la vuelta de la esquina.

Ante el manifiesto fracaso en las urnas de Gil Robles —que se había jactado de que la CEDA iba a cosechar trescientos escaños—, se produce, entre personas antes más moderadas, un notable viraje hacia la extrema derecha. Falange Española, en consecuencia, ve notablemente engrosadas sus filas, y pone en marcha ahora una campaña de acción directa cuyo objetivo específico es multiplicar el caos y hacer inevitable un golpe de Estado para «salvar la Patria».[82]

El 11 de marzo un grupo de pistoleros falangistas casi logra asesinar al célebre penalista Luis Jiménez de Asúa.[83]

El 14 de marzo *El Sol* publica el segundo manifiesto de la Unión Universal para la Paz, firmado otra vez por Machado.[84]

El mismo día son detenidos José Antonio Primo de Rivera y otros líderes de Falange Española.[85]

El 15 hay un fracasado intento contra Francisco Largo Caballero.[86]

El 18 se declara ilegal, por «asociación ilícita», a Falange Española. Si la organización había tomado la decisión, en junio de 1935, de «ir, con todas sus consecuencias, a la guerra civil», tal táctica adquiere ahora un ímpetu arrollador.[87]

Mientras cada vez más jóvenes de clase media ponderan ingresar en las proscritas filas falangistas, el 1 de abril se fusionan las organizaciones juveniles comunista y socialista para formar las Juventudes Socialistas Unificadas (JSU). El terreno medio, el de las transacciones, de las soluciones de compromiso, se va esfumando. Parece que cada vez hay menos sitio para la moderación.[88]

Aquel mismo 1 de abril de 1936 Machado toma posesión de la cátedra de Lengua y Literatura Francesas del Instituto Nacional Cervantes de Segunda Enseñanza, para la cual ha sido nombrado por orden ministerial del 10 de marzo.[89] Está ubicado provisionalmente en un inmueble de la calle de Prim, número 3, antes residencia de la condesa de Villar al lado del Ministerio de Guerra (palacio de Buenavista). Sabemos muy poco acerca de las clases de Machado en su nuevo destino, sólo que —si hemos de fiarnos del testimonio de uno de sus ex alumnos— fumaba tanto durante ellas que los chicos le apodaron «La Cenicienta».[90]

Siguen los atentados. El 7 de abril los falangistas colocan una bomba en la casa de Eduardo Ortega y Gasset, sin lograr matarlo.[91] El 13 acaban con la vida del magistrado Manuel Pedregal, que ha condenado a cadena perpetua a uno de los suyos.[92] Son las vísperas del quinto aniversario de la llegada de la República, y la Falange tiene el mayor interés en provocar disturbios. El 14, durante el desfile conmemorativo de la Castellana, cae en una refriega un alférez de la Guardia Civil, Anastasio de los Reyes, cuyo entierro al día siguiente se convierte casi en batalla campal, con varios muertos.[93]

531

En medio de tanto barullo la editorial Espasa-Calpe pone a la venta la cuarta edición de *Poesías completas*. El único poema añadido a la tercera es «Otras canciones a Guiomar», anticipado en *El Sol* y ahora reorganizado, ampliado y, en algún pormenor, podado. Se han suprimido, no sabemos por qué, los conmovedores versos dirigidos a la musa que finalizaban allí el poema, y en los cuales Machado había logrado plasmar, inolvidablemente, su concepto de la dialéctica olvido/recuerdo en la relación amorosa:

> Sé que habrás de llorarme cuando muera
> para olvidarme y, luego,
> poderme recordar, limpios los ojos
> que miran en el tiempo.
> Más allá de tus lágrimas y de
> tu olvido, en tu recuerdo,
> me siento ir por una senda clara,
> por un «Adiós, Guiomar» enjuto y serio.

Hay seis versos nuevos sobre el tema del olvido:

> Te pintaré solitaria
> en la urna imaginaria
> de un daguerrotipo viejo,
> o en el fondo de un espejo,
> viva y quieta,
> olvidando a tu poeta.

Y terminan ahora las «canciones» con dos hermosísimas secciones en silvas:

VII

> Que apenas si de amor el ascua humea
> sabe el poeta que la voz engola
> y, barato cantor, se pavonea
> con su pesar o enluta su viola;
> y que si amor da su destello, sola
> la pura estrofa suena,
> fuente de monte, anónima y serena.

Bajo el azul olvido, nada canta,
ni tu nombre ni el mío, el agua santa.
Sombra no tiene de su turbia escoria
limpio metal; el verso del poeta
lleva el ansia de amor que lo engendrara
como lleva el diamante sin memoria
—frío diamante— el fuego del planeta
trocado en luz, en una joya clara...

VIII

Abre el rosal de la carroña horrible
su olvido en flor, y extraña mariposa,
jalde y carmín, de vuelo imprevisible,
salir se ve del fondo de una fosa.
Con el terror de víbora encelada,
junto al lagarto frío,
con el absorto sapo en la azulada
libélula que vuela sobre el río,
con los montes de plomo y de ceniza,
sobre los rubios agros
que el sol de mayo hechiza,
se ha abierto un abanico de milagros
—el ángel del poema lo ha querido—
en la mano creadora del olvido...

.... (CLXXIV)

¿Quién se atrevería a parafrasear estos 29 versos, orquestados con la más absoluta maestría, y rematados por una línea de enigmáticos puntos suspensivos sobre cuya significación caben todas las hipótesis? ¿Quién se atrevería a decir que los «capta» en su compleja totalidad? Contienen una maravillosa reflexión sobre el amor, sobre el *ansia de amor* que hace imperativa la poesía; imágenes de putrefacción y terror inusitados en Machado; un hipérbaton gongorino que suscita reminiscencias de la manera de algunos poemas de *Soledades* (este sapo absorto en el espectáculo de la libélula azul). Y, al final, nos proponen un «abanico de milagros» hecho posible nada menos que por «el ángel del poema» —expresión andalucísima que nos recuerda una vez más de dónde procede nuestro poeta—, y una personificación del olvido que permite que éste tenga «mano creadora». ¡La mano creadora del olvido! (Machado «olvida para entrañar», decía atinadamente José Luis Aranguren).[94] Estos versos son mucho más que cualquier resumen prosaico. Y tienen, como tiene siempre la poesía de verdad, un misterio indescifrable. «Mis palabras resuenan así en tu mente», dice un verso de T. S. Eliot. Las de Machado tienen la misma virtud. Resuenan dentro de nosotros. Se expanden dentro de nosotros. Y, tal vez como ningunas, las de «Otras canciones a Guiomar».

Es de suponer que Pilar de Valderrama recibió antes que nadie su ejemplar de la nueva edición de *Poesías completas*. Quizás, al ver allí publicado este poema, que es de suponer ya conocía, tuviera la intuición de que Machado la había inmortalizado. Pero nada sabemos acerca de la musa en estos momentos.

El libro provoca un enjundioso artículo de Miguel Pérez Ferrero en el *Heraldo de Madrid* el 17 de abril. El joven periodista señala que muy poco se ha añadido a la edición anterior (de hecho, sólo «Otras canciones a Guiomar»), y que, si sale ahora a la luz, es por «exigencia editorial al hallarse agotadas todas las anteriores impresiones del citado libro».

Pérez Ferrero explica a sus lectores que actualmente se encuentra «en la agradable tarea de escribir un apunte biográfico de Antonio Machado (junto con el de su hermano Manuel)», y que, al estudiar la vida del primero va encontrando «aún más honda significación a la labor del poeta». *Vida de Antonio Machado y Manuel*, no publicada hasta 1947, será el valiosísimo punto de partida, el *sine qua non*, para todos los futuros estudios biográficos de ambos hermanos.[95]

Juan Ramón Jiménez también habló de la cuarta edición de las *Poesías completas*, en un artículo publicado en *El Sol* el 26 de abril. Se fijó sobre todo en los últimos versos de «Otras canciones a Guiomar», que acabamos de citar («bella silva inédita»), y su elogio debió de complacer profundamente a Machado:

> Sí, ésta es la gran línea lírica de Antonio Machado, rica talla policroma; tosca, firme exactitud de la palabra necesaria y bastante; línea que arranca de su juventud, y que aparece y desaparece por el campo de su obra, como un Guadiana de ojo al-

terno, hermosa culebra de agua de la galería subterránea, con los espejos del súbito raudal erguido, siempre.

El campo de Castilla con historia, la estrofa alejandrina y engolada quedan al norte, al oeste que mira a América, y son otra cosa que no es, siendo buena, tan buena cosa. ¡Espejo y galería, romance y silva del mejor, del auténtico Machado![96]

Acaba de morir, casi olvidado, Francisco Villaespesa, uno de los grandes amigos de juventud, como sabemos, de Manuel y Antonio Machado, así como de Juan Ramón Jiménez. «¿Qué les parece a los poetas la poesía de Villaespesa?»: así se titulaba la encuesta de Eduardo de Ontañón publicada en el *Heraldo de Madrid* el mismo día que el artículo de Pérez Ferrero. El periodista ha recogido al respecto las opiniones de Antonio Machado, Juan Ramón, José Bergamín, García Lorca y Juan José Domenchina (no ha podido hablar con Pedro Salinas y Rafael Alberti, que están viajando, y «nadie sabe dónde está Guillén»). A Machado le encuentra donde tantas veces le ha visto a lo largo de los años: en su amado Café Varela, «como si quisiera ser guardián de las reminiscencias del novecentismo, él que es de todos los tiempos». El poeta, algo incómodo, esquiva un tanto el requerimiento concreto de la entrevista, y se limita a lamentar el hecho de que en España nadie lea nada (dando así a entender que nadie abre ya un libro de Villaespesa). Pero, presionado por el periodista, admite que no ve la menor influencia del almeriense en los poetas actuales.[97]

Unos días después, en el artículo «Sigue hablando Mairena con sus alumnos», publicado en *El Sol*, recuerda los días heroicos de principios de siglo cuando Villaespesa era quizás el animador más vigoroso de cuantos luchaban por el modernismo: «Juan de Mairena habló un día a sus amigos de un joven alpujarreño, llegado a Madrid a la conquista de la gloria, que se llamaba Francisco Villaespesa. "Cuánta vida, cuánta alegría, cuánta generosidad hay en él! Por una vez, la juventud, una juventud, parece estar de acuerdo con su definición: el ímpetu generoso que todo lo da y que todo lo espera"». Y comenta por su parte Machado: «Y esto ha sido Francisco Villaespesa: un joven hasta su muerte, acaecida hace ya algunos años; un verdadero poeta.» ¿Hace algunos años? Con ello, sin duda, Machado aludía al total olvido en que, desde tiempo atrás, habían caído el poeta y su obra. *¡Tristitia rerum!* [98]

Por estas mismas fechas pasa una hora con Manuel, Antonio y José en el Café Varela el periodista argentino Pablo Suero. «Antonio tiene algo de viejecillo, sin serlo todavía del todo —apuntó—. Cubre su cabeza un sombrerillo de alas pequeñas abarquilladas. Tiene un mirar apagado como su voz. Manuel está más entero, pero se respira entre ellos algo de cansancio, de resignación, de desencanto. Por lo demás, esta impresión me dejarán todos los escritores españoles de prestigio de la generación anterior...». Manuel se queja de que no encuentran dónde colocar *El hombre que murió en la guerra*, pese a ser «obra de aliento y de actualidad». ¿La razón? «Aquí no hay más que compañías de actriz. Y nuestra obra requiere un actor galán». Antonio, que ha dicho poco, añade que trabajan ahora «en una "Madame Tallien" que tal vez se titule "La Diosa Razón". Huelga toda explicación, ya dado el título. Veremos qué destino podemos darle».

De aquel proyecto, al parecer relativo a la Revolución Francesa, no parece quedar rastro.[99]

* * *

Villaespesa se ha ido a mejor vida en momentos cada vez más críticos para España, con constantes provocaciones de la ultraderecha en las calles de Madrid y las consiguientes y buscadas reacciones violentas de los pistoleros del otro bando, amén de mortales divisiones en el seno del Partido Socialista.

Para principios de abril de 1936, si hemos de creer a Pilar de Valderrama, su marido ya había tomado la decisión, a la vista del ambiente tan crispado que imperaba en la capital, de irse inmediatamente a Portugal con su familia, «para librar del peligro a nuestros hijos entonces muy jóvenes y a su madre anciana». «Con el mayor dolor de mi corazón escribí a Antonio comunicándoselo —escribe Valderrama—, diciéndole sería sólo por unos meses y aconsejándole saliera él también de España o, por lo menos, de Madrid. No quise despedirme de él de palabra por lo penoso que había de ser para los dos, prefiriendo hacerlo por escrito». Y sigue:

> Lo primero que pensé fue en sus cartas que, formando un abultado paquete, no podía llevarme. Entonces escogí al azar las que estaban encima, sin releerlas siquiera por la premura del tiempo. Sólo retuve un puñado, unas cuarenta que le llevé a

mi amiga María para que las guardara en su casa y las demás, casi doscientas, las quemé en la chimenea que tenía en mi salón. Como me fue imposible seleccionarlas, luego advertí que había destruido varias del mayor interés, entre ellas algunas de las *Canciones a Guiomar*, «Hora del último sol», «Junto al agua fría» y otras, así como el magnífico soneto que Antonio me había enviado dentro de un libro de El Dante [sic] —lo que mucho me dolió—: «Perdón, Madona del Pilar, si llego...», que se publicó en un diario de provincias...[100]

El paquete de cartas, ¿tan abultado era? ¿Conocía el marido de Valderrama, a estas alturas, la relación que le unía al poeta? Ella no lo dice, pero parece que no: razón más lógica que lo abultado del paquete para no intentar llevarlo a Portugal, donde podía ser más fácilmente descubierto. En cuanto a quemar las cartas en la chimenea de su salón, tampoco hacía falta. Si dejó unas cuarenta con María Estremera, elegidas, según nos quiere hacer creer «al azar», ¿por qué no todas?

Como es evidente, no tenemos por qué fiarnos necesariamente de la versión que nos da Valderrama de la destrucción de aquella correspondencia. Cuesta trabajo creer, sobre todo, que no hubiera tiempo para hacer una selección de la misma. ¿Tantas prisas había en abril de 1936 para escaparse de Madrid?

«La pérdida de estos autógrafos fue para mí un mal irreparable y amargo, del que nunca me recuperé», declara Valderrama a continuación. Lo podemos creer. Según ella también «perdió» la contestación de Machado a su carta de despedida, «aunque la recuerdo porque se grabó profundamente en mi corazón. En ella me pedía que no le olvidara nunca "pase lo que pase"...»[101]

No sabemos nada más acerca de la salida de Madrid de Valderrama y su familia.

Machado, abandonado por la musa —que ¡hasta le ha recomendado que salga él también de Madrid!— continúa firmando manifiestos antifascistas. El 6 de mayo de 1936 *El Socialista* anuncia la constitución del Comité de Amigos de Portugal, «que se propone popularizar en España los métodos brutales de represión de la dictadura fascista de Salazar en Portugal organizando una campaña de protesta entre las masas populares, así como la ayuda en todas sus formas a las víctimas del fascismo portugués». Machado es uno de los firmantes del documento.[102] De buen seguro no se le ocultaba la ironía de que Valderrama y su marido se habían ido a refugiar, precisamente, en el Portugal fascista de Salazar. El Comité no se queda con los brazos cruzados, y el 4 de julio el *Heraldo de Madrid* publicará la enérgica protesta que ha dirigido al dictador portugués. Entre los cientos de firmas irá otra vez la de Machado.[103]

Siguen los atentados. El 7 de mayo los falangistas asesinan en Madrid al capitán de Ingenieros Carlos Faraudo, miembro de la Unión Militar Republicana Antifascista e instructor de las milicias de las Juventudes Socialistas Unificadas.[104] El 8 casi logran matar a José María Álvarez de Mendizábal, ex ministro de Agricultura, a quien acusan de haber insultado al Ejército.[105] El 10, tras la trágica inhibición del socialista Indalecio Prieto, a quien Manuel Azaña ha ofrecido la presidencia, acepta formar Gobierno el gallego Santiago Casares Quiroga, en absoluto la personalidad a la vez fuerte y diplomática que hace falta en estos momentos críticos.[106] El 11, Azaña —que había sido absuelto en abril, por el Tribunal Supremo, de cualquier complicidad en la revuelta catalana del otoño de 1934— es elegido presidente de la República después de la destitución de Alcalá-Zamora. La reacción de las derechas es visceral. ¡La vuelta del enemigo que dijo en 1931 que España ya no era católica! Los debates en la Cámara, donde la voz cantante de la reacción es ya la de José Calvo Sotelo, son de una virulencia inaudita. Se respira la guerra civil en el lugar consagrado, por antonomasia, al diálogo y a la transacción.[107]

El 13 de junio es San Antonio. Pilar de Valderrama dirá después que escribió a Machado desde Estoril para felicitarle. ¡Y para instarle otra vez a que saliera de Madrid, «de donde nos venían noticias cada vez más alarmantes»! ¿Recibió el poeta la carta? La diosa dice que no llegó contestación suya a la Lista de Correos ni de Lisboa ni de Estoril, con lo cual hay que presumir que, antes de abandonar Madrid, le había dicho que le escribiera allí.[108]

Puesto que es impensable que el poeta no lo hiciera, y con frecuencia, no podemos descartar la posibilidad, tal vez la probabilidad, de que Valderrama, después de leer las últimas cartas de Antonio, las destruyera también por miedo a que las descubriese su marido.

El 28 de junio Machado publica en *El Sol* el que será su postrer artículo en el diario, titulado «Mairena y su tiempo». Termina con una reflexión sobre la Gran Guerra, vaticinada por el maestro de Retórica. Su palabra final, ominosamente, es «ametralladoras».[109]

Poco después —no se ha podido comprobar la fecha, pero parece que empezada ya la guerra— Espasa-Calpe publica los artículos de *Diario de Madrid* y *El Sol*, con apenas variantes, en el libro definitivamente titulado *Juan de Mairena. Sentencias, donaires, apuntes y recuerdos de un profesor apócrifo*. Sólo es inédito el último de los cincuenta apartados, que versa sobre las coplas populares. En la cubierta los nombres de autor y editor se destacan en letras azul marino y, en rojas, el título *Juan de Mairena*. El frontispicio es un hermoso retrato del maestro apócrifo realizado por José Machado, con la indicación de que muestra su aspecto en 1898 (es decir, a los 33 años). Tiene, como incumbe en fecha tan señalada, un ademán dolorido, con los ojos mirando hacia abajo.

* * *

Cuando se inicia la sublevación de los militares rebeldes el 18 de julio, todos los hermanos Machado se encuentran en Madrid menos Manuel, que ha ido a Burgos con su mujer para celebrar allí, el día 16, la onomástica de la hermana de Eulalia, Carmen, que es religiosa de las Esclavas del Sagrado Corazón. No se trataba exactamente, pues, de «solventar unos asuntos familiares», como diría después Antonio.[110]

Parece ser que, en aquellos momentos confusos, Manuel, al darse cuenta de lo que estaba ocurriendo a su alrededor, o que iba a ocurrir de un momento a otro, trató de volver con Eulalia Cáceres a Madrid, pero que perdieron el último autocar.[111] La ciudad castellana cayó enseguida en manos de los sublevados, y se inició allí una dura represión de los elementos «rojos». Manuel, cuyos sentimientos republicanos acaso eran conocidos de algunos de los gerifaltes fascistas locales, pasó al principio unos ratos muy difíciles, e incluso estuvo detenido durante los primeros momentos. Liberado gracias a las gestiones de su mujer y de Carmen, consiguió trabajo, como corrector de pruebas en el diario burgalés *El Castellano*, y antes de terminar agosto ya está inscrito en las filas de la Falange.[112]

Antonio, entretanto, ha presenciado el ataque de los madrileños al Cuartel de la Montaña, que comparará con la resistencia ofrecida por la capital a los invasores franceses en 1808.[113] ¿Se le ocurrió echar entonces un vistazo al muy cercano chalé de la ausente musa? En 1935 Martínez Romarate, el marido de Pilar, había alquilado el primer piso a un militar, José Antonio Palanca Martínez-Fortún, que según Valderrama era también doctor y ex diputado de la CEDA. En los días inaugurales de la guerra los «rojos» entraron en el chalé en busca suya y, al no encontrarlo, causaron destrozos. Luego pasaría a ser hospital de sangre y cuartel. Y finalmente, al estar en pleno frente, los bombardeos lo reducirían a escombros, con la pérdida de los cuatro mil tomos de su biblioteca.[114]

La arremetida fascista contra la República brinda a Machado la oportunidad de cumplir con tal vez su vocación más acariciada: luchar por la democracia al lado de su pueblo y, si resulta necesario, morir por la causa. Al leer sus múltiples textos de guerra es difícil no recordar aquella estrofa del «Retrato», publicado treinta años antes en *El Liberal*:

> ¿Soy clásico o romántico? No sé. Dejar quisiera
> mi verso, como deja el capitán su espada:
> famosa por la mano viril que la blandiera,
> no por el docto oficio del forjador preciada.   (XCVII)

«Capitán» es una palabra fundamental en Machado, siempre utilizada en clave admirativa. En sus escritos de 1936-1939 aparecerá muchas veces y, de manera notable, en uno de los primeros, donde a propósito de los retratos de los anónimos defensores de la República que van apareciendo en diarios y revistas, el poeta comenta: «La verdad es que todos estos milicianos parecen capitanes, tanto es el noble señorío de sus rostros».[115] Para Machado, el Cid —arquetipo del capitán auténtico— resucita en los héroes surgidos ahora de las entrañas del pueblo, héroes como Enrique Líster, para quien compondrá, al final del soneto que lleva su nombre, una copla reveladora:

> Si mi pluma valiera tu pistola
> de capitán, contento moriría.[116]

A lo largo de toda la guerra el poeta luchará porque su pluma valga como eficaz arma bélica. Y porque —parece imponerse la suposición— su nombre quede limpio y glorioso ante la historia. Machado no será como otros que, si bien al estallar el llamado Movimiento, empiezan afirmando su lealtad al orden constituido, luego se desdirán. Vale la pena recordar, a este respecto, el manifiesto publicado en varios diarios madrileños el 31 de julio de 1936. En *El Sol* apareció bajo el titular «Adhesiones al Gobierno»:

Recibimos esta nota:

«Los firmantes declaramos que, ante la contienda que se está ventilando en España, estamos al lado del Gobierno, de la República y del pueblo, que con heroísmo ejemplar lucha por sus libertades.

Ramón Menéndez Pidal, Antonio Machado, Gregorio Marañón, Teófilo Hernando, Ramón Pérez de Ayala, Juan Ramón Jiménez, Gustavo Pittaluga, Juan de la Encina, Gonzalo Lafora, Antonio Marichalar, Pío del Río Hortega, José Ortega y Gasset, Ignacio Bolívar».[117]

La defección posterior de Ortega, así como las declaraciones antirrepublicanas del exiliado Marañón, le dolerán especialmente al poeta.[118]

Hagamos una pequeña composición de lugar, ya que la información concreta acerca del poeta durante estos primeros meses de la guerra escasea. Machado sale poco de casa, de ello podemos tener la certidumbre. Lee ávidamente la prensa, comenta con sus hermanos lo que está ocurriendo, escucha la radio. Recibe visitas. La rutina de antes se ha roto del todo: ya no hay vida de tertulia. Madrid está en pie de guerra, no hay noticias de Manuel, van llegando rumores, y luego certidumbres, acerca de la atroz represión que están llevando a cabo los rebeldes en la zona que dominan, y nadie duda de lo que pasará en Madrid si entran los fascistas. Ahí está, además, la «quinta columna»: en la capital hay mucha gente desafecta al régimen republicano y deseosa de que ganen los suyos cuanto antes. ¿Quién sabe lo que está pensando el vecino de al lado, la gente que vive arriba, enfrente? La ciudad alegre y abierta, famosa, según Machado, por su «jovialidad», ya no es la misma.[119] Cunden el miedo, la suspicacia. Nadie se fía de nadie. Y con cada semana que pasa va cobrando fuerza la represión ejercida en Madrid contra el enemigo interior, real o imaginado, no sólo por las fuerzas legales sino por elementos incontrolados y representantes de los distintos partidos de izquierdas. Aparecen cadáveres cada mañana en la Casa de Campo, se oyen tiros por la noche, se producen alborotos en las cárceles. No hay manera de saber, desde luego, cúanto tiempo puede durar la lucha. Al principio parece imposible que la República, con los medios de que dispone, no vaya a poder reducir con rapidez a los sublevados. Pero el apoyo de Alemania e Italia a los generales insurrectos, eficaz desde el primer momento de la rebelión, ha convertido la lucha en mucho más que una guerra civil, y hace que la resolución de la contienda sea imprevisible. Todo es inseguridad, miedo... y propaganda. ¿Cómo enterarse de lo que está pasando, cómo vaticinar lo que puede ocurrir?

Machado está seguro, de todas maneras, que su deber, ya que no puede disparar con un fusil, consiste en poner al servicio de la República su pluma y, si hace falta, perecer dignamente con el pueblo.

* * *

El 8 de septiembre la prensa madrileña confirma la noticia del fusilamiento de Federico García Lorca por los fascistas granadinos. Machado está profundamente dolorido e indignado. Desde su primer encuentro en Baeza con el futuro autor del *Romancero gitano* su admiración por el poeta y el dramaturgo no ha hecho más que crecer. Lorca había montado con sus compañeros de La Barraca una versión escénica de *La tierra de Alvargonzález*. ¡Cómo no agradecer el detalle! En realidad, la admiración entre ambos era mutua, y Machado no podía desconocer cuánto le debía Lorca, que a lo mejor se lo había dicho por si acaso. Así que, cuando llega la terrible noticia, surge enseguida el primer impulso elegíaco y Antonio apunta:

Día 8 de septiembre

Por la prensa de esta mañana me llega la noticia. Federico García Lorca ha sido asesinado en Granada, [palabra ilegible]. Un grupo de hombres —¡de hombres!— un pelotón de fieras lo acribilló a balazos, no sabemos en qué rincón de la vieja ciudad del Genil y el [Darro] Dauro, los ríos que él había cantado. ¡Pobre de ti, Granada! Más pobre todavía si fuiste algo culpable de su muerte. Porque la sangre de Federico, tu Federico, no la seca el tiempo.

Sí, Granada, Federico García Lorca era tu poeta. Lo era tan tuyo que había llegado a serlo de todas las Españas pulsando tu propio corazón.[120]

Es el embrión del poema «El crimen fue en Granada», publicado en la revista *Ayuda. Semanario de la Solidaridad* —órgano de Socorro Rojo Internacional— el 17 de octubre de 1936. Aunque Machado no la consideraba del todo lograda, la elegía —que se hizo muy pronto famosísima— contribuyó poderosamente al descrédito del bando nacional, y queda hoy como un testimonio conmovedor de la amistad que unía a ambos poetas. Y, también, como una terrible carga para Granada, ciudad considerada por Machado como una de «las más beocias» de España,»[121] donde, según había declarado Lorca pocos meses antes de morir, «se agitaba» entonces «la peor burguesía» del país.[122] Los últimos versos del poema eran inolvidables:

> Se les vio caminar...
> Labrad, amigos,
> de piedra y sueño, en el Alhambra,
> un túmulo al poeta,
> sobre una fuente donde llore el agua,
> y eternamente diga:
> el crimen fue en Granada, ¡en su Granada![123]

La noticia de la muerte de Lorca —que se extiende enseguida por el mundo entero— coincide con la primera reunión del Comité de No Intervención en la Guerra de España, integrado por veintisiete países, entre ellos Alemania, Italia, Francia, Gran Bretaña y Portugal.[124] La reacción de Machado ante la farsa —cuando Alemania e Italia han *intervenido* ya decisivamente y lo siguen haciendo— es de rabia absoluta. Y volverá una y otra vez al ultraje en sus escritos de guerra. Su posición al respecto se conoce muy pronto dentro y fuera de España. El 17 de octubre de 1936 el poeta y periodista ruso Ilya Ehrenburg, buen amigo de la República, escribe desde París a Unamuno, recluido en su casa de Salamanca después de su amargo enfrentamiento con el legionario Millán Astray: «El poeta Antonio Machado, lírico y filósofo, digno heredero del gran Jorge Manrique, está con el pueblo y no con los verdugos». Quizás le reconfortó al viejo luchador, que morirá pronto, el mensaje del ruso.[125]

Se acaba de fundar en Madrid la Alianza de Intelectuales Antifascistas. Machado se adhiere enseguida. La Alianza celebra un multitudinario acto el 1 de noviembre en el teatro Español. Según *Ahora* los oradores tienen durísimas palabras para Francia e Inglaterra que, al abogar por la «no injerencia», se han colocado, como dirá una y otra vez nuestro poeta, al lado de los facciosos.[126]

Son momentos en que las tropas enemigas, ya liberado el Alcázar de Toledo, están casi a las puertas de Madrid. «El 2 de noviembre el flanco derecho enemigo, bordeando Aranjuez, desvía hacia el norte su línea de avance y machaca a los defensores de Pinto y Fuenlabrada —escribe Robert Colodny—. Al día siguiente ocupa la línea de Móstoles-Villaviciosa de Odón, con lo cual el centro de las líneas de la República se desploma. Ahora a la guerra de nervios se añade la guerra de bombas, balas y granadas».[127] Los madrileños ya conocen las vesánicas arengas radiofónicas del general Queipo de Llano, radiadas cada noche desde Sevilla y muy escuchadas en la zona republicana.[128] Un día hay algo más, el anuncio, hecho por Mola desde la radio de Ávila, de que 150.000 hombres participarán en la toma de la capital. Poco después, entre las bombas lanzadas sobre la ciudad por aviones italianos y alemanes, se mezclan miles de octavillas que proclaman: «¡Madrid está cercado! ¡Habitantes de Madrid! La resistencia es inútil. Ayudad a nuestras tropas a tomar la ciudad. Si no lo hacéis, la Aviación Nacional la borrará del mapa».[129]

Aunque no era verdad que la ciudad estaba cercada, los nacionales sí dominaban ya los accesos del sur de la ciudad.

El estremecedor editorial publicado el 3 de noviembre de 1936 en la primera plana del diario *La Voz* daba exacta cuenta de la situación límite en que se encontraba la capital ante la amenaza fascista:

El momento crítico

Se acercan a Madrid los que han fusilado a seis mil hombres, mujeres y niños en Sevilla; cuatro mil, en Granada; tres mil, en Cádiz; cinco mil, en Zaragoza; otros tantos, en Córdoba; dos mil, en Badajoz; ochocientos, en Almendralejo; un número incalculable, en Castilla y Galicia. Traen como vanguardia y fuerza de choque a moros y legionarios. Han prometido a unos y otros concederles, como premio de sus fatigas y peligros, dos días de saqueo libre en la capital de España.

¡Dos días de saqueo libre, madrileños! Pensad en lo que ello representa de horror.

* * *

Detrás de cabileños y mercenarios del Tercio marchan los jóvenes asesinos del «requeté» y de Falange. Vienen apercibidos para la gran matanza. Franco, en sus proclamas, ha anunciado, desde luego, que fusilará a sus prisioneros de guerra, a los veinticinco mil heridos y enfermos de los hospitales de sangre y a todos los que de algún modo hayan servido a la República.

Por cada fascista que haya muerto hará matar a diez republicanos, socialistas, comunistas y sindicalistas. No engaña a nadie. Anuncia lo que va a hacer, si el ejército del pueblo le deja entrar en Madrid.

* * *

Se calcula que Madrid, si es vencido, será teatro espantoso de cien mil inmolaciones. Se fusilará a cuantos hayan sido, o sean, milicianos, a todos los que desempeñan o desempeñaron cargos en círculos, comités, centros, agrupaciones, sociedades, comisiones de control, etc., adheridos al Frente Popular y a las centrales sindicales que dirigen el movimiento obrero hispano, a todos los que aceptaron puestos oficiales o representativos durante el primer bienio de la República y desde febrero a la fecha, a todos los que de alguna manera activa o pasiva han cooperado a la defensa del régimen y de la legalidad, a todos aquellos que las gentes de la quinta columna denuncian como izquierdistas o sospechosos de serlo.

Madrid será diezmado. De su millón de habitantes perecerá la décima parte. Así fue decidido por Franco, Mola, Gil Robles y consortes. Yagüe, el monstruoso Yagüe, el de los ametrallamientos en la plaza de toros de Badajoz, y su segundo, el feroz Castejón*, son los encargados de llevar a cabo la bárbara carnicería. Tienen ya una larga experiencia. Recordemos las palabras pronunciadas por Yagüe cuando los falangistas de Badajoz le felicitaban por su idea de matar desde los tendidos del circo taurino de la ciudad extremeña a los dos mil hombres, mujeres y niños, presos allí por sus hordas: «Esto ha sido un ensayo, que repetiré en mayor escala en la plaza Monumental de Madrid».

---

* El comandante Antonio Castejón Espinosa.

¿Bravatas? No. Amenazas que se cumplirán si los defensores de Madrid no ponen el corazón a la altura del peligro. Las alimañas con figura humana que asaltan, en estas horas decisivas, las posiciones que cubren los accesos a la capital de la República, han probado, en tres meses largos de horribles crímenes, que no retroceden ante nuevos baños de inocente sangre española.

Que los milicianos que están en los frentes se acuerden de sus madres, hermanas, novias, esposas e hijas. Franco, Mola y sus cómplices se las han ofrecido, como el más precioso de los botines de guerra, a los moros y legionarios. Si se rinden o huyen, no sólo no salvarán sus vidas, sino que entregarán a la atroz lujuria de salvajes de África y apaches internacionales a los seres que son la alegría de su existencia...

Se trataba de un análisis poco exagerado del peligro real que cernía sobre Madrid el 3 de noviembre de 1936. Y se comprende que la tentación de la huida, tan humana, empezara a convertirse en estos momentos, para mucha gente, en determinación. Pero ¿huir hacia dónde? Sólo los afortunados, los influyentes, podían pensar seriamente en alejarse de la amenaza. Para el pueblo llano no había la menor esperanza de escapatoria.

* * *

En la noche del 4 de noviembre se forma un nuevo Ejecutivo de urgencia, presidido por el socialista Francisco Largo Caballero, y con la participación de los anarquistas. Largo está convencido de la necesidad de trasladar el Gobierno inmediatamente a Valencia, pues si cae en manos de los rebeldes la guerra habrá terminado. El asunto se debate a fondo en el consejo celebrado la tarde del día 6. Los cuatro ministros de la CNT y los dos comunistas se oponen, pero Largo amenaza con dimitir si no se acata su voluntad. La decisión de abandonar enseguida la capital se toma a las 18.45.[130]

Todas las autoridades republicanas estaban convencidas de que la caída de Madrid era tan inminente como inevitable. Y así, también, los corresponsales extranjeros que acompañaban al general Varela.[131]

Antes de irse, Largo Caballero confía al general José Miaja Menant la defensa de la capital, diciéndole que pronto recibirá instrucciones concretas al respecto. A las ocho y media el subsecretario de Guerra entrega a Miaja y al general Pozas, jefe del Ejército del Centro, sendos sobres con la orden de que no se abran hasta las seis de la mañana siguiente. Es un esperpento digno del mejor Valle-Inclán: hay un vacío de poder gubernamental, el enemigo está en la Casa de Campo, es lógico pensar que cundirá el desánimo entre la población al enterarse de la desaparición del Gobierno, ¡y ahora se les dice que esperen nueve horas y media antes de conocer sus respectivas instrucciones! Menos mal que deciden abrir los sobres en el acto, porque el de Miaja contiene las de Pozas y el de Pozas las de Miaja. Si se hubieran separado antes de abrirlos, las consecuencias podrían haber sido desastrosas (con Pozas, a la mañana siguiente, quizás a 150 kilómetros de Madrid). ¿Sabotaje? ¿Algún funcionario desafecto? ¿Simple incompetencia? Nunca se ha podido saber.[132]

A Miaja se le ha ordenado que organice de inmediato una Junta de Defensa de Madrid presidida por él e integrada por representantes de todas las formaciones políticas con cartera en el Gobierno (y en la misma proporción). Durante la noche del 6 al 7 de noviembre él y sus colaboradores trabajan febrilmente para la constitución de la Junta. No se encuentra un alma en las oficinas gubernamentales, no contesta nadie el teléfono (Arturo Barea recogerá la desolación del ambiente en *La forja de un rebelde*). Todo el aparato del Estado Mayor se ha venido abajo. No hay artillería antiaérea, no hay armas para dar al pueblo, no hay munición. Sólo funcionan ordenadamente el Partido Comunista y el Quinto Regimiento.[133]

«En el momento supremo. Vencer o morir: no hay otra consigna posible»: así rezan los titulares del diario *El Liberal* la mañana del 7 de noviembre. «Madrid está en peligro, en inminente peligro», empieza el artículo. Pero con la Junta de Defensa ya funcionando se produce el milagro, y los facciosos, cuando intentan entrar horas después en la ciudad, se encuentran con una feroz resistencia y son repelidos. ¡No pasarán! La hazaña de los madrileños será inmortalizada por Machado en cuatro versos contundentes y admirables:

¡Madrid, Madrid! ¡Qué bien tu nombre suena,
rompeolas de todas las Españas!
La tierra se desgarra, el cielo truena,
tú sonríes con plomo en las entrañas.[134]

Tampoco podrá faltar, en la misma vena, el elogio de José Miaja, para Machado otro auténtico héroe español:

> Tu nombre, capitán, es para escrito
> en la hoja de una espada
> que brille al sol, para rezado a solas,
> en la oración de un alma,
> sin más palabras, como
> se escribe *César*, o se reza *España*.[135]

«Quien oyó los primeros cañonazos disparados sobre Madrid por las baterías facciosas, emplazadas en la Casa de Campo —escribirá Machado un año después—, conservará para siempre en la memoria una de las emociones más antipáticas, más angustiosas y perfectamente demoníacas que puede el hombre experimentar en su vida. Allí estaba la guerra, embistiendo testaruda y bestial, una guerra sin sombra de espiritualidad, hecha de maldad y rencor, con sus ciegas máquinas destructoras vomitando la muerte de un modo frío y sistemático sobre una ciudad casi inerme, despojada vilmente de todos sus elementos de combate, sobre una ciudad que debía ser sagrada para todos los españoles, porque en ella teníamos todos —ellos también— alguna raíz sentimental y amorosa».[136]

La eficaz resistencia del 7 de noviembre da nuevos ánimos a los madrileños, y al día siguiente *Mundo Obrero* celebra la victoria con palabras eufóricas:

> ### *Madrid, todo nuestro Madrid, está en pie*

No son frases muertas. No intentamos estimular a nuestro pueblo con palabras sin calor de realidad. Es cierto: Madrid, todo Madrid, está en pie de guerra. Las mujeres, los chiquillos, todos los obreros del Madrid magnífico que ha contado siempre frente a la represión de los amos y ha sabido siempre vencerlos en todas las barricadas.

Madrid vive crujiente de odio contra los que lo acosan.

Nuestro Madrid es ya el gigante contra el que todas las armas se tornan vacías e impotentes.

Sus hijos, sus obreros, guardan los más pequeños pedazos de las calles, insobornablemente guardadas con los fusiles y la sangre de los conquistadores del cuartel de la Montaña.

Madrid tenía el pulso de la guerra ayer. Hoy tiene el pulso de la victoria. Madrid entero va a correr contra los hierros extranjeros del enemigo para construir su victoria sobre los cadáveres ennegrecidos de los traidores.

Madrid no se entrega. Resiste y vencerá.[137]

Este mismo 7 de noviembre, *Ayuda. Semanario de la Solidaridad,* que tres semanas atrás había dado la primicia de «El crimen fue en Granada», publicó un importante texto de Machado, «Divagaciones de actualidad», introducida con una nota anónima de extraordinaria calidad sobre el autor de *Campos de Castilla:*

Pocos escritores se libran de lo que ha definido alguien como el vértigo de escribir. El afán de hacerse lo que se llama «una firma» provoca en los irresponsables de la pluma un escribir sin tino ni medida, irreflexivo. Sólo el auténtico hombre de letras sabe aquilatar la responsabilidad de lo escrito, midiendo cuidadosamente las palabras. El hombre, cuando percibe claramente su destino, es siempre fiel a sí mismo. Así, el escritor de raza sólo tomará la pluma para mojarla en su corazón. Antonio Machado (perdón, lector, por el «descubrimiento») es de estos últimos. Su obra, enjuta y certera, ofrece siempre la misma tónica de sobriedad y justeza. Se ve al hombre, antes que al profesional de la pluma, buceando en su interior para sacar a flor de la cuartilla unas pocas y suyas «palabras verdaderas». Típicamente español, la gama de sus sentimientos no es extensa; por eso nos habla de sus íntimas convicciones. Antes que poeta es hombre, y sabe guardar el culto debido a la propia hombría. Su deseo, formulado en su autorretrato («... Dejar quisiera — mi verso, como deja el capitán su espada, — famosa por la mano viril que la blandiera, — no por el docto oficio del forjador preciada...»), ha sido la consigna de toda su vida. Antonio Machado, en estos momentos, como siempre, se encuentra al lado de lo auténticamente español, y deja oír su palabra sobria para cantar la gloria del miliciano y zaherir (hoy como ayer; recuérdense las Coplas a la muerte de D. Guido) todo lo falso y caduco de nuestra patria, tan explotado por otros escritores de ocasión. Sirvan estas líneas de testimonio de admiración al poeta y al hombre.

¿Se debían a Rafael Alberti estas líneas? ¿O a María Teresa León? Revelan, fuera quien fuera su autor, un profundo conocimiento del hombre y de su obra, sobre todo en su comentario a los versos del «Retrato», vistos ahora, desde la perspectiva de la guerra —y creemos que acertadamente— como «consigna» de toda la vida de Machado.

Las «Divagaciones de actualidad», divididas en cinco apartados, ilustradas por cuatro dibujos de rostros de milicianos de José Machado y presididas por una cita de las «Coplas» de Jorge Manrique («Después de puesta la vida/tantas veces por su ley/al tablero...»), constituyen una ágil reflexión sobre el *señorío* del pueblo español, ahora en armas contra el fascismo, señorío que Machado contrasta con el *señoritismo*, «una forma, entre varias, de hombría degradada, un estilo peculiar de no ser hombre». ¿Dónde se origina el señoritismo español? Quizás, piensa Machado, en la educación jesuítica, «profundamente anticristiana y —digámoslo con orgullo— perfectamente antiespañola». Y surge una vez más el recuerdo de aquel campesino soriano que un día le dijera al poeta: «Nadie es más que nadie». Y nadie lo es —glosa ahora— porque «por mucho que valga un hombre, nunca tendrá valor más alto que el valor de ser hombre». Para Machado el auténtico hombre castellano, por antonomasia, es el Cid Campeador: modesto, sufrido, leal, valiente, todo lo opuesto a «aquellos dos infantes de Carrión, cobardes, vanidosos y vengativos; aquellos dos señoritos felones, estampas definitivas de una aristocracia encanallada». Y el poeta termina sus «divagaciones» con un párrafo finamente irónico:

No faltará quien piense que las sombras de los yernos del Cid acompañan hoy a los ejércitos facciosos y les aconsejan hazañas tan lamentables como aquella del «robledo de Corpes». No afirmaré yo tanto, porque no me gusta denigrar al adversario. Pero creo, con toda el alma, que la sombra de Rodrigo acompaña a nuestros heroicos milicianos y que en el Juicio de Dios que hoy, como antes, tiene lugar a orillas del Tajo triunfarán otra vez los mejores. O habrá que faltarle al respeto a la misma divinidad.[138]

Acompañaba las «divagaciones» —quizás por elección del propio Machado— la segunda parte del poema «Los olivos», compuesto años atrás a raíz de su excursión a las fuentes del Guadal-

quivir, donde se evoca la miseria del pueblo jienense de Torreperogil, lleno de podredumbre y mendigos harapientos, y la indiferencia, pese a su nombre, del convento de la Misericordia. Con su
alusión a la Primera Guerra Mundial, los despreciativos últimos
versos del poema venían ahora muy a cuento:

> Esta piedad erguida
> sobre este burgo sórdido, sobre este basurero,
> esta casa de Dios, decid, ¡oh, santos
> cañones de Von Kluck!, ¿qué guarda dentro? (CXXXII)

Las «Divagaciones de actualidad» no podían haber salido en
momento más oportuno, con Madrid en plena lucha contra los sublevados fascistas, acampados a dos pasos en la Casa de Campo. El
12 de noviembre, *Milicia Popular. Diario del 5º Regimiento de Milicias Populares* elogió encarecidamente el «magnífico artículo» del
poeta y reprodujo dos párrafos del mismo.[139]

Machado no tarda —ya lo anticipamos en su momento— en
comparar al pueblo madrileño que se opone al fascismo nacional
e internacional en 1936 con el que se levantó en 1808 contra el in-
vasor francés y sus cómplices de casa, e inició así la Guerra de la Independencia. Es para el poeta el mismo pueblo heroico que, sin hablar nunca de patriotismo, sabe acudir, cuando llama el deber, para
proteger los valores esenciales de la raza.

Los días 14 y 17 de noviembre caen bombas incendiarias sobre varios monumentos y museos madrileños, entre ellos la Biblioteca Nacional, el Prado y el palacio de Liria, sede madrileña de
los duques de Alba. Ello indigna profundamente a Machado, que
contribuye con un texto condenatorio al folleto, titulado *El fascismo intenta destruir el Museo del Prado*, que edita al respecto el Quinto Regimiento. «El amor que yo he visto en los milicianos comunistas guardando el palacio del duque de Alba sólo tiene comparación
—manifiesta el poeta— con el furor de los fascistas destruyendo».[140]

Destruyendo... y mutilando. El 15 de noviembre un avión enemigo lanza sobre el centro de Madrid, con paracaídas, un cajón que
contiene el cadáver descuartizado de un piloto republicano apre-
sado en la zona rebelde unas horas antes. Dos días después *Abc* publica, en su sección de huecograbado, una fotografía nauseabunda
de los restos del desafortunado aviador. El cajón llevaba la indicación: «A la Junta de Defensa de Madrid».[141]

El 19 de noviembre la revista *El Mono Azul. Hoja Semanal de la Alianza de Intelectuales Antifascistas para la Defensa de la Cultura* publica un manifiesto dirigido, desde un Madrid que presencia «la patólogica crueldad de los fascistas», a los intelecuales del mundo entero, «a todos aquellos a los que no ciegue un turbio egoísmo, cobardía o fariseísmo». Lo firma nuestro poeta al lado de otros treinta nombres conocidos, entre ellos Vicente Aleixandre, Luis Cernuda, José Bergamín, León Felipe, María Teresa León, Rafael Alberti y Ramón Menéndez Pidal.[142]

Dos días después, el 21 de noviembre, muere luchando en las afueras de Madrid el escultor Emiliano Barral, quien, dejando el cincel por el fusil, ha sido fundador y director de las milicias segovianas. ¡Otro héroe del pueblo! El entierro tiene lugar el 22 en el Cementerio Civil, donde unos años antes Barral había labrado, en piedra rosa, el magnífico mausoleo de Pablo Iglesias.[143]

La muerte de Barral le dolió hondamente al poeta. Quizás no tardó mucho en escribir el pequeño texto incluido más adelante en su recopilación *La Guerra:*

Cayó Emiliano Barral, capitán de las milicias de Segovia, a las puertas de Madrid, defendiendo a su patria contra un ejército de traidores, de mercenarios y de extranjeros. Era tan gran escultor que hasta su muerte nos dejó esculpida en un gesto inmortal.

Y aunque su vida murió,
nos dejó harto consuelo
su memoria.
(Jorge Manrique)[144]

El mismo 22 de noviembre la prensa republicana anuncia que ha muerto, también defendiendo a Madrid, el gran luchador anarcosindicalista Buenaventura Durruti, y que Alemania e Italia acaban de reconocer la Junta de Burgos. Aunque era de esperar tal declaración es ya la gota que colma el vaso, y provoca una reacción airada y sarcástica del Gobierno de la República.[145]

* * *

En su libro *Imagen primera de...* cuenta Rafael Alberti cómo, «en los días grandes y heroicos de noviembre», el Quinto Regimiento «se ufanó en salvar la cultura viva de España, invitando a los hombres que la representaban a ser evacuados de Madrid». Entre ellos, a Antonio Machado. Cuando al autor de *Sobre los ángeles* y León Felipe se presentan en General Arrando, 4, y explican a Machado la determinación del Quinto Regimiento, el poeta se resiste a marchar. Para convencerlo es necesaria una segunda visita. «Y ésta, con apremio. Se luchaba ya en las calles de Madrid y no queríamos —pues todo se podía esperar de *ellos*— exponerle a la misma suerte de Federico». Machado acepta finalmente, pero con la condición, naturalmente, de que vaya con él su familia.[146]

El último día pasado por el poeta y los suyos en la capital es el 24 de noviembre. Sólo pueden llevar consigo los enseres más básicos. Atrás queda la biblioteca del poeta, en la que, según su hermano José, «ocupaban mucho más espacio los libros de filosofía que los de verso».[147]

Antes de la salida del convoy hacia Valencia, el Quinto Regimiento ofrece un almuerzo a los viajeros en su cuartel general, situado en el convento requisado a los salesianos en la calle de Francos Rodríguez, número 5, en el barrio de Cuatro Caminos (no muy lejos del café Franco-Español donde se veían Machado y Guiomar). Aquella misma noche se publica una reseña del acto en la primera plana de *Milicia Popular. Diario del 5° Regimiento de Milicias Populares*, precedida de una declaración del grupo de «sabios» a quienes se pretende poner a salvo de las bombas fascistas:

> Los profesores, catedráticos de Universidad, investigadores, médicos, poetas, que salimos para Valencia por las gestiones y la ayuda del Quinto Regimiento y bajo la orden de la Junta de Defensa, manifestada por su comisario de Guerra, declaramos lo siguiente:
>
> Jamás nosotros, académicos y catedráticos, poetas e investigadores, con títulos de Universidades españolas y extranjeras, nos hemos sentido tan profundamente arraigados a la tierra de nuestra patria; jamás nos hemos sentido tan españoles como en el momento [en] que los madrileños que defienden la libertad de España nos han obligado a salir de Madrid para que nuestra labor de investigación no se detenga, para librarnos en nuestro trabajo de los bombardeos que sufre la población civil de la capital de España. Jamás

nos hemos sentido tan españoles como cuando hemos visto que para librar nuestro tesoro artístico y científico los milicianos que exponen su vida por el bien de España se preocupan de salvar los libros de nuestras bibliotecas, los materiales de nuestros laboratorios, de las bombas incendiarias que lanzan los aviones extranjeros sobre nuestros edificios de cultura.

Queremos expresar esta satisfacción que nos honra como hombres, como científicos y como españoles ante el Mundo entero, ante toda la Humanidad civilizada.[148]

Al lado del documento figuraban los autógrafos de los intelectuales y científicos que iban a ser evacuados: Pío del Río Hortega, Antonio Machado, Tomás Navarro Tomás, Arturo Duperier, Antonio Madinaveitia, Isidro Sánchez Covisa, José Moreno Villa, Miguel Prados Such, Enrique Moles y Miguel Sacristán.*

Durante el almuerzo pronunciaron sendos discursos el comandante Carlos Contreras (sobrenombre del italiano Vittorio Vitali), comisario político del Quinto Regimiento, y Antonio Mije, consejero de Defensa de la Junta de Defensa de Madrid y miembro del Comité Central del Partido Comunista. «Ustedes marchan a Valencia, o adonde ustedes quieran —terminó Contreras, después de explicar por qué evacuaban a los intelectuales—. Quedamos aquí luchando para, dentro de poco, poderles invitar a que regresen a este Madrid a seguir trabajando todos por una España grande y feliz». Antonio Mije manifestó a continuación que era un asunto de honor para el Quinto Regimiento y el Partido Comunista proteger a unos sabios que no sólo pertenecían a España sino al mundo. Y concluyó: «El enemigo ha tenido hasta hace poco tiempo supe-

---

* El histólogo Pío del Río Hortega era director del Instituto de Cáncer; Enrique Moles Ormella, catedrático de la Universidad Central, director del Instituto Nacional de Física y Química; Isidro Sánchez Covisa, miembro de la Academia de Medicina y reputado urólogo; Antonio Madinaveitia Tabugo, catedrático de la Facultad de Farmacia, jefe de la Sección de Química Orgánica del Instituto de Física y Química; José María Sacristán, psiquiatra, director del Manicomio de Ciempozuelos; Miguel Prados Such, psiquiatra, investigador del Instituo Cajal (hermano del poeta Emilio Prados); Arturo Duperier Vallesa, catedrático de Geofísica de la Universidad Central, presidente de la Sociedad Española de Física y Química (detalles de *Milicia Popular. Diario del 5º Regimiento de Milicias Populares*, 24 de noviembre de 1936, pág. 1).

rioridad de armamento sobre nosotros. Hoy, nosotros tenemos más tanques y más aviones, más fusiles y más ametralladoras. Tenemos la seguridad de que el enemigo no entrará en Madrid; pero queremos librar a nuestros sabios y a nuestros poetas de los riesgos de una situación como la de Madrid, para que sigan trabajando para el bien de la humanidad».[149]

Le tocó a Machado dar las gracias en nombre de sus compañeros. «Yo no me hubiera marchado —dijo según *Milicia Popular*—; estoy viejo y enfermo. Pero quería luchar al lado vuestro. Quería terminar mi vida que he llevado dignamente, muriendo con dignidad. Y esto sólo podría conseguirlo cayendo a vuestro lado, luchando por la causa justa como vosotros lo hacéis».[150] *Heraldo de Madrid*, a la mañana siguiente, dio una versión ligeramente diferente de las palabras del poeta: «Yo me voy a la fuerza de Madrid. Mi gusto habría sido morir en Madrid, luchando al lado del pueblo que tanto amo. Toda mi vida ha sido una vida digna y repito que mi gusto hubiera sido morir dignamente luchando a vuestro lado».

Cuando terminó Machado, según el *Heraldo*, Tomás Navarro Tomás, director desde hace algunos días de la Biblioteca Nacional, «dio muy emocionado un viva al 5º regimiento. El momento fue de gran emoción. Muchos de los presentes lloraban y hombres que se han visto en duros combates, en situaciones difíciles, estaban verdaderamente acongojados.»[151]

Durante el almuerzo se sacó la que casi con toda seguridad fue la última fotografía de Machado en Madrid, que se publicó en la prensa de entonces. El poeta está sentado al lado del consejero Antonio Mije. Más a la izquierda están Pío del Río Hortega y el comandante Carlos Contreras (ilustración 45).[152]

El *Heraldo* había tenido más tiempo que *Milicia Popular* para elaborar su reportaje. Tiene especial interés su resumen de un momento del discurso del comandante Carlos:

Aludió a la diferencia que existe en el proceder de los facciosos y de los que luchan por una España mejor y dijo:

Así como Queipo de Llano, según decía por radio hace pocos días, había que convertir los pueblos en mataderos, nosotros decimos a los legionarios y a los moros que están engañados, que pueden rehacer su vida, y les afirmamos que no asesinamos a los prisioneros.[153]

No era verdad, por desgracia, que en Madrid no se asesinaba a los prisioneros. Las «sacas» de la cárcel Modelo, efectuadas sobre todo el 7 y el 8 de noviembre, y las de las otras prisiones madrileñas, habían conducido a la muerte, para la fecha en que sale Machado de la capital, a casi dos mil presos.[154]

¿Estaba el poeta al tanto de la magnitud del Terror Rojo imperante, y al cual trataba de poner coto la Junta de Defensa, cuyo consejero de Orden Público es el joven Santiago Carrillo? Es probable que no, aunque nadie podía ignorar que se estaban cometiendo numerosos e impunes asesinatos de personas de derechas. El mismo poeta, según parece, fue detenido brevemente en los primeros días de la guerra cuando algún energúmeno le confundió con un cura en un café de la glorieta de Chamberí, al lado mismo de su casa. Es imposible que en la familia no se hablara de lo que ocurría.[155]

¿Y Manuel? El hermano mayor es ya uno de los dos principales corifeos de los rebeldes (el otro es José María Pemán). Pero para llegar a serlo ha tenido que pasar por un momento muy peligroso. Y es que, el 27 de septiembre de 1936, se publicó en *Abc* de Sevilla una crónica del corresponsal del diario en París, Mariano Daranas, que contenía un venenoso ataque contra él. Resultaba que la revista parisiense *Comedia* acababa de dar a conocer una entrevista con Manuel en Burgos en la cual, al parecer, el poeta había vertido algunos conceptos no suficientemente halagadores para con el régimen nacionalista. Cabe imaginar que al leer la nota de Daranas Machado casi sufrió un infarto:

El comentario de un lírico burócrata

Bibliotecario, según creo, del Municipio de Madrid, crítico mediocre, poeta delicado y no exento de gracia y elegancia, Manuel Machado ha departido largamente en Burgos con una mujer de letras francesas, Mlle Blanche Merris. Por esta escritora nos informamos en el diario *Comedia* de que el Sr. Machado y su señora se han visto «obligados» a prolongar su estancia en Burgos y de «que esto —dice el colaborador y correligionario de Pedro Rico*— puede durar, como duró la

---

* Alcalde de Madrid durante el primer bienio de la República y diputado de Unión Republicana en las Cortes del Frente Popular.

guerra carlista, cinco años». A lo largo de una conversación que ocupa tres columnas no hubo más referencias a un movimiento que el redactor de *La Libertad* ha tenido la suerte, acaso inmerecida, de contemplar de cerca. La contrarrevolución —la revolución nacionalista— observada en su propia cuna, no ha suscitado entusiasmo, complacencia ni aprobación en este funcionario y periodista del Frente Popular. A la hora en que toda España vibraba y crujía bajo un huracán de sangre y fuego, Machado disertaba en la ciudad del Cid sobre el teatro español y la poesía francesa, no sin cierta egolatría. Por una vez, el eminente lírico y burócrata ha perdido de vista las nóminas del Municipio y del Estado.[156]

A Machado le faltó tiempo para reaccionar. Escribió en el acto al director de *Abc*, y publicó en el diario burgalés *El Castellano*, al día siguiente, una apasionada defensa de su conducta.[157] Supo convencer de su sinceridad a las autoridades franquistas, entre ellas a Juan Pujol, el poderoso director de la Oficina de Prensa y Propaganda de la España nacional, y, poco después, puso su pluma a disposición de los rebeldes. El 13 de octubre, Día de la Raza, *Abc* atacó encarnecidamente, en su «tercera», el manifiesto de apoyo a la República firmado en los primeros días de la guerra, como vimos (página 541), por Menéndez Pidal, Gregorio Marañón, Ortega, ¡Antonio Machado!, Juan Ramón Jiménez y otras personalidades.[158] En medio de la misma página aparecía un soneto de Manuel, «Blasón de España», inspirado por el asedio al Alcázar de Toledo, que terminaba:

> Hoy, ante su magnífica ruina,
> honor universal, sol en la Historia,
> puro blasón del español denuedo,

> canta una voz de gesta peregrina:
> «¡Mirad, mirad cómo rezuman gloria
> las piedras del Alcázar de Toledo».

Aunque es casi seguro que Antonio Machado nunca vio aquella «tercera» del *Abc* sevillano, difícilmente podía desconocer del todo la intensa labor a favor de Franco que ya para noviembre de 1936 llevaba a cabo Manuel en la otra zona. De ella le llegarían noticias. Además, los poemas del hermano se transmitían por la radio rebelde, a veces leídos por su autor. Con esta amarga realidad tendría que convivir Antonio a lo largo de la guerra.[159]

«A las cinco, aproximadamente —seguía el reportaje publicado en el *Heraldo* el 25 de noviembre—, se puso en marcha la expedición, que fue despedida, desde la misma calle, por Mije y los responsables del 5º regimiento». Iban los sabios y sus familias en «dos magníficos autobuses, rodeados del mayor número posible de comodidades, perfectamente escoltados por un grupo de milicianos y cuatro tanques».[160]

Antonio Machado nunca volverá a pisar las calles de Madrid.

CAPÍTULO X

Valencia-Barcelona (1936-1939)

La caravana llega sin incidencias, ya de noche cerrada, a Tarancón, donde estaba previsto que descansasen los evacuados. «Dormimos o mejor diría que lo intentamos casi todos los expedicionarios —refiere José Machado— en una habitación muy grande y desmantelada, sobre unos colchones que había en el santo suelo. Pequeños y pintorescos incidentes hicieron imposible la realización de nuestro próposito».[1] José Moreno Villa tuvo mejor suerte: pasó la noche en el palacio de unos marqueses, que, según le contó un miliciano anarquista, habían sido fusilados (Tarancón, apunta con sobrada razón Moreno Villa, era «el paso difícil, el pueblo donde la FAI* dejó aterradora fama»).[2]

Al amanecer suben otra vez a los vehículos. No hay novedad hasta llegar al puerto de Contreras. «Lo estoy viendo —recordaba Leonor, la hija de Francisco Machado, en 2005—. El vehículo en el que íbamos nosotros tuvo una avería, empezó a haber un calentón del motor o algo, allí había una hondonada tremenda, y no pudimos seguir. Pasaban las horas y no nos recogía nadie. Intentamos parar un coche que pasó y no paró y se estrelló más adelante, lo vimos después. Allí no había ni comida ni restaurantes, nada. Claro, nosotras lo pasamos estupendamente, éramos seis chicas juntas: yo y mis hermanas Ana y Mercedes, y nuestras primas Eulalia, Carmen y María, las hijas de tío José y tía Matea».[3]

«Por fortuna —cuenta José en su imprescindible *Últimas soledades del poeta Antonio Machado*— pudimos aprovechar un pequeño auto particular que venía del pueblo más cercano —Utiel— para

---

* Federación Anarquista Ibérica.

que se volviese a él, recogiendo a la madre y al Poeta que iban desfallecidos por el estado de su salud y por el cansancio del viaje». Al fin sale otra vez la caravana y llegan sin más dificultades a Valencia.[4]

Allí los periódicos reflejan al día siguiente la presencia en la ciudad del grupo, aluden a la avería ocurrida en el puerto de Contreras y señalan que los intelectuales y sus familias están en el Palace Hotel, situado en la calle de la Paz, número 27, ahora habilitado, para albergar a los distinguidos evacuados, como Casa de la Cultura (ilustración 46).[5]

Hay una conferencia de prensa. Pío del Río Hortega declara que los madrileños están soportando los bombardeos fascistas «con un estoicismo sorprendente». El espectáculo, dice, es sencillamente «grandioso». El histólogo se expresa indignado por la crueldad del enemigo: «En los hospitales del frente es necesario utilizar todas las artes del disimulo para evitar que los heridos en ellos alojados corran peor suerte ante el comportamiento inhumano de estos guerreros fuera de la ley». En cuanto a Machado, insiste sobre los desperfectos producidos por la aviación enemiga, a su juicio con premeditación, en los centros culturales y artísticos madrileños. «Los fascistas pretenden demostrar con estos inexplicables bombardeos —dice— que no respetan nada y todo les ha sido, y es, indiferente».[6] «Madrid no será de Franco ni de Mola —declara por su parte Antonio Madinaveitia—; cada día que pasa se resiste con más energía. Nadie habla de rendición. El odio al fascismo, que intenta sojuzgar a España con cábilas y mercenarios, gana todas las capas sociales». ¿Todas las capas sociales? Era demasiado decir... y esperar. Pero había que hacer propaganda, claro.[7]

En una entrevista de estos mismos días, publicada en *La Vanguardia* de Barcelona, Machado vuelve a subrayar el absoluto desprecio del fascismo por la cultura. El incendio producido en la Biblioteca Nacional le ha conmocionado. «Yo lo afirmo rotundamente. El Museo del Prado, la Biblioteca Nacional, han sido bombardeados, sin otra motivación bélica que la fatal necesidad de destruir que siente el fascismo. He visto las huellas de las bombas dirigidas a estos templos de la cultura [...]. La cultura es un objetivo militar para los fascistas, y para destruirla envían sus aviones internacionales como embajadores de las fuerzas negativas de la historia». Ante tal contienda el intelectual digno de tal nombre no puede inhibirse. Sería ruin. Machado evoca con dolor a Federico García Lorca, y termina repitiendo que, como ha dicho en ocasiones anteriores, él y los otros intelectuales comprometidos con la democracia se sienten soldados que blanden la pluma en vez de la espada. «Hoy —resume— estamos a disposición del ministro de Instrucción Pública, como milicianos del Estado español, popular, democrático y republicano».[8]

Valencia, tan tranquila que da la impresión de que no hay guerra, hormiguea de funcionarios trasladados desde los distintos ministerios de Madrid. Moreno Villa, que empieza compartiendo habitación en la Casa de la Cultura con el escultor Victorio Macho —pariente y vecino de Pilar de Valderrama, como hemos visto, en el paseo de Rosales—, ve caras conocidas en cada momento. Y se da cuenta de que la ciudad está llena de arribistas dedicados a aprovechar la anormalidad de la situación para hacer su agosto.[9]

Lo que no sabemos es si Machado se atrevió a preguntarle a Victorio Macho si tenía alguna noticia de Guiomar.

El poeta se cansó muy pronto de la Casa de la Cultura. Desarraigado de su ambiente habitual, «agravado en sus dolencias» y «de una nerviosidad y extenuación realmente alarmantes», según José, era evidente que no podía seguir allí. Y fue entonces cuando «unos buenos amigos» propusieron que se le instalara con los suyos en un lugar mucho más apacible, Villa Amparo. Dicho y hecho.[10]

Se trataba de un hermoso chalé situado en pleno campo cerca del pueblo de Rocafort, a unos veinte minutos de la ciudad en tren, con la estación a dos pasos (ilustración 47). Desde la casa «se abarcaba la maravillosa huerta valenciana, laborada con ese amor que los valencianos ponen sobre sus campos». Y sigue José:

Asomándose a la alta torre erguida sobre la tierra, a manera de vigía, se divisaba la franja azul del mar, surcada a veces por diminutos barcos en la lejanía. Alguna vez, un leve humo gris se desleía en el cielo hasta perderse en el horizonte o, por el contrario, al acercarse se hacía más denso y negro. Era algún vapor que iba dejando su penacho de humo suspendido en el aire.[11]

Allí, viviendo «algo patriarcalmente» entre los suyos, Machado pasará su etapa valenciana.[12] Los naranjos y limoneros del jardín le recordaban, sin duda, los de su niñez sevillana, y le encantaba el canalillo que bordeaba uno de los lados del jardín (la Acequia Real de Moncada). «Otra vez el agua que desde niño cautivó su atención —comenta José— y que tan significativa es a lo largo de toda su obra poética».[13] Tal vez se acordaba también el poeta, al contemplar, desde la torre, la verde y fértil llanura levantina, que años atrás, en «A orillas del Duero», había imaginado la vuelta del Cid a tierras castellanas para ofrecer al rey Alfonso, orgulloso, los huertos de Valencia. ¿Regresaría un día a ver las parameras de Soria?

Vivía en una casita contigua la familia de uno de los alumnos del poeta en el Instituto Calderón de la Barca, Alfonso Sancho Saez, cuyo padre era funcionario y había venido a Valencia con el Gobierno. Rocafort, en el recuerdo de Sancho Saez, «era pura delicia tras el miedo y el hambre del Madrid sitiado, sin clases, sin peligros, con nuevos amigos de ilustres apellidados emigrados: Eulalia y Leonor Machado, Néstor, Odón y María Paz de Buen. Sólo un feroz bombardeo rompió la paz de Rocafort en busca, sin duda, de la emisora de la Embajada rusa o los chalés veraniegos de la burguesía valenciana en que solían dormir Indalecio Prieto y Negrín». Un día coincidió con Machado en la estación, y se atrevió a presentarse. Hicieron juntos el breve viaje a Valencia. «Su exquisita bondad condescendiente le impidió defraudarme —apunta el ex alumno— y me despedí de él comprendiendo que, naturalmente, no me había reconocido, pero aquel brevísimo encuentro vive en mi corazón como un resplandor».[14]

* * *

El 11 de diciembre de 1936 el ministro de Instrucción Pública, el comunista Jesús Hernández, inaugura en la plaza de Emilio Castelar, en pleno centro de Valencia, una «Tribuna de Agitación y Propaganda». El acto tiene lugar a las cuatro de la tarde. «Mucho antes de la hora fijada —refería al día siguiente el diario *El Pueblo*—, una inmensa multitud, a pesar de lo desapacible del día, llenó la ancha plaza valenciana en torno al templete levantado en el mismo centro de ella. A los lados hay representados un mapa gráfico de nuestra lucha con figuras representativas; escenas de la heroica resistencia de Madrid y del papel que la mujer desempeña en la guerra contra el fascismo. En un frontis del tabladillo hay una pantalla cinematográfica en donde se proyectarán escenas y consignas de la lucha. Remata el templete el poderoso brazo del pueblo que esgrime el fusil de la victoria. Ondean varias banderas: de la República, del Partido Comunista, de Valencia, de Cataluña y de Euskadi».

A las cuatro en punto la banda del Quinto Regimiento interpreta el *Himno de Riego* y *Los hijos del pueblo*, cantados por los coros organizados por el Ministerio de Instrucción Pública. Luego León Felipe recita un poema inspirado por la heroica defensa de la capital:

> Madrid no acaba en el páramo
> de la meseta.
> Madrid no acaba en el yermo
> de Castilla la ultrajada;
> Madrid que ayer era un pueblo
> que descansaba allá arriba
> solitario, altivo y lejos,
> ha bajado a ti hoy, Valencia,
> por unos rojos senderos...
> Por ríos llenos de sangre
> ha arribado hoy a tu puerta...

Después de los aplausos, la banda y los coros interpretan *Lo cant de Valencia, Bandera roja, L'entrà de la murta, Joven guardia* y *Komintern*.

Luego es el turno de Machado, que, después de recibir una «enorme ovación», recita «El crimen fue en Granada».[15]

José Machado recordaba con nitidez la actuación de su hermano aquella tarde. «Del fondo de este improvisado escenario subió lentamente y con gran esfuerzo el Poeta y surgió su figura como si saliera por el escotillón de una comedia de magia. No creo que el autor de "Soledades" haya hecho en su vida mayor sacrificio. Verse sobre un tablado, en medio de una gran plaza pública y rodeado por un mar de cabezas que se apiñaban para verle y oírle fue, sin duda, algo insólito para él».[16] Estaban allí también José Moreno Villa —que evocará «los apuros de Machado para trepar por unas vigas o tablones estando torpe de movimientos como estaba»[17]— y José Bergamín, amigo y editor de Lorca, que dará fe de la intensa emoción transmitida por Machado durante la lectura de su ya famosa elegía:

Yo he visto subir al poeta, un claro mediodía, a un tingladillo levantado en medio de la plaza más grande de Valencia. Le rodeaba una inmensa muchedumbre. Parecía que subía al cadalso. Mas no ahogaba su voz; por el contrario, habló desde allá arriba con tal fuerza que aquel dejo tímido y altivo de su palabra la iba desnudando o, mejor dicho, vistiéndola de sangre, por un pensamiento que expresaba los sentimientos en conmoción de todos los pueblos de España. Cantaba el poeta la muerte de Federico García Lorca. Y quienes escuchábamos aquella voz que tantas veces escuchábamos al cobijo de su intimidad solitaria, le veíamos por vez primera, dibujando en los aires su contorno con precisión exacta, con veracidad justa. Hablaba desentrañando sangrientamente de su propia voz enfurecida algo mucho más hondo que su vida personal invisible, la vida visible por su palabra, de un pueblo entero. Como un solo hombre la multitud se revelaba en esa voz entera del poeta que al decirse, al hablar, lo hacía como un solo pueblo y como un hombre solo.[18]

> Se le vio, caminando entre fusiles
> por una calle larga,
> salir al campo frío,
> aún con estrellas, de la madrugada.
> Mataron a Federico
> cuando la luz asomaba.
> El pelotón de verdugos
> no osó mirarle a la cara...[19]

Unos días después del acto de la plaza de Emilio Castelar entrevista a Machado un redactor del diario anarquista valenciano *Fragua Social*, que publica una fotografía del poeta en la terraza de Villa Amparo. «No creía merecer tanto —manifiesta el poeta acerca de su evacuación de Madrid—. A no haber sido por este gesto del Gobierno, yo hubiese continuado allí... Consciente de que por mi edad y por mi salud quebrantada no podía colaborar directamente en lo que significa la defensa de la ciudad, creía como un deber ineludible permanecer al lado de los que luchan, para compartir con ellos las penalidades de aquel asedio». Añade a continuación, al ser preguntado si tenía alguna obra en marcha cuando salió de Madrid, que trabajaba entonces en *El hombre que volvía de la guerra*, del cual no proporciona más detalles. Terminada la entrevista, firma un autógrafo para el diario: «A los redactores de *Fragua Social*, que hoy luchan por el pueblo y por el porvenir de España, saluda con toda el alma su viejo compañero y amigo Antonio Machado. Valencia 17 Diciembre 1936».[20]

Por estas mismas fechas Machado acepta asumir la presidencia de la Casa de la Cultura, pese a su salud delicada y a constituir tal responsabilidad un cargo «abrumador». En una carta a Tomás Navarro Tomás aduce cuidadosamente las razones que le han impelido a actuar así:

1. Porque el conferimiento del honor desmedido responde a un deseo benévolo y unánime de cuantos constituyen hoy la Casa de la Cultura, y en los días que corren la obediencia a toda voluntad colectiva bien intencionada es un deber inexcusable.

2. Porque vivimos en tiempos de guerra, y la guerra ha dado al traste con todas las «sinecuras». Los títulos puramente honoríficos, los cargos para desempeñarlos sin el menor esfuerzo o con voluntad perezosa, eran un lujo de la paz. Hoy nos obligan, por muy altos que sean, al trabajo, a la disciplina, a la responsabilidad. Quien acepta un honor acepta un trabajo, se compromete a realizar un esfuerzo, tal vez a afrontar un peligro.

3. Porque el Ministerio de Instrucción Pública —digámoslo sin ánimo de adular a nadie, sino como tributo obligado a la verdad más objetiva— aparece en España por primera vez a la altura de su misión, y en la estructura nueva que ha dado a la Casa de los Sabios ha prescindido de cuanto pudo haber en ella de solemne y decorativo, la ha convertido en un hogar para los espíritus, en un taller para las más nobles faenas de la inteligencia, y todo ello orientado, consagrado generosamente a satisfacer de un modo más o menos directo la sed de cultura que hoy siente el pueblo.[21]

A lo largo de los siguientes meses, y a pesar de haber aceptado presidir la Casa de la Cultura, Machado apenas pone los pies en la ciudad. Ello no quiere decir que se va desentendiendo de lo que ocurre a su alrededor. Nada de eso. Lee con asiduidad la prensa, escribe incansablemente a favor de la República, concede entrevistas y firma manifiestos (empezando por el que, a fines de diciembre, dirige con sus compañeros evacuados a los intelectuales del mundo).[22] Además, si José se queda en Villa Amparo a su lado, en calidad casi de secretario, Francisco y Joaquín vuelven a casa cada noche desde sus respectivos despachos en Valencia —Francisco en Justicia, Joaquín en Trabajo— con las últimas noticias y, sin duda, el último chismorreo.

* * *

Cuando Machado y los suyos llegaron a Valencia ya estaba en marcha una de las iniciativas culturales más admirables de estos años de contienda fratricida: la revista mensual *Hora de España*, que, en opinión posterior del hispanista Waldo Frank, fervoroso partidario de la República, constituía «el mayor esfuerzo literario que ha salido de cualquier guerra y prueba de que la lucha de España contra la traición es el nacimiento de una cultura que no debe morir».[23]

El número inaugural de la revista, que se subtitula *Ensayos, Poesía, Crítica, al Servicio de la Causa Popular*, aparece en enero de 1937. Tan hermosamente impresa por el poeta-tipógrafo Manuel Altolaguirre como finamente ilustrada por Ramón Gaya, continuará su valiente andadura casi hasta el final de la guerra, y contará con la colaboración de las más notables plumas progresistas del momento. Entre ellas, en primerísimo lugar, la de Machado, que mes tras mes publicará allí sus reflexiones, a menudo a través de Juan de Mairena.

Da una idea de la envergadura de *Hora de España* la composición del Consejo de Colaboración en enero de 1937: León Felipe, José Moreno Villa, Ángel Ferrant, Antonio Machado, José Bergamín, Tomás Navarro Tomás, Rafael Alberti, José F. Montesinos, Alberti, Rodolfo Halfter, José Gaos, Dámaso Alonso y Luis Lacasa. En cuanto a la Redacción, los integrantes son Manuel Altolaguirre, Rafael Dieste, Antonio Sánchez Barbudo, Juan Gil-Albert y Ramón Gaya.[24] Poco a poco se irán agregando otros nombres ilustres —María Zambrano, Luis Cernuda, Emilio Prados, Arturo Serrano Plaja, Miguel Hernández, Octavio Paz— y algunos hoy menos conocidos.

Machado iba a participar en cada número de *Hora de España*. También enviará numerosas colaboraciones a la revista *Servicio Español de Información* (dependiente del Ministerio de Instrucción

Pública y Bellas Artes), así como a las pequeñas revistas dirigidas a los combatientes. Entre 1936 y los últimos días de la guerra su trabajo a favor de la República fue infatigable y agotadora.

El 15 de enero de 1937 se celebra en Valencia la Conferencia Nacional de Juventudes, convocada por las Juventudes Socialistas Unificadas, cuya meta es fusionar las de todas las agrupaciones de izquierdas en beneficio de una lucha concertada contra el fascismo. Machado acepta formar partre de la presidencia de honor, y el día antes hace unas declaraciones a la prensa. Manifiesta que nunca ha creído en la revolución desde arriba, iniciada o impuesta por los viejos, como la que se proponía treinta años atrás (la referencia va por Antonio Maura). No, la revolución tiene que venir desde abajo, desde un arrollador impulso que surja de las entrañas del pueblo. «Yo no soy un verdadero socialista —declara el poeta— y, además, no soy joven; pero, sin embargo, el socialismo es la gran esperanza humana ineludible en nuestros días, y toda superación del socialismo lleva implícita su previa realización. Soy de los pocos viejos que no creyeron nunca en las falsas juventudes. Siempre pensé que la renovación de nuestra vieja España comenzaría por una estrecha cooperación del esfuerzo juvenil férreamente disciplinado. Confío en vosotros, que sois la juventud con que he soñado hace muchos años. Con vosotros estoy de todo corazón».[25]

El poeta no estaba dispuesto a engañar a nadie, y tendrá el valor, en varias ocasiones posteriores, de repetir que no es «un verdadero socialista» sino un «viejo republicano» que está donde siempre ha estado: al lado del pueblo.

A Machado le impresiona «profundamente» la intervención de Dolores Ibárruri en la Conferencia. «¡Qué tono de sinceridad, de mujer española auténtica!», declara. El periodista apunta que en la voz del poeta, al decirlo, había «temblores de emoción contenida».[26]

También impresiona a Machado por estas mismas fechas la actuación de las Brigadas Internacionales. Cuando, en febrero, muere luchando con ellas el joven escritor británico Ralph Fox, encabeza el telegrama de pésame enviado por la Alianza de Intelectuales Antifascistas Españoles (los otros firmantes son José Bergamín, Wenceslao Roces, Luis Cernuda, Emilio Prados, María Teresa León y Rafael Alberti).[27]

* * *

El 16 de marzo de 1937 Socorro Rojo Internacional organiza en el teatro Apolo de Valencia un festival en beneficio de las víctimas del fascismo. Jacinto Benavente (que según la prensa nacional había sido asesinado por los «rojos») está presente, y Machado, que no puede acudir, manda un texto expresamente redactado para el acto. Lo lee el escritor Antonio Zozaya.[28] Titulado «Meditación del día», empieza con versos romanceados que luego se van alargando para dar paso a la prosa. El documento, publicado dos días después en el diario valenciano *El Pueblo* («Incautado y editado por los obreros»), es uno los más emotivos que se conocen del Machado de la guerra:

> Frente a la palma de fuego
> que deja el sol que se va,
> en la tarde silenciosa
> y en este jardín en paz,
> mientras Valencia florida
> se bebe el Guadalaviar
> —Valencia de finas torres,
> en el lírico cielo de Ausiàs March,
> trocando su río en rosas
> antes que llegue a la mar—,
> pienso en la guerra. La guerra
> viene como un huracán
> por los páramos del alto Duero,
> por las llanuras del pan llevar,
> desde la fértil Extremadura
> a estos jardines de limonar,
> desde los grises cielos astures
> a las marismas de luz y sal.
> Pienso en España vendida toda
> de río a río, de monte a monte, de mar a mar.

Toda vendida a la codicia extranjera: el suelo y el cielo y el subsuelo. Vendida toda por lo que pudiéramos llamar —perdonadme lo paradójico de la expresión— la trágica frivolidad de los reaccionarios.

Y es que, en verdad, el precio de las grandes traiciones suele ser insignificante en proporción a cuanto se arriesga para realizarlas, y a los terribles males que se siguen de ellas, y sus motivos no son menos insignificantes y mezquinos, aunque siempre turbios e inconfesables.

Si preguntáis: Aparte de los treinta dineros, ¿por qué vendió Judas al Cristo?, os veríais en grave aprieto para responderos.

Yo he leído los cuatro Evangelios canónicos para hallar una respuesta a esta pregunta. No la he encontrado. Pero la hipótesis más plausible sería ésta: Entre los doce apóstoles que acompañaban a Jesús, era Judas el único mentecato. En el análisis psicológico de las grandes traiciones encontraréis siempre la trágica mentecatez del Iscariote. Si preguntáis ahora ¿por qué esos militares rebeldes volvieron contra el pueblo las mismas armas que el pueblo había puesto en sus manos para defensa de la nación? ¿Por qué, no contentos con esto, abrieron las fronteras y los puertos de España a los anhelos imperialistas de las potencias extranjeras? Yo os contestaría: en primer lugar, por los treinta dineros de Judas, quiero decir por las míseras ventajas que obtendrían ellos, los pobres traidores a España, en el caso de una plena victoria de las armas de Italia y de Alemania en nuestro suelo. En segundo lugar, por la rencorosa frivolidad, no menos judaica, que no mide nunca las consecuencias de sus actos. Ellos se rebelaron contra un Gobierno de hombres honrados, y atentos a las aspiraciones más justas del pueblo, cuya voluntad legítimamente representaban. ¿Cuál era el gran delito de este Gobierno lleno de respeto, de mesura y de tolerancia? Gobernar en un sentido de porvenir, que es el sentido esencial de la historia. Para derribar a este Gobierno, que ni había atropellado ningún derecho ni olvidado ninguno de sus deberes, decidieron vender a España entera a la reacción europea. Por fortuna la venta se ha realizado en falso, como siempre que el vendedor no dispone de la mercancía que ofrece. Porque a España, hoy como ayer, la defiende el pueblo, es el pueblo mismo, algo muy difícil de enajenar. Porque por encima y por debajo y a través de la truhanería inagotable de la política internacional burguesa, vigila la conciencia universal de los trabajadores.

¡Viva España! ¡Viva el pueblo! ¡Viva el Socorro Rojo Internacional! ¡Viva la República Española!».[29]

Un mes después se celebra el sexto aniversario de la República. Machado contribuye a la efeméride con un hermoso texto para Hora de España, citado antes, «Lo que hubiera dicho Mairena el 14 de abril de 1937».[30] En otro, al parecer no editado en vida, esbozó un «resumen» de los años transcurridos desde 1931. Se trataba quizás de su declaración más dura acerca de los que, a su juicio, habían traicionado las esperanzas del pueblo, en primer lugar Alejandro Lerroux, contra quien ya había arremetido, como vimos, en vísperas de las elecciones que dieron el triunfo al Frente Popular:

Desde aquel día —no sé si vivido o soñado— hasta el día de hoy, en que vivimos demasiado despiertos y nada soñadores, han transcurrido seis años repletos de realidades que pudieran estar en la memoria de todos. Sobre esos seis años escribirán los historiadores del porvenir muchos miles de páginas, algunas de las cuales, acaso, merecerán leerse. Entre tanto, yo los resumiría con unas pocas palabras. Unos cuantos hombres honrados, que llegaban al poder sin haberlo deseado, acaso sin haberlo esperado siquiera, pero obedientes a la voluntad progresiva* de la nación, tuvieron la insólita y genial ocurrencia de legislar atenidos a normas estrictamente morales, de gobernar en el sentido esencial de la historia, que es el del porvenir. Para estos hombres eran sagradas las más justas y legítimas aspiraciones del pueblo; contra ellas no se podía gobernar, porque el satisfacerlas era precisamente la más honda razón de ser de todo gobierno: y estos hombres, nada revolucionarios, llenos de respeto, mesura y tolerancia, ni atropellaron ningún derecho ni desertaron de ninguno de sus deberes. Tal fue, a grandes rasgos, la segunda gloriosa República Española, que terminó, a mi juicio, con la disolución de las Cortes Constituyentes.** Destaquemos este claro nombre representativo: Manuel Azaña.

Vinieron después los días de laboriosa y pertinaz traición, dentro de casa. Aquellos hombres nobilísimos, republicanos y socialistas, habían interrumpido ingenuamente toda una tradición de picarismo, y la inercia social tendía a restaurarla. Fueron más de dos años tan pobres de heroísmo, en la vida burguesa, como ricos en anécdotas sombrías. Un político ne-

---

* Machado suele utilizar este adjetivo en el sentido de «progresista».

** Dicho de otra manera, con el triunfo de la CEDA en las elecciones de 1933.

fasto, un verdadero monstruo de vileza, mixto de Judas Iscariote y caballo de Troya, tomó a su cargo el vender —literalmente y a poco precio— a la República, al dar acogida en su vientre insondable a los peores enemigos del pueblo. A esto llamaban los hombres de aquellos días: ensanchar la base de la República. Destaquemos un nombre entre los viles que los represente a todos: Alejandro Lerroux.

Pero la traición fracasó dentro de casa, porque el pueblo, despierto y vigilante, la había advertido. Y surgió la República actual, la más gloriosa de las tres —digámoslo hoy valientemente, porque dentro de veinte años lo dirán a coro los niños de las escuelas—; surgió la tercera República Española con el triunfo en las urnas del Frente Popular. Volvían los mismos hombres de 1931, obedientes al pueblo, cuya voluntad legítimamente representaban; y otra vez traían un mandato del pueblo, que no era precisamente la Revolución social, pero sí el deber ineludible de no retroceder ante ningún esfuerzo, ante ningún sacrificio, si la reacción vencida intentaba nuevas y desesperadas traiciones. Y surgió la rebelión de los militares, la traición madura y definitiva que se había gestado durante años enteros. Fue uno de los hechos más cobardes que registra la historia. Los militares rebeldes volvieron contra el pueblo todas las armas que el pueblo había puesto en sus manos para defender a la nación, y como no tenían brazos voluntarios para empuñarlas, los compraron al hambre africana, pagaron con oro, que tampoco era suyo, todo un ejército de mercenarios, y como esto no era todavía bastante para triunfar de un pueblo casi inerme, pero heroico y abnegado, abrieron nuestros puertos y nuestras fronteras a los anhelos imperialistas de dos grandes potencias europeas. ¿A qué seguir?... Vendieron a España. Pero la fortaleza de la tercera República sigue en pie. Hoy la defiende el pueblo contra los traidores de dentro y los invasores de fuera, porque la República, que empezó siendo una noble experiencia española, es hoy España misma. Y es el nombre de España, sin adjetivos, el que debemos destacar en este 14 de Abril de 1937.[31]

Es imposible que quienes mandan en la zona rebelde no sepan ya que Antonio Machado es adversario acérrimo del llamado Movimiento. El 26 de abril de 1937 el diario valenciano *El Pueblo* publica el manifiesto que acaban de dirigir Jacinto Benavente, Machado, Pío del Río Hortega, José Puche (rector de la Universidad de Valencia) y José Bergamín a «los estudiantes, artistas, hombres de ciencia y escritores de la España facciosa», manifiesto que, según el mismo diario, «ha sido difundido profusamente por las zonas en poder de los rebeldes», quizás en forma de octavillas lanzadas desde el aire. El documento insiste sobre la criminalidad del fascismo internacional que ahora se quiere implantar en España, y exhorta a quienes lo lean: «Llamamos a vuestra conciencia española. No nos traicionéis traicionándoos. No traicionéis a España ni en su pasado ni en su porvenir. No ayudéis con vuestra complicidad a los enemigos de la patria. A los que quisieron convertirla en colonia extranjera».[32]

El 2 de junio *El Pueblo* y *Frente Rojo* publican otro manifiesto que los intelectuales españoles antifascistas envían al mundo, esta vez en protesta por el bombardeo de Almería. Vuelven a encabezar la lista de firmantes Benavente y Machado.[33]

Están, por otro lado, las reflexiones de nuestro poeta, mayormente atribuidas a un Juan de Mairena «póstumo», en *Hora de España* y, luego, en *La Vanguardia* de Barcelona. Son la culminación de una vida entera dedicada a la búsqueda y al análisis de «lo esencial español».

Nada como la guerra, dice Mairena en uno de sus comentarios, para agudizar nuestra percepción de la paz perdida. El viejo dicho romano *Si vis pacem para bellum* («Si quieres la paz prepara la guerra») le ha dado mucho que pensar a Machado. No puede estar de acuerdo con él, por supuesto. Y Mairena propone una reformulación: «Si quieres paz, prepárate para vivir en paz con todo el mundo». Que es exactamente lo que no han hecho las llamadas democracias occidentales que, al participar en una frenética carrera de armamentos mientras, al mismo tiempo, se afanan por apaciguar a Hitler, han hecho inevitable que el cataclismo, cuando llegue, sea terrible.[34]

Sigue siendo en el cristianismo —en el cristianismo laico sin Dios— donde Machado encuentra la clave para un futuro mundo en paz. Porque lo realmente original del mensaje de Cristo —ya lo viene señalando desde hace años— es su insistencia sobre el amor fraternal. Y el amor fraternal es incompatible con el afán declarado de aniquilar al prójimo, inherente al fascismo. Machado había declarado en 1934, en su artículo para *Octubre* sobre una posible «lírica comunista» —el artículo que tanto había sorprendido a Rafael Alberti y sus compañeros de redacción—, que el marxismo era la praxis política que a su juicio más se aproximaba a las enseñanzas de Jesús. Lo reafirma ahora en su «Carta a David Vigodsky», fechada en 20 de febrero de 1937 y publicada este abril en *Hora de España*.

Vigodsky es un distinguido hispanista ruso, traductor de obras españolas, que ahora se consagra a Calderón. Machado le expone la tesis suya según la cual los rusos, al margen del marxismo, así como los españoles al de la Iglesia católica, son un pueblo profundamente cristiano por el énfasis que ponen sobre el amor fraternal, como se ve en sus respectivas literaturas. La reciente lectura de *El adolescente*, de Dostoievski, le ha convencido de que no se equivoca. Por parte española ahí está don Quijote, exacta representación del alma cristiana de su pueblo. Y está Unamuno, el «incansable poeta de la angustia española», cuya reciente muerte, en circunstancias tan penosas, le ha afectado hondamente.[35]

El 1 de mayo, en el congreso de las Juventudes Socialistas Unificadas reunidas en Valencia, Machado pronuncia un discurso en el cual tiene el valor de exponer otra vez, con nitidez, su actitud personal ante el marxismo:

> Desde un punto de vista teórico, yo no soy marxista, no lo he sido nunca, es muy posible que no lo sea jamás. Mi pensamiento no ha seguido la ruta que desciende de Hegel a Carlos Marx. Tal vez porque soy demasiado romántico, por el influjo, acaso, de una educación demasiado idealista, me falta simpatía por la idea central del marxismo; me resisto a creer que el factor económico, cuya enorme importancia no desconozco, sea el más esencial de la vida humana y el gran motor de la historia. Veo, sin embargo, con entera claridad, que el Socialismo, en cuanto supone una manera de convivencia humana, basada en el trabajo, en la igualdad de los medios concedidos a todos para realizarlo, y en la abolición de los privilegios de clase, es una etapa inexcusable en el camino de la justicia; veo claramente que es ésa la gran experiencia humana de nuestros días, a que todos de algún modo debemos contribuir.[36]

Unos meses después Machado continúa su meditación sobre el marxismo en otro artículo, «Sobre la Rusia actual», que amplía a su vez, en varios puntos, el publicado tres años antes en *Octubre*. ¿Cuáles son las «virtudes específicamente rusas» que han hecho posible el milagro de la URSS? Las encuentra claramente delineadas en la literatura prerrevolucionaria —Tolstói, Turgueniev, Dostoievski—, en esas figuras que «parecen movidas por un resorte esencialmente religioso, una inquietud verdadera por el total destino del hombre». Los rusos, es decir, han sido siempre revolucionarios cristianos:

> Sólo el ruso, a juzgar por su gran literatura, nos parece vivir en cristiano, quiero decir auténticamente inquieto por el mandato del amor de sentido fraterno, emancipado de los vínculos de la sangre, de los apetitos de la carne, y del afán judaico de perdurar, como rebaño, en el tiempo. Sólo en labios rusos esta palabra: *hermano*, tiene un tono sentimental de compasión y amor y una fuerza de humana simpatía que traspasa los límites de la familia, de la tribu, de la nación, una vibración cordial de radio infinito.

Siendo así, Machado reconoce que puede parecer paradójico que la Rusia actual profese «un puro marxismo». Pero no cree que lo sea. «Es muy posible, casi seguro —propone a continuación, afinando lo dicho en ocasiones previas—, que el alma rusa no tenga, en el fondo y a la larga, demasiada simpatía por el dogma central del marxismo, que es una fe materialista, una creencia en el hambre como único y decisivo motor de la historia». El marxismo ruso, según esta óptica, es un paso previo y necesario para la creación de una sociedad «de comunión cordial y fraterna». Un camino hacia un mundo mejor. «Mi tesis es ésta —termina Machado—: la Rusia actual, que a todos nos asombra, es marxista, pero es mucho más que marxismo. Por eso el marxismo, que ha traspasado todas las fronteras y está al alcance de todos los pueblos, es en Rusia donde parece hablar a nuestro corazón».[37]

¿Había oído Machado rumores acerca de posibles crímenes del estalinismo? Si así fuera, y no tenemos información alguna al respecto, hay que suponer que tampoco habría cambiado su idea de lo esencial ruso, lo esencialmente *cordial* ruso, expresada con tanta energía en este y otros lugares. Le correspondía, como escritor comprometido con la República, ensalzar a los mayores aliados de España en la guerra contra el fascismo. Pero lo hace desde una profunda convicción muy anterior a la sublevación. ¿Convicción ingenua? Tal vez, pero no por ello menos sincera.

* * *

El poeta recibe visitas en Rocafort. Entre ellas las del viejo y querido amigo suyo, el actor Ricardo Calvo, del escritor Rafael Ferreres, del pintor, arquitecto y jardinero Xavier de Winthuysen, y del escritor y periodista ruso Ilya Ehrenburg.[38]

Un día, a mediados de 1937, Ferreres acude a Villa Amparo acompañado del joven filósofo Vicente Gaos, que se queda preocupado al constatar el notable decaimiento físico del poeta. Ocho años después Gaos referirá:

> La sensación inmediata fue la de encontrar a don Antonio mucho más viejo de lo que yo suponía, juzgando por dibujos y retratos recientes. Andaba encorvado y arrastrando los pies. El aliño de su persona era exactamente el «torpe aliño indumentario» con que él mismo se ha descrito. Veíase en todo al hombre descuidado de sí mismo. Su cansancio y su agotamiento trascendían en el vacilante pulso con que firmó nuestros libros. Recuerdo que, para escribir, se puso unas gafas, mientras nos explicaba que ya no tenía vista suficiente para trabajar sin ellas.[39]

En cuanto a Ferreres, observa cómo a menudo, en medio de una conversación animada, Machado se abstrae, como si estuviera pensando en otra cosa. O en otra persona. ¿En Guiomar? ¿En su hermano Manuel?

Manuel seguía escribiendo sonetos malísimos a favor de los rebeldes. En uno titulado «¡España!», publicado en *Abc* de Sevilla el 6 de enero de 1937, había elogiado incluso «la elegancia/con que a la Muerte "toreó" Sevilla». ¡Su Sevilla natal, donde ahora asesinaba a mansalva Queipo de Llano! Los tercetos decían:

> ¡Oh, la España de Franco, baluarte
> contra la plaga asiática en Europa!
> ¡Siempre vocada a la tremenda hazaña!
>
> ¡Oh de la guerra la pasión y el Arte...
> Madre de Mundos, de titanes tropa...
> España única y grande. ¡Arriba España![40]

Ferreres comete en una de sus visitas la indiscreción de anunciar que acaba de oír a Manuel en la radio de Burgos. Machado cambia, «un poco desazonado», de conversación. Y cuando Ferreres se despide le pregunta en la puerta, «sólo por curiosidad», qué decía su hermano. «Estaba leyendo unos sonetos patrióticos, uno de ellos dedicado al general Franco,» contesta el joven. Machado no hace ningún comentario, pero podemos imaginar su profundo disgusto.[41]

Quizás se trataba del que empezaba:

Caudillo de la nueva Reconquista,
Señor de España, que en su fe renace,
sabe vencer y sonreír, y hace
campo de pan la tierra de conquista.

Sabe vencer y sonreír... Su ingenio
militar campa en la guerrera gloria
seguro y firme. Y para hacer Historia
Dios quiso darle mucho más: el genio.[42]

El poeta estaba indudablemente al tanto de que su hermano se había convertido ya en uno de los principales panegiristas del Caudillo. ¡Mientras él luchaba por defender a la República legalmente constituida, Manuel encomiaba en público al detestable traidor que se había aliado con los fascistas alemanes e italianos para asesinar la democracia española! ¡Qué dolor, fuesen las que fuesen las razones para explicar tal defección!

En uno de los sonetos compuestos en Valencia y publicado en *Hora de España*, Antonio evocaba su infancia sevillana y dirigía, al mismo tiempo, una amarga queja al hermano mayor con quien la había compartido:

Otra vez el ayer. Tras la persiana,
música y sol; en el jardín cercano,
la fruta de oro, al levantar la mano,
el puro azul dormido en la fontana.

Mi Sevilla infantil ¡tan sevillana!
¡cuál muerde el tiempo tu memoria en vano!
¡Tan nuestra! Aviva tu recuerdo, hermano.
No sabemos de quién va a ser mañana.

Alguien vendió la piedra de los lares
al pesado teutón, al hambre mora,
y al italo las puertas de los mares.

¡Odio y miedo a la estirpe redentora
que muele el fruto de los olivares,
y ayuna y labra, y siembra y canta y llora![43]

Otro joven escritor valenciano, Juan Gil-Albert, visita al poeta en Rocafort y nota, como Gaos, su aspecto envejecido y descuidado: «El cuello sin abotonar, los cordones de los zapatos a medio anudar, el belfo caído; entrecanoso. Sobre sus hombros, a la luz del sol que entraba oblicua por los ventanales, se percibía depositado un polvillo blanco que, en aquellas alturas, en torno a la antigua testa creadora, hacía pensar, metafóricamente, en la lava de un volcán».[44] El polvillo, claro, era la ceniza de los sempiternos cigarrillos. «En los últimos tiempos de la guerra los apuraba mucho más —recuerda José—. Y en los días en que no había ya tabaco, buscaba con avidez sus propios cigarros empezados para acabarlos». Incluso llegó hasta fumar hierbas aromáticas, pero las dejó enseguida al comprobar que no le gustaban nada. «El tabaco le era tan esencial cuando trabajaba —sigue José— que, apenas tiraba un cigarrillo ya estaba encendiendo otro, no obstante saber lo mucho que le perjudicaba a su salud».[45]

José Machado evoca también la afición del poeta al café. A veces tomaba ocho o diez tazas por día. «En cambio —añade— nunca fue muy aficionado al té», lo cual, en un admirador de la cultura anglosajona, quizás resulte un poco sorprendente.[46]

* * *

El domingo 4 de julio de 1937 se inaugura en Valencia el II Congreso Internacional de Escritores para la Defensa de la Cultura.[47] El primero se había convocado en París dos años antes, motivado por el ensañamiento progresivo de Hitler y Mussolini con las letras y las ciencias. Acuden ahora numerosos autores españoles y extranjeros de diversas tendencias izquierdistas, pero todos convencidos de que «el escritor que no hace política, hace esta guerra».[48]

El Congreso se celebra en la sala de sesiones del Ayuntamiento. Lo inaugura Juan Negrín, que en junio ha sucedido a Largo Caballero como jefe del Gobierno. Le acompañan en la presidencia cuatro ministros (Jesús Hernández, José Giral, Julián Zugazagoitia y Bernardo Giner de los Ríos) y distintas representaciones nacionales de escritores: por Francia, André Malraux y Julien Benda (autor del famoso libro *Le trahison des clercs*, o sea, la traición de los intelectuales que se niegan a comprometerse políticamente); por Alemania, Ludwig Renn; por la URSS, Mijail Koltsov y Alexis Tolstoi; por Dinamarca, Anderson Nexo; por Inglaterra, el poeta William Auden; por Estados Unidos, el poeta y crítico Malcolm Cowley; por Chile, Pablo Neruda; y, por España, Antonio Machado y José Bergamín.[49]

Impregna el Congreso una profunda indignación por la actitud ante la guerra española de los Estados sedicentemente democráticos —Gran Bretaña, Francia, Estados Unidos—, que se han negado a apoyar las justas pretensiones de la República, atacada de manera tan brutal por el fascismo internacional. Muy bien informados acerca de los desmanes racistas que se están cometiendo en Alemania (donde además se han quemado decenas de miles de libros), los congresistas no entretienen dudas acerca de lo que ocurrirá en Europa si el fascismo gana la partida en España. Ya lo ha demostrado Guernica. Sombras tutelares de las sesiones son Zola y su famoso «J'accuse» (el nombre de Dreyfus está en todas las bocas) y Federico García Lorca, cuya ausencia es sentida como una de las mayores tragedias de la guerra y a quien se homenajea unos días después con una representación de *Mariana Pineda* dirigida por su amigo, el poeta e impresor Manuel Altolaguirre.[50]

El primer día del Congreso José Bergamín lamenta la defección de los intelectuales españoles que no quieren ser pueblo, que no se sienten pueblo.[51] Muy llamativo es el discurso de Malcolm Cowley, que explica a los congresistas que el gran culpable de la actitud antirrepublicana del Gobierno de Estados Unidos es el magnate Randolph Hearst, cuya cadena de periódicos ha estado con Franco, Hitler y Mussolini desde el inicio del conflicto. No obstante, opina Cowley, los magníficos reportajes de Jay Allen sobre la matanza de Badajoz han abierto los ojos a muchos norteamericanos acerca de lo que está ocurriendo realmente en España. No todo está perdido.[52]

El Congreso se traslada a Madrid entre el 5 y el 9 de julio y reanuda sus sesiones en Valencia el día 10. El cubano Juan Marinello —que se llevará en el bolsillo un mensaje de Machado para su pueblo—[53] declara que lo que está ocurriendo en España es «un caso de sentido universal». La derrota de la República sería un desastre no sólo para España y Europa, sino para América Latina, donde las fuerzas de la reacción están cada vez más encumbradas. El poeta ha presenciado la llegada a México de quinientos niños españoles y confiesa haber llorado al ver con qué enorme cariño fueron adoptados, como cosa suya, por aquel país presidido por el magnánimo Lázaro Cárdenas. También ha llorado, más recientemente, en el pueblo conquense de Minglanilla, al constatar el sufrimiento infligido a la población inerme por la vesania fascista.[54] Tristan Tzara expresa su desprecio por los escritores que no se comprometen con la causa republicana. Representan, está claro, «el espíritu de no intervención aplicado de manera efectiva al mundo de las letras».[55] Ilya Ehrenburg, que conoce muy bien España y su literatura, no podría estar más condolido: «Por el pueblo de Hita, que ha dado al mundo uno de los más grandes poetas, Juan Ruiz, merodean los soldados de Mussolini. Al pasar, como quien roba un pollo, roban los manuscritos [...]. Ciertamente, los hombres no han cuidado durante decenas de años los olivos para que los obuses arrasen los olivares; ciertamente, la tierra generosa española no ha dado al mundo a García Lorca para que un soldado ignorante lo mate».[56] Provoca un gran impacto sobre los congresistas el discurso del hispanista ruso Fydor Kelyn, profesor de Literatura Española en la Universidad de Moscú, que recuerda el amor que profesaba el poeta Alejandro Pushkin a España, y la admiración que le merecían quienes entonces luchaban para liberarla de la tiranía. De hecho se recuerda mucho en el Congreso a los que se levantaron contra Napoleón, primero, y luego contra el odiado Fernando VII. Kelyn da un repaso a la literatura española más apreciada en Rusia: *Don Quijote*, por supuesto, pero también el *Romancero* y Lope de Vega, especialmente *Fuenteovejuna*, prohibida por los zares y ahora popularísima. Casi al día siguiente de la Revolución de Octubre, refiere, se fundó en Moscú la editorial La Literatura Mundial, cuyo programa «alcanzaba a la edición de los mejores clásicos españoles, desde "El Cantar del Mío Cid" hasta Valle-Inclán y el gran poeta que admiramos, Antonio Machado». Los rusos han tenido muy en cuenta el libro de Marx sobre el proceso revolucionario español, y Kelyn asegura a los presentes que en su país ya se está estudiando la historia de España «en su conjunto».[57]

Machado, sin duda halagado por el elogio del ruso, establecerá con él, gracias al Congreso, una relación calurosa.

De los españoles le cabe al brillante Fernando de los Ríos la tarea de situar la actual guerra en el contexto global de la historia española desde principios del siglo XIX. El ilustre catedrático socialista y ex ministro de la República no duda que, si la democracia pierde en España, los resultados para Europa y el mundo van a ser devastadores. Entiende que el año 1808, gracias a la resistencia del pueblo, significó un momento estelar del quehacer español en el mundo. ¿No fue al año siguiente, en Cádiz, cuando se popularizó, en su sentido político, la palabra «liberal»? «Cuando un pueblo descubre un concepto —siguió— es que en la sustancia biológica de la raza va disuelta la apetencia que ese concepto exterioriza. España creó la voz «liberal» porque era un pueblo secularmente hambriento de libertad. De los Ríos señala que unos años después, en 1822, cuando los españoles estaban luchando otra vez por la libertad, el gran Jeremy Bentham había escrito: «En este instante, para el mundo europeo no hay más que una esperanza: España». Con lo cual el pueblo español, al oponerse ahora al fascismo, sin apenas ayuda de nadie, está cumpliendo una vez más con su destino, y ello sin rechistar, sin quejarse, sin pedir nada a cambio.[58]

Corpus Barga, refiriéndose como Fernando de los Ríos a 1808, recuerda que la resistencia popular madrileña a los franceses causó tal impacto en la memoria colectiva nacional que dio lugar a la frase «hacer un 2 de mayo» («la acción de una cólera —explica— que ya no puede contenerse y no se detendrá ante nada»). Todo ello lo había expresado Goya genialmente en su cuadro de los fusilamientos. Y hoy, como antes, el pueblo español estaba cumpliendo con su deber histórico al luchar contra los traidores de casa y sus amos de fuera.[59]

A Machado le toca leer la última ponencia del día, que titula «Sobre la defensa y la difusión de la cultura».

Por razones de cansancio, quizás, no aporta un texto escrito específicamente para el acto sino un arreglo de comentarios anteriores en torno al pueblo español. Vuelve a rechazar de forma radical la noción orteguiana del hombre-masa. ¡No hay tal! El pueblo se compone de individuos, cada uno con sus peculiaridades, sus necesidades y sus derechos. «Desconfiad del tópico *masas humanas* —insiste—. Muchas gentes de buena fe, nuestros mejores amigos, lo emplean hoy, sin reparar en que el tópico proviene del campo enemigo: de la burguesía capitalista que explota al hombre, y necesita degradarlo; algo también de la iglesia, órgano de poder, que más de una vez se ha proclamado instituto supremo para la salvación de las masas. Mucho cuidado; a las masas no las salva nadie; en cambio, siempre se podrá disparar sobre ellas. ¡Ojo!» Y sigue: «Si os dirigís a las masas, el hombre, el *cada hombre* que os escuche no se sentirá aludido y necesariamente os volverá la espada. He aquí la malicia que lleva implícita la falsedad de un tópico que nosotros, demófilos incorregibles y enemigos de todo señoritismo cultural, no emplearemos nunca de buen grado, por un respeto y un amor al pueblo que nuestros adversarios no sentirán jamás».[60]

¡Demófilos incorregibles! Con dos palabras expresaba Machado, sin que nadie lo pudiera sospechar aquella tarde en Valencia, su deuda para con su padre y, por extensión, con su abuelo, apasionados admiradores ambos del pueblo español. Sin duda, al apuntarlas, Machado también tenía presente el fervor republicano de su familia, que él revalidaba ahora ante un mundo que nada sabía de sus orígenes. Cabe pensar, incluso, que el Machado que comparece ante sus compañeros españoles e internacionales en Valencia tiene la firme convicción de estar cumpliendo con su deber como buen hijo y buen nieto, y que ello le proporcionaba no poco consuelo en momentos tan terribles.

Terminado la ponencia de Machado la clausura de la etapa valenciana del Congreso corre a cargo del presidente de las Cortes, Diego Martínez Barrio.[61]

El discurso del poeta se publicó una semana después, menos los últimos párrafos, en *La Vanguardia*, iniciándose así la colaboración del poeta en el gran rotativo barcelonés. Y se dio a conocer completo en el número de *Hora de España* correpondiente a agosto.[62]

Varios congresistas dejaron constancia de su encuentro en Valencia con Machado. Nicolás Guillén, por ejemplo, que en Villa Amparo le oyó «hablar de la guerra que lo preocupaba y ocupaba sin descanso». Para el poeta cubano, Machado fue «la figura central de aquella reunión (me refiero al Congreso) y se le vio caminar no entre los fusiles, como el propio Machado dice de García Lorca, sino rodeado de escritores y artistas ansiosos de entrevistarlo, o simplemente de oírlo y de verlo».[63] El poeta inglés Stephen Spender, por su parte, no acertó a entender al autor de *Campos de Castilla* y le creía, muy equivocadamente, «absorto en su mundo de valores poéticos puros, como Walter de la Mare».[64] Arturo Serrano Plaja recordaba que en una de las sesiones le había visto «una cara tan gris, tan de cansancio que hube de acercarme a él para preguntarle si se sentía bien. Me dijo —mintiendo heroicamente— que muy bien y que si podría yo llevarle una copa de coñac».[65] Una fotografía tomada durante una de las sesiones y publicada en la portada del *Abc* republicano nos muestra, en efecto, a un Machado muy desmejorado físicamente (ilustración 49).

Concluido por lo que toca a Valencia el Congreso, que luego continuará en Barcelona y París, el Ministerio de Instrucción Pública cierra la Casa de la Cultura. Ha habido mar de fondo en torno, con las habituales tensiones entre comunistas y demás fuerzas republicanas. Machado, que se ha sentido aludido, se apresura a declarar (en la revista *Frente Rojo)* que, por lo que a él respecta, nunca ha sido objeto de «presión de partido por parte del Ministerio de Instrucción Pública ni de ningun otro órgano del Estado». Y añade: «Mi posicion política es hoy la misma de siempre. Yo soy un viejo republicano para quien la voluntad del pueblo es sagrada».[66] Puesto que dirige dicho ministerio en estos momentos el comunista Jesús Hernández —autor, luego, del polémico libro *Yo, ministro de Stalin en España*— parece colegirse entre líneas que a Machado se le ha acusado de ser «compañero de viaje» del partido. Así lo da a entender el propio poeta, además, en una carta dirigida poco después a Juan José Domenchina, director de la revista *Servicio Español de Información*, de la cual Machado es asiduo colaborador: «No sé si leyó V. unas líneas mías que escribí hace poco, en contestación a alusiones algo estúpidas —no sé de quién ni en qué periódico— y para evitar todo equívoco. Mi posición es bien clara. Sólo tengo motivos de gratitud para el Gobierno; nunca fui objeto de presiones políticas, ni he escrito una sola línea contra mi conciencia». Se refiere luego a su mal estado físico —«Estoy bastante enfermo, sometido a un estrecho régimen y casi imposibilitado de moverme»—, y sigue con una lacónica premonición: «Como sospecho que me queda ya poco tiempo para mi obra, desearía poder consagrarme a ella».[67]

La actitud del poeta es respaldada por una comunicación de la Alianza de Intelectuales Antifascistas firmada, entre otros, por Alberti, Rosario del Olmo, Antonio Sánchez Barbudo, María Teresa León, Gustavo Durán y Arturo Serrano Plaja.[68]

* * *

Alfredo Sancho Saez, el joven ex alumno y ahora vecino de Machado en Rocafort, lo ve muchas veces, desde el camino, sentado en el parterre de Villa Amparo. Allí, con el mar valenciano al fondo, el poeta compone un soneto hondamente triste dirigido a Pilar de Valderrama, a quien imagina mirando el Atlántico desde su balcón portugués. Impregna el poema, además del dolor de la separación, el presentimiento de la muerte:

> De mar a mar entre los dos la guerra,
> más honda que la mar. En mi parterre,
> miro a la mar que el horizonte cierra.
> Tú asomada, Guiomar, a un finisterre,
>
> miras hacia otro mar, la mar de España
> que Camoens cantara, tenebrosa.
> Acaso a ti mi ausencia te acompaña.
> A mí me duele tu recuerdo, diosa.
>
> La guerra dio al amor el tajo fuerte.
> Y es la total angustia de la muerte,
> con la sombra infecunda de la llama
>
> y la soñada miel de amor tardío,
> y la flor imposible de la rama
> que ha sentido del hacha el corte frío.[69]

Lo que no sabe el poeta es que la musa ya no está en Portugal, y vive con su familia en la España de Franco. Concretamente en una casa perteneciente a su madre política en Palencia.[70]

Machado escribe otros sonetos durante su estancia en Valencia. Expresan su profundo desgarramiento ante el hecho de una guerra intestina que se prolonga intolerablemente.

En uno de ellos, «La primavera», vuelve a hablar, como en los lejanos versos de *Soledades*, con la «niña inmortal, infatigable dea» que trae cada año, en esta época, la savia nueva y la esperanza de amor. Pese a las bombas lanzadas por los trimotores enemigos que se ciernen sobre Valencia —que ya no es la ciudad tranquila de los primeros meses de la guerra—, pese al estruendo de las sirenas, de las explosiones por mar y tierra, ahí está, una vez más, el milagro del campo animado por la «alegre zalema» primaveral (Machado ama las palabras árabes que tanto enriquecen el léxico español).[71]

La contemplación del paisaje reverdecido, con el mar al fondo, trae el recuerdo de la tardía primavera soriana, tan intensamente vivida por el poeta, y de su máximo símbolo, la cigüeña. Y, también, de *La tierra de Alvargonzález*, donde ya aparecía el tema de la guerra entre hermanos:

El poeta recuerda las tierras de Soria

¡Ya su perfil zancudo en el regato,
en el azul el vuelo de ballesta,
o, sobre el ancho nido de ginesta,
en torre, torre y torre, el garabato

de la cigüeña!... En la memoria mía
tu recuerdo a traición ha florecido;
y hoy comienza tu campo empedernido
el sueño verde de la tierra fría.

Soria pura, entre montes de violeta.
Di tú, avión marcial, si el alto Duero
a donde vas recuerda a su poeta,

al revivir su rojo Romancero;
¿o es, otra vez, Caín, sobre el planeta,
bajo tus alas, moscardón guerrero?[72]

En «Amanecer en Valencia (Desde una torre)» —la torre es la de Villa Amparo— predomina la tristeza del poeta al no poder cantar la felicidad disfrutada por la tierra levantina —«de floridas almunias y arrozales»— antes de que empezara la tragedia.[73] En «La muerte del niño herido» —herido, se da a entender, por una bomba fascista— es la ternura del poeta que se identifica con los inocentes que sufren las consecuencias de la brutal contienda que está destrozando España.[74]

En otro soneto de la secuencia Machado glosa un asunto que le obsesiona, la venta de España a la ambición fascista internacional.[75] Y en el último, con su dedicatoria entre paréntesis *(«A otro*

Conde D. Julián») —alusión clarísima a Franco, que ha abierto las puertas del país a la codicia extranjera, así como el padre de la Cava a los árabes—, esboza un diálogo entre la madre España y Dios que no excluye cierta piedad hacia el traidor. Oreste Macrí ha señalado en este soneto la presencia de Fray Luis de León, por quien Machado siente una admiración profunda:[76]

> Mas tú, varona fuerte, madre santa,
> sientes tuya la tierra en que se muere,
> en ella afincas la desnuda planta,
> y a tu Señor suplicas: ¡Miserere!
>
> ¿Adónde irá el felón con su falsía?
> ¿En qué rincón se esconderá, sombrío?
> Ten piedad del traidor. Paríle un día,
> se engendró en el amor, es hijo mío.
>
> Hijo tuyo es también, Dios de bondades.
> Cúrale con amargas soledades.
> Haz que su infamia su castigo sea.
>
> Que trepe a un alto pino en la alta cima,
> y en él ahorcado, que su crimen vea,
> y el horror de su crimen lo redima.[77]

Pese a su profunda melancolía, Machado sigue trabajando. Es más, inicia ahora una etapa de intensa productividad. «En el amplio comedor se quedaba todas las noches ante su mesa de trabajo y como de costumbre rodeado de libros —nos sigue contando José—. Metido en su gabán desafiaba el frío escribiendo hasta las primeras horas del amanecer en que abría el gran ventanal para ver la salida del sol, o en otras ocasiones, y a pesar de estar cada día menos ágil, subía a lo alto de la Torre para verlo despertar allá lejos, sobre el horizonte del mar».[78]

Muchas veces el poeta tenía que apagar su luz al empezar un nuevo bombardeo. «Momento antes se había sentido sobre Rocafort el ruido de motores de los aviones que iban a volar sobre la indefensa ciudad —continúa el hermano—. Después se veían rojas llamas que desgarraban el negro azul de la noche». Terminado el ataque, el poeta, «impertérrito», encendía otra vez su lámpara.

Y así noche tras noche. «Cada día su gabán parecía mayor y él más pequeño. Entre el frío que le hacía encogerse, y su cuerpo que se consumía, no tanto bajo el peso de los años —entonces tenía sesenta— como por el agotamiento de sus energías físicas—. Hay que tener en cuenta que era de los hermanos el más alto de todos y que cuando joven tenía una gran figura».[79]

* * *

Machado pasa el verano y el otoño de 1937 prácticamente recluido con su familia en Rocafort, donde sigue firmando manifiestos antifascistas y redactando sus artículos de apoyo a la República y las reflexiones publicadas en *Hora de España*.[80] «De nuestros enemigos, los rebeldes de entonces, ya no queda nada —escribe el 18 de julio en *Servicio Español de Información*—. Para nosotros no son los rebeldes, sino los traidores; para sus aliados de Italia y Alemania son, sencillamente, siervos».[81] El mismo día la revista de Socorro Rojo Internacional, *Ayuda*, publica un breve mensaje suyo:

> En los momentos actuales el Socorro Rojo Internacional defiende en España la causa del pueblo y del Gobierno legítimo de la República con fervor, con inteligencia y con eficacia. Su labor constante, infatigable y abnegada para crear sanatorios, hospitales de sangre, refugios infantiles; para recaudar fondos con que ayudar a los combatientes, socorrer a las víctimas de la guerra y para dar a luz toda suerte de publicaciones en apoyo de la noble causa antifascista, merece el amor, la admiración y el respeto de todos los hombres de buena voluntad.
> Mi más ferviente saludo al Socorro Rojo Internacional.[82]

Sólo muy de tarde en tarde se permite el poeta enviar a la prensa periódica unos versos, no por circunstanciales menos sentidos, como los dedicados a los intelectuales de la Rusia soviética o a México.[83]

Llegan más visitas a Villa Amparo. En agosto, la del joven escritor alicantino Pascual Pla y Beltrán, a quien impresiona el evidente cariño con el cual se tratan Antonio y José. El poeta elogia la campiña valenciana, tan paradisíaca, pero expresa su preferencia por las añoradas estepas de Castilla, duras y resistentes. Acaso lo más relevante de las declaraciones recogidas por Pla y Beltrán concierne el exilio que Machado ya parece intuir como inevitable. «Cuando pienso en un posible destierro en otra tierra que no sea esta atormentada tierra de España —confiesa—, mi corazón se turba y conturba de pesadumbre. Tengo la certeza de que el extranjero significaría para mí la muerte».[84]

Juan José Domenchina va recibiendo numerosas breves comunicaciones de Machado, la mayoría en relación con las cuartillas que acaba de preparar, o que está preparando, para *Servicio Español de Información*, que edita además un *Boletín* en seis idiomas que se difunde en el extranjero, y un *Suplemento Literario* en el cual el poeta comenta los *Cuadernos* de la recién suprimida Casa de la Cultura de Valencia —tarea que le exige un esfuerzo demasiado oneroso— y algún que otro libro, entre ellos el ensayo inédito de Domenchina sobre don Juan, personaje que a Machado, como sabemos, siempre le ha fascinado. El poeta dice haber leído con satisfacción unas palabras de Juan Ramón Jiménez en *Hora de España*.[85] «Ha hecho V. muy bien en publicarlas —felicita a Domenchina— porque con ello se deshace el equívoco que se había formado tras su posición en la contienda actual».[86] Y era cierto que pocas personas estaban al tanto del fervoroso compromiso republicano del poeta de Moguer, ya manifestado pero no difundido en agosto de 1936 antes de que saliera de España. El texto es de una gran fuerza, y Machado lo comentará admirativamente poco después en una nota publicada en la revista cubana *Mediodía*. En ella ataca una vez más, por su cuenta, a los que han vendido la patria a «dos potencias criminales, tan fuertes como viles, que le han salido al paso en la más peligrosa encrucijada de su historia».[87]

* * *

Corre el otoño de 1937. Pronto hará un año desde que Madrid decidiera no dejar pasar al enemigo. Consciente de que es su deber celebrar como pueda la hazaña, y con ello animar a los que siguen combatiendo por la República asediada, Machado reúne textos ya publicados en revistas y prepara otros. El más conocido hoy es el titulado *Madrid. Baluarte de nuestra Guerra de Independencia*, editado por el *Servicio Español de Información* en un hermoso cuadernillo de dieciséis páginas, que contiene numerosas fotografías de los destrozos causados en la capital española por la aviación italogermana, así como de los combatientes, de la Junta de Defensa de Madrid y de la población civil (ilustración 48). También hay una reproducción de uno de los grabados de *Los desastres de la guerra* de Goya. El conjunto va dedicado a la memoria del escultor Emiliano Barral, bajo cuyo retrato se estampa la ya famosa copla machadiana («¡Madrid, Madrid, qué bien tu nombre suena,/rompeolas de todas las Españas...»). De sus ocho apartados, al parecer sólo el último, fechado «Valencia, 7 de Noviembre de 1937», era estrictamente inédito. En él Machado expresa el desprecio que le inspiran los traidores y sus aliados, «las hordas compradas al hambre africana», «las tropas italianas de flamantes equipos militares, al servicio de un faquín endiosado», y «los sabios verdugos del género humano, a sueldo de la ambición germana». La mayor grandeza de la capital reside, para Machado, en haber luchado, y en seguir haciéndolo, no sólo por su propia salvación, o la de la patria, sino por la humanidad entera. Al defender la causa popular, Madrid «vierte su sangre por todos los pueblos y defiende el porvenir del mundo».[88]

Hacia finales de año Espasa-Calpe publica el libro de Machado *La Guerra (1936-1937)*, recopilación de textos compuestos a raíz de la contienda y, en su gran mayoría —y tal vez totalidad—, ya dados a conocer en revistas y diarios. Se trata de una edición lujosa (17 x 24,5 centímetros), con cubierta embellecida de letras azules y rojas, papel de excelente calidad, y numerosas ilustraciones a tinta de José Machado (frontispicio del general Miaja, treinta y nueve dibujos de milicianos, seis de Villa Amparo y sus alrededores y sendos retratos de Federico García Lorca, Emiliano Barral, el ministro Jesús Hernández y el propio poeta). Todo un esfuerzo editorial, en suma, que hay que suponer apoyado oficialmente por las agencias de propaganda republicana.

El libro, de 115 páginas, contiene «Los milicianos de 1936» (publicado en *Ayuda* bajo el título «Divagaciones del momento»), «El crimen fue en Granada», «Apuntes» (se trata de las «Notas de actualidad» publicadas en *Madrid. Cuadernos de la Casa de Cultura*, número 1, febrero de 1937), «Meditación del día» (poema y prosa, aparecidos previamente en el diario valenciano *El Pueblo)*, «Carta a David Vigodsky», el poema «Al escultor Emiliano Barral», originalmente dado a conocer en *Nuevas canciones* y luego incorporado a *Poesías completas,* más un breve texto en prosa sobre Barral (casi con toda seguridad publicado antes en una revista), y, finalmente, «Discurso a las Juventudes Socialistas Unificadas» (probablemente no inédito, si bien no localizado todavía en la prensa periódica).

La joven María Zambrano elogia el libro en el número de *Hora de España* correspondiente a diciembre de 1937. Las «terribles circunstancias» que están viviendo los españoles, las más duras «que se han exigido a pueblo alguno», han conseguido, viene a decir, que Machado, aunque el mismo de siempre, haya cobrado de repente una inmensa relevancia nacional, relevancia, por supuesto, nunca buscada. «Palabras paternales son las de Machado —declara Zambrano, pensando en su obra total— en que se vierte el saber amargo y a la vez consolador de los padres, y que con ser a veces de honda melancolía, nos dan seguridad al darnos certidumbre. Poeta, poeta antiguo y de hoy; poeta de un pueblo entero al que enteramente acompaña». Machado es un clásico, «un clásico que, por fortuna, vive entre nosotros y posee viva y fluente su capacidad creadora».

A María Zambrano, como pensadora, le fascina el hecho de ser Machado filósofo además de poeta, y cita a Juan de Mairena a próposito: «Todo poeta supone una metafísica; acaso cada poema debiera tener la suya —implícita, claro está, nunca explícita—, y el poeta tiene el deber de exponerla por separado, en conceptos claros. La posibilidad de hacerlo distingue al verdadero poeta del mero señorito que compone versos». Zambrano encuentra en Machado un fondo de sereno estoicismo que, aunque acaso el poeta no quiera del todo admitirlo, es el mismo «signo de resignación y triunfo» que él cree percibir en los rostros de los milicianos que están dispuestos a perder su vida por la República. Quizás, aventura Zambrano, el suicidio del estoico no se ha entendido bien. Tal vez signifique «una amorosa aniquilación del yo, para que *lo otro*, la realidad, comience a existir plenamente».

María Zambrano no duda, además, de que Machado es un gran poeta amoroso, un poeta que canta y razona el amor como pocos. Y no niega que el hecho de haberle conocido en Segovia, adolescente ella al lado de su padre, haya influido en el profundo respeto que le inspiran su obra y su persona. También tiene un acendrado recuerdo para los amigos comunes, algunos de ellos, como Emiliano Barral, caídos en la lucha.[89]

A Machado le conmueve el ensayo y se lo agradece enseguida, pensando que vive todavía en la Casa de la Cultura de Valencia. Pero ya está con su padre en Barcelona. Allí le escribe el poeta el

22 de diciembre. María había vertido en su artículo, dice con su habitual modestia, «la cornucopia de su indulgencia y de su bondad». Le ruega que le diga a su padre que soñó con él hace unas noches. Estaban otra vez en Segovia, «libres de fascistas y de reaccionarios, como en los buenos tiempos en que él y yo, con otros viejos amigos, trabajábamos por la futura República». ¡Ah, aquellos tiempos! En el sueño se encontraban al pie del acueducto romano, y Zambrano, señalando los arcos, le había dicho: «Vea V., amigo Machado, cómo conviene amar las cosas grandes y bellas, porque ese acueducto es el único amigo que hoy nos queda en Segovia». El poeta le había contestado: «En efecto, palabras son esas dignas de un arquitecto».[90]

Todo indica que Valencia, pese a la retórica de la esperanza, no tardará en caer en manos de Franco. A finales de octubre el Gobierno se ha trasladado a Barcelona y, con él, la redacción de *Hora de España*. Machado sabe, sin duda, que pronto no tendrá más remedio que mudarse con los suyos a la capital catalana.[91]

* * *

A principios de febrero de 1938, en efecto, Juan José Domenchina comunica el poeta una propuesta oficial en este sentido. Machado se muestra reacio. «Aquí trabajo bastante —contesta el 17 de febrero— y, aunque siempre estoy a la disposición del Gobierno, me agrada permanecer en este ambiente más reposado que el de Barcelona». Añade que está preparando, «entre otras muchas cosas, una "Historia poética de la Guerra", con la «colaboración gráfica» de José, proyecto del cual no sabemos nada más.[92]

Machado sigue redactando una serie de artículos sobre héroes españoles, empezada unos meses atrás, y quiere hacer uno sobre el comandante Carlos Contreras, el admirado «capitán» que, con otros combatientes del Quinto Regimiento, había despedido en noviembre de 1936 al grupo de intelectuales evacuados de Madrid.[93] Le pide información autobiográfica, y el comandante le envía algunos retratos suyos. La finalidad de dicha serie, según el poeta, es «ayudar a los historiadores del porvenir con una aportación humilde, pero ardiente y sincera». Pero ya sabemos que en Machado hay un afán de ser héroe él mismo a su manera. Así se lo da a entender a Contreras cuando dice, volviendo una vez más a la dualidad espada/pluma que ha mentado tan a menudo a lo largo de los años, y que hiciera su primera aparición en el célebre «autorretrato» de 1908: «Es para mí un gran consuelo y una plena satisfacción el acompañarlo con la pluma, ya que mi espada se melló hace tiempo y de nada serviría en la actual contienda».[94]

A Machado le preocupa el futuro de sus seis sobrinas, sobre todo las tres hijas de José. Ha hecho lo posible por orientar en Villa Amparo sus estudios, pero es muy consciente de que no están recibiendo una educación adecuada. El 2 de abril expresa su inquietud al respecto en una carta al hispanista ruso Fydor Kelyn, con quien ha hecho buenas migas en el Congreso de Escritores de Valencia. Y tantea la posibilidad de trasladarse con ellas y José a Rusia si todo sale mal:

> Querido y admirado amigo:
> Dos letras para desearle desde esta España, donde mucho se le quiere, toda suerte de bienandanzas.
> Algo mejorado de salud, y bien de ánimo, trabajo aquí por nuestra causa todo lo que puedo, y sueño con esa magnífica Rusia, donde es posible la noble convivencia humana.
> En colaboración con mi hermano José, el dibujante, preparo un libro sobre la guerra, que le dedico a Vd., y envío muchos trabajos a diversas publicaciones.
> Muy hondamente preocupado por mis sobrinas, las tres pequeñas de mi hermano José, pienso si acaso pudiera ponerlas a cubierto, trasládandolas a Rusia. Allí mi hermano José y yo trabajaríamos para no ser gravosos en esa tierra hospitalaria, sirviendo, además, de todo corazón, la causa de España y de sus relaciones con la U.R.S.S.
> Un poco aislado, aquí, en Rocafort, aunque en las mejores relaciones con el gobierno, desconozco si existen medios prácticos y rápidos para defender en lo posible el porvenir de los jóvenes y los niños, única aspiración que aún puedo tener.
> Rúegole, querido Kelyn, que me dé su opinión sobre estos extremos. Tengo mucha fe en la luz que puede venirme de su consejo.
> Y de todo modos, tendría una inmensa satisfacción en saber de Vd. y de tener algunas noticias suyas.
> Le envío algunos de mis últimos versos de *circunstancias*, y un fuertísimo abrazo de su admirador y amigo.[95]

No sabemos si Machado recibió una contestación a su carta. Ya para estas fechas el poeta ha acordado enviar una colaboración regular a *La Vanguardia* de Barcelona, quizás a instancias del socialista Julián Zugazagoitia, que allí escribe bajo el seudónimo de «Fermín Mendieta». El primero, «Notas inactuales, a la manera de Juan de Mairena», se publica el 27 de marzo de 1938. Lo acompaña una nota editorial:

> Don Antonio Machado, el más glorioso de los poetas españoles contemporáneos, inicia con el presente artículo su colaboración en LA VANGUARDIA, que con ella se honra altísimamente. Bastarían estas líneas para el saludo ritual; pero, además de un gran escritor, entra con don Antonio en nuestra casa uno de los ejemplos máximos de dignidad que la tragedia española ha ofrecido. Don Antonio, cargado de años, de laureles y de achaques, ha renunciado a su derecho al descanso, y mantiene vivo, juvenil y heroico el espíritu liberal que informó su vida y su obra, y, sobreponiéndose a sí mismo, su pluma mantiene la gallardía y la gracia poética de sus mejores horas. Con don Antonio Machado nos llegan un escritor y un hombre. Bien venidos ambos.[96]

No fácilmente halagable, cabe pensar que a Machado le complació tan magnánimo tributo a su persona.

Unos días después sale en la revista *Ayuda*, que ahora se edita en Valencia, el poema «Alerta (Himno para las juventudes deportivas y militares)». Lo había compuesto Machado, según su hermano José, a petición de «unos jóvenes entusiastas» —probablemente pertenecientes a las Juventudes Socialistas Unificadas— que le visitaron en Rocafort. La vigorosa llamada a la resistencia —son otra vez las silvas tan habituales en Machado— se reprodujo luego en distintos órganos republicanos. Terminaba:

> En las encrucijadas del camino
> crueles enemigos nos acechan:
> dentro de casa la traición se esconde,
> fuera de casa la codicia espera.
> Vendida fue la puerta de los mares,
> y las ondas del viento entre las sierras,
> y el suelo que se labra,
> y la arena del campo en que se juega,

y la roca en que yace el hierro duro;
sólo la tierra en que se muere es nuestra.
Alerta al sol que nace,
y al rojo parto de la madre vieja.
Con el arco tendido hacia el mañana
hay que velar. ¡Alerta, alerta, alerta![97]

El himno será la despedida de Machado a Valencia. A mediados de abril recibe un telegrama del Gobierno en el cual se le invita, «perentoriamente», a abandonar Rocafort y trasladarse a Barcelona en el coche oficial que a la mañana siguiente se pondrá a su disposición. Esta vez el poeta, que depende económicamente de las autoridades republicanas y además tiene que velar por el bienestar y seguridad de los suyos, no tiene más remedio que doblegarse. Por otra parte, Joaquín y su mujer, así como Francisco y su familia, ya se han mudado a la capital catalana con las autoridades.[98]

«Son ya los angustiosos momentos de la guerra en que iba a quedar interceptado el camino entre Valencia y Barcelona —cuenta José—. Con la urgencia del caso recogió sus papeles de más interés. Y como no había tiempo para más, tuvieron que quedar allí muchos libros, revistas y periódicos muy interesantes».[99]

Una vez más viaja ligero de equipaje nuestro poeta.

* * *

En Barcelona, Antonio, su madre, José y Matea y sus tres hijas son instalados en el hotel Majestic, ubicado, como hoy, en el ancho paseo de Gràcia, número 70, no lejos de uno de los edificios más renombrados de Gaudí, la Casa Milá. No está a gusto allí el poeta (ilustración 51). «En este odioso ambiente de hotel, tan poco propicio a su soledad, pasó un mes —apunta José—. Allí, como en un andén de estación, pasaban, se cruzaban toda clase de personas conocidas y desconocidas, sospechosas».[100]

Hay algún consuelo. Puede charlar con León Felipe y José Bergamín, con quienes había coincidido en Valencia, y el escritor malagueño Bernabé Fernández Canivell, alojados como él en el Majestic. Y también está el hispanista norteamericano Waldo Frank, tan profundamente identificado con la causa de la República como asqueado por la política de su país (y de Francia y Gran Bretaña) hacia la misma.[101]

Un día avista a Machado su ex alumno del Instituto de Calderón de la Barca en Madrid, y vecino en Rocafort, Alfonso Sancho Saez. Ocurre en un «enorme edificio» de la Diagonal, ocupado por el Ministerio del Estado, donde, gracias al francés aprendido en las clases del poeta, el joven trabaja ahora en la Sección de Prensa Extranjera que dirige la comunista Constancia de la Mora. Muy cerca de su oficina está la redacción de *Hora de España*, por la que desfilan Rafael Alberti, Manuel Altolaguirre, Juan Gil-Albert, Arturo Serrano Plaja y Miguel Hernández. «En aquellos pasillos —recuerda— vi por última vez a don Antonio hablando con Álvarez del Vayo. Cuando esperaba saludarle, entraron ambos en el despacho del ministro y la puerta se cerró tras ellos».[102]

Al no aguantar Machado ya más el Majestic las autoridades encuentran para el poeta otro alojamiento más idóneo, así como habían hecho en Valencia. Se trata de la Torre Castañer, palacete del siglo XVIII incautado a su propietaria, la marquesa de Moragas. El edificio, que está rodeado de una espaciosísima finca, con jardín ornamental, bosque y «barranco», se halla casi en las afueras de Barcelona, al pie del Tibidabo, en el paseo de Sant Gervasi (hoy números 19-21). Allí se instala el poeta con los suyos a finales de mayo (ilustración 52).

La Torre Castañer había albergado al joven Alfonso XIII durante la exposición de 1888.[103] Cuando llegan los Machado está algo alicaída. «Grandes habitaciones. Salones con profusión de espejos en dorados marcos, piano antiguo, cornucopias, litografías que amarilleaban por el tiempo y grandes y magníficas arañas —recordaba José dos años después—. El retrato de la marquesa, con un enorme marco circular recargado de purpurina, que sujetaba un cristal que protegía la pintura, hecha al pastel, por el pintor Béjar. La representaba joven y con un vaporoso traje. En este salón, que era el principal, todas las cosas estaban traspasadas por el tiempo. Los dueños de esta morada eran por aquel entonces los ratones y la carcoma. La sensación que daba esta vieja Torre era la de que todo iba a caerse hecho polvo».[104]

El palacete tenía su propia capilla, y, en el jardín, un panteón «al que se bajaba por una amplia y tortuosa escalera». ¿Había fantasmas por la noche? Las chicas se lo planteaban.[105]

Entre quienes visitan allí al poeta está José Bergamín, que nos ha dejado sus impresiones del palacio. «Jardín abandonado... Penumbra adormecida bajo un cielo radiante. Señorial abandono. Go-

teo en la piedra. Sombras. Morada misteriosa. Galerías tiene el sueño como ésta que ahora amortigua sus pisadas, como éstas que aquí
nos encienden su presencia...». Las hijas de José y Matea —Eulalia, Carmen y María— nunca han podido olvidar aquellas galerías, entre ellas una con cristales, hoy desaparecida, donde al poeta le gustaba sentarse y tomar el sol.[106]

En la Torre Castañer pasarán ocho meses. A veces los verán
allí Francisco Machado y los suyos —que están alojados en el hotel España, detrás del Liceo—, quizás también Joaquín y Carmen.[107] El poeta apenas saldrá a la calle, entregado en cuerpo y
alma a la tarea que le consume: seguir escribiendo en defensa de
la República.

En junio publica en *Hora de España* la secuencia de sonetos
compuestos en Rocafort, además del dedicado a Enrique Líster («A
Líster. Jefe en los ejércitos del Ebro») y una redondilla sin trascendencia en honor de Federico de Onís. Son los únicos poemas
que edita en la revista.

Hemos señalado la vinculación existente entre la copla que
termina el soneto a Líster

> Si mi pluma valiera tu pistola
> de capitán, contento moriría

y el famoso «Retrato» publicado treinta años antes. Machado siempre se ha considerado combatiente a favor de la libertad, y ahora
más que nunca. No se entiende, por ello, el desdén que a veces ha
provocado este poema, como si obedeciera meramente a una consigna política. Conocemos el respeto que inspiran a Machado los
capitanes del pueblo. Y Líster lo es en grado superlativo.[108]

De tarde en tarde los artículos del poeta dejan traslucir algún pequeño detalle que ilumina su vida cotidiana, o su estado de
ánimo real. Dos o tres veces, por ejemplo, apunta que no sólo está viejo sino también enfermo. Por tal razón, dice en *La Vanguardia*, no puede ir a París a protestar en el Congreso por la Paz contra los bombardeos de las ciudades abiertas.[109] Nos enteramos de
que está *releyendo* («el mayor encanto de los libros bellos»)[110] a Rubén Darío, que ahora le parece «mucho más grande que todo cuanto se ha dicho de él»[111], a Shakespeare, y a los catalanes Maragall,
Mosén Cinto y Ausiàs March, sin olvidar a los actuales (hay también
un recuerdo para el «gigantesco» mallorquín Ramón Llull). El he-

cho de que su conocimiento del catalán es de necesidad imperfecto no le impide ni mucho menos gozar de estos buceos literarios en otra cultura peninsular. «Como a través de un cristal, coloreado y no del todo transparente para mí, la lengua catalana, donde yo creo sentir la montaña, la campiña y el mar, me deja ver algo de estas mentes iluminadas, de estos corazones ardientes de nuestra Iberia». Hermoso tributo al idioma que odian a muerte los franquistas.[112]

En julio de 1938 Machado publica tres artículos muy combativos para marcar el segundo aniversario de la sublevación militar contra la República. Arremete sobre todo contra la miserable e hipócrita política de «no intervención» suscrita por Francia y Gran Bretaña. En *Voz de Madrid. Semanario de Información y Orientación de la Ayuda a la Democracia Española*, que se editaba en París, se desahoga con ganas:

En 19 de julio de 1938

En el segundo aniversario de la sublevación militar con que dio comienzo la llamada guerra de España, los leales al Gobierno legítimo de la República española tenemos una plena conciencia de nuestra posición y de nuestra fuerza. Luchamos contra los traidores de casa y los ladrones de fuera; contra pandillas de militares, dispersos y mediatizados, que ya no pueden llamarse españoles, aunque antaño lo fueron, porque la traición desnaturaliza, y contra las fuerzas armadas (no menos viles, aunque mucho más poderosas) que el racismo alemán, el fascismo italiano y el hambre mora han introducido en España, con el auxilio de un pequeño pueblo servil* y de la hipocresía diplomática, imperante en las esferas conservadoras de las democracias del Occidente europeo. Luchamos contra todos ellos, sin ánimo de rendirnos, seguros de la victoria, seguros, sobre todo, de merecerla. La guerra ha entrado en su tercera fase. Primero, la traición; después, la invasión cobarde y disfrazada; hoy, la guerra descarada contra la independencia de una nación.

Nuestro problema básico es la defensa del territorio español y del destino de nuestro pueblo. Estamos seguros de que

* La referencia va, al parecer, por el Portugal de Salazar.

los hombres de la España [¿sometida?], los que sufren más directamente el yugo de Italia y de Alemania, no han de renunciar a ser españoles. El pueblo de España ha podido, como otros muchos pueblos, albergar la traición de algunos de sus hijos, pero no ha sido nunca un país de traidores. Porque suponemos que esta convicción ha de abrirse paso en sus conciencias, les tendemos nuestros brazos leales, en este solemne día 19 de julio de 1938, y les llamamos a luchar, como nosotros, al lado del Gobierno legítimo de España, sin otro título que el de españoles, contra la invasión extranjera.

Machado debió de ser muy consciente de que, si caía en manos del enemigo, declaraciones suyas como las publicadas estos días serían su pasaporte al paredón. Por menos se había asesinado ya a muchos miles de republicanos.[113]

* * *

El común denominador de los artículos publicados por Machado en Barcelona —en primer lugar los diecinueve que aparecieron en *La Vanguardia*, entre mayo de 1938 y enero de 1939, bajo el título «Desde el mirador de la guerra»— es, como en el que acabamos de ver, el desprecio que al poeta le suscitan los Gobiernos británico y francés que, al concertar con Alemania e Italia el hipócrita «pacto de no intervención», han traicionado el talante esencialmente democrático de sus respectivos pueblos, además de perpetrar, contra España, «una de las iniquidades más grandes que registra la historia». Porque «no intervenir» en la contienda ha sido, en realidad, efectuar «una decidida intervención» a favor del fascismo. Tanto por razones defensivas propias como por solidaridad política y humana con la República, se podía haber esperado el apoyo activo y generoso del Gobierno frentepopulista de Francia. Pero no ha sido el caso, y no hay nombre para tal traición. En cuanto a los ministros conservadores de Londres, aun cuando no sintiesen simpatía por la causa republicana española, ¿cómo no haber sido capaces de entender que la claudicacion sólo les iba a acarrear peores problemas con Hitler y Mussolini dentro de muy poco?

Neville Chamberlain, el primer ministro británico, se le antoja a Machado un personaje ruin, cobarde, débil e inepto. Vendido, además, a los intereses de la plutocracia. «Fuera de España, en la brumosa Albión, hay alguien que no duerme, porque, como Macbeth, ha asesinado un sueño, y no precisamente en su castillo de Escocia, sino en el corazón de la City». Difícilmente se encontraría en toda la obra publicada de Machado una descalificación personal tan contundente.[114]

El poeta no puede olvidar que Chamberlain ha dicho públicamente que se niega a «*quemarse los dedos* por la cuestión de España».[115] Machado tiene un buen conocimiento del inglés, pero no parece estar al tanto de la palabra *appeasement*, ya muy de moda en el mundo anglosajón y traducida al español durante estos meses como «apaciguamiento». Tratar de *apaciguar* a Hitler con «manejos pacifistas» —que es lo que hace Chamberlain— no servirá de nada, Machado está convencido de ello. ¡Si lo único que quiere Hitler es aplastar de una vez por todas a los británicos! Lo realmente inteligente habría sido intervenir en España a favor de la democracia desde el primer momento, cuando era ya evidente que los fascistas ayudaban a Franco, y cortar por lo sano. Pero quienes detentan el poder gubernamental en Francia y Gran Bretaña, «convencidos... de la perfecta inanidad de la ética», no tuvieron la grandeza moral de acometer tal política entonces, y han asegurado en consecuencia que «la inevitable contienda futura» sea aun más terrible.[116]

Y, luego, está la farsa u opereta cómica que se llama Sociedad de Naciones (cuya inutilidad ya había indicado Machado unos años antes a través de Juan de Mairena). En mayo de 1938 el ministro Julio Álvarez del Vayo ha expuesto en Ginebra, con claridad meridiana, la angustiosa situación en que se encuentra la República, y los tremendos riesgos que ello supone para la democracia en Europa. Francia (Bonnet) y Gran Bretaña (lord Halifax) se mantienen rígidamente en sus trece, con «insuperable estolidez»[117], y no aportan más que «dos piezas de vulgarísima oratoria diplomática, que ni siquiera pretende convencer a nadie».[118]

Mirando hacia atrás a la Gran Guerra, Machado recuerda cómo él y otros habían llegado entonces a creer que los aliados, debido a su convicción de llevar la razón moral, terminarían prevaleciendo. Y así fue. Pero ¿y ahora? Con líderes claudicantes y sin principios éticos, con una Sociedad de Naciones que no sirve para nada, ¿cómo oponerse a la máquina de guerra puesta en imparable marcha por los nazis, empeñados en la conquista de Europa y del mundo? «Allí donde a la razón y a la moral se jubila, sólo la bestialidad conserva su empleo», razona el poeta.[119]

¿Y la Unión Soviética? Machado lleva años admirando a los rusos, como sabe el lector, y ya en 1918, al poco tiempo de la Revolución, había dicho en una carta a Unamuno que, en su opinión, sólo aquel pueblo, tan imbuido de cristianismo, era capaz de superar «ese sentimiento tan fuerte y tan vil que se llama patriotismo» con otro «más noble y universal».[120] Desde entonces se ha venido confirmando en tal convicción. En los artículos de Barcelona se cuida de subrayar, una vez más, que, si bien no pertenece al Partido Comunista español, «y que dista mucho en teoría del puro marxismo», ello no quiere decir que haya perdido su fe en el talante fraternal de los rusos, ni que esté insensible a las virtudes del comunismo.[121] Cierta ingenuidad hay en todo ello, sin duda. Y quizás cierto no querer ver los defectos del sistema soviético. Pero por otro lado no se debe olvidar que las terribles purgas de Stalin no se conocían todavía en Occidente y que era todavía posible creer que en Rusia se estaba creando una nueva era humanista.

Machado está bien informado acerca del desarrollo de la guerra, no sólo por las noticias que dan la prensa y la radio tanto republicana como rebelde —que contrastaría seguramente con el necesario escepticismo—, sino por sus conversaciones con gentes de distintas instancias oficiales. La batalla del Ebro, iniciada la noche del 24 de julio cuando los republicanos cruzan el río, le suscita el máximo entusiasmo. Al empezar, cinco meses después, el repliegue de los leales, lo que hace pensar que todo está perdido, escribirá: «Cualquiera que sea el resultado final de la contienda —yo no he desconfiado nunca de la victoria— la batalla del Ebro es un ejemplo magnífico de alcance universal, un ejemplo consolador que nos habla del posible triunfo de la justicia sobre la iniquidad». Pero si el poeta, como asegura, nunca ha desconfiado de la victoria, ¿por qué empezar diciendo «cualquiera que sea el resultado final de la contienda» y dejar abierta la puerta a la duda? Debió ser muy difícil para él durante estos meses compaginar lo que realmente sentía o temía con el afán de animar a sus lectores.[122]

Hay momentos en que el poeta experimenta la obligación de aludir a los pensadores o intelectuales españoles que no secundan debidamente el esfuerzo bélico republicano. Se podría alegar, concede, que se necesita cierto «apartamiento» de la guerra para estar en condiciones de meditar sobre ella:

Mas en oposición a esta exigencia de distancia para la visión, hay otra de vivencia (admitamos la palabreja) que toda honda visión implica. Y acaso sea algo frívola la posición del filósofo cuando piensa que la guerra es una impertinencia que viene por sorpresa a perturbar el ritmo de sus meditaciones. Porque la guerra la hemos hecho todos y es justo que todos la padezcamos; es un momento de la gran polémica que constituye nuestra vida social; nadie con mediana conciencia puede creerse totalmente irresponsable. Y si la guerra nos aparece como una sorpresa en el ámbito de nuestras meditaciones, si ella nos coge totalmente desprevenidos de categorías para pensarla, esto quiere decir mucho en contra de nuestras meditaciones, y en pro de nuestro deber de revisarlas y de arrojar no pocas al cesto de los papeles inservibles.[123]

La alusión va, casi con toda seguridad, por Ortega y Gasset, cuyo silencio está creando para nuestro poeta un grave dilema. Una y otra vez, años atrás, Machado había expresado su admiración por el joven maestro. Pero la aproximación de Ortega a las tesis fascistas en *España invertebrada* —aproximación aparentemente desmentida por el entusiasmo republicano inicial del pensador (¡aquel mitin de Segovia!)— no debió de agradarle nada. Como han señalado Rodríguez Puértolas y Pérez Herrero, Ortega, en la edición de 1937 de *La rebelión de las masas*, «intentaba ponerse, olímpicamente, al margen de la contienda». Además no era la primera vez, según indican los mismos estudiosos, que Machado, a través de su ya famoso «alter ego» andaluz, había criticado «más o menos veladamente» a Ortega.[124]

Machado saca buen provecho y no poco juego irónico de su «Mairena póstumo», como titula repetidas veces los artículos de estos meses protagonizados por el pensador apócrifo. El maestro, ya lo sabemos, murió en 1909, con lo cual difícilmente podía opinar ahora sobre la brutalidad de Hitler y Mussolini, la claudicación de Chamberlain (aquel «homúnculo» apaciguador) o la traición de Léon Blum y los suyos. Pero la fórmula de «así hablaría hoy Juan de Mairena a sus alumnos» permitía comentar la actualidad a través de él, además de expresar o de proyectar sobre el apócrifo sus preocupaciones personales.

Mairena se confiesa «un hombre muy atento a los propios sueños, porque ellos nos revelan nuestras más hondas inquietudes, aquellas que no siempre afloran a nuestra conciencia vigilante». Machado no ha renunciado nunca a esta fe. El sueño que acaba de tener Mairena es muy revelador en momentos en que el poeta, que se sabe odiado por los franquistas, intuye que muy pronto tendrá que huir del enemigo. Se trata, como en aquel «(Fragmento de pesadilla) (La España en un futuro próximo)» apuntado en *Los complementarios* en 1914, de una denuncia procedente de las fuerzas vivas. Mairena sueña que ha sido acusado por «un extraño hombrecillo, con sotana eclesiástica y tricornio de guardia civil», de abandonar su cátedra de Gimnasia a favor de la otra, la no oficial, la de Retórica. ¡Y ello cuando la nación se está preparando para la guerra y necesita músculos bien entonados! Se ha propuesto en virtud de todo ello su destitución, por Real Orden, como un peligroso «corruptor de la juventud» (juventud a la cual envenena «del negro virus del escepticismo, aficionándola a lo que usted llama, hipocríticamente, el *cultivo de las cabezas...*»). Y es verdad que a Mairena, opuesto a toda violencia física, sólo le interesan los combates verbales, o, como él dice, «*retórica peleona* o arte de descalabrar al prójimo con palabras».

Machado remata el artículo con un parráfo memorable. Sometido el sueño por Mairena a su clase de Retórica, los chicos han reaccionado con su habitual ingenuidad. «En cuanto a la figura del acusador —termina el maestro—, todos estuvieron de acuerdo en que no había por qué ataviar a la española —con sotana y tricornio— cosa tan universal como la estupidez humana». Desde luego que no, ¡pero dadas las circunstancias...![125]

El poeta no ha perdido todavía —quizás no lo pierde nunca— su sentido del humor. Además, como manifiesta Mairena en otro artículo: «El hecho de que vivamos en plena tragedia no quiere decir, ni mucho menos, que hayan totalmente prescrito los derechos de la risa».[126]

* * *

A finales de septiembre de 1938 visita al poeta en la Torre Castañer un redactor de *Voz de Madrid* y lleva a cabo una entrevista que, leída hoy, ilumina mejor que ningún otro documento descubierto hasta la fecha los últimos meses pasados por el poeta en Barcelona. El redactor, que llama a la puerta del palacete algo nervioso, toda vez que va a hablar con «uno de los más altos símbolos de esta España transida de dolor», se encuentra pronto a gusto: la cálida palabra de Machado («acento andaluz, limpia sintaxis») va fundiendo el hielo de la timidez.

Machado insiste, al repasar su vida a instancias del entrevistador, sobre el republicanismo de su familia y de sus maestros, y recuerda que Julián Besteiro fue compañero suyo en la Institución Libre de Enseñanza. Preguntado por la dualidad castellana-andaluza de su obra, tan llamativa, el poeta se confiesa hombre «extraordinariamente sensible» al lugar en el que vive. ¿Cómo evitar la influencia de Soria sobre su vida y su obra, y más si allí conoció y perdió a su mujer, «a la que adoré con pasión y que la muerte me arrebató al poco tiempo»? «Subí a Urbión, al nacimiento del Duero —recuerda—. Hice excursiones a Salas, escenario de la trágica leyenda de los Infantes. Y de allí nació mi poema de Alvargonzález». Poema, se complace en señalar, montado en versión escénica por Lorca («¡Pobre Lorca!») y los estudiantes de La Barraca.

El entrevistador sabe que a Machado le encanta hablar de Juan de Mairena y, «deliberadamente», guía hacia allí la conversación. ¿Le podría decir algo al respecto del famoso personaje? «Es mi "yo filosófico" —contesta el poeta— que nació en épocas de mi juventud. A Juan de Mairena, modesto y sencillo, le plácía dialogar conmigo a solas, en la recogida intimidad de mi gabinete de trabajo y comunicarme sus impresiones sobre todos los hechos. Aquellas impresiones, que yo iba resumiendo día a día, constituían un breviario íntimo, no destinado en modo alguno a la publicidad, hasta que un día... un día saltaron desde mi despacho a las columnas de un periódico».

Mientras prosigue la charla, aparece, de repente, la madre del poeta —«anciana y venerable dama que se desliza quedamente, en silencio, con la ingravidez de un pájaro»— seguida de «unas chicuelas, alegres y revoltosas, que recuerdan al maestro que es la hora del yantar».[127]

A las hijas de José y Matea —Eulalia, María y Carmen— les quedan contados días en España, pues sus padres han decidido, después de largas deliberaciones con Antonio, ponerlas a salvo en el extranjero (en cuanto a Francisco Machado y su mujer, se niegan tajantemente a separarse de Leonor, Ana y Mercedes).[128] Por estas fechas se está organizando una evacuación de niños a Francia, con intervención de Dolores Ibárruri. Rubén Landa —amigo republicano de Machado en Soria— se presenta en la Torre Castañer y propone que vayan con ellos las niñas. Se acepta la propuesta. Unos días después es la triste despedida. Desde el país vecino Eulalia, María y Carmen serán trasladadas a Rusia cuando empiece la Guerra Mundial. Allí pasarán nueve años antes de volver a ver a sus padres, ya para entonces establecidos en Chile. Con su salida de Barcelona desaparecen las últimas risas de la Torre Castañer.[129]

Machado apenas abandona el palacete y no se ha documentado una sola comparecencia pública suya durante su estancia en la capital catalana. Ello no ha impedido la circulación de un bulo según el cual los comunistas le dieron un banquete multitudinario en Barcelona durante el cual firmó su carné de ingreso en el partido. Si tal acto se hubiera celebrado, quedaría constancia en la prensa, y no sólo en la prensa comunista. Pero no hay tal, y allí queda la mentira para escarnio de su autor y de la revista que la publicara, con otras grotescas inexactitudes relativas a los últimos días del poeta, justo antes de la muerte de Franco en 1975.[130] Además es inconcebible que Machado, que había tenido la valentía de manifestar públicamente, en numerosas ocasiones, como hemos visto, su discrepancia con el marxismo —aun cuando reconocía su enorme valor para la transformación de la sociedad— hubiera podido ingresar en el PC en el último momento.

Lo que sí es verdad es que el partido utilizó a Machado, o trató de utilizarlo. Ello queda claro en el libro de Enrique Castro Delgado, *Hombres made in Moscú*, donde el furibundo ex comunista recuerda su visita, acompañado del comandante Contreras y del poeta Pedro Garfias («borracho y bizco como siempre»), a la Torre Castañer, y acusa a Machado de haber sido «prisionero de una gran mentira» y de no haber comprendido que a Moscú le importaban un bledo España y la democracia.

A Castro le parece patético el soneto a Líster, que cita mal dos o tres veces, pues Machado no escribió

> Cambiaría mi pluma, capitán,
>   por tu pistola

sino, como sabemos,

> Si mi pluma valiera tu pistola
> de capitán, contento moriría.

Lo cual es otra cosa. «¿Qué poder tiene el Partido que hizo divorciarse a este hombre del alma de España?», dice Castro que se preguntó entonces. «¡La mentira había hecho su obra: entontecer a un hombre que era además de eso uno de los más grandes poetas de la España eterna; cegarle para que no viera una realidad». Y sigue el ex comunista, impertérrito: «A él le habían encerrado en una prisión invisible en la que sólo hablaba con sus carceleros, en la que sólo convivía con sus carceleros, en la que sólo escuchaba a sus carceleros que llevaban tabaco y comida a aquella casa demasiado grande para aquellas gentes tan viejas y tan sobrias en todo, aquella casa en medio de aquel jardín que se parecía tanto a aquellos cementerios abandonados y tristes que Castro recordaba de sus años verdes...». El autor se permite desdeñar el proyecto que, según él, tenía el poeta de escribir la historia del Quinto Regimiento, pero la admiración del poeta hacia aquellos luchadores no correspondía a ninguna orden de los comunistas. Era sincera, hondamente sentida. Para Castro, Machado es otro patético «hombre made in Moscú», inconsciente de lo que pasa a su alrededor. Pero nadie que conozca medianamente el trayecto intelectual del poeta podría afirmar tal barbaridad.[131]

* * *

Machado recibe otras visitas en la Torre Castañer. Entre ellas su hermano José recordaba especialmente las dominicales del maestro Gustavo Torner, especialista en las canciones populares españolas, y del fonólogo Tomás Navarro Tomás, que daban lugar a que se abriera el viejo piano de la marquesa de Moragas y la música alegrara un poco aquel ambiente triste y cargado de tétricas premoniciones. El poeta, según José, «escuchaba con deleite la voz de una bella joven que hacía el exponente de varios temas populares». También asistía a aquellas reuniones «un filósofo catalán que tocaba con gran personalidad famosas sardanas».[132]

El filósofo es Joaquín Xirau, rector de la Universidad de Barcelona y colaborador de *Hora de España*, que había tratado a Machado en Segovia y en Madrid. Xirau recordará desde el exilio que el propio Machado también intervenía en aquellas sesiones, incluso cuando caían las bombas franquistas sobre la ciudad, y recalcará la importancia concedida por el poeta a las letras de las canciones populares: «Veía don Antonio en esas coplas una gran profundidad de pensamiento y tenía la idea de que probablemente en ellas estaba el germen de una filosofía española. Sus versos están llenos de coplas, muy revestidas de dignidad poética y de simbolismo francés, pero por dentro hay el esqueleto de la copla: la sentencia». Xirau quizás no sabía hasta qué punto estaba en deuda Machado, en todo ello, con la tradición de su familia y, especialmente, con los infatigables esfuerzos de su padre a favor de los estudios folclóricos.[133]

En cuanto al excelente amigo que es Tomás Navarro Tomás, José Machado le escribirá agradecido en febrero de 1939: «Mucho le recordamos a usted en los últimos tiempos en que su grata presencia nos acompañaba. Aquellas reuniones inolvidables, de la que fue usted fundador, quedarán grabadas en nuestro corazón para siempre, como el mejor disco de toda su magnífica colección».[134]

El único médico que al parecer veía a Machado en Barcelona era José Puche Álvarez, ahora Director General de Sanidad, que le había conocido en Valencia y que tuvo con él, en los meses finales, múltiples detalles. «Sentía yo por él la gran admiración que todos los españoles tenían —recordará Puche en México un año después de terminada la guerra—. A esa admiración se debe quizá que me lo imaginara como un hombre poderoso, fuerte. Pronto me di cuenta de que tenía ante mí una máquina gastada... Fui prestando a don Antonio una asistencia más de amigo que de médico, teniendo él la comprensión de un paciente inteligente y yo ciertas tolerancias para el enfermo, llegando incluso a un acuerdo para que pudiese transgredir a veces mis disposiciones». Puche no podía olvidar el cariño mostrado por Machado a sus familiares, y su dignidad extraordinaria ante el sufrimiento propio. El médico había servido de enlace entre el poeta y algunos jóvenes que querían obtener «unas cuartillas, una dedicatoria o una consigna de aliento para el frente», y había ido creciendo entre ellos una relación de amistad casi fraternal. También recordaba Puche que la madre cuidaba a Machado «como a un niño de pocos años, con preferencia a sus otros hijos, porque era el *hijo enfermo*». Puche terminó su intervención en México con unas palabras que estremecieron seguramente al público reunido aquella tarde en la sede de la Junta de Cultura Española. El resumen del acto termina:

> Finalmente el doctor Puche refiere las tres últimas visitas que hizo en Barcelona, ya en los momentos angustiosos, en víspe-

ras de su caída. Eran visitas médicas a tres personalidades ilustres y representativas de la República. A la primera de estas personalidades a quien visitó la encontró desasosegada, impaciente, dando visibles muestras de querer salir pronto de la ciudad amenazada y aun de España. A la segunda de estas personalidades, la de más poderosa salud y resistencia física, la encontró como derribada de su habitual firmeza y confianza, aunque sobreponiéndose noblemente a su momentánea depresión. Don Antonio Machado era la tercera de estas personalidades. Y en él creí ver, por su calma, por su serenidad en aquellas horas dramáticas, dice el doctor Puche, la más auténtica expresión del alma española.[135]

Ante este testimonio de extraordinario valor por parte de un afamado médico que le conocía bien, ¿cómo dudar de la entereza de Machado en los últimos meses? Meses durante los cuales acaso una de sus mayores satisfacciones fue la iniciativa de la editorial Nuestro Pueblo («Talleres Gráficos de la Editorial Ramón Sopena. Empresa Colectivizada»), que se había empeñado en publicar un pequeño libro suyo en cuya cubierta se leía, con letras verdes, *La tierra de Alvargonzález y Canciones del alto Duero*. Iba destinado a los combatientes. El frontispicio llevaba un retrato a lápiz del poeta de José, que también ilustraba con seis dibujos el célebre romance machadiano de la estepa soriana. Llama la atención que el poeta hubiera escogido «A un olmo seco» para introducir la pequeña selección de poemas procedentes de *Canciones del alto Duero* («Canciones de tierras altas» y «Canción de mozas»). Ello hace pensar que en aquellos momentos trágicos en que todo se venía abajo tenía muy presente la memoria de Leonor.

* * *

Machado sigue trabajando imparablemente. El 29 de octubre publica en *La Vanguardia* una férvida despedida a las Brigadas Internacionales. Sin ellas, declara, «la hombría española» se queda ya sola frente a los traidores de casa y los invasores de fuera. «Amigos muy queridos, compañeros, hermanos —termina—: la España verdadera que es la España fiel al Gobierno de su República nunca podrá olvidaros: en su alma lleva escritos vuestros nombres: ella sabe bien que el haber merecido vuestro auxilio, vuestra ayuda generosa y desinteresada, es uno de los más altos timbres de gloria que puede ostentar».[136]

Aquel mismo 29 de octubre muere en Barcelona Blas Zambrano, y Machado prepara enseguida una nota necrológica para su «Mairena póstumo» de *Hora de España*. Del gran amigo de los días segovianos —los días primaverales de la joven República— recuerda, sobre todo, la sonrisa, en la cual había «algo perfectamente infantil», y el amor que inspiraba el maestro entre sus alumnos. Cuando lo había visto por última vez estaba acompañado de su hija María («que tanto y tan justamente admiramos todos»), algo envejecido, algo decaído físicamente, pero con un rostro que todavía se iluminaba «con aquella sonrisa de fondo, que yo interpretaba como expresión de una infantilidad deseosa y esperanzada de bien».

La nota necrológica no se conocería hasta décadas después de la guerra cuando, casi por milagro, se encontraran las pruebas de imprenta completas del último número de *Hora de España*, correspondiente a noviembre de 1938. Número que no se pudo publicar porque ya era demasiado tarde.[137]

Durante noviembre el poeta sigue arremetiendo contra el Gobierno conservador británico, que, «por salvar los intereses sin patria de la alta banca», está traicionando a su propio pueblo. Pero, con todo, el caso del Ejecutivo francés, como ya lleva tiempo diciendo, es mucho más desconsolador. Aunque sólo fuera por interés propio, la Francia del Frente Popular nunca debió inhibirse en el caso de la guerra española.[138]

Siete meses antes el Gobierno de la República había editado un documento, luego conocido como «Los 13 puntos del Dr. Negrín» o «Los 13 puntos de la Victoria», en el cual ofrecía condiciones para poner un digno fin a la guerra que destrozaba España, y que tenía visos de ser el prólogo de una conflagración mundial.[139] *La Vanguardia* invita ahora a trece personalidades a glosar punto por punto el documento. Machado acepta encargarse del número 12, que declaraba, retomando lo establecido en la Constitución de 1931:

El Estado español se reafirma en la doctrina constitucional de renuncia a la guerra como instrumento de política nacional. España, fiel a los pactos y tratados, apoyará la política simbolizada en la Sociedad de Naciones, que ha de presidir siempre sus normas. Ratifica y mantiene los derechos propios del Estado español y reclama como potencia mediterránea un puesto en el concierto de las naciones, dispuesta siempre a colaborar en el afianzamiento de la seguridad colectiva y de la defensa general del país. Para contribuir de una manera eficaz a esta política, España desarrollará e intensificará todas sus posibilidades de defensa.

La glosa de Machado demuestra que sigue fascinado con la aventura colonial española en América, que, a su juicio, era una empresa desinteresada. El hecho de que, en nombre del pueblo español, la República renuncia ahora, de manera explícita, a cualquier nueva pretensión bélica en el futuro le parece magnánimo, signo de que, en el fondo, España, como norma vital, acepta dar más de lo que recibe. Y dar más de lo que recibe, en el trance actual, es combatir, en su propio territorio, «la barbarie que amenaza anegar el mundo entero».[140]

La «quinta columna» de Barcelona, a la cual hay que suponer lectora de *La Vanguardia*, si no de *Hora de España*, no podía desconocer a estas alturas que Antonio Machado no sólo trabajaba incansablemente en defensa del Gobierno legítimo sino que nunca perdía la oportunidad de combatir el fascismo nacional y extranjero. Y si no lo sabía se daría plenamente cuenta de ello cuando, el 22 de noviembre, se transmitió por «La Voz de España» una alocución del poeta dirigida a todos los españoles (no consta si leída personalmente por Machado). En ella incidió una vez más sobre la traición cometida por los rebeldes al abrir las puertas de España a la ambición y la codicia imperialistas de Alemania e Italia y, al aludir al documento de Negrín, con su oferta de una paz digna, apeló al dictado de la conciencia del adversario y terminó: «Él os señalará el único camino para ser españoles». Se puede imaginar la reacción en el otro bando ante tales recomendaciones.[141]

Ya para fines de noviembre de 1938 la salud de Machado se va quebrando. «Don Antonio está flaco, macilento —apunta el periodista Lluís Capdevila—. Tiene el rostro descarnado, amarillento, anguloso. Está casi calvo, una pobre calva de maestro de escuela. Usa unas gafas que le comen la faz chupada, marchita. La boca, su boca de sensitivo, de hombre bueno, se quiebra en una pálida, en una tierna sonrisa. Ha enflaquecido mucho. ¡Qué cambiado está Antonio Machado! ¡Cómo ha envejecido!».[142]

Por estas fechas vuelve a visitarle Ilya Ehrenburg, que le lleva cigarrillos franceses y café. El ruso nota que ha decaído considerablemente desde su última entrevista del verano anterior: «Machado tenía mal aspecto: iba encorvado y se afeitaba raramente, lo que le hacía parecer todavía más viejo. Tenía 63 años; caminaba pesadamente. Sólo sus ojos estaban llenos de vida, brillantes». El poeta recita unos versos de Jorge Manrique. Piensa obsesivamente en la muerte. En cuanto al resto, Ehrenburg ya lo sabe: a Machado le dejan indiferente los bombardeos y las incomodidades. A lo largo de la guerra nada le ha podido impedir seguir escribiendo «continuos artículos para la prensa del frente». Ha sido su manera de luchar al lado del pueblo. Se había dado cuenta de ello el ruso en septiembre al visitar a Manuel Tagüeña durante la operación del Ebro y oírle recitar a sus hombres un texto de Machado. La voz del comandante había temblado con emoción al leer «la España del Cid, la España de 1808, reconoce en vosotros a sus hijos...».

«Quizá, después de todo, nunca aprendimos a hacer la guerra —le dice Machado al ruso cuando se van despidiendo—. Además, carecíamos de armamento. Pero no hay que juzgar a los españoles demasiado duramente. Esto es el final: cualquier día caerá Barcelona. Para los estrategas, para los políticos, para los historiadores, todo estará claro: hemos perdido la guerra. Pero humanamente, no estoy tan seguro... Quizá la hemos ganado».

Machado acompaña al poeta hasta la verja de Torre Castañer. «Me volví —escribe Ehrenburg— y miré a este hombre triste, encorvado, tan viejo como España, este tierno poeta. Y vi sus ojos, tan profundos, que nunca respondían, que, al contrario, siempre preguntaban algo, sabe Dios el qué... Lo vi por última vez. Aullaba una sirena. El bombardeo comenzaba de nuevo».[143]

La ofensiva de los nacionales contra Cataluña se inicia unos días después, el 23 de diciembre. La única pregunta, cuando la familia procura celebrar la Nochevieja de 1938, entristecida aún más por la ausencia de las tres niñas, es cuándo llegará el enemigo.

Collioure (1939)

Enrique Líster le ha mandado a Machado una carta y un «espléndido regalo» de Año Nuevo —¿tabaco?— que el poeta se apresura a agradecer el 1 de enero, diciendo que las palabras de su joven y valiente amigo, así como el aprecio de sus hombres, le han llenado de «optimismo y esperanza».[1]

Si fue así, tal estado de ánimo le duraría muy poco.

El 6 de enero publica en *La Vanguardia* el que será su último artículo. Es la misma prosa tersa, bien trabada, de toda la serie, la misma indignación que le suscita «la política filofascista de Inglaterra y Francia» y, sobre todo, Chamberlain. Los dos países, en su ceguera, están amparando las aspiraciones fascistas en el Mediterráneo. Lo van a pagar caro. El tiempo ganado con su pretendido *apaciguamiento* de Hitler no les va a servir de nada. Al abandonar a la República están facilitando su propia destrucción en «la inevitable contienda futura».[2]

El 15 de enero de 1939 el general Yagüe toma Tarragona, y unos días después empiezan a hacerse más intensos los bombardeos de Barcelona. Una nota fechada 23 de enero del semanario *Voz de Madrid*, editado en París, computa que la aviación italo-alemana ha visitado la capital catalana veintiocho veces en las últimas cincuenta horas y ocasionado numerosas muertes entre la población civil.[3]

Nadie duda que la caída de la ciudad es inminente. Y se presiente, con razón, que las represalias serán brutales. El pánico se propaga con la rapidez de un incendio forestal empujado por fuerte viento. La gente sólo piensa en escaparse como sea, en huir.

Así las cosas Machado recibe un aviso urgente de las autoridades republicanas: deben estar preparados para salir en dirección a Francia en cualquier minuto.[4]

El domingo 22 de enero, según José Machado, su hermano redacta un artículo que le han encargado sobre su admirado general Vicente Rojo. Al constatar que no viene nadie a recogerlo a la hora convenida, lo cual es inhabitual, el poeta llama por teléfono. Por fin hace acto de presencia un motorista. El artículo, si llegó a publicarse en algún sitio, se desconoce.[5]

Aquella medianoche llega a Torre Castañer un coche oficial enviado por el doctor Puche. Se ha dicho, no sabemos con qué fundamento, que el poeta se puso su mejor traje para salir camino del exilio, «uno azul marino, limpio y bien planchado».[6]

Antonio, su madre, José y Matea suben con unos pocos efectos personales al vehículo, que los lleva a la Dirección General de Sanidad. Allí, después de una angustiada espera y acompañados por Puche, vuelven a ocupar el mismo coche, con el cual ya se ha juntado una ambulanca repleta de intelectuales y profesionales que va a salir en dirección a Girona.[7]

El filósofo Joaquín Xirau, que ha hecho gestiones a favor de Machado y los suyos, sube con su mujer Pilar al automóvil del doctor Puche, y, hacia las tres de la madrugada, la caravana se pone en marcha.[8] Cuando gana las afueras de la ciudad empiezan a sonar las alarmas y taladran el cielo los brillantes rayos de los reflectores. Se oyen las explosiones de las bombas.[9]

A partir de este momento casi todo es confuso. Al parecer nadie del grupo, o de los que se agregaron a él después, apuntó fechas, horas, incidencias, o, si lo hizo, los papeles no han sobrevivido. Además, ¿quién lleva un diario en tales circunstancias?

¿Tenían los Machado alguna noticia de Joaquín y su mujer? ¿Sabían que Francisco y su familia ya habían salido para La Junquera en un coche particular, o que lo harían en cualquier momento? Son preguntas que no podemos contestar.[10]

La caravana enfila la carretera del litoral (hoy la N-II) y, después de atravesar los pueblos costeros de Masnou, Premià de Mar, Vilassar de Mar, Mataró, Arenys de Mar y Canet de Mar, gira, al alcanzar Malgrat de Mar, hacia el interior, cruzando entre espesos bosques mediterráneos. Cuando amanece el 23 de enero los evadidos llegan, tras numerosas demoras, a Girona. Encuentran la ciudad atestada de toda clase de vehículos abarrotados de gente que huye hacia Francia. «Camiones enormes cargados de cajas, sillones, ruedas y hélices, ficheros, máquinas de escribir... obstruían el paso. A pesar de la aglomeración el silencio era imponente. Estuvimos allí varias horas detenidos. No era posible pasar. Era un ambiente de cansancio y miedo»: así, en marzo de 1939, recordará la escena Joaquín Xirau.[11]

Finalmente los coches consiguen arribar, por caminos comarcales, a la pequeña localidad de Cervià del Ter, a unos diez kilómetros de Girona. Allí el alcalde recibe con generosidad a los refugiados y les ofrece una comida caliente. Luego los conduce a una espaciosa masía ubicada en el cercano pueblo de Raset, elegida por las autoridades para su descanso antes de dar el asalto final a la frontera.[12]

Se trata de Can Santamaria, propiedad de un señor apellidado Casamor.[13] En ella, frente a un campo verde y feraz, con montañas en la lontananza, pasarán cuatro días. Años después la administradora de la finca, Llúcia Teixidó, recordará que Machado se encontraba muy mal cuando llegó, y que le dio un «licor casero» para ver si se recuperaba algo. Según la misma persona el poeta le pidió encarecidamente que le guardara el maletín que llevaba consigo. Ella se negó, argumentando que era una responsabilidad que no podía asumir. Parece ser que contenía manuscritos y otros papeles. Entre ellos, quizás, las cartas de la musa.[14]

Llegan a la masía, a lo largo de los siguientes días, otros refugiados procedentes de Barcelona. Entre ellos el escritor Corpus Barga, el poeta Carles Riba (acompañado de su mujer, Clementina Arderiú), Tomás Navarro Tomás —que había amenizado con su presencia tantas tardes de Villa Amparo y luego de Torre Castañer—, el naturalista Enrique Rioja, el neurólogo José Sacristán, el profesor Juan Roura, el psiquiatra Emilio Mira López, Josep Pous i Pagés —presidente del Institut Català de Literatura—, el doctor Joaquim Trias i Pujol, el astrónomo Pedro Carrasco y el geólogo José Royo Gómez.[15]

«Eran unos días magníficos —referirá Joaquín Xirau un año después en México—. Con la paz del campo parecía imposible que hubiera guerra. Allí se reanudaron las tertulias y se hicieron incluso proyectos para la reorganización de la labor intelectual. Don Antonio pasaba las horas al pie de la ventana contemplando el campo de Cataluña. Deseaba vivamente verlo para cantarlo. No le había sido posible visitarlo antes por la carencia de vehículos. Esa contemplación del campo era su mayor placer, lo miraba, lo acariciaba con la mirada».[16]

Algo de fantasía contienen quizás estas «memorias» del filósofo, si es que se recogieron con exactitud. ¿Cómo iban a pensar aquellos hombres, reunidos allí al azar, en «la reorganización de la labor intelectual»? ¿Reorganización dónde? ¿No sospechaban lo que iba a ocurrir con Franco en el poder? ¿Creían que sería posible volver pronto a sus puestos? ¿Qué ilusiones mantener al respecto, conociendo la mentalidad del bando opuesto?

Hay una fotografía, casi milagrosamente conservada, de una de las mañanas pasadas en el patio de la masía (ilustración 53). Fue tomada por José Royo Gómez. En ella aparecen cinco personas, sus caras iluminadas por la débil luz de enero. Machado está sentado y mira el suelo, con su bastón en la mano derecha. Parece un viejo, no un hombre de 64 años. A su izquierda, de pie, está su hermano José, cuatro años más joven y mucho mejor conservado. Al otro lado de la fotografía, sentados al parecer en un poyete, miran con intensidad la cámara, de izquierda a derecha, como deseando que la instantánea quede para la historia —como de hecho será el caso—, José Sacristán, Enrique Rioja y Juan Roura. Más de treinta años después, con la fotografía delante, Rioja recordaba:

> Poco antes de llegar a Cervià se nos sumó un coche en el que venían Machado con su madre, su hermano y otros familiares [sic]. Juntos proseguimos al pueblo en el que permaneceríamos hasta el día 28 [sic] al anochecer, alojados en una masía. Estos días transcurrieron en torno al lugar fotografiado, en medio de tribulaciones y negros pensamientos, fáciles de imaginar. Don Antonio, todavía, de vez en vez, hacía gala de un humorismo que dejaba traslucir su estoicismo y la serenidad plena de su espíritu. La mayoría de nosotros estábamos despedazados. Era sin duda el que más dominio tenía sobre sí.[17]

El jueves 26 llega la noticia de la caída de Barcelona, abandonada a su suerte por el Gobierno y los milicianos republicanos. Hay que desalojar Can Santamaria ante los rumores de un posible bombardeo. A estos efectos, ya de noche, se presentan una camioneta para recoger los equipajes, y luego unas ambulancias enviadas por Sanidad Militar. Los refugiados deben ir andando a tropezones en la oscuridad hasta la carretera, pues los vehículos no pueden alcanzar la masía.[18]

Como se ha dado la orden de evacuar a Girona, todos los caminos comarcales están ya atiborrados de gente que huye en dirección a la frontera. Por ello la caravana tarda mucho en llegar a su próximo destino, el Mas Faixat, situado unos pocos kilómetros más allá sobre una colina boscosa entre Orriols y Viladasens (ilustración 54).[19]

José Machado evoca con patetismo la que va a ser la última noche del grupo en España: la gran cocina de la masía, la chimenea de leña, la «constante inquietud» que no permite descansar a nadie, y menos dormir. «La guerra —escribe— nos había matado el sueño a todos»:

El Poeta, en esta noche de horrible pesadilla, parecía una verdadera alma en pena entre aquella desasosegada multitud. Miraba en silencio aquellos diversos corrillos que se habían formado aquí y allí... El alba nos iba a encontrar a todos mucho más viejos que cuando llegamos... En aquella noche demoníaca entraban y salían milicianos con sus mantas y fusiles, cargados además con grandes ramas para revivir el fuego, ya casi extinguido. El frío del amanecer se sentía hasta la médula de los huesos... El Poeta entumecido y agobiado guardaba el más profundo silencio viéndose rodeado de todas estas gentes que como en una última oleada de un baile infernal y en un postrer espasmo de movimiento, recogían sus pobres bagajes de maletas, sacos y bultos de las más extrañas formas, para seguir el triste camino del destierro.[20]

La caída de Barcelona ha causado en todos una profunda depresión. Según comentó después Tomás Navarro Tomás a Federico de Onís, Machado le confesó durante estas terribles horas: «Yo no debía salir de España. Sería mejor que me quedara a morir en una cuneta». Tal vez lo dijo pensando en cómo habían acabado tantos adversarios de la España fascista, entre ellos su tan admirado Federico García Lorca.[21]

De Navarro Tomás tenemos otro recuerdo casi tan emocionante. Antes de la guerra el fonólogo había querido registrar la voz de Machado para el Archivo de la Palabra, cuya abultada parafernalia estaba instalada en el madrileño Centro de Estudios Históricos (justo detrás del hotel Palace, en la calle de Medinaceli). Pero el poeta siempre aducía una excusa. Un día, desesperado, Navarro Tomás le había hecho escuchar la voz de Valle-Inclán, grabada poco antes de su muerte. Se sorprendió sobremanera al ver que Antonio lloraba. «Cuando usted quiera, registramos», dijo el poeta.

Pero ya era demasiado tarde. A las pocas semanas se produjo la sublevación de los generales rebeldes.[22]

Durante la larga noche pasada en Mas Faixat, recordará Enrique Rioja, catalanes y castellanos «comulgaban en el mismo y común dolor. Allí, en un viejo diván, don Antonio conversaba, pausado y sereno, con Navarro Tomás, Corpus Barga y otros. En algún otro lugar Carles Riba hablaba, en un ambiente de tristeza, con un grupo de escritores. La luz mortecina, la desesperanza mucha y la fatiga que se apoderaba de nosotros [...] creaban un ambiente que imagino es el de todas las retiradas ante el acoso de los vencedores que avanzan».[23]

Carles Ribas, acaso instado por Machado, había improvisado unos versos cuando llegaron a la masía:

> Tristes banderes
> del crepuscle! Contra elles
> sóc porpra viva.
> Seré un cor dins la fosca;
> porpra de nou amb l'alba.*

Debajo añadió en castellano: «Con admiración y afecto, en la común esperanza que aún nos alienta. A Don Antonio Machado, de su fiel amigo Carles Riba».[24]

La versión más pormenorizada que tenemos de lo ocurrido durante las siguientes horas se la debemos a Joaquín Xirau quien, como nativo de Figueres, tenía un excelente conocimiento de l'Empordà. Según Xirau la orden de partir se dio hacia la madrugada del 27 de enero: «Se organizó una caravana de tres ambulancias. Nos dirigimos a la carretera general. Nos detuvimos en el pueblo de Bàscara para recoger a unos ancianos familiares. La casa solariega en que habitaban se hallaba abandonada ya. En el puente del río Fluvià se detuvieron las ambulancias. No era posible seguir. La carretera estaba literalmente obturada. En la oscuridad de la noche fue preciso realizar una difícil maniobra de retroceso».[25]

La caravana tuerce por caminos secundarios y, volviendo atrás, llega a Torroella de Montgrí en busca de aceite. No hay. Siguen

---

* «¡Tristes banderas/del crepúsculo! Contra ellas/soy púrpura viva./Seré un corazón dentro de la oscuridad;/púrpura de nuevo con el alba».

hasta L'Escala, donde los carabineros se niegan a suministrarlo sin orden de Figueres. De repente aparece la aviación enemiga. «La mayoría buscó refugio entre las quiebras de las rocas —continúa Xirau—. Machado y su madre y algunas personas más se quedaron en la ambulancia». Pasado el peligro inmediato se ponen otra vez en marcha. Es ya la llanura de l'Empordà: Armentera, Sant Pere Pescador, Castelló d'Empúries... y, muy cerca, Figueres.[26]

La ciudad —donde el 1 de febrero se celebrarán las últimas Cortes de la República— ha sido brutalmente bombardeada desde el aire.[27] Según la versión de Xirau la caravana no entró en ella, pero entre los familiares de Machado se cree que sí, y que fue allí donde tuvo lugar un inesperado encuentro con Joaquín, que andaba por la calle con un paquete en la mano. Había llegado a Figueres con su mujer en otro vehículo que muy pronto saldría hacia la frontera.[28]

Se ha tomado la decisión de llegar a Francia por el litoral, por Port Bou, no por La Junquera. Mientras la caravana cruza la llanura de l'Empordà en dirección a la sierra costera, ¿recuerda alguien que ésta es la tierra natal de Salvador Dalí, tantas veces reflejada en sus cuadros, tierra barrida por una tramuntana que enloquece? Machado ha tenido en algún momento palabras duras para el surrealismo, pero quizás se le ocurre reflexionar que la situación española a lo largo de los últimos tres años, y más ahora cuando se va terminando todo, recuerda a más de un lienzo alucinante, y acaso premonitorio, del pintor catalán.

Joaquín Xirau refiere que, para llegar al mar, la caravana subió por la escarpada carretera de Cadaqués y torció, en Perefita, hacia la izquierda para bajar a Port de la Selva. Tal ruta parece inverosímil aunque, por razones que desconocemos, pudiera ser que la escogiesen. «Al pasar por Llançà —sigue Xirau— las campanas tocaban alarma. Las mujeres y los niños buscaban refugio en las cavernas y en las torrenteras. Había en la carretera grupos de soldados armados. Aparecieron los aviones. Un pequeño grupo de soldados detuvo las ambulancias. Pretendían subir para pasar la frontera. Les mostramos el interior atestado y les explicamos la calidad de las personas que iban en ellas. Saludaron respetuosamente y nos abrieron paso».[29]

La frontera está ya a sólo veinticinco kilómetros, pero van a ser un calvario. El tiempo ha empeorado, empieza a rugir el viento y cae una lluvia helada. A cada momento la carretera se hace más intransitable por la multitud de vehículos y de gente a pie. «Por los caminos se arrastraban millares de hombres, mujeres y niños con sus ajuares y sus animales domésticos, venidos de todas partes, algunos de lejos, en toda clase de automóviles o en carros, hasta en cañones tirados por tractores», referirá Corpus Barga.[30]

Se trata de una auténtica estampida hacia la frontera, con la amenaza constante de la aviación enemiga... y el temor de que llegue un bombardeo desde el mar. Cada vez que se aprecia el zumbido de los aparatos la caravana se para y la gente se tira a las cunetas. Al poeta, que por lo visto baja siempre el último en estas ocasiones, se le oye decir en una de ellas, en palabras de José, «que era muy natural tener miedo, pero que aunque no fuese más que por decoro, no había para qué dar este espectáculo y que..., por lo demás, si le cayera una bomba, como ésta llevaba en sí misma la solución definitiva del problema vital, no había para qué apresurarse tanto».[31]

¿Hasta dónde llega el vehículo que lleva a los Machado y sus compañeros de infortunio, antes de no poder seguir ya? Las versiones discrepan en sus pormenores, como apenas podía ser de otra manera. «Cerca de la frontera —sigue refiriendo Joaquín Xirau— los chóferes de las ambulancias que nos conducían nos dejaron en medio de la carretera, sin maletas ni dinero, al entrar la noche en un alto acantilado cerca del mar en medio de la muchedumbre que se apretujaba. El frío era intenso. Llovía abundantemente. Cuarenta personas. Mujeres. Niños. La madre de don Antonio, de ochenta y ocho años [sic], con el pelo calado de agua, era una belleza trágica».[32]

Parece que aquel «abandono» se produjo, después de atravesar Port Bou, a la mitad de la empinadísima loma que culmina en el alto de Els Balitres (Los Límites), o sea a unos quinientos metros de la frontera, donde la aglomeración de seres humanos y vehículos parados hizo imposible que la ambulancia continuara más adelante. Los Machado y sus acompañantes no tuvieron más remedio, según José, que dejar en el vehículo sus mínimos equipajes, entre ellos el pequeño maletín que el poeta había querido confiar a la «masovera» de Raset. Tenían la esperanza de volver a por ellos después, lo cual resultó imposible. Allí se perdieron para siempre los papeles que, presumiblemente, más valoraba el poeta. Arreciaba la lluvia y, rodeados de una inmensa multitud desesperada, que les empujaba en la creciente oscuridad, Machado y los suyos estaban empapados hasta los huesos.[33]

COLLIOURE (1939)

La subida por aquella pendiente fue atroz.

Y la frontera, donde se agolpaban miles de personas sin documentación, y se comportaban con dureza los guardias senegaleses, un caos. «Era hacia la caída de la tarde —recordaba Matea Monedero— y la llovizna hacía que a aquellos enormes soldados negros que estaban allí quietos, con su fusil, les brillase la cara. Daban miedo».[34] José y Matea tienen que pasar un control sanitario, pero, gracias a las gestiones previas en España, a Antonio y a la madre no se les ponen pegas.[35] Además, Corpus Barga —que tiene los papeles en orden y habla bien el idioma— explica que Machado es un escritor muy conocido, algo así como un Paul Valéry español, y los visados se sellan sin más problemas. «En la casa de los gendarmes nos dieron a todos un pedazo de queso y una gran rebanada de pan blanco y esponjoso —sigue relatando Joaquín Xirau—. Nunca habíamos hallado nada tan sabroso como aquel pedazo de pan que nos ofrecía la hospitalidad francesa».[36] Incluso parece que el inspector facilitó un coche celular para llevar a Machado y a su madre a la estación de Cerbère, cuatro kilómetros más abajo, mientras se solucionaba el caso de José y Matea.[37]

* * *

Ya quedaba atrás la guerra. Había empezado la pesadilla del exilio. El poeta y su madre se refugian en la cantina de la estación, donde reciben un trato muy descortés por parte de los camareros, que se niegan a aceptar dinero español. Al poco tiempo se juntan con ellos José y su mujer. La situación es espantosa en los andenes, controlados por gendarmes que acosan a los refugiados y «forman levas para los campos de concentración, separando a hijos de padres, y a las mujeres de los maridos». «Fue un verdadero milagro —sigue José— que escapásemos de las garras de estos esbirros». Un «buen amigo, ilustre catedrático» —José no dice quién, pero se trata sin duda de Xirau— consigue que el jefe de estación les permita pasar la noche en un vagón de ferrocarril situado en vía muerta. Hace un frío intenso.[38] «El ruido de la lluvia que continuaba cayendo en abundancia nos hizo apreciar todo el valor de aquel refugio mínimo», añade por su parte Xirau, que no podía olvidar la penosa situación de Ana Ruiz en aquellos momentos. «A las seis de la mañana el tren había de partir con los refugiados para repartirlos por los campos de concentración —sigue su imprescindible relato—.

Machado y los que le acompañábamos hubimos de instalarnos en la sala del restaurante de la estación. Machado sufría intensamente por su madre que, medio atontada, no cesaba de decirnos: "Hemos de ir a saludar a estos señores tan amables que han tenido la bondad de invitarnos". Con esta idea se escapaba a cada momento del restaurant. Una vez se escapó y se perdió por los andenes en medio de la multitud. Conseguimos hallarla y calmar la exasperación de don Antonio. Éste la riñó con dulzura y ya no se movió más de su lado».[39]

Es la mañana del 28 de enero de 1939. Corpus Barga, que multiplica sus atenciones para con los Machado, se traslada con Tomás Navarro Tomás a Perpiñán, donde hacen unas gestiones que resultan eficaces. Por la tarde vuelven a Cerbère con dinero y una carta en la cual Julio Álvarez del Vayo, el ministro de Estado de la República, comunica al poeta que la Embajada española en París toma a su cargo los gastos suyos y de su familia.[40]

Xirau da una versión algo diferente: «A mediodía el ministro José Giralt [sic] vino casualmente al restaurant para comer. Fui a saludarlo y le expliqué la situación de don Antonio. Nos dio 300 francos. Con esto y algún dinero que me mandaron telegráficamente unos amigos de la Sorbona pudimos comer y emprender el viaje».[41]

Aconsejados por Corpus Barga, los Machado acceden a parar por el momento en el cercano y pintoresco pueblo pesquero de Collioure —réplica francesa de Cadaqués—, muy frecuentado en verano por artistas y bohemios desde que Henri Matisse y Alain Derain lo descubrieran a principios de siglo y pintaran allí los cuadros, llenos de color y fantasía, luego bautizados por algún crítico descarriado como «fauvistes».

Hasta Collioure se trasladan aquella tarde en tren, un trayecto de media hora. En la estación preguntan a un joven empleado de ferrocarriles, de nombre Jacques Baills, si conoce un hotel económico en el pueblo. Les recomienda el Bougnol-Quintana, donde él mismo vive, situado unos trescientos metros más abajo al otro lado de la Placette, de la cual lo separa la rambla del río Douy, normalmente seco, pero en aquellos momentos, después de unas recientes lluvias, invadeable.[42]

La avenida de la estación está en obras. No hay, pues, taxis y habrá que ir a la placeta andando. Además, está lloviendo y hace frío. Corpus Barga coge en brazos a Ana Ruiz, que no pesa más que una niña, y mientras avanzan calle abajo la anciana le susurra al oído: «¿Llegamos pronto a Sevilla?». ¡A Sevilla! El escritor no sabe si es una broma o si la pobre «había vuelto en su imaginación a su juventud, cuando era una madre feliz en la capital de Andalucía».[43]

En la placeta hay una tienda, Bonneterie-Mercerie, cuya dueña está en la puerta cuando ve aproximarse al pequeño grupo de españoles. Le preguntan si les permitiría descansar en su establecimiento un momento. Juliette Figuères —que así se llama— se da cuenta enseguida de que son refugiados. Y de que llegan extenuados:

> Les dije que sí y les hice sentarse, les di café con leche para reanimarlos un poco. La mamá estaba muy cansada, no podía decir nada de lo seca que tenía la boca, y como le digo, la llevaban, pues no podía andar. Ese señor [Corpus Barga], que hablaba bien el francés, preguntó si no había un taxi y si había un hotel. Le dije: «El hotel, lo tiene usted en frente», pero como el río llevaba agua, no se podía pasar por el vado y era preciso dar la vuelta por el cementerio. Mi marido le dijo: «Vaya a ver si el dueño del garaje puede venir a buscarles». Ese señor se fue y nosotros charlamos un rato, porque Antonio hablaba muy bien francés. Hablamos en francés y los demás no decían casi nada. En fin, yo conozco el español y pude charlar un poco con la mujer de José. Cuando llegó el taxi, se subieron en él y me dieron las gracias. Se quedaron en casa media hora larga y después se fueron al hotel Quintana.[44]

Pauline Quintana, dueña del hotel Bougnol-Quintana («La plus ancienne réputation», aseguraba el rótulo colgado fuera), es una persona afable que simpatiza con la República española y está dispuesta a hacer todo lo que pueda para ayudar a los refugiados que lleguen a su casa. De hecho, ya se están hospedando en ella varios. Pone a disposición de los Machado dos habitaciones en la primera planta: una para Antonio y su madre, otra para José y Matea.

Los cuatro han venido a Collioure, como dirá después Matea, «con lo puesto» y nada más. Y sin apenas dinero. Antonio está enfermo, la madre exhausta. Pero, con todo, se han liberado del horror de los cercanos y vergonzantes campos de refugiados, en realidad campos de concentración —Saint Cyprien y Argelès-sur-Mer— donde se van hacinando en estos momentos, en condiciones infrahumanas, miles de sus compatriotas menos afortunados.

* * *

Jacques Baills, el ferroviario, suele ayudar a Pauline Quintana con la contabilidad del hotel, y tiene con ella una relación amistosa. Cuando llega aquella noche pregunta si están allí los españoles con quienes había hablado en la estación. Le dice que sí y que se han acostado sin cenar. Lo cual no era nada extraño después de su larga y terrible odisea. Años después, hablando con el hispanista francés Jacques Issorel, Baills refería su primera conversación con el poeta:

> Al cabo de dos o tres días, y teniendo por costumbre el llevar las cuentas de Madame Quintana (me encargaba de apuntar en el registro del hotel el nombre de todos los clientes que habían llegado la víspera o la antevíspera), vi, al ir apuntando los nombres, el de Antonio Machado, que se había presentado como profesor. Esto me hizo reflexionar, e inmediatamente me acordé de que hacía tiempo, cuando iba a clase nocturna, había aprendido poesías de Antonio Machado.
>
> Así pues me atreví a ir a preguntarle si el profesor que estaba en el hotel era Antonio Machado, el poeta que conocía. Y entonces sin darle importancia ni nada, sin ni siquiera sonreír, me dijo: «Sí, soy yo.» Así que empezamos a hablar, él me preguntó cómo conocía el español, si era de origen español, y yo le dije: «No, sólo que, como todos los franceses que viven en la frontera, es natural que aprendamos un segundo idioma que es el español». Y le pedí permiso para poderle hablar precisamente en dicho idioma, lo que aceptó encantado, diciéndome: «Pero yo le contestaré sin duda en francés». Ya ve usted la sensibilidad que tenía. Y a partir de entonces al final de cada comida iba a verles, me sentaba con ellos y charlábamos un ratito. Que hayamos mantenido conversaciones de tipo político, eso nunca. Hablábamos de cosas triviales, porque yo sentía que me estaba tratando con alguien que se situaba muy por encima de mis posibilidades, y que enseguida me vería dificultado para contestarle.[45]

A Machado le debió de emocionar tener entre sus manos el cuaderno, fechado en 1934, en el cual Baills había copiado, durante sus clases nocturnas de español, algunas poesías suyas que le gustaban especialmente. Eran todas de la primera época: «Recuerdo infantil», «Yo voy soñando/caminos de la tarde...» y «Abril florecía/frente a mi ventana...». Para el poeta, tan necesitado de lecturas en español, Baills actúa ahora como ángel custodio al prestarle dos libros de Pío Baroja: *El mayorazgo de Labraz* y *El amor, el dandismo y la intriga*. También una traducción de *Los vagabundos*, de Máximo Gorki, y un librito sobre la vida, obra y muerte de Vicente Blasco Ibáñez. «¿Era una premonición? —se preguntaba Baills—. No lo sé. Lo cierto es que leyó este libro como los demás y me lo devolvió. Y ahora casi diría que lamento habérselo prestado porque quizás le hiciera pensar en un fin próximo».[46]

Gracias a Baills sabemos que Machado consume ávidamente todos los periódicos que puede conseguir, y que escucha la radio —hay que presumir que tanto la española como la francesa— en el saloncito que hay al lado de la cocina del hotel. Tiene la acuciante necesidad de saber qué pasa en España. Y lo que pasa, entre otras cosas, es que acaban de cruzar la frontera, el 6 de febrero, el presidente de la República, Manuel Azaña, y el de las Cortes, Diego Martínez Barrio. Todo se desmorona. En realidad, sólo queda Madrid.[47]

Según Baills el poeta no estaba muy a gusto en el comedor a la hora del almuerzo o de la cena, cuando solía llenarse de ruidosos militares españoles refugiados en el pueblo. «Sé que entre ellos estaba el comandante Orgaz, quien, si bien recuerdo, formaba parte de la Brigada Líster, que había acabado en Collioure, y cuyos caballos estaban acampados arriba, en el Miradou. Todos contaban gritando hazañas o hechos, mientras que Machado no pensaba más que en una cosa: en la pérdida que la derrota suponía para la libertad de España, y en haberse visto obligado a abandonar cuanto había abandonado». Por ello, la familia prefería comer en un rincón apartado, casi invisible.[48]

Desde la terraza de la primera planta hay una pintoresca vista del cauce del Douy, flanqueada en su ribera izquierda con plátanos. Al fondo se atisba el puerto, tan caro a Matisse y Derain, con su característico campanario de la iglesia de Nuestra Señora de los Ángeles. Tal vez fue un mínimo consuelo para el poeta poder vislumbrar el mar desde este mirador. En la última fotografía suya en vida que conocemos, tomada aquí, tiene un aspecto de profundo cansancio mientras, al parecer, se lía un cigarrillo (ilustración 58).

Machado visita un par de veces la tienda de Juliette Figuères, al otro lado de la placeta (donde los mayores juegan a la petanca y hay todos los miércoles un animado mercado). Allí comenta con ella y su marido la situación española. Les cuenta que perdió durante la travesía los libros que llevaba consigo, y que padece asma. Lo que le preocupa sobre todo son las tres hijas de José y Matea, de quienes no saben nada. «Un día —recordaba Mme. Figuères— José me dijo: "No tenemos noticias de las niñas porque no tenemos dinero para escribirles". Entonces mi marido exclamó: "¿Por qué no nos lo dijeron antes?". Y les dimos dinero para comprar sellos y escribieron. Después tuvieron noticias».[49]

Contrariamente a lo que se pudiera creer, Machado no está del todo abatido en estos momentos. Lo demuestra una carta suya a José Bergamín, fechada 9 de febrero de 1939, en contestación a una de éste mandada al parecer desde París (y por desgracia desconocida). En ella el polémico escritor republicano se había interesado por su situación y le había trasladado una propuesta de alojamiento. La carta de Machado da a entender que tiene todavía la esperanza puesta sobre todo en Rusia:

Muy querido y admirado amigo:

Después de un éxodo lamentable, pasé la frontera con mi madre, mi hermano José y su esposa, en condiciones *impeorables* (ni un solo céntimo francés) y hoy me encuentro en *Collioure*, Hôtel Bougnol-Quintana y gracias a un pequeño auxilio oficial con recursos suficientes para acabar el mes corriente. Mi problema más inmediato es el de poder resistir en Francia hasta encontrar recursos para vivir en ella de mi trabajo literario o trasladarme a la U.R.S.S. donde encontraría amplia y favorable acogida.

Con toda el alma agradezco los generosos ofrecimientos de esa Asociación de Escritores, muy especialmente los de M. Jean-Richard Bloch y el Prof. Cohen*, pero temo no so-

---

* El autor francés Jean-Richard Bloch era uno de los dirigentes de la Asociación Internacional de Escritores. Desconocemos la identidad del profesor Cohen.

lamente quedarme muy aislado como Vd indica, sino además no disponer de medios pecuniarios para mantenerme con mi familia en esas casas y para trasladarme a ellas. Así pues, el problema queda reducido a la necesidad de un apoyo pecuniario a partir del mes que viene, bien para continuar aquí en las condiciones actuales, bien para trasladarme a alguna localidad no lejana donde poder vivir en un pisito amueblado en las condiciones más modestas.

Vea Vd. cuál es mi situación de hecho y cuál puede ser el apoyo necesario.

Con toda el alma le agradezco sus cariñosas palabras: nada tiene Vd. que agradecerme por las mías; son expresión muy sincera, aunque todavía insuficiente de mi admiración por su obra.

Si en estos días cambiásemos de residencia ya se lo haría saber telegráficamente.

Mientras tanto mi residencia es siempre la misma.

Le envía un fuerte abrazo su siempre suyo

Antonio Machado

P.D. Muy afectuosos saludos de mi familia. De Carlos Riba no tengo noticia alguna de que esté en este pueblo.[50]

Machado, caminante de toda la vida, logra dar unos pequeños paseos por Collioure, apoyado en su bastón. Los observa desde su tienda Juliette Figuères. También el simpático Jacques Baills.[51] ¿Pasó el poeta a veces delante del pequeño y recoleto camposanto del pueblo, ubicado justo detrás del hotel? ¿Entró a verlo? No lo sabemos. Por otro lado, ¿cómo resistir la tentación de acercarse al mar, a sólo trescientos metros de la puerta del hotel, y contemplar las barcas de pesca, con sus velas latinas, en la playa? «En sus últimos días —escribió José a Tomás Navarro Tomás poco después—, dos veces salió a ver conmigo el mar que tanto anhelaba. La última, sentados en una barca de la playa, me dijo: ¡Quién pudiera quedarse aquí en la casita de algún pescador y ver desde una ventana el mar, ya sin más preocupaciones que trabajar en el arte!».[52]

Después José ampliará este episodio (equivocándose, casi seguramente, al decir ahora que el poeta sólo salió una vez del hotel):

No podía sobrevivir a la pérdida de España. Tampoco sobreponerse a la angustia del destierro. Éste fue el estado de su espíritu en el tiempo que aún vivió en Collioure.

Unos días antes de su muerte y en su amor infinito a la naturaleza, me dijo ante el espejo, mientras trataba en vano de arreglar sus desordenados cabellos: «Vamos a ver el mar».

Ésta fue su primera y última salida. Nos encaminamos a la playa. Allí nos sentamos en una de las barcas que reposaban sobre la arena.

El sol del mediodía nos daba casi calor. Era en ese momento único en que se diría que el cuerpo entierra su sombra bajo los pies.

Hacía mucho viento, pero él se quitó el sombrero que sujetó con una mano en la rodilla, mientras que la otra mano reposaba, en una actitud suya, sobre la cayada de su bastón. Así permaneció absorto, silencioso, ante el constante ir y venir de las olas que, incansables, se agitaban como bajo una maldición que no las dejara nunca reposar. Al cabo de un largo rato de contemplación me dijo señalando a una de las humildes casitas de los pescadores: «Quién pudiera vivir ahí tras una de esas ventanas, libre ya de toda preocupación». Después se levantó con gran esfuerzo y andando trabajosamente sobre la movediza arena, en la que se hundían casi por completo los pies, emprendimos el regreso en el más profundo silencio.[53]

Si Madame Quintana se desvivía porque a los Machado no les faltase nada en la comida, no le iba Juliette Figuères a la zaga con respecto a la ropa. También le regalaba al poeta el tabaco que tanto necesitaba. Así se lo contó años después a Jacques Issorel:

Un día me dijo José: «Mi hermano no puede bajar». Yo le dije: «¿Por qué no bajan ustedes todos juntos a comer?». Y me contestó: «Porque —en español como siempre— no tenemos ropa de recambio. El día en que uno de los dos lava la camisa, espera a que el otro acabe la comida y suba para bajar a su vez».

Unas veces le tocaba a José quedarse arriba y otras a Antonio. Le dije: «Si quieren aceptar una camisa, les daré una a cada uno de ustedes para que puedan cambiarse y así podrán bajar todos juntos». Él me contestó: «No me atrevo. Antes teníamos mucho dinero, ¿sabe?, y ahora no tiene ningún valor». Trajo un periódico lleno de billetes, de billetes grandes y me dijo: «Todo esto es para quemarlo pues no vale nada». Yo le contesté: «Guárdelo pues no sabe lo que puede pasar. A lo mejor un día...». En fin, le dimos calzoncillos, camisas y ropa para su mujer, y estaban encantados.[54]

Aquel día, y otros, quizás meditó Machado sobre su error al haber criticado tan duramente, en algunas ocasiones, a los franceses, como si todos, sin excepción alguna, fuesen avaros. La verdad es que mucha gente de la raya catalana se comportó magníficamente con los expatriados españoles. No así, desde luego, el Gobierno de la nación.

Una tarde baja Machado al salón con una pequeña caja de madera, un joyero. Se lo entrega a Pauline Quintana y le dice:

—Es tierra de España. Si muero en este pueblo, quiero que me entierren con ella.

Cuando la dueña del hotel trata de hacerle desistir de tal obsesión, el poeta mueve a ambos lados la cabeza y le dice:

—Mis días, señora, están contados.

Pauline Quintana guardará el joyero hasta su muerte, a los casi 100 años.[55]

La condición de la madre está empeorando. Y la del poeta. «Como mamá Ana estaba tan mal —recordará Matea Monedero—, yo me levantaba por la noche e iba a verla varias veces. Una noche, cuando entré en la habitación, ya casi de mañana, observé algo muy raro en Antonio. Salí y le dije a mi marido: "Pepe, Antonio está muy mal". Pepe se levantó enseguida. Serían como las seis de la mañana y decidimos que fuera yo en busca del médico».[56]

Matea llega poco después a casa de Juliette Figuères, que vive en la cercana Rue de Michelet. «Me dijo que su cuñado estaba muy enfermo y que tenía que verlo un médico —recordará Madame Figuères—. Le dije: "Escuche, voy a acompañarle a casa del doctor Cazaben, que es nuestro médico y que vendrá". Fuimos las dos por él y vino inmediatamente. Dijo que era grave. Era asmático y cogió frío en Cerbère, sí, fue allí donde cogió frío. Como tenía asma, el médico lo encontró muy mal, porque tenía una congestión».[57]

Los testimonios concuerdan. «El doctor Cazaben —siguió contando Matea— le recetó algunas medicinas y nos dijo que no se podía hacer nada. Antonio se moría, de eso ya no nos cabía la menor duda. Estuvo cuatro días muy agitado e inquieto. Se veía morir. A veces se le oía decir: "¡Adiós, madre, adiós, madre!", pero mamá Ana, que estaba bien cerquita en otra cama, no le oía porque estaba sumida en un coma profundo».[58]

¿No le oía? Pero, ¿qué sabemos de las largas horas compartidas en aquella habitación por la madre y el hijo al que, de todos los suyos, más quería? ¿No se despertaría en algún momento Ana Ruiz, siquiera momentáneamente, para intercambiar con Antonio algunas últimas palabras? ¿No estarían unidos sus corazones en trance tan supremo?

Sólo nos contesta el silencio.

Parece ser que el episodio contado por Matea Monedero ocurrió el sábado 18 de febrero, cuando Antonio «empezó a sentir una gran angustia del corazón», como escribirá José poco después en su carta a Tomás Navarro Tomás.[59]

Con la madre y el hijo en estado tan crítico se colocó entre ambas camas, según recuerdo de Juliette Figuères, «un fino biombo de tela».[60]

Sería alrededor del 20 de febrero cuando Machado, haciendo un último esfuerzo, dictó una carta a su amigo Luis Álvarez Santullano, ahora secretario de la Embajada de España en París. Le aseguró —según apuntará después el destinatario— que su salud ¡iba en alza! y que esperaba verle pronto en la capital francesa. «Esto decía la letra de la carta —comenta Santullano—, pero los trazos de la firma vacilantes en temblorosa huida, declaraban que la existencia del Poeta se escapaba al más allá...».[61]

Y así fue. Machado entra en coma poco después y muere en su cama el 22 de febrero de 1939, Miércoles de Ceniza, a las tres y media de la tarde.[62]

> Ciego, pidió la luz que no veía.
> Luego llevó, sereno,
> el limpio vaso, hasta su boca fría,
> de pura sombra —¡oh, pura sombra!— lleno.[63]

De las últimas reflexiones de Machado apenas sabemos nada. Con una sola excepción. Unos días después de su muerte, José encontró, en un bolsillo del viejo gabán, «un pequeño y arrugado trozo de papel». Allí, escritos a lápiz, había tres apuntes. El primero, las palabras iniciales del monólogo de *Hamlet*, «Ser o no ser...», tantas veces repetidas por el poeta en sus borradores. El segundo, un verso alejandrino: «Estos días azules y este sol de la infancia». El último (con una pequeña variante en la primera línea), cuatro versos de «Otras canciones a Guiomar (a la manera de Abel Martín y Juan de Mairena)»:

> Y te daré mi canción:
> Se canta lo que se pierde
> con un papagayo verde
> que la diga en tu balcón.[64]

Gracias a este emocionante documento sabemos que, poco antes de morir, Antonio Machado, transido de dolor por el derrumbamiento de la República, pensaba en la mujer amada que no pudo ser suya. Y que, intuyendo que llegaba el final, se sintió una vez más transportado a la Sevilla de sus años primaverales, aquella Sevilla preñada de oro y azul que fue eterno presente en su corazón de poeta caminante.

¿Recordó también, tan cerca de las olas, la estrofa final de su «Retrato»? ¿Se sonrió, quizás, al constatar su ironía y su amarga verdad?

> Y cuando llegue el día del último viaje,
> y esté al partir la nave que nunca ha de tornar,
> me encontraréis a bordo ligero de equipaje,
> casi desnudo, como los hijos de la mar.

Nunca tan ligero, él que jamás había poseído casi nada, como al lado del mar de Collioure en aquellos postreros momentos de su vida, fracasada la gran aventura de la República que tanto amaba y por la cual tanto había luchado.

* * *

Cuando murió Machado, según refería Matea Monedero, «tuvieron que sacar el cadáver alzándolo sobre la cama donde mamá Ana estaba inconsciente». El poeta estuvo de cuerpo presente en la habitación de al lado. «Luego fue amortajado en una sábana, porque así lo quiso José al interpretar aquella frase que un día dijera Antonio a propósito de las pompas innecesarias de algunos enterramientos: "Para enterrar a una persona, con envolverla en una sábana es suficiente"».[65]

«Apenas habían sacado el cuerpo sin vida de Antonio —continúa Matea—, y por una de esas cosas que asombran, mamá Ana tuvo unos instantes de lucidez. Nada más volver en sí miró hacia la cama de Antonio y preguntó, como si la naturaleza le hubiera avisado de lo sucedido, con voz débil y angustiada: "¿Dónde está Antonio? ¿Qué ha pasado?". Y José, conteniéndose como pudo, le mintió diciendo que ya sabía que Antonio estaba enfermo y que se lo habían llevado a un sanatorio. "Allí se va a curar", le dijo. Recuerdo que mamá Ana le dirigió una mirada en la que se veía que no aceptaba ninguna de aquellas palabras. Luego cerró los ojos y tres días después moría. Estoy segura de que en aquellos tres minutos de lucidez se dio cuenta de que su hijo había muerto».[66]

José también estaba seguro de ello (aunque sitúa el «momento de lucidez» dos días después). «¿Qué ha sucedido? ¿Qué ha pasado?», preguntaría la madre al ver la cama de Antonio vacía. Y escribe José: «Traté en vano de ocultárselo. Pero a una madre no se la engaña y rompió a llorar ¡como una pobre niña!».[67]

Se puede decir, pues, que perder a Antonio, a quien había querido cuidar hasta el último momento, fue lo que a Ana Ruiz le rompió finalmente el corazón.

* * *

José Machado no pierde tiempo y comunica enseguida a las autoridades republicanas españolas la muerte de su hermano. La noticia, en expresión de Jacques Baills, corre como «reguero de pólvora».[68]

Muy pronto empiezan a llegar los telegramas de pésame, entre ellos uno, muy afectuoso, de Manuel Azaña. Hay otro de Luis Álvarez Santullano. Marceau Banyuls, el alcalde de Collioure, promete su apoyo para la organización del entierro. Durante la noche velan el cadáver, con José y Matea, los Figuères, Pauline Quintana, un catalán exiliado de nombre Joan Corminolle, Gaston Prats —profesor de español en Perpiñán— y alguna persona más. A ellos se agrega, en las altas horas de la madrugada, el cónsul de España en Port-Vendres, J. Santaló, sobrino del ex ministro republicano del mismo apellido. Al amanecer llega el escultor y profesor de español Henri Frère, que, además de ejecutar unos dibujos del poeta muerto, capta con su cámara algunas imágenes impresionantes.[69]

En las primeras horas de la mañana del 23 de febrero José recibe «una emocionante y cariñosa carta» del hispanista Jean Cassou, solicitando en nombre de los escritores franceses y del suyo propio que el entierro se haga, con la debida solemnidad, en París. «Es un deber para nosotros, escritores franceses —dice la comunicación—, encargarnos de las cenizas del gran Antonio Machado, caído aquí, en tierra francesa donde había buscado y creído encontrar refugio». José decide, sin embargo, declinar tan honrosa oferta, «mirando más que nada a la sencilla y austera manera de ser del Poeta», y ruega a las autoridades municipales de Collioure que permitan que los restos de su hermano descansen en el cementerio del pueblo hasta el momento de ser trasladados un día a Madrid. El acuerdo se salda cuando una amiga íntima de Pauline Quintana, Marie Deboher, ofrece un nicho perteneciente a su familia.[70]

Durante la mañana del 23 la animación en Collioure es inusitada. La noticia de la muerte del poeta español se ha dado a conocer en los medios de comunicación, y van llegando muchos españoles y franceses que quieren dar el pésame y participar en el entierro. Entre ellos el ex ministro socialista de Gobernación, Julián Zugazagoitia, compañero de Machado en la redacción de *La Vanguardia* (y que será fusilado por Franco en 1940). Las autoridades galas, al tanto ya de la importancia de Machado, dan su permiso para que doce soldados españoles, pertenecientes a la Segunda Brigada de Caballería del Ejército español y recluidos en el sombrío Castillo Real de Collioure —entonces prisión estatal— salgan para llevar a hombros, en dos grupos, el ataúd. Se ha dicho, no sabemos con qué justicia, que llegaron también algunos refugiados españoles escapados de los cercanos campos de concentración de Argelès y Saint Cyprien.[71]

El entierro es estrictamente civil, por expresa disposición de Machado comunicada a su hermano unos días antes, y de una sobriedad acorde con el pensamiento y la manera de ser del poeta.[72]

La comitiva se pone en marcha a las cinco de la tarde. Cuando el ataúd sale del hotel Bougnol-Quintana va envuelto en la bandera republicana que ha cosido durante la noche, ¡qué detalle!, Juliette Figuères.[73]

La cabeza del féretro lleva en grandes letras las iniciales «A. M».[74]

Muchos vecinos de Collioure acuden al acto, con su alcalde Marceau Banyuls a la cabeza, sorprendidos al enterarse de que acaba de morir entre ellos un poeta español tan famoso.[75]

Presiden el cortejo fúnebre José Machado, Zugazagoitia, Santaló, el alcalde Banyuls y dos representantes de la Embajada de la República en París, Sánchez Ventura y Nolla. También se han personado el cónsul de España en Perpiñán, Méndez; representantes del Centro Español y del Casal Català de la misma ciudad; tres de la Generalitat de Catalunya (Soler i Pla, Fontbernat y Costafreda); Garriga, presidente del Centro Español de Cerbère; y dos corresponsales británicos, E. G. de Caux del *The Times* y Henry Buckley del *Daily Telegraph*.[76]

Según la prensa local también estuvo presente el general Vicente Rojo, sobre cuya persona, al parecer, escribiera Machado su último artículo. Rojo había cruzado la frontera unos días antes y, al entender que todo estaba perdido y que además algo se tramaba contra él, se negará a obedecer, sin garantías escritas, las órdenes del presidente Negrín para volver a su puesto.[77]

La comitiva cruza el Douy, bastante encharcado, atraviesa la placeta (con sus plátanos recien podados) y enfila la hoy avenida Camille Pelletan, que conduce al puerto. Frente a las inmensas murallas del Castillo gira a la izquierda y entra en la pequeña plaza donde se sitúa el Ayuntamiento (hoy plaza 18 de Junio). Allí el ataúd descansa brevemente delante de la Casa Consistorial. Luego la comitiva vuelve sobre sus pasos para cubrir la corta distancia hasta el cementerio.[78]

Espera al poeta el nicho tan generosamente prestado por Marie Deboher. Antes de que se proceda a la inhumacion, Julián Zugazagoitia pronuncia un discurso fúnebre en medio de un dolorido silencio. Tras una emocionada semblanza de la vida y obra de Machado termina citando una copla suya que no podía venir más a cuento:

> Corazón, ayer sonoro,
> ¿ya no suena
> tu monedilla de oro?[79]

Cuando sale el gentío del camposanto, el alcalde Banyuls, accediendo a la petición de José Machado, demasiado afectado para hablar, agradece a todos los allí reunidos su presencia en el acto.

«Con Machado —dice— desaparece, a la caída de la República, una de las más altas personalidades literarias de Europa y un sincero amigo de Francia».[80]

Una vez cumplida su tarea fúnebre, los republicanos presos vuelven silenciosamente a sus calabozos en el Castillo. «Sólo hemos podido recordar los nombres de Sancho, García, Vega, Franco, Rivada, Padín», escribe Monique Alonso. Fue el mejor homenaje del pueblo español —homenaje callado y anónimo— al poeta que había dado todo por la República. Y por fortuna queda el testimonio gráfico de la presencia en Collioure de aquellos hombres desafortunados.[81]

Al día siguiente, 24 de febrero, José Machado contesta la cariñosa carta que acaba de llegar para Antonio del hispanista John Brande Trend, gran admirador suyo. A Trend, enterado del exilio del poeta, le ha faltado tiempo para ofrecerle el puesto de lector en su Departamento de Español en Cambridge, puesto tan bien remunerado como prestigioso (antes lo han ocupado, entre otros, Ricardo Baeza, Dámaso Alonso y Joaquín Casalduero).[82] La verdad es que le habría venido muy bien a Machado y a su familia. José, profundamente dolido, contesta por el poeta:

Muy distinguido y admirado señor:

Cuando llegó el ofrecimiento de esa célebre Universidad de Cambridge para mi hermano Antonio, en aquel mismo momento acababa de morir. Yo, que he sido siempre el hermano inseparable de todas las horas, sé muy bien cuán alta estimación sentía por Vd., y cuánto se hubiera honrado aceptando este nombramiento, que además suponía la salvación de nuestra madre (86 años) con los dos restantes que constituían el pequeño grupo familiar con que siempre había vivido, del naufragio económico.

Dada la profunda y devota admiración que siempre sintió por Inglaterra, hubiera visto colmado uno de sus más fervientes anhelos de toda su vida que era: visitar esa Nación. Precisamente en estos últimos meses leía y releía las obras maestras de esa formidable literatura inglesa. ¡Pero los sueños no se cumplen!

Lo hemos enterrado ayer en este sencillo pueblecito de pescadores en un sencillo cementerio cerca del mar. Allí esperará hasta que una humanidad menos bárbara y cruel le permita volver a sus tierras castellanas que tanto amó.

Usted, señor Trend, que tan alta cumbre representa en la intelectualidad en ese país, reciba la profunda gratitud por sus bondades para con mi hermano, de este antiguo alumno de «La Institución Libre de Enseñanza».

José Machado

Collioure. Hotel Bougnol-Quintana
(Pyr-Or), 24 de febrero de 1939.[83]

Si la carta de Trend llega en el momento mismo de la muerte de Antonio Machado, se anticipa en tres días a la de la madre, que fallece el 25 de febrero a las ocho de la tarde. Dos horas antes había alcanzado, en coma, la edad de 85 años.[84]

Ana Ruiz cumplía así una promesa hecha en Rocafort: «Estoy dispuesta a vivir tanto como mi hijo Antonio».[85]

Recibe sepultura en tierra, en un rincón del cementerio reservado para los pobres.

En el registro municipal de defunciones figura la inscripción de la muerte de la madre inmediatamente debajo de la de Antonio. Ambas se han efectuado a raíz de las declaraciones de Jacques Baills («employé à la Société Nationale des Chemins de Fer Français à Collioure»), de 27 años, y han sido firmadas por el alcalde Banyuls. No constan las causas de fallecimiento.[86]

Poco después se colocó una placa en el nicho del poeta (ilustración 62). Decía, con un laconismo digno del creador de Abel Martín y Juan de Mairena:

ICI REPOSE

ANTONIO MACHADO

MORT EN EXIL

LE 22 FÉVRIER 1939

Epílogo

Fue el *Abc* de Sevilla, al parecer, el primer diario español en anunciar la muerte de Antonio Machado.[1] El sábado 25 de febrero de 1939, en la página 18, bajo el título «Noticias necrológicas», dicho rotativo refería:

Don Antonio Machado

París, 24. Se sabe que ha muerto en Colliure don Antonio Machado, que salió de Barcelona momentos antes de ser libertada. –REPORT.

Al día siguiente, domingo 26 de febrero, la prensa de ambas zonas difundió la nueva, pero ya había confusión en cuanto a dónde había ocurrido el fallecimiento, y en qué condiciones. El *Diario de Burgos* relataba en su segunda plana:

Testimonios de pésame por la muerte del poeta
Antonio Machado

El insigne poeta don Manuel Machado, residente en esta ciudad desde que se inició el Glorioso Movimiento Salvador, está recibiendo infinidad de demostraciones de afecto y de pésames con motivo del reciente fallecimiento de su hermano, D. Antonio, ocurrido el jueves último en París.

En la zona republicana la prensa recogió el mismo día una noticia bastante errónea lanzada por otra agencia francesa. Leemos en *El Pueblo. Diario del Partido Sindicalista*, de Valencia:

Ha muerto un gran poeta español

PARÍS, 25. A consecuencia de las penalidades sufridas con motivo de la invasión de España y de su penoso exilio, ha fallecido en un campo de refugiados españoles, en las cercanías de Toulouse, el gran poeta español Antonio Machado.
La noticia ha producido gran pesar en los círculos intelectuales y en la población francesa. –A.I.M.A.

El *Abc* republicano comentaba que la noticia —que también se publicó el mismo día en *El Liberal* y *La Libertad*[2]— se había dado tres días antes en la radio francesa, pero que se había resistido a creerla entonces. Ahora no había más remedio. España, la España democrática, acababa de perder a uno de sus más grandes valedores:

Trabajó por la instauración de la República y la ha venido defendiendo sin ningún desfallecimiento. Poeta y español sin tacha, la invasión de su patria le ha hecho identificarse con el régimen que encarna la independencia de España. Su pluma ha estado dedicada durante la guerra a exaltar la defensa de nuestras libertades y los valores morales del pueblo español. Ante el gran español que acaba de morir rendimos el homenaje respetuoso de nuestra admiración y de nuestro dolor.[3]

La noticia produce consternación entre quienes siguen luchando —ya casi contra toda esperanza— por la República. Al principio de la guerra fue Lorca. Ahora, cuando parece que todo termina, le ha tocado el turno al poeta de *Campos de Castilla*. «Con un laconismo terriblemente trágico, muy apropiado de las circunstancias —escribía Diego San José en el *Heraldo de Madrid* el 27 de febrero— los periódicos de ayer nos dan la mala nueva de haber muerto en Francia el único poeta grande que nos quedaba: Antonio Machado».[4] «Nadie supo brindarle el remanso de paz al que se hizo acreedor el más grande cantor del amor, de la juventud y de la primavera», se queja *El Liberal* el 28 de febrero, creyendo, con otros periódicos, que el poeta ha fallecido en un campo de concentración.[5] El mismo día, un editorial de *El Pueblo*, de Valencia, proclama, hondamente dolido: «Antonio Machado ha muerto siguiendo la vía-crucis de su pueblo, exiliado con ellos».[6]

Durante las pocas semanas de vida que le quedan a la República se suceden numerosas manifestaciones de pesadumbre por la pérdida del poeta que, a lo largo de tres años, y a pesar de su mala salud, ha luchado sin descanso por la democracia.[7]

Manuel Machado, al enterarse en Burgos de la infausta noticia de la muerte de Antonio, fue corriendo «inmediatamente», según Miguel Pérez Ferrero, a la Oficina de Prensa, donde «le entregaron los periódicos extranjeros que insertaban la muerte de Antonio, con profusos datos de toda índole; fotografías y relaciones biográficas, a más de trabajos sobre su obra».[8] Es imposible, sin embargo, que hubiera llegado a Burgos, para el 25 o 26 de febrero de 1939, tanto material periodístico extranjero acerca del fallecimiento de Machado. Y ello por el simple hecho de que no existía. Como mucho, se había insertado ya en algunos diarios de allende la frontera la escueta noticia de la muerte del poeta —poco conocido fuera de España—, con la excepción, eso sí, de dos periódicos franceses del *département* de los Pirineos Orientales franceses, *L'Indépendant* et *Ce Soir*, que dieron cuenta, con cierta amplitud informativa, de la misma.[9]

Manuel Machado, que desde 1938 es miembro de la Real Academia Española, la de Franco, se traslada enseguida a Collioure, al parecer en un coche oficial, acompañado de Eulalia Cáceres.[10]

La versión dada por Manuel a Pérez Ferrero acerca de aquel viaje es muy incompleta, y no del todo verosímil. El único consuelo del hermano mayor, al llegar al pequeño pueblo francés y descubrir que también había perdido a su madre, era volver a ver a José y Matea. No sabemos nada de sus conversaciones, que hay que suponer tensas, emotivas y tal vez coléricas, ya que José, resueltamente antifascista, ni menciona la llegada de Manuel y su mujer a Collioure en *Las últimas soledades del poeta Antonio Machado*. Dos días después éstos regresan a Burgos, y las dos parejas nunca se volverán a ver.[11]

El 2 de marzo de 1939 *The Times* de Londres publica una enjundiosa nota necrológica titulada «Don Antonio Machado. Poeta español». En ella se explica que Machado acaba de morir en un pequeño hotel de Collioure tras ser evacuado de Barcelona por las autoridades republicanas. «Enfermo desde hacía tiempo, no pudo aguantar la dureza y la tristeza del éxodo», apunta el anónimo autor de la nota, claramente favorable a la República. Y, después de señalar la ironía de que el hermano del difunto, Manuel, sirve a la causa rebelde, y de reseñar brevemente la obra de Antonio, añade: «A diferencia de muchos intelectuales, quienes, habiendo abrazado al principio la República, transfirieron poco a poco sus simpatías a los nacionalistas, Machado siguió fiel a la causa republicana hasta el final». Estaba bien informado el autor de la necrología. ¿Se trataba de John B. Trend?[12]

En mayo de 1939 José Machado y Matea Monedero ya han abandonado Collioure y viven en el pueblo de Meurville (Aube), a 35 kilómetros de Troyes, donde se juntan con ellos Joaquín Machado y su mujer, Carmen López Coll. José Machado, lleno de gratitud, se cartea con Jacques Baills y Madame Quintana. Hacia finales del año los cuatro embarcan para Buenos Aires. Desde allí viajan a Chile y se establecen definitivamente en Santiago, donde se juntarán con ellos, después de su largo exilio en Rusia, dos de sus hijas. José seguirá dedicado a la pintura y Joaquín trabajará como tipógrafo y periodista. Y allí ambos hermanos se morirán, sin nunca poner los pies en la España, para ellos maldita, de Franco.[13]

En cuanto a Francisco Machado y su familia, que no volvieron a ver a José y Joaquín, regresan a aquella España pocos meses después de terminada la guerra, confiados en la protección de Manuel. Tras las pertinentes indagaciones, y no pocas dificultades, Francisco es declarado exento de responsabilidades políticas durante su etapa como director de la Prisión de Mujeres de Madrid, su último puesto, y readmitido al servicio.[14]

Manuel Machado, por su parte, ha regresado con Eulalia Cáceres a su piso de la calle de Churruca, 15. Se encuentra con que la casa de General Arrando está intacta, sin que se haya tocado en absoluto la extensa biblioteca de Antonio (que, según José, tenía más tomos de filosofía que libros de poesía). ¿Llevó a cabo, a lo largo de los siguientes años —mientras la guerra de Hitler, prevista una y otra vez por Antonio, asuela el mundo— una purga de los papeles de su hermano? Es posible.

No se conoce papel privado alguno de Manuel sobre su actuación bajo el franquismo. ¿Refirió en algún cuaderno privado, de su puño y letra, las circunstancias suyas durante los años de la guerra, quizás para justificarse un día ante la historia? No lo sabemos. Publicó poquísimo tras la contienda y, cuando lo hizo, el tema era casi siempre religioso.[15] Se ha dicho que padeció durante sus últimos años «un estado de tristeza que mantuvo hasta la muerte». No sería nada sorprendente.[16]

Pasó aquellos años —él que había sido un don Juan empedernido— asiduamente atendido por la Iglesia. Murió en Madrid el 19 de enero de 1947, «santamente, como en sus sueños —según Luis Calvo en *Abc*—, junto a su esposa, Eulalia, la compañera sonriente de toda su vida»[17], y estuvo de cuerpo presente, amortajado con el hábito franciscano, en el vestíbulo de la Real Academia. Es difícil no recordar el «Llanto de las virtudes y coplas por la muerte de don Guido».

Lo enterraron en la Almudena. Tuvo un funeral casi de Estado, presidido por el ministro de Educación Nacional, Ibáñez Martín, y el director de la Real Academia, José María Pemán, autor de *Poema de la Bestia y el Ángel*, que en *Abc* de Sevilla había tildado de homosexual a Cipriano Rivas Cherif y de judío a Fernando de los Ríos.[18] Asistieron muchos prohombres del franquismo y, casi en sesión plenaria, la Docta Casa.[19] En los encomios de rigor publicados aquellos días en la prensa raramente asomaba el nombre de Antonio, aunque sí hubo alguna alusión al mencionarse las obras de teatro de Manuel, escritas con el «hermano» no grato.[20]

Antes de recluirse en un convento, acaso su vocación verdadera, Eulalia Cáceres donó la biblioteca y archivo de su marido, además de varios cuadernos manuscritos y libros de Antonio, a la Diputación Provincial de Burgos y a la Institución Fernán González (Academia Burgense de Historia y Bellas Artes), donde siguen (y donde han sido de difícil acceso a lo largo de los años). El resto de los papeles de Antonio fueron entregados por la viuda a Francisco Machado: es el fondo subastado en 2003 y que fue adquirido por la Fundación Unicaja (Málaga).[21]

¿Y Pilar de Valderrama? En *Sí, soy Guiomar* la musa refiere que coincidió durante la guerra, en un teatro de Salamanca, con Manuel Machado, a quien no conocía personalmente, y que le preguntó por Antonio. Afirma que cuanto le dijo al respecto el primogénito la dejó «helada»: «Me habló de su preocupación y disgusto porque su hermano se hallaba en la zona contraria, convencido plenamente de que España ya no era nuestra, por haber sido vendida a los alemanes». ¡Pobre Antonio! ¡Abusando de su «ingenuidad y buena fe» lo habían engañado!²² Más adelante afirma Valderrama tener «la certeza» de que, cuando el poeta llegó a la frontera francesa, llevaba «algún recuerdo» suyo —«cartas, versos, fotografías»— luego perdido. Y añade, refiriéndose al momento de su muerte: «Acaso yo —a la sazón en Palma de Mallorca— contemplaba aquel día tristemente el mar... y nuestros pensamientos se unieron como tantas veces en postrera despedida». Acaso. Quién sabe. Lo inaceptable es lo que dice Guiomar a continuación: «Yo sé que sin mi ausencia, Antonio no hubiera escrito muchas cosas de las que publicó en Madrid, Barcelona o Valencia durante la guerra; ni hubiera pronunciado algunas conferencias que no eran dignas de él».[23]

Más o menos lo mismo había dicho ya en octubre de 1940 Dionisio Ridruejo en su «prólogo» a la quinta edición de *Poesías completas*. Es decir, que Machado siempre había sido un ingenuo. Allí estaba, para demostrarlo, su elegía a Giner de los Ríos, con aquella «bobada progresista» de «Yunques, sonad; enmudeced, campanas». Durante la guerra el gran poeta había demostrado, para Ridruejo, ser uno de tantos «secuestrados morales» obedientes a «consignas» de los malvados. De haber sobrevivido, ellos, los falangistas, lo habrían rescatado.[24]

Parece ser que Pilar de Valderrama conocía el texto de Ridruejo. De todas maneras no podía estar más equivocada con respecto al compromiso político de quien había querido con toda su alma ser su amante de verdad. La España de la mujer de Rafael Martínez Romarate no era la de Antonio Machado. Y bien lo demostró la dictadura franquista el 5 de mayo de 1941, fecha en que la Comisión Depuradora de Madrid (C) del Ministerio de Educación Nacional, al tanto de la muerte del poeta «en un campo de concentración en Francia en 1939 donde había huido ante el avance de las tropas Nacionales en Cataluña», acordó por unanimidad proponer «la separación definitiva del servicio de D. ANTONIO MACHADO con la pérdida de todos sus derechos pasivos».[25]

* * *

Hoy Machado y su madre siguen en el cementerio de Collioure, unidos en la misma tumba y pese a los intentos, durante la dictadura de Franco, de llevar sus restos a España. Hay cerca un buzón para mensajes. Llegan cartas desde el mundo entero, en una multiplicidad de idiomas, dirigidas a «Don Antonio Machado, Cementerio de Collioure», y se depositan en él. También se dejan papeles, poemas, cartas y otros recuerdos sobre la tumba. Casi siempre hay flores. Vienen con frecuencia grupos de escolares españoles con sus maestros, y leen los poemas que han preparado. El pequeño cementerio recoleto es lugar de peregrinaje cada año para miles de admiradores del poeta.

A dos pasos, el hotel Bougnol-Quintana está cerrado, envuelto en un lúgubre silencio al lado del Douy. Existe un proyecto municipal para convertirlo en museo dedicado al poeta.

En toda la región, a ambos lados de la frontera, la Europa democrática ha garantizado que el viajero se entere de lo ocurrido aquí en 1939. En Port Bou, donde a menudo sopla una tramontana feroz, se ha levantado, junto al cementerio, un imponente monumento a la memoria del escritor Walter Benjamin —que se suicidó en la localidad antes de ser entregado a los nazis por la policía franquista—, y del éxodo en general. En la estación de Cerbère un panel reza en francés, castellano y catalán: «Del 28 de enero al 10 de febrero de 1939, más de 100.000 españoles, hombres, mujeres y niños, pasaron por este túnel y esta estación de Cerbère forzados al exilio después de 3 años de lucha contra el franquismo. Fueron las primeras víctimas de la Segunda Guerra Mundial». En el Castillo Real de Collioure otro panel informa al visitante de los sufrimientos de los republicanos españoles encarcelados aquí durante aquellos meses.

Flota en el ambiente cierto sentimiento de culpa por el trato acordado entonces a los refugiados.

De los que ayudaron a los Machado en Collioure no hay rastro. Los viejos que juegan a la petanca bajo los plátanos de la Placette son otros. La tienda de Juliette Figuerès ya no existe. El tiempo destructor que cantó Machado ha hecho su trabajo. Pero queda la memoria de lo ocurrido aquí. Y queda el consuelo de la obra del poeta, cada vez más leída y traducida en el mundo entero.

> Late, corazón... No todo
> se lo ha tragado la tierra.   (CXX)

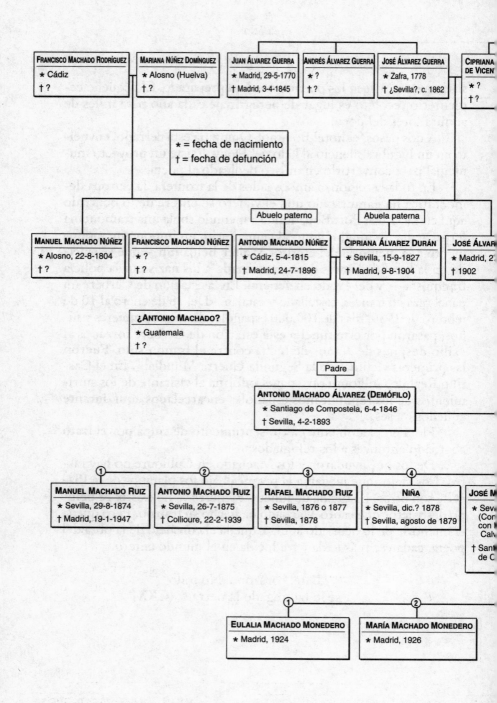

FRANCISCO MACHADO RODRÍGUEZ
★ Cádiz
† ?

MARIANA NÚÑEZ DOMÍNGUEZ
★ Alosno (Huelva)
† ?

JUAN ÁLVAREZ GUERRA
★ Madrid, 29-5-1770
† Madrid, 3-4-1845

ANDRÉS ÁLVAREZ GUERRA
★ ?
† ?

JOSÉ ÁLVAREZ GUERRA
★ Zafra, 1778
† ¿Sevilla?, c. 1862

CIPRIANA DE VICEN
★ ?
† ?

★ = fecha de nacimiento
† = fecha de defunción

Abuelo paterno

Abuela paterna

MANUEL MACHADO NÚÑEZ
★ Alosno, 22-8-1804
† ?

FRANCISCO MACHADO NÚÑEZ
★ ?
† ?

ANTONIO MACHADO NÚÑEZ
★ Cádiz, 5-4-1815
† Madrid, 24-7-1896

CIPRIANA ÁLVAREZ DURÁN
★ Sevilla, 15-9-1827
† Madrid, 9-8-1904

JOSÉ ÁLVAR
★ Madrid, 2?
† 1902

¿ANTONIO MACHADO?
★ Guatemala
† ?

Padre

ANTONIO MACHADO ÁLVAREZ (DEMÓFILO)
★ Santiago de Compostela, 6-4-1846
† Sevilla, 4-2-1893

① **MANUEL MACHADO RUIZ**
★ Sevilla, 29-8-1874
† Madrid, 19-1-1947

② **ANTONIO MACHADO RUIZ**
★ Sevilla, 26-7-1875
† Collioure, 22-2-1939

③ **RAFAEL MACHADO RUIZ**
★ Sevilla, 1876 o 1877
† Sevilla, 1878

④ **NIÑA**
★ Sevilla, dic.? 1878
† Sevilla, agosto de 1879

JOSÉ M
★ Sev (Con con Calv
† Sant de C

① **EULALIA MACHADO MONEDERO**
★ Madrid, 1924

② **MARÍA MACHADO MONEDERO**
★ Madrid, 1926

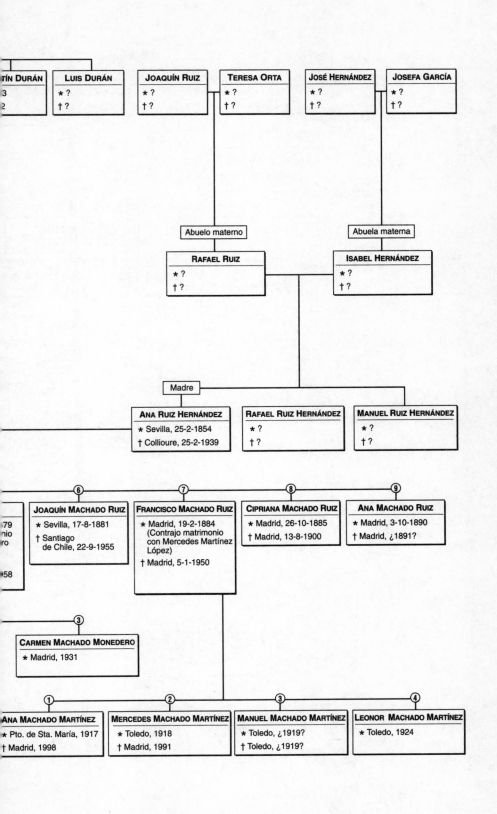

Notas

SIGLAS UTILIZADAS

AMG: Antonio Machado, *La Guerra. Escritos: 1936-1939.* Colección, introducción y notas de Julio Rodríguez Puértolas y Gerardo Pérez Herrero, Madrid, Emiliano Escolar Editor, 1983.

AMLM: Daniel Pineda Novo, «Cartas inéditas de Antonio Machado y Álvarez, Demófilo [a Luis Montoto]», en *El Folk-Lore Andaluz,* Sevilla, Fundación Machado, 2ª época, núm. 10 (1993), págs. 15-89.

BurgosI(1), BurgosI(2): El fondo machadiano de Burgos. Los papeles de Antonio Machado, tomos I (1) y (2). Introducción y coordinación: Alberto C. Ibáñez Pérez. Digitalización de textos e imágenes: Mª Pilar Alonso Abad. Burgos, Institución Fernán González, Academia Burgense de Historia y Bellas Artes, 2 tomos, 2004.

C: Antonio Machado, *Los complementarios,* edición crítica de Domingo Ynduráin, Madrid, Taurus, 2 tomos, 1971.

CP: Antonio Machado, *Cartas a Pilar,* ed. y prólogo de Giancarlo Depretis, Madrid, Anaya & Mario Muchnik, 1994.

Cuaderno1, Cuaderno2, Cuaderno3: Colección Unicaja Manuscritos de los Hermanos Machado. Textos de creación de Antonio Machado, cuadernos 1-3. Edición: Rafael Alarcón, Pablo del Barco y Antonio Rodríguez Almodóvar, Málaga, Servicio de Publicaciones de la Fundación Unicaja, 2005.

DaríoOC: Rubén Darío, *Obras completas*, Madrid, Afrodisio Aguado, 5 tomos, 1950-1953.

DPD: Antonio Machado, *Prosas dispersas (1893-1936)*. Edición de Jordi Doménech. Introducción de Rafael Alarcón Sierra. Madrid, Editorial Páginas de Espuma, 2001.

JM: Antonio Machado, *Juan de Mairena. Sentencias, donaires, apuntes y recuerdos de un profesor apócrifo*, Madrid, Espasa-Calpe, 1936.

JMFF(1), *JMFF (2)*: Antonio Machado, *Juan de Mairena*. Edición de Antonio Fernández Ferrer, Madrid, Cátedra (Col. Letras Hispánicas), 2 tomos, 4ª ed., 1995.

Macrí(1): Antonio Machado, *Poesías completas*. Edición del cincuentenario patrocinada por el Ministerio de Cultura. Edición crítica de Oreste Macrí con la colaboración de Gaetano Chiappini, Madrid, Espasa-Calpe, Fundación Antonio Machado, 2ª reimpresión, 1989.

Macrí(2): Antonio Machado, *Prosas completas*. Edición del cincuentenario patrocinada por el Ministerio de Cultura. Edición crítica de Oreste Macrí con la colaboración de Gaetano Chiappini, Madrid, Espasa-Calpe, Fundación Antonio Machado, 2ª reimpresión, 1989.

OCMAM: Manuel y Antonio Machado, *Obras completas*, Edición de Heliodoro Carpintero, Madrid, Editorial Plenitud, 5ª ed., 1973.

PC1: Antonio Machado, *Poesías completas*, Madrid, Residencia de Estudiantes, 1917.

PC2: Antonio Machado, *Poesías completas (1899-1925)*, Madrid, Espasa-Calpe, 1928.

PC3: Antonio Machado, *Poesías completas (1899-1930)*, Madrid, Espasa-Calpe, 1933.

PC4: Antonio Machado, *Poesías completas*. Cuarta edición, Madrid, Espasa-Calpe, 1936.

PF: Miguel Pérez Ferrero, *Vida de Antonio Machado y Manuel.* Prólogo del doctor Gregorio Marañón, Madrid, Rialp (Col. El Carro de Estrellas), 1947.

PNAMA: Daniel Pineda Novo, *Antonio Machado y Álvarez, Demófilo. Vida y obra del primer flamencólogo español,* Sevilla, Ediciones Giralda, 2001.

PV: Pilar de Valderrama, *Sí, soy Guiomar. Memorias de mi vida,* Barcelona, Plaza & Janés, 1981.

USAM: José Machado, *Últimas soledades del poeta Antonio Machado,* Madrid, Forma Ediciones, 1977.

V: La Vanguardia, Barcelona.

NOTA SOBRE LAS NOTAS

A menos que se especifique lo contrario, todas las publicaciones periódicas especificadas en las notas se editaban en Madrid.

CAPÍTULO I
SEVILLA (1875-1883)

[1] Abellán, *Historia crítica del pensamiento español*, V, pág. 484.

[2] Calderón; Pineda Novo, «Antonio Machado y Núñez, político y naturalista andaluz (1815-1896)» [borrador inédito], pág. 1; para el bautismo de Machado Núñez, padrón municipal de Sevilla, 1881 [sic], correspondiente a la calle O'Donnell, 22 (Archivo Municipal de Sevilla) y copia de la partida de nacimiento de su hijo Machado Álvarez, Universidad de Sevilla, Archivo Histórico, Legajo 129-133, folios 105-106.

[3] Barco, págs. 163-165.

[4] Baltanás, *Antonio Machado. Nueva biografía*, pág. 30.

[5] Barco, págs. 165-166.

[6] Manuel Machado, «Adelfos» *(Alma)*, en *OCMAM*, pág. 13.

[7] Barco, «El falangismo de Manuel Machado», pág. 116.

[8] Barco, «Los orígenes aristocráticos de los Machado», págs. 165-166.

[9] *Asiento de la trayectoria académica y de los servicios prestados por el catédratico Antonio Machado y Núñez. Años 1846-1867*, Universidad de Sevilla, Archivo Histórico, Legajo 1005-1, fol. 76-77.

[10] Calderón.

[11] Véase nota 8.

[12] Calderón; Jiménez Aguilar y Agudelo Herrero, pág. 169; Machado Núñez, *Páginas escogidas*, pág. 170.

[13] Calderón; información sobre estos hombres de ciencia en Internet.

[14] Calderón; Pineda Novo, «Antonio Machado y Núñez, político y naturalista andaluz (1815-1896)» [borrador inédito], pág. 3.

[15] Pérez Ferrero, pág. 35.

[16] Machado Núñez, *Páginas escogidas*, pág. 54.

[17] *Macrí(1)*, pág. 14.

[18] Calderón.

[19] Pineda Novo, «La familia de Machado en la Sevilla de la época», págs. 191-192.

[20] Fotografía de la instancia en Valverde, introducción a Antonio Machado, *Nuevas canciones y De un cancionero apócrifo* (Clásicos Castalia), frente a pág. 145.

[21] Pérez González, pág. 24.

[22] Ortiz Armengol, pág. 19.

[23] Pérez González, *passim*; Valverde, introducción a Antonio Machado, *Nuevas canciones y De un cancionero apócrifo* (Clásicos Castalia), pág. 49.

[24] *DPD*, pág. 380, nota 8.

[25] *Ibíd.*, pág. 380.

[26] Valverde, introducción a Antonio Machado, *Nuevas Canciones y De un cancionero apócrifo* (Clásicos Castalia), pág. 48. Frente a la pág. 144 Valverde reproduce la portada del segundo tomo de la obra (obra que no se encuentra en la Biblioteca Nacional).

[27] Álvarez Guerra, *El Universo y el Hombre o la Unidad simbólica, por Un Amigo del Hombre*, Sevilla, 1845.

[28] Álvarez Guerra, *Complemento*, pág. 18.

[29] Ortiz Armengol, pág. 19.

[30] Valverde, introducción a Antonio Machado, *Nuevas canciones y De un cancionero apócrifo* (Clásicos Castalia), pág. 48.

[31] Para la fecha de nacimiento de Cipriana Álvarez Durán, véase Croche de Acuña, pág. 23.

[32] Pérez Ferrero, pág. 40.

[33] Tomamos la cita de Gies, pág. 52.

[34] *PNAMA*, pág. 227.

[35] Barrios, *La Sevilla de Machado y Álvarez*, pág. 8.

[36] Manuel Machado, «Feria de Sevilla», en *OCMAM*, págs. 265-267.

[37] Copia de la partida de nacimiento de Antonio Machado Álvarez (sic), conservada en el Archivo Histórico de la Universidad de Sevilla, Legajo 129-133, folios 105-106.

[38] *PNAMA*, pág. 21.

[39] Portada del programa en García-Diego, pág. 64, figura 9.

[40] Pineda Novo, «La familia de Machado en la Sevilla de la época», pág. 192.

[41] Duque, pág. 30.

[42] Blas Vega y Cobo, pág. vii.

[43] Calderón.

[44] Expediente académico de Antonio Machado Núñez, Archivo Histórico de la Universidad de Sevilla, Legajo 120-126-286, folio 14.

[45] Jiménez Aguilar y Agudelo, págs. 174-75; Machado Núñez repitió esta información en su artículo «El Folk-lore del perro».

[46] Machado [Núñez], Antonio, «Descripción de algunas cavernas de la Península, y conveniencia de continuar su estudio, principalmente bajo el aspecto paleontológico», *Revista de las Ciencias Naturales*, XVI (1866), págs. 178-189.

[47] Machado Núñez, *Páginas escogidas*, pág. 266.

[48] Domingo Montes, págs. 305-306.

[49] *Ibíd.*, pág. 307.

[50] *Ibíd.*, págs. 331-334.

[51] Ortiz Armengol, pág. 17.

[52] Calderón; Aguilar, pág. 18.

[53] Machado Núñez, *Páginas escogidas*, págs. 57-60.

[54] Blas Vega y Cobo, pág. viii.

[55] Brotherston, pág. 223; *PNAMA*, pág. 33.

[56] Abellán, *Historia crítica del pensamiento español*, VI, pág. 103.

[57] Machado Núñez, *Páginas escogidas*, págs. 85-96.

[58] *Ibíd.*, pág. 121.

[59] García-Diego, pág. 66.

[60] Hay, *passim*.

[61] Véase el alegato al respecto de Antonio Machado Álvarez, *BurgosI(2)*, págs. 665-668.

[62] Blas Vega y Cobo, pág. viii.

[63] Machado Núñez, *Páginas escogidas*, págs. 210-222.

[64] Blas Vega y Cobo, pág. viii.

[65] Machado Núñez, *Páginas escogidas*, págs. 61-83, *passim*.

[66] Trend, *passim*; Brenan, *passim*.

[67] Expediente académico de Antonio Machado y Álvarez, Legajo 129-33, folios 1, etc., Universidad de Sevilla, Archivo Histórico.

[68] *Ibíd.*, fol. 91.

[69] Sendras y Burín, pág. 280.

[70] *Ibíd.*, pág. 281; expediente académico de Antonio Machado y Álvarez, Universidad de Sevilla, Archivo Histórico, fol. 91.

[71] Expediente académico de Antonio Machado y Álvarez, Universidad de Sevilla, Archivo Histórico, folios 86-87.

[72] Sendras y Burín, pág. 282.

[73] Expediente académico de Antonio Machado y Álvarez, Universidad de Sevilla, Archivo Histórico, folios 103-104.

[74] Sendras y Burín, pág. 282.

[75] *Ibíd.*

[76] *Ibíd.*

[77] Desde por lo menos 1865 Antonio Machado Núñez y Cipriana Álvarez Durán vivieron en la calle de las Palmas, primero en el número 7, luego al parecer en el número 5 y, finalmente, a partir de 1869, en el número 9. Los padrones municipales se conservan en el Archivo Municipal de Sevilla. Hemos consultado los correspondientes a 1865 (signatura P/1561), 1866 (P/1612), 1867 (P/1662), 1868

(P/1713), 1869 (P/1741), 1870 (P/1820), 1871 (P/188), 1872 (P/1945), 1873 (P/2011), 1874 (P/2079), 1875 (P/2147) y 1876 (P/2283). En 1877 Machado Núñez y su mujer se trasladaron a la calle de Bustos Tavera, número 33.

[78] Partida de casamiento de Antonio Machado Álvarez, *PNAMA*, págs. 327-328; partida de bautismo de Ana Ruiz Hernández, *Ibíd.*, pág. 325.

[79] Partida de bautismo de Ana Ruiz Hernández en *PNAMA*, pág. 325.

[80] García Lorca, *Obras completas*, I, págs. 807-808.

[81] Partida de bautismo de Ana Ruiz Hernández en *PNAMA*, pág. 325.

[82] Blas Vega y Cobo, pág. xiv.

[83] *Ibíd.*

[84] Partida de casamiento de Antonio Machado Álvarez, *PNAMA*, págs. 327-328.

[85] *Ibíd.*

[86] *JM*, XLVI, págs. 315-16; *Macrí(2)*, pág. 2106; *JMFF*, pág. 334.

[87] Catálogo *Pintura andaluza en la colección Carmen Thyssen-Bornemisza*, Madrid, Museo Thyssen-Bornemisza, 2004, págs. 224-225; según Gómez Zarzuela (1879), pág. 136, Sevilla tenía entonces 138.254 habitantes; el documento *Provincia de Sevilla. Libro de turno para la provisión de las escuelas*, Archivo Histórico de la Universidad de Sevilla, 1881, Legajo 1812, Sevilla, da la cifra de 132.798 habitantes.

[88] Extracto de la partida bautismal de Manuel Machado reproducido por Ortiz de Lanzagorta, pág. xlviii; Chaves, pág. 12.

[89] Expediente académico de Antonio Machado Núñez, Archivo Histórico de la Universidad de Sevilla, Legajo 120-126-286, folio 125.

[90] En los expedientes relativos a la carrera de Machado Núñez que hemos consultado en el Archivo Histórico de la Universidad de Sevilla —bien es verdad que bastante incompletos— no hay documento alguno referente a «La Gloriosa» y sus secuelas en la capital andaluza.

[91] La palabra «modestas» es de Antonio Machado, *DPD*, pág. 345.

[92] Montoto y Rautenstrauch, *Por aquellas calendas*, págs. 198-200.

[93] Padrón municipal de Sevilla, 1875. Signatura P/2103 (Archivo Municipal de Sevilla).

[94] *Diccionario histórico de las calles de Sevilla*, Consejería de Obras Públicas y Transportes y Ayuntamiento de Sevilla, 3 tomos, 1993.

[95] Ford, I, pág. 259.

[96] Copia de la partida de bautismo de Antonio Machado hecha en 1905, *Antonio Machado y Ruiz. Expediente académico y profesional 1875-1941* (véase Bibliografía, sección 6), págs. 29-30.

[97] *Ibíd.*

[98] *Ibíd.*

⁹⁹ Chaves, págs. 12-13; *PNAMA*, pág. 120.

¹⁰⁰ Padrón municipal de Sevilla, 1876, signatura P/2103 (Archivo Municipal de Sevilla).

¹⁰¹ *Ibíd.*, 1877, signatura P/2307.

¹⁰² *Ibíd.*, 1880.

¹⁰³ *Ibíd.*, 1881.

¹⁰⁴ *Ibíd.*, 1877, signatura P/2307.

¹⁰⁵ *Ibíd.*, 1878.

¹⁰⁶ López Álvarez, pág. 54.

¹⁰⁷ *El Liberal*, Madrid, 1 de febrero de 1908, pág. 1.

¹⁰⁸ Véase, por ejemplo, Cano, pág. 10.

¹⁰⁹ *Año de 1877. Censo general de la población de Sevilla, Padrones municipales de Sevilla*, signatura P/2332, y 1878, signatura P/2398 (Archivo Municipal de Sevilla).

¹¹⁰ Manual Machado, «Semi-poesía y posibilidad», págs. 21-23.

¹¹¹ Machado, *Páginas escogidas*, pág. 150; *DPD*, pág. 418.

¹¹² Manuel Machado, «Semi-poesía y posibilidad», pág. 33.

¹¹³ *C*, pág. 95r.

¹¹⁴ *USAM*, pág. 24. Hay tres borradores del soneto: *C*, págs. 22r-22v; *C*, pág. 176r («Al palacio de las Dueñas»); *Cuaderno3*, fol.8r.

¹¹⁵ Se viene diciendo que el retrato se conserva en la Hispanic Society de Nueva York, pero allí nos han asegurado que no es así.

¹¹⁶ Machado, *Poemas inéditos. Posibles composiciones inéditas y versiones con variantes significativas de Antonio Machado* (véase Bibliografía, sección 7), pág. 125.

¹¹⁷ *DPD*, pág. 333.

¹¹⁸ *USAM*, pág. 122.

¹¹⁹ *Macrí(1)*, pág. 784.

¹²⁰ Pérez Ferrero, pág. 41.

¹²¹ Gómez Zarzuela (1882), pág. 295, bajo rúbrica de Escuelas Públicas Municipales (Niños): «Ex-convento de la Concepción. — Calle de Menjíbar —. — Director, don Antonio Sánchez y Morales. — Auxiliares, don Eduardo Fernández y don Rafael Carmona y Ortiz».

¹²² Gómez Zarzuela (1878), pág. CLV.

¹²³ Extraemos estos datos, que creemos inéditos, de los siguientes documentos conservados en el Archivo Histórico de la Universidad de Sevilla: *Provincia de Sevilla. Libro de turno para la provincia de las escuelas. Disposición 10ª de la RO de 20 de Mayo de 1881.* Legajo 1.812; *Expedientes de asuntos generales y diversos de instrucción primaria de la provincia de Sevilla, 1857-1862, 1874-1889.* Legajo 512-513; *Expedientes de los Maestros de las escuelas públicas elementales de niños, y visitas de inspección a las mismas, 1876-1897.* Legajo 1.451-1.454.

[124] *C*, pág. 13r.

[125] *JM*, XLVI, pág. 315; *Macrí(2)*, pág. 2.106.

[126] Terán, págs. 135-136.

[127] *USAM*, pág. 9.

[128] Demófilo, *Post-Scriptum*, págs. 150-151; Brotherston, «Antonio Machado y Álvarez and Positivism», pág. 224; *PNAMA*, págs. 41-53.

[129] López Álvarez, pág. 34.

[130] *Ibíd.*, pág. 57.

[131] *PNAMA*, pág. 48.

[132] *Ibíd.*, pág. 225.

[133] López Álvarez, pág. 56.

[134] Partida de bautismo de José Machado Ruiz en *PNAMA*, pág. 326.

[135] Sendras y Burín, pág. 285, dice que Machado Álvarez hojeó la revista en el «Ateneo hispalense». Pero el Ateneo y Sociedad de Excursiones de Sevilla no se fundó hasta 1887, a iniciativas del sociólogo Manuel Sales y Ferré. ¿Se trataba, tal vez, de la Academia de Buenas Letras de Sevilla?

[136] *PNAMA*, pags. 62-65.

[137] Montoto y Rautenstrauch, *Por aquellas calendas*, pág. 105.

[138] *Ibíd.*, págs. 104-105.

[139] *Ibíd.*, pág. 105.

[140] Para la calle de la Encomienda, padrón municipal de Sevilla, 1879, signatura P/2480 (Archivo Municipal de Sevilla); partida de bautismo de Joaquín Machado Ruiz, *PNAMA*, pág. 326.

[141] Padrón municipal de Sevilla, 1881 (Archivo Municipal de Sevilla).

[142] Demófilo, *Post-Scriptum*, págs. 201-202, nota.

[143] Machado y Álvarez, *Colección de cantes flamencos*, edición de Enrique Baltanás, pág. 89.

[144] Blas Vega y Cobo, pág. xxi.

[145] Machado y Álvarez, *Colección de cantes flamencos*, edición de Enrique Baltanás, págs. 89-90.

[146] *PNAMA*, pág. 227.

[147] Detalle procedente del documento conservado en los archivos de la Universidad Complutense y facilitado por D. Antonio Olivares, conversación telefónica, 11 de febrero de 2004.

[148] Terán, p. 138.

[149] Pérez Ferrero, págs. 42-43.

[150] Gómez Zarzuela (1879), pág. 67.

[151] Juan Ramón Jiménez, *Poemas mágicos y dolientes*, en *Primeros libros de poesía* (Madrid, Aguilar, 1959); Machado a Juan Ramón Jiménez, *Macrí(2)*, pág. 1501.

[152] Padrón municipal de Sevilla, 1883 (Archivo Municipal de Sevilla).

[153] Sabemos la fecha exacta de la llegada de los Machado a Madrid gracias a una carta de Demófilo a su amigo Luis Montoto en Sevilla, *AMLM*, pág. 19; para los trenes nuestra fuente es Gómez Zarzuela (1879), págs. 71 y 136.

CAPÍTULO II
MADRID (1883-1896)

[1] *AMLM*, pág. 22.

[2] *Ibid.*, pág. 19.

[3] *Ibíd.*, pág. 23.

[4] *Ibid.*, págs. 20, 22.

[5] *Ibíd.*, págs. 22-23.

[6] *Ibíd.*, págs. 20-22.

[7] *Ibíd.*, pág. 25.

[8] *Ibíd.*, pág. 23.

[9] *Ibid.*, págs. 24, 26, 28, 29.

[10] Para la instalación del monumento, *Crónica de Madrid* (Barcelona, Plaza & Janés, 1990), pág. 305. Para el juicio de Machado Núñez sobre los musulmanes, véase Machado Núñez, *Páginas escogidas*, pág. 281.

[11] Antonio Machado Núñez, «La sequía de Andalucía: causas y remedios», *Boletín de la Institución Libre de Enseñanza*, VI, 1882, págs. 284-285; Antonio Machado Álvarez, «Algunas notas características de los cuentos populares, *Ibíd.*, págs. 33-35; 58-59; 94-96; 151-153.

[12] Para la lista completa de estos trabajos, véase León Esteban Mateo, *Boletín de la Institución Libre de Enseñanza. Nómina bibliográfica*, págs. 203-205.

[13] *AMLM*, pág. 35.

[14] *Ibíd.*, pág. 38.

[15] Barreiro, pág. 61.

[16] *AMLM*, págs. 36, 38.

[17] Jiménez-Landi Martínez, *Breve historia de la Institución Libre de Enseñanza*, pág. 105.

[18] «La nueva sección de párvulos», *Boletín de la Institución Libre de Enseñanza*, 31 de diciembre de 1884, pág. 383.

[19] Zulueta, pág. 258.

[20] Para el frontón, véase Moliner, pág. 299. Mi agradecimiento a Jordi Doménech por atraer mi atención sobre este artículo.

[21] Onís, introducción a *Homenaje a Antonio Machado, La Torre*, Puerto Rico (véase Bibliografía, sección 8), págs. 15.

[22] Zulueta, págs. 258-60.

[23] Manuel Machado, «Un paseo y un libro», *Helios*, núm. 8 (noviembre 1903), pág. 468. Prosa luego incluida en *La guerra literaria (1898-1914)*, págs. 106-107.

[24] *DPD*, pág. 345.

[25] *Ibíd.*, n. 2.

[26] Machado, *Páginas escogidas*, pág. 11; *DPD*, p. 416.

[27] Citado por López-Morillas, «Antonio Machado: ética y estética», pág. 260.

[28] Jiménez-Landi, *La Institución Libre de Enseñanza y su ambiente*, III, págs. 297-298.

[29] Jiménez García, pág. 74.

[30] *DPD*, págs. 386-387.

[31] *Ibíd.*, pág. 388.

[32] *AMLM*, pág. 46.

[33] *Ibíd.*, pág. 33.

[34] *Ibíd.*, pág. 48.

[35] *Ibíd.*, págs. 39-40, 48.

[36] *DPD*, pág. 465.

[37] *Ibíd.*, pág. 465, nota 6; *AMLM*, págs. 49-50.

[38] *AMLM*, pág. 55 y nota 204.

[39] Partida de bautismo de Cipriana Machado Ruiz en *PNAMA*, pág. 328.

[40] *PNAMA*, págs. 185-190.

[41] *AMLM*, págs. 55-57.

[42] *Ibíd.*, pág. 57.

[43] Antonio Machado y Álvarez, *Cantes flamencos*, Madrid, Espasa-Calpe (Austral), 3ª ed., 1975, pág.15.

[44] *PNAMA*, págs. 273-274.

[45] *Boletín de la Institución Libre de Enseñanza*, XI (1887), págs. 319-320, 326-329.

[46] Sendras y Burín, págs. 290-291.

[47] «Desde el mirador de la guerra. Lo que recuerdo yo de Pablo Iglesias», *La Vanguardia*, Barcelona, 16 de agosto de 1938; recogido en *Macrí(2)*, págs. 2.478-2.483.

[48] Para el dato de la colegiación, Jiménez-Landi, *La Institución Libre de Enseñanza y su ambiente*, III, pág. 569. Para la fecha de ingreso en San Isidro, *Extracto del Ex-*

pediente Académico de Antonio Machado y Ruiz, etc., Universidades, Legajo 6.647, expediente 12, Archivo Histórico Nacional, Madrid.

[49] *Extracto del Expediente Académico de Antonio Machado y Ruiz*, etc., Universidades, Legajo 6.647, expediente 12, Archivo Histórico Nacional, Madrid.

[50] *DPD*, pág. 345.

[51] Entrevista del autor con Dª Leonor Machado Martínez, Madrid, 25 de abril de 2005.

[52] *PF*, págs. 56-57.

[53] Padrón municipal de Madrid, 1 de diciembre de 1890, núm. 140 (Archivo de la Villa).

[54] *PF*, pág. 56.

[55] Padrón municipal de Madrid, 1 de diciembre de 1890, Distrito de Hospicio, Barrio de Fuencarral, hoja número 639.

[56] Documentación en *PNAMA*, págs. 312-315.

[57] Sendras y Burín, pág. 291.

[58] *Ibíd.*, pág. 290.

[59] *PNAMA*, pág. 315.

[60] *Ibíd.*, págs. 316-319.

[61] *PNAMA*, págs. 319-320; Montoto, *Por aquellas calendas*, pág. 107.

[62] *PNAMA*, págs. 317-321.

[63] Sama, «D. Antonio Machado y Álvarez».

[64] *DPD*, pág. 149, nota 60.

[65] «Cabellera», «Poetas populares. Enrique Paradas», en *La Caricatura*, núm. 66, 22 de octubre de 1893; *DPD*, pág. 151.

[66] Para los detalles de las dos ediciones del libro de Paradas, véase Alarcón Sierra, «La *prehistoria* de Manuel Machado», pág. 113. En el ejemplar de la segunda edición del libro conservado en la Biblioteca Nacional el título consta como *Ondulaciones*, no *Undulaciones*.

[67] Alarcón Sierra, «La *prehistoria* de Manuel Machado», pág. 111.

[68] *DPD*, pág. 149, nota 60.

[69] Manuel Machado, *Semi-poesía y posibilidad*, pág. 50.

[70] *PF*, págs. 67-68.

[71] *Ibíd.*, pág. 72.

[72] «Lo primero que escribieron nuestros grandes autores. Juan Ramón Jiménez, Benavente, Antonio y Manuel Machado y Muñoz Seca», *Estampa*, núm. 288, 15 de julio de 1933, reproducido en *DPD*, págs. 738-739; *USAM*, pág. 143.

[73] *DPD*, pág. 112, nota.

[74] *La Caricatura*, núm. 59, 3 de septiembre de 1893.

[75] Manuel Machado, *Unos versos, un alma y una época*, pág. 33.

[76] «La Semana», *La Caricatura*, núm. 55, 6 de agosto de 1893, y núm. 61, 17 de septiembre de 1893.

[77] Deleito y Piñuela, pág. 11.

[78] «Cabellera», «Por amor al arte», *La Caricatura*, núm. 61, 17 de septiembre de 1893; *DPD*, págs. 140-142.

[79] Antonio Núñez, «En torno a las figuras del 98. Antonio Machado en los recuerdos de Ricardo Calvo», pág. 8.

[80] Carballo Picazo, en el estudio preliminar a su edición de Manuel Machado, *Alma. Apolo*, pág. 58 (veáse Bibliografía, sección 2).

[81] *PF*, págs. 64-5; Pérez Ferrero, *Tertulias*, pág. 94.

[82] Manuel Machado, «De hoy no pasa», *La Caricatura*, 12 de noviembre de 1893.

[83] «Cabellera», «Un par de artistas», *La Caricatura*, núm. 60, 10 de septiembre de 1893.

[84] «Galería. El poeta Antonio Machado», *La Voz*, 1 de abril de 1935. Entrevista firmada «Proel» (Angel Lázaro); *DPD*, págs. 769-773.

[85] «Las narices» (*La Caricatura*, núm. 66, 22 de octubre de 1893), «El poeta Juan del Campo» (*Ibíd.*, núm. 67, 29 de octubre de 1893), «El diamante y el carbón» (*Ibíd.*, num. 68, 5 de noviembre de 1893); «La aguja» (*Ibíd.*, núm. 69, 12 de noviembre de 1893).

[86] Padrón municipal de Madrid, 1 de diciembre de 1895, Distrito Hospicio, Barrio Beneficiencia (Archivo de la Villa).

[87] *PF*, pág. 66.

[88] Citamos de la duodécima edición de *Azul...* publicada por Espasa-Calpe (Austral), que incluye la reseña de Valera.

[89] *DaríoOC*, V, pág. 724.

[90] *Ibíd.*, II, págs. 19-20.

[91] Darío, *Autobiografía*, en *DaríoOC*, I, págs. 83-94.

[92] Manuel Machado, *La guerra literaria*, págs. 19-21.

[93] No hemos conseguido ver este libro.

[94] *PF*, pág. 74.

[95] Manuel Machado, *Estampas sevillanas*, págs. 283-284.

[96] Universidad de Sevilla, Archivo Histórico, Legajo 1929-70-1432.

[97] Jiménez-Landi, *La Institución Libre de Enseñanza y su ambiente*, III, pág. 289.

[98] «El entierro del Sr. Machado», *El País. Diario Republicano Progresista*, 27 de julio de 1896, pág. 3.

[99] «Machado y Núñez», *Ibíd.*, 26 de julio de 1896, pág. 2.

[100] Calderón, «D. Antonio Machado y Núñez»; «El entierro del Sr. Machado», *El País. Diario Republicano Progresista*, 27 de julio de 1896, pág. 3; el mismo diario había anunciado la muerte del catedrático el día anterior, pág. 2 («Machado y Núñez»).

[101] Conversación del autor con Dª Leonor Machado, grabada en Madrid, 7 de abril de 2005.

[102] La fecha del cambio de casa se indicó a mano, posteriormente, en la parte inferior del Padrón de habitantes de Madrid del 1 de diciembre de 1895, correspondiente al piso de Fuencarral 98 (Distrito de Hospicio, Barrio de Beneficencia, hoja núm. 41901).

[103] Ayuntamiento de Madrid, Padrón municipal quinquenal, 1900 (Distrito de Universidad, Barrio de Pozas, núm. 29948).

Capítulo III
Madrid-París (1896-1902)

[1] *USAM*, pág. 24.

[2] Reseña del estreno por Federico Urrecha en *Heraldo de Madrid*, 24 de octubre de 1896, pág. 4 («Los teatros»). No hay alusión alguna a Machado.

[3] Reseña del estreno por Federico Urrecha en *Heraldo de Madrid*, 28 de noviembre de 1896, pág. 4. Tampoco hay una alusión a Machado.

[4] Véase el artículo de Federico Urrecha sobre el estreno en *Heraldo de Madrid*, 24 de enero de 1897, pág. 1.

[5] José María Planas, «Charlas literarias. Una hora con los hermanos Machado», *La Noche*, Barcelona, 20 de abril de 1928, pág. 1.

[6] *DPD*, pág. 771.

[7] *Ibíd.*, pág. 154.

[8] *DPD*, pág. 154, nota 7; Carpintero, *Antonio Machado en su vivir*, pág. 34.

[9] *PF*, págs. 75-76.

[10] *USAM*, pág. 23.

[11] *Heraldo de Madrid* consigna el 24 de abril de 1887 que los dos famosos actores acaban de salir de Madrid para Cádiz rumbo a América.

[12] *DPD*, págs. 152-155.

[13] Alarcón Sierra, «La *prehistoria* de Manuel Machado», pág. 110.

[14] *Ibíd.*, págs. 115-129.

[15] Archivo Histórico Nacional, Madrid, Universidades, legajo 6.647, expediente 14.

[16] *PF*, pág. 80.

[17] Archivo Histórico Nacional, Madrid, Universidades, legajo 6.647, expediente 12.

[18] *PF*, pág. 84.

[19] Con el empeño de documentar la estancia de los hermanos Machado en Sevilla hemos revisado, sin resultado positivo, *El Porvenir* y *El Noticiero Sevillano*, desde principios de marzo hasta mediados de mayo de 1898. Ello no quiere decir, por supuesto, que en otro lugar o lugares no apareciese una referencia a la visita.

[20] *El Noticiero Sevillano*, «Noticias locales», 13 de marzo de 1898, pág. 2; «La feria», *Ibíd.*, 18 de abril de 1898, pág. 2.

[21] *PF*, págs. 84-85.

[22] *El Noticiero de Sevilla*, 18-21 abril de 1898, *passim*.

[23] *PF*, pág. 84.

[24] *Macrí(1)*, pág. 18; Grijalbo, *Diccionario enciclopédico; Crónica de España* (Barcelona-Madrid, Plaza & Janés/Diario-16, 1991), págs. 764-765.

[25] *Macrí(1)*, pág. 18.

[26] *Crónica de Madrid* (Barcelona, Plaza y Janés, 1990), pág. 340.

[27] *DaríoOC*, II, págs. 440-441.

[28] *Ibíd.*, pags. 430-431.

[29] Darío, *Poesías completas*, pág. 553.

[30] *Ibid.*, pág. 616.

[31] «José Nogales», en *DaríoOC*, I, pág. 595.

[32] Darío, *Poesías completas*, pág. 571.

[33] Darío, *España contemporánea*, en *DaríoOC*, III, pág. 29.

[34] *Ibíd.*, *passim*.

[35] Gómez Carrillo, «Día a día», *La Vida Literaria*, núm. 11, 18 de marzo de 1899.

[36] Alarcón Sierra, *Entre el modernismo y la modernidad*, pág. 33.

[37] *Ibíd.*, págs. 33-34.

[38] Rubén Darío, «Algunas notas sobre Valle-Inclán», *DaríoOC*, II, pág. 575.

[39] Machado, prólogo a *La corte de los milagros* de Valle-Inclán (1938), en *AMG*, págs. 239-244.

[40] Gómez Carrillo, «Día por día», *La Vida Literaria*, núm. 15 (20 abril 1899), págs. 250-51, y «Día por día», *ibíd.*, núm. 16 (27 abril 1899), págs. 257-258.

[41] Gómez Carrillo, «París: día por día», *La Vida Literaria*, núm. 21 (1 junio 1899), pág. 341.

[42] *PF*, pág. 88.

[43] *Macrí(1)*, pág. 19.

[44] *DPD*, pág. 710.

[45] Citado por Alarcón Sierra, *Entre el modernismo y la modernidad*, pág. 35.

[46] *Ibíd.*, págs. 35-36.

[47] Manuel Machado, «Una balada de Oscar Wilde», *El País*, 25 de febrero de 1900, pág. 2. Muerto Wilde, Machado retocó el artículo y lo reprodujo en varios sitios. Véase Alarcón Sierra, *Entre el modernismo y la modernidad*, pág. 44, nota 102.

[48] Ellmann, págs. 322-334.

[49] Castex y Surer, *Manuel des Études Littéraires Françaises*, París, Hachette, 1954, pág. 901.

[50] Manuel Machado, «Lo que dicen las cosas (Del libro en prensa «Alma»)», *La Vida Literaria*, núm. 11 (18 marzo 1899), pág. 185.

[51] Baroja, págs. 163-164.

[52] *Ibíd.*, 161-162.

[53] Para consultar *La Voz de Guipúzcoa* de 1899, no conservada en la Hemeroteca Municipal de Madrid, hay que acudir a la Biblioteca Municipal de San Sebastián.

[54] Baroja, pág. 225.

[55] Ribbans, «Nuevas precisiones sobre la influencia de Verlaine en Antonio Machado», págs. 297-298 y nota 5.

[56] O'Riordan, nota 5, señala que el segundo tomo de esta edición de las obras completas de Verlaine, con anotaciones de Manuel Machado, está en la biblioteca del poeta en Burgos (Institución Fernán González).

[57] «Poética» (1931) para la antología de Gerardo Diego, *DPD*, pág. 714.

[58] Verlaine, *Oeuvres poétiques complètes*, pág. 437.

[59] Agradezco a mis amigos Eutimio y Cristina Martín su ayuda con estas versiones españolas de los sonetos de Verlaine.

[60] Baroja, pág. 120.

[61] Alarcón Sierra, *Entre el modernismo y la modernidad*, pág. 48.

[62] Ghiraldo, pág. 90.

[63] Véase Paniagua, págs. 46-55.

[64] Juan Ramón Jiménez, *El modernismo*, págs. 54, 56-57.

[65] «Poesías de Ibsen», traducidas por Juan Ramón Jiménez, *Vida Nueva*, 7 de enero de 1900. Para el elogio de Machado, véase Juan Ramón Jiménez, *El modernismo*, pág. 56.

[66] Gullón, *Conversaciones con Juan Ramón*, pág. 94.

[67] *Ibíd.*, pág. 100.

[68] Consultamos el libro en el verano de 1971.

[69] Rubén Darío, *Autobiografía*, en *DaríoOC*, I, pág. 142.

[70] Jiménez, *El modernismo*, pág. 231.

[71] «Vida» (1931), para la antología de Gerardo Diego, *DPD*, pág. 711.

[72] Archivo Histórico Nacional, Madrid, Universidades, legajo 6.647, expediente 12, Extracto del Expediente Académico de D. Antonio Machado y Ruiz.

[73] Al localizar la tumba en 2004 nos encontramos con que la lápida estaba rota en docenas de pedazos desparramados alrededor. La reconstruimos encima de una tumba cercana para poder fotografiarla.

[74] Archivo Histórico Nacional, Madrid, Universidades, legajo 6.647, expediente 12, Extracto del Expediente Académico de D. Antonio Machado y Ruiz.

[75] *Ibíd.*

[76] *Electra*, núm. 7 (27 abril 1901), pág. 213.

[77] *DPD*, pág. 361.

[78] Berkowitz, págs. 346-350.

[79] *Ibíd.*, págs. 350-359.

[80] Maeztu, «Los libros y los hombres. Mi programa», *Electra*, núm. 1 (16 marzo 1901), pág. 6.

[81] R. Sánchez Díaz, «Las industrias españolas», *Electra*, núm. 5 (13 abril 1901), pág. 129.

[82] J. Martínez Ruiz, «La España católica», *Ibíd.*, núm. 6 (21 abril 1901), pág. 163, y «La religión», *Ibíd.*, *Electra*, núm. 9 (11 mayo 1901), pág. 258.

[83] J. M. Llanas Aguilaniedo, «Iberia la desconocida», *Ibíd.*, núm. 6 (21 abril 1901), pág. 176.

[84] Gullón, «Relaciones entre Antonio Machado y Juan Ramón Jiménez», pág. 11.

[85] «Los poetas de hoy», *Electra*, núm. 3 (30 marzo 1901), pág. 69.

[86] Alonso, «Poesías olvidadas de Antonio Machado», pág. 142.

[87] «Otras canciones a Guiomar», *Macrí(1)*, pág. 732.

[88] Alonso, *Poesías olvidadas de Antonio Machado*, pág. 140.

[89] Manuel Machado, «Eleusis», *Electra*, núm. 4 (6 abril 1901), pág. 102.

[90] Para las cigüeñas de Sevilla, véase capítulo IV, nota 86.

[91] En «Fantasía de una noche de verano», LII.

[92] *Macrí(1)*, págs. 750-751.

[93] *Electra*, núm. 9 (11 mayo 1901), pág. 267.

[94] *Electra*, núm. 2 (23 marzo 1901), pág. 63. Se trata de una versión bastante libre del poema «Le Mois mouillé».

[95] *Ibíd.*, núm. 4 (6 abril 1901), pág. 123.

[96] Moréas y Verlaine comparten página, sin nota biobibliográfica, *Ibíd.*, núm. 5 (13 abril 1901), pág. 136.

[97] Según nos informa amablemente Jordi Doménech, la traducción de «Mujer y gata» es del poeta colombiano Guillermo Valencia.

[98] O' Riordan, columna 4.

[99] Para las citas, Barbusse, *Pleureuses* (véase Bibliografía, sección 10), págs. 69 («Tu viendras dans mon âme...») y 86 («Dans le soir»).

[100] *Electra*, núm. 1 (16 marzo 1901), pág. 29.

[101] Para el anuncio del artículo sobre Moréas, *Electra*, núm. 1 (16 marzo 1901), pág. 29. Para este párrafo estamos muy en deuda con el artículo de Patricia O'Riordan, «¿Unas traducciones desconocidas de los hermanos Machado?» (véase Bibliografía, sección 10).

[102] Gullón, «Relaciones entre Antonio Machado y Juan Ramón Jiménez», págs. 8 y 11; Gullón, «Cartas de Antonio Machado a Juan Ramón Jiménez», pág. 162.

[103] Gullón, *Ibíd.*, dice que en mayo de 1900, cuando llega Jiménez a Madrid, los hermanos Machado estaban en París. Pero, como sabemos, no fue el caso de Antonio, que había vuelto a la capital española en octubre de 1899.

[104] El poema nos llega a través de la transcripción de Ricardo Gullón de una copia hecha sobre el original por Juan Guerrero, véase Gullón, «Mágicos lagos de Antonio Machado», págs. 26-34; hemos seguido sin embargo la transcripción del manuscrito hecha por Jordi Doménech, que ha tenido la amabilidad de enviárnosla.

[105] *Macrí(1)*, pág. 752. En su nota a este poema, dice Macrí (*Ibíd.*, pag. 985): «El librito tuvo, algo más adelante, cierta influencia sobre el primer estrato decadente, demoníaco y quimérico de la poesía machadiana de *Soledades*. Baste recordar algunos poemas de *Ninfeas*, como *Mis demonios*, *Los amantes del miserable* (la figura de la «prostituta [...] Muerte»), *Spoliarum*, *Sarcástica*, es decir, los elementos negativos y *maudits...*». Nosotros no vemos por ningún lado tal «influencia» de Jiménez sobre dicho estrato de *Soledades*.

[106] Baroja, pág. 264.

[107] Joaquín Costa, «Buena nueva», *Juventud*, núm. 3 (20 octubre 1901), sin paginación.

[108] Unamuno, «¡Qué dulce es la siesta!», *Ibíd.*, núm. 1 (1 octubre 1901), sin paginación.

[109] Sales y Ferré, «Psicología del pueblo español. I. Complejidad de los problemas sociales», *Ibíd.*, núm. 6 (30 noviembre 1901), sin paginación.

[110] Manuel Machado, «El modernismo y la ropa vieja», *Ibíd.*, núm. 1 (1 octubre 1901), sin paginación; «El arte y los artistas. Benlliure, académico», *Ibíd.*, núm. 2 (10 octubre 1901), sin paginación.

[111] Hemos trabajado con el microfilm de la revista que obra en la Hemeroteca Municipal de Madrid. Contiene los números 1-6 y 10-11. No hemos podido consultar los otros (la Biblioteca Nacional no conserva número alguno de la revista). Para una descripción de la misma, algo somera, ver Paniagua, págs. 96-108.

[112] Darío, *Poesías completas*, pág. 603.

[113] «Y las sombras», *Ninfeas*, pág. 1511; para el comentario posterior sobre *Ninfeas*, véase Darío, *Cartas desconocidas de Rubén Darío*, pág. 205.

[114] Unamuno, «El «Alma» de Manuel Machado», *Heraldo de Madrid*, 19 marzo 1902, pág. 3.

[115] Núñez, «En torno a las figuras del 98».

[116] *Ibíd.*

[117] Joaquín Machado, «Relámpagos del recuerdo».

[118] *Ateneo*, IV, 1907; *Renacimiento*, I (marzo de 1907), págs. 60-61.

● CAPÍTULO IV
DE MADRID A SORIA (1902-1907)

[1] *Revista Ibérica*, núm. 3 (agosto 1902), págs. 81-82.

[2] Berceo, *Milagros de Nuestra Señora* (Madrid, Espasa-Calpe, Clásicos Castellanos, 5ª ed., 1958), edición y notas de A. G. Solalinde; «Introducción», estrofa 17, págs. 5-6.

[3] José Machado, [«Carta de José Machado en la que habla del poeta»].

[4] *C*, pág. 194v.

[5] Alarcón Sierra, *Entre el modernismo y la modernidad*, págs. 363-366.

[6] Sobre la publicación de *Soledades*, véase el excelente resumen de Doménech, *DPD*, pág. 725, nota 3.

[7] Alonso, «Poesías olvidadas de Antonio Machado», pág. 104.

[8] Es la opinión de los libreros de ocasión madrileños a quienes hemos consultado al respecto.

[9] Agradezco encarecidamente a mi amigo César Gutiérrez Gómez, director de la Casa-Museo de Machado en Segovia, una fotocopia del ejemplar de *Soledades* perteneciente a la misma.

[10] *USAM*, pág. 148.

[11] Bécquer, *Rimas y declaraciones poéticas*, pág. 256.

[12] *Soledades* (ed. Ferreres, véase Bibliografía, sección 1b), pág. 20.

[13] *Ibid.*, pág. 21.

[14] *Macrí(1)*, págs. 744-745.

[15] *Soledades* (ed. Ferreres, véase Bibliografía, sección 1b), pág. 63.

[16] *Ibíd.*, págs. 63-66.

[17] *Ibíd.*, pág. 64.

[18] *Ibíd.*, págs. 63-66.

[19] *USAM*, pág. 44.

[20] *Soledades* (ed. Ferreres, véase Bibliografía, sección 1b), pág. 73.

[21] *USAM*, págs. 152-153.

[22] *Soledades* (ed. Ferreres, veáse Bibliografía, sección 1b), pág. 98.

[23] *Ibíd.*, pág. 102.

[24] *Ibíd.*, pág. 83, donde se lee «temblosa», corregida en la «fe de erratas» del libro por «temblorosa» (pág. [112]), como ha tenido la amabilidad de recordarnos Jordi Doménech.

[25] *Ibid.*, pág. 126; *Macrí(1)*, págs. 750-751.

[26] *Soledades* (ed. Ferreres, véase Bibliografía, sección 1b), pág. 121.

[27] *Ibíd.*, pág. 76; *Macrí(1)*, pág. 743.

[28] «Teatro. Beneficio de Ricardo Calvo», *El Defensor de Granada*, 28 de enero de 1903, pág. 2; «Beneficio de Ricardo Calvo», *ibíd.*, 29 de enero de 1903, pág. 2; «Viajeros» («En el hotel Victoria. D. Antonio Machado, D. Ramón del Valle...»), *ibíd.*; «Esta noche despedida de la compañía...», *ibíd.*, pág. 2; «Teatro. Andrés [sic] del Sarto», *ibíd.*, 3 de febrero de 1903, pág. 2.

[29] «GRAN TEATRO. Compañía dramática dirigida por el primer actor D. Francisco Fuentes», *El Defensor de Córdoba*, 4 de febrero de 1903, pág. 3; «Notable escritor», *ibíd.*, 5 de febrero de 1903, pág. 2; «Crónica local... Compañeros... Ha marchado a Madrid el notable escritor D. Ramón del Valle Inclán», *ibíd.*, 6 de febrero de 1903, pág. 3.

[30] Juan Ramón Jiménez, «*Soledades*, poesías, por Antonio Machado. Madrid 1903», en *El País*, 21 de febrero de 1903, pág. 1. Reproducido por Gullón (sin precisar la fecha) en «Cartas de Antonio Machado a Juan Ramón Jiménez...», págs. 207-209.

[31] Antonio de Zayas, «Góngora», *Helios*, núm. 3 (junio 1903), pág. 361.

[32] Carpintero, *Antonio Machado en su vivir*, pág. 52.

[33] Unamuno, «Vida y arte. Sr. D. Antonio Machado», *Helios*, tomo 2, núm. 5 (agosto 1903), págs. 46-50.

[34] «Carta abierta a don Miguel de Unamuno», *El País*, 14 de agosto de 1903, pág. 1; *DPD*, págs. 175-180.

[35] *USAM*, págs. 60-61.

[36] Cansinos-Asséns, *La novela de un literato*, pág. 116.

[37] Citado en *DPD*, pág. 169, nota.

[38] Cansinos-Asséns, *La novela de un literato*, pág. 111.

[39] *Helios*, núm. 4 (julio 1903), págs. 398-400.

[40] «Galerías», *Helios*, núm. 14 (mayo 1904), pág. 12.

[41] «Galerías», *Alma española*, II, núm. 19 (20 marzo 1904), p. 5; *Macrí(1)*, pág. 755.

[42] «Tristezas», *Helios*, núm. 8 (noviembre 1903), pág. 390.

[43] *Helios*, núm. 8 (noviembre 1903), pág. 391.

[44] «Al maestro Rubén Darío», *Renacimiento*, núm. X (diciembre 1907), págs. 726-727. Para la historia de este poema, véase Machado, *Soledades. Galerías. Otros poemas*, edición de Geoffrey Ribbans, Madrid, Cátedra («Letras Hispánicas»), 16ª edición revisada, 2000, pág. 227, n.

[45] «Arte poética», seguida de «Los sueños» bajo el título común «Galerías», *Helios*, núm. 11 (febrero 1904), pág. 184.

[46] *«Arias tristes*, de Juan R. Jiménez», *El País*, 14 de marzo de 1904, pág. 2; *DPD*, págs. 189-191.

[47] *DPD*, págs. 198-199.

[48] Véase sobre esto Doménech, *DPD*, pág. 197, nota.

[49] Unamuno, «Almas de jóvenes», *Nuestro Tiempo*, núm. 41 (mayo 1904), págs. 252-262, reproducido (en lo referente a Machado) en *DPD*, págs. 197-199.

[50] Ribbans, en *SGOP*, pág. 265.

[51] Prólogo de Ferreres a su edición de *Soledades* (véase Bibliografía, sección 1b), pág. 57.

[52] Ribbans, en *SGOP*, pág. 266.

[53] Para la fecha de muerte, nota añadida al padrón de 1900 correspondiente a la casa de la familia en la calle de Fuencarral, 148 (Distrito Universidad: Barrio Pozas, hoja núm. 29.948). Para el entierro, Cementerio de la Almudena, E.M.S.F. de Madrid, S.A., Cementerios, inhumación 10 de agosto de 1904, Zona 1 Antigua, Cuartel 14, Manzana 95, Letra B, Cuerpo 2.

[54] Testamento de Cipriana Álvarez Durán, reproducido por Pineda Novo, *Antonio Machado y Álvarez, «Demófilo». Vida y obra del primer flamencólogo español*, págs. 330-332.

[55] Citado por Carpintero, «Machado en Soria», pág. 19.

[56] *USAM*, págs. 125-126.

[57] *El País*, 4 de marzo de 1905, pág. 8.

[58] El poema se publicó, al parecer por vez primera, en *Campos de Castilla* (1912). En *Páginas escogidas* (1917) Machado le atribuye la fecha de 1905, sin duda la correcta.

[59] «Divagaciones (En torno al último libro de Unamuno)», *La República de las Letras*, núm. 14 (9 agosto 1905), pág. 3; *DPD*, págs. 205-209.

[60] Carpintero, «Antonio Machado en Soria», pág. 21.

[61] Terán, pág. 140.

[62] *Antonio Machado y Ruiz. Expediente académico y profesional 1875-1941* (véase Bibliografía, sección 6), pág. 26.

[63] *Ibíd.*, págs. 27-31.

[64] *Ibíd.*, págs. 59-89.

[65] *Ibíd.*, págs. 109-110.

[66] *Renacimiento*, núm. 1 (marzo 1907), págs. 60-68.

[67] *Antonio Machado y Ruiz. Expediente académico y profesional 1875-1941* (véase Bibliografía, sección 6), pág. 111.

[68] Cano, pág. 60.

[69] *Antonio Machado y Ruiz. Expediente académico y profesional 1875-1941* (véase Bibliografía, sección 6), págs. 112-122.

[70] *Ibíd.*, págs. 123-126.

[71] «El año teatral», *El País*, 1 de enero de 1908.

[72] Cano, págs. 61-62, da como fuente de esta información Angel Lázaro.

[73] «Composition. Le théâtre et l'éducation. (El teatro como medio educativo)» y dos páginas en francés. Recogidos en *Antonio Machado y Ruiz. Expediente académico y profesional 1875-1941* (véase Bibliografía, sección 6), págs. 90-92, 94-95.

[74] *Ibíd.*, «Hoja de servicios», pág. 137.

[75] *Ibíd.*

[76] Para los detalles del tren, Chico y Rello, «Antonio Machado, en su época feliz de Soria», págs. 223-224.

[77] Carpintero, «Historia y poesía de Antonio Machado», pág. 313.

[78] Baedeker, pág. 197.

[79] *DPD*, pág. 362.

[80] *Ibíd.*, pág. 241, nota 7.

[81] Martínez Laseca, «¡Atención... que la cosa va de crímenes!», pág. 11.

[82] Para los cafés y confiterías, Carpintero, «Soria, en la vida y en la obra de Antonio Machado», págs. 71-72.

[83] Véase, por ejemplo, el artículo «Schulten» en *Tierra Soriana*, 14 de octubre de 1907, pág. 1.

[84] *DPD*, pág. 241, n. 8; Frías Balsa, *Crímenes y asesinatos de Soria*, passim.

[85] «La sequía y los árboles», *Tierra Soriana*, 29 de abril de 1907, pág. 1.

[86] Véase, por ejemplo, *El Porvenir*, Sevilla, 20 de febrero de 1899, pág. 3, bajo el título «Las cigüeñas»: «Estos pájaros, heraldo anunciador de la primavera, han llegado a Sevilla. Ya las hemos visto posadas con sus largas patas sobre las torres de las iglesias...». Hoy anidan en Sevilla muy pocas cigüeñas. En la obra previa de Machado, que sepamos, sólo hay una referencia a estos pájaros, mencionada en nuestro primer capítulo. Ocurre en el poema «Del camino», publicado en *Electra* y luego recogido, con el nuevo título de «Tierra baja», en *Soledades* (1903) y, después, en *Poesías completas* (XLV).

[87] *Soledades. Galerías. Otros poemas*, págs. 28-29.

[88] *Tierra Soriana*, «Sueltos y Noticias», 6 de mayo de 1907, pág. 3, col. 4.

CAPÍTULO V
SORIA (1907-1912)

[1] *BurgosI(2)*, págs. 555-61 y 639-40. El recorte corresponde a la versión de «Por tierras del Duero» publicada en la revista madrileña *La Lectura* en diciembre de

1910. En la prensa local de Soria hemos buscado, infructuosamente, referencias a la posible estancia del poeta durante el verano de 1907. La fecha 6 de julio de 1907 no encaja, por otro lado, con la indicación del primer verso de «A orillas del Duero», según el cual *mediaba* entonces el mes de julio (o de junio en el borrador y *La Lectura)*. No cabe duda de que Machado ha escrito, al final de ambos poemas, «1907» y no «1909».

[2] *DPD*, pág. 732.

[3] *Burgos1(2)*, pág. 555.

[4] «Las encinas» (CIII).

[5] Baltanás, pág. 96.

[6] Ortega y Gasset, «Al margen del libro. Los versos de Antonio Machado», *Los Lunes de El Imparcial*, 22 de julio de 1912, pág. 1.

[7] Baltanás, pág. 94.

[8] *DPD*, pág. 264, nota 5.

[9] Maeztu, «Los libros y los hombres», *Electra*, núm. 1 (16 marzo 1901), págs. 5-6.

[10] Martínez Laseca, págs. 17, 19.

[11] *DPD*, p. 245.

[12] *Revista Latina*, núm. 2 (30 octubre 1907), págs. 10-11. Hemos corregido dos erratas en VI: lavó por labó y vid por vida.

[13] «Versos nuevos», *El País*, 25 de noviembre de 1907, pág. 1.

[14] *PF*, pág. 114. En los números 1 y 2 de la *Revista Latina* (septiembre, y 30 octubre 1907) se anuncia entre los títulos de Pueyo el volumen *Soledades. Galerías* de Antonio Machado; en el siguiente número (30 noviembre 1907) el libro ya figura con su título completo. *Renacimiento*, en su número 9 (noviembre 1907), incluye el libro en su lista de «Obras recientemente publicadas».

[15] Al final de *Soledades. Galerías. Otros poemas*, en todos los ejemplares que hemos manejado, hay un largo catálogo, fechado 1908, de *Obras modernas en prosa y verso de autores españoles e hispano-americanos* (además de obras de esperanto) ofrecidas por Pueyo.

[16] La firma autógrafa de Carrera consta en numerosos folios del expediente de las oposiciones (véase Bibliografía, sección 6, *Antonio Machado y Ruiz. Expediente académico y profesional 1875-1941)*.

[17] La antología a que se refiere es *La corte de los poetas. Florilegio de rimas modernas*, con nota preliminar de E. Carrere, Madrid, 1906, págs. 191-196 *(Macrí(1)*, pág. 259).

[18] Machado, *Páginas escogidas*, pág. 16; *DPD*, pág. 417.

[19] *C*, pág. 120v; *Macrí(2)*, pág. 1.284.

[20] Machado, *Soledades. Galerías. Otros poemas* (1907), págs. 107-108.

[21] Ribbans, en su edición de *Soledades. Galerías. Otros poemas* (véase Bibliografía, sección 1b), pág. 160.

[22] Machado, *Soledades. Galererías. Otros poemas* (1907), pág. 147.

[23] *Ibíd.*, pág. 148.

[24] *Macrí(2)*, pág. 2.363.

[25] Para Sánchez Barbudo, pág. 78, la «compañera» del último verso del poema es la angustia, no la amada. Creemos, a la luz de la presencia de la compañera amada en otros poemas, que la interpretación es errónea.

[26] «Soledades», *Los Lunes de El Imparcial*, 22 de octubre de 1906.

[27] Sánchez Barbudo, pág. 81, nota 22.

[28] Ribbans, *Niebla y Soledad*, pág. 220 y nota 46.

[29] El periódico se confunde al indicar que «Galerías» procedía de *Soledades. Galerías. Otros poemas*, donde, si bien figuran los poemas, ha desaparecido el título «Galerías» de la «suite» y el número V, «Acaso», se inserta en otro apartado.

[30] El poema de Manuel Machado se publicó en *El Liberal* el 25 de febrero de 1908.

[31] Manuel Machado, «Semi-poesía y posibilidad», pág. 29 (véase Bibliografía, sección 2).

[32] *Electra*, núm. 7 (27 abril 1901), pág. 196.

[33] Núñez, pág. 8.

[34] Macrí en *Macrí(1)*, pág. 877.

[35] Darío, *Poesías completas*, pág. 627.

[36] *Antonio Machado y Ruiz. Expediente académico y profesional 1875-1941* (ver Bibliografía, sección 6), pág. 145. El nombramiento, por Real Orden, había tenido lugar el 28 de marzo de 1908.

[37] *DPD*, pág. 223, nota.

[38] «Nuestro patriotismo y *La marcha de Cádiz*», en *La Prensa de Soria al 2 de Mayo de 1808*, pág. 3; *DPD*, págs. 223-227.

[39] Doménech, *DPD*, pág. 228, nota.

[40] Datos que debemos a Doménech (*DPD*, pág. 228) y Macrí (*Macrí(1)*, pág. 260).

[41] Prólogo de Machado al libro de poemas de Ayuso, *Helénicas* (1914); *DPD*, págs. 360-365.

[42] *Tierra Soriana*, 21 de julio de 1908, pág. 3; la carta a Unamuno se recoge, con un atinado comentario, en *DPD*, págs. 227-228.

[43] *Antonio Machado y Ruiz. Expediente académico y profesional 1875-1941* (véase Bibliografía, sección 6), págs. 141-46; carta a Darío, *DPD*, págs. 229-230.

[44] Mi agradecimiento a mi amigo César Millán, que me acompañó a Almenar en la primavera de 2005.

[45] Declaración de Concha Cuevas a la hispanista francesa Jeanne Lafon, recogida por Carpintero, «Antonio Machado en Soria», pág. 25.

⁴⁶ Granados, sin paginación.

⁴⁷ Cano, pág. 68.

⁴⁸ Chico y Rello, pág. 240.

⁴⁹ Granados, sin paginación.

⁵⁰ Carpintero, «Antonio Machado en Soria», págs. 23-24.

⁵¹ *Ibíd.*, pág. 24.

⁵² Carpintero, «Historia y poesía de Antonio Machado», pág. 318.

⁵³ Méndiz Noguero, pág. 106.

⁵⁴ *La Lectura*, Año IX, tomo I (abril 1909), págs. 51-54.

⁵⁵ *Ibíd.*, tomo II (mayo 1909), págs. 53-54.

⁵⁶ El artículo, fechado «Madrid, mayo de 1909» y titulado «Poetas de España. Los hermanos Machado», se publicó en *La Nación*, Buenos Aires, el 15 de junio de 1909. Se reproduce parcialmente en *DPD*, págs. 230-232, de donde lo citamos.

⁵⁷ Martínez Laseca, págs. 33-34.

⁵⁸ El 13 de julio, por ejemplo, *Tierra Soriana* anunciaba que el domingo anterior se había leído la primera amonestación «del inspirado y conocidísimo poeta, catedrático de Francés en el Instituto de Soria don Antonio Machado, con la señorita Leonor Izquierdo Cuevas» (Méndiz Noguero, pág. 106, nota 9).

⁵⁹ «Noticias», *Tierra Soriana*, 13 de julio de 1909, pág. 2.

⁶⁰ *DPD*, pags. 233-235; Tudela, «Mi amistad con Antonio Machado», pág. 75; según Martínez Laseca, pág. 41, el poeta leyó «Las moscas» (XLVIII), «El viajero» (I), «En el entierro de un amigo» (IV), «Cante hondo» (XIV), «El poeta» (XVIII), un poema de la sección «Grandes inventos», de *Soledades. Galerías. Otros poemas* y, para terminar, «Retrato».

⁶¹ «Expediente matrimonial de Antonio Machado», *Celtiberia*, Soria, núm. 49 (1975), pág. 76. De que José Machado acompañara a su madre a Soria queda constancia en *El Avisador Numantino*, «De viaje y de veraneo», 31 de julio de 1909.

⁶² Carpintero, «Historia y poesía de Antonio Machado», pág. 315.

⁶³ *El Avisador Numantino*, «Una boda», 31 de julio de 1909.

⁶⁴ Martínez Laseca, pág. 43.

⁶⁵ *El Avisador Numantino*, «Una boda», 31 de julio de 1909.

⁶⁶ *Tierra Soriana*, «Noticias», 31 de julio de 1909, pág. 3.

⁶⁷ Carpintero, *Antonio Machado en su vivir*, pág. 74. Para el recuerdo que guardó Machado de la boda, véase su carta a Pilar de Valderrama, *DPD*, pág. 595.

⁶⁸ *PF*, págs. 149-62. Para la cita, pág. 145.

⁶⁹ Para la estancia en Fuenterrabía nuestra única fuente es Pérez Ferrero, págs. 126-127. No hemos encontrado referencia alguna a ella en *La Voz de Guipúzcoa*. En declaraciones al diario barcelonés *La Noche* en 1928 Machado recordó cómo

no habían podido continuar desde Zaragoza a la capital catalana (José María Planas, «Charlas literarias. Una hora con los hermanos Machado», *La Noche*, Barcelona, 20 de abril de 1928, pág. 1).

[70] En el padrón municipal de 1905 hay una nota manuscrita que dice: «En 2 de Julio de 1909 se trasladan a la Corredera Baja de San Pedro nº 20 pral. Izqda...». (Archivo Municipal de Madrid).

[71] Núñez, p. 8.

[72] *La Lectura*, Año IX , Núm. 105 (septiembre 1909), pág. 31; el poema, algo modificado, se incorporó luego en *Poesías completas* con el título «En tren» (CX).

[73] Chico y Rello, pág. 241.

[74] *BurgosI(2)*, *passim*, a partir de la pág. 444.

[75] *DPD*, pág. 247.

[76] Martínez Laseca, págs. 45-46.

[77] Granados, sin paginación.

[78] Cano, pág. 66.

[79] Se titulaban *Morceaux choisis de littérature Française des meilleurs auteurs* (Saragosse, Mariano Escar, Typographe, 1908) y *Arte teórico-práctico para aprender la lengua francesa* (Zaragoza, Mariano Escar, Tipógrafo, 8ª edición, 1908).

[80] Entrevista del autor con D. Mariano del Olmo Martínez, Soria, verano de 1978. Nos acompañaba el fervoroso machadiano Heliodoro Carpintero.

[81] *PF*, pág. 166.

[82] Para la partida matrimonial de Manuel Machado y Eulalia Cáceres, véase Ortiz de Lanzagorta, págs. lviii-lix; Madrid, padrón municipal quinquenal, diciembre de 1910, hoja declaratoria núm. 22031 (Archivo de la Villa).

[83] Ortiz de Lanzagorta, pág. lix.

[84] *PF*, págs. 129-130.

[85] *DPD*, págs. 261-265.

[86] Para la versión en prosa de *La tierra de Alvargonzález* es obligada la consulta de los dos artículos de la hispanista inglesa Helen Grant, quien la «redescubrió» en las páginas de *Mundial Magazine* (véase Bibliografía, sección 10). El periódico soriano que más espacio dedicó al crimen de Duruelo fue *La Verdad*, con una larga serie de reportajes, iniciada el 30 de julio de 1910, titulada «La tragedia de Duruelo. Asesinato y violación».

[87] *DPD*, pág. 263.

[88] Frías Balsa, págs. 57-64.

[89] «Una muerte en Deza», *Noticiero de Soria*, 30 de septiembre de 1908, pág. 2.

[90] Grant, «Antonio Machado and "La tierra de Alvargonzález"», pág. 144. La hispanista dice haber encontrado la referencia en el número de *La Verdad*, Soria, correspondiente al 26 de agosto de 1910, pero allí no la hemos podido localizar.

[91] *BurgosI(2)*, pág. 513.

[92] *Ibíd.*, págs. 481 y 519.

[93] Pérez-Rioja, págs. 261-262.

[94] *DPD*, pag. 362.

[95] *Ibíd.*, pág. 242, nota 9.

[96] Doménech, *Ibíd.*, págs. 235-244, reproduce la versión del texto publicada por *Tierra Soriana*, 4 de octubre de 1910, pág. 1, y tiene en cuenta, en notas a pie de página, las variantes de la de *La Verdad*, 4 de octubre de 1910, págs. 1-2.

[97] *BurgosI(1)*, pág. 463.

[98] *BurgosI(2)*, pág. 537.

[99] *Ibíd.*, pág. 499.

[100] *Antonio Machado y Ruiz. Expediente académico y profesional, 1875-1941* (véase Bibliografía, sección 6), pág. 153.

[101] *Ibíd.*, pág. 149.

[102] *La Lectura*, Año X, tomo 3, núm. 120 (diciembre 1910), págs. 375-376.

[103] *BurgosI(2)*, págs. 461, 475, 477, 537.

[104] *Tierra Soriana*, 14 de enero de 1911, pág. 3.

[105] Carpintero, «Historia y poesía de Antonio Machado», pág. 321.

[106] *Noticiero de Soria*, 14 de enero de 1911, pág. 2. Reproducido por Carpintero, «Historia y poesía de Antonio Machado», pág. 322. La parodia llevaba las iniciales «A. C. de A.», tal vez correspondientes, según Carpintero, al del publicista Antonio Carrillo de Albornoz.

[107] Carpintero, «Historia y poesía de Antonio Machado», págs. 324-325.

[108] *Ibíd.*, pág. 321.

[109] «Una poesía», *Tierra Soriana*, 14 de enero de 1911, pág. 3. El autor del comentario —que creemos ser con toda seguridad Palacio— alude también a la crítica aparecida en en *Ideal Numantino*, que hemos citado.

[110] *DPD*, pág. 254.

[111] *PF*, pág. 131.

[112] *C*, pág. 5V.

[113] *PF*, pág. 131; Grant, *La tierra de Alvargonzález*, pág. 62, dice que en la década de 1950 el hotel tenía ya la entrada en la Rue des Saints-Pères, número 32.

[114] *DPD*, págs. 246-248.

[115] *Ibíd.*, págs. 254-255.

[116] Archivo de la Residencia de Estudiantes, J. A. E. 90-4. 1910-1918. El primero en citar esta «Memoria», creemos, fue Cano, pág. 75, nota 4.

[117] *C*, pág. 7r.

[118] Sésé, «Antonio Machado y París», pág. 262.

[119] *DPD*, pág. 256.

[120] «Marinetti y el futurismo», en *Letras, OCDarío*, II, págs. 616-623.

[121] «Noticias», *Tierra Soriana*, pág. 3, breve comentario de José María Palacio citado en *DPD*, pág. 249.

[122] *DPD*, págs. 249-254.

[123] *PF*, págs. 133-134.

[124] *Ibíd.*, págs. 134-136; detalles de la clínica en Sésé, «Antonio Machado y París», págs. 262-263.

[125] Carta de Machado a su madre, reproducida fotográficamente en *Manuscritos de Manuel y Antonio Machado* (véase Bibliografía, sección 7), pág. 35.

[126] *DPD*, pág. 257.

[127] *Ibíd.*, págs. 257-258.

[128] *Ibíd.*, pág. 258.

[129] *El Avisador Numantino*, 16 de septiembre de 1911, citado por Carpintero, «Historia y poesía de Antonio Machado», pág. 327.

[130] *DPD*, págs. 259-260.

[131] *Ibíd.*, pág. 260, nota 3.

[132] Granados, sin páginacion.

[133] Carpintero, «Historia y poesía de Antonio Machado», pág. 327.

[134] Manuel Machado, *Cante hondo. Cantares, canciones y coplas, compuestas al estilo popular de Andalucía*, Madrid, Imprenta Helénica, 1912. Según el colofón del libro, éste se terminó de imprimir el 19 de enero de 1912. Le agradezco a Teresa Rodríguez Domínguez, de la Fundación Juan Ramón Jiménez en Moguer, el envío de información relativa al ejemplar del libro dedicado a Juan Ramón que se conserva en dicha casa. Para las ventas, Pérez Ferrero, págs. 166-167.

[135] *La Tribuna*, 10 de febrero de 1912, pág. 4.

[136] Manuel Machado, «Madrid canta», *La Tribuna*, Madrid, 12 de febrero de 1912, pág. 7, «Carnavalina», *Ibíd.*, 17 de febrero de 1912, pág. 7, y «Febrerillo loco», *Ibíd.*, 27 de febrero de 1912, pág. 2.

[137] *La Tribuna*, 20 de febrero de 1912, pág. 9. Para el manuscrito del texto, titulado «Gentes de mi tierra», véase *DPD*, págs. 855-859. Para la versión posterior del relato, titulada «Perico Lija», publicada por Rubén Darío en *Mundial Magazine*, París, núm. 26 (junio 1913), págs. 112-117, véase *DPD*, págs. 278-288.

[138] *La Tribuna*, 25 de febrero de 1912, pág. 1.

[139] Los borradores que hemos consultado se reproducen en *BurgosI(2)*, págs. 444, 455, 446, 483, 489, 491, 493, 505, 507, 541, 551, 553, 575, 577, 583, 585, 587, 597, 599, 601.

[140] *La Tribuna*, 2 de marzo de 1912, pág. 2.

[141] *BurgosI(2)*, pág. 597.

[142] *BurgosI(1)*, pág. 388.

[143] *BurgosI(2)*, pág. 521.

[144] *BurgosI(1)*, pág. 464.

[145] Se trata de la nota antepuesta a *Campos de Castilla* en *Páginas escogidas* (1917); *DPD*, págs. 417-418.

[146] *Campos de Castilla* no llevaba colofón. Ribbans, en su edición del libro (Cátedra), pág. 25, dice «salió seguramente a finales de abril» de 1912. Más acertada, a nuestro juicio, es la opinión de Doménech, para quien el libro apareció «a mediados de abril» de aquel año (*DPD*, pág. 277, nota 5).

[147] Jordi Doménech me informa amablemente que la cubierta de *Campos de Castilla*, como todas las de la editorial Renacimiento, era de Fernando Marco.

[148] Carta de Antonio Machado a Gregorio Martínez Sierra, Madrid, 20 de septiembre de 1912. Reproducida fotográficamente en *Manuscritos de Manuel y Antonio Machado* (véase Bibliografía, sección 7), pág. 37.

[149] Agradezco a Teresa Rodríguez Domínguez, de la Fundación Juan Ramón Jiménez en Moguer, el envío de este material.

[150] Escrito este párrafo, Jordi Doménech me informa amablemente que todos los ejemplares que ha visto de *Campos de Castilla* llevan el rótulo de «segunda edición», y que él también se inclina por la hipótesis del «truco editorial».

[151] En la «nota autobiográfica» para Azorín, *DPD*, pág. 347.

[152] Agradezco a mi amigo Jordi Doménech el envío de una fotocopia del artículo de Unamuno.

[153] *DPD*, pág. 328, nota 14.

[154] Azorín, «El paisaje en los versos», *Abc*, 2 de agosto de 1912, págs. 6-7.

[155] Ortega y Gasset, «Al margen del libro. Los versos de Antonio Machado», *Los Lunes de El Imparcial*, 22 de julio de 1912, pág. 1.

[156] «Campos de Castilla», *La Tribuna*, 11 de junio de 1912, pag. 5.

[157] *El Porvenir Castellano*, Soria, 8 de julio de 1912, pág. 1.

[158] *Manuscritos de Manuel y Antonio Machado (Poesía, prosa y teatro)*, en *Arte. Información y gestión, catálogo de subasta* (véase Bibliografía, sección 7), pág. 35.

[159] Martínez Laseca, pág. 107.

[160] *Ibíd.*

[161] *El Porvenir Castellano*, 5 de agosto de 1912, págs. 1-2.

[162] La esquela de Martínez González se publicó en *El Porvenir Castellano* el 27 de febrero de 1913.

[163] *Ibíd.*, 5 de agosto de 1912, pág. 5.

[164] «Noticias», *Ibíd.*, 8 de agosto de 1912, pág. 5.

[165] Chico y Rello, págs. 242-244.

CAPÍTULO VI
BAEZA (1912-1919)

[1] Carpintero, *Antonio Machado en su vivir*, pág.93.

[2] Documentación en *Antonio Machado y Ruiz. Expediente académico y profesional, 1875-1941* (véase Bibliografía, sección 6), págs. 157-187. La instancia de Machado, pág. 183.

[3] D'Ors, págs. 169-179.

[4] *Manuscritos de Manuel y Antonio Machado (Poesía, prosa y teatro)*, en *Arte. Información y gestión, catálogo de subasta* (ver Bibliografía, sección 7), pág. 37. Agradezco profundamente a Jordi Doménech su revisión de mi transcripción de esta importante carta.

[5] Cansinos-Asséns, págs. 449-450.

[6] Documentación en *Antonio Machado y Ruiz. Expediente académico y profesional, 1875-1941* (ver Bibliografía, sección 6), págs. 157-187.

[7] Chamorro Lozano, «Antonio Machado en la provincia de Jaén», pág. 26.

[8] Mi agradecimiento a D. Francisco Vaz Romero Villén, dueño del hotel Las Palmeras en la estación Linares-Baeza, que en julio de 2005 tuvo la bondad de explicarme estos pormenores. El lugar, casi mítico, donde han pernoctado o descansado muchos artistas a la espera de su tren, ha sido evocado por el cantautor ubetense Joaquín Sabina en su espectáculo «Estación Linares-Baeza».

[9] Carpintero, *Antonio Machado en su vivir*, pág. 90.

[10] *Ibíd.*, págs. 26-27.

[11] Lapuerta y Navarrete, pág. 29.

[12] «España en paz» (CXLV).

[13] *PF*, pág. 170.

[14] Carpintero, *Antonio Machado en su vivir*, págs. 93-94.

[15] Artículo sin firmar pero seguramente debido a Palacio, publicado en *El Porvenir Castellano*, Soria, 5 de diciembre de 1912, pág. 1; *DPD*, págs. 319-320.

[16] «Un loco», publicado bajo la indicación «Versos inéditos» en *El Porvenir Castellano*, Soria, 27 de enero de 1913, pág. 2.

[17] Se trata del cuarto poema de la secuencia «Del camino», págs. 41-42, que empieza «Dime, ilusión alegre»; *Macrí(1)*, pág. 746.

[18] *BurgosI(1)*, pág. 393.

[19] *Ibíd.*, págs. 373-377.

[20] Hay una fotografía de la cubierta en el cuadernillo «Nuestro pequeño museo machadiano», *Cuadernos Hispanoamericanos*, «Homenaje a don Antonio Machado», núm. 11-12, septiembre-diciembre 1949.

[21] *C*, pág. 3r; *Macrí(2)*, págs. 1.151-1.152.

[22] Láinez Alcalá, pág. 92.

[23] *La Lectura*, núm. 149 (mayo 1913), págs. 8-11.

[24] *El Porvenir Castellano*, Soria, núm. 72 (6 marzo 1913), pág. 2.

[25] *BurgosI(1)*, págs. 411, 413, 415, 417, 419, 425, 429, 431, 433, 435, 437.

[26] *Ibíd.*, pág. 431.

[27] *Ibíd.*, pág. 437.

[28] *La Lectura*, núm. 149 (mayo 1913), págs. 12-13.

[29] Le agradezco a mi amigo Manuel Álvarez Machado haber atraído mi atención sobre la significación del apellido, así como la información de que el hacha figura en el escudo familiar de los Machado.

[30] *El Liberal*, 5 de marzo de 1913, pág. 2. Reproducido en *El Porvenir Castellano*, Soria, 10 de marzo de 1913, págs. 1-2. Datos de Doménech, que reproduce el artículo en *DPD*, págs. 320-325.

[31] *DPD*, pág. 326.

[32] *Ibíd.*, pág. 327.

[33] *Ibíd.*

[34] *Ibíd.*, págs. 328-329.

[35] *Cuaderno1*, fol.2r.

[36] *Ibíd.*, fol. 11r.

[37] Sánchez Barbudo, pág. 260.

[38] *C*, pág. 6r.

[39] *DPD*, págs. 328-329.

[40] *Ibíd.*, pág. 332.

[41] *Ibíd.*, págs. 331-333.

[42] *Ibíd.*, pág. 340.

[43] *Ibíd.*, pág. 343.

[44] Sánchez Barbudo, pág. 269.

[45] *BurgosI(2)*, págs. 407 y 405 (en este orden). Páginas numeradas 82 y 83 por el poeta. En 1924 Machado copió los tres últimos poemas en *Los complementarios*, págs. 157v-158r, bajo la rúbrica *Viejas canciones*.

[46] *DPD*, págs. 333-334.

[47] *Ibíd.*, págs. 344-347.

[48] Chamorro Lozano, «Antonio Machado en la provincia de Jaén», págs. 41-43.

[49] *DPD*, pág. 352.

[50] Cano, pág. 91.

[51] *Idea Nueva*, Baeza, núm. 135 (5 octubre 1916), pág. 1.

[52] Carpintero, *Antonio Machado en su vivir*, pág. 94.

[53] Láinez Alcalá, pág. 90.

[54] Escollano, «Antonio Machado, en Baeza».

[55] *Ibíd.*

[56] Citado por Carpintero, *Antonio Machado en su vivir*, pág. 96; *DPD*, pág. 355, nota 1.

[57] *DPD*, pág. 355, nota 1.

[58] *Ibíd.*, pág. 355.

[59] «Sobre pedagogía», *DPD*, pág. 323.

[60] *DPD*, pág. 327, nota 12.

[61] «Otoño (desde Baeza)» se publicó con «Camino de Balsaín» en *Nuevo Mundo*, núm. 1.077, 29 de agosto de 1914, de donde lo tomamos. Ofrece algunas variantes con «Noviembre 1913» (CXXIX).

[62] Testimonio recogido por Carpintero, *Antonio Machado en su vivir*, pág. 105.

[63] *C*, pág. 98r, con la indicación: «Apuntes tomados en dos expediciones a Aznaitín y la fuente del Guadalquivir en Cazorla».

[64] *C*, págs. 7v-8r; *Macrí(2)*, págs. 1.159-1.160.

[65] *C*, pág. 27r; *Macrí(2)*, pág. 1.190.

[66] *DPD*, pág. 713.

[67] «Semana Santa en Sevilla», *Nuevo Mundo*, núm. 1056, 2 de abril de 1914.

[68] *Ibíd.*

[69] *C*, págs. 8v-13r; *Macrí(2)*, págs. 1.161-1.162, 1.163-1.164, 1.165-1.168.

[70] *C*, pág. 13r; *Macrí(2)*, pág. 1.168, nota.

[71] *C*, págs. 8v, 10r, 11r, 12r, 12v, 13r; *Macrí(2)*, págs. 1.161-1.162, 1.163-1.164, 1.165-1.168.

[72] Carta a Ortega y Gasset, 18 mayo 1914, *DPD*, pág. 358.

[73] *C*, pág. 16r; *Macrí(2)*, pags. 1.171-1.172.

[74] *C*, pág. 17v; *Macrí(2)*, pág. 1.174.

[75] Véase nota 61. CIV ofrece algunas ligeras variantes con respecto a la versión del poema publicada en *Nuevo Mundo*.

[76] *DPD*, pág. 360, nota 11.

[77] *Ibíd.*

[78] Láinez Alcalá, pág. 89. Entre los papeles de Machado conservados en el Instituto Fernán González de Burgos hay una copia manuscrita de un poema de Verlaine, «Le piano que baise une main frêle», a la que siguen los primeros versos de «Midi» *(BurgosI(2))*, pág. 448).

[79] Citado por Lapuerta y Navarrete, pág. 36.

[80] Láinez Alcalá, pág. 88.

[81] Entrevista nuestra con D. Rafael Láinez Alcalá, Salamanca, 1960.

[82] Láinez Alcalá, pág. 92.

[83] «España, en paz», *España*, núm. 9 (26 marzo 1915), pág. 8.

[84] *DPD*, pág. 379.

[85] *Ibíd.*, pág. 368.

[86] *Ibíd.*, pag. 379.

[87] *Ibíd.*, págs. 380-382.

[88] *Ibíd.*, pág. 345.

[89] Citado por Virgilio Zapatero en su prólogo a Fernando de los Ríos, *Escritos sobre democracia y socialismo*, pág. 13.

[90] Véase Bibliografía, sección 9.

[91] *DPD*, pág. 383.

[92] Doménech, *Ibíd.*, nota 4, relaciona dieciocho poemas publicados en la prensa periódica entre *Campos de Castilla* y la fecha de la carta, pero es casi seguro que quedan algunos todavía no encontrados.

[93] Nuestras tres citas se toman del número extraordinario (número 53) de *Idea Nueva*, Baeza, 11 de febrero de 1915, sin paginación. No hay ningún ejemplar del semanario ni en la Biblioteca Nacional ni en la Hemeroteca Municipal de Madrid ni, que sepamos, en ninguna otra biblioteca o hemeroteca de España, con la única excepción de la Biblioteca del Instituto de Estudios Giennenses, que conserva el número 104 (24 de febrero de 1916). D. Pedro Martín Gómez, de la Universidad Internacional de Andalucía, radicada en Baeza, ha tenido la amabilidad de facilitarnos una fotocopia completa del número 53 de la revista, propiedad de dicha casa. Yo mismo tengo los números 118 (8 de junio de 1916) y 135 (5 de octubre de 1916). En el número correspondiente al 23 de febrero de 1915, que no he podido ver, Machado publicó su texto de homenaje al recién fallecido Francisco Giner de los Ríos (detalles en Urbano Pérez Ortega, pág. 114). Ignoro cuándo dejó de publicarse la revista, que contenía seguramente valiosa información acerca de la etapa baezana de Machado y, tal vez, comentarios, artículos, declaraciones y hasta algún poema suyos nunca recogidos posteriormente. Esperemos que este perdido tesoro hemerográfico sea desenterrado algún día para bien de Baeza y de los estudios machadianos.

[94] «Para el primer aniversario de *Idea Nueva*», *Idea Nueva*, Baeza, núm. 53, 11 de febrero de 1915. Recogido en *DPD*, págs. 384-386.

[95] *DPD*, págs. 386-388,

[96] *Ibíd.*, pág. 371.

[97] *Ibíd.*, págs. 369-378, 390-391.

[98] *Ibíd.*, págs. 391-393; Cano, pág. 104.

[99] *PF*, pág. 176; Láinez Alcalá, págs. 95-96.

[100] *PF*, pág. 176.

[101] Hay una estupenda descripción de la «primera infancia» del Guadalquivir en Martín Ribes, págs. 21-29.

[102] *PF*, pág. 177.

[103] *DPD*, pág. 394.

[104] Ayuntamiento de Madrid, padrón de diciembre de 1915, Distrito Chamberí, Barrio Dos de Mayo, hoja 36565 (Archivo de la Villa).

[105] Expediente y Título de Licenciado de Machado en Filosofía y Letras en *Antonio Machado y Ruiz. Expediente académico y profesional 1875-1941* (véase Bibliografía, sección 6), págs. 188-192.

[106] *USAM*, pág. 48.

[107] *C*, pág. 14r.

[108] *DPD*, pág. 726.

[109] *C*, págs. 20r-20v, 91v; *Macrí(2)*, págs. 1.178-1.180, 1.258-1.259.

[110] Sánchez Lubián, pág. 26.

[111] Cano, pág. 95.

[112] «Apuntes, parábolas, proverbios y cantares», *La Lectura* (agosto 1916), pág. 369.

[113] *Ibíd.*, pags. 367-68; también, mismo título, en *Cervantes* (octubre 1916), págs. 83-85.

[114] *La Lectura*, mismo título (agosto 1916), págs. 364-366; también, mismo título, en *Cervantes* (septiembre 1916).

[115] *DPD*, págs. 396-97 y nota 2.

[116] *España*, núm. 56 (17 febrero 1916), pág. 10.

[117] *C*, pág. 22r-22v; *Macrí(1)*, pág. 784.

[118] *El Porvenir Castellano*, Soria, 8 de mayo de 1916, pág. 1, fechado en «Baeza 29 de Abril», lo que da a entender que se acababa de componer. En *PC1* y *PC2* el poema lleva la indicación «Baeza, 29 de Marzo 1913»; en *PC3* y *PC4* «Baeza, 29 de abril 1913». ¿En qué quedamos? ¿Quién efectuó estos cambios, el propio poeta o el duende de la imprenta? De todas maneras parece seguro que el poema se compuso en la primavera de 1913 y que Machado se lo envió a Palacio con el requerimiento de que no lo publicara todavía.

[119] *BurgosI(1)*, pág. 395.

[120] Cano, pág. 87.

[121] Entrevista del autor con Dª María del Reposo Urquía, Úbeda, 1966; Gibson, «Federico en Baeza».

[122] Carpintero, «Historia y poesía de Antonio Machado», pág. 337.

[123] «España y la guerra», *La Nota*, Buenos Aires, 1 de julio de 1916, recogido en *DPD*, págs. 403-11; la hipótesis es de Jordi Doménech, *Ibíd.*, págs. 410-411, nota 16.

[124] Gibson, *Federico García Lorca*, I, págs. 103-105, 114-115.

[125] Martín Domínguez Berrueta, «Las viejas ciudades, Baeza», *Nuevo Mundo*, núm. 1.166, 12 de mayo de 1916, sin paginación; *Idea Nueva*, Baeza, núm. 118 (8 junio 1916), pág. 1.

[126] Gibson, *Federico García Lorca*, I, pág. 114.

[127] *Ibíd.*, pág. 115.

[128] *Ibíd.*

[129] *Ibíd.*, págs. 115-116.

[130] *Ibíd.*, pág. 116.

[131] Para la inauguración del curso, *Idea Nueva*, Baeza, núm. 135, 5 de octubre de 1916.

[132] *DPD*, págs. 411-413.

[133] Carpintero, *Machado en su vivir*, pág. 103, citando a Melchor Fernández Almagro, *Vida y literatura de Valle-Inclán* (Madrid, Taurus, 1966), pág. 158.

[134] *DPD*, págs. 411-12, nota 2.

[135] Agradezco a mi amigo Jordi Doménech su revisión de estas indicaciones. Los cinco poemas aparecidos en periódicos eran «Las encinas» (CIII), «Viaje» (luego titulado «Otro viaje», CXXVII), «A don Francisco Giner de los Ríos» (CXXXIX) y «Mariposa de la sierra» (CXLII).

[136] *Ibíd.*, págs. 414-415.

[137] Machado, «Proverbios y cantares», *Lucidarium*, Granada, núms. 2 y 3 (enero 1917), págs. 63-65. Para la elaboración del poema véase la nota al poema en *Macrí(1)*, págs. 867-868.

[138] *PF*, pág. 187.

[139] Gibson, *Federico García Lorca*, I, pág. 163.

[140] García Lorca, «Ciudad perdida», *Obras completas*, IV, págs. 110-116.

[141] *PF*, págs. 188-89; el texto de Machado se recoge en *DPD*, págs. 418-421.

[142] *PF*, pág. 189.

[143] Agradezco el dato a D. Manuel Álvarez Machado, nieto de Francisco Machado Ruiz; véase también Sánchez Lubián, pág. 28.

[144] El poema se publicó primero en *Alfar* (La Coruña), núm. 55 (diciembre 1925-enero 1926), págs. 272-275. Sigo la versión de *PC2*, pág. 328, donde figura como la tercera poesía de «Viejas canciones».

[145] Lapuerta y Navarrete, pág. 21; notas sobre este poema generosamente enviadas por nuestro amigo Miguel Ángel Rodríguez (3 de marzo de 2002).

[146] Lapuerta y Navarrete, pág. 5.

[147] El poema se publicó primero en *Alfar*, donde precede a CLXVI, IV (véase nota 144).

[148] *Macrí(1)*, pág. 785.

[149] *USAM*, pág. 193. En el momento de llevar a cabo nuestras investigaciones sobre los padrones municipales de Madrid, que para la época que nos concierne se efectuaban cada cinco años, no se podía consultar el de 1925, entonces en proceso de microfilmación. Según nota del padrón de 1930, el contrato de General Arrando, 4, se firmó el 7 de mayo de 1917; según el padrón de 1935, el 13 de abril de 1917.

[150] Ayuntamiento de Madrid, padrón de diciembre de 1920, Distrito Hospicio, Barrio Apodaca, hoja 12411 (Archivo de la Villa).

[151] *USAM*, pág. 193.

[152] *DPD*, págs. 421-423.

[153] Expediente y Título de Licenciado en Filosofía y Letras en *Antonio Machado y Ruiz. Expediente académico y profesional 1875-1941* (véase Bibliografía, sección 6), págs. 188-192.

[154] Machado copió el soneto en *C*, pág. 181r, con la indicación «1907 — copiada en 1924». Hay variantes tachadas en *C*, pág. 179v.

[155] Testimonio de D. José Bello, entrevistado por nosotros numerosas veces en los años ochenta y noventa.

[156] El poema también se publicó, con el título de «El Tiempo», en la revista *Por esos mundos*, 1 de marzo de 1915, pág. 320. Es útil la nota de Macrí en *Macrí(1)*, págs. 936-937. Agradezco a Jordi Doménech su revisión de la información que doy aquí.

[157] Quintanilla, pág. 3.

[158] Doménech *(DPD*, pág. 428, nota 3) recoge esta información de un libro de Manuel Tuñón de Lara que no hemos visto, *Medio siglo de cultura española (1885-1936)*, Madrid, Tecnos, 3ª ed., 1973, pág. 178, nota 134.

[159] *DPD*, págs. 425-428.

[160] Gibson, I, págs. 190-191.

[161] *DPD*, págs. 428-431.

[162] *Ibíd.*, págs. 430-31; para el cambio de dirección, expediente de Machado en el Archivo Histórico Nacional, Madrid, Universidades, legajo 6.647, expediente 12.

[163] Extracto del expediente universitario de Machado en *Antonio Machado y Ruiz. Expediente académico y profesional 1875-1941* (véase Bibliografía, sección 6), pág. 192; expedición de título, *Ibíd.*, pág. 189.

[164] Documento incluido en el Expediente de Antonio Machado que se conserva en la Residencia de Estudiantes de Madrid. Se reproduce en *DPD*, pág. 433, nota 4.

[165] Carta inédita mostrada por Onís a Sánchez Barbudo en Puerto Rico, enero de 1966. Cita en Sánchez Barbudo, pág. 269, nota 62.

[166] *Antonio Machado y Ruiz. Expediente académico y profesional 1875-1941* (véase Bibliografía, sección 6), pág. 230.

[167] *Ibíd.*, págs. 239, 244.

[168] *DPD*, págs. 434-435; para la intervención de los hermanos Ortega, *Ibíd.*, pág. 424.

[169] *Ibíd.*, pág. 434, nota 1.

[170] *Ibíd.*, págs. 435-436 y nota 3; carta de Machado a Cossío, fechada 18 de febrero de 1919, publicada en *Abc literario*, 13 de octubre de 1990, pág. xii.

[171] *DPD*, págs. 437-438.

[172] *Ibíd.*, pág. 436, nota 3.

[173] *Ibíd.*; documentación en *Antonio Machado y Ruiz. Expediente académico y profesional 1875-1941* (véase Bibliografía, sección 6), págs. 251-74.

CAPÍTULO VII
SEGOVIA (1919-1928)

[1] José Tudela, citado en *DPD*, pág. 441; «De sociedad», *El Adelantado de Segovia*, 27 de noviembre de 1919; *DPD*, pág. 442.

[2] *La Tierra de Segovia*, 27 de noviembre de 1919.

[3] Montero Padilla, pág. 8.

[4] Carta a Pedro Chico, *DPD*, pág. 468.

[5] *DPD*, pag. 443.

[6] «Labor cultural en Segovia. Ensayo de Universidad Popular», *El Adelantado de Segovia*, 22 de noviembre de 1919: «Universidad Popular», *La Tierra de Segovia*, 1 de febrero de 1920; «Ensayo de Universidad Popular. Enseñanzas y profesores», *La Tierra de Segovia*, 25 de enero de 1920, pág. 4.

[7] Moreno Padilla, pág. 22.

[8] Hoja de Servicios de Machado conservada en el Instituto de Enseñanza Secundaria Cervantes de Madrid.

[9] Ayuntamiento de Madrid, padrón de diciembre de 1920, Distrito Chamberí, Barrio Alfonso XII, hoja 26.863.

[10] Ayuntamiento de Madrid, padrón de diciembre de 1920, Distrito Hospicio, Barrio Apodaca, hoja 12.411.

[11] *C*, págs. 42v-49r; *Macrí(2)*, págs. 1.207-1.215.

[12] *Alma Española*, II, núm. 19 (20 marzo 1904), pág. 5; «Galería» (sic), *Grecia. Revista Quincenal de Literatura*, Sevilla, núm. 13 (15 abril 1919), pág. 10; *Macrí(1)*, pág. 755.

[13] *DPD*, págs. 445-449.

[14] *BurgosI(2)*, pág. 133

[15] *DPD*, págs. 434-444.

[16] «Olivo del camino», *Índice*, núm. 4, [abril] 1922.

[17] *La Voz*, 24 de agosto de 1920, pág. 3, y 25 de agosto, pág. 3; hubo también un reportaje detallado en *El Sol* de las mismas fechas.

[18] *La Lectura*, septiembre de 1920, págs. 35-36.

[19] García Lorca, *Obras completas*, I, pág. 464.

[20] «Los trabajos y los días», *El Sol*, 1 de octubre de 1920, pág. 2; *DPD*, págs. 452-453.

[21] «La condena de Unamuno», *La Pluma*, núm. 5 (octubre 1920), págs. 193-194.

[22] *DPD*, págs. 456-459.

[23] *Ibíd.*, págs. 453.

[24] Adolfo Salazar, «Un poeta nuevo. Federico G. Lorca», *El Sol*, 30 de julio de 1921, pág. 1.

[25] *DPD*, págs. 460-463.

[26] *Ibíd.*, págs. 464-466.

[27] *C*, págs. 54r-55r; *Macrí(2)*, págs. 1.221-1.223.

[28] *C*, pag. 60v; *Macrí(2)*, p. 1.228.

[29] *DPD*, pag. 469 y nota.

[30] *Ibíd.*, págs. 474-481.

[31] Cobos, *Humor y pensamiento de Antonio Machado*, pág. 15.

[32] Cardenal de Iracheta, *passim*.

[33] Cobos, *Humor y pensamiento de Antonio Machado*, pág. 20.

[34] Cardenal de Iracheta, pág. 303; Ángel Lázaro, citado en *DPD*, pág. 540.

[35] Cobos, *Humor y pensamiento de Antonio Machado*, pág. 20.

[36] Cardenal de Iracheta, págs. 303-304.

[37] *Ibíd.*, págs. 305-306.

[38] *DPD*, pág. 451; *España*, núm. 325 (17 junio 1922), págs. 15-16.

[39] «De mi cartera. Don Juan Tenorio», *La Voz de Soria*, núm. 50 (21 noviembre 1922), pág. 2; *DPD*, págs. 497-500.

[40] *Antonio Machado y Ruiz. Expediente académico y profesional 1875-1941* (véase Bibliografía, sección 6), págs. 277-279.

[41] Véase, por ejemplo, CLXI, LXI («Como Dom Sem Tob,/se tiñe las canas,/y con más razón»).

[42] «La fiesta de ayer en El Pinarillo», *El Adelantado de Segovia*, 19 de mayo de 1923, pág. 1.

[43] Carta, fechada 19 de mayo de 1923, publicada por Andrés Trapiello en «Antonio Machado-Mauricio Bacarisse: historia de una visita en cuatro cartas», *El País*, 7 de diciembre 1980, pág. 7.

[44] *C*, pág. 127v; *Macrí(2)*, pág. 1.289.

[45] *Ibíd.*, pág. 151v; *Macrí(2)*, pág. 1.316.

[46] *DPD*, pág. 511.

[47] *Ibíd.*, pág. 510, nota.

[48] González Uña, *passim.*

[49] Quintanilla, pág. 3.

[50] González Uña, pág. 42.

[51] *Ibíd.*, pág. 43.

[52] Montero Padilla, pág. 34.

[53] González Uña, págs. 42-43.

[54] *USAM*, pág. 116.

[55] González Uña, pág. 43.

[56] *C*, pág. 135v; *Macrí(2)*, pág. 1.298.

[57] *Nuevas canciones* (ed. Valverde), pág. 105 (véase Bibliografía, sección 1b).

[58] *DPD*, pág. 512.

[59] Se trata del poema «Crepúsculo», de *Soledades*, no recogido posteriormente en libro; *Macrí(1)*, págs. 744-745.

[60] Cansinos-Assens, «Nuevas canciones» (veáse Bibliografía, sección 10); reseña recogida por Gullón y Phillips, págs. 355-359.

[61] *C*, págs. 155v-156r; *Macrí(2)*, pág.1.321.

[62] *DPD*, págs. 533-34, nota 7.

[63] *C*, pág. 137r; *Macrí(2)*, pág. 1.299.

[64] *C*, págs. 140r; *Macrí(2)*, pág. 1.302.

[65] *C*, págs. 143v-144r: *Macrí(2)*, págs. 1.306-1307.

[66] *C*, pág. 151v; *Macrí(2)*, pág. 1.316.

[67] *C*, pág. 6v: *Macrí(2)*, pág. 1.157.

[68] *C*, pág. 103r; *Macrí(2)*, pág. 1.267.

[69] *C*, 109v; *Macrí(2)*, pág. 1.273.

[70] *C*, págs. 105r-113r; *Macrí(2)*, págs. 1.268-1.277.

[71] *C*, pág. 107r; *Macrí(2)*, págs. 1.270-1.271.

[72] *C*, «Alborada», pág. 107r; *Macrí(2)*, pág. 1.271.

[73] *C*, pág.110r; *Macrí(2)*, pág. 1.274.

[74] Moreno Villa, «Autocríticas», pág. 435.

[75] *Ibíd.*, pág. 436.

[76] Vela, «El suprarealismo», *Revista de Occidente*, núm. XVIII (diciembre 1924), págs. 428-434.

[77] *C*, pág. 197r; *DPD*, pág. 860.

[78] Manuscrito de José Moreno Villa conservado en la Residencia de Estudiantes, Madrid, citado en *DPD*, pág. 525, nota.

[79] *C*, pág. 194v; *Macrí(2)*, pág. 1.357.

[80] Rafael Marquina, «"Hernani", en el teatro Español. Versión de los hermanos Machado en colaboración con Villaespesa», *Heraldo de Madrid*, 2 de enero de 1925, pág. 2.

[81] Cano, pág. 123.

[82] *C*, pág. 207v; *Macrí(2)*, pág. 1.374.

[83] Chicharro Chamorro, introducción a su edición de *Desdichas de la fortuna o Julianillo Valcárcel. Juan de Mañara* (véase Bibliografía, sección 4), pág. 21.

[84] *OCMAM*, pág. 315.

[85] *Ibíd.*, pág. 334.

[86] *Ibíd.*, págs. 344-345.

[87] *USAM*, pág. 43.

[88] Cobos, *Humor y pensamiento de Antonio Machado*, págs. 15 y 30, nota 8.

[89] *OCMAM*, pág. 345.

[90] *C*, págs. 20r-20v y 150v-151r, 157r-159v; *Macrí(2)*, págs. 1.178-1.180 y 1.314-1.316, 1.322-1.325.

[91] *BurgosI(2)*, págs. 407 y 405 (en este orden).

[92] *Macrí(1)*, pág. 971. No figura una calle de Válgame Dios en el «nomenclator de las calles y plazas de Sevilla» incluido en la *Guía de Sevilla y su provincia &. para 1879* de Gómez Zarzuela, págs. 225-243.

[93] Marquerie, págs. 247-249. Agradezco a mi amigo José Luis Abellán el haber atraído mi atención sobre este testimonio, no sabemos hasta qué punto veraz. Añado que, cuando escribí el borrador de este párrafo, no me había fijado en la nota de Doménech al respecto, en *DPD*, pág. 584, nota 35, donde se cita, además del testimonio de Marquerie, el del doctor Vega Díaz sobre «el inclín mujeriego de Machado». Según el doctor, Ángel Lázaro comentaba que había topado con Machado en un burdel de la calle de las Hileras, número 11.

[94] Una buena introducción, para los no iniciados en filosofía, es José Luis Abellán, *El filósofo «Antonio Machado»* (véase Bibliografía, sección 10).

[95] *C*, pág. 208r; *Macrí(2)*, pág. 1.374.

[96] Rafael Marquina, «"La niña de plata"», *Heraldo de Madrid*, 20 de enero de 1926, pág. 6.

[97] «Anoche, en la Princesa», *Ibíd.*, 10 de febrero de 1926, pág. 6.

[98] *Ibíd.*

[99] *Abc*, 10 de febrero de 1926, pág. 31.

[100] Antonio de Lezama, «El estreno de anoche en el Princesa. Un drama de cuatro actos de Manuel y Antonio Machado», *La Libertad*, 10 de febrero de 1926, pág. 5.

[101] L. Bejarano, «Beneficio de María Guerrero y estreno de una obra de Manuel y Antonio Machado», *El Liberal*, 10 de febrero de 1926, pág. 3.

[102] Enrique Díez-Canedo, reseña publicada en *El Sol* («Información teatral»), 10 de febrero de 1926, pág. 8.

[103] *Heraldo de Madrid* entre el 9 de febrero de 1926 y el 10 de marzo siguiente; Manuel y Antonio Machado, *Desdichas de la fortuna de Julianillo Valcárcel (Tragicomedia en cuatro actos y en verso)*, Madrid, Librería de Fernando Fe, 1926, terminado de imprimir, según el colofón, el 25 de abril de 1926 (debemos el dato a la amabilidad de Jordi Doménech); *Comedias*, núm. XLV, 25 de diciembre de 1926.

[104] *DPD*, pág. 545, nota 545.

[105] *OCMAM*, pág. 327.

[106] El discurso de Cossío se reprodujo, según Doménech, en la edición de la obra publicada por la Librería Fernando Fe (véase nota 103), págs. 169-170. Luego en la edición de la obra publicada por Espasa-Calpe en 1928 (véase nuestra Bibliografía, sección 3); lo reproduce Romero Ferrer, págs. 71-72.

[107] «Crítica», en *BurgosI(2)*, págs. 103-105, borrador del artículo «De mi cartera. Crítica», publicado en *La Voz de Soria*, 15 de septiembre de 1922; *DPD*, págs. 494-495.

[108] Ortiz Armengol, pág. 19; Valverde, introducción a Antonio Machado, *Nuevas canciones y De un cancionero apócrifo* (Clásicos Castalia), pág. 49.

[109] *OCMAM*, pág. 358.

[110] *Ibíd.*, pág. 371.

[111] *Ibíd.*, pág. 383.

[112] Romero Ferrer, pág. 182.

[113] Antonio de la Villa, «El público ante el estreno», *La Libertad*, 18 de marzo de 1927, pág. 5.

[114] Romero Ferrer, pág. 90.

[115] *Ibíd.*, págs. 113-114.

[116] Floridor, «"Juan de Mañara"», *Abc*, 24 de marzo de 1927, págs. 10-11.

[117] Rafael Marquina, «Reina Victoria. «Juan de Mañara»», *Heraldo de Madrid*, 19 de marzo de 1927, pág. 4.

[118] Romero Ferrer, pág. 87.

[119] Joaquín Aznar, «En el Reina Victoria. Manuel y Antonio Machado fueron anoche aclamados por el público que asistió al estreno de su drama "Juan de Mañara"», *La Libertad*, 18 de marzo de 1927, pág. 5.

[120] L. Bejarano, «Reina Victoria», *El Liberal*, 18 de marzo de 1927, pág. 3.

[121] Para el número de representaciones, Vilches de Frutos y Dougherty, en *DPD*, pág. 542, nota 7; Manuel y Antonio Machado, *Juan de Mañara (Drama en tres actos, en verso)*, Madrid, Espasa-Calpe, 1927 (abril, según nos informa amablemente Jordi Doménech); mismo título, *El Teatro Moderno*, Año III, núm. 113, 5 de noviembre de 1927.

[122] *DPD*, págs. 539-543; el comentario es de Doménech, *Ibíd.*, pág. 539, nota 1.

[123] *DPD*, págs. 546-547, nota.

[124] *Ibíd.*, pág. 548.

[125] Quintanilla, pág. 3.

[126] *DPD*, págs. 543-557.

[127] *Ibíd.*, pág. 538.

[128] Sobre la publicación de las *Obras completas* de Freud en Madrid y sus repercusiones, véase Gibson, *La vida desaforada de Salvador Dalí*, págs. 164-167.

[129] Rodríguez Marín, III, núms. 4.367 y 4.368.

[130] *OCMAM*, pág. 403.

[131] «Sobre el porvenir del teatro», *Manantial*, Segovia, núm. 1 (abril 1928), págs. 1-2; *DPD*, págs. 550-553.

[132] Véase, sobre todo, Feal Deibe, «Los Machado y el psicoanálisis».

[133] *OCMAM*, pág. 446.

[134] Rosales, «Muerte y resurrección de Antonio Machado» (véase Bibliografía, sección 10).

[135] García-Diego *passim*, pero especialmente págs. 39-47.

[136] Manuel y Antonio Machado, *OCMAM*, pág. 383.

[137] Feal Deibe, «Sobre el tema de Don Juan en Antonio Machado», págs. 735-777.

[138] Rosales, pág. 454.

[139] Juan Chabás, «Resumen literario. Noticias literarias. —Nuevos libros. —Revistas», *La Libertad*, 12 de abril de 1928, pág. 6.

[140] «Algunas palabras sobre "Las adelfas" de los ilustres poetas Manuel y Antonio Machado», *El Noticiero Universal*, Barcelona, 12 de abril de 1928, págs. 10-11; «"Las adelfas", según sus autores. La insigne Lola Membrives estrena esta noche un drama de los hermanos Machado», *Heraldo de Madrid*, 13 de abril de 1928, pág. 5.

[141] «Sobre el porvenir del teatro», *Manantial*, Segovia, núm. 1 (abril 1928), págs. 1-2; «Sobre el porvenir del teatro», *La Libertad*, 27 de abril de 1928, pág. 1; *DPD*, págs. 550-553.

[142] Entrevista de los hermanos con Francisco Madrid, citada en *La Libertad*, 8 abril 1928, p. 5 («"Las adelfas", en Barcelona»).

[143] «Triunfo de los hermanos Machado en Barcelona. El estreno de "Las adelfas" constituye un éxito clamoroso», *La Libertad*, 14 de abril de 1928, pág. 3; Domènec Guansé, *La Publicitat*, Barcelona, 15 de abril de 1928, pág. 7.

[144] Manuel Machado en *La Libertad*, 13 de octubre de 1927, pág. 3.

[145] José María Planas, «Charlas literarias. Una hora con los hermanos Machado», *La Noche*, Barcelona, 20 de abril de 1928, pág. 1.

[146] «Los hermanos Machado hablan del momento actual», *Abc*, 21 de abril de 1928, pág. 39; *DPD*, págs. 554-556.

[147] *El Día Gráfico*, Barcelona, 17 de abril de 1928, pág. 7.

[148] *La Libertad*, respectivamente, 20 de mayo de 1928 pág. 3; 9 de junio de 1928, pág. 4; 14 de junio de 1928, pág. 5.

[149] Manuel Machado, «Cante hondo», *El Liberal*, 31 de mayo de 1916, pág. 3; incluido, con alguna pequeña variante, en Manuel Machado, *Obras completas*, vol. III, 1923 (véase Bibliografía, sección 2), págs. 159-161.

[150] Se trata de la copla número 37 de la primera sección del libro, «Solearillas de tres versos» (edición de Enrique Baltanás en nuestra Bibliografía, sección 10, pág. 100).

[151] Cruz Giráldez, págs. 48-49.

[152] Ortiz Nuevo, págs. 1.088-1.089.

[153] *OCMAM*, pág. 468.

[154] «Una carta de Machado sobre poesía», en *La Gaceta Literaria*, núm. 34 (15 mayo 1928), pág. 1; *DPD*, págs. 556-557.

Capítulo VIII
Segovia-Madrid (1928-1932). La diosa

[1] *PV*, pág. 43.

[2] *Ibíd.*, pág. 40.

[3] *Ibíd.*, págs. 40-41. Según dice allí Valderrama, el libro fue reseñado por Melchor Fernández Almagro, Luis Araújo-Costa, Manuel Bueno, Ángel Dotor, Díez-Canedo, César González Ruano, Cristóbal de Castro, Rafael Cansinos-Asséns (en *La Libertad*) y otros. No hemos logrado encontrar ninguna de estas críticas.

[4] *Heraldo Segoviano*, 29 de julio de 1928.

[5] Moreiro, *Guiomar, un amor imposible*, pág. 92.

[6] Según el padrón municipal de Madrid para 1915 (Distrito: Palacio; Barrio: Montaña), hoja núm. 139.103 —se trata del piso de la calle marqués de Urquijo, núm. 41, 1° A—, firmado por su marido, Pilar de Valderrama nació en Madrid el 27 de septiembre de 1889 (Archivo de la Villa). Sin embargo, en los padrones de 1930 y 1935 correspondientes al chalé del paseo de Rosales, igualmente firmados por Martínez Romarate (no hemos podido ver el de 1925, en proceso de microfilmación), la fecha de su nacimiento se da como 27 de septiembre de 1892 (hojas números 11.577 y 13.612, respectivamente). Depretis llega a la conclusión, creemos que con tino, de que la fecha de 1889 es la correcta y que después la musa se quitaba tres años (pág. 28), no sabemos si por vanidad. La misma Valderrama, en sus memorias, dice que nació «a finales del año 1892» *(PV*, pág. 24). Por desgracia, los libros de nacimientos madrileños de estos años no se han conservado.

[7] *PV*, págs. 24-25.

[8] Pilar de Valderrama, «Me llamaban rara», *Huerto cerrado*, pág. 34; *PV*, págs. 26-27.

[9] *PV*, pág. 30.

[10] Padrón municipal de Madrid, 1915 (Distrito: Palacio; Barrio: Montaña), hoja núm. 139.103 (Archivo de la Villa).

[11] *PV*, págs. 34-35.

[12] *Ibíd.*, págs. 34-37.

[13] «Suicidio de una señorita», *La Voz*, 17 de marzo de 1928, pág. 8; «Ayer, en la calle de Alcalá. Una elegante joven se tira por el balcón», *La Libertad*, 18 de marzo de 1928, pág. 4; «Sucesos varios. El amor a cuchilladas. Suicidio de una joven», *Heraldo de Madrid*, 19 de marzo de 1928, pág. 2.

[14] *PV*, pág. 42.

[15] *Ibíd.*

[16] *Ibíd.*, pág. 43.

[17] *Ibíd.*, pág. 44.

[18] *PV*, pág. 44.

[19] Valderrama, *Huerto cerrado*, págs. 63-66.

[20] *Ibíd.*, págs. 117-118.

[21] *Ibíd.*, págs. 33-34.

[22] *Ibíd.*, págs. 59-61.

[23] Répide, págs. 419-422.

[24] López Lillo, p. [9].

[25] Depretis en *CP*, pág. 103, nota 5.

[26] *CP*, pág. 99; *DPD*, pág. 578.

[27] Valderrama, *Esencias*, págs. 108-109.

[28] *PV*, pág. 92.

[29] *CP*, pág. 101; *DPD*, pág. 580.

[30] *PV*, pág. 52.

[31] *Ibíd.*, pág. 89.

[32] Ruiz de Conde, pág. 145.

[33] *Guía Directorio de Madrid y su provincia* (Bailly-Baillière-Riera), Madrid, 1929, págs. 195 y 1074. Según la misma guía, el propietario o arrendatario del Franco-Español era un tal Gregorio Jiménez, que vivía en la propincua calle de Escosura, núm. 37, y el de La Terraza se llamaba Ramón Tendero.

[34] *PV*, pág. 46.

[35] *DPD*, pág. 565, nota 9.

[36] *PV*, pág. 45.

[37] Machado, *Poemas inéditos* (véase Bibliografía, sección 7), págs. 168-69.

[38] *PV*, pág. 55.

[39] «En el teatro Calderón. Manuel y Antonio Machado estrenan mañana "Las adelfas"», *La Libertad*, 21 de octubre de 1928, pág. 3.

[40] *DPD*, págs. 558-560.

[41] «Del ruedo a la escena. Sánchez Mejías y el ensayo de su comedia "Sinrazón"», *La Libertad*, 22 de marzo de 1928, pág. 5; «Sánchez Mejías triunfa en la escena», *Ibíd.*, 24 de marzo de 1928, pág. 5.

[42] Romero Ferrer, págs. 91-92.

[43] *Ibíd.*, págs. 158-160.

[44] *Ibíd.*, págs. 131-132.

[45] *Ibíd.*, págs. 115-116.

[46] *Ibíd.*, págs. 59-60.

[47] *Ibíd.*, págs. 44-48.

[48] *Ibíd.*, págs. 59-60.

[49] *Ibíd.*, págs. 73-74.

[50] *PF*, pág. 255; para el número de representaciones, *DPD*, pág. 558; *Las adelfas. Comedia en tres actos, en verso y original*, *La Farsa*, Año II, núm. 62, 10 de noviembre de 1928.

[51] Depretis, en *CP*, pág. 135, nota 1.

[52] *CP*, págs. 65-67; *DPD*, págs. 560-565.

[53] *CP*, pag. 77; *DPD*, pág. 568.

[54] *CP*, pág. 81; *DPD*, pág. 572.

[55] *CP*, pág. 78; *DPD*, pág. 568.

[56] *DPD*, págs. 570-571.

[57] *CP*, pág. 75; *DPD*, pág. 567.

[58] Depretis en *CP*, pág. 274;

[59] *CP*, pág. 78; *DPD*, pág. 568.

[60] *CP*, pág. 91, y nota de Depretis, págs. 275-276; *DPD*, pág. 577.

[61] *CP*, pág. 102; *DPD*, pág. 581.

[62] *La Lola se va a los Puertos* (ed. Chicharro Chamorro), pág. 237.

[63] *Ibid.*, pág. 215.

[64] *CP*, pág. 83; *DPD*, pág. 574.

[65] *La Lola se va a los Puertos* (ed. Chicharro Chamorro), pág. 208.

[66] *Ibíd.*, pág. 212.

[67] *CP*, pág. 67; *DPD*, pág. 564.

[68] *CP*, pág. 91; *DPD*, pág. 577.

[69] *CP*, pág. 100; *DPD*, pág. 579.

[70] *CP*, págs. 108-109; *DPD*, pág. 585.

[71] *CP*, pág. 101; *DPD*, págs. 580-581.

[72] Ruiz de Conde, pág. 192.

[73] *Macrí(1)*, págs. 977-978. Macrí, pág. 978, también señala que Francisco Villaespesa dedicó un soneto a una doña Guiomar en su libro *La estrella solitaria* (1919).

[74] Cita de Luis Montoto y Rautenstrauch, *Nuevos nombres de calles sevillanas* (Sevilla, Imprenta Municipal, 1952), en Ruiz de Conde, págs. 191-192.

[75] *PV*, pág. 88.

[76] «La canción de París. Inauguración del cine sonoro en España», *El Sol*, 20 de septiembre de 1929, pág. 8.

[77] *La Lola se va a los Puertos* (ed. Chicharro Chamorro), pág. 272.

[78] *DPD*, págs. 587-588.

[79] *Ibíd.*, págs. 588-592.

[80] *Ibíd.*, pág. 593-594.

[81] *PV*, pág. 47.

[82] Véase la interesante nota de Depretis en *CP*, págs. 95-97.

[83] Citado por Moreiro, *Guiomar, un amor posible*, pág. 229; Valderrama repitió la anécdota (menos el detalle del diván) en *Sí, soy Guiomar*, pág. 47.

[84] *CP*, págs. 117-18; *DPD*, págs. 594-595.

[85] *CP*, pág. 119; *DPD*, pág. 595.

[86] Depretis en *CP*, pág. 128, nota 6; *PV*, pág. 46, para la «insistencia» de Machado.

[87] *CP*, págs. 117-25; *DPD*, pág. 601.

[88] *CP*, págs. 132-33; *DPD*, págs. 602-605.

[89] *CP*, págs. 133-34; *DPD*, págs. 605-606.

[90] *Revista de Occidente*, núm. LXXV (septiembre 1929), págs. 288-291.

[91] *DPD*, págs. 606-607.

[92] Ángel Lázaro, «La actualidad teatral. Los Machado leen "La Lola se va a los Puertos"», *La Libertad*, 19 de octubre de 1929, pág. 3.

[93] Ángel Lázaro, «La actualidad teatral. Hablando con los Machado. A propósito de "La Lola se va a los Puertos". —Lo andaluz y lo flamenco. —Lo popular y lo profesional.—El teatro llamado de vanguardia y los autores jóvenes», *La Libertad*, 5 de noviembre de 1929, pág. 3; *DPD*, págs. 608-612.

94 *La Lola se va a los Puertos* (ed. Chicharro Chamorro), pág. 232.

95 García Lorca, *Obras completas*, I, pág. 435.

96 *DPD*, págs. 613-615.

97 *La Lola se va a las Puertos... Comedia en tres actos*, en *La Farsa*, Año III, núm. 114, 16 de noviembre de 1929.

98 «En el Fontalba y en el Ritz. Homenaje a Manuel y Antonio Machado por el éxito de "La Lola se va a los Puertos"», *Heraldo de Madrid*, 28 de noviembre de 1929, pág. 5; González Bueno, pág. 44.

99 Para el tiempo en cartelera, Depretis en *CP*, pág. 136, nota 2; para Zaragoza, *La Libertad*, 1 de enero de 1930, pág. 5 (foto de los hermanos con Carmen Díaz) y Ruiz de Conde, pág. 145; para el número de representaciones, Vilches de Frutos y Dougherty, pág. 366.

100 Gibson, *Queipo de Llano*, pág. 21.

101 Cabanellas, I, pág. 161.

102 *Heraldo de Madrid*, 16 de enero de 1930; Giménez Caballero, pág. 204.

103 «Conmemoración del aniversario de la República. Reunión de los elementos republicanos de Segovia», *El Adelanto de Segovia*, 12 de febrero de 1930.

104 *DPD*, pág. 617-618.

105 *PV*, pág. 49; Valderrama, *Esencias*, pág. 164.

106 Valderrerama, *Esencias*, pág. 168.

107 *Ibíd.*, pág. 165.

108 *Ibíd.*, pág. 166.

109 *Ibíd.*, pág. 68.

110 *CP*, págs. 143-145; *DPD*, págs. 619-621.

111 «Notas universitarias. Un banquete a D. Miguel de Unamuno», *La Gaceta Literaria*, 15 de mayo de 1930.

112 *CP*, pág. 149; *DPD*, pág. 621.

113 *CP*, pág. 149; *DPD*, pág. 622.

114 *CP*, págs. 149-50; *DPD*, pág. 622.

115 *CP*, pág. 150; *DPD*, pág. 623.

116 *CP*, págs. 151-52; *DPD*, pág. 624.

117 *CP*, pág. 156; *DPD*, pág. 625.

118 *DPD*, pág. 561, nota 1.

119 *CP*, págs. 155-57; *DPD*, págs. 624-626.

120 *CP*, págs. 159-60; *DPD*, pág. 626.

121 *CP*, pág. 160; *DPD*, pág. 627.

[122] *CP*, págs. 165-6; *DPD*, págs. 628-629; «Los poetas Manuel y Antonio Machado, hijos predilectos de Sevilla», *Heraldo de Madrid*, 23 de enero de 1931, pág. 5.

[123] Valderrama, *Esencias*, págs. 47-48.

[124] *CP*, págs. 175-76; *DPD*, pág. 166.

[125] Rafael Cansinos-Asséns, «"Esencias" (poemas en prosa y verso), por Pilar de Valderrama. Rafael Caro Raggio, editor. Madrid, 1930», *La Libertad*, 29 de junio de 1930, pág. 4.

[126] *CP*, págs. 179-81; *DPD*, págs. 634-636.

[127] *CP*, págs. 188-89; *DPD*, págs. 638-639.

[128] *CP*, pág. 193; *DPD*, pág. 641.

[129] *CP*, págs. 191-95; *DPD*, págs. 639-643.

[130] Cabanellas, I, págs. 161-62; Jackson, pág. 24.

[131] Cabanellas, I, pág. 162.

[132] Depretis en *CP*, pág. 286.

[133] *CP*, pág. 197.

[134] Valderrama, *Esencias*, pág. 165.

[135] Machado, «Los trabajos y los días. *Esencias*. Poesías de Pilar Valderrama. Notas marginales», *Los Lunes de El Imparcial*, 5 de octubre de 1930, sin paginación; *DPD*, págs. 649-653.

[136] *CP*, págs. 197-198; *DPD*, págs. 643-645.

[137] *CP*, págs. 207-209; *DPD*, págs. 654-656.

[138] *CP*, págs. 213-215; *DPD*, págs. 656-658.

[139] *CP*, págs. 220-221; *DPD*, pág. 660.

[140] *PV*, pág. 53.

[141] *Macrí(1)*, pág. 780.

[142] *CP*, pág. 221; *DPD*, pág. 660.

[143] Depretis en *CP*, pág. 290.

[144] Cabanellas, I, págs. 163-165.

[145] *CP*, pág. 230; *DPD*, pág. 665.

[146] Cabanellas, I, págs. 167-168

[147] *Heraldo de Madrid*, 9 de febrero de 1931, pág. 1.

[148] Ben-Ami, págs. 42-43; para la adhesión de Machado, Depretis en *CP*, pág. 252, nota 2.

[149] Cabanellas, I, págs. 174-175.

[150] *La Libertad*, 15 de febrero de 1931; *DPD*, págs. 669-670.

[151] «El gran acto republicano de Segovia. Pérez de Ayala, Marañón y Ortega y Gasset (D. José) pronuncian sus primeros discursos al servicio de la República», *Heraldo de Madrid*, 16 de febrero de 1931, pág. 7.

[152] «Según D. José Ortega Gasset, asistimos al triunfo de la generacion del 98», *Ibíd.*, pág. 1.

[153] Cabanellas, I, pág. 175; Andrés Ortega Klein, «La decepción política de Ortega. ¿Fracasó la Agrupación al Servicio de la República?», *Historia 16*, Año V, núm. 48.

[154] *CP*, págs. 238-39; *DPD*, pág. 673-674.

[155] *CP*, págs. 246; *DPD*, pág. 678; para la mutilación, Depretis en *CP*, pág. 293.

[156] *CP*, págs. 249-50; *DPD*, págs. 678-679.

[157] «Se iza la bandera republicana en el Ayuntamiento y otros edificios públicos de Segovia», *El Adelantado de Segovia*, 14 de abril de 1931.

[158] «La proclamación de la República en Segovia. La manifestación de ayer», *Ibíd.*, 15 de abril de 1931.

[159] *Ibíd.*

[160] *DPD*, págs. 680-681.

[161] *PV*, pág. 50.

[162] «Apuntes y recuerdos de Juan de Mairena», *Hora de España*, Valencia, núm. 5 (mayo 1937), págs. 5-12.

[163] «Los primeros decretos del Gobierno de la República», *La Voz*, 16 de abril de 1931, pág. 1.

[164] «Texto de un decreto. La derogación de la ley de Jurisdicciones. Artículo único y definitivo», *La Voz*, 20 de abril de 1931, pág. 4.

[165] *Abc*, 23 de abril de 1931, pág. 23; *DPD*, págs. 682-683.

[166] «"La prima Fernanda", de Manuel y Antonio Machado, es una comedia de figurón con escena del viejo régimen, paradójica y sarcástica», *Heraldo de Madrid*, 24 de abril de 1931, pág. 5; *DPD*, págs. 683-685.

[167] Moreiro, *Guiomar, un amor imposible*, pág. 98.

[168] Antonio de la Villa, «Anoche, en el teatro Victoria, "La prima Fernanda", comedia de figurón en tres actos, de Manuel y Antonio Machado», *La Libertad*, 25 de abril de 1931, pág. 4; Romero Ferrer, págs. 191-192.

[169] E. Díez-Canedo, *«"La prima Fernanda"*, de Manuel y Antonio Machado», *El Sol*, 25 de abril de 1931, pág. 6; Romero Ferrer, págs. 101-102.

[170] Luis Araújo-Costa, «Veladas teatrales. Victoria. Estreno de la comedia del antiguo régimen en tres actos y en verso de Manuel y Antonio Machado "La prima Fernanda", *La Época*, 25 de abril de 1931; Romero Ferrer, págs. 56-58.

[171] Antonio Espina, «La prima Fernanda», *Crisol*, 28 de abril de 1931, pág. 13.

[172] *DPD*, pág. 682, nota.

[173] *La prima Fernanda (Escenas del viejo régimen). Comedia de figurón, en tres actos, original,* en *La Farsa,* Año V, núm. 193, 31 de mayo de 1931.

[174] «Decretos de Guerra», *La Voz,* 27 de abril de 1931, pág. 4.

[175] Pérez Galán, *passim.*

[176] Jackson, pág. 54.

[177] *DPD,* pág. 687, nota 2.

[178] «En busca de un himno nacional. Canto rural a la República española, de O. Esplá y M. Machado», *Ahora,* 26 de abril de 1931, pág. 32.

[179] Entrevista, titulada «Los hermanos Quintero y Manuel y Antonio Machado disertan como convencidos republicanos», reproducida en *DPD,* págs. 685-688, donde Doménech explica allí que es fotocopia de un recorte no identificado, conservado en el archivo de Manuel Machado en Burgos y hoy desaparecido. No hemos podido localizar la entrevista en la prensa del momento.

[180] Jackson, págs. 31-36.

[181] *DPD,* pág. 681, n. 26.

[182] *PV,* págs. 50

[183] Ruiz de Conde, págs. 144-145.

[184] Vilches de Frutos y Dougherty, pág. 371.

[185] *PV,* pág. 25.

[186] *C,* págs. 19v, 24v, 49v; *Macrí(2),* págs. 1.178, 1.185, 1.215.

[187] *OCMAM,* pág. 610.

[188] *DPD,* págs. 715-716.

[189] Véase Gibson, *Federico García Lorca,* II, págs. 157-159.

[190] *DPD,* pág. 688, nota.

[191] *Ibíd.,* págs. 688-707.

[192] Hoja de servicios de Machado conservada en el Instituto Cervantes de Madrid; Santullano, preocupado por la salud del poeta —no favorecida por los crudos inviernos segovianos— recordará: «Mi admiración a Machado ayudó a obtenerle del Ministerio de Instrucción Pública algún alivio en aquella situación, mediante licencias mensuales dejando siempre la enseñanza atendida» (pág. 245).

[193] E. Díez-Canedo, «Español. "La duquesa de Benamejí". Comedia dramática de Antonio y Manuel Machado», *El Sol,* 27 de marzo de 1932, pág. 5; Romero Ferrer, págs. 103-104.

[194] Antonio Espina, «Español. "La duquesa de Benamejí", de Manuel y Antonio Machado», *Luz,* 28 de marzo de 1932, pág. 14; Romero Ferrer, págs. 110-111.

[195] *OCMAM,* pág. 604.

[196] *La Farsa,* Año VI, núm. 239, 9 de abril de 1932.

[197] *CP,* págs. 255-56; *DPD,* págs. 716-717.

[198] *CP*, págs. 259-60; *DPD*, págs. 716-719.

[199] Fragmento reproducido en facsímil por Concha Espina, pág. 179.

[200] *CP*, pág. 264; *DPD*, pág. 721.

[201] *Ibíd.*, págs. 722-723.

[202] Para la documentación de la *Gaceta de Madrid*, véase *Antonio Machado y Ruiz. Expediente académico y profesional 1875-1941* (Bibliografía, sección 6), págs. 280-285.

CAPÍTULO IX
MADRID (1932-1936)

[1] Como señala Doménech, *DPD*, pág. 742, nota, la fotografía acompañó la entrevista de Machado con Rosario del Olmo publicada en *La Libertad* el 12 de enero de 1934. Para el Café Varela y su dirección, *DPD*, pág. 748, nota 8; para la frase «tertulia salesiana», *Ibíd.*, pág. 757; para la dirección del café de las Salesas, *Ibíd.*, nota 3.

[2] Santullano, págs. 249-50.

[3] Pérez Ferrero, «La última tertulia literaria de los Machado», *Abc*, 19 de mayo de 1946, citado en *DPD*, pág. 748, nota 8.

[4] Santullano, págs. 249-250.

[5] *DPD*, pág. 727 y nota.

[6] *Ibíd.*, pág. 732, nota.

[7] *Ibíd.*, pág. 733.

[8] *El Avisador Numantino*, Soria, 8 de octubre de 1932, reproducido por *DPD*, págs. 732-733.

[9] Cita de Azaña en Manuel Ramírez, «Manuel Azaña y Cataluña», *El País*, 9 de diciembre de 2005, pág. 14.

[10] Cabanellas, I, págs. 236-239; Preston, págs. 140-142.

[11] Cabanellas, I, págs. 236-239.

[12] Jackson, págs. 124-128.

[13] *DPD*, pág. 736.

[14] Preston, págs. 83-88.

[15] *DPD*, pág. 740.

[16] *Mediodía*, Sevilla, núm. 16, 1933, sin paginación.

[17] «Nevermore», en *Macrí(1)*, págs. 750-751.

[18] *Helios*, núm. 4 (julio 1903), pág. 398.

[19] «Al libro "Ninfeas", del poeta Juan Ramón Jiménez», en *Macrí(1)*, pág. 752.

[20] Gibson, *En busca de José Antonio*, pág. 71.

²¹ *JMFF*, pág. 264.

²² Véase sobre todo el libro de Paul Preston, *La destrucción de la democracia en España*.

²³ Benjamín Jarnés, «La poesía de Antonio Machado», *La Nación*, sección «Letras españolas», Buenos Aires, 28 de enero de 1934, citado en *DPD*, pág. 745, nota 2.

²⁴ *DPD*, págs. 742-744.

²⁵ *Ibíd.*, págs. 745-747, 756-761.

²⁶ Conversaciones con Dª Leonor Machado Martínez y su hijo, Manuel Álvarez Machado, Madrid, 2005-2006; para Izquierda Republicana, Jackson, pág. 124, Brenan, pág. 292, y la página web de Izquierda Republicana.

²⁷ *Heraldo de Madrid*, 7 de abril de 1934, pág. 14.

²⁸ Jackson, pág. 175.

²⁹ *Ibíd.*, pág. 129; Preston, págs. 184-186.

³⁰ Alberti, *La arboleda perdida. Segunda parte*, pags. 57-58.

³¹ «Sobre una lírica comunista, que pudiera venir de Rusia», *Octubre*, núm. 6 (abril 1934), pág. 4. La presentación, bajo el título «Pero amo mucho más la edad que se avecina...», ocupa la página 3. El artículo de Machado se recoge en *DPD*, págs. 749-751.

³² Sancho Saez, «Antonio Machado, mi profesor de francés».

³³ Cobos, *Humor y pensamiento de Antonio Machado...*», pág. 29, nota 1.

³⁴ Guerrero Ruiz, págs. 337-340.

³⁵ Este párrafo final no está en la primera edición del libro de Guerrero Ruiz. Lo recoge *DPD*, pág. 755, de una edición posterior que no hemos podido consultar.

³⁶ Brenan, pág. 296.

³⁷ Jackson, págs. 142-144.

³⁸ Brenan, págs. 280-309.

³⁹ Jackson, pág. 175.

⁴⁰ Alardo Prats, «Los artistas en nuestro tiempo. Conversación con el insigne poeta don Antonio Machado. "Que las masas entren en la cultura no creo que sea la degradación de la cultura". "Todo lo que se defiende como privilegio es generalmente valor muerto"», *El Sol*, 9 de noviembre de 1934, págs. 1 y 4, recogido en *DPD*, págs. 762-767.

⁴¹ «Juan de Mairena y su maestro. Lo que será el libro del ilustre poeta Antonio Machado», *Heraldo de Madrid*, 19 de marzo de 1936, pág. 3; *DPD*, págs. 776-777.

⁴² *JM*, XIII, 84-85; *Macrí(2)*, págs. 1.960-1.961; *JMFF(1)*, págs. 141-142.

⁴³ *JM*, XII, pág. 74; *Macrí(2)*, pág. 1.954; *JMFF(1)*, pág. 133.

⁴⁴ *JM*, XIX, pág. 119; *Macrí(2)*, pág. 1.982; *JMFF(1)*, pág. 173.

⁴⁵ *JM*, XVII, pág. 106; *Macrí(2)*, pág. 1.974; *JMFF(1)*, pág. 161.

[46] *JM*, XXXVIII, pág. 257; *Macrí(2)*, pág. 2.069; *JMFF(1)*, pág. 286.

[47] *JM*, XVII, pág. 108; *Macrí(2)*, pág. 1.975; *JMFF(1)*, pág. 163.

[48] *JM*, XXV, pág. 161; *Macrí(2)*, pág. 2.009; *JMFF(1)*, pág. 209.

[49] *JM*, XXIV, pág. 154; *Macrí(2)*, pág.2.004; *JMFF(1)*, pág. 203.

[50] *JM*, XV, pág. 95; *Macrí(2)*, pág. 1.967; *JMFF(1)*, pág. 152.

[51] Abellán, *El filósofo «Antonio Machado»*, pág. 49.

[52] *JM*, XLII, págs. 286-287; *Macrí(2)*, pág. 2.088; *JMFF(1)*, pág. 310.

[53] *JM*, XXXIV, pág. 222; *Macrí(2)*, pág. 2.047; *JMFF(1)*, pág. 258.

[54] *JM*, XXXV, pág. 229; *Macrí(2)*, pág. 2.054; *JMFF(1)*, pág. 267.

[55] *JM*, XXXV, pág. 236; *Macrí(2)*, pág. 2.056; *JMFF(1)*, pág. 270.

[56] *JM*, XX, págs. 121-128; *Macrí(2)*, págs. 1.983-1.987;*JMFF(1)*, pág. 175-180.

[57] *Macrí(2)*, pág.2.330; *JMFF(2)*, pág. 37.

[58] *PV*, pág. 52.

[59] «Apuntes y recuerdos de Juan de Mairena», *Diario de Madrid*, 3 de enero de 1935, pág. 3; *JM*, VIII, 55-57; *Macrí(2)*, págs. 1.941-1.943; *JMFF(1)*, págs. 116-118.

[60] «Proel»[Ángel Lázaro], «Galería. El poeta Antonio Machado. La costumbre del café. «Antonio Vico fue el mejor actor del mundo». Cuando el gran poeta estrenó un papel de payés en «Tierra baja». Sobre el centenario de Lope. Soledad pura», *La Voz*, 1 de abril de 1935, pág. 3; *DPD*, págs. 769-773.

[61] Jackson, pág. 172 y nota. 7; Preston, pág. 257.

[62] *El Tiempo Presente*, núm. 2 (abril-mayo 1935), págs. 8-9, entrevista reproducida en *DPD*, págs. 773-774.

[63] *JM*, XLV, págs. 305-306; *Macrí(2)*, págs. 2.099-2.100; *JMFF(1)*, págs. 326-327.

[64] Santullano, págs. 251-253.

[65] La presencia de los «hermanos Machado» consta en el *Heraldo de Madrid*, 3 de septiembre de 1935, pág.1; *El Liberal*, 3 de septiembre de 1935, pág. 3; *La Libertad*, 4 de septiembre de 1935, pág. 4.

[66] «Fallecimiento de don Manuel B. Cossío», *Abc*, 3 de septiembre de 1935, pág. 30.

[67] «Sigue hablando Mairena», *Diario de Madrid*, 12 de septiembre de 1935, pág. 3; *JM*, XXXIV, págs. 225-226; *Macrí(2)*, págs. 2.049-2.050; *JMFF(1)*, págs. 262-263.

[68] Santullano, pág. 248.

[69] *DPD*, pág. 766, nota 2.

[70] «Los intelectuales y la paz. Los pueblos que presencian impasibles la ruina de Etiopía siembran la suya propia», *Diario de Madrid*, 9 de noviembre de 1935, pág. 3; Gibson, *El asesinato de García Lorca*, págs. 406-408. *Heraldo de Madrid* reprodujo el manifiesto el 25 de diciembre de 1935, pág. 4; *La Libertad*, el 26 de diciembre, pág. 1.

[71] «Antena literaria», *Gracia y Justicia*, núm. 211 (4 enero 1936), pág. 12.

[72] Guerrero, pág. 459.

[73] *JM*, XLI, pág. 282; *Macrí(2)*, pág. 2.085; *JMFF(1)*, pág. 306.

[74] *JMFF(1)*, págs. 306-307, nota 4.

[75] Machado, «Discurso a las Juventudes Socialistas Unificadas», *Macrí(2)*, pág. 2.191.

[76] El manifiesto se publicó el 23 de febrero de 1936 en *El Sol*. Reproducido en Gibson, *El asesinato de García Lorca*, págs. 412-415.

[77] Reproducido en Gibson, *El asesinato de García Lorca*, págs. 408-409.

[78] Gibson, *El asesinato de García Lorca*, pág. 34.

[79] *JM*, XLI, págs. 282-284; *Macrí(2)*, págs. 2.085-2.086; *JMFF(1)*, págs. 307-308.

[80] *Heraldo de Madrid* para estas semanas.

[81] *Gaceta de Madrid*, núm. 49 (18 febrero 1936), pág. 1427; Jackson, págs. 195-196.

[82] Gibson, *En busca de José Antonio*, pág. 143.

[83] *Ibíd.*

[84] *El Sol*, 14 de marzo de 1936, pág. 4.

[85] *Heraldo de Madrid*, 14 de marzo de 1936, pág. 16.

[86] Ximénez de Sandoval, pág. 546.

[87] «Se declara ilícita Falange Española de las JONS y se procesa a sus dirigentes», *Heraldo de Madrid*, 18 de marzo de 1936, pág. 3.

[88] Jackson, pág. 207.

[89] Documentación conservada en el expediente de Machado en el Instituto de Enseñanza Secundaria Cervantes, Madrid.

[90] Testimonio de Dª Milagros Fernández, profesora de Historia del Instituto de Segunda Enseñanza Cervantes, que habló con el ex alumno en cuestión unos ocho años atrás. Madrid, 13 de diciembre de 2005.

[91] *Heraldo de Madrid*, 7 de abril de 1936, pág. 16.

[92] *Ibíd.*, 14 de abril de 1936, pág. 3.

[93] Gibson, *La noche en que mataron a Calvo Sotelo*, págs. 25-53.

[94] Aranguren, pág. 387.

[95] Miguel Pérez Ferrero, «Actualidad literaria. Las "Poesías completas" de Antonio Machado», *Heraldo de Madrid*, 17 de abril de 1936, pág. 3.

[96] Citado por Gullón, «Cartas de Antonio Machado a Juan Ramón Jiménez...», págs. 212-213.

[97] Eduardo de Ontañón, «Nuestras preguntas literarias. ¿Qué les parece a los poetas la poesía de Villaespesa?», *Heraldo de Madrid*, 17 de abril de 1936, pág. 3; *DPD*, pág. 778, recoge las declaraciones de Machado.

[98] *JM*, XLVII, págs. 326-327; *Macrí(2)*, págs. 2.113-2.114; *JMFF(1)*, pág. 344.

[99] Suero, pág. 142.

[100] *PV*, pág. 55.

[101] *PV*, págs. 55-56.

[102] Gibson, *El asesinato de García Lorca*, págs. 422-423.

[103] *Ibíd.*, págs. 426-429.

[104] Gibson, *La noche que mataron a Calvo Sotelo*, págs. 54-58.

[105] *El Socialista*, 9 de mayo de 1936; Ximénez de Sandoval, pág. 548.

[106] Sobre la oferta de Azaña, véase Jackson, págs. 209-210.

[107] Gibson, *La noche que mataron a Calvo Sotelo*, págs. 67-78.

[108] *PV*, pág. 57.

[109] *JM*, XLIX, pág. 337; *Macrí(2)*, pág. 2.120; *JMFF(1)*, pág. 354.

[110] Conversación nuestra con Dª Leonor Machado Martínez, Madrid, 19 de diciembre de 2005; *Macrí(2)*, pág. 2.173.

[111] Barco, «El falangismo de Manuel Machado», pág. 118

[112] Entrevistas nuestras con Dª Leonor Machado Martínez y Dª Eulalia Machado Monedero, Madrid, 2004-2005; Brotherston, pág. 61; Del Barco, «El falangismo de Manuel Machado», págs. 118, 120.

[113] «El 2 de mayo de 1808», *Nuestro Ejército* (abril-mayo 1938), recogido en *Macrí(2)*, págs. 2.252-2.255.

[114] Padrón municipal de Madrid, diciembre de 1935 (Distrito: Palacio; Barrio: Moncloa), paseo del Pintor Rosales, núm. 54, piso bajo, hoja núm. 13610 (Archivo de la Villa); *PV*, págs. 52 y 56.

[115] «Madrid frunce el ceño (Los milicianos de 1936)», *Macrí(2)*, pág. 2.163.

[116] «A Líster. Jefe en los ejércitos del Ebro», *Hora de España*, Barcelona, núm. XVIII (junio 1938), págs. 10-11; *Macrí(1)*, pág. 826.

[117] *El Sol*, 31 de julio de 1936, pág. 2; *Ahora*, misma fecha, pág. 8; *La Libertad*, misma fecha, pág. 1; *Abc*, misma fecha, pág. 30.

[118] Sobre la «traición» de Marañón, véase *Abc* (Madrid), 11 de febrero de 1937, pág. 11, y la nota al respecto en *AMG*, pág. 438.

[119] Machado, «La sonrisa madrileña», *Madrid. Baluarte de nuestra Guerra de Independencia*, Servicio Español de Información, 1937, pág. 6; *Macrí(2)*, pág. 2.161.

[120] Fotografía del manuscrito en *Manuscritos de Manuel y Antonio Machado (Poesía, prosa y teatro)*, en *Arte. Información y gestión*, catálogo de subasta (véase Bibliografía, sección 7), pág. 39.

[121] «Carta a David Vigodsky», *Macrí(2)*, pág. 2.183.

[122] Gibson, *El asesinato de García Lorca*, pág. 47.

[123] *Ayuda. Semanario de la Solidaridad*, Año I, núm. 22 (17 de octubre de 1936), pág. 3; *Macrí(1)*, págs. 828-829.

[124] *AMG*, pág. 402.

[125] Alonso y Tello, pág. 101.

[126] «Los escritores antifascistas celebraron ayer un acto por la defensa de la cultura popular», *Ahora*, 2 de noviembre de 1936, pág. 10

[127] Colodny, pág. 36.

[128] Véase Gibson, *Queipo de Llano. Sevilla, verano de 1936 (con las charlas radiofónicas completas)*.

[129] Colodny, pág. 36.

[130] Largo Caballero, pág. 176.

[131] Martínez Reverte, págs. 200-201.

[132] Gibson, *Paracuellos cómo fue*, págs. 44-45.

[133] *Ibíd.*, págs. 45-49, 86-87, 221.

[134] Machado, *Madrid. Baluarte de nuestra Guerra de Independencia*, cuaderno de 16 páginas publicado por el Servicio Español de Información, 1937, donde el poema lleva la fecha 7 de noviembre de 1936; recogido en *Macrí(1)*, pág. 833.

[135] «Miaja», *Macrí(1)*, pág. 833.

[136] «¡Madrid!», publicado en *Servicio Español de Información* y recogido en *Macrí(2)*, págs. 2.224-2.226.

[137] *Mundo Obrero*, 8 de noviembre de 1936, pág. 2.

[138] «Divagaciones de actualidad», *Ayuda*, 7 de noviembre de 1936, pág. 8. Con el título de «Divagaciones», *Voz de Madrid*, París, reprodujo el artículo el 5 de noviembre de 1938, pág. 6.

[139] «De un artículo del gran poeta Antonio Machado», *Milicia Popular*, núm. 97 (12 noviembre 1936), pág. 6.

[140] Texto reproducido por Monique Alonso, pág. 33. No hemos podido consultar el original del folleto editado por el Quinto Regimiento.

[141] Testimonio de D. Santiago Carrillo en Gibson, *Paracuellos cómo fue*, pág. 238.

[142] «A los Intelectuales Antifascistas del mundo entero. Noviembre de 1936», *El Mono Azul*, núm. 13 (19 noviembre 1936), pág. 4; el manifiesto se publicó al día siguiente en *Abc*, pág. 6, y sin duda en otros diarios republicanos.

[143] *Heraldo de Madrid*, 22 de noviembre de 1936, pág. 2; *Ahora*, misma fecha, pág. 4, y 23 noviembre de 1936.

[144] Reproducido en *AMG*, pág. 80. La cita tiene alguna errata.

[145] «Importante manifiesto del Gobierno de la República. El reconocimiento por Alemania e Italia de la Junta de Burgos quiere compensar al general Franco de los descalabros sufridos ante la muralla de Madrid», *Ahora*, 22 de noviembre de 1938, pág. 5.

[146] Alberti, *Primera imagen de...*, págs. 53-54.

[147] Carta de José Machado a J. Santaló, Meurville (Aube), 15 de julio de 1939, reproducida por Alonso, págs. 520-521.

[148] «El 5º Regimiento en todos los frentes. En la vanguardia de la lucha por la libertad y en la defensa de la cultura. Los sabios españoles y el 5º Regimiento», *Milicia Popular. Diario del 5º Regimiento de Milicias Populares*, núm. 109 (24 noviembre 1936), pág. 1.

[149] *Ibíd.*, pág. 3.

[150] *Ibíd.*

[151] «Mientras los "patriotas" de Franco bombardean la Biblioteca... Los rojos del Quinto Regimiento, para contrarrestar la barbarie fascista sobre los centros de cultura, ponen fuera de la zona de guerra a varios sabios españoles», *Heraldo de Madrid*, 25 de noviembre de 1936, pág. 2.

[152] La fotografía se recogió en *Milicia Popular. Diario del 5º Regimiento de Milicias Populares. 6 meses de guerra civil*, número extraordinario reproducido al final de la edición facsímil del diario (Barcelona, Editorial Hacer, 1977).

[153] *Heraldo de Madrid*, 25 de noviembre de 1936, pág. 2.

[154] Véase Gibson, *Paracuellos cómo fue, passim*.

[155] Trapiello, pág. 105, sin fuente.

[156] Daranas, «Informaciones del Extranjero. ABC en París». «Los defensores del Alcázar de Toledo, ante el mundo. El comentario de un lírico burócrata», *Abc*, Sevilla, 27 de septiembre de 1936, pág. 7.

[157] Brotherston, págs. 61-62; Barco, «El falangismo de Manuel Machado», págs. 118-119.

[158] Juan de Castilla, «Intelectuales desmandados», *Abc*, Sevilla, 13 de octubre de 1936.

[159] Por lo que toca al *Abc* de Seville en los primeros meses de la guerra, consignemos que, aparte de los poemas mencionados, Manuel Machado publicó allí: «Tradición», 10 de noviembre de 1936, pág. 9; «Figuras de raza. San Ignacio de Loyola», 24 de noviembre de 1936, pág. 7; «Estampas religiosas. San Agustín (el santo-amigo)», 18 de diciembre de 1936, pág. 5.

[160] *Heraldo de Madrid*, 25 de noviembre de 1936, pág. 2.

Capítulo X
Valencia-Barcelona (1936-1939)

[1] *USAM*, pág. 197.

[2] Moreno Villa, *Vida en claro*, pág. 223.

[3] Entrevista del autor con Dª Leonor Machado Martínez, Madrid, 25 de abril de 2005.

[4] *USAM*, pág. 198.

[5] Ferreres, «Antonio Machado en Valencia», pág. 374.

[6] *Heraldo de Madrid*, 26 de noviembre de 1936, pág.4.

[7] «Los intelectuales evacuados de Madrid ensalzan el heroísmo del pueblo», *V*, 26 de noviembre de 1936, pág. 5; opiniones recogidas también por *Ahora*, 26 de noviembre de 1936, pág. 5 («Una declaración de los intelectuales evacuados de Madrid») y *Milicia Popular*, 27 de noviembre de 1936, pág. 3 («Unas manifestaciones del doctor Del Río Hortega y del gran poeta Machado»).

[8] «Antonio Machado en Valencia. El insigne poeta dice: El Museo del Prado y la Biblioteca Nacional han sido bombardeados sin otro motivo bélico que la fatal necesidad de destruir que siente el fascismo...», *V*, 29 de noviembre de 1936, pág. 1.

[9] Moreno Villa, *Vida en claro*, págs. 227, 232.

[10] *USAM*, págs. 198-199.

[11] *Ibíd.*, pág. 199.

[12] Santullano, pág. 241.

[13] *USAM*, pág. 199.

[14] Sancho Saez, «Antonio Machado, mi profesor de francés».

[15] «El ministro de Instrucción Pública Jesús Hernández inaugura la Tribuna de Agitación y Progapanda de la plaza de Emilio Castelar. Los grandes poetas Antonio Machado y León Felipe intervienen en el acto», *El Pueblo*, Valencia, 12 diciembre de 1936, pág. 6. *El Mercantil Valenciano* anunció el acto el 11 de diciembre de 1936 pero, al día siguiente, no incluyó, sorprendentemente, información sobre el mismo.

[16] *USAM*, pág. 203.

[17] Moreno Villa, *Vida en claro*, pág. 230.

[18] Citado por Huguet y Pérez Contel, págs. 12-13.

[19] *Macrí(1)*, pág. 828.

[20] «Nuestros reportajes. Unos minutos de charla con el eximio poeta Antonio Machado», *Fragua Social*, Valencia, 19 de diciembre de 1936, pág. 8. Entrevista reproducida en *AMG*, págs. 342-345, pero sin el texto del poeta.

[21] Carta publicada en *La Torre*, Puerto Rico, tomo XII, núm. 45-46 (1964), pág. 252; *AMG*, págs. 319-20; *Macrí(2)*, págs. 2.167-2.168.

[22] «Lo que el fascismo está destruyendo en Madrid afecta a todos los hombres. Llamamiento a los intelectuales del mundo, de los hombres de ciencia y artistas de la Casa de la Cultura de Valencia», *Verdad*, Valencia, 27 de diciembre de 1936, pág. 2 (reproducido por Aznar Soler, II, págs. 314-315); «Un manifiesto de los intelectuales españoles», *Milicia Popular*, núm. 143 (28 diciembre 1936), pág. 4 (sólo reproduce en parte el documento).

[23] Citado al inicio de la edición facsimilar de *Hora de España* (Topos Verlag AG, Vaduz, Liechtenstein y Editorial Laia, S.S., Barcelona, 5 tomos, 1977), I, pág. XIX.

²⁴ Montero, pág. viii.

²⁵ *Ahora. Diario de la Juventud*, núm. 13 (14 enero 1937), pág. 8; «El gran poeta Antonio Machado y las Juventudes Socialistas», *Milicia Popular*, núm. 159 (14 enero 1937), pág. 4; *Macrí(2)*, págs. 2165-66, siguiendo a Marrast y Martínez López (Antonio Machado, *Prosas y poesías olvidadas*, véase Bibliografía, sección 1b, págs. 55-56), fecha incorrectamente esta declaración el 3 de octubre de 1936.

²⁶ Entrevista por J. Orozco Muñoz, titulada «Habla el gran poeta Antonio Machado», fechada 1 de abril de 1937, recogida, sin especificar el lugar de publicación, en *Macrí(2)*, págs. 2.187-2.189. Por las alusiones a la Federación Universitaria Española se sobreentiende que la entrevista se publicó en un órgano de dicha asociación.

²⁷ *El Mono Azul*, núm. 15 (11 febrero 1937), pág. 8.

²⁸ *El Pueblo*, Valencia, 16 de marzo de 1937, pág. 3; *Ibíd.*, 17 de marzo 1937, pág. 3; *Ibíd.*, 19 de marzo de 1937, pág. 6 («Jacinto Benavente y Antonio Machado al servicio de la España republicana»).

²⁹ *El Pueblo*, Valencia, 19 de marzo de 1937, pág. 1; «Meditación del dia», dedicada «A mis amigos del S.R.I.», se publicó también en *Ayuda*, núm 50 (11 abril 1937), pág. 4, al lado de la intervención de Benavente.

³⁰ «Apuntes y recuerdos de Juan de Mairena», *Hora de España*, Valencia, núm. 5 (mayo 1937), págs. 11-12; *Macrí(2)*, págs. 2.332-2.333; *JMFF(2)*, págs. 39-41.

³¹ *Macrí(2)*, págs. 2.185-2.186; seguimos la transcripción del manuscrito, titulado «Recuerdos» (Biblioteca Nacional, Madrid, 22233⁴), que amablemente nos facilita Jordi Doménech.

³² *El Pueblo*, Valencia, 26 de abril de 1937, p. 6.

³³ «La intelectualidad española y la cobarde agresión a Almería. Los intelectuales antifascistas a todos los del mundo», *Ibíd.*, 2 de junio de 1937, pág. 1; *Frente Rojo*, Valencia, misma fecha, pág. 2 (reproducido por Aznar Soler, II, págs. 320-321).

³⁴ *Hora de España*, Valencia, núm. 10 (octubre 1937), págs. 5-12; *Macrí(2)*, págs. 2.343-2.349; *JMFF(2)*, págs. 66-72.

³⁵ *Hora de España*, Valencia, núm. 4 (abril 1937), págs. 5-10; *Macrí(2)*, págs. 2.179-2.183.

³⁶ *AMG*, pág. 104; *Macrí(2)*, págs. 2.191-2.192.

³⁷ *Hora de España*, Valencia, núm. 9 (septiembre 1937), págs. 5-11; *Macrí(2)*, págs. 2.215-2.221.

³⁸ Para Calvo y Winthuysen, véase Ferreres, «Antonio Machado en Valencia», pág. 379; para Ehrenburg, su libro *La Nuit tombe*, citado en *Macrí(2)*, pág. 2.251.

³⁹ Citado por Ferreres, «Antonio Machado en Valencia», pág. 378.

⁴⁰ Manuel Machado, «¡España!», *Abc*, Sevilla, 6 de enero de 1937, pág. 5.

⁴¹ Ferreres, «Antonio Machado en Valencia», pág. 381.

⁴² Manuel Machado, «Francisco Franco», en *Poesía*, pág. 393.

[43] *Hora de España*, Barcelona, núm. 18 (junio 1938), págs. 8-9; *Macrí(1)*, págs. 824-825.

[44] Ferreres, «Antonio Machado en Valencia», pág. 381.

[45] *USAM*, pág. 38.

[46] *Ibíd.*, págs. 38-39.

[47] «El II Congreso Internacional de Escritores Antifascistas», *El Pueblo*, Valencia, 4 de julio de 1937, pág. 6; *Ibíd.*, 6 de julio de 1937, págs. 1-2.

[48] Corpus Barga, «El II Congreso Internacional de Escritores», *Hora de España*, Valencia, núm. 8 (agosto 1937), págs. 5-10.

[49] *El Pueblo*, Valencia, 6 de julio de 1937, pág. 1.

[50] *Ibíd.*, 10 de julio de 1937, pág. 2.

[51] *Hora de España*, Valencia, núm. 8 (agosto 1937), págs. 30-36.

[52] *Ibíd.*, págs. 41-45.

[53] *Macrí(2)*, pág. 2.226.

[54] *Hora de España*, Valencia, núm. 8 (agosto 1937), págs. 64-70.

[55] *Ibíd.*, págs. 59-60.

[56] *Ibíd.*, págs. 36-38.

[57] *Ibíd.*, págs. 55-58.

[58] *Ibíd.*, págs. 25-29.

[59] *Ibíd.*, págs. 39-41.

[60] *Ibíd.*, págs. 11-19.

[61] Texto de su breve discurso en Aznar Soler y Schneider, pág. 227.

[62] «Sobre la defensa y difusión de la cultura. El poeta y el pueblo», *V*, 16 de julio de 1937, pág. 1; *Hora de España*, Valencia, núm. 8 (agosto 1937), págs. 11-19; *Macrí(2)*, págs. 2.198-2.205.

[63] Aznar Soler y Schneider, págs. 394-395.

[64] *Ibíd.*, pág. 444.

[65] *Ibíd.*

[66] «Sobre la disolución de la "Casa de la Cultura"», *Frente Rojo*, Barcelona, 17 de julio de 1937, recogido en *Macrí(2)*, págs. 2.194-2.195.

[67] *Macrí(2)*, págs. 2.214-2.115.

[68] *Ahora*, 21 de julio de 1937, pág. 7.

[69] *Hora de España*, Barcelona, núm. 18 (junio 1938), pág. 8; *Macrí(1)*, pág. 824.

[70] *PV*, pág. 60.

[71] *Hora de España*, Barcelona, núm. 18 (junio 1938), pág. 5; *Macrí(1)*, pág. 822.

[72] *Hora de España*, Barcelona, núm. 18 (junio 1938), pág. 6; *Macrí(1)*, págs. 822-823.

[73] *Hora de España*, Barcelona, núm. 18 (junio 1938), págs. 6-7; *Macrí(1)*, pág. 823.

[74] *Hora de España*, Barcelona, núm. 18 (junio 1938), pág. 7; *Macrí(1)*, págs. 823-824.

[75] *Hora de España*, Barcelona, núm. 18 (junio 1938), pág. 9; *Macrí(1)*, pág. 825.

[76] *Macrí(1)*, pág. 1.011.

[77] *Hora de España*, Barcelona, núm. 18 (junio 1938), pág. 10; *Macrí(1)*, págs. 825-826.

[78] *USAM*, págs.199-200.

[79] *Ibíd.*, pág. 200.

[80] Véase «Un manifiesto de los intelectuales antifascistas, dirigido a la España sometida al fascismo», *La Vanguardia*, Valencia, núm. 212 (1937), pág. 2, fechado «Julio de 1937», recogido por Aznar Soler, págs. 321-323.

[81] «Madrid», *Servicio Español de Información*, núm. 167 (18 julio 1937), recogido en *AMG*, pág. 118.

[82] «Opiniones sobre el S.R.I.», *Ayuda*, Valencia, núm. 64 (18 julio 1937), pág. 6.

[83] *Macrí(1)*, págs. 834-835.

[84] *AMG*, págs. 346-351.

[85] *Macrí(2)*, págs. 2.197, 2.212-2.215; «Dos grandes escritores frente al fascismo. Palabras de Juan Ramón Jiménez», *Hora de España*, Valencia, núm. 9 (septiembre 1937), págs. 59-60. El otro escritor antifascista es Thomas Mann.

[86] *Macrí(2)*, pág. 2.213.

[87] «Voces de calidad: Juan Ramón Jiménez», nota publicada, según Macrí, en *Mediodía*, La Habana, II, núm. 45 (1937), pág. 11, recogido en *Macrí(2)*, págs. 2.222-2.224.

[88] Los apartados V, VI y VII proceden de «Divagaciones de actualidad», artículo publicado en *Ayuda*, Valencia, el 7 de noviembre de 1936, pág. 8.

[89] María Zambrano, «*La Guerra* de Antonio Machado», *Hora de España*, Valencia, núm. 12 (diciembre 1937), págs. 68-74.

[90] *Macrí(2)*, págs. 2.227-2.228.

[91] «Una nota del Gobierno sobre su traslado», *El Pueblo*, Valencia, 31 de octubre de 1937, pág. 1; *Ibíd.*, 2 de noviembre de 1937, pág. 3.

[92] *Macrí(2)*, pág. 2.232.

[93] Para una interesante nota biográfica sobre Contreras, véase *Macrí(2)*, pág. 2.527.

[94] *Macrí(2)*, pág. 2.233.

[95] Agradezco a mi amigo Nigel Dennis su generosidad al enviarme una fotocopia de esta interesante carta.

[96] *V*, 27 de marzo de 1938, pág. 3.

[97] *Ayuda*, Valencia, núm. 87 (31 marzo 1938), pág. 1; *Macrí(1)*, págs. 832-833; *USAM*, pág. 202; *AMG*, pág. 384, nota 10.

[98] *USAM*, pág. 205; entrevista nuestra con Dª Leonor Machado Martínez, Madrid, 25 de abril de 2005.

[99] *USAM*, pág. 206.

[100] *Ibíd.*, págs. 206-207.

[101] *Ibíd.*, pags. 207-208; para la presencia en el Majestic de Fernández Cañivell, véase Chaves, pág. 365.

[102] Sancho Sáez, «Antonio Machado, mi profesor de francés».

[103] Tarín Iglesias, pág. 62.

[104] *USAM*, págs. 208-209.

[105] *Ibíd.*, pág. 209; entrevista nuestra con Dª María y Dª Carmen Machado Monedero, Madrid, 27 de septiembre de 2005.

[106] Monique Alonso, págs. 273-75; entrevista nuestra con Dª Carmen y Dª María Machado Monedero, Madrid, 27 de septiembre de 2005.

[107] Entrevista nuestra con Dª Leonor Machado Martínez, Dª María Machado Monedero y Dº Carmen Machado Monedero, Madrid, 27 de septiembre de 2005.

[108] *Macrí(1)*, pág. 826.

[109] «Desde el mirador de la guerra. Para el Congreso de la paz», *V*, 23 de julio de 1938, pág. 3; *AMG*, págs. 232-235; *Macrí(2)*, págs. 2.460-2.463; *JMFF*, págs. 205-208.

[110] «Desde el mirador de la guerra. España renaciente. Serrano Plaja», *V*, 21 de octubre de 1938, pág.3; *AMG*, págs. 275-278; *Macrí(2)*, págs. 2.281-2.283.

[111] «Desde el mirador de la guerra. Saavedra Fajardo y la guerra total», *V*, 7 de julio de 1938, pág. 3; *AMG*, págs. 223-225; *Macrí(2)*, págs. 2.455-2.457; *JMFF*, págs. 201-204.

[112] «Desde el mirador de la guerra», *V*, 6 de octubre de 1938, pág. 3; *AMG*, págs. 273-275; *Macrí(2)*, págs. 2.475-2.477; *JMFF*, págs. 225-229.

[113] *Voz de Madrid*, París, núm. 4 (6 agosto 1938), pág. 1. Que sepamos es la primera vez que se rescata este artículo de Machado. El primer texto se publicó el 18 de julio en *Ejército Nuestro*, Valencia («El Quinto Regimiento del 19 de julio», recogido en *Macrí(2)*, págs. 2.259-2.265), el segundo en *V*, 19 de julio de 1938, pág. 3 (el artículo no está recogido ni en *Macrí(2)* ni en *AMG*, pero sí en Monique Alonso, págs. 354-355).

[114] «Desde el mirador de la guerra», *V*, 23 de octubre de 1938, pág. 3; *AMG*, págs. 279-280; *Macrí(2)*, pág. 2.483.

[115] «Desde el mirador de la guerra», *V*, 6 de octubre de 1938, pág. 3; *AMG*, págs. 275; *Macrí(2)*, pág. 2.477; *JMFF*, pág. 228.

[116] «Desde el mirador de la guerra», *V*, 6 de enero de 1939, pág. 3; *AMG*, págs. 310-313; no recogido en *Macrí(2)*, inexplicablemente.

[117] «Desde el mirador de la guerra», *V*, 14 de mayo de 1938, pág. 3; *AMG*, pág. 207; *Macrí(2)*, pág. 2.444.

[118] «Desde el mirador de la guerra», *V*, 22 de mayo de 1938, pág. 3; *AMG*, pág. 211; *Macrí(2)*, pág. 2.449.

[119] «Desde el mirador de la guerra», *V*, 22 de mayo de 1938, pág. 3; *AMG*, pág. 213; *Macrí(2)*, pág. 2.451.

[120] *DPD*, pág. 427.

[121] «El Quinto Regimiento del 19 de Julio», *Nuestro Ejército*, núm. 4, 18 de julio de 1938; *AMG*, pág. 231; *Macrí(2)*, págs. 2.264.

[122] *AMG*, págs. 293-294.

[123] «Miscelánea apócrifa. Sigue Mairena...», *Hora de España*, Barcelona, núm. 20 (agosto 1938), pág. 8; *AMG*, pág. 261; *Macrí(2)*, pág. 2.394; *JMFF(2)*, págs. 129-130.

[124] *AMG*, pág. 411.

[125] «Sigue hablando Mairena a sus alumnos», *Hora de España*, Barcelona, núm. 19 (julio 1938), págs. 8-12; *AMG*, págs. 236-239; *Macrí(2)*, págs. 2.388-2.391; *JMFF(2)*, págs. 122-125.

[126] «Desde el mirador de la guerra», *V*, 1 de septiembre de 1938, pág. 3; *AMG*, pág. 265; *Macrí(2)*, pág. 2.472 (con la desafortunada errata de «siente» por «miente»); *JMFF(2)*, págs. 218-219.

[127] «Antonio Machado, el creador de "Juan de Mairena", siente y evoca la pasión española. El gran poeta recuerda su obra y su vida, tan llena de silencioso trabajo. Comparte la pasión que anima el pueblo en defensa de la independencia», *Voz de Madrid*, París, 8 de octubre de 1938, pág. 4. Recogido en *AMG*, págs. 351-354; *Macrí(2)*, págs. 2.276-2.280.

[128] Entrevista nuestra con Dª Leonor Machado Martínez, Madrid, 7 de abril de 2005.

[129] Entrevista nuestra con Dª María y Dª Carmen Machado Monedero, Madrid, 28 de septiembre de 2005.

[130] Se trata del artículo de Carlos Sampelayo, «Antonio Machado. Retazos de su vida y su muerte», publicado en *Camp de l'Arpa* (véase Bibliografía, sección 10). Se presta credibilidad al bulo en Trapiello, págs. 406-407.

[131] Castro, págs. 617-619.

[132] *USAM*, págs. 215-216.

[133] Xirau, págs. 67-68.

[134] Albornoz, «Cartas y documentos de Antonio Machado», págs. 255-256.

[135] Puche, págs. 68-69.

[136] «Unas cuartillas de Machado», *V*, 29 de octubre de 1938, pág. 1; *Macrí(2)*, pág. 2.298.

[137] «Mairena póstumo», *Hora de España*, Barcelona, núm. 23 (noviembre 1938), págs. 7-13; *AMG*, págs. 299-303; *Macrí(2)*, págs. 2.408-2.413; *JMFF(2)*, págs. 149-156.

[138] «Desde el mirador de la guerra», *V*, 10 de noviembre de 1938, pág. 3; *AMG*, págs. 285-288; *Macrí(2)*, págs. 2.484-2.487.

[139] *AMG*, pág. 416.

[140] «Glosario de los 13 fines de guerra», *V*, 13 de noviembre de 1938, pág. 4; *AMG*, págs. 288-292; *Macrí(2)*, págs. 2.284-2.288.

[141] «Una alocución de don Antonio Machado dirigida a todos los españoles», *V*, 22 de noviembre de 1938, pág.3; *AMG*, págs. 294-297; *Macrí(2)*, págs. 2.291-2.294.

[142] Citado por Monique Alonso, pág.278.

[143] Texto de Ehrenburg en *AMG*, págs. 355-356 y nota, págs. 435-436.

Capítulo XI
Collioure (1939)

[1] *Macrí(2)*, págs. 2.301-2.302.

[2] «Desde el mirador de la guerra», *V*, 6 de enero de 1938, pág. 3; *AMG*, págs. 310-313.

[3] *Voz de Madrid. Semanario de Información y Orientación de la Ayuda a la Democracia Española*, París, núm. 29 (28 enero 1939), pág. 4.

[4] *USAM*, pág. 218.

[5] *Ibíd.*, págs. 218-219.

[6] Monique Alonso, pág. 280, sin citar la fuente de esta información, tal vez Matea Monedero.

[7] *USAM*, págs. 219-220.

[8] Para las gestiones, Xirau (1940), pág. 68 y «Por una senda clara», pág. 60; para la salida de Barcelona, «Por una senda clara», pág. 60.

[9] *USAM*, pág. 219.

[10] Dª Leonor Machado Martínez, hija de Francisco, nos ha contado (Madrid, 25 de abril de 2005) cómo salieron ella y su familia desde Barcelona en coche particular con direccion a La Junquera, donde cruzaron lá frontera sin mayores problemas.

[11] Xirau, «Por una senda clara», pág. 60.

[12] *Ibíd.*, pág. 61.

[13] Monique Alonso, pág. 465.

[14] *Ibíd.*

[15] *Macrí(1)*, pág.36.

[16] Xirau (1940), págs. 67-68.

[17] Rioja, pág. 116.

[18] *USAM*, pág. 221; Monique Alonso, pág. 467.

[19] Xirau, «Por una senda clara», págs. 61-62.

[20] *USAM*, págs. 222-223.

[21] Onís, pág. 16.

[22] Gullón, «Enseñanzas de Mairena», pág. 93.

[23] Rioja, pág. 117.

[24] Pla y Romero, pág. 66.

[25] Xirau, «Por una senda clara», pág. 62.

[26] *Ibíd.*

[27] Español Bouché, pág. 38 y ss.

[28] Entrevista del autor con Dª Leonor Machado Martínez, Madrid, 25 de abril de 2005. Podría ser, con todo, que el encuentro tuviera lugar en Girona, no Figueres.

[29] Xirau, «Por una senda clara», págs. 62-63.

[30] Corpus Barga, «Antonio Machado ante el destierro».

[31] *USAM*, pág.224.

[32] Xirau, «Por una senda clara», pág. 68.

[33] *USAM*, pág. 226; testimonio de Matea Monedero en Moreiro, «El último viaje de Antonio Machado», pág. 12.

[34] Testimonio de Matea Monedero en Moreiro, «El último viaje de Antonio Machado», pág. 12.

[35] *Ibíd.*

[36] Xirau, «Por una senda clara», pág. 64.

[37] Corpus Barga, «Antonio Machado en el destierro».

[38] *USAM*, págs. 229-230.

[39] Xirau, «Por una senda clara», pág. 64.

[40] Corpus Barga, «Antonio Machado en el destierro».

[41] Xirau, «Por una senda clara», pág. 64.

[42] Monique Alonso, pág. 83.

[43] Corpus Barga, «Antonio Machado en el destierro».

[44] Issorel, pág. 69.

[45] *Ibíd.*, págs. 70-71.

[46] *Ibíd.*, pág.76.

[47] *Ibíd.*, pág.78; Español Bouché, págs. 41-42.

[48] Issorel, págs. 79-80.

[49] *Ibíd.*, págs. 72-73.

[50] La carta fue reproducida en facsímil por la revista *Peña Labra. Pliegos de poesía*, Santander, núm. 16, 1975. Hay una fotografía de la misma en *Macrí(2)*, entre las págs. 1.904 y 1.905.

[51] Issorel, págs. 72, 75.

[52] José Machado, carta a Tomás Navarro Tomás (véase Bibliografía, sección 10), pág. 255.

[53] *USAM*, págs. 232-233.

[54] Issorel, págs. 82-84.

[55] Gómez Burón, pág. 105.

[56] Moreiro, «El último viaje de Antonio Machado», pág. 15.

[57] Issorel, pág. 85.

[58] Moreiro, «El último viaje de Antonio Machado», pág. 15.

[59] José Machado, carta a Tomás Navarro Tomás (véase Bibliografía, sección 10), pág. 255.

[60] Testimonio de Juliette Figuères en Gómez Burón, pág. 148.

[61] *USAM*, pág. 255.

[62] Fotografía de la partida de defunción, Gómez Burón, pág. 155.

[63] «Muerte de Abel Martín», *Poesías completas*, CLXXV.

[64] *USAM*, págs. 144-145.

[65] Moreiro, «El último viaje de Antonio Machado», pág. 16.

[66] *Ibíd.*

[67] *USAM*, pág. 237.

[68] Issorel, pág. 88.

[69] Gómez Burón, págs. 159-161; Monique Alonso, pág. 495.

[70] *USAM*, págs. 236; *Macrí(1)*, pág.49.

[71] Monique Alonso, págs. 496-498.

[72] Para el carácter civil del entierro, véase «Una nota sobre su muerte» [la de Machado], *Romance*, México, núm. 3 (1 de marzo de 1940), pág. 17, y Monique Alonso, pág. 495.

[73] Issorel, pág. 98, nota 42.

[74] Fotografía en Monique Alonso, pág. [501].

[75] *USAM*, pág. 235; Issorel, págs. 88-89; Gómez Burón, pág. 163.

[76] Monique Alonso, fotografía de recortes de la prensa francesa, pág.503.

[77] Issorel, pág. 48, para el testimonio de Baills; para la posible presencia de Rojo, fotografía de recorte de la prensa local en Monique Alonso, pag. 503, que recoge la presencia de «le général Rojo, sous-secrétaire du ministère de la Défense Na-

tionale». Para la «defección» de Rojo, ver Español Bouché, pág. 44. Unos días después del entierro Jacques Baills hizo una lista, con la ayuda de José Machado, de todas las personalidades que habían acudido al mismo. Después cometió el error garrafal de mandársela a un ex ministro de Largo Caballero, Julio Just, sin retener para sí mismo —y para la historia— una copia. Nunca más se supo de la lista (Issorel, págs. 89-90).

[78] *USAM*, pág. 236; interesantes fotografías del cortejo recogidos en Monique Alonso, págs. [500-501].

[79] Machado, *Poesías completas*, CXXXVI, xxxi.

[80] Gómez Burón, págs. 163-164.

[81] Monique Alonso, pág. 498. Para las fotografías, *ibíd.*, págs. [499-502].

[82] Véase Dennis, «Asilo en Cambridge para Antonio Machado».

[83] Carta reproducida por Monique Alonso, págs. 512-514.

[84] Fotografía de la partida de defunción, Monique Alonso, pág. 497.

[85] Jaime Espinar, «Recuerdo de Antonio Machado», *Espiral*, Bogotá, núm. 21 (marzo de 1949), no visto, citado por Chaves, pág. 396.

[86] Fotografía de la partida de defunción, Monique Alonso, pág. 497.

EPÍLOGO

[1] *Voz de Madrid* (París), núm. 33, del 25 de febrero de 1939, anunció la muerte en Francia de Machado, sin especificar dónde, con una acendrada nota necrológica de José María Quiroga Pla. No hemos podido ver este número del periódico, pese a nuestros esfuerzos, y tomamos estos datos de Alonso, *Antonio Machado. Poeta en el exilio*, que reproduce el artículo de Quiroga Pla (págs. 507-510).

[2] «¡En un campo de refugiados! El glorioso poeta español Antonio Machado, honra de la República, muere víctima de la invasión de España», *La Libertad*, 26 de febrero de 1939, pág. 1; «Ha muerto el gran poeta Antonio Machado», *El Liberal*, misma fecha, pág. 1; «Ha muerto el gran poeta español ANTONIO MACHADO», *Mundo Obrero*, misma fecha, pág. 2.

[3] «Ha muerto Antonio Machado», *Abc*, 26 de febrero de 1939, pág. 1.

[4] Diego San José, «Antonio Machado», *Heraldo de Madrid*, 27 de febrero de 1939, pág. 1.

[5] «Antonio Machado», *El Liberal*, 28 de febrero de 1939, pág. 1.

[6] «En la hora actual. Murió el cantor de Castilla», *El Pueblo. Diario del Partido Sindicalista*, Valencia, 28 de febrero de 1939, pág. 1

[7] «La muerte de Antonio Machado», *Abc*, 28 de febrero de 1939, pág. 1, y 1 de marzo de 1939, pág. 2; «Antonio Machado», *La Libertad*, 28 de febrero de 1939, pág. 1; «La muerte de Antonio Machado», *ibíd.*, 1 de marzo de 1939, pág. 2; «Los intelectuales en la adversidad», *ibíd.*, 2 de marzo de 1939, pág. 1; «La Alianza de

Intelectuales Antifascistas de Valencia ante la muerte de Antonio Machado», *ibíd.*, 2 de marzo de 1939, pág. 2.

[8] *PF*, pág. 317.

[9] Véase Monique Alonso, págs. 495 y 503.

[10] Barco, «El falangismo de Manuel Machado», pág. 121.

[11] *PF*, págs. 317-20.

[12] «Don Antonio Machado. Spanish Poet», *The Times*, Londres, 2 de marzo de 1939, pág. 19.

[13] Monique Alonso, págs. 516-523; Sánchez Lubián, págs. 107-108.

[14] Sánchez Lubián, pág. 108; conversaciones nuestras con Dª Leonor Machado Martínez, Madrid, 2005-2006.

[15] Barco, «El falangismo de Manuel Machado», pág. 122.

[16] Sánchez Lubián, pág. 107, nota 81.

[17] Luis Calvo, «El poeta de la gracia», *Abc*, 21 de enero de 1947.

[18] *Abc*, Sevilla, 9 de septiembre de 1936, págs. 7-8.

[19] *Abc*, 21 de enero de 1947, pág. 15.

[20] *Ibíd.*

[21] *BurgosI(1)*, págs. xvi-xxvi; *Cuaderno1*, págs. 11-12.

[22] *PV*, pág. 64.

[23] *Ibíd.*, págs. 67-68.

[24] Dionisio Ridruejo, «El poeta rescatado».

[25] *Antonio Machado y Ruiz. Expediente académico y profesional 1875-1941* (véase Bibliografía, sección 6), pág. 291.

Bibliografía esencial consultada

1. Ediciones de las obras de Antonio Machado

a. Ediciones publicadas en vida del poeta (orden cronológico)

Soledades, Madrid, Imprenta de Á. Alvarez, 1903.

Soledades. Galerías. Otros poemas, Madrid, Librería de Pueyo, 1907.

Campos de Castilla, Madrid, Renacimiento, 1912.

Páginas escogidas, Madrid, Calleja, 1917.

Poesías completas, Madrid, Residencia de Estudiantes, 1917.

Soledades, Galerías y otros poemas (segunda edición), Madrid-Barcelona, Calpe (Colección Universal, n.º 27), 1919.

Nuevas canciones, Madrid, Editorial Mundo Latino, 1924.

Poesías completas (1899-1925), Madrid, Espasa-Calpe, S. A., 2ª ed., 1928.

Poesías completas (1899-1930), Madrid, Espasa-Calpe, S. A., 3ª ed., 1933.

Poesías completas, Madrid, Espasa-Calpe, S.A., 4ª ed., 1936.

Juan de Mairena. Sentencias, donaires, apuntes y recuerdos de un profesor apócrifo, Madrid, Espasa-Calpe, 1936.

La Guerra. Dibujos de José Machado. 1936-1937, Madrid, Espasa-Calpe, 1937.

La tierra de Alvargonzález y Canciones del alto Duero, Barcelona, Editorial Nuestro Pueblo, 1938.

b. Otras ediciones de obras de Antonio Machado consultadas (orden alfabético)

Antonio Machado. Poeta en el exilio, edición de Monique Alonso, con la colaboración de Antonio Tello, Barcelona, Anthropos, 1985.

Campos de Castilla, edición facsímil, presentación de José María Martín Delgado, introducción de Antonio Chicharro, Universidad Internacional de Andalucía, Baeza, 1999.

Campos de Castilla (1907-1917), edición de Geoffrey Ribbans, Madrid, Cátedra (Letras Hispánicas), 11ª ed., 2001.

Los complementarios, edición crítica de Domingo Ynduráin, Madrid, Taurus, 2 tomos, 1971.

La Guerra. Dibujos de José Machado. 1936-1937, edición al cuidado de Jaume Pont, Valencia, Editorial Denes (Colección Calabria/Poesía), 2005.

La Guerra. Escritos: 1936-1939, colección, introducción y notas de Julio Rodríguez Puértolas y Gerardo Pérez Herrero, Madrid, Emiliano Escolar Editor, 1983.

Juan de Mairena. Sentencias, donaires, apuntes y recuerdos de un profesor apócrifo (1936), edición, introducción y notas de José María Valverde, Madrid, Clásicos Castalia, 2ª ed., 1991.

Juan de Mairena, edición de Antonio Fernández Ferrer, Madrid, Cátedra (Letras Hispánicas), 2 tomos, 4ª ed., 1999.

Juan de Mairena, edición, introducción y notas de Pablo del Barco, Sevilla, Consejería de Educación y Ciencia de la Junta de Andalucía, 1999.

Nuevas canciones y De un cancionero apócrifo, edición de José María Valverde, Madrid, Clásicos Castalia, 1971,

Obras completas de Manuel y Antonio Machado, edición de Heliodoro Carpintero, Madrid, Editorial Plenitud, 5ª ed., 1973.

Obras. Poesía y prosa, edición de Aurora de Albornoz y Guillermo de Torre con ensayo preliminar de Guillermo de Torre, Buenos Aires, Losada, 1964.

Poesías completas, edición crítica de Oreste Macrí con la colaboración de Gaetano Chiappini, Madrid, Espasa-Calpe, Fundación Antonio Machado, 2ª reimpresión, 1989. Edición del cincuentenario patrocinada por el Ministerio de Cultura.

Prosas dispersas (1893-1936), edición de Jordi Doménech, introducción de Rafael Alarcón Sierra, Madrid, Editorial Páginas de Espuma, 2001.

Prosas completas, edición crítica de Oreste Macrí con la colaboración de Gaetano Chiappini, Madrid, Espasa-Calpe, Fundación Antonio Machado, 2ª reimpresión, 1989. Edición del cincuentenario patrocinada por el Ministerio de Cultura.

Prosas y poesías olvidadas, edición de Robert Marrast y Ramón Martínez López, París, Centre de Recherches de l'Institut d'Études Hispaniques, 1964.

Soledades. Galerías. Otros poemas, edición de Geoffrey Ribbans, Madrid, Cátedra (Letras Hispánicas), 16ª edición revisada, 2000.

Soledades (Poesías), edición de Rafael Ferreres, Madrid, Taurus, 1968.

2. EDICIONES DE LAS OBRAS Y OTROS TEXTOS DE MANUEL MACHADO CONSULTADOS (ORDEN ALFABÉTICO)

Alma. Apolo, edición de Alfredo Carballo Picazo, Madrid, Ediciones Alcalá (Colección Aula Magna), 1967.

Alma. Ars moriendi, edición de Pablo del Barco, Madrid, Cátedra (Letras Hispánicas), 3ª ed., 1999.

Alma. Caprichos. El mal poema, edición de Rafael Alarcón Sierra, Madrid, Clásicos Castalia, 2000.

Cuentos completos, edición de Rafael Alarcón Sierra, Madrid, Clan, 1999.

Estampas sevillanas, en MACHADO, M. y A., *Obras completas* (Madrid, Plenitud, 5ª ed., 1973), págs. 253-295.

Impresiones. El modernismo. Artículos, crónicas y reseñas (1899-1909), edición de Rafael Alarcón Sierra, Valencia, Pre-Textos, 2000.

La guerra literaria (1898-1914), Madrid, Imprenta Hispano-Alemana, 1914.

Obras completas, Madrid, Editorial Mundo Latino, 5 tomos, 1922-1924.

Poesía, Madrid, Ediciones Jerarquía, 1940.

Poesía de guerra y posguerra, edición de Miguel d'Ors, Universidad de Granada, 1994.

«Post Scriptum» al libro de poemas *Undulaciones*, de Enrique Paradas (véase abajo, sección 10), págs. 179-189.

Prosa. El amor y la muerte (Capítulos de novela). Día por día de mi calendario (Memorándum de vida española en 1918), edición de José Ortiz de Lanzagorta, Universidad de Sevilla, 1974.

«Semi-poesía y posibilidad», discurso leído en su recepción en la Real Academia Española, en MACHADO, M., y PEMÁN, J. M., *Unos versos, un alma y una época*, Madrid, Ediciones Españolas, 1940, págs. 7-113.

Tristes y alegres. Colección de poesías. Manuel Machado. Enrique Paradas. Con una contera de Salvador Rueda, Madrid, Imprenta y litografía La Catalana, 1894.

«Un paseo y un libro», *Helios*, Madrid, núm. 8 (noviembre 1903), págs. 465-469.

3. EDICIONES CONTEMPORÁNEAS DE LOS ARREGLOS Y LAS OBRAS DE TEATRO ORIGINALES DE MANUEL Y ANTONIO MACHADO CONSULTADAS (ORDEN CRONOLÓGICO)

LOPE DE VEGA, F., *La niña de plata. Comedia famosa de Lope de Vega Carpio en tres actos y ocho cuadros.* Refundición de Manuel y Antonio Machado y José López y Pérez-Hernández, Madrid, *La Farsa*, núm. 97, 27 de julio de 1929.

Desdichas de la fortuna o Julianillo Valcárcel. Tragicomedia en cuatro actos, y en verso, Madrid, *Comedias. Revista Semanal*, Año I, núm. XLV, 25 de diciembre de 1926.

Juan de Mañara. Drama en tres actos, en verso, Madrid, *El Teatro Moderno*, núm. 113, 5 de noviembre de 1927.

Hernani. Versión castellana de la famosa obra del inmortal Victor Hugo, hecha por los ilustres poetas Manuel y Antonio Machado y Francisco Villaespesa, que se publica por primera vez, Madrid, *La Farsa*, núm. 42, 23 de junio de 1928.

Las adelfas. Comedia en tres actos, en verso. Dibujos de José Machado, Madrid, *La Farsa*, núm. 62, 10 de noviembre de 1928.

Desdichas de la fortuna o Julianillo Valcárcel. Tragicomedia en cuatro actos y en verso, Madrid, Espasa-Calpe (Colección Universal), 1928. [Incluye en apéndice el discurso de Manuel B. de Cossío, pronunciado en el jardín de la Institución Libre de Enseñanza el 21 de febrero de 1926.]

La Lola se va a los Puertos. Comedia en tres actos. Dibujos de José Machado, Madrid, *La Farsa*, núm. 114, 16 de noviembre de 1929.

TIRSO DE MOLINA, *El condenado por desconfiado.* Arreglo de Manuel y Antonio Machado y J. López P. Hernández, Madrid, *La Farsa*, núm. 145, 21 de junio de 1930.

La prima Fernanda. (Escenas del viejo régimen). Comedia de figurón en tres actos, original. Dibujos de José Machado, Madrid, *La Farsa*, núm. 193, 23 de mayo de 1931.

LOPE DE VEGA, F., *El perro del hortelano. Comedia en tres actos y en verso original.* Refundida por Manuel y Antonio Machado y José López y Pérez-Hernández, Madrid, *La Farsa*, núm. 206, 22 de agosto de 1931.

La duquesa de Benamejí. Drama en tres actos, en prosa y verso. Dibujos de José Machado, Madrid, *La Farsa*, núm. 239, 9 de abril de 1932.

4. Ediciones posteriores del teatro de Manuel y Antonio Machado consultadas

Las adelfas y El hombre que murió en la guerra, Madrid, Espasa-Calpe (Colección Austral), 2ª ed., 1964.

Desdichas de la fortuna o Julianillo Valcárcel. Juan de Mañara, ed. Dámaso Chicharro Chamorro, Madrid, Espasa-Calpe (Colección Austral), 1991.

Las adelfas. La Lola se va a los Puertos, ed. Dámaso Chicharro Chamorro, Madrid, Espasa-Calpe (Colección Austral), 1992.

5. Epistolarios

Cartas a los Machado, ed. Pablo González Alonso, Excma. Diputación Provincial de Sevilla, 1981.

Cartas a Pilar, ed. Giancarlo Depretis, Madrid, Anaya & Mario Muchnik, 1994.

6. Expediente académico y profesional de Antonio Machado

Antonio Machado y Ruiz. Expediente académico y profesional 1875-1941. Con un prólogo de Juan Velarde Fuertes y la colaboración especial de Luis Rosales Camacho y Ángel Cerrolaza Armentia, Madrid, Ministerio de Educación y Ciencia, 1975.

7. Fuentes manuscritas impresas (orden cronológico de publicación)

Manuscritos de Manuel y Antonio Machado (Poesía, prosa y teatro), en *Arte. Información y gestión*, catálogo de subasta, Madrid y Sevilla, 2003.

El fondo machadiano de Burgos. Los papeles de Antonio Machado, I (dos tomos). Introducción y coordinación: Alberto C. Ibáñez Pérez. Digitalización de textos e imágenes: Mª Pilar Alonso Abad. Burgos, Institución Fernán González, Academia Burgense de Historia y Bellas Artes, 2004.

Machado. Poemas inéditos. Colección Unicaja Manuscritos de los Hermanos Machado. Posibles composiciones inéditas y versiones con variantes significativas de Antonio Machado, Málaga, Servicio de Publicaciones de la Fundación Unicaja, 2005.

Colección Unicaja Manuscritos de los Hermanos Machado. Textos de creación de Antonio Machado, cuadernos 1-3. Ed. Rafael Alarcón, Pablo del Barco y Antonio Rodríguez Almodóvar, Málaga, Servicio de Publicaciones de la Fundación Unicaja, 2005.

Colección Unicaja Manuscritos de los Hermanos Machado. Poemas sueltos. Textos de creación de Manuel y Antonio Machado, cuaderno 4. Ed. Rafael Alarcón, Pablo del Barco y Antonio Rodríguez Almodóvar, Málaga, Servicio de Publicaciones de la Fundación Unicaja, 2005.

8. Catálogos, homenajes, coloquios, números extra, etcétera (orden cronológico)

«Homenaje a Antonio Machado», *España peregrina*, México, núm. 1 (febrero de 1940), págs. 64-69.

«Acto en recuerdo de Antonio Machado, organizado por "Las Españas"», celebrado en Ciudad de México el 10 de marzo de 1948, editado en los *Suplementos de «Las Españas»*, México, D. F., abril de 1948. Edición facsímil («Homenaje al exilio»), Madrid, Fundación Pablo Iglesias y Fundación Jaime Vera, septiembre de 2002.

«Homenaje a don Antonio Machado en el 10º aniversario de su muerte», *Cuadernos Hispanoamericanos*, Madrid, núms. 11-12, septiembre-diciembre de 1949.

«Homenaje a Antonio Machado», *La Torre. Revista General de la Universidad de Puerto Rico*, Año XII, núms. 45-46, enero-junio de 1964.

«Homenaje a Antonio Machado (1875-1975)», *Celtiberia*, Soria, Año XXV, Vol. XXV, núm. 49 (enero-junio de 1975), págs. 71-167.

«Homenaje a Antonio Machado y a la Institución Libre de Enseñanza», *Ínsula*, Madrid, núms. 344-345, julio-agosto de 1975.

«Homenaje a Manuel y Antonio Machado», *Cuadernos Hispanoamericanos*, Madrid, núms. 304-307, 2 tomos, octubre-diciembre de 1975-enero de 1976.

Antonio Machado y Soria. Homenaje en el primer centenario de su nacimiento [Conferencias de Heliodoro Carpintero, José Antonio Pérez-Rioja, Julián Marías, Enrique Lafuente Ferrari, Rafael Lapesa y Manuel Terán], Soria, Patronato José María Quadrado, Consejo Superior de Investigaciones Científicas y Centro de Estudios Sorianos, 1976.

Valencia a Machado, prólogo de Jesús Huguet y Rafael Pérez Contel, Generalitat Valenciana, 1984.

Los Machado y su tiempo, catálogo de la exposición itinerante (Sevilla, Madrid, Baeza, Segovia, Soria, Barcelona, Collioure) organizada por la Fundación Española Antonio Machado, «Presentación» de Manuel Núñez Encabo, «Palabras previas» de Antonio Gala, 1987.

Homenaje a Antonio Machado, Boletín de la Institución Libre de Enseñanza, Madrid, Segunda Época, Año III, núm. 8, junio de 1989.

Antonio Machado hoy. Actas del congreso internacional conmemorativo del cincuentenario de la muerte de Antonio Machado, Sevilla, Ediciones Alfar, 4 tomos, 1990.

Antonio Machado hoy (1939-1989). Coloquio internacional organizado por la Fundación Antonio Machado y la Casa de Velázquez, mayo de 1989. Edición al cuidado de Paul Aubert, Madrid, Casa de Velázquez, 1994.

Hoy es siempre todavía. Curso internacional sobre Antonio Machado, coordinado por Jordi Doménech, Sevilla, Renacimiento, 2006 (en prensa).

9. PRINCIPALES REVISTAS CONSULTADAS EN EDICIÓN FACSIMILAR (ORDEN ALFABÉTICO)

Alma Española (Madrid, noviembre 1903-abril 1904), introducción, índices y notas de Patricia O'Riordan, Madrid, Ediciones Turner, 1978.

El Folk-Lore Andaluz (Sevilla, 1882-1883), órgano de la Sociedad de este nombre, dirigida por Antonio Machado y Álvarez, *Demófilo*, 1882-1883. Edición conmemorativa del Centenario. Estudio preliminar de José Blas Vega y Eugenio Cobo, Sevilla, Colección Alatar, 1981.

España (Madrid, 1915-1924), Vaduz, Topos Verlag, y Turner, Madrid, 8 tomos, 1982. Introducción de Salvador de Madariaga, seguida de Enrique Montero, «La finaciación de ESPAÑA y la propaganda aliada durante la Primera Guerra Mundial» y Manuel Tuñón de Lara, «ESPAÑA, Semanario de la vida nacional».

La Gaceta Literaria (Madrid, 1927-1932), Vaduz, Topos Verlag, 3 tomos, 1980.

Hora de España. Revista Mensual (Valencia 1937-1938, Barcelona 1938), Liechtenstein, Topos Verlag y Barcelona, Editorial Laia, 5 tomos, 1977.

Horizonte. Revista de Arte (Madrid, 1922-1923), Sevilla, Renacimiento, ed. José Mª Barrera, 1991.

Manantial (Segovia, 1928-1929), Segovia, Academia de Historia y Arte de San Quirce, 1986.

Milicia Popular. Diario del 5º Regimiento de Milicias Populares (Madrid, 1936-1939), Barcelona, Editorial Hacer, 1977.

Renacimiento (Madrid, 1907), Sevilla, Renacimiento, 2 tomos, 2002.

10. Obras (libros, artículos) citadas o consultadas en relación con Antonio y Manuel Machado y su mundo

ABELLÁN, J. L., *Historia crítica del pensamiento español*, Barcelona, Círculo de Lectores, 8 tomos, 1993.

—, *El filósofo «Antonio Machado»*, Valencia, Pre-Textos, 1995.

AGUIRRE, J. M., *Antonio Machado, poeta simbolista*, Madrid, Taurus, 1973.

ALARCÓN SIERRA, R., «La *prehistoria* de Manuel Machado: colaboraciones en *El Porvenir de Sevilla* (1896-1897)», *Revista de Literatura*, Madrid, t. LVII, núm. 113 (1995), págs. 109-129.

—, *Entre el modernismo y la modernidad: la poesía de Manuel Machado (Alma y Caprichos)*, Diputación de Sevilla, 1999.

ALBERTI, R., *Primera imagen de...*, Buenos Aires, Losada, 1945.

—, *La arboleda perdida. Libro I y II de Memorias*, Buenos Aires, Compañía General Fabril Editora, 1959.

—, *La arboleda perdida. Segunda parte*, Barcelona, Círculo de Lectores, 1988.

ALBORNOZ, A. de, *La prehistoria de Antonio Machado*, Universidad de Puerto Rico, 1961.

—, «Cartas y documentos de Antonio Machado», *La Torre*, Puerto Rico, «Homenaje a Antonio Machado», 1964 (véase arriba, sección 8), págs. 241-256.

ALONSO, D., «Poesías olvidadas de Antonio Machado. Con una nota sobre el arte de hilar y otra sobre la fuente, el jardín y el crepúsculo», *Cuadernos Hispanoamericanos*, Madrid, núms. 11-12 (septiembre-diciembre 1949), págs. 335-381. Reimpreso en *Poetas españoles contemporáneos*, Madrid, Gredos (Biblioteca Románica Hispánica), 1958, págs. 102-103.

—, «Ligereza y gravedad en la poesía de Manuel Machado», *Poetas españoles contemporáneos*, Madrid, Gredos (Biblioteca Románica Hispánica), 1958, págs. 50-102.

ALONSO, M., *Antonio Machado. Poeta en el exilio*, con la colaboración de Antonio Tello, Barcelona, Anthropos, 1985.

— y TELLO, A., *Antonio Machado. Le Chemin vers le dernier voyage/El caminar hacia el último viaje*, édition bilingüe français/castillan, Perpiñán, Éditions Mare Nostrum, 2004.

ÁLVAREZ GUERRA, J. [«Un Amigo del Hombre»], *Complemento de El Hombre o la Unidad simbólica en acción físico-moral*, Sevilla, Imprenta de D. Mariano Caro, 1838.

—, *El Universo y el Hombre o la Unidad simbólica por Un Amigo del Hombre. L'Univers et l'homme ou L'Unité Symbolique par Un ami de l'homme*, Sevilla, Estab. Tip. Plaza del Silencio, 1845.

AMICIS, E. de, *Spagna* [1873], Milán, Fratelli Treves, Editori, 1914.

APARICIO, J., «Visitar a los muertos, maniobra», *La Estafeta Literaria*, Madrid, núm. 338 (26 de febrero de 1966), pág. 11.

AUBERT, P., «"Gotas de sangre jacobina": Antonio Machado republicano», *Antonio Machado, hoy (1939-1989)* (véase arriba, sección 8), págs. 309-362.

AYUSO, M. H., *Helénicas*. Prólogo de Antonio Machado, Madrid, Librería General de Victoriano Suárez, 1914.

AZNAR SOLER, M., *II Congreso Internacional de escritores para la defensa de la cultura (Valencia-Madrid-Barcelona-París, 1937)*, Vol. II. *Literatura española y antifascismo (1927-1939)*, Generalitat Valenciana, 1987.

—, y SCHNEIDER, L.-M., *II Congreso Internacional de escritores para la defensa de la cultura (Valencia-Madrid-Barcelona-París, 1937)*, Vol. III. *Actas, ponencias, documentos y testimonios*, Generalitat Valenciana, 1987.

BAEDEKER, K., *Spain and Portugal. Handbook for Travellers*, Leipsic, 1908.

[BAILLY-BAILLIERE, C.], *Guía comercial de Madrid publicada con datos del Anuncio de Comercio. (C. Bailly-Bailliere), Año III de la publicación, 1887*, Madrid, Librería-Editorial de D. Carlos Bailly-Bailliere, 1887.

BALTANÁS, E., introducción a Antonio MACHADO Y ÁLVAREZ, *Colección de cantes flamencos, recogidos y anotados por Demófilo*, Sevilla, Portada Editorial, ¿1996?, págs. 9-68.

—, *Antonio Machado. Nueva biografía*, Junta de Andalucía/Diputación de Sevilla, 2000.

BARCO, P. del, «El falangismo de Manuel Machado», *Historia 16*, Madrid, Año VI, núm. 65 (septiembre de 1981), págs. 115-122.

—, «Los orígenes aristocráticos portugueses de los Machado», *Antonio Machado hoy*, 1990 (véase arriba, sección 8), I, págs. 161-166.

BARGA, C., «Antonio Machado ante el destierro. Detalles inéditos de su salida de España», *La Nación*, Buenos Aires, suplemento Artes-Letras-Bibliografía, 29 de julio de 1956, pág. 1.

—, «Los últimos días de don Antonio Machado», carta dirigida por Corpus Barga al director de *La Estafeta Literaria*, Luis Ponce de León, presentada por éste, *La Estafeta Literaria*, Madrid, núm. 343 (7 de mayo de 1966), págs. 39 y 40.

BAROJA, P., *Desde la última vuelta del camino. Memorias. III. Final del siglo XIX y principios del XX*, Madrid, Biblioteca Nueva, 1945.

BARREIRO, A. J., *El Museo Nacional de Ciencias Naturales (1771-1935)*, Madrid, Ediciones Doce Calles, 1992.

BARRIOS, M., *La Sevilla de... Machado y Álvarez (Demófilo)*, prólogo de Concha Cobreros, Sevilla, Caja Rural Provincial de Sevilla, 1981.

BÉCQUER, G. A., *Rimas y declaraciones poéticas*, ed. Francisco López Estrada, Madrid, Espasa-Calpe (Selecciones Austral), 1977.

BEN-AMI, S., *The Origins of the Second Republic in Spain*, Oxford University Press, 1978.

BENOT, E., *Prosodia castellana y versificación*, Madrid, 3 tomos, s.a. [1892], edición facsímil al cuidado de Esteban Torre, Sevilla, Padilla Libros Editores y Libreros, 2003.

BERKOWITZ, H. C., *Pérez Galdós. Spanish Liberal Crusader*, Madison, The University of Wisconsin Press, 1948.

BLAS VEGA, J., y COBO, E., «Estudio preliminar» [sobre Antonio Machado Núñez y su hijo Antonio Machado Álvarez, *Demó-*

filo], edición facsimilar de *El Folk-Lore Andaluz* (1882-1883), Sevilla, Excmo. Ayuntamiento, Colección Alatar, 1981, págs. v-xlv.

BRENAN, G., *El laberinto español* (1943), Barcelona, Plaza & Janés, 2ª ed., 1985.

BROGGI, M., *Memòries d'un cirurgià (1908-1948)*, Barcelona, Edicions 62, 2001.

BROTHERSTON, J. G., «Antonio Machado y Álvarez and Positivism», *Bulletin of Hispanic Studies*, Liverpool, XLI (1964), págs. 223-229.

—, *Manuel Machado. A Revaluation*, Cambridge, Cambridge University Press, 1968.

BUÑUEL, L., *Mi último suspiro. Memorias*, Barcelona, Plaza & Janés, 1983.

CABANELLAS, G., *La guerra de los mil días. Nacimiento, vida y muerte de la II República española*, México-Barcelona-Buenos Aires, 2 tomos, 1972.

CACHO VIU, V., *La Institución Libre de Enseñanza. I. Orígenes y etapa universitaria (1860-1881)*, Madrid, Rialp, 1962.

CALDERÓN, S., «D. Antonio Machado y Núñez», *El Porvenir Sevillano*, 28 de julio de 1897 [sic], pág. 1.

CANO, J. L., *Antonio Machado. Biografía ilustrada*, Barcelona, Ediciones Destino, 1975.

CANSINOS-ASSÉNS, R., «"Nuevas canciones" (Madrid, 1924), por Antonio Machado», *Los Lunes de El Imparcial*, Madrid, 10 de agosto de 1924, págs. [1-2].

—, *La novela de un literato (hombre-ideas-efemérides-anécdotas), I. (1882-1914)*, ed. Rafael M. Cansinos, Madrid, Alianza, 1982.

CARDENAL DE IRACHETA, M., «Crónica de don Antonio y sus amigos en Segovia», *Cuadernos hispanoamericanos*, Madrid, núms. 11-12, «Homenaje a don Antonio Machado» (septiembre-diciembre de 1949), págs. 301-306.

CARPINTERO, H., «Soria, en la vida y en la obra de Antonio Machado» (1943), recogido en GULLÓN Y PHILLIPS, *Antonio Machado* (véase abajo), págs. 69-85

—, «Historia y poesía de Antonio Machado. Soria, constante de su vida», *Celtiberia*, Soria, Año I, núm. 2 (julio-diciembre de 1951), págs. 307-355.

—, «Precisiones sobre el "retrato" de Antonio Machado», *Ínsula*, Madrid, núm. 344-345 (julio-agosto de 1975), págs. 10 y 21.

—, «Antonio Machado en Soria», *Antonio Machado y Soria. Homenaje en el primer centenario de su nacimiento*, 1976 (véase arriba, sección 8), págs. 11-31.

—, *Antonio Machado en su vivir*, ed. F. Lapuerta, Soria, C.S.I.C., Patronato José María Cuadrado, Centro de Estudios Sorianos, 1989.

CARR, R., *Spain 1808-1939*, Oxford, Clarendon Press (1966), edición corregida, 1975.

CASTRO DELGADO, E., *Hombres made in Moscú*, Barcelona, Luis de Caralt, 1965.

COBOS, P. de A., *Humor y pensamiento de Antonio Machado en la metafísica poética*, Madrid, Ínsula, 1963.

—, *Sobre la muerte en Antonio Machado*, Madrid, Ínsula, 1972.

COLODNY, R. G., *El asedio de Madrid (1936-1937)*, trad. de Juan Tomás de Salas, París, Ruedo Ibérico, 1970.

COSSÍO, J. M. de, *Cincuenta años de poesía española (1850-1900)*, Madrid, Espasa-Calpe, 2 tomos, 1960.

CROCHE DE ACUÑA, F., «Ascendencia extremeña de Antonio y Manuel Machado», *Alminar*, Zafra, núm. 30 (enero de 1982), págs. 22-23.

CRUZ, S. de la, «Una carta inédita de Antonio Machado», *Antonio Machado hoy* (véase arriba, sección 8), I, págs. 405-413.

CRUZ GIRÁLDEZ, M., «Elementos lírico-populares en el teatro machadiano», *Antonio Machado, hoy* (véase arriba, sección 8), págs. 35-54

CRUZ RODRÍGUEZ, M. A., *Historia del Instituto «Santísima Trinidad» de Baeza (1869-1953)*, Universidad de Jaén, 2003.

CHAMORRO LOZANO, J., «Antonio Machado en la provincia de Jaén», *Boletín del Instituto de Estudios Giennenses*, núm. 16 (1958), págs. 17-108.

—, «Los Machado y el Guadalquivir», *Ibíd.*, núm. 26 (1960), págs. 9-32.

CHAVES, J. C., *Itinerario de don Antonio Machado (de Sevilla a Collioure)*, Madrid, Editora Nacional, 1968.

CHICO Y RELLO, P., «Antonio Machado en su época feliz de Soria», *Celtiberia*, Soria, Año XII, Vol. XII, núm. 23 (enero-junio de 1962), págs. 223-249.

DARÍO, R., *Obras completas*, Madrid, Afrodisio Aguado, 5 tomos, 1950-1953.

—, *Poesías completas*, Madrid, Aguilar, 10ª ed., 1967.

—, *Cartas desconocidas de Rubén Darío (1882-1916)*. Compilación general, José Jirón Terán; cronología, Julio Valle-Castillo; introduccion, selección, notas, Jorge Eduardo Arellano, Managua, Academia Nicaragüense de la Lengua, 2000.

DELEITO Y PIÑUELA, J., *Estampas del Madrid teatral fin de siglo. I. Teatros de declamación. Español – Comedia – Princesa – Novedades – Lara*, Madrid, Calleja, s/f, ¿1936?

DELVAILLE, B. (ed.), *La Poésie symboliste*. Choix et présentation de Bernard Delvaille, París, Seghers, 1971.

Demófilo, véase Machado Álvarez, Antonio.

DENNIS, N., «Asilo en Cambridge para Antonio Machado. (Un ofrecimiento del Profesor J. B. Trend con una carta inédita de José Machado.)», *Cuadernos Hispanoamericanos*, Madrid, núms. 304-7 (octubre de 1975-enero de 1976), págs. 445-449.

DOMÉNECH, J., «Sobre la publicación de *Campos de Castilla* (comentario a dos cartas de Antonio Machado a Juan Ramón Jiménez de 20 de septiembre de 1911 y 8 de febrero de 1912)», *Ínsula*, Madrid, núm. 594 (junio de 1996), págs. 3-7.

—, «Más sobre *Tierras de España*, de Antonio Machado (carta a Víctor García de la Concha)», *Ibíd.*, núm. 606 (mayo de 1997), págs. 5-6.

—, «Antonio Machado en Espasa-Calpe», *Ibíd.*, núm. 622 (octubre de 1998), págs. 26-27.

DOMINGO MONTES, P., *Anales históricos de la revolución política en España*, Madrid, Elizalde y Compañía, 1870.

D'ORS, M., *Estudios sobre Manuel Machado*, Sevilla, Renacimiento, 2000.

DUQUE, A., *El mito de Doñana*, Madrid, Servicio de Publicaciones del Ministerio de Educación, 1977.

ELLMANN, R., *Oscar Wilde*, London, Hamish Hamilton, 1987.

ESCOLANO, F., «Antonio Machado, en Baeza», *El Español. Semanario de la Política y del Espíritu*, Madrid, 14 de noviembre de 1942, pág. 3.

ESPAÑOL BOUCHÉ, L., *Madrid, 1939. Del golpe de Casado al final de la Guerra Civil*, Madrid, Almena, 2004.

ESPINA, C., *De Antonio Machado a su grande y secreto amor*, Madrid, Lifesa, 1950.

FEAL DEIBE, C., «Los Machado y el psicoanálisis (en torno a "Las adelfas")», *Ínsula*, Madrid, núm. 328 (marzo de 1974), págs. 1 y 14.

—, «Sobre el tema de Don Juan en Antonio Machado», *Cuadernos Hispanoamericanos*, Madrid, núms. 304-307 (octubre-diciembre de 1975/enero de 1976), II, págs. 729-740.

FERRERES, R., *Los límites del modernismo*, Madrid, Taurus, 1964.

—, «Antonio Machado en Valencia», en «Homenaje a Manuel y Antonio Machado», *Cuadernos Hispanoamericanos* (1975-1976) —véase arriba, sección 8—, págs. 374-385.

FORD, R., *A Hand-Book for Travellers in Spain and Readers at Home*, Londres, John Murray, 2 tomos, 1845.

FRÍAS BALSA, J. V., *Crímenes y asesinatos en Soria. Apuntes para una crónica negra de la provincia*, Soria, 1998.

GARCÍA-DIEGO, J. A., *Antonio Machado y Juan Gris. Dos artistas masones.* Prólogo de Pedro Laín Entralgo, Madrid Castalia, 1990.

GARCÍA LORCA, F., *Obras completas*, 4 tomos, Barcelona, Galaxia Gutenberg/Círculo de Lectores, 1997.

GHIRALDO, A., *El archivo de Rubén Darío*, Buenos Aires, Losada, 1943.

GIBSON, I., «Federico en Baeza», *Abc*, Madrid, 6 de noviembre de 1966.

—, *Paracuellos cómo fue*, Barcelona, Argos Vergara, 1982. Reimpresión, con nuevo prólogo, Madrid, Temas de Hoy, 2005.

—, *Queipo de Llano. Sevilla, verano de 1936 (con las charlas radiofónicas completas)*, Barcelona, Grijalbo, 1986.

—, *Federico García Lorca. I. De Fuente Vaqueros a Nueva York (1898-1929)*, Barcelona, Grijalbo, 1985. Edición corregida, Barcelona, Crítica, 1998.

—, *Federico García Lorca. II. De Nueva York a Fuente Granada (1929-1936)*, Barcelona, Grijalbo, 1987. Edición corregida, Barcelona, Crítica, 1998.

—, *La vida desaforada de Salvador Dalí*, Barcelona, Anagrama, 1998.

—, *El asesinato de García Lorca*, París, Ruedo Ibérico, 1972. Nueva edición, Madrid, Punto de Lectura, 2005.

GIES, D. T., *Agustín Durán. A Biography and Literary Appreciation*, Londres, Tamesis Books, 1975.

GIL NOVALES, A., *Antonio Machado*, Barcelona, Editorial Fontanella, 1966.

GIMÉNEZ CABALLERO, E., *Memorias de un dictador*, Barcelona, Planeta, 1979.

GÓMEZ BURÓN, J., *Exilio y muerte de Antonio Machado*, Madrid, Sedmay Ediciones, 1975.

GOYTISOLO, J., «El 98 que se nos viene encima», *El País*, Madrid, 27 de mayo de 1997, pág. 13.

GÓMEZ ZARZUELA, M., *Guía de Sevilla, su provincia, & para 1878*, Sevilla, Imprenta y Litografía de José Mª Ariza, 1878.

—, *Guía de Sevilla, su provincia, & para 1879*. Año XV, Sevilla, Imprenta y Litografía de José Mª Ariza, 1879.

—, *Guía de Sevilla, su provincia, & para 1882*. Año XVIII, Sevilla, Imprenta y Litografía de José Mª Ariza, 1882.

GONZÁLEZ BUENO, P., véase, abajo, González Uña, Juan.

GONZÁLEZ UÑA, J., «Recuerdo de un alumno de la Institución Libre de Enseñanza que convivió con Antonio Machado en Segovia», en «Homenaje a Antonio Machado», *Boletín de la Institución Libre de Enseñanza* (véase arriba, sección 8), págs. 41-46. Se trata de una entrevista hecha a Pablo González Bueno.

GRANADOS, M., «Evocación sentimental de Antonio Machado», *Acto en recuerdo de Antonio Machado organizado por «Las Españas»*, 1948 (véase arriba, sección 8), sin páginación.

GRANT, H. F., «*La tierra de Alvargonzález*», *Celtiberia*, Soria, Año III, vol. III, núm. 5 (enero-junio de 1953), págs. 57-90.

—, «Antonio Machado and "La tierra de Alvargonzález"», *Atlante*, Londres, tomo 2, núm. 3 (julio de 1954), págs. 139-158.

GUERRERO RUIZ, J., *Juan Ramón de viva voz*, Madrid, Ínsula, 1961.

GUICHOT Y SIERRA, A., *Noticia histórica del folklore*, Sevilla, 1922. Reimpresión facsímil, con introducción de José Ramón Jiménez Benítez, Junta de Andalucía e Instituto de Cultura Andaluza, Sevilla, 1984.

GULLÓN, R., *Conversaciones con Juan Ramón Jiménez*, Madrid, Taurus, 1958.

—, «Cartas de Antonio Machado a Juan Ramón Jiménez. Con un estudio preliminar de Ricardo Gullón y Prosa y Verso de Antonio Machado y Juan Ramón Jiménez [«Prosa y verso de Antonio Machado a Juan Ramón Jiménez», «Prosa y verso de Juan Ramón Jiménez a Antonio Machado»]», *La Torre. Revista General de la Universidad de Puerto Rico*, año VII, núm. 25 (1959), págs. 177-224.

—, «Mágicos lagos de Antonio Machado», *Papeles de Son Armadans*, Palma de Mallorca, Año VII, tomo XXIV, núm. LXX (1962), págs. 26-61.

—, *Relaciones entre Antonio Machado y Juan Ramón Jiménez*, Università di Pisa, Istituto di Letteratura Spagnola e Hispano-Americana, 1964.

—, y PHILLIPS, A. W. (ed.), *Antonio Machado*, Madrid, Taurus (El Escritor y La Crítica), 1973.

—, «Enseñanzas de Mairena», *Homenaje a Antonio Machado, Boletín de la Institución Libre de Enseñanza* (1989, veáse arriba, seccion 8), págs. 86-103.

HAY, J., *Castilian Days*, Boston, James R. Osgood and Company, 1871.

HUBER, V. A., *Esquisses sur l'Espagne*. Traducido del alemán por Louis Levrault, París, Levrault, 1830.

ISSOREL, J., *Collioure 1939. Les derniers jours d'Antonio Machado. Últimos días de Antonio Machado*, prefacio/préface de Manuel Andújar, Collioure, Fondation Antonio Machado, 1982.

JACKSON, G., *The Spanish Republic and the Civil War, 1931-1939*, New Jersey, Princeton University Press, 1965.

JIMÉNEZ, J. R., *Primeros libros de poesía*. Recopilación y prólogo de Francisco Garfias, Madrid, Aguilar, 1959 [contiene en apéndice *Ninfeas* y *Almas de violeta*].

—, *El modernismo. Notas de un curso (1953)*, ed. Ricardo Gullón y Eugenio Fernández Méndez, Madrid, México, Buenos Aires, Aguilar, 1962.

JIMÉNEZ AGUILAR, M. D., y AGUDELO HERRERO, J., «La personalidad y la obra científica de Antonio Machado Núñez (1812-1896)», *Antonio Machado hoy* (véase arriba, sección 8), I, págs. 167-189.

JIMÉNEZ GARCÍA, A., «Los Machado y el krausismo», *Homenaje a Antonio Machado, Boletín de la Institución Libre de Enseñanza* (véase arriba, sección 3), págs. 72-85.

JIMÉNEZ-LANDI MARTÍNEZ, A., *La Institución Libre de Enseñanza y su ambiente. Los orígenes*, Madrid, Taurus, 1973.

—, *La Institución Libre de Enseñanza y su ambiente*, 4 tomos, Madrid (Ministerio de Educación y Cultura y Universidad Complutense), Barcelona (Universidad de Barcelona) y Universidad de Castilla y León, 1996.

—, *Breve historia de la Institución Libre de Enseñanza*, Sevilla, Junta de Andalucía, 1998.

LÁINEZ ALCALÁ, R., «Recuerdo de Antonio Machado en Baeza (1914-1918)», *Strenae. Estudios de Filología e Historia Dedicados al Profesor Manuel García Blanco*, Universidad de Salamanca, 1962, págs. 249-257, recogido por GULLÓN Y PHILLIPS en *Antonio Machado* (véase arriba), págs. 87-98.

LAPUERTA, F., y NAVARRETE, A., *Baeza y Machado. Evocación de la ciudad y el poeta*, Madrid, Colección Siglo Ilustrado (Vassallo de Mumbert, editor), 1969.

LARGO CABALLERO, F., *Mis recuerdos. Cartas a un amigo*, México, D. F., Ediciones Unidas, 1976.

LECHNER, J., *El compromiso en la poesía española del siglo XX. Parte primera. De la Generación de 1898 a 1939*, 2 tomos, Universidad de Leiden, 1968.

LÓPEZ ÁLVAREZ, J., «Cartas inéditas de "Demófilo" a Joaquín Costa», *El Folk-Lore Andaluz*, Sevilla, 2ª época, núm. 2 (1988), págs. 33-67.

LÓPEZ ARANGUREN, J. L., «Esperanza y desesperanza de Dios en le experiencia de la vida de Antonio Machado», en «Homenaje a don Antonio Machado», *Cuadernos Hispanoamericanos*, 1949 (véase arriba, sección 8), págs. 383-397.

LÓPEZ LILLO, A., *Los jardines del Palacio de la Moncloa. Manual de identificación de plantas*, Consejería de Medio Ambiente y Desarrollo Regional de la Comunidad de Madrid, 1999.

LÓPEZ MORILLAS, J., *El krausismo español. Perfil de una aventura intelectual*, México-Buenos Aires, Fondo de Cultura Económica, 1956.

—, «Antonio Machado: ética y estética», *Hacia el 98: literatura, sociedad, ideología*, Esplugues de Llobregat, Ediciones Ariel, 1972, págs. 255-269.

LOWE, A., *The Companion Guide to the South of Spain*, Londres, Collins, 1973.

LOZANO, C., *Rubén Darío y el modernismo en España, 1888-1920*, Nueva York, Las Americas Publishing Company, 1968.

LLORENTE Y LLORENTE, L., *Anuario-guía de Soria y su provincia*, Año I, Soria, 1909.

MACHADO ÁLVAREZ, A. *[Demófilo], Colección de cantes flamencos recogidos y anotados por Demófilo*, Sevilla, Imp. y Lit. de El Porvenir (O'Donnell, 46), 1881.

—, *Colección de cantes flamencos, recogidos y anotados por Demófilo* [1881], ed. Enrique Baltanás, Mairena de Aljarafe (Sevilla), Portada Editorial, sin fecha [¿1996?].

—, *Post-Scriptum a Cantos populares españoles, recogidos, ordenados e ilustrados por Francisco Rodríguez Marín*, Sevilla, 1882-1883, V, págs. 145-203.

—, *Cantes flamencos* [1887], prólogo de Manuel Machado, Madrid, Espasa-Calpe (Colección Austral), 3ª ed., 1975.

MACHADO NÚÑEZ, A., *Discurso leído en la solemne apertura del año académico de 1873 a 1874 por el rector de la Universidad de Sevilla, Dr. D. Antonio Machado y Núñez, catedrático de Historia Natural*, Sevilla, Imp. de Gironés y Orduña, 1873.

—, *Páginas escogidas*. Estudio preliminar de Encarnación Aguilar. Selección de textos de Jesús Corriente, Servicio de Publicaciones del Excmo. Ayuntamiento de Sevilla, 1989.

MACHADO RUIZ, J., «Relámpagos del recuerdo», *Atenea. Revista Mensual de Ciencias, Letras y Artes*, Universidad de Concepción, Chile, Año XXVIII, núm. 312 (junio de 1951), págs. 377-384.

MACHADO RUIZ, J., [Carta de José Machado desde Collioure, febrero de 1939, a Tomás Navarro Tomás, en la cual le habla de la muerte de Antonio], *La Torre*, Puerto Rico, Año XII, núms. 45-46 («Homenaje a Antonio Machado»), págs. 255-256.

—, [«Carta de José Machado en la que habla del poeta»], carta de José Machado al cónsul de España J. Santaló fechada en Meurville (Aube), Francia, el 15 de julio de 1939, *Romance*, México, núm. 3 (1 de marzo de 1940), pág. 17.

—, *Últimas soledades del poeta Antonio Machado. (Recuerdos de su hermano José)*, Madrid, Forma Ediciones, 1977.

MARQUERIE, A., *Personas y personajes. Memorias informales*. Prólogo de Sebastián Gasch, Barcelona, Dopesa, 1971.

MARTÍN RIBES, J., *El Guadalquivir. Recorrido gráfico del río*, Córdoba, Caja Provincial de Ahorros y la Asociación de Amigos de Córdoba, 1984.

MARTÍNEZ LASECA, J. M., *Antonio Machado: su paso por Soria*, Almazán (Soria), 1984.

—, «¡Atención... que la cosa va de crímenes!», prólogo a Frías Balsa, *Crímenes y asesinato en Soria* (véase arriba), págs. 9-17.

MARTÍNEZ REVERTE, J., *La batalla de Madrid*, Barcelona, Crítica, 2004.

MATEO, L. E., *Boletín de la Institución Libre de Enseñanza. Nómina bibliográfica (1877-1936)*, Universidad de Valencia, 1978.

MCVAN, A. J., *Antonio Machado. With translations of selected poems*, Nueva York, The Hispanic Society of America, 1959.

MÉNDIZ NOGUER, A., *Antonio Machado, periodista*, Pamplona, Ediciones Universidad de Navarra, S. A., 1995.

MENOR, A., y PRENDA, J., «Antonio Machado y Núñez, pionero de los inventarios de biodiversidad en España», *Quercus*, Madrid, núm. 224 (2005), págs. 34-39.

MOLINER, M., «Mis encuentros con los Machado», *Instituto de Bachillerato Cervantes. Miscelánea de su cincuentenario 1931-1981*, Madrid, Ministerio de Educación y Ciencia, 1982, págs. 297-305.

MONTERO, E., «Palabras previas» a la edición facsimilar de *Hora de España* (véase arriba, sección 9), págs. v-xvi.

MONTOTO Y RAUTENSTRAUCH, L., *Por aquellas calendas. Vida y milagros del magnífico caballero Don Nadie*, Madrid, Compañía Ibero-Americano de Publicaciones, 1930.

MORALES PADRÓN, F., *Guía sentimental de Sevilla*, Universidad de Sevilla, 1988.

MOREIRO, J. M., «El último viaje de Antonio Machado» [entrevista a Matea Monedero, viuda de José Machado], *Los domingos de Abc. Suplemento semanal*, Madrid, 26 de febrero de 1978, págs. 6-16.

—, *Guiomar, un amor imposible de Machado* [1980], Madrid, Espasa-Calpe (Selecciones Austral), edición revisada y aumentada, prólogo de Rafael Lapesa, 1982.

MORENO VILLA, J., «Autocríticas», *Revista de Occidente*, Madrid, núm. XVIII (diciembre de 1924), págs. 435-440.

—, *Vida en claro. Autobiografía*, México, Colegio de México, 1944.

NÚÑEZ, A., «En torno a las figuras del 98. Antonio Machado en los recuerdos de Ricardo Calvo», *Ínsula*, Madrid, núm. 236-237 (julio-agosto de 1966), págs. 8-9.

ONÍS, F. de, «Antonio Machado, poeta predilecto», en PRADAL-RODRÍGUEZ (véase abajo), págs. 7-10.

—, introducción a «Homenaje a Antonio Machado», *La Torre*, Puerto Rico (véase arriba, sección 8), págs. 11-20.

O'RIORDAN, P., «¿Unas traducciones desconocidas de los hermanos Machado?», *Ínsula*, Madrid, núms. 344-345 (julio-agosto de 1975), pág. 12.

ORTIZ ARMENGOL, P., «Por las ramas de la vida, y las del árbol genealógico, de Antonio Machado», en «Homenaje a Antonio Machado», *Boletín de la Institución Libre de Enseñanaza* (véase arriba, sección 8), págs. 10-30.

ORTIZ DE LANZAGORTA, J. L., «Introducción a la prosa de Manuel Machado», en MACHADO, M., *Prosa. El amor a la muerte. Día por día de mi calendario*, ed. José Luis Ortiz de Lanzagorta, Publicaciones de la Universidad de Sevilla, 1974, págs. IX-LXX.

ORTIZ NUEVO, J. L., «El mundo flamenco en la obra de los hermanos Manuel y Antonio Machado: "La Lola se va a los Puertos"», en «Homenaje a Manuel y Antonio Machado», *Cuadernos Hispanoamericanos* (véase arriba, sección 8), II, págs. 1.088-1.094.

PALAU DE NEMES, G., *Vida y obra de Juan Ramón Jiménez*, Madrid, Editorial Gredos (Biblioteca Románica Hispánica), 1957.

PANIAGUA, D., *Revistas culturales contemporáneas. I. (1897-1912). De «Germinal» a «Prometeo»*, Madrid, Ediciones Punta Europea, 1964.

PARADAS, E., *Agonías*. Con prólogo de Miguel Sawa, Madrid, 1891.

—, *Undulaciones* [sic]. Con un epílogo de Manuel Machado, Madrid, Imprenta de El Secretariado, 1893.

PARDO BAZÁN, E., «Don Francisco Giner», *La Lectura*, Madrid, marzo de 1915, págs. 269-274.

PÉREZ FERRERO, M., «Actualidad literaria. Las «Poesías completas» de Antonio Machado», *Heraldo de Madrid*, 17 de abril de 1936, pág. 3.

—, *Vida de Antonio Machado y Manuel*. Prólogo del doctor Gregorio Marañón, Madrid, Rialp (El Carro de Estrellas), 1947.

—, *Tertulias y grupos literarios*, Madrid, Ediciones Cultura Hispánica, 2ª ed., 1975.

PÉREZ GALÁN, M., *La enseñanza en la Segunda República Española*, Madrid, Cuadernos para el Diálogo, 2ª ed., 1977.

PÉREZ GONZÁLEZ, F., *Juan Álvarez Guerra. Ciencia y conciencia agronómica*, Mérida, Editora Regional de Extemadura, 1995.

— (ed.), *Joaquin Sama y la Institución Libre de Enseñanza*, ed. Fernando T. Pérez González, Mérida, Editora Regional de Extremadura, 1997.

PÉREZ-RIOJA, J. A., *Apuntes para un diccionario biográfico de Soria*, Soria, Caja Duero, 1998.

PINEDA NOVO, D., «Cartas inéditas de Antonio Machado y Álvarez, "Demófilo", [a Luis Montoto]», *El Folk-Lore Andaluz*, Sevilla, Fundación Machado, 2ª época, núm. 10 (1993), págs. 15-89.

—, «La familia de Machado en la Sevilla de la época», *Antonio Machado hoy* (véase arriba, sección 8), I, págs. 191-199.

—, «Antonio Machado y Núñez, político y naturalista andaluz (1815-1896)» [páginas de borrador inédito facilitadas por el autor].

—, *Antonio Machado y Álvarez, «Demófilo». Vida y obra del primer flamencólogo español*, Sevilla, Ediciones Giralda, 2001.

POSADA, J., «Leonor», en «Homenaje a don Antonio Machado en el 10º aniversario de su muerte», *Cuadernos Hispanoamericanos*, 1975 (véase arriba, sección 8), págs. 415-417.

PRADAL-RODRÍGUEZ, G., *Antonio Machado (1875-1939). Vida y obra*, Nueva York, Hispanic Institute in the United States, 1951.

PRESTON, P., *La destrucción de la democracia en España. Reacción, reforma y revolución en la Segunda República*, Madrid, Ediciones Turner, 1978.

PUCHE ÁLVAREZ, J., [recuerdos de su amistad con Machado], «Homenaje a Antonio Machado», *España peregrina*, México (véase arriba, sección 8), págs. 68-69.

QUINTANILLA, M., «Antonio Machado en mi recuerdo», *Ínsula*, Madrid, núm. 262 (septiembre de 1968), pág. 3.

RÉPIDE, P. de, *Las calles de Madrid*, Madrid, Afrodisio Aguado, 4ª ed., 1981.

RIBBANS, G., «La influencia de Verlaine en Antonio Machado», *Cuadernos Hispanoamericanos*, Madrid, XXXI, núms. 91-92 (1957), págs. 180-201. Incluido, revisado, en RIBBANS, *Niebla y soledad* (véase abajo), págs. 255-287.

—, *La poesía de Antonio Machado antes de llegar a Soria*, Soria, Publicaciones de la Cátedra Antonio Machado, 1962.

—, «Nuevas precisiones sobre la influencia de Verlaine en Antonio Machado», *Filología*, Buenos Aires, XIII (1968-1969), págs. 295-303.

—, *Niebla y soledad. Aspectos de Unamuno y Machado*, Madrid, Editorial Gredos (Biblioteca Románica Hispánica), 1971.

RIDRUEJO, D., «El poeta rescatado», prólogo a Antonio Machado, *Poesías completas*, 5ª ed., Madrid, Espasa-Calpe, 1941, págs. V-XV.

RIOJA, E., «Último sol en España», *Diálogo de las Españas*, México, núms. 4-5, octubre de 1963, reproducido por GULLÓN Y PHILLIPS, *Antonio Machado* (véase arriba), págs. 115-120.

RÍOS, F. de los, *Escritos sobre democracia y socialismo*, ed. Virgilio Zapatero, Madrid, Taurus, 1975.

RODRÍGUEZ-AGUILERA, C., *Antonio Machado en Baeza*, Barcelona, A. P. Editora, 1967.

RODRÍGUEZ ALMODÓVAR, A., «Análisis estructural de «Prólogo-epílogo» [de Manuel Machado] (Contribución a una semiótica literaria)», en VARIOS AUTORES, *Doce comentarios a la poesía de Manuel Machado*, Universidad de Sevilla, 1975.

RODRÍGUEZ MARÍN, F., *Cantos populares españoles*, Sevilla, Francisco Álvarez y Compañía, 1882-1883; edición facsímil, Madrid, Atlas, 5 tomos, sin fecha.

ROMERO FERRERO, A., *Los estrenos teatrales de Manuel y Antonio Machado en la crítica de su tiempo*, Universidad de Cádiz, Servicio de Publicaciones, 2003.

ROSALES, L., «Muerte y resurrección de Antonio Machado», *Cuadernos Hispanoamericanos*, Madrid, núms. 11 y 12 (septiembre-diciembre de 1949), págs. 435-479.

RUIZ DE CONDE, J., *Antonio Machado y Guiomar*, Madrid, Ínsula, 1964.

SABORIT, A., *Julian Besteiro*, prólogo de Luis Jiménez de Asúa, Buenos Aires, Losada, 1967.

SAMA, J., «D. Antonio Machado y Álvarez», *Boletín de la Institución Libre de Enseñanza*, XVII (1893), págs. 125-128.

SAMPELAYO, C., «Antonio Machado. Retazos de su vida y su muerte», *Camp de l'Arpa*, Barcelona, núm. 17-18 (febrero-marzo de 1975), págs. 9-11.

SÁNCHEZ BARBUDO, A., *Los poemas de Antonio Machado. Los temas. El sentimiento y la expresión*, Barcelona, Lumen (Colección Palabra en el Tiempo), 1967.

SÁNCHEZ LUBIÁN, E., *El reloj de la cárcel. Poesías y leyendas toledanas de Francisco Machado*, Toledo, d.b. Comunicación, 2005.

SANCHO SÁEZ, A., «Antonio Machado, mi profesor de francés», *Ideal*, Granada, 22 de febrero de 1986, pág. 3.

SANTULLANO, L. A., «Semblanza de Antonio Machado», en MACHADO, J., *Últimas soledades del poeta Antonio Machado* (véase arriba), págs. 240-245.

SCHNEIDER, L.-M., *II Congreso internacional de escritores para la defensa de la cultura (Valencia-Madrid-Barcelona-París)*. Vol. I. *Inteligencia y Guerra Civil española*, Generalitat Valenciana, 1987.

SENDRAS Y BURÍN, A., «Antonio Machado y Álvarez (estudio biográfico)», *Revista de España*, Madrid, tomo CXLI (julio-agosto 1892), págs. 279-291.

SÉSÉ, B., *Antonio Machado (1875-1939). El hombre. El poeta. El pensador.* Prólogo de Jorge Guillén. Versión española de Soledad García Mouton, Madrid, Gredos (Biblioteca Románica Hispánica), 2 tomos, 1980.

—, «Antonio Machado y París», en AUBERT, P. (ed.), *Antonio Machado hoy (1939-1989)* (véase arriba, sección 8), págs. 253-269.

Suero, P., «Antonio, Manuel y José Machado y Ricardo Baroja», *España levanta el puño* [Buenos Aires, «Noticias Gráficas», 1936], págs. 139-142.

Taracena, B., y Tudela, J., *Guía de Soria y su provincia*, Madrid, *Revista de Occidente*, 2ª ed. aumentada, 1962.

Tarín-Iglesias, J., «La larga agonía de Antonio Machado», *Historia y Vida*, Barcelona-Madrid, núm. 47 (febrero de 1972), págs. 54-71.

Terán, M., «Los años de aprendizaje de Antonio Machado. (Su relación con la Institución Libre de Enseñanza)», en el homenaje colectivo *Antonio Machado y Soria* (veáse arriba, sección 8), págs. 128-147.

Trapiello, A., *Las armas y las letras. Literatura y Guerra Civil (1936-1939)*, edición revisada y ampliada, Barcelona, Península, 2002.

Trend, J. B., *The Origins of Modern Spain*, Cambridge University Press, 1934.

Tudela, J., «Mi amistad con Antonio Machado», *Celtiberia*, Soria, Año XXV, Vol. XXV, núm. 49 (enero-junio de 1975), págs. 75-78.

Tuñón de Lara, M., *Antonio Machado, poeta del pueblo* [1967], Madrid, Taurus, 1997.

Unamuno, M. de, «El "Alma" de Manuel Machado», *Heraldo de Madrid*, 19 de marzo de 1902, pág. 3.

—, «Almas de jóvenes», *Nuestro Tiempo*, Madrid, núm. 41 (mayo de 1904), págs. 252-262.

Urbano Pérez de Ortega, M., «Colaboraciones de Antonio Machado en la prensa de Baeza», *Boletín del Instituto de Estudios Giennenses*, Jaén, Año XXII, núm. 90 (octubre-diciembre de 1976), págs.107-114.

Urrutia, J., *Las luces del crepúsculo. El origen simbolista de la poesía española moderna*, Madrid, Biblioteca Nueva, 2004.

Valderrama, P. de, *Las piedras de Horeb*, Madrid, Sucesores de Hernando, Madrid, 1923.

—, *Huerto cerrado*, Madrid, Editorial Caro Raggio, sin fecha [1928].

—, *Esencias. Poemas en prosa y verso*, Madrid, Rafael Caro Raggio, Editor, marzo de 1930.

—, *El tercer mundo*, en *Teatro de mujeres. Tres autoras españolas*, prólogo de Cristóbal de Castro, Madrid, M. Aguilar, 1934, págs. 87-137.

—, *Sí, soy Guiomar. Memorias de mi vida*, Barcelona, Plaza & Janés, 1981.

—, *De mar a mar*, prólogo de Carlos Murciano, Madrid, Ediciones Torremozas, 1984.

VALVERDE, J. M., *Antonio Machado*, Madrid, Siglo XXI de Ediciones, 1975.

—, introducción a Antonio Machado, *Nuevas canciones y De un cancionero apócrifo*, Madrid, Castalia, 1971, págs. 7-94.

VELA, F., «El suprarealismo», *Revista de Occidente*, Madrid, núm. XVIII (diciembre de 1924), págs. 428-434.

VERLAINE, P., *Choix de poésies*. Préface de François Coppée de l'Académie Française, París, Bibliothèque-Charpentier, Eugène Fasquelle, Éditeur, 1924.

—, *Fiestas galantes. Poemas saturnianos. La buena canción. Romanzas sin palabras. Amor. Parábolas y otras poesías*. Precedidas de un prefacio de François Coppée. Traducidas al castellano por Manuel Machado. Prólogo de Enrique Gómez Carrillo, Madrid, Librería de Fernando Fe, sin fecha (hacia 1910).

—, *Oeuvres Poétiques complètes*, Paris, Pléiade, 1962.

VILCHES DE FRUTOS, M. F., y DOUGHERTY, D., *La escena madrileña entre 1926 y 1931. Un lustro de transición*, Madrid, Editorial Fundamentos (Colección Arte), 1997.

XIMÉNEZ DE SANDOVAL, F., *José Antonio (Biografía apasionada)*, Barcelona, Editorial Juventud, 1941.

XIRAU, J., «Homenaje a Antonio Machado», *España peregrina*, México, 1940 (véase arriba, sección 8), págs. 67-68.

—, «Por una senda clara» [artículo sobre los últimos días de Machado, fechado «París, marzo de 1939»], *Diálogos. Artes. Letras. Ciencias humanas*, México, XIX, núm. 112 (1983), págs. 58-64.

ZAMBRANO, M., «"La Guerra" de Antonio Machado», *Hora de España*, Valencia, XII (diciembre de 1937), págs. 68-74.

ZULUETA, L. de, «Lo que nos deja Don Francisco Giner», *La Lectura*, Madrid, marzo de 1915, págs. 249-274.

Índice onomástico y de publicaciones

Nuevo Mundo, 298, 302, 324
Núñez de Arce, Gaspar, 52, 87-88, 100, 204

Obras completas (de Rubén Darío), 204
Obras completas (de Sigmund Freud), 400
Obrero de la Civilización, El, 39
Ocón y Rivas, Emilio, 41
Octubre. Escritores y Artistas Revolucionarios, 497, 510-511, 516, 573
Oeuvres complètes (Paul Verlaine), 107
Olivares, conde-duque de, 376
Olmo, Rosario del, 508-509, 524, 582
Olmo Martínez, Mariano del, 217
Oms, Miguel, 60
Onís, Federico de, 63, 316, 342, 514, 595, 615
Ontañón, José, 64
Orbe, Timoteo, 118
Orfila, Mateo Buenaventura, 26
Orgaz, comandante, 623
Origins of Modern Spain, The, 505
O'Riordan, Patricia, 129
Orovio, Manuel, 42
Orphelin de la Chine, L', 82
Ors, Eugenio d', 363, 368
Ortega y Gasset, Eduardo, 343, 456, 466, 531
Ortega y Gasset, José, 164, 184, 252, 280, 284, 292-293, 301, 303, 307, 308, 312, 315, 329, 335, 337, 343-344, 362, 400, 443, 448, 473-474, 490, 516, 541, 557, 600
Ortiz de Pinedo, José, 154

Ossorio y Gallardo, Ángel, 527, 529
Otero, Julián María, 359

Padín, republicano preso, 633
Páginas escogidas, 46, 64, 192, 204, 318, 326-327, 334, 367
País, El, 90, 102, 104, 151, 153, 162, 166, 173, 190, 303, 330, 390
Palacio, José María, 206, 227-228, 255, 257, 264-265, 273, 294, 321
Palacio y Fontán, Eduardo del, 172
Palacio Valdés, Armando, 327, 399
Palacios, Leopoldo, 293
Palanca Martínez-Fortún, José Antonio, 540
Palomares, marqués de, 293
Papadiamantopoulos, Johannes, 96, 103-105, 128-129
Paradas, Enrique, 75-77, 80, 84, 88-89, 105, 118
Pardo Bazán, Emilia, 67, 75, 87
Parra, Antonio, 291
Pasajero, El, 372
Pascendi, 223
Pascual de Lara, Carlos, 413
Patinir, Joachim, 300
Pavía, Manuel, 34
Paz, Octavio, 566
Pedregal, Manuel, 531
Peinador, Hortensia, 429, 433-435
Pelletan, Camille, 632
Pemán, José María, 556, 639
Pepa *la Bochoca*, 70
Pérez, Manuel, 70

Xirau, Pilar, 612
Xirgú, Margarita, 411, 488

Yagüe, Juan, 611
Yagües, José María, 369
Yo, ministro de Stalin en España, 582

Zambrano, Blas, 359-360, 607
Zambrano, María, 566, 589-590, 607
Zambrano, Mariano, 359

Zayas, Antonio de, 80, 143, 151, 154, 231
Zerolo, Elías, 102, 104
Zola, Émile, 578
Zorrilla, José, 87, 100, 361, 394
Zozaya, Antonio, 568
Zulueta, Luis de, 63, 310, 335
Zugazagoitia, Julián, 578, 592, 631-632
Zunón Díaz, Federico, 187, 210, 257